# “책 표지 한번 별나네?”

책의 얼굴이라는 표지에 책에 대한 정보가 없으니 당황스러우셨죠?

우리 함께 공부하는 별님들의 꿈은 무엇인가요?
꿈은 명사가 아닌 동사여야 합니다.
제가 동사의 꿈을 여러분과 함께 꾸고자 합니다.

많은 사람들이 쓰는 책의 얼굴에 선한 메시지가 담겨진다면 얼마나 아름다울까?

이 작은 움직임이 큰 몸짓으로 바뀌어 나간다면 우리는 얼마나 더 따스해질까?

그래서 과감하게 책의 얼굴을 바꿔 보기로 했습니다.
누군가에게 도움을 주는 삶.
저도 사실은 익숙하진 않습니다.

우리 함께 해봐요.
삶 속에서, 그냥 평범한 일상 속에서
나도 누군가에게 도움을 ‘지금’ 주고 있다는 느낌을 가져 보죠.

별똥별을 보고 소원을 빌면 이루어진다고 하죠?

큰별쌤과 함께 한국사를 공부한 별님들의 따뜻한 마음,
그 마음이 모여 간절한 바람이 있는 곳에 별똥별이 되어 날아갑니다.

이 책을 통해 나오는 수익금의 일부가
누군가에게 희망의 빛으로 다가가길 소망합니다.
이 책을 통해 우리는 서로를 기대고 있는 ‘사람(人)’이라는 사실을
공유하길 소망합니다.

이 책을 통해 당신은 ‘지금’ 누군가의 별똥별이 되어줄 수 있습니다.
이미 누군가의 꿈을 ‘지금’ 응원하고 있는 겁니다.

우리 별님들은 그런 사람입니다.

## 집필 및 검토


**최태성**

모두의 별★별 한국사 연구소장

EBS 한국사 대표 강사, ETOOS 한국사 강사

성균관대학교 사학과 졸업

중·고등학교 한국사 교과서 및 역사부도 집필

EBS 평가원 연계 교재 집필 및 검토

2011~2012년 EBS 역사 자문위원

2013년 국사편찬위원회 자문위원

2022~2024년 국가 보훈부 정책 자문 위원

MBC 〈무한도전〉 '문화재 특강' 진행

KBS1 TV 〈역사저널 그날〉 패널 출연

KBS 라디오 FM 대행진 〈별별 히스토리〉 코너 진행

EBS1 〈미래교육 플러스〉 진행

tvN STORY 〈벌거벗은 한국사〉 진행

JTBC 〈역사 이야기꾼〉 출연

2025년 대통령 표창

**모두의 별★별 한국사 연구소** 곽승연 이상선 김혜진 권혜성


## Staff


**발행인** 정선욱

**퍼블리싱 총괄** 남형주

**기획·개발** 김태원 박하영 김인겸

**디자인** 김정인 이연수 퓨리티디자인

**유통·마케팅** 서준성 김지희

**제작·물류** 김한길 김경수 신영민

**큰별쌤 최태성의 별★별 한국사** 한국사능력검정시험 | 심화(1·2·3급) 상 202512 제7판 1쇄 202601 제7판 2쇄

**펴낸곳** 이투스에듀(주) 서울시 서초구 남부순환로 2547

**고객센터** 1599-3225 **등록번호** 제2007-000035호 **ISBN** 979-11-389-3442-8 [13910]

# 2026년 한국사능력검정시험 심화 시험 일정

여러분의 합격을 기원합니다. ^^

| 구분 | | 원서 접수 기간 | 시험일 |
|---|---|---|---|
| 제77회 | 정기 | 1월 6일(화) 10:00 ~ 1월 13일(화) 17:00 | 2월 7일(토) |
| | 추가 | 1월 20일(화) 10:00 ~ 1월 23일(금) 17:00 | |
| 제78회 | 정기 | 4월 21일(화) 10:00 ~ 4월 28일(화) 17:00 | 5월 23일(토) |
| | 추가 | 5월 5일(화) 10:00 ~ 5월 8일(금) 17:00 | |
| 제79회 | 정기 | 7월 7일(화) 10:00 ~ 7월 14일(화) 17:00 | 8월 9일(일) |
| | 추가 | 7월 21일(화) 10:00 ~ 7월 24일(금) 17:00 | |
| 제80회 | 정기 | 9월 15일(화) 10:00 ~ 9월 22일(화) 17:00 | 10월 17일(토) |
| | 추가 | 9월 29일(화) 10:00 ~ 10월 2일(금) 17:00 | |
| 제81회 | 정기 | 11월 3일(화) 10:00 ~ 11월 10일(화) 17:00 | 11월 28일(토) |
| | 추가 | 11월 11일(수) 10:00 ~ 11월 13일(금) 17:00 | |

* 추가 접수는 원서 접수 기간 종료 후 잔여 좌석에 한함
* 시험 결과 발표 : 시험 종료 후 2주 이내 한국사능력검정시험 홈페이지를 통해 발표

큰별쌤 최태성의

# 별★별 한국사

# 02강 선사 시대

01 **구석기** 시대 사람들은 주로 **동굴**이나 강가의 **막집**에서 살았다.

02 **구석기** 시대 사람들은 주로 **사냥**과 **채집**을 통해 식량을 마련하였다.

03 **구석기** 시대의 대표적인 유적으로 연천 **전곡리** 유적, 공주 **석장리** 유적 등이 있다.

04 **구석기** 시대의 대표적인 도구로 **주먹도끼**, **찍개** 등이 있다.

05 **구석기** 시대 후기에 사냥을 위해 **슴베찌르개**를 처음 제작하였다.

06 **신석기** 시대부터 **농경**과 **목축**이 시작되었다.

07 **신석기** 시대부터 **가락바퀴**와 **뼈바늘**을 이용하여 옷을 만들었다.

08 **신석기** 시대에 **정착** 생활이 시작되면서 **움집**이 등장하였다.

09 봉산 지탑리 유적, 서울 **암사동** 유적, 양양 오산리 유적, 부산 동삼동 유적, 제주 **고산리** 유적은 대표적인 **신석기** 시대 유적이다.

10 **신석기** 시대에는 **갈돌과 갈판** 등의 **간석기**를 사용하였다.

11 **신석기** 시대 사람들은 **빗살무늬 토기**를 만들어 식량을 저장하였다.

12 **신석기** 시대에 **애니미즘**, **토테미즘**, **샤머니즘**, 영혼 숭배와 같은 원시 신앙이 등장하였다.

13 **구석기** 시대와 **신석기** 시대에 사람들은 계급이 없는 **평등**한 공동체 생활을 하였다.

14 **청동기** 시대에 **사유 재산**과 **계급**이 발생하였다.

15 **청동기** 시대에 권력을 가진 **군장**이 등장하였다.

16 **청동기** 시대에 **반달 돌칼**을 이용하여 곡물을 수확하였다.

17 **청동기** 시대의 대표적인 토기로 **미송리식 토기**가 있다.

18 **청동기** 시대에 지배자의 무덤으로 많은 인력을 동원하여 **고인돌**을 축조하였다.

19 **청동기** 시대에 거푸집을 이용하여 **비파형 동검**을 제작하였다.

20 **청동기** 시대의 대표적인 유적으로 부여 **송국리** 유적, 여주 **흔암리** 유적 등이 있다.

21 **초기 철기** 시대에 거푸집을 사용하여 **세형 동검**을 제작하였다.

22 **철기** 시대에 쟁기, 쇠스랑 등의 **철제 농기구**를 사용하여 농사를 지었다.

23 **철기** 시대에 **명도전**, 반량전, 오수전, 화천 등의 중국 화폐가 유통되었다.

24 경남 창원 **다호리** 유적에서 나온 **붓**을 통해 철기 시대에 중국으로부터 **한자**가 전래되어 사용되었음을 알 수 있다.

# 03강 여러 나라의 성장



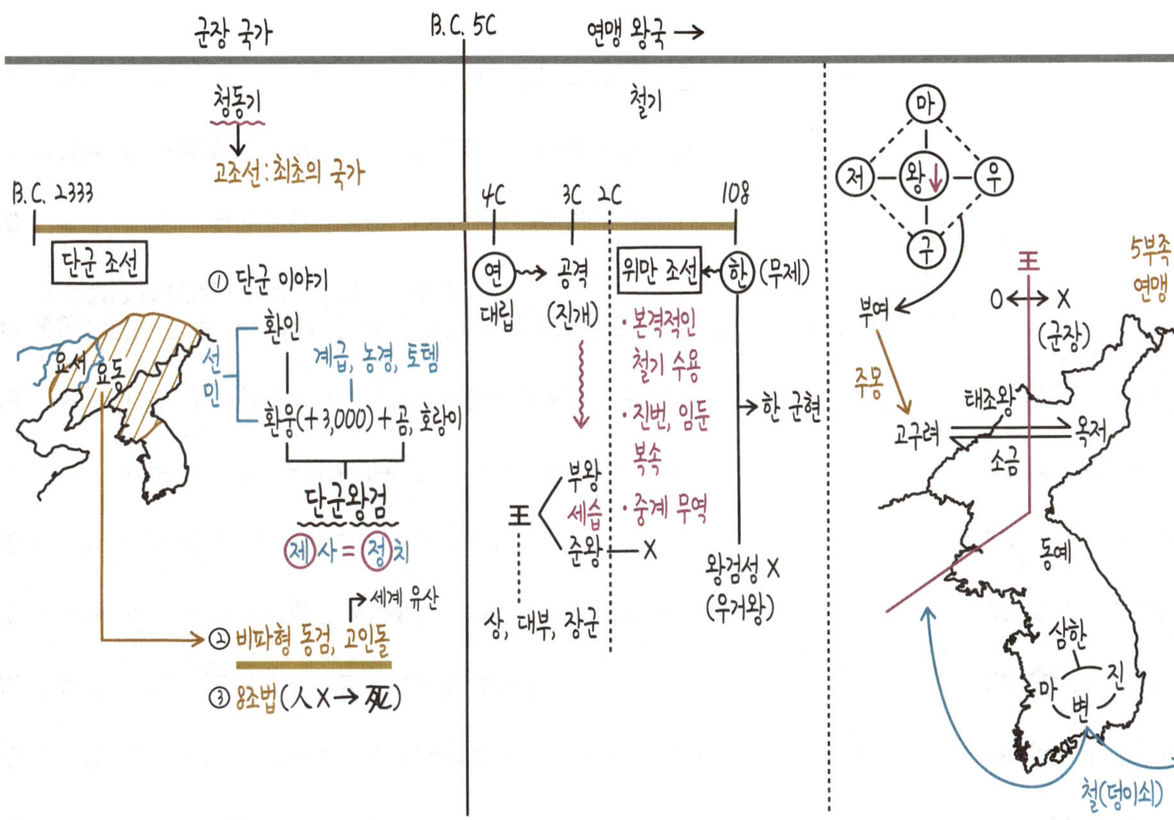


| | 정치 | 제천 행사 | 결혼 | 풍습 | 경제 |
|---|---|---|---|---|---|
| 부여 | 사출도(마·우·구·저가) | 영고 | 형사취수제 | · 순장<br>· 1책 12법 | 반농반목 |
| 고구려 | · 제가 회의<br>· 王·대가 ← 사자·조의·선인 | 동맹 | · 형사취수제<br>· 서옥제 | | 약탈 경제 |
| 옥저 | 군장: 읍군·삼로 | | 민며느리제 | 가족 공동 묘 | 소금·해산물 |
| 동예 | 군장: 읍군·삼로 | 무천 | 족외혼 | · 책화<br>· 집터<br>여자형 철자형 | · 단궁<br>· 과하마<br>· 반어피 |
| 삼한 | 소도(천군) 군장: 신지·읍차<br>제사 ≠ 정치 | 계절제<br>(5, 10月) | | | · 벼농사<br>→ 두레, 저수지<br>· 철(변한) |

# 03강 여러 나라의 성장

01 비파형 동검, 탁자식 고인돌의 출토 지역을 통해 고조선의 문화 범위를 알 수 있다.

02 고조선에는 사회 질서를 유지하기 위한 범금 8조가 있었다.

03 기원전 4~3세기경 고조선은 전국 7웅 중 하나인 연과 대적할 만큼 성장하였다.

04 기원전 3세기경 고조선에 부왕 등 강력한 왕이 등장하여 왕위를 세습하였다.

05 고조선은 왕 아래 상, 대부, 장군 등의 관직을 두었다.

06 기원전 3세기 초 고조선은 연의 장수 진개의 공격을 받아 땅을 빼앗겼다.

07 위만은 진·한 교체기에 무리를 이끌고 고조선에 들어와 준왕을 몰아내고 왕이 되었다.

08 위만 집권 이후 고조선은 중국의 한과 한반도 남부의 진국 사이에서 중계 무역을 통해 많은 이익을 얻었다.

09 위만 집권 이후 고조선은 진번과 임둔을 복속시켜 세력을 확장하였다.

10 조선상 역계경은 자신의 건의를 위만의 손자인 우거왕이 받아들이지 않자 무리를 이끌고 진국으로 남하하였다.

11 고조선은 우거왕 때 한 무제의 공격을 받아 왕검성이 함락되어 멸망하였다.

12 부여에서는 여러 가(加)들이 별도로 사출도를 주관하였다.

13 부여는 12월에 영고라는 제천 행사를 열었다.

14 부여에서는 남의 물건을 훔치면 12배로 배상하게 하였다.

15 고구려는 제가 회의에서 나라의 중요한 일을 결정하였다.

16 고구려에는 왕 아래 상가, 고추가 등의 대가들이 있었으며, 이들은 사자, 조의, 선인 등의 관리를 거느렸다.

17 고구려는 10월에 동맹이라는 제천 행사를 열었다.

18 고구려에는 혼인 풍습으로 서옥제가 있었다.

19 고구려에는 집집마다 부경이라는 창고가 있었다.

20 옥저의 혼인 풍속으로 민며느리제가 있었다.

21 옥저에는 가족의 유골을 한 목곽에 안치하는 풍습이 있었다.

22 옥저는 소금, 어물 등 해산물이 풍부하여 이를 고구려에 바쳤다.

23 동예의 특산물로 단궁, 과하마, 반어피 등이 있었다.

24 동예는 10월에 무천이라는 제천 행사를 열었다.

25 옥저와 동예에는 읍군, 삼로라고 불리는 군장이 있었다.

26 동예에는 읍락 간의 경계를 중시하는 책화라는 풍습이 있었다.

27 삼한에는 신지, 읍차 등의 지배자가 있었다.

28 삼한에는 제사장인 천군이 있고 신성 지역인 소도가 존재하였다.

29 변한에서는 철이 많이 생산되어 낙랑과 왜에 수출하였다.

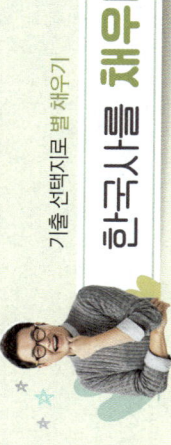

# 04강 고대(고구려, 가야)

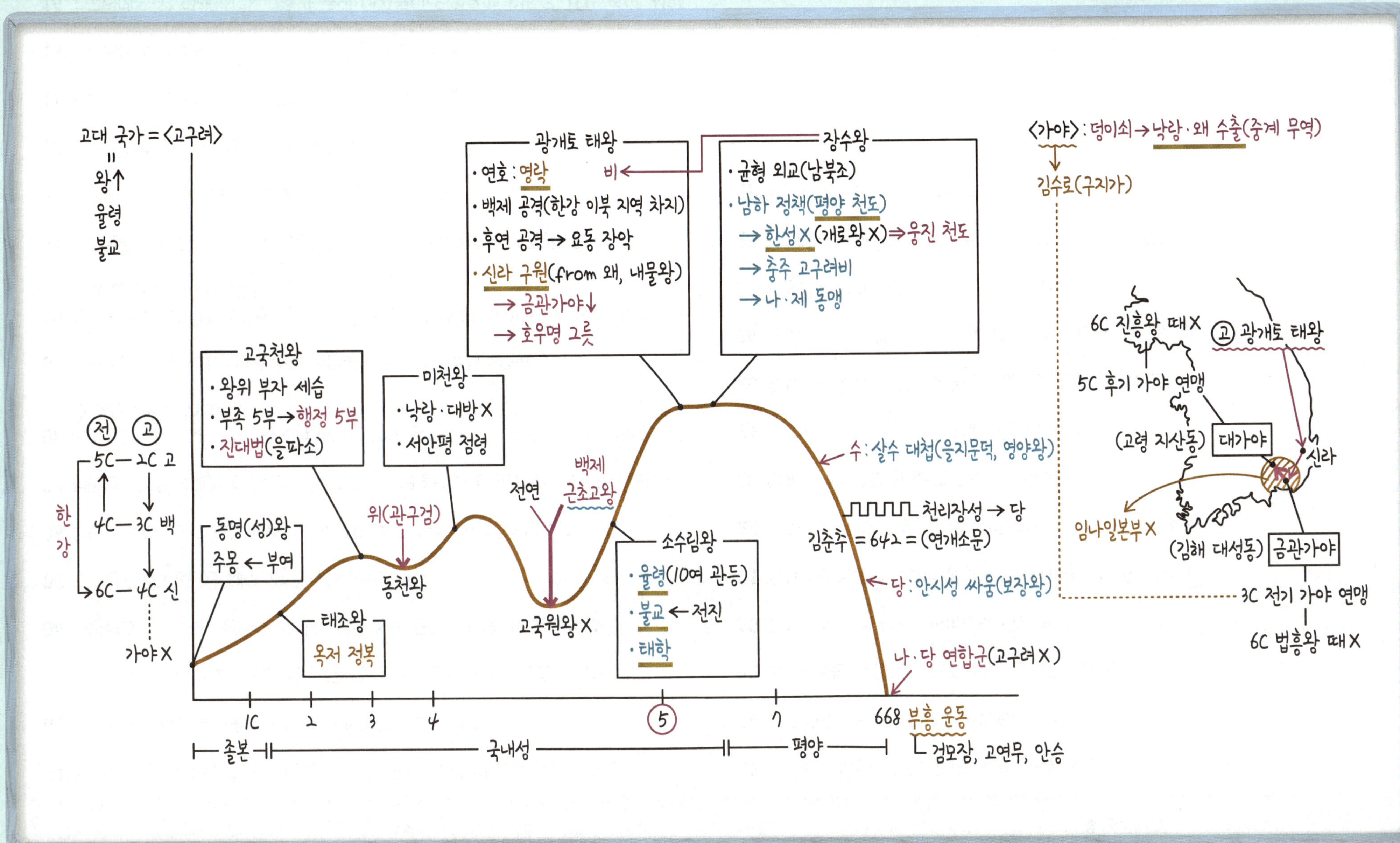
고대 국가 = 〈고구려〉
왕↑
율령
불교
전 고
5C — 2C 고
4C — 3C 백
6C — 4C 신
가야 X
한강
고국천왕
· 왕위 부자 세습
· 부족 5부 → 행정 5부
· 진대법(을파소)
동명(성)왕
주몽 ← 부여
태조왕
옥저 정복
위(관구검)
동천왕
미천왕
· 낙랑·대방 X
· 서안평 점령
전연
백제
근초고왕
고국원왕 X
광개토 태왕
· 연호 : 영락
비
· 백제 공격(한강 이북 지역 차지)
· 후연 공격 → 요동 장악
· 신라 구원(from 왜, 내물왕)
→ 금관가야↓
→ 호우명 그릇
소수림왕
· 율령(10여 관등)
· 불교 ← 전진
· 태학
장수왕
· 균형 외교(남북조)
· 남하 정책(평양 천도)
→ 한성 X (개로왕 X) ⇒ 웅진 천도
→ 충주 고구려비
→ 나·제 동맹
수 : 살수 대첩(을지문덕, 영양왕)
천리장성 → 당
김춘추 = 642 = (연개소문)
당 : 안시성 싸움(보장왕)
나·당 연합군(고구려 X)
1C
2
3
4
5
7
668 부흥 운동
└ 검모잠, 고연무, 안승
졸본
국내성
평양
〈가야〉 : 덩이쇠 → 낙랑·왜 수출(중계 무역)
김수로(구지가)
6C 진흥왕 때 X
고 광개토 태왕
5C 후기 가야 연맹
(고령 지산동) 대가야
신라
임나일본부 X
(김해 대성동) 금관가야
3C 전기 가야 연맹
6C 법흥왕 때 X

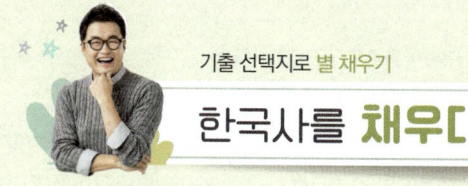

# 04강 고대(고구려, 가야)

기출 선택지로 별 채우기

## 한국사를 채우다

01 고구려는 태조왕 때 옥저를 정복하고 동해안으로 진출하였다.

02 고구려 고국천왕은 부족적 성격의 5부를 행정적 성격의 5부로 개편하였다.

03 고구려 고국천왕은 빈민을 구제하기 위해 진대법을 실시하였다.

04 고구려 동천왕 때 위의 장수 관구검이 이끄는 군대의 공격을 받았다.

05 고구려 미천왕은 서안평을 공격하여 점령하였다.

06 고구려 미천왕은 낙랑군과 대방군을 축출하여 영토를 확장하였다.

07 고구려 소수림왕은 태학을 설립하고 율령을 반포하였다.

08 고구려 광개토 태왕은 '영락'이라는 독자적인 연호를 사용하였다.

09 고구려는 광개토 태왕 때 후연을 공격하고 요동 땅을 차지하였다.

10 고구려 광개토 태왕은 신라에 군대를 파견하여 신라에 침입한 왜를 격퇴하였다.

11 호우총 청동 그릇은 5세기에 신라와 고구려가 밀접한 관계였음을 보여 준다.

12 고구려 장수왕은 국내성에서 평양으로 천도하고 남진 정책을 본격화하였다.

13 고구려 장수왕은 백제의 도읍 한성을 공격하여 개로왕을 전사시켰다.

14 고구려 장수왕은 중국의 남북조 사이에서 균형 외교를 펼쳤다.

15 고구려 장수왕은 아버지 광개토 태왕의 업적을 기리기 위해 광개토 태왕릉비를 세웠다.

16 충주 고구려비는 고구려가 한강 이남 지역까지 진출하였음을 보여 준다.

17 을지문덕이 이끄는 고구려군이 수의 군대를 살수에서 크게 물리쳤다.

18 고구려는 당의 침입에 대비하여 국경 지역에 천리장성을 축조하였다.

19 고구려 영류왕 때 연개소문이 정변을 일으켜 권력을 장악하였다.

20 고구려는 당 태종의 침입으로 요동성, 백암성이 함락되는 위기를 맞았지만 안시성에서 당의 군대를 물리쳤다.

21 고구려는 나·당 연합군에 의해 평양성이 함락되어 멸망하였다.

22 고구려의 장수 검모잠은 안승을 왕으로 받들고 나라를 다시 세우기 위한 부흥 운동을 일으켰다.

23 고구려 안승은 신라에 의해 보덕국 왕으로 임명되었다.

24 김수로왕이 김해 지역에 건국한 금관가야는 전기 가야 연맹을 주도하였다.

25 금관가야는 철이 풍부하고 덩이쇠를 화폐처럼 사용하였다.

26 금관가야는 낙랑과 왜를 연결하는 중계 무역으로 번성하였다.

27 고구려 광개토 태왕의 공격으로 피해를 입은 가야 연맹이 고령 지역의 대가야를 중심으로 재편되었다.

28 금관가야는 신라 법흥왕 때 신라에 병합되었다.

29 대가야는 신라 진흥왕 때 신라에 복속되었다.

# 05강 고대(백제, 신라)

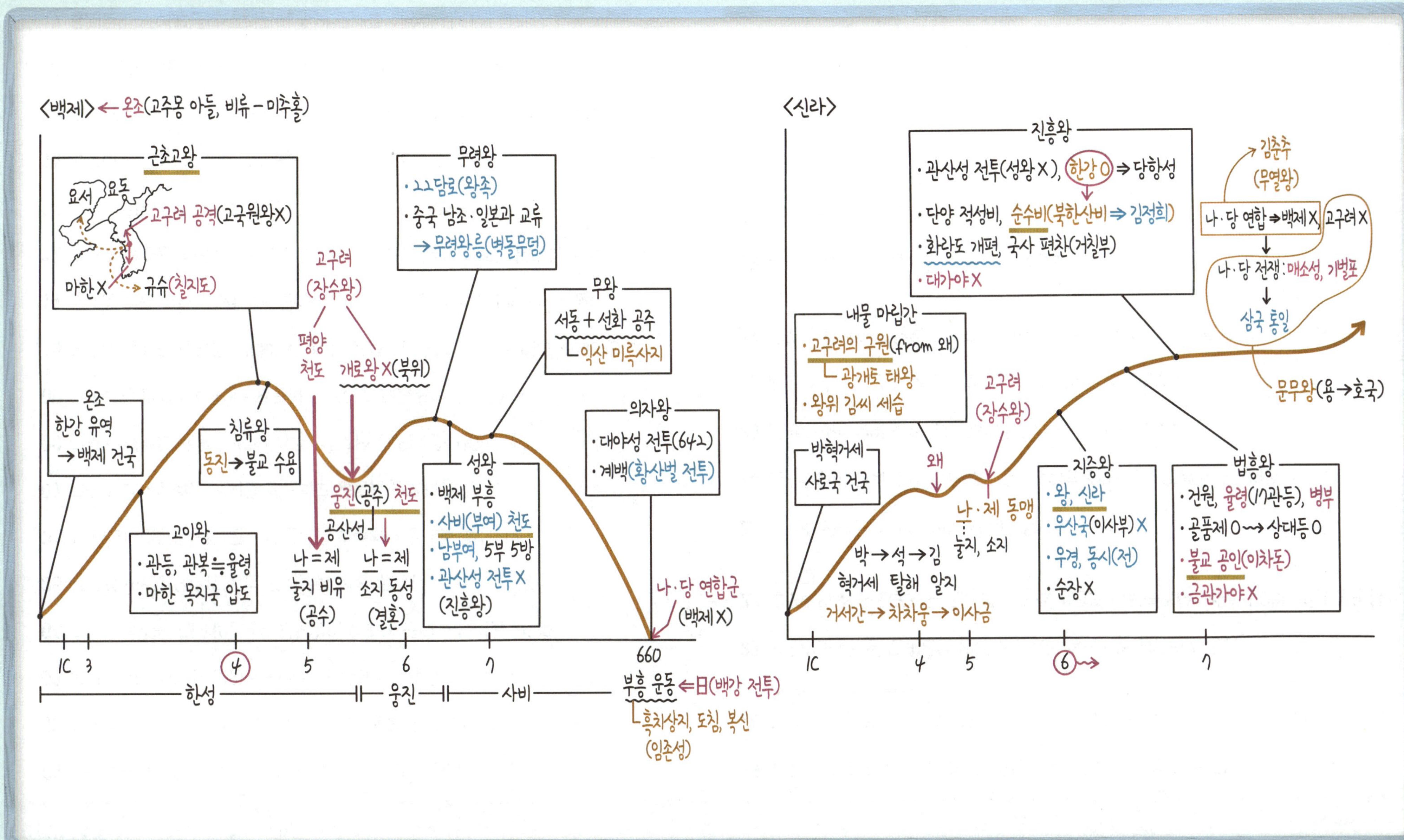
〈백제〉← 온조(고주몽 아들, 비류 – 미추홀)
온조
한강 유역
→ 백제 건국
근초고왕
요서
요동
고구려 공격(고국원왕X)
마한X
규슈(칠지도)
고이왕
· 관등, 관복 ≒ 율령
· 마한 목지국 압도
침류왕
동진 → 불교 수용
고구려
(장수왕)
평양
천도
개로왕X(북위)
웅진(공주) 천도
공산성
나 = 제
눌지 비유
(공수)
나 = 제
소지 동성
(결혼)
무령왕
· 22담로(왕족)
· 중국 남조·일본과 교류
→ 무령왕릉(벽돌무덤)
성왕
· 백제 부흥
· 사비(부여) 천도
· 남부여, 5부 5방
· 관산성 전투X
(진흥왕)
무왕
서동 + 선화 공주
└ 익산 미륵사지
의자왕
· 대야성 전투(642)
· 계백(황산벌 전투)
나·당 연합군
(백제X)
1C 3 4 5 6 7 660
한성
웅진
사비
부흥 운동 ⇐ 日(백강 전투)
└ 흑치상지, 도침, 복신
(임존성)
〈신라〉
박혁거세
사로국 건국
박 → 석 → 김
혁거세 탈해 알지
거서간 → 차차웅 → 이사금
내물 마립간
· 고구려의 구원(from 왜)
└ 광개토 태왕
· 왕위 김씨 세습
왜
고구려
(장수왕)
나·제 동맹
눌지, 소지
지증왕
· 왕, 신라
· 우산국(이사부)X
· 우경, 동시(전)
· 순장X
법흥왕
· 건원, 율령(17관등), 병부
· 골품제 O ⇝ 상대등 O
· 불교 공인(이차돈)
· 금관가야X
진흥왕
· 관산성 전투(성왕X), 한강 O ⇒ 당항성
· 단양 적성비, 순수비(북한산비 ⇒ 김정희)
· 화랑도 개편, 국사 편찬(거칠부)
· 대가야X
김춘추
(무열왕)
나·당 연합 ⇒ 백제X, 고구려X
나·당 전쟁: 매소성, 기벌포
삼국 통일
문무왕(용 → 호국)
1C 4 5 6 7

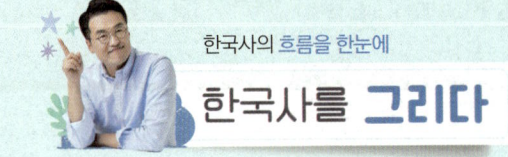

# 05강 고대(백제, 신라)

01 백제는 고이왕 때 마한 목지국을 압도하고 지역의 맹주로 발돋움하였다.

02 백제 고이왕은 좌평과 관등제의 기본 골격을 마련하였다.

03 백제 근초고왕은 마한을 복속하였으며, 고구려의 평양성을 공격하여 고국원왕을 전사시켰다.

04 백제가 왜에 전한 칠지도의 명문을 통해 당시 백제와 왜의 관계를 짐작할 수 있다.

05 백제는 침류왕 때 동진으로부터 불교를 수용하였다.

06 백제 개로왕은 고구려를 견제하고자 북위에 국서를 보냈다.

07 고구려의 공격으로 한성이 함락된 후 백제 문주왕은 웅진으로 천도하였다.

08 신라의 눌지 마립간과 백제의 비유왕은 동맹을 맺어 고구려의 남진 정책에 대항하였다.

09 백제 동성왕은 나·제 동맹을 강화하였다.

10 백제 무령왕은 지방의 22담로에 왕족을 파견하였다.

11 백제 성왕은 중앙 관청을 22부로 정비하였다.

12 백제 성왕은 사비로 천도하고 국호를 '남부여'로 고쳤다.

13 백제 성왕은 신라 진흥왕과 연합하여 한강 하류 지역을 되찾았다.

14 백제 성왕은 신라와의 관산성 전투에서 전사하였다.

15 백제 무왕은 익산에 미륵사를 창건하였다.

16 백제 의자왕은 윤충을 보내 신라의 대야성을 함락하였다.

17 백제의 계백이 이끄는 결사대가 황산벌에서 신라군에 맞서 싸웠다.

18 복신과 도침 등이 부여풍을 왕으로 추대하고 주류성에서 군사를 일으켜 백제 부흥을 꾀하였다.

19 백제 부흥군은 임존성에서 소정방이 보낸 당군을 격퇴하였으며, 왜의 지원군과 함께 백강에서 나·당 연합군에 맞서 싸웠다.

20 신라 내물 마립간 이전에는 박·석·김씨가 교대로 왕위를 계승하였다.

21 신라 지증왕은 국호를 '신라'로 확정하고 '왕'이라는 칭호를 사용하였다.

22 신라 지증왕은 순장을 금지하고 우경을 장려하였으며, 시장을 관리하기 위해 동시전을 설치하였다.

23 신라 지증왕은 이사부를 보내 우산국을 복속하였다.

24 신라 법흥왕은 '건원'이라는 독자적인 연호를 사용하였다.

25 신라 법흥왕은 병부와 상대등을 설치하였다.

26 신라 법흥왕은 금관가야를 병합하였으며, 그 일부 왕족을 신라의 진골 귀족으로 편입시켰다.

27 신라 진흥왕은 화랑도를 국가적인 조직으로 개편하고, 대가야를 정복하여 영토를 확장하였다.

28 신라 진흥왕은 한강 유역 전체를 차지하였다.

29 신라 진흥왕은 영토를 확장하고 단양 신라 적성비와 4개의 순수비를 세웠다.

30 신라의 김춘추는 고구려와의 동맹에 실패하자 당으로 건너가 군사 동맹을 성사시켰다.

31 신라는 문무왕 때 당의 군대에 맞서 매소성 전투, 기벌포 전투에서 승리하여 삼국 통일을 이룩하였다.

# 고대(통일 신라, 발해)

통일 신라, 발해
→ 남북국 시대
└ 〈발해고〉 by 유득공

## 〈통일 신라〉

### 전기(왕권↑)

- 태종 무열왕
  - 최초 진골 출신 왕
  - 김춘추 └ 나·당 연합, 백제X with 김유신
- 문무왕
  - 고구려X 나·당 전쟁O, 삼국 통일, 상수리(인질), 외사정
  - 동해 용 → 문무 대왕암
- 신문왕
  - 정치
    - 김흠돌 난, 상대등(화백 회의)↓
      - └ 정사암(백), 제가 회의(고)
    - 집사부 시중↑, 6두품O(설총 – 화왕계)
  - 경제: 관료전O(노동력X), 녹읍X
  - 사회
    - 9주 5소경 ⇒ 수도 편재성 극복
      - 중원경(충주): 고구려비
      - 서원경(청주): 민정 문서, 〈직지심체요절〉
    - 9서당(중앙, 민족 융합) 10정(지방)
  - 문화: 국학, 감은사 – (만파식적) → 문무 대왕암

진덕 여왕 || 문무왕 ~ 무열왕 ———— 혜공왕

### 후기(왕권↓)

- 정치: 김헌창 난 ⇒ 진골 귀족 간 왕위 다툼
- 경제: ~녹읍O
- 사회
  - 호족 (장군, 성주)
    - 1세대 – 장보고(법화원, 청해진 – 완도)
    - 2세대 –
      - 견훤: 후백제(완산주) → 후당·오월에 사신 파견
      - 궁예 (양길 →): 후고구려(송악) → 마진, 태봉(철원), 광평성 설치
      - → 왕건: 고려(송악) ⇒ 후삼국 통일
        - 공산 전투(견훤 vs 왕건): 신숭겸X
        - ↓ 고창 전투(견훤 vs 왕건): 안동 차전놀이
        - ↓ 신라X(경순왕 → 경주 사심관) ← 마의 태자
        - ↓ 일리천 전투(신검 vs 왕건 + 견훤) └ 금산사
  - 民↓: 원종·애노의 난(진성 여왕)
- 문화: 선종↑(9산 선문), 풍수지리설 ← 호족

선덕왕 ———— 경순왕

후삼국

## 〈발해〉

698 ———— 926

- 대조영 동모산에서 건국
- 무왕(인안)
  - 반당
    - 대문예 → 흑수 말갈 공격
    - 장문휴 → 산둥반도(등주) 공격
- 문왕(대흥)
  - 친당: 3성 6부, 신라도
  - 중경 → 상경 천도
- 선왕(건흥)
  - 5경 15부 62주 ⇒ 요동
  - 해동성국
- 거란 (926)

- 왕 ——(나 고려왕은~)——→ 日
- 지배층: 고구려인 多
- 온돌, 이불병좌상, 돌사자상, 석등

고구려 ↓ 계승

발해

당 ↑ 영향

- 당 ↑ / 독자성 ↑
- 3성: 정당성(대내상), 중대성, 선조성
- 6부: 충·인·의·지·예·신
- 중정대: 감찰 기구
- 주자감: 교육 기관
- 상경 용천부 주작대로

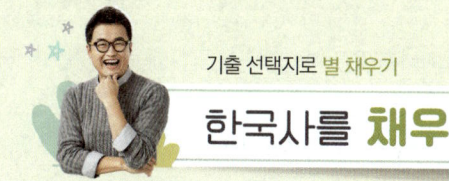

# 06강 고대(통일 신라, 발해)

01 문무왕은 나·당 전쟁에서 승리하여 삼국 통일을 이룩하였다.

02 문무왕은 지방관을 감찰하고자 외사정을 파견하였다.

03 신문왕은 장인인 김흠돌의 반란을 진압하고 진골 귀족 세력을 숙청하여 왕권을 강화하였다.

04 신문왕은 왕권 강화를 위해 집사부의 장관인 시중(중시)의 권한을 강화하였다.

05 신문왕은 관리에게 관료전을 지급하고 녹읍을 폐지하였다.

06 신문왕은 유학 교육을 위해 국학을 설립하였다.

07 통일 이후 신라는 지방을 9주로 나누고, 수도가 동남쪽으로 치우친 것을 보완하기 위해 5소경을 설치하였다.

08 통일 이후 신라는 9서당 10정의 군사 조직을 운영하였다.

09 신라는 상수리 제도를 실시하여 지방 세력을 견제하였다.

10 신라 말에 웅천주 도독 김헌창의 난 이후 진골 귀족들의 왕위 다툼이 심화되었다.

11 신라 말에 왕권이 약화되고 지방에서 호족들이 반독립적인 세력으로 성장하였다.

12 신라 말에 일부 6두품 세력은 골품제를 비판하며 새로운 사회 건설을 추구하였다.

13 신라 말에 참선과 수행을 통해 깨달음을 얻고자 하는 선종 불교가 호족의 후원을 받으며 성행하였다.

14 신라 말에 장보고는 청해진을 거점으로 반란을 도모하였다.

15 견훤은 완산주를 도읍으로 후백제를 건국하고, 중국과도 외교 관계를 맺어 후당, 오월에 사신을 파견하였다.

16 후백제의 견훤은 신라의 금성을 습격하여 경애왕을 죽게 하였다.

17 궁예는 송악 지방 호족들의 후원을 받아 후고구려를 건국하였다.

18 궁예는 광평성 등 각종 정치 기구를 마련하였다.

19 궁예는 국호를 '마진'으로 바꾸고 철원으로 천도하였다.

20 후백제군은 공산 전투에서 고려군에 대승을 거두었다.

21 신검의 후백제 군대는 일리천 전투에서 왕건의 고려군에 패배하였다.

22 대조영은 지린성 동모산에서 발해를 세웠다.

23 발해는 일본에 보낸 국서에서 '고려 국왕'이라는 명칭을 사용하여 고구려 계승 의식을 드러냈다.

24 발해 무왕은 대문예에게 흑수 말갈의 정벌을 명하였고, 장문휴를 보내 당의 등주를 공격하였다.

25 발해 무왕은 '인안'이라는 독자적인 연호를 사용하였으며, 일본에 사신과 국서를 보냈다.

26 발해 문왕은 당의 선진 문물과 제도를 수용하여 3성 6부의 중앙 통치 체제를 정비하였다.

27 발해 문왕은 '대흥'이라는 독자적인 연호를 사용하였으며, 신라와의 상설 교통로인 신라도를 개설하였다.

28 발해 선왕은 '건흥'이라는 연호를 사용하였으며, 이 시기에 발해는 전성기를 이루어 중국으로부터 '해동성국'이라 불렸다.

29 발해의 중앙 관제는 당의 3성 6부를 모방하였으나 명칭과 운영 방식에서는 독자성을 가졌다.

30 발해는 3성 가운데 정당성의 장관인 대내상이 국정을 총괄하였으며, 중정대를 두어 관리를 감찰하였다.

31 발해는 5경 15부 62주의 지방 행정 제도를 마련하였다.

32 발해는 교육 기관으로 주자감을 설치하였으며, 서적 관리, 주요 문서 작성을 위해 문적원을 두었다.

# 07강 고대(경제, 사회)

〈경제〉

- 조세(토지세)
- 공납(특산물)
- 역(노동력)

→ 민정 문서

- 조세 수취 ⇒ 고려·조선 (人: 호적, 土: 양안)
- 日에서 발견 ⇒ 서원경(청주) 〈직지〉
- 촌주, 3년

경제 — 조세 / 토지 / 활동 / 무역

관리 ⇒ 수조권 : 관료전·녹읍 (노동력 X / O)

民 ⇒ 소유권 : 정전(성덕왕) ↳ 고려·조선 : 민전

※ 녹읍 → 관료전 → 녹읍 X → 정전 → 녹읍 O
(관료전: 신문왕 / 정전: 성덕왕 / 녹읍 O: 경덕왕)

※ 부경(고구려)

동시(전) → 서시·남시
(동시: 지증왕 / 서시·남시: 통일 신라)

〈사회〉

씨족 사회 전통

화랑도
- 랑 = 귀족
- 도 = 귀족 + 일반
→ 계급 갈등 완화
- 진흥왕 : 국가 조직으로 개편
- 신채호 : 낭가

신 — 고 — 백 — 발
- 화백회의 └ 김씨, 만장일치
- 제가회의 └ 고씨
- 정사암 └ 부여씨 + 8성
- 정당성 └ 대씨

사회

골품 — 폐쇄적, 삶 모습 규정
- 성골 : ~진덕 여왕
- 진골 : 태종 무열왕(김춘추)
- 6두품 : "아찬" 까지
  └ 설계두
- ⋮

→ 설총 (원효子, 신문왕) → 최치원(cf. 해운대)
- 빈공과, 토황소격문
- 최치원의 자
- 시무 10여 조, 〈계원필경〉
  └ 시행 X

# 07강 고대(경제, 사회)

01 신라의 관리에게 지급된 녹읍은 조세 수취와 노동력 징발이 허용된 지역이었다.

02 신문왕 때 관리에게 관료전이 지급되고 녹읍이 폐지되었다.

03 신문왕 때 폐지된 녹읍은 경덕왕 때 부활하였다.

04 성덕왕은 백성에게 정전을 지급하였다.

05 일본 도다이사 쇼소인에서 발견된 신라 촌락 문서(민정 문서)는 서원경 인근 4개 촌의 정보를 담고 있다.

06 신라 지증왕 때 시장을 감독하는 관청인 동시전이 설치되었다.

07 통일 신라 시기에 상업이 발전하여 수도에 서시와 남시가 설치되었다.

08 신라와 당의 교류가 증가하면서 산둥반도 등지에 신라인의 집단 거주 지역인 신라방이 형성되었다.

09 통일 신라 시기에 당에 거주하는 신라인을 관리하기 위한 관청인 신라소, 신라인을 위한 사찰인 신라원이 세워졌다.

10 통일 신라 시기에 당항성, 영암 등이 국제 무역항으로 번성하였다.

11 통일 신라 시기에 수도 근처의 울산항이 국제 무역항으로 번성하여 아라비아 상인도 왕래하였다.

12 장보고는 완도에 청해진을 설치하여 해상 무역을 전개하였다.

13 장보고는 당에 머무르는 신라인을 위한 사찰로 법화원을 설립하였다.

14 당의 산둥반도에는 발해의 사신들이 머무는 발해관이 설치되었다.

15 발해는 모피, 인삼, 자기, 담비 가죽 등을 수출하였는데, 특히 솔빈부의 말이 특산물로 유명하였다.

16 발해는 신라도라는 상설 교통로를 두어 신라와 왕래하였다.

17 발해는 거란도, 영주도 등을 통해 주변 국가와 교류하였다.

18 백제는 정사암에서 국가 중대사를 결정하고 재상을 선출하였다.

19 신라의 귀족 회의인 화백 회의는 만장일치제로 운영되었다.

20 백제에서는 왕족인 부여씨를 비롯한 8성의 귀족이 지배층을 이루었다.

21 신라의 골품제는 개인의 정치 활동뿐만 아니라 일상생활까지 규제한 폐쇄적인 신분제이다.

22 진흥왕 때 국가적인 조직으로 정비된 신라의 화랑도는 계층 간의 갈등을 완화하는 역할을 하였다.

23 신라의 화랑도는 원광의 세속 5계를 행동 규범으로 삼았다.

24 최치원은 신라 6두품 출신의 도당 유학생이었으며, 귀국 후 혼란에 빠진 신라 사회를 개혁하고자 하였다.

25 최치원은 당에서 돌아와 진성 여왕에게 시무 10여 조를 건의하였다.

26 신라 말에 진골 귀족 간의 왕위 다툼으로 사회가 혼란한 가운데 지방에서 호족 세력이 성장하였다.

27 신라 말에 일부 6두품은 호족과 연계하여 새로운 사회 건설을 추구하였다.

| | 유교 | 역사 | 도교 | 불교(人) ⇒ 왕실, 업, 호국 | 불상 | 불탑 |
| --- | --- | --- | --- | --- | --- | --- |
| 고구려 | · 중앙 : 태학(소수림왕)<br>· 지방 : 경당(장수왕, 평양 천도 이후)<br>= 문 + 무 | 〈유기〉 → 〈신집〉 5권<br>영양왕, 이문진 | · 신선 무위자연 ⇒ 사신도<br>· 연개소문(도교 진흥, 당에 도사 파견 요청) | 소수림왕 ← 전진 | 금동 미륵 보살 반가 사유상<br>금동 연가 7년명 여래 입상 | |
| 백제 | · 박사(오경·의·역박사)<br>· 왕인(논어, 천자문 → 日)<br>· 사택지적비(부여) | 〈서기〉<br>└ 근초고왕, 고흥 | · 산수무늬 벽돌<br>· 금동 대향로(부여) | 침류왕 ← 동진 | 서산 용현리 마애 여래 삼존상<br>백제의 미소 | · 익산 미륵사지 석탑(무왕 – 서동, 선화)<br>: 목탑 → 석탑<br>· 부여 정림사지 5층 석탑( = 평제탑) |
| 신라 | · 임신서기석<br>· 화랑도의 세속 오계(by 원광)<br>→ 걸사표 | 〈국사〉<br>└ 진흥왕, 거칠부 | 화랑도 ⇒ 낭가 사상<br>└ 신채호 | 법흥왕(이차돈)<br>→ 불교식 이름(법흥왕 ~ 진덕 여왕) | 경주 배동 석조 여래 삼존 입상 | · 경주 분황사 석탑(모전탑)<br>· 황룡사 9층 목탑(선덕 여왕 ← 자장)<br>: 고려 몽골 X |
| 통일 신라 | · 국학(신문왕)<br>· 설총(신문왕 ← 화왕계) : 이두 정리<br>· 강수 : 외교 문서, 청방인문표<br>· 김대문 : 〈화랑세기〉, 〈고승전〉, 〈한산기〉<br>⇒ 자주적, 주체적 | | 불교 대중화 – | · 원효 ┬ 무애가, 일심 사상, 아미타 신앙(정토 신앙)<br>├ 화쟁 사상 ⇝ 원융회통<br>└ 〈십문화쟁론〉, 〈대승기신론소〉, 〈금강삼매경론〉<br>· 의상 ┬ 관음 신앙<br>├ 화엄종(일즉다 다즉일), 〈화엄일승법계도〉<br>└ 부석사 창건<br>· 혜초 : 〈왕오천축국전〉 저술 | 석굴암 본존불 | · 경주 불국사 3층 석탑( = 석가탑, 무영탑)<br>└ 무구정광대다라니경<br>[현존 세계 최고(最古) 목판 인쇄물]<br>· 경주 불국사 다보탑<br>· 경주 감은사지 3층 석탑(신문왕 → 문무왕) |
| (말) | · 독서삼품과(원성왕) △<br>· 최치원 : 빈공과, 토황소격문, 〈계원필경〉 | | | 선종 유행 ⇒ 9산 선문(호족 후원)<br>└ 풍수지리설(도선) | | · 양양 진전사지 3층 석탑(조각)<br>· 승탑 유행 : 화순 쌍봉사 철감선사 승탑 |
| 발해 | 주자감 | | | | 이불병좌상 | 영광탑 |

# 08강 고대(문화 1)

01 **고구려**는 수도에 **태학**을 설치하여 유학 교육을 하였고, 지방에는 **경당**을 설치하여 청소년에게 글과 활쏘기를 가르쳤다.

02 **임신서기석**을 통해 **신라**에서 **유학** 교육이 행해졌음을 알 수 있다.

03 **원광**은 화랑도의 규범으로 **세속 5계**를 제시하였으며, 왕명을 받아 수에 군사를 청하는 **걸사표**를 작성하였다.

04 **설총**은 '**화왕계**'를 지어 신문왕에게 조언하였다.

05 **설총**은 한자의 음과 훈을 차용한 **이두**를 체계적으로 정리하였다.

06 **강수**는 외교 문서 작성에 능하여 '**청방인문표**'를 작성하였다.

07 **김대문**은 진골 귀족 출신으로 "**화랑세기**", "고승전", "한산기" 등을 저술하였다.

08 **최치원**은 당에 건너가 **빈공과**에 합격하였으며, '**격황소서**(토황소격문)'와 "**계원필경**"을 지었다.

09 신라 **원성왕**은 유교적 학식을 갖춘 관리의 채용을 위해 **독서삼품과**를 시행하였다.

10 고구려 **영양왕** 때 **이문진**이 "유기"를 간추려 "**신집**" 5권을 편찬하였다.

11 백제 **근초고왕**은 **고흥**에게 "**서기**"를 편찬하도록 하였다.

12 신라 **진흥왕**은 **거칠부**에게 "**국사**"를 편찬하도록 하였다.

13 고구려 고분에 그려진 **사신도**는 **도교** 사상과 밀접한 관련이 있다.

14 **백제 금동 대향로**에는 **불교**와 **도교** 사상이 반영되어 있다.

15 고구려 **소수림왕**은 중국 전진으로부터 **불교**를 받아들였다.

16 백제 **침류왕**은 중국 동진으로부터 **불교**를 받아들였다.

17 신라 **법흥왕**은 **이차돈**의 순교를 계기로 **불교**를 공인하였다.

18 **원효**는 '**무애가**'를 지어 불교 **대중화**에 노력하였고, "**대승기신론소**", "**십문화쟁론**"을 저술하였다.

19 **원효**는 "**금강삼매경론**"을 저술하였다.

20 **의상**은 **화엄 사상**을 정립하고 현세의 고난에서 구제받고자 하는 **관음 신앙**을 강조하였다.

21 **의상**은 '**화엄일승법계도**'를 지어 화엄 사상을 정리하였다.

22 **혜초**는 인도와 중앙아시아를 다녀와서 "**왕오천축국전**"을 남겼다.

23 **고구려**의 **금동 연가 7년명 여래 입상**은 광배 뒷면에 새겨진 내용을 통해 제작 시기를 알 수 있는 불상이다.

24 **서산 용현리 마애 여래 삼존상**은 **백제**를 대표하는 불상으로 '백제의 미소'라고도 불린다.

25 **발해**의 **이불병좌상**은 고구려 불상의 영향을 받았다.

26 **백제 무왕** 때 건립된 **익산 미륵사지 석탑**은 목탑에서 석탑으로 넘어가는 과도기적 모습을 보여 주고 있다.

27 **부여 정림사지 5층 석탑**은 목탑의 구조를 띤 석탑으로, '**평제탑**'이라고 불리기도 하였다.

28 **경주 분황사 모전 석탑**은 돌을 **벽돌** 모양으로 깎아 만든 석탑이다.

29 **신라 선덕 여왕** 때 **자장**의 건의로 세워진 **경주 황룡사 9층 목탑**은 **몽골**이 고려에 침입한 시기에 소실되었다.

30 **경주 불국사 3층 석탑**은 **석가탑**이라고도 불리며, 신라식 석탑의 전형으로 간결하고 비례미가 돋보인다.

31 **경주 불국사 3층 석탑**을 보수하는 과정에서 **무구정광대다라니경**이 발견되었다.

32 신라 말에 **선종**의 유행으로 **승탑**이 많이 제작되었는데, 대표적으로 **화순 쌍봉사 철감선사탑**이 있다.

# 09강 고대(문화 2)



| | 과학 | 건축 | 고분 | | | 日 교류 | 外 교류 |
|---|---|---|---|---|---|---|---|
| 고구려 | 천문도 → 천상열차분야지도(조선 태조)<br>└ 왕↑, 농업 | 안학궁(평양)<br>↳ 장수왕, 남하 정책 | 돌무지무덤 (장군총)<br>↓ 모줄임<br>굴식 돌방무덤 ⇒ 입구 O, 벽화 O, 도굴 O | 아스카 문화 | 금동 미륵 보살 반가 사유상<br>↓<br>목조 미륵 보살 반가 사유상 (고류사) | · 수산리 고분 벽화 → 다카마쓰 고분 벽화<br>· 담징(금당 벽화)<br>· 혜자(쇼토쿠 태자 스승) | · 우즈베키스탄 아프라시아브 궁전 벽화<br>· 각저총 |
| 백제 | 칠지도(왜, 근초고왕) | 미륵사(익산), 왕궁리<br>↳ 무왕 | ↳ 돌무지무덤 (석촌동 고분)<br>↓<br>굴식 돌방무덤 + 벽돌무덤(무령왕릉)<br>↳ 중국 남조(양) 교류 | | | · 아직기, 왕인 → 日<br>· 백제 가람 | |
| 신라 | · 금관<br>· 첨성대(선덕 여왕)<br>└ 분황사, 황룡사 9층 목탑 | 황룡사<br>↳ 진흥왕 | 돌무지덧널무덤(껴묻거리 多)<br>(천마총, 황남 대총)<br>└ 천마도(말안장)<br>입구 X, 벽화 X, 도굴 X | | | · 조선술<br>· 축제술 → 한인의 연못 | · 보검<br>· 유리 제품(페르시아산) |
| 가야 | 덩이쇠(철판 갑옷, 금동관)<br>⇒ 대성동 고분(금관가야), 지산동 고분(대가야) | | 김해 대성동·고령 지산동 고분 | | | 스에키 | |
| 통일 신라 | · 상원사 동종(성덕왕): 현존 최고(最古) 동종<br>성덕 대왕 신종(경덕왕 ~ 혜공왕): 에밀레종<br>┌ 녹음 O, 불국사<br>· 무구정광대다라니경(현존 세계 최고 목판 인쇄물) ⇒ | · 불국사, 석굴암<br>· 동궁과 월지(안압지)<br>· 불국사 3층 석탑(석가탑) | 굴식 돌방무덤(김유신 묘)<br>— 12지 신상(호석) | 하쿠호 문화 | | | 원성왕릉(괘릉) 무인상 |
| 발해 | | 상경 용천부, 주작대로<br>└ 당 | · 정혜 공주(문왕2) 묘: 굴식 돌방무덤, 돌사자상 ⇒ 고구려<br>· 정효 공주(문왕4) 묘: 벽돌무덤 ⇒ 중국 | | | | |

# 09강 고대(문화 2)

01 고구려의 천문도는 조선 태조 때 만들어진 '천상열차분야지도'에 영향을 주었다.

02 금동 대향로와 칠지도는 백제의 수준 높은 공예 기술을 보여 준다.

03 신라는 천문 관측을 위해 첨성대를 세웠다.

04 우리나라에서 가장 오래된 범종은 통일 신라 성덕왕 때 만들어진 상원사 동종이다.

05 우리나라에서 현존하는 가장 큰 범종은 성덕 대왕 신종으로, 에밀레종이라고도 불린다.

06 현존하는 세계에서 가장 오래된 목판 인쇄물은 무구정광대다라니경이다.

07 백제 무왕은 익산 지역에 미륵사를 건립하였다.

08 신라 진흥왕은 경주에 황룡사를 건립하였다.

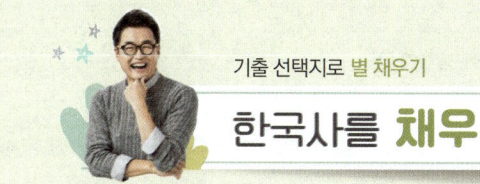

09 신라는 통일 후 신라를 불국토로 만들려는 염원에서 불국사와 석굴암을 건립하였다.

10 통일 신라 시대 별궁 터인 동궁과 월지는 안압지라고도 불렸다.

11 발해의 수도 상경은 당의 수도 장안을 본떠 만들었는데, 중앙에 남북으로 쭉 뻗은 주작대로가 있었다.

12 고구려와 백제의 초기 무덤 양식은 돌무지무덤으로, 이를 통해 두 나라 건국 세력이 밀접한 관계였음을 알 수 있다.

13 굴식 돌방무덤의 천장과 벽에 남겨져 있는 벽화를 통해 당시 사회의 모습을 짐작해 볼 수 있다.

14 공주의 무령왕릉은 중국 남조의 영향을 받은 벽돌무덤이며, 묘지석이 발견되어 무덤의 주인이 명확하게 밝혀졌다.

15 신라의 대표적 무덤 양식인 돌무지덧널무덤은 구조상 도굴이 어려워 많은 껴묻거리가 출토되었다.

16 김유신 묘는 신라의 대표적인 굴식 돌방무덤으로 무덤의 둘레돌(호석)에 12지 신상이 새겨져 있다.

17 발해의 정혜 공주 묘는 굴식 돌방무덤으로, 정효 공주 묘는 벽돌무덤으로 만들어졌다.

18 발해 정혜 공주 묘의 천장 구조와 무덤에서 발견된 돌사자상 등을 통해 발해 문화가 고구려의 영향을 받았음을 알 수 있다.

19 일본의 다카마쓰 고분 벽화와 고구려의 수산리 고분 벽화가 유사한 것으로 보아 두 나라가 교류하였음을 알 수 있다.

20 고구려의 승려 담징은 일본에 종이와 먹 제조 기술 등을 전파하였으며, 호류사의 금당 벽화를 그렸다고 알려져 있다.

21 고구려의 승려인 혜자는 일본으로 건너가 쇼토쿠 태자의 스승이 되었다.

22 백제의 학자 왕인은 일본에 "천자문"과 "논어"를 전파하였다.

23 삼국 시대의 금동 미륵보살 반가 사유상과 일본 고류사 목조 미륵보살 반가 사유상의 형태가 유사한 것을 통해 삼국의 문화가 일본에 영향을 미쳤음을 알 수 있다.

24 신라의 축제술이 일본으로 전해져 '한인의 연못'이 만들어졌다.

25 가야의 토기 제작 기술이 일본에 전해져 스에키 제작에 영향을 끼쳤다.

26 삼국의 문화는 일본의 아스카 문화 형성에 영향을 끼쳤다.

# 10강 고려(초기 정치)

한국사의 흐름을 한눈에
한국사를 그리다

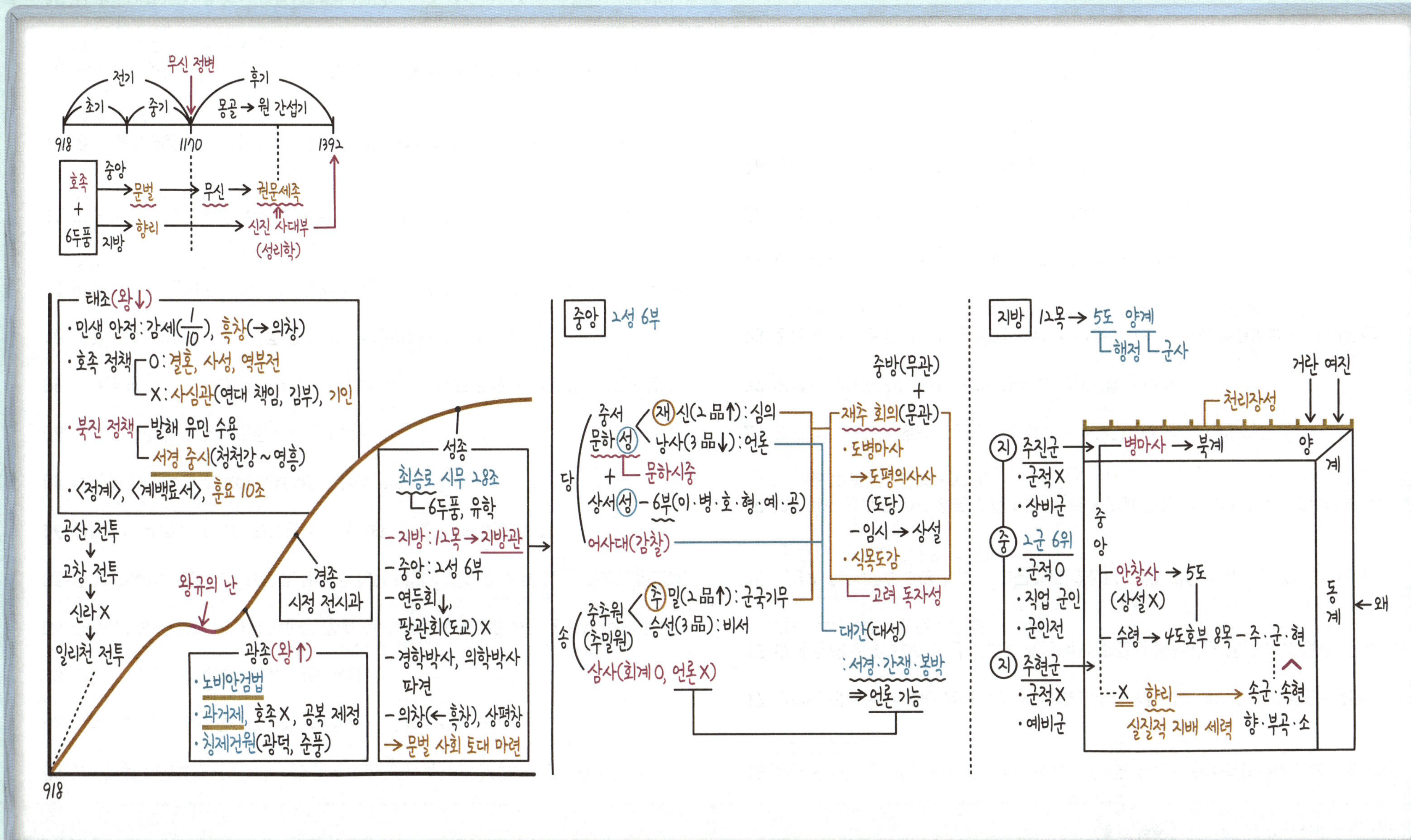

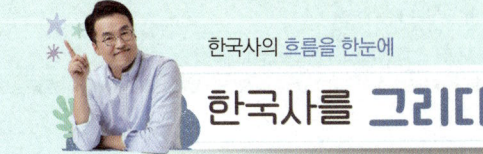

# 10강 고려(초기 정치)

기출 선택지로 별 채우기

한국사를 **채우다**

**01** 고려의 통치 체제가 정비되는 가운데 여러 대에 걸쳐 고위 관리를 배출한 가문이 등장하여 문벌이 형성되었다.

**02** 원 간섭기에 권문세족은 원의 세력을 배경으로 권세를 누리며 대농장을 소유하였다.

**03** 태조는 후삼국 통일 후 민생 안정을 위해 구휼 기관으로 흑창을 설치하였다.

**04** 태조는 호족에 대한 우호 정책으로 혼인 정책과 성을 하사하는 사성 정책을 폈다.

**05** 태조는 호족에 대한 견제 정책으로 사심관 제도와 기인 제도를 시행하였다.

**06** 태조는 경순왕 김부를 경주의 사심관으로 삼았다.

**07** 태조는 서경을 중시하여 북진 정책의 전진 기지로 삼았다.

**08** 태조는 "정계", "계백료서"를 저술하여 관리의 규범을 제시하였다.

**09** 태조는 대광현을 비롯한 발해 유민을 포용하였다.

**10** 광종은 억울하게 노비가 된 자를 양인으로 회복시켜 주는 노비안검법을 실시하였다.

**11** 광종은 쌍기의 건의를 받아들여 시험을 통해 관리를 뽑는 과거제를 도입하였다.

**12** 광종은 '광덕', '준풍' 등의 독자적인 연호를 사용하였다.

**13** 광종은 백관의 공복을 제정하여 복색을 4등급으로 구분하였다.

**14** 경종은 처음으로 직관·산관 각 품의 전시과를 제정하였다.

**15** 성종은 최승로의 시무 28조를 받아들여 통치 체제를 정비하였다.

**16** 성종은 전국에 12목을 처음으로 설치하고 지방관을 파견하였다.

**17** 성종은 지방 세력 통제를 위하여 향리제를 정비하였다.

**18** 고려는 중국의 제도를 참고하여 2성과 6부의 중앙 정치 조직을 두었다.

**19** 고려의 중서문하성은 국정을 총괄하는 최고 중앙 관서이며 수장은 문하시중이었다.

**20** 고려에는 중서문하성의 재신과 중추원의 추밀이 모여 회의하는 재추 회의가 있었다.

**21** 도병마사는 주로 군사 관련 문제를 다루는 회의 기구였으며, 원 간섭기에 도평의사사로 명칭이 바뀌었다.

**22** 고려의 재추 회의 중 하나였던 식목도감은 법제와 격식을 논의하는 임시 회의 기구였다.

**23** 중서문하성의 낭사와 어사대의 관원은 대간이라고 불렸으며, 간쟁·봉박·서경의 권한을 가지고 언론 기능을 담당하였다.

**24** 고려의 중추원은 왕명 출납과 군사 기밀을 담당하는 기구였다.

**25** 고려의 어사대는 관리 감찰과 풍기 단속을, 삼사는 화폐와 곡식의 출납과 회계를 담당하는 기구였다.

**26** 고려의 지방은 일반 행정 구역인 5도와 군사 지역인 양계로 구성되었다.

**27** 고려는 5도에 안찰사를, 국경 지대인 양계에는 병마사를 파견하였다.

**28** 고려 시대에는 특수 행정 구역으로 향·부곡·소가 있었다.

**29** 고려의 중앙군은 국왕의 친위 부대인 2군과 수도 경비 및 국경 방위를 맡는 6위로 구성되었다.

**30** 고려 시대 5도에는 예비군 성격의 주현군이, 양계에는 상비군 성격의 주진군이 설치되었다.

# 11강 고려(중기 정치 ~ 무신 정변)



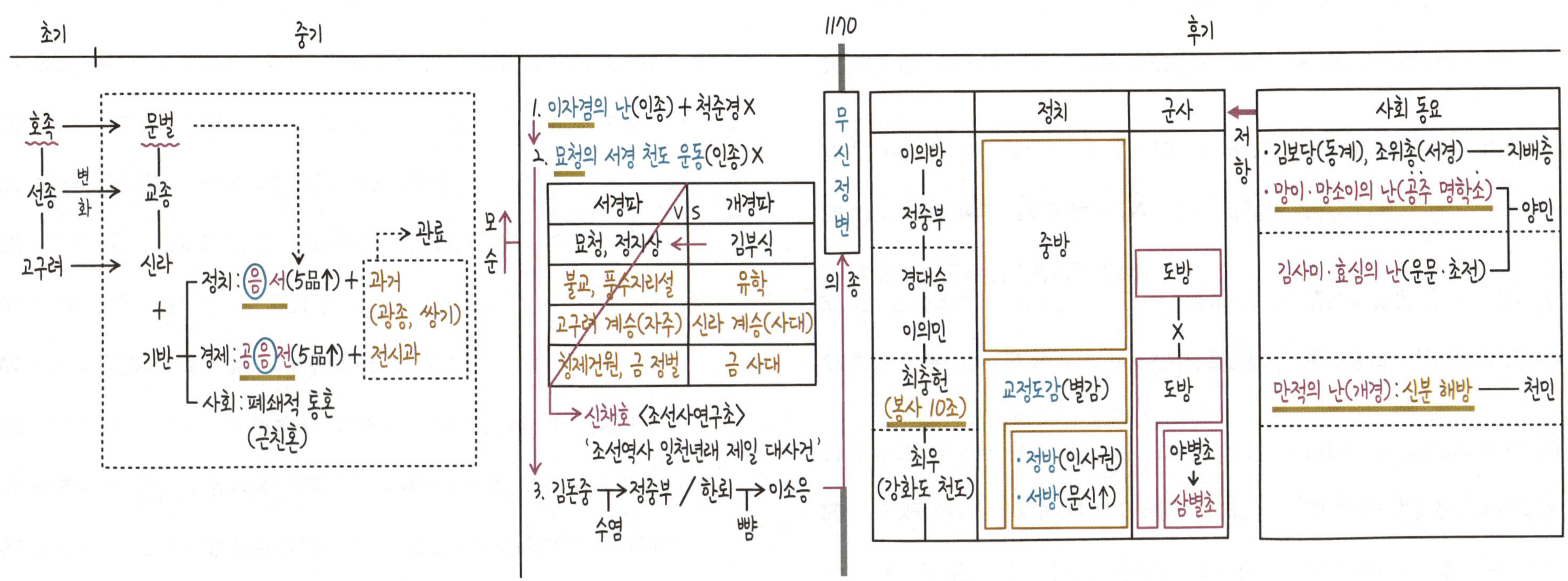

# 11강 고려(중기 정치 ~ 무신 정변)

**01** 고려 시대에 문벌은 과거와 음서를 통해 고위 관직을 독점하였다.

**02** 인종 때 권력을 독점한 왕실의 외척 이자겸이 척준경과 함께 난을 일으켰다.

**03** 묘청은 풍수지리설을 내세워 서경 천도를 주장하였다.

**04** 묘청 등 서경파는 고구려 계승 의식이 있었으며, 칭제건원과 금국 정벌을 주장하였다.

**05** 김부식을 중심으로 한 개경파는 신라 계승 의식이 있었으며, 금에 대한 사대를 주장하였다.

**06** 묘청 일파는 김부식이 이끄는 관군에 의해 토벌되었다.

**07** 신채호는 “조선사연구초”에서 묘청의 서경 천도 운동을 ‘조선역사 일천년래 제일 대사건’이라고 평가하였다.

**08** 무신에 대한 차별과 의종의 실정을 배경으로 보현원에서 무신 정변이 일어났다.

**09** 무신 정변으로 의종은 왕위에서 쫓겨나 거제도로 추방되었다.

**10** 무신 정변 직후 무신들의 회의 기구였던 중방이 최고 권력 기구의 역할을 하였다.

**11** 최충헌은 이의민을 몰아내고 정권을 장악하였다.

**12** 최충헌은 국왕에게 봉사 10조를 올려 시정 개혁을 제안하였다.

**13** 최충헌은 교정도감을 설치하고 교정별감이 되어 국정 전반을 장악하였다.

**14** 최우는 인사 행정 담당 기구로 정방을 설치하였다.

**15** 서방은 최우가 무신 정권의 국정 자문을 위해 문인들로 구성한 기구였다.

**16** 무신 집권기에 경대승이 신변 경호를 위해 사병 조직인 도방을 만들었다.

**17** 삼별초는 좌별초, 우별초, 신의군으로 편성된 군대로, 최씨 무신 정권의 군사적 기반이었다.

**18** 무신 정권에 항거하여 동북면 병마사 김보당이 의종의 복위를 도모하며 난을 일으켰다.

**19** 무신 정권에 반발한 서경 유수 조위총이 정중부 등의 제거를 도모하며 난을 일으켰다.

**20** 무신 집권기에 가혹한 수탈에 저항하여 공주 명학소에서 망이·망소이가 봉기하였다.

**21** 무신 집권기에 김사미와 효심이 현재의 경상도 지역에서 난을 일으켰으나 실패하였다.

**22** 무신 집권기에 개경에서 만적을 비롯하여 노비들이 신분 해방을 도모하였다.

# 12강 고려(외교)

## 호족 ⇒ 10~11C 거란(요)

- 광군(정종)
- 1차 : 서희 vs 소손녕 – 강동 6주 (성종)
- 2차 : 강조의 변, 양규 (현종) – 나주 피란
- 3차 : 강감찬 – 귀주 대첩 (현종)
  - └ 낙성대
- → 초조대장경
- 천리장성
- 나성(개경)

거란 →
여진 →

## 문벌 ⇒ 12C 여진(금)

- 윤관 : 별무반 ⇒ 동북 9성 (숙종) (예종)
  - 신기군(기병)
  - 신보군(보병)
  - 항마군(승병)
- 금 사대 ⇒ O(이자겸, 김부식)
  - 묘청의 서경 천도 운동 X

## 무신 ⇒ 13C 몽골(원) → 초조대장경 X, 황룡사 9층 목탑 X

저고여 X

- 최우 : 강화도 천도 ⟿ 개경 환도
- 박서 : 귀주성
- 김윤후 : 처인성(살리타 X), 충주(노비) ⟿ 다인철소
- 배중손, 김통정 : 삼별초
  - └ = 좌·우별초 + 신의군
  - 강화도 → 진도(용장성) → 제주도(항파두리)
- → 팔만대장경

## 권문세족 ⇒ 원 간섭기

공민왕(노국 대장 공주) → + 신진 사대부 (성리학)

- 영토 축소
  - 쌍성총관부(철령 이북) → X
  - 동녕부(서경)
  - 탐라총관부(제주)
- 부마국, 忠 O 왕
- 관제 개편
  - 2성(→첨의부), 6부(→4사)
  - 중추원(→밀직사)
- 내정 간섭 : 다루가치, 정동행성(개경) 이문소 → X
- 공녀(→조혼)
- 몽골풍(변발, 호복) → X
  - ≠ 고려양
- 권문세족 → X 기철(기황후)
  - 정치 : 도평의사사, 음서, 정방 → X 정방 폐지
  - 경제 : 대농장 → X 전민변정도감(신돈)
    - └ 왕↑, 재정↑

## 14C 홍건적(안동 피신 → 공민왕) 왜구

- 홍산 대첩(부여) : 최영
- 진포 대첩(군산) : 최무선
  - ⇓ 화통도감 – 화포
- 황산 대첩(남원) : 이성계
  - └→ 신흥 무인 세력↑

↓
명, 철령위 설치 통보
↓
최영(우왕) → 요동 정벌 단행 (X)
↓
위화도 회군 : 4불가론
↓
과전법 시행
⇓
조선(1392)

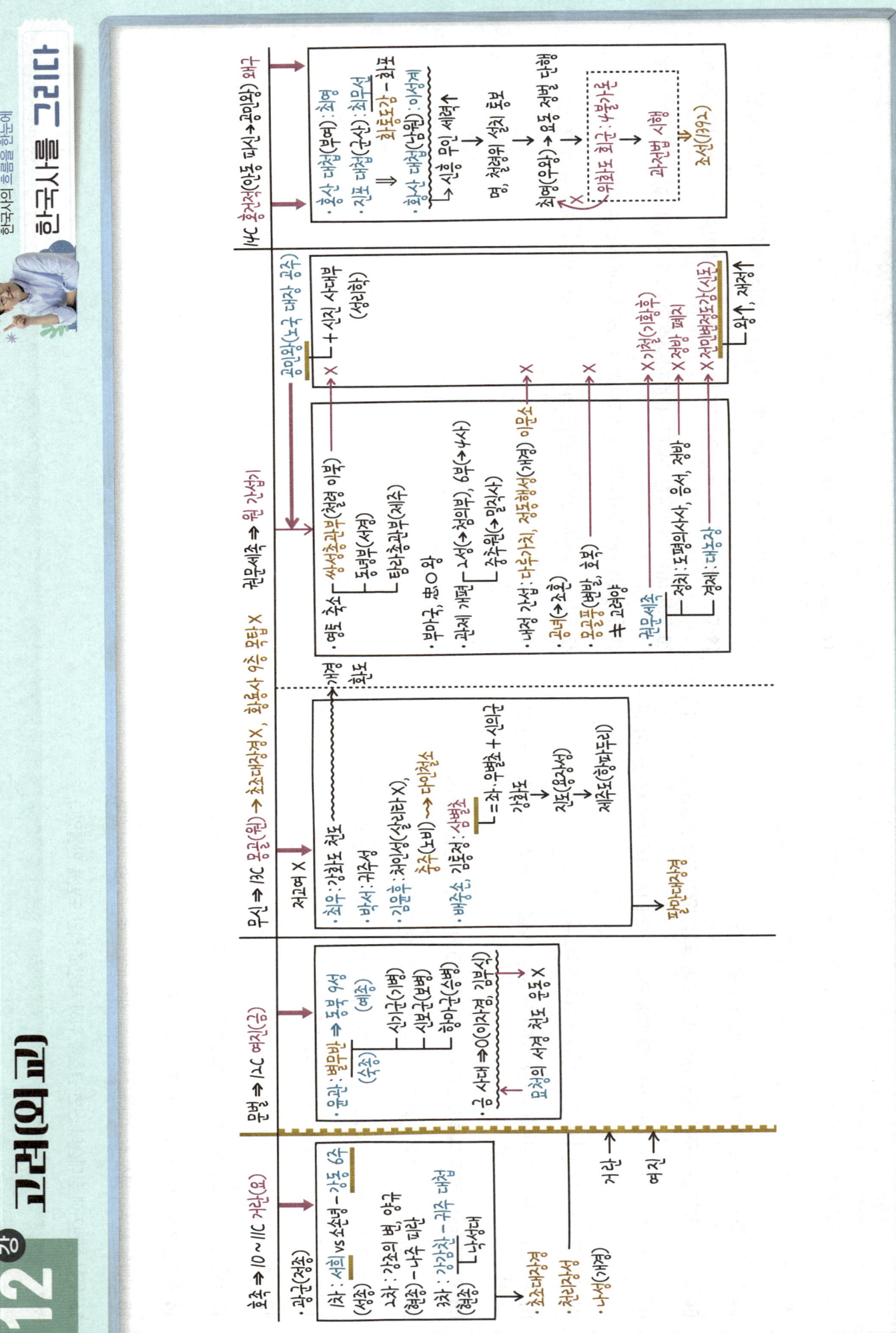

# 12강 고려(외교)

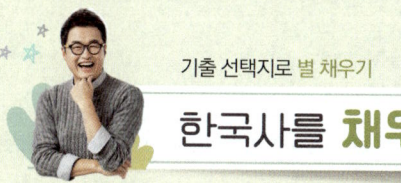

01 정종은 거란의 침입에 대비하기 위하여 광군을 창설하였다.

02 거란의 1차 침입 때 서희가 소손녕을 상대로 외교 담판을 벌여 강동 6주를 확보하였다.

03 강조가 정변을 일으켜 김치양 일파를 제거하고 목종을 폐위하였다.

04 강조의 정변을 구실로 거란군이 침략하여 개경이 함락되자 현종이 나주로 피란하였다.

05 거란의 2차 침입 때 양규가 포로로 잡혀가는 많은 고려인을 구하였다.

06 강감찬은 강동 6주의 반환 등을 요구하며 침략한 거란군을 귀주에서 크게 격퇴하였다.

07 고려는 부처의 힘을 빌려 거란의 침입을 막아 내고자 초조대장경을 만들었다.

08 고려는 거란과 여진의 침입에 대비하여 개경에 나성을 쌓고, 국경 지역에 천리장성을 축조하였다.

09 숙종 때 윤관의 건의에 따라 신기군, 신보군, 항마군으로 구성된 별무반이 조직되었다.

10 윤관은 별무반을 이끌고 여진을 정벌하여 동북 9성을 축조하였다.

11 무신 집권기에 몽골의 침입으로 초조대장경과 황룡사 9층 목탑이 소실되었다.

12 최씨 무신 정권은 몽골이 침입해 오자 강화도로 도읍을 옮겨 장기 항전에 대비하였다.

13 몽골의 침입 때 김윤후가 처인성에서 몽골 장수 살리타를 사살하였다.

14 배중손이 이끄는 삼별초는 고려 정부의 개경 환도 결정에 반대하여 대몽 항쟁을 이어 갔다.

15 삼별초는 강화도에서 진도, 다시 제주도로 근거지를 옮겨 가며 대몽 항쟁을 펼쳤다.

16 고려는 부처의 힘을 빌려 몽골의 침입을 막아 내고자 대장도감을 설치하여 팔만(재조) 대장경을 간행하였다.

17 원이 설치한 정동행성은 일본 원정 실패 이후 고려의 내정 간섭 기구로 이용되었다.

18 원 간섭기에 고려의 중서문하성과 상서성은 첨의부로, 6부는 4사, 중추원은 밀직사로 격하되었다.

19 원 간섭기에 권문세족은 최고 의결 기관인 도평의사사를 장악하고 권력을 유지하였다.

20 원 간섭기에 고려의 지배층을 중심으로 변발과 호복이 유행하였다.

21 원 간섭기에 결혼도감을 통해 공녀가 징발되었다.

22 공민왕은 인사 행정을 담당하던 정방을 혁파하였다.

23 공민왕은 권문세족을 견제하기 위해 신돈을 등용하고 전민변정도감을 설치하였다.

24 공민왕은 기철을 비롯한 친원 세력을 숙청하고, 변발 등 몽골풍을 금지하였다.

25 공민왕은 격하된 관제를 복구하고, 고려의 내정을 간섭하던 정동행성 이문소를 폐지하였다.

26 공민왕은 쌍성총관부를 공격하여 철령 이북의 땅을 수복하였다.

27 홍건적의 침략으로 개경이 함락되고 공민왕이 안동으로 피신하였다.

28 이성계는 내륙까지 쳐들어와 약탈하던 왜구를 황산에서 무찔렀다.

29 명이 철령 이북의 땅을 직속령으로 삼으려고 하자 우왕과 최영은 요동 정벌을 위해 이성계를 파견하였다.

30 이성계는 4불가론을 내세우며 요동 정벌에 반대하였다.

31 위화도 회군으로 정권을 장악한 이성계와 급진 개혁파 신진 사대부는 과전법을 공포하여 전제를 개혁하였다.

# 13강 고려(경제, 사회)

〈경제〉

| | | |
|---|---|---|
| 토지 제도 | 수조권 | 역분전(태조) → (광종) 시정 전시과(경종) → 개정 전시과(목종) → 경정 전시과(문종) (토지 부족) / 역분전: 논공행상 / 시정 전시과: 전현직, 인품 / 개정 전시과: 전현직, X / 경정 전시과: 현직, 전(토지), 시(임야) |
| | 소유 | 민전(→조선) |
| 수취 제도 | | 양안 ⇒ 조세(토지세), 공납(특산물), 호적 ⇒ 역(정남 → 요역, 군역) |
| 경제 활동 | | 농업(후기) ─ 논: 이앙법(남부 일부 시행), 〈농상집요〉(from 원, 이암) / 밭: 윤작법(2년 3작), 목화(from 원, 문익점) |
| | | 상업 ─ 무역: 벽란도(국제 무역항, 예성강, 이규보 – COREA by 아라비아 상인), 〈노걸대〉 / 화폐: 활구(은병), 건원중보(성종, 철전) – 해동통보(숙종) ⇒ 주전도감 〰 유통X, 현물O / 관영 상점(서적점, 다점), 시전 ⇝ 경시서(상행위 관리·감독), 상평창(물가 조절 기구) |
| | | 수공업: 관영 수공업, 소 수공업 ⟶ 민영 수공업, 사원 수공업 |

〈사회〉

| | |
|---|---|
| 신분제 | 호족 → 양반 문벌 → 무신 → 권문세족 / 양반 문벌 ─ 지배 ─ 중간 계층 / 양인: 양민 ─ 세금 O / 중간 계층: 하급 관리, 잡류, 남반, 군반, 향리 / 양민: 백정(일반 농민): 인구 多, 향·부곡·소: 차별 – 세금↑, 거주 이주 X (농업, 수공업) / 천인: 노비 多 (매매·상속·증여), 일천즉천 |
| 농민 조직 | 향도 ─ 전기: 불교 신앙 조직(매향) ⇝ 후기: 마을 공동 조직(상장제례) → 조선 |
| 사회 제도 | ·구휼: 흑창(태조) → 의창(성종), 제위 보(광종)<br>·기구: 동서 대비원, 혜민국, 구제도감, 구급도감 |
| 법률 | 당률〈관습법, 태·장·도·유·사 |
| 가족 제도 | 가정 內 여성 지위↑<br>└ 균분 상속, 윤행봉사(딸 제사 O), 외가 음서 O, 호적 나이순 기재 |

# 13강 고려(경제, 사회)

기출 선택지로 별 채우기

## 한국사를 채우다

01 고려 태조는 개국 공신에게 공로와 인품에 따라 역분전을 차등 지급하였다.

02 전시과는 관리에게 관직 복무에 대한 대가로 전지와 시지를 지급하여 세금 수취의 권리를 행사하게 한 토지 제도이다.

03 경종 때 마련된 시정 전시과에서는 전현직 관리에게 관리의 인품과 관등을 기준으로 하여 토지를 지급하였다.

04 목종 때 정비된 개정 전시과에서는 관직을 기준으로 전현직 관리에게 토지를 지급하였다.

05 문종 때 정비된 경정 전시과에서는 현직 관리에게만 토지를 지급하였다.

06 고려의 수취 제도로는 조세, 공납, 역이 있었다.

07 고려 시대 조세는 토지 대장인 양안을 기준으로, 역은 호적을 기준으로 부과되었다.

08 고려 후기에 남부 일부 지역에서 벼농사에 이앙법(모내기법)이 시행되기 시작하였다.

09 고려 시대에 들어와 소를 이용한 깊이갈이가 일반화되었다.

10 고려 후기에 이암이 원으로부터 화북 지방의 농법을 정리한 “농상집요”를 들여왔다.

11 고려 후기에 문익점이 원으로부터 목화씨를 들여와 재배하기 시작하였다.

12 고려 시대에 예성강 하구의 벽란도에 송, 일본, 아라비아의 상인들이 들어와 무역을 하였다.

13 고려 정부는 우리나라 최초의 금속 화폐인 건원중보와 은병(활구), 해동통보 등을 발행하여 화폐의 통용을 추진하였다.

14 고려 시대에 수도 개경의 시전을 감독하기 위해 경시서가 설치되었다.

15 고려 정부는 물가 조절을 위해 상평창을 설치하였다.

16 고려 시대에 서적점, 다점 등의 관영 상점이 운영되었다.

17 고려 전기에는 관영 수공업과 소 수공업이 주로 이루어졌으나, 후기에는 민영 수공업과 사원 수공업이 발달하였다.

18 고려 시대에 백정은 일반 백성을 가리키는 말이었으나, 조선 시대에는 주로 도살업에 종사하는 천민을 이르는 말이 되었다.

19 고려 시대에 천민의 대부분은 노비였으며, 이들은 매매·증여·상속의 대상이 되었다.

20 고려 시대에 향·부곡·소의 주민은 신분상 양민이지만 거주 이전의 자유가 없고 세금 부담에서 차별을 받았다.

21 향도는 매향 활동 등 각종 불교 행사를 주관하다가 점차 상장제례를 담당하는 마을 공동 조직으로 변화하였다.

22 고려 태조가 빈민 구제를 위해 흑창을 설치하였는데, 이는 성종 때 의창으로 이름이 바뀌었다.

23 고려의 대표적 구휼 기관인 의창은 흉년에 빈민에게 곡식이나 종자 등을 빌려주었는데, 이는 조선 시대까지 이어졌다.

24 고려는 개경의 동쪽과 서쪽에 동서 대비원을 두어 환자를 치료하였다.

25 구제도감과 구급도감은 재해가 발생하였을 때 설치된 고려의 임시 기구였다.

26 고려 시대에 서민의 질병 치료 기관인 혜민국에서 병자에게 의약품을 제공하였다.

27 고려 시대에 기금을 모아 그 이자로 빈민을 도와주는 제위보가 운영되었다.

28 고려 시대에는 자녀에게 재산을 균분 상속하는 일이 많았다.

29 고려 시대에는 여성의 재가가 비교적 자유로웠으며 재가한 여성의 자녀도 사회적 차별을 받지 않았다.

30 고려 시대에는 사위와 외손자에게도 음서의 혜택이 주어졌다.

1170

| | 호족 | 문벌 | 무신 | 원↑ ------ 권문세족 ← 신진 사대부 |
|---|---|---|---|---|
| 유학(훈고학) | 성종 ↑ 최승로<br>성종 ─ 중앙 : 국자감 ─ 유학부 → 명경과, 제술과 / 기술학부 → 잡과<br>〈과거 : 쌍기〉 승과 O, 무과 X<br>지방 : 향교 | 사학 12도(최충의 9재 학당 = 문헌공도) └ 해동공자<br>→ 관학 진흥책 : 양현고, 7재(전문 강좌, 국자감) | 유학↓ | 안향 : 성리학(from 원) 소개<br>→ 신진 사대부<br>이제현 – 이색 – 정몽주·정도전<br>└ 만권당, 〈역옹패설〉 |
| 역사 | 실록·〈구삼국사〉----> X | 〈삼국사기〉 ─ 김부식(← 인종), 신라<br>현존 우리나라 최고(最古) 역사서<br>기전체 : 본(기) + (세가) + 지 + 표 + 열(전) | ·〈해동고승전〉 : 각훈<br>·〈동명왕편〉 : 이규보 ⇒ 고구려<br>└ 고주몽 | ·〈삼국유사〉 : 일연, 민간 설화, 군위 ┐<br>·〈제왕운기〉 : 이승휴 ─ ┘ 단군<br>·〈사략〉 : 이제현 |
| 불교 | ·균여 : 〈보현십원가〉 – 향가, 광종(귀법사)<br>·태조 : 훈요 10조 → 연등회, 팔관회↑ ↓ 도교(민간 신앙) ↓ X<br>·성종 : 최승로 → ↓<br>·국사·왕사 제도 | 의천(왕자) ─ 천태종(국청사)<br>─ 교·선 통합 : 교(교)관(선)겸수<br>─ 〈교장〉 편찬, 화폐 유통 주장 | ·지눌 ─ 조계종<br>─ 선·교 통합 : 정(선)혜(교)쌍수, 돈오점수<br>─ 결사(수선사 → 송광사)<br>·혜심 : 유불 일치설<br>·요세 : 법화 신앙, 백련 결사 | |
| 풍수지리설 | 서경 길지설 → 훈요 10조, 북진 정책, 3경(개경, 서경, 동경 → 남경) | → 묘청의 서경 천도 운동<br>남경 길지설 ─── | ─── | → 한양 천도(조선) |

## 14강 고려(문화 1)

기출 선택지로 별 채우기

한국사를 **채우다**

01 고려 시대에 유학 교육을 진흥하기 위해 중앙에는 **국자감**, 지방에는 **향교**를 설립하였다.

02 국자감에는 **유학부** 외에 율학·서학·산학 등의 **기술학부**가 있었다.

03 고려의 과거는 문관을 뽑는 **명경과**와 **제술과**, 기술관을 뽑는 **잡과**, 승려를 대상으로 하는 **승과**가 있었다.

04 고려 시대에 과거 시험에서 **무과**는 거의 시행되지 않았다.

05 고려 시대에는 과거 감독관인 **지공거**와 합격자 사이에 좌주와 문생 관계가 형성되었다.

06 **최충**은 **9재 학당**을 세워 유학 교육을 실시하였는데, 최충의 시호를 따 **문헌공도**라고도 불렸다.

07 고려 중기에 사립 교육 기관인 **사학 12도**가 융성하였다.

08 고려는 예종 때 국자감에 전문 강좌인 **7재**를 두어 운영하였다.

09 고려는 관학 진흥을 위해 **양현고**를 설치하여 장학 기금을 마련하였다.

10 **안향**은 원으로부터 **성리학**을 들여와 고려에 최초로 소개하였다.

11 충선왕은 원의 연경에 **만권당**을 설치하여 고려와 원 학자들의 교류를 확대하였다.

12 **이제현**은 **만권당**에서 원의 학자들과 교유하였다.

13 **이제현**은 "**역옹패설**", "사략" 등을 저술하였다.

14 **김부식**은 왕명으로 유교 사관에 입각하여 "**삼국사기**"를 저술하였다.

15 "**삼국사기**"는 **기전체** 형식으로 편찬되었으며, 현존하는 우리나라에서 가장 오래된 역사서이다.

16 **각훈**은 승려들의 전기를 기록한 "**해동고승전**"을 남겼다.

17 **이규보**는 고구려 건국 시조의 일대기를 서사시 형태로 서술한 '**동명왕편**'을 저술하였다.

18 고려 후기에 **일연**은 불교사를 중심으로 민간 설화를 기록한 "**삼국유사**"를 저술하였다.

19 **이승휴**가 쓴 "**제왕운기**"는 고조선부터 충렬왕 때까지의 역사를 서사시 형태로 정리한 역사서이다.

20 "**삼국유사**"와 "**제왕운기**"는 **고조선**을 우리 역사의 시작으로 보았으며, **단군**의 건국 이야기를 다루었다.

21 **태조**는 **훈요 10조**에서 불교를 중시하고 **연등회**와 **팔관회** 같은 행사를 소홀히 하지 말 것을 당부하였다.

22 광종 때 **균여**는 향가 형태의 '**보현십원가**'를 지어 불교 교리를 대중에게 전파하였다.

23 **의천**은 이론의 연마와 실천을 함께 강조하는 **교관겸수**를 제창하였다.

24 **의천**은 불교 통합을 위해 국청사를 중심으로 **해동 천태종**을 창시하였다.

25 **의천**은 **교장도감**을 설치하여 불교 경전에 대한 주석서를 편찬하였다.

26 **지눌**은 **수선사 결사**를 제창하여 불교계를 개혁하고자 하였다.

27 **지눌**은 **돈오점수**를 주장하며 수행 방법으로 **정혜쌍수**를 내세웠다.

28 **혜심**은 지눌의 제자로 "**선문염송집**"을 편찬하고 **유불 일치설**을 주장하였다.

29 **요세**는 법화 신앙을 바탕으로 **백련 결사**를 주도하였다.

30 고려 중기 이후 **한양**을 중시하는 **남경 길지설**이 대두되었다.

# 15강 고려(문화 2)

| | 전기 (초기) | 전기 (중기) | 1170 후기 |
|---|---|---|---|
| 불상 & 회화 | · 철불 유행 : 하남 하사창동 철조 석가여래 좌상<br>· 대형 석불 : 논산 관촉사 석조 미륵보살 입상<br>안동 이천동 마애 여래 입상<br>파주 용미리 마애 이불 입상 | 신라 계승 : 영주 부석사 소조 아미타여래 좌상<br>└ 의상 | · 불화 ┌ 아미타래영도 / └ 수월관음도 ⇒ 지배층 소원<br>· 천산대렵도(by 공민왕 ?) |
| 불탑 | · 여주 고달사지 승탑<br>· 충주 정토사지 홍법국사 승탑(국박) | 다각 다층 석탑 ⇒ 평창 월정사 8각 9층 석탑<br>(석조 보살 좌상) | 개성 경천사지 10층 석탑(원 영향) – 대리석(국박 실내) → 서울 원각사지 10층 석탑(조선) |
| 공예 | | 나전 칠기, 순청자 ~~~~~~> | 상감 청자 ⟶ 분청사기 / 은입사 |
| 인쇄 – 목판 | → 대량 O, 다양 X    초조대장경(거란 X) ── | 교장(의천) ── | X ⟶ 재조대장경( = 팔만대장경, 몽골 X, 무신) – 경남 합천 해인사에 보관, 유네스코 세계 기록 유산 |
| 인쇄 – 활판 | → 소량 O, 다양 O | 〈상정고금예문〉(인종 X) | 〈직지심체요절〉[현존 세계 최고(最古) 금속 활자본] – 청주(서원경) 흥덕사에서 제작, 유네스코 세계 기록 유산 |
| 건축 | · 주심포 양식 X 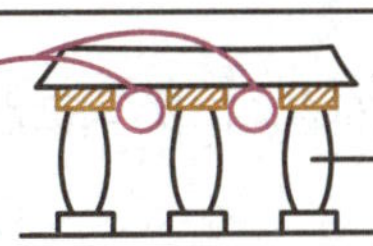 배흘림 ────── | ────── | → 안동 봉정사 극락전, 예산 수덕사 대웅전, 영주 부석사 무량수전<br>└ 현존 최고(最古) 고려 목조 건축물<br>· 다포 양식 : 황해도 성불사 응진전 |
| 과학(천문) | 사천대, 선명력(당) | | 수시력(원), 개성 첨성대(?) |
| 의학 | | | 〈향약구급방〉: 현존 우리나라 최고(最古) 의약서 |
| 무기 | | | 화통도감(우왕, 최무선) ⟶ 진포(군산) 대첩 ---> 황산 전투(이성계) |

# 15강 고려(문화 2)

기출 선택지로 별 채우기

## 한국사를 채우다

01 고려 초기의 대표적인 철불로 하남 하사창동 철조 석가여래 좌상이 있다.

02 고려 초기에 호족의 영향으로 각지에서 지방색이 강한 개성 있는 거대 불상들이 제작되었다.

03 고려 초기의 대표적인 거대 불상으로 논산 관촉사 석조 미륵보살 입상, 안동 이천동 마애 여래 입상 등을 들 수 있다.

04 영주 부석사 소조 여래 좌상은 신라 양식을 계승한 고려의 불상이다.

05 고려 후기에 아미타래영도, 수월관음도 등의 불화가 많이 그려졌다.

06 원의 영향을 받은 수렵도인 천산대렵도는 공민왕이 그렸다고 전해진다.

07 고려 전기에 다각 다층탑이 많이 만들어졌는데, 대표적으로 평창 월정사 8각 9층 석탑을 들 수 있다.

08 고려 후기에 개성 경천사지 10층 석탑이 원의 영향을 받아 대리석으로 만들어졌다.

09 개성 경천사지 10층 석탑은 조선 시대 서울 원각사지 10층 석탑에 영향을 주었으며, 현재 국립 중앙 박물관에 전시되어 있다.

10 고려 시대에 청자가 발달하였는데, 전기에는 무늬가 없는 순청자, 후기에는 독창적 기법의 상감 청자가 많이 제작되었다.

11 고려 시대 금속 공예에서는 금속 그릇 표면에 무늬를 새기고 은실을 채워 넣어 장식하는 은입사 기술이 발달하였다.

12 고려 시대에 조개껍질을 얇게 간 자개를 옻칠한 나무에 붙여 장식하는 나전 칠기가 많이 만들어졌다.

13 고려의 초조대장경은 거란을, 팔만대장경은 몽골을 격퇴하려는 염원을 담아 만들어졌다.

14 팔만대장경판은 현재 합천 해인사 장경판전에 보관되어 있고, 유네스코 세계 기록 유산으로 등재되어 있다.

15 고려 시대에 세계 최초의 금속 활자 인쇄본인 "상정고금예문"이 인쇄되었으나 현재 남아 있지 않다.

16 현존하는 세계에서 가장 오래된 금속 활자 인쇄본인 "직지심체요절"은 고려 시대에 청주 흥덕사에서 간행되었다.

17 "직지심체요절"은 현재 프랑스 국립 도서관에 소장되어 있으며, 유네스코 세계 기록 유산으로 등재되어 있다.

18 주심포 양식은 지붕을 받치는 공포를 기둥 위에만 두는 구조이다.

19 영주 부석사 무량수전은 주심포 양식의 건축물이며, 구조상 안정감을 주는 배흘림기둥으로 되어 있다.

20 영주 부석사 무량수전, 예산 수덕사 대웅전, 안동 봉정사 극락전은 고려 시대 대표적인 주심포 양식의 건축물이다.

21 안동 봉정사 극락전은 현존하는 우리나라 목조 건축물 중 가장 오래된 것이다.

22 고려 후기에 공포가 기둥과 기둥 사이에도 있는 다포 양식이 나타났다.

23 고려 후기에 만들어진 대표적인 다포 양식의 건축물로 사리원 성불사 응진전을 들 수 있다.

24 고려 시대 천체와 기상 관측을 담당하는 관청으로 사천대가 설치되었다.

25 고려는 원 간섭기에 들어오면서 원의 역법인 수시력을 사용하였다.

26 고려 시대에 현전하는 우리나라에서 가장 오래된 의약서인 "향약구급방"이 간행되었다.

27 고려 말 우왕 때 최무선의 건의로 화약과 화포 제작을 맡은 화통도감이 설치되었다.

28 최무선은 화포를 이용하여 진포에 침입한 왜구를 격퇴하였다.

# 16강 조선 전기(정치)

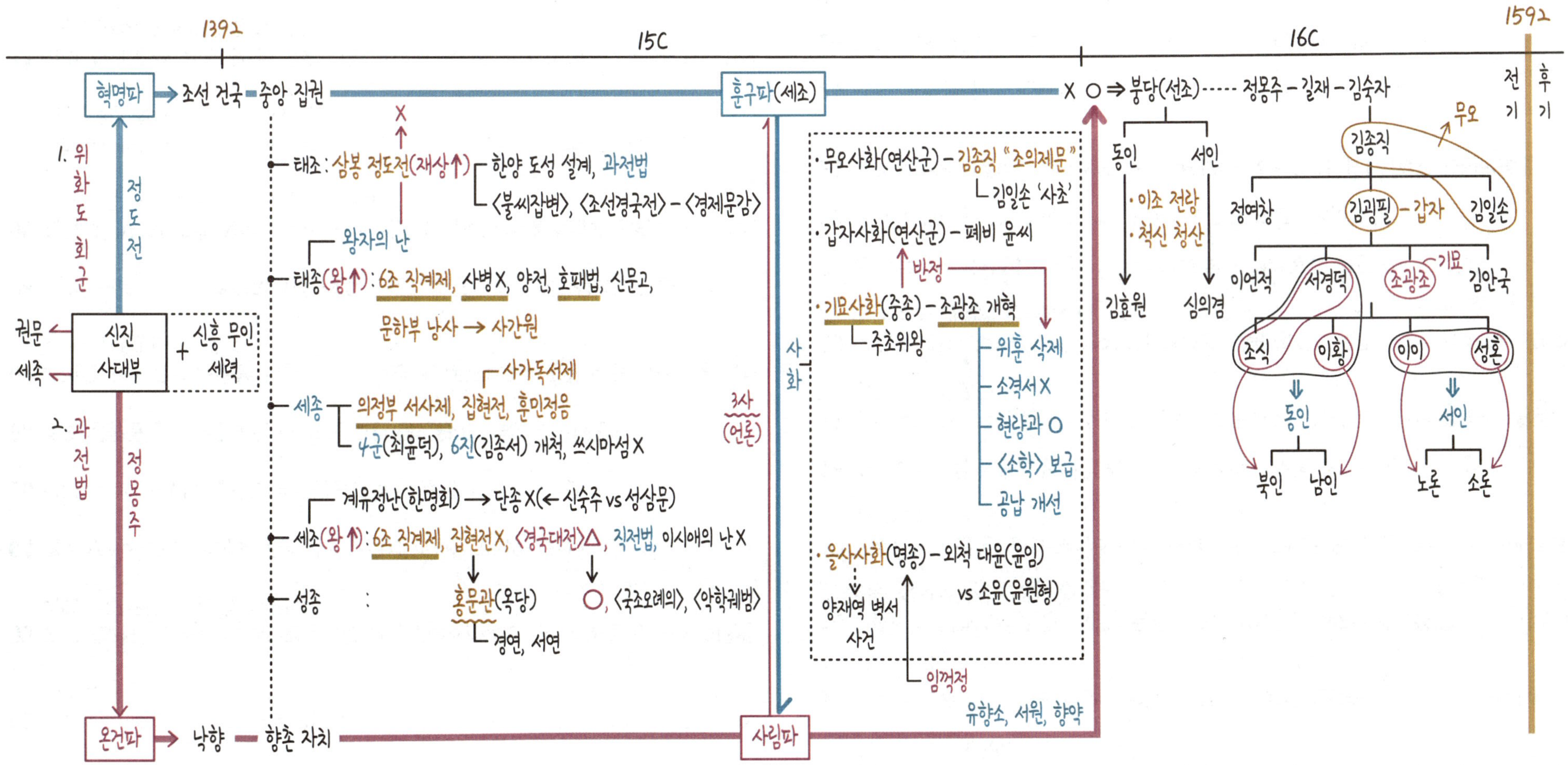
1392
15C
16C
1592
전기
후기
혁명파
조선 건국 - 중앙 집권
1. 위화도 회군
정도전
권문
세족
신진 사대부
+ 신흥 무인 세력
2. 과전법
정몽주
온건파
낙향 - 향촌 자치
태조 : 삼봉 정도전(재상↑) ┌ 한양 도성 설계, 과전법
└ 〈불씨잡변〉, 〈조선경국전〉 - 〈경제문감〉
X
왕자의 난
태종(왕↑) : 6조 직계제, 사병X, 양전, 호패법, 신문고,
문하부 낭사 → 사간원
사가독서제
세종 ┬ 의정부 서사제, 집현전, 훈민정음
└ 4군(최윤덕), 6진(김종서) 개척, 쓰시마섬X
계유정난(한명회) → 단종X(← 신숙주 vs 성삼문)
세조(왕↑) : 6조 직계제, 집현전X, 〈경국대전〉△, 직전법, 이시애의 난X
성종 :
홍문관(옥당)
└ 경연, 서연
○, 〈국조오례의〉, 〈악학궤범〉
3사 (언론)
훈구파(세조)
사화
사림파
· 무오사화(연산군) - 김종직 "조의제문"
└ 김일손 '사초'
· 갑자사화(연산군) - 폐비 윤씨
반정
· 기묘사화(중종) - 조광조 개혁
└ 주초위왕
위훈 삭제
소격서X
현량과 O
〈소학〉 보급
공납 개선
· 을사사화(명종) - 외척 대윤(윤임) vs 소윤(윤원형)
양재역 벽서 사건
임꺽정
유향소, 서원, 향약
X O ⇒ 붕당(선조)----- 정몽주 - 길재 - 김숙자
동인
서인
· 이조 전랑
· 척신 청산
김효원
심의겸
김종직
무오
정여창
김굉필 - 갑자
김일손
이언적
서경덕
조광조
기묘
김안국
조식
이황
이이
성혼
동인
서인
북인
남인
노론
소론

# 16강 조선 전기(정치)

기출 선택지로 별 채우기

## 한국사를 채우다

01 고려 말에 온건 개혁파 신진 사대부의 대표적 인물인 정몽주는 이방원 세력에 의해 피살되었다.

02 정도전은 이성계를 도와 조선 건국을 주도하였으며, 도성 축조를 계획하고 경복궁과 주요 전각의 이름을 지었다.

03 정도전은 "경제문감", "조선경국전"을 저술하여 재상 중심의 정치를 주장하였다.

04 정도전은 "불씨잡변"을 지어 불교를 비판하였다.

05 이방원은 두 차례 왕자의 난을 통해 반대파를 제거하였다.

06 태종은 공신과 왕족의 사병을 혁파하여 왕의 군사권을 강화하였다.

07 태종은 의정부의 권한을 약화하고 6조 직계제를 실시하여 왕권을 강화하였다.

08 태종은 호구를 정확히 파악하고 백성의 유망을 막기 위해 호패법을 실시하였다.

09 태종 때 백성의 억울함을 풀어 주기 위해 신문고가 처음 설치되었다.

10 태종은 문하부를 폐지하고 낭사를 사간원으로 독립시켰다.

11 세종은 최윤덕과 김종서를 파견하여 여진을 정벌하고 4군 6진을 설치하였다.

12 세종은 최고 회의 기관인 의정부에서 6조가 올린 모든 일을 먼저 논의하고 왕에게 보고하는 의정부 서사제를 시행하였다.

13 세종은 학문 연구 기관인 집현전을 설치하였다.

14 세조는 6조 직계제를 시행하고 집현전을 폐지하였다.

15 세조는 직전법을 실시하여 현직 관리에게만 수조권을 지급하였다.

16 세조는 함길도 토착 세력이 일으킨 이시애의 난을 진압하였다.

17 조선의 기본 법전인 "경국대전"은 이·호·예·병·형·공전의 6전 체제로 구성되었다.

18 성종은 세조 때 편찬이 시작된 "경국대전"을 완성하여 통치 체제를 정비하였다.

19 성종은 폐지된 집현전을 계승한 홍문관을 설치하였다.

20 성종 때 국가의 의례를 정비한 "국조오례의"가 완성되었다.

21 무오사화는 김종직의 '조의제문'이 빌미가 되어 발생하였다.

22 갑자사화는 연산군의 생모인 폐비 윤씨 사사 사건이 빌미가 되어 발생하였다.

23 중종에 의해 발탁된 조광조는 소격서 폐지를 건의하고 위훈 삭제를 주장하는 등 개혁 정치를 추진하였다.

24 조광조는 중종에게 인재 등용을 위해 현량과 실시를 건의하였다.

25 중종 때 중용된 조광조는 "소학"의 보급과 공납의 개선을 주장하였다.

26 위훈 삭제 등에 반발하여 훈구 세력이 일으킨 기묘사화로 조광조 일파가 제거되었다.

27 명종 때 외척 윤원형과 윤임 간의 권력 다툼으로 을사사화가 발생하였다.

28 선조 때 이조 전랑 임명 등을 둘러싸고 사림이 동인과 서인으로 나뉘었다.

29 동인은 조식, 이황의 학문을 계승하였고, 서인은 이이와 성혼의 문인을 중심으로 형성되었다.

30 사화의 피해로 중앙 정계에서 밀려나 지방으로 낙향한 사림은 향촌에서 유향소를 통해 여론을 형성하였다.

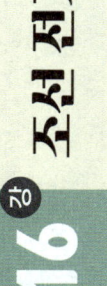

# 17강 조선(조직)

〈행정 조직〉

중앙 집권 ← 관리 선발 방식

- 중앙: 의정부, 6조(이·호·예·병·형·공조)
- 지방: 8도(일원화)

| 王↑ | 王↓ |
|---|---|
| · 승정원(도승지)<br>└ 은대, 후원<br>· 의금부(금부도사) | 3사 (언론)<br>┬ 사간원(대사간, 간쟁) – 태종<br>│ └ 미원<br>├ 사헌부(대사헌, 감찰)<br>│ └ 상대<br>└ 홍문관(대제학, 경연)<br>└ 옥당<br>사간원·사헌부 – 양사(대간): 5品 이하 관리 서경권 |

- 한성부(한양)
- 춘추관(역사 – 실록)
- 장례원(노비)
- 성균관(대사성, 교육)

8도 ← 관찰사(고려: 안찰사) – All 파견 └ 임기제, 상피제
- 감사(감영)
- 부 – 목 – 군 – 현 ← 수령(7사, 행정 + 사법 + 군사)
- 향리(↓) – 단안
- 사족(사림) ↔ 수령
- 유향소(여론) ↔ 경재소
  - 향회(향안)
- 서원(교육 + 제사)
- 향약(농민 통제)

관리 선발 방식
1. 과거 (↑ 예조)
   - 문과 ┬ 양인 이상 O.K.
     └ X: 서얼, 재가 女의 子
   - 무과 O, 승과 X ≠ 고려
   - 잡과: 기술관
2. 천거(추천): 현량과(조광조)
3. 문음(2品↑): 고위 관료 X
4. 취재(기술): 하급 관리

〈군사 조직〉

- 양인 개병 + 농병 일치 = 의무병
- 5위 + 영진군 → 후기: 5군영 + 속오군
  └ 중앙군 └ 지방군

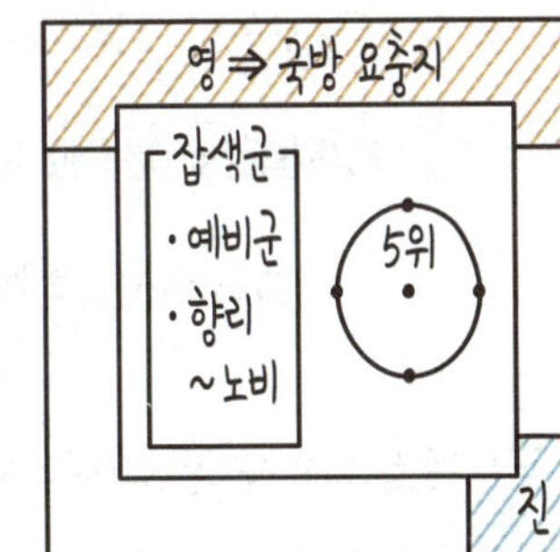


↓ 진관 체제 (지역 방어)

# 17강 조선(조직)

01 의정부는 재상들의 합의로 운영되었으며, 정책을 심의·결정하여 국정을 총괄하였다.

02 의금부는 국왕 직속의 특별 사법 기구로 반역죄, 강상죄 등 중범죄를 다스렸다.

03 왕명의 출납을 맡은 왕의 비서 기관인 승정원에는 도승지를 비롯해 6명의 승지가 있었다.

04 조선 시대에 언론 기능을 담당한 사헌부, 사간원, 홍문관을 합쳐 3사(삼사)라고 불렀다.

05 사헌부는 관리 감찰을 담당하였으며 대사헌을 수장으로, 집의·장령 등의 관직을 두었다.

06 사간원은 정책에 대한 간쟁을 담당하는 기관이었다.

07 조선 시대에 대간은 사헌부와 사간원의 관리로 구성되었으며, 5품 이하 관리의 임명 과정에서 서경권을 행사하였다.

08 성종 때 학술·언론 기관으로 집현전을 계승한 홍문관이 설치되었다.

09 홍문관은 옥당이라고도 불리며, 왕에게 경서와 사서를 강론하는 경연을 주관하였다.

10 조선 시대에 한성부가 수도의 행정과 치안을 담당하였다.

11 조선 시대에 춘추관이 실록을 보관하고 관리하는 업무를 담당하였다.

12 조선 시대 최고 교육 기관인 성균관에 대사성을 중심으로 좨주, 직강 등의 관직을 두두었다.

13 조선 시대에 장례원은 노비의 호적과 소송에 관한 일을 관장하였다.

14 조선은 전국을 8도로 나누고 각 도에 관찰사를 파견하였다.

15 8도 아래의 부·목·군·현에 파견된 수령은 지방의 행정·사법·군사권을 행사하였다.

16 조선 시대에 수령의 의무로 수령 7사가 있었다.

17 고려 시대 특수 행정 구역인 향·부곡·소는 조선 시대에 들어와 소멸되었다.

18 조선 시대에 각 지방의 향리는 수령을 보좌하며 행정 실무를 담당하는 아전의 역할을 하였다.

19 조선 시대에 향리는 단안이라는 명부에 등재되었다.

20 조선 시대에 과거 시험으로 문신을 선발하는 문과, 무신을 선발하는 무과, 기술관을 선발하는 잡과가 치러졌다.

21 조선 시대에 양인 이상이면 누구나 과거에 응시할 수 있었으나, 문과의 경우 서얼과 재가한 여성의 자손은 응시할 수 없었다.

22 조선 시대에 2품 이상 고위 관료의 자제는 시험 없이 관직에 나갈 수 있는 문음이 있었다.

23 조선 시대에 기술직 하급 관리들은 과거와 별도로 취재라는 시험을 통해 선발되었다.

24 조선 전기에 중앙군으로 궁궐과 도성의 수비를 담당한 5위를 두었다.

25 조선 시대의 군사 조직은 양인 개병과 농병 일치의 원칙을 적용하여 의무병으로 구성되었다.

26 조선은 세조 이후 지역 방어 체제로 진관 체제를 실시하였다.

27 조선 전기에 잡색군은 유사시에 향토방위를 맡는 예비군의 성격을 가졌다.

# 18강 조선 전기(외교)

1392 사대(명) 교린(여진, 일본, 유구) 15C | 16C 1592 ····명↓, 후금↑, 일본(에도 막부, 도자기↑, 성리학↑)

**명**
- 최영, 정도전 〉 요동 정벌 추진
- 태종 : 사대 외교 – 공무역

**여진**
- ㉿ 4군 6진 → 사민 정책, 토관제
- ㉾ 북평관(한성), 무역소(태종, 경성·경원)

세종

**일본**
- ㉿ 쓰시마섬 정벌(이종무)
- ㉾ 동평관(한성)
  - 3포 개항(부산포, 제포, 염포) – 계해약조, 제포–창원, 염포–울산

3포 왜란(중종) → 을묘왜변(명종) → 임진왜란 → 정유재란 → 기유약조(무역 재개) → 통신사 재파견

비변사(임시) — 비변사(상설) — 비변사↑ → 의정부·6조↓

**임진왜란**
- 동래성 전투(송상현), 탄금대 전투(신립) 〉 X → 의주 피난
- 한산도 대첩(이순신) — 명량 대첩 – 노량 해전
- 진주 대첩(김시민)
- 평양성 탈환(조·명 연합군)
- 북관 대첩(정문부, 의병) – 의병: 곽재우, 고경명, 조헌
- 행주 대첩(권율)

임진왜란 3대첩: 한산도 대첩, 진주 대첩, 행주 대첩

유성룡(징비록)
- ㉷ 5위(의무병) → 훈련도감(5군영) : 직업 군인 – 포수, 사수, 살수(삼수병)
- ㉶ 영진군 → 속오군(양반~노비)

**광해군**
- 중립 외교(강홍립 투항) → 영창 대군 X, 인목 대비 △
- 대동법 시행
- 〈동의보감〉(허준)

인조반정(서인) → 친명 배금 ← 이괄의 난(논공행상 불만)

정묘호란(후금) → 강화도 피난 → 형제 관계

병자호란(청) → 남한산성(최명길 vs 김상헌) → 삼전도 항복(군신 관계)

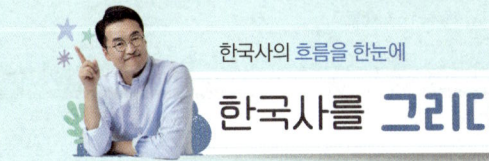

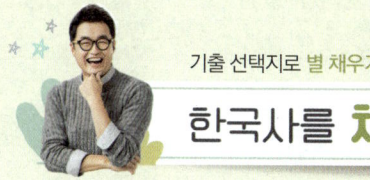

# 18강 조선 전기(외교)

01 조선의 외교 정책은 명에 대해서는 사대를, 여진, 일본, 유구 등에 대해서는 교린을 표방하였다.

02 조선 초에 태조와 정도전이 요동 정벌을 주장하여 명과의 관계가 악화되었다.

03 세종 때 김종서가 여진을 몰아내고 6진을 설치하였다.

04 4군 6진 개척 이후 이 지역에 대해 사민 정책과 토관 제도가 실시되었다.

05 조선은 한성에 여진 사신을 접대하기 위한 북평관을 개설하여 조공 무역을 허용하였다.

06 조선은 국경 도시인 경성과 경원에 무역소를 설치하여 여진을 회유하였다.

07 조선은 한성에 일본 사신이 머무는 숙소인 동평관을 설치하였다.

08 세종 때 이종무가 왜구의 근거지인 쓰시마섬을 정벌하였다.

09 세종 때 일본의 요청으로 3포를 개항하고 교역 규모 등을 규정한 계해약조를 체결하여 제한된 범위의 무역을 허용하였다.

10 중종 때 외적의 침입 등 군사적인 사안에 대비하기 위한 임시 기구로 비변사가 설치되었다.

11 비변사는 명종 때 을묘왜변을 계기로 상설 기구가 되었다.

12 부산진 등이 왜군에게 함락되자 신립은 충주 탄금대에서 배수의 진을 치고 항전하였다.

13 임진왜란 3대첩은 이순신의 한산도 대첩, 김시민의 진주 대첩, 권율의 행주 대첩이다.

14 임진왜란 당시 조·명 연합군이 평양성을 탈환하였다.

15 이순신이 명량에서 왜의 수군을 대파하였다.

16 광해군은 명과 후금 사이에서 중립 외교 정책을 추진하였다.

17 광해군 때 후금과 대립하고 있던 명의 원군 요청에 따라 강홍립이 이끄는 부대가 파견되었다.

18 임진왜란 이후 일본의 요청으로 공식적인 외교 사절인 통신사가 다시 파견되었다.

19 광해군은 인조반정이 일어나 폐위되었다.

20 인조반정으로 서인이 정국의 주도권을 장악하였다.

21 인조와 서인 정권은 외교적으로 친명배금 정책을 펼쳤다.

22 후금은 광해군의 원수를 갚는다는 명분을 내세워 정묘호란을 일으켰다.

23 정묘호란이 일어나자 조선 왕실은 강화도로 피란하였다.

24 조선이 청의 군신 관계 요구를 거부하자 청이 군대를 이끌고 조선을 침략하여 병자호란이 일어났다.

25 병자호란이 일어나자 인조는 남한산성으로 피신하였다.

26 인조가 삼전도에서 청 태종에게 항복함으로써 병자호란이 끝났다.

# 19강 조선 전기(경제, 사회)

〈경제〉: 중농억상

| | ← 15C | 16C → |
|---|---|---|
| 토지 제도 (수조권) | 과전법 (공양왕) → 토지 부족 → 직전법 (세조) └ 관수관급 (성종)<br>· 전현직, 경기 ⇒ 세습X ⇢ 현직<br>· 수신전·휼양전 ⇒ 세습O ⇢ X | → 직전법X (명종)<br>· 녹봉 전면적 실시<br>· 수조권X |
| 조세 제도 (국가 – 民 소유) | 과전법 → 공법<br>· 공양왕 · $\frac{1}{10}$(30두↑)<br>· 세종 · 전분6등법: 비옥도 · 연분9등법: 풍흉 → 4~20두 | → 최저 세율(관행) |
| 지대 | | $\frac{1}{2}$ (타조법, 병작반수) |
| 공납 | 특산물(戶) | ⇢ 방납 폐단 〉 임꺽정 (명종) |
| 역 | 노동력(군역 → 요역) | ⇢ 대립, 방군수포 〉 임꺽정 (명종) |

〈사회〉

| | |
|---|---|
| 신분제 | 양인: 〈경국대전〉 과거 O — 양반 (문 + 무), 중인 (하급 관리, 서얼), 상민 (신량역천(봉수군, 수군))<br>천민 └ 노비 多, 백정 |
| 법률 | · 대명률(형법) + 〈경국대전〉(민법) > 관습법<br>· 관찰사 + 수령 = (사법) + 행정 + 군사 ⇢ 2차 갑오개혁: 재판소 설치 |
| 사회 제도 | 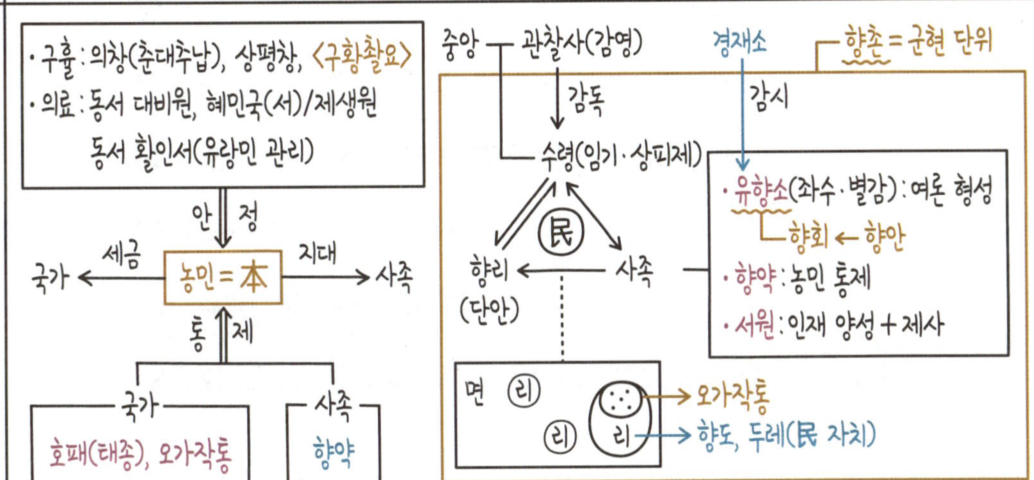 |

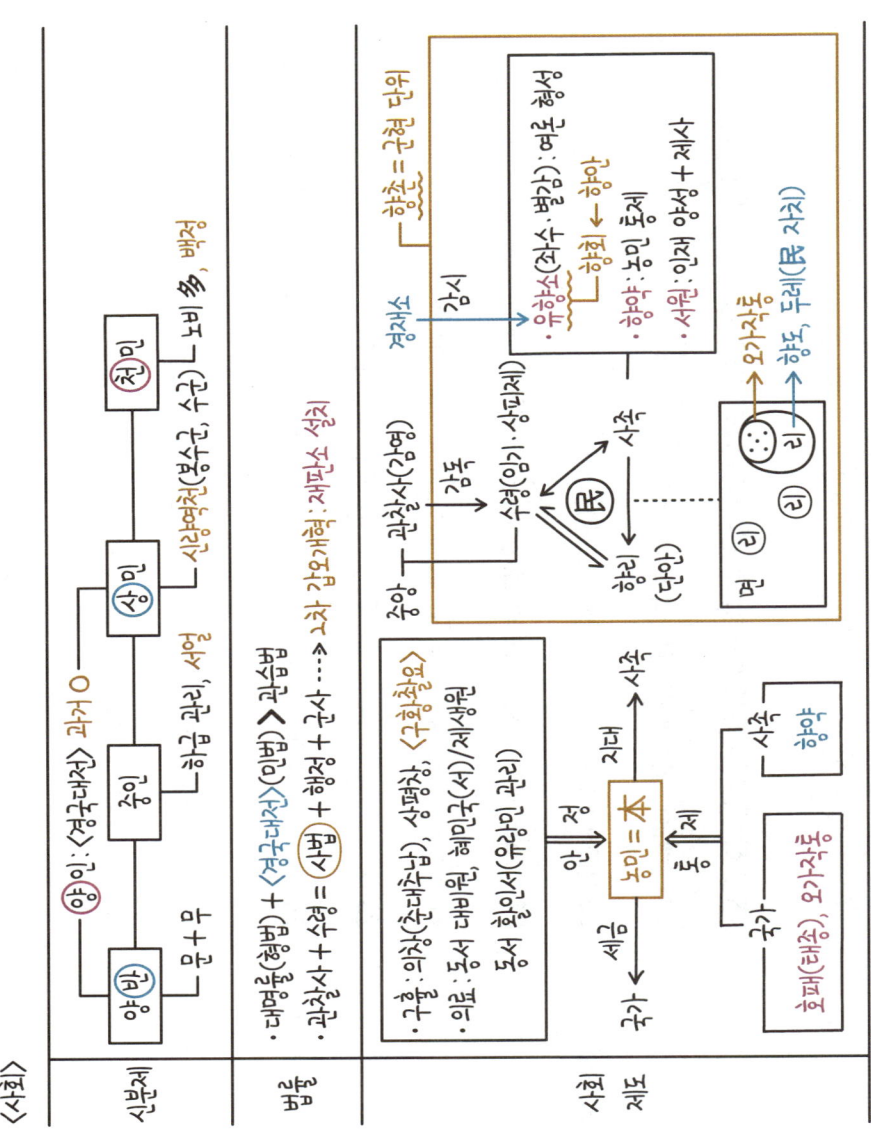

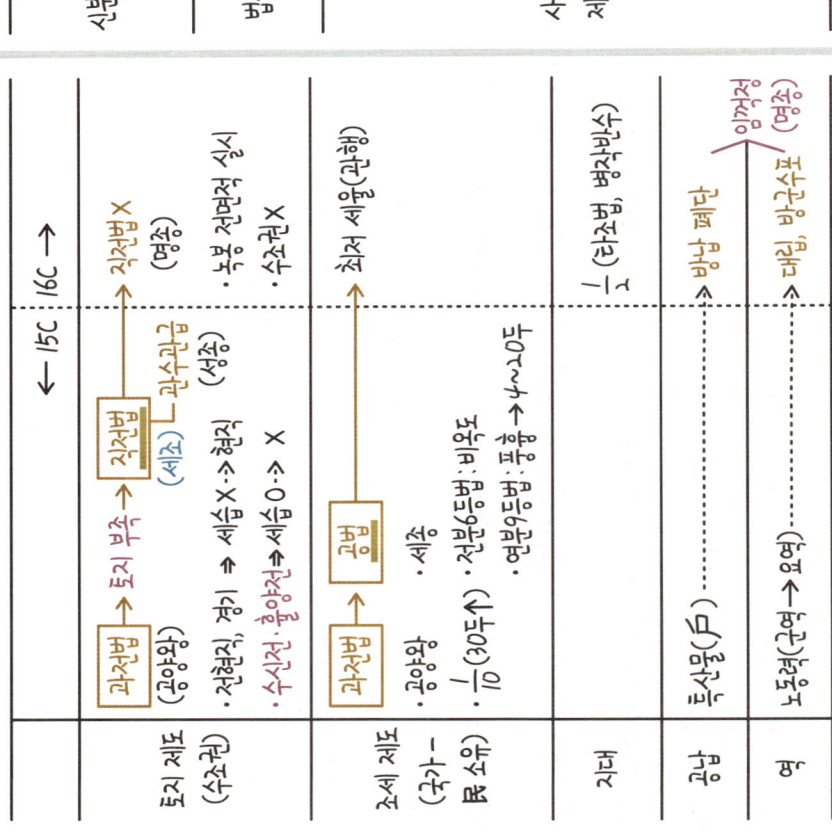

# 19강 조선 전기(경제, 사회)

01 과전법의 지급 대상 토지는 원칙적으로 경기 지역에 한정되었다.

02 세조 때 직전법을 실시하여 현직 관리에게만 수조지를 지급하였다.

03 직전법이 시행되면서 수신전과 휼양전 등의 명목으로 세습되는 토지가 폐지되었다.

04 성종 때 국가에서 조세를 거두어 관리에게 나누어 주는 관수관급제가 시행되었다.

05 조선 중기에 관리에게 녹봉만 지급하면서 수조권을 지급하는 제도는 사실상 폐지되었다.

06 세종 때 토지를 비옥도에 따라 6등급으로 나누어 조세액을 조정하는 전분6등법이 시행되었다.

07 세종 때 풍흉에 따라 9등급으로 나누어 전세를 부과하는 연분9등법이 시행되었다.

08 군역의 요역화로 다른 사람에게 대가를 주고 군역을 대신 지게 하는 대립과 포를 내고 군역을 면제받는 방군수포가 성행하였다.

09 명종 때 외척의 정권 장악 등으로 사회 혼란이 심화되어 임꺽정과 같은 도적이 나타나기도 하였다.

10 조선 시대에 신분은 양인이지만 하는 일이 고되어 천시받는 신량역천이라는 계층이 존재하였다.

11 조선 시대의 백정은 고려 시대와 달리 도축업에 종사하는 천민 계층을 일컫는 말이었다.

12 조선 시대에 천민의 대다수는 노비로 매매, 상속, 증여의 대상이 되었다.

13 조선 시대에 노비는 장례원을 통해 국가의 관리를 받았다.

14 조선 시대에 농민 생활을 안정시키기 위해 춘대추납 제도인 의창과 물가 조절 기구인 상평창을 운영하였다.

15 명종 때 기근에 대비하기 위해 "구황촬요"가 간행되었다.

16 조선 시대에 혜민서, 제생원, 동서 활인서 등 백성을 위한 의료 기관이 있었다.

17 태종 때 백성의 유망을 막기 위해 호패법이 처음 실시되었다.

18 조선 시대에 농민을 통제하기 위한 정책으로 다섯 가구를 하나로 묶어 연대 책임을 지게 하는 오가작통법이 시행되었다.

19 조선 시대에 향도는 농민 공동체 조직으로 향촌의 상장제례를 상부상조하였다.

20 조선 시대에 두레는 농민들로 구성된 공동 노동의 작업 공동체였다.

21 조선 시대에 향촌의 자치 규약인 향약은 풍속 교화와 향촌 사회의 질서 유지에 기여하였다.

22 향약은 지방 사족이 주요 직임을 맡았다.

23 유향소는 향촌의 여론을 형성하고 수령을 보좌하는 자문 기관이었다.

24 유향소는 좌수와 별감을 선발하여 운영하였다.

25 조선 시대 중앙에 설치된 경재소는 관할 유향소 임원의 임명권을 행사하였다.

26 서원은 지방에서 학문 연구와 선현 제사를 담당한 사립 교육 기관으로 지방 사림의 지위 강화에 기여하였다.

# 20강 조선 전기(문화 1)

| | 유학(성리학↑) | 불교 | 역사 → 정통성 | 지리 → 중앙 집권 | 법·윤리 | 음악 |
|---|---|---|---|---|---|---|
| 15C<br>혁명파<br>↓<br>훈구 | · 중앙 ┬ 성균관(고등) ┬ 대사성<br>└ 입학: 생원, 진사 (소과 합격) └ 명륜당 + 대성전 (교육 / 제사)<br>└ 4부 학당(중등) ─── 관학<br>· 지방 ─ 향교(중등) ← 교수, 훈도 파견 | · 숭유 억불<br>├ 도첩제<br>└ 교단 정리(세종)<br>· 〈석보상절〉: 수양 대군<br>└ 세조: 간경도감 | · 〈고려국사〉(태조): by 정도전<br>· 〈고려사〉(문종): 기전체<br>· 〈고려사절요〉(문종): 편년체<br>· 〈실록〉 ┬ 편년체, 춘추관<br>└ 세계 기록 유산<br>· 〈동국통감〉: by 서거정, 고조선~고려, 통사<br>· 〈동문선〉: by 서거정, 시문집 | 혼일강리역대국도지도<br>├ 태종<br>├ 현존 동양 최고 세계 지도<br>└ 중화사상<br>〈동국여지승람〉 | · 〈경국대전〉<br>└ 세조 ~ 성종<br>· 〈삼강행실도〉<br>├ 세종<br>└ 충신, 효자, 열녀<br>〈국조오례의〉 | 박연: 아악 정비 (세종)<br>〈악학궤범〉<br>└ 음악 이론 |
| 16C<br>온건파<br>↓<br>사림 | └ 서원 = 교육 + 제사 ─── 사학<br>· 이황 ┬ 〈주자서절요〉, 〈성학십도〉 ⟶ 동방 주자<br>├ 사단칠정 논쟁(with 기대승)<br>├ 예안 향약, 도산 서원<br>└ 일본 성리학↑<br>· 이이 ┬ 〈동호문답〉, 〈성학집요〉 ───→ 〈기자실기〉<br>└ 현실 개혁 → 10만 양병설, 수미법 | | 〈기자실기〉 | 〈신증동국여지승람〉<br>└ 중종 | 〈이륜행실도〉<br>├ 중종<br>└ 연장자·연소자, 친구 | |

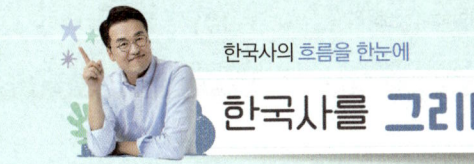

# 20강 조선 전기(문화 I)

01 **성균관**은 조선 시대 **최고 관립 교육 기관**이며, **소과 합격자**인 생원과 진사에게 입학 자격을 부여하였다.

02 **성균관**은 제사를 지내는 **대성전**과 교육을 하는 **명륜당**을 중심으로 구성되었다.

03 **한성**에는 **중등 교육 기관**으로 **4부 학당**을 두어 유학 경전을 교육하였다.

04 전국의 **부·목·군·현**에 하나씩 설립된 **향교**에는 중앙에서 교수나 훈도가 파견되었다.

05 **서원**은 **지방의 사림 세력**이 주로 설립하였고, 선현의 제사와 유학 교육을 담당하였다.

06 **이황**은 군주의 도를 도식으로 설명한 "**성학십도**"를 저술하였다.

07 **이황**은 기대승과 **사단칠정 논쟁**을 전개하였다.

08 **이황**은 **예안 향약**을 시행하여 향촌 교화를 위해 노력하였다.

09 **이이**는 "**성학집요**"를 저술하여 군주가 수양해야 할 덕목을 제시하였다.

10 **이이**는 "**동호문답**"을 저술하여 수취 제도 개편 등 다양한 개혁 방안을 제시하였다.

11 **이이**는 방납의 폐단을 줄이고자 **수미법**을 주장하였다.

12 **이이**는 **해주 향약**을 시행하여 향촌 교화를 위해 노력하였다.

13 조선은 **숭유 억불** 정책의 하나로 승려에게 허가증을 발급하는 **도첩제**를 시행하였다.

14 **세조** 때 불교 경전을 간행하는 **간경도감**이 설치되었다.

15 문종 때 조선 건국을 정당화하는 입장에서 고려의 역사를 **기전체**로 정리한 "**고려사**"가 편찬되었다.

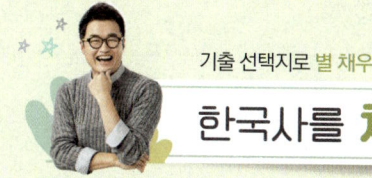

16 문종 때 고조선부터 고려까지의 역사를 **편년체**로 정리한 "**고려사절요**"가 편찬되었다.

17 "**조선왕조실록**"은 사초, 시정기를 바탕으로 **실록청**에서 편찬되었다.

18 **성종** 때 **서거정** 등이 고조선부터 고려까지의 역사를 편년체로 서술한 "**동국통감**"을 편찬하였다.

19 **태종** 때 동양에서 현존하는 가장 오래된 세계 지도인 **혼일강리역대국도지도**가 만들어졌다.

20 **성종** 때 각 도의 지리, 풍속 등이 수록된 "**동국여지승람**"이 편찬되었다.

21 "**경국대전**"은 **세조** 때 편찬 작업이 시작되어 **성종** 때 완성된 조선 왕조의 기본 법전이다.

22 **세종** 때 충신, 효자, 열녀의 이야기를 글과 그림으로 구성한 "**삼강행실도**"가 편찬되었다.

23 **성종** 때 성현이 음악 이론 등을 집대성한 "**악학궤범**"을 간행하였다.

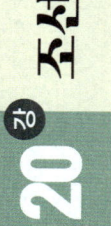

# 21강 조선 전기(문화 2)

| | 문자·인쇄 | 천문·역법 | 의학·농서 | 건축·탑 | 공예 | 회화 | 문학 |
| --- | --- | --- | --- | --- | --- | --- | --- |
| 15C<br>혁명파<br>↓<br>훈구 | ·태종 ┌ 주자소 설치<br>└ 계미자<br>·세종 : 갑인자<br>훈민정음<br>└→ 〈용비어천가〉<br>└→ 민족적·자주적 | ·천상열차분야지도(태조)<br>·측우기, 자격루, 앙부일구 ⇒ 장영실<br>(자격루 → 물시계, 앙부일구 → 해시계)<br>·〈칠정산〉 ┌ 이순지, 한양 중심의 역법서<br>└ 수시력(원) + 회회력(아라비아) | ·〈의방유취〉 : 의학 백과사전<br>·〈향약집성방〉<br>·〈농사직설〉<br>·〈금양잡록〉 : 성종, 강희맹 | ·궁궐, 성곽<br>└ 경복궁(전기) vs 창덕궁(후기)<br>·우사(사직단) + 좌묘(종묘)<br>·선농단(신농씨, 후직씨)<br>·해인사 장경판전<br>↑ 팔만대장경판 (→ 세계 기록 유산)<br>┌ 고려 : 경천사지 10층 석탑<br>·원각사지 10층 석탑<br>└→ 후기 : 백탑파(박지원, 박제가)<br>(창덕궁, 종묘, 해인사 장경판전, 백운동 서원 → 세계 유산) | 분청사기 | ·고사관수도<br>└ 강희안<br>·몽유도원도<br>├ 안평 대군 꿈<br>└ 안견 | ·〈동문선〉 : 성종, 서거정<br>·〈금오신화〉<br>├ 김시습<br>└ 최초 한문 소설 |
| 16C<br>온건파<br>↓<br>사림 | | | | 서원: 사당 – 제사, 강당 – 교육, 기숙, 기숙<br>⇒ 백운동 서원<br>↓<br>소수 서원(사액)<br>├ by 이황<br>└ 안향 배향 | 백자 | ·사군자<br>└ 매·난·국·죽<br>·초충도<br>└ 신사임당 | 〈관동별곡〉, 〈사미인곡〉<br>├ 정철(기축옥사)<br>└ 가사 문학 |

# 21강 조선 전기(문화 2)

01 **태종** 때 주자소가 설치되어 **계미자**가 주조되었다.

02 **세종** 때 개량된 금속 활자인 **갑인자**가 주조되었다.

03 **태조** 때 고구려의 천문도를 참고하여 **천상열차분야지도**가 제작되었다.

04 **세종** 때 강우량을 측정하기 위한 **측우기**가 제작되었다.

05 **세종** 때 과학 기술이 발달하여 해시계인 **앙부일구**, 물시계인 **자격루** 등이 발명되었다.

06 **세종** 때 이순지 등이 한양을 기준으로 한 역법서인 "**칠정산**"을 만들었다.

07 **세종** 때 우리 고유의 약재와 치료 방법을 정리한 "**향약집성방**"이 간행되었다.

08 "**의방유취**"는 **세종** 때 기존의 의학서를 집대성하여 편찬한 의학 백과사전이다.

09 **세종** 때 우리 풍토에 맞는 농사법을 기록한 "**농사직설**"이 간행되었다.

10 **강희맹**은 자신의 경험을 바탕으로 한 농서인 "**금양잡록**"을 저술하였다.

11 **세종**은 우리 고유의 문자인 **훈민정음**을 창제하였다.

12 조선 건국 이후 법궁으로 **경복궁**이 세워졌으나 임진왜란 이후 **창덕궁**이 법궁의 역할을 하였다.

13 조선의 **역대 국왕과 왕비의 신주**를 모신 **종묘**가 경복궁 동쪽에 있다.

14 경복궁 서쪽에는 **토지와 곡식의 신**에게 제사를 지내는 **사직단**이 있다.

15 조선 전기의 불교 건축물로는 **팔만대장경판**이 보관된 합천 **해인사 장경판전**이 있다.

16 조선 전기에 개성 경천사지 10층 석탑의 영향을 받은 **서울 원각사지 10층 석탑**이 세워졌다.

17 국왕으로부터 편액과 함께 서적 등을 하사받은 서원을 **사액 서원**이라고 한다.

18 **주세붕**이 세운 최초의 서원인 **백운동 서원**은 후에 이황의 건의로 사액되면서 **소수 서원**으로 명칭이 바뀌었다.

19 **소수 서원**은 우리나라에 성리학을 들여온 **안향**의 영정을 모시고 있다.

20 **분청사기**는 **회색**이나 **회흑색**의 **태토** 위에 맑게 거른 **백토**로 **표면**을 꾸민 뒤 유약을 씌워 구운 도자기이다.

21 **16세기** 이후 유행한 **백자**는 깨끗하고 검소한 아름다움으로 사대부에게 인기를 끌었다.

22 **강희안**의 **고사관수도**는 물을 바라보고 있는 선비의 모습을 그린 **조선 전기**의 대표적인 그림이다.

23 **몽유도원도**는 **안견**이 안평 대군의 꿈 이야기를 듣고 그린 그림으로, 현실 세계와 이상 세계가 대비되면서 조화를 이루고 있다.

24 **조선 중기**에 사대부는 지조와 절개를 상징하는 매화, 난초, 국화, 대나무의 **사군자**를 즐겨 그렸다.

25 **성종** 때 **서거정**이 역대 문학 작품을 선별하여 "**동문선**"을 편찬하였다.

26 **김시습**은 우리나라 최초의 **한문 소설**인 "**금오신화**"를 썼다.

27 조선 중기에 **정철**은 '**관동별곡**', '**사미인곡**' 등의 작품을 지었다.

# 1 문화유산 [삼국과 가야]

## 1. 삼국 시대

★ 금동 미륵보살 반가 사유상(국보 제83호)

일본 고류사 목조 미륵보살 반가 사유상과 유사 → 삼국 시대의 한·일 교류를 보여 줌

## 2. 고구려

★ 연가 7년명 금동 여래 입상

광배의 뒷면에 '연가 7년'이라는 글자가 새겨져 있어 불상의 제작 연도를 알 수 있음

★ 장군총

고구려 초기에 주로 제작된 계단식 돌무지무덤

★ 호우총 청동 그릇(경주 호우총)

'광개토지호태왕 호우십'이라는 글자가 새겨져 있어 당시 고구려와 신라의 관계를 보여 줌

★ 사신도 중 현무도(강서대묘)

도교의 방위신을 그린 사신도 중 현무(북)를 그린 고분 벽화로 도교 사상이 반영되어 있음

## 3. 백제

★ 서산 용현리 마애 여래 삼존상

바위에 새겨진 것으로, '백제의 미소'라고도 불림

★ 익산 미륵사지 석탑(복원)

목조 건물을 본떠 만든 석탑 → 목탑에서 석탑으로 넘어가는 과도기적 모습을 볼 수 있음

★ 부여 정림사지 5층 석탑

목탑 양식의 흔적이 남아 있음, 한때 '평제탑'이라고 불리기도 하였음

★ 부여 능산리사지 석조 사리감(창왕명 석조 사리감)

부여 능산리 절터에서 발견됨, 창왕(위덕왕)이 아버지 성왕의 명복을 빌기 위해 능산리 절터를 조성하였음을 알려 줌

★ 백제 금동 대향로

부여 능산리 절터에서 발견, 불교·도교 사상 반영, 백제인이 가진 뛰어난 금속 공예 기술을 보여 줌

★ 산수무늬 벽돌

도교 사상 반영 → 자연과 더불어 살고자 하는 바람이 담겨 있음

★ 칠지도

백제에서 만들어 왜에 보낸 철제 칼로, 백제와 왜의 교류를 보여 줌

★ 서울 석촌동 고분

고구려의 돌무지무덤과 유사한 계단식 돌무지무덤 → 고구려와 백제의 문화적 유사성을 보여 줌

★ 공주 무령왕릉

무령왕릉 출토 석수

무령왕릉 출토 금제 관식

중국 남조의 영향을 받은 벽돌무덤으로 백제의 고분 중 피장자와 축조 연대가 확인되는 유일한 무덤, 도굴되지 않은 채 발견되어 무덤 주인을 알 수 있는 묘지석, 석수, 금으로 만든 왕과 왕비의 장식품 등 다양한 유물이 출토됨

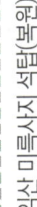

## 4. 신라

★ 경주 배동 석조 여래 삼존 입상

신라의 대표적인 불상으로, 작은 체구에 아기 같은 얼굴을 하고 있음

★ 경주 분황사 모전 석탑

전탑을 모방하여 돌을 벽돌 모양으로 다듬어 쌓은 석탑

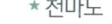

★ 첨성대

선덕 여왕 때 축조된 천문 관측대로 알려져 있음

★ 금관

신라의 금 세공 기술이 높은 수준임을 알 수 있음

★ 천마도

돌무지덧널무덤인 천마총에서 발견되었으며, 말다래에 그려진 그림

★ 돌무지덧널무덤의 구조

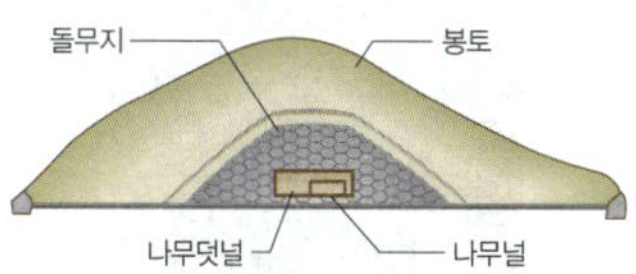


무덤 구조상 벽화를 그릴 수 없음, 도굴이 어려워 껴묻거리가 많이 남아 있음

★ 기마 인물형 토기

경주의 신라 고분에서 출토, 주인상과 하인상의 의복과 말갖춤에서 차이를 보임

## 5. 가야

★ 금관가야의 김해 대성동 고분군

판갑옷

전기 가야 연맹을 주도한 금관가야의 고분군, 금관가야는 풍부한 철 생산, 낙랑과 왜를 연결하는 중계 무역으로 번성함

★ 대가야의 고령 지산동 고분군

철제 갑옷과 투구

금동관

후기 가야 연맹을 주도한 대가야의 고분군, 대가야는 농업에 유리한 입지와 풍부한 철 산지를 보유하여 번성함

# 2 문화유산 [통일 신라와 발해]

## 1. 통일 신라

★ 경주 석굴암 본존불

화강암을 쌓아 동굴처럼 만든 석굴암 중앙에 위치한 불상으로, 통일 신라의 수준 높은 조각 기술을 보여 줌

★ 경주 감은사지 3층 석탑

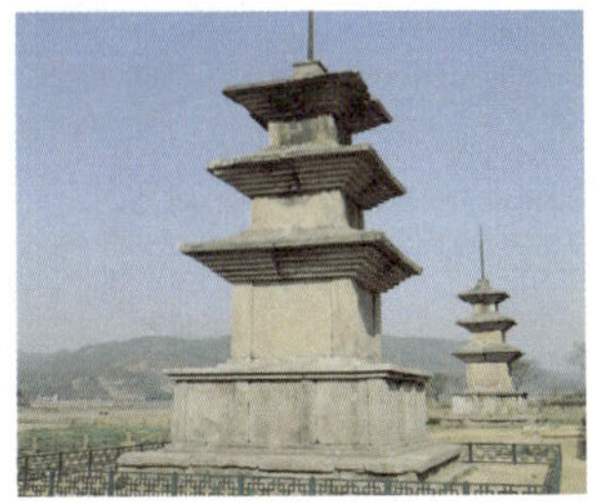

동서 2기의 쌍탑으로 같은 구조와 규모로 되어 있음, 목탑 구조를 단순화하여 석탑의 양식의 표본을 마련함

★ 경주 불국사 3층 석탑(석가탑)

탑신부에서 무구정광대다라니경이 발견됨, 통일 신라 3층 석탑의 전형

★ 경주 불국사 다보탑

복잡하고 화려하면서도 균형 잡힌 통일 신라 석조 미술의 백미

★ 양양 진전사지 3층 석탑

신라 말에 건립되었다고 추정, 기단과 몸돌에 앉아 있는 천인상을 조각함

★ 화순 쌍봉사 철감선사탑

신라 말 선종의 유행으로 승려의 사리나 유골을 모신 승탑 유행

★ 경주 김유신묘

굴식 돌방무덤, 무덤에 12지상이 조각된 둘레돌(호석)이 둘려져 있음

★ 경주 원성왕릉 무인석

서역인의 모습을 하고 있어 당시 신라와 서역의 교류를 보여 줌

★ 성덕 대왕 신종

우리나라에서 가장 큰 종으로, 경덕왕 때 만들기 시작하여 혜공왕 때 완성

★ 무구정광대다라니경

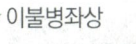

현존하는 세계에서 가장 오래된 목판 인쇄물로, 경주 불국사 3층 석탑의 수리 과정에서 발견

## 2. 발해

★ 이불병좌상

고구려 양식의 영향을 받은 불상, 석가모니불과 다보불이 다보탑 안에 앉아 있는 모습을 표현함

★ 돌사자상

정혜 공주 무덤에서 발견된 고구려의 영향을 받은 조각상

★ 석등

상경성 터에서 발견됨, 고구려 양식의 영향을 받은 석등

★ 치미

상경성 터에서 출토, 고구려 양식의 영향을 받은 장식 기와

★ 영광탑

벽돌로 만든 전탑으로, 높이가 13m에 이름, 완전한 형태로 보존된 유일한 발해 탑

## 3 문화유산 [고려]

### 1. 불상

★ 하남 하사창동 철조 석가여래 좌상

고려 초에 제작된 대형 철불로, 광주 춘궁리 철불이라고도 불렸음

★ 논산 관촉사 석조 미륵보살 입상

고려 광종 때 만들어진 거대 불상으로 개성 있는 지방 문화를 보여 주며, '은진 미륵'이라고도 불림

★ 파주 용미리 마애 이불 입상

고려 초의 거대 불상, 천연 암벽을 이용하여 몸체를 만들고 머리를 따로 만들어 올림

★ 안동 이천동 마애 여래 입상

고려 전기의 거대 불상, '제비원 석불'이라고도 함

★ 영주 부석사 소조 여래 좌상

신라의 전통 양식을 계승하였으며, 세련미가 돋보임

★ 고창 선운사 동불암지 마애 여래 좌상

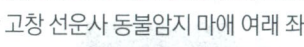

세부 묘사에 정교함이 부족한 거대한 마애불로, 선운사 도솔암 옆 절벽에 새겨져 있음

### 2. 석탑

★ 평창 월정사 8각 9층 석탑

고려 전기에 만들어진 대표적인 다각 다층의 석탑

★ 개성 경천사지 10층 석탑

원의 영향을 받아 대리석으로 제작됨, 조선 시대 원각사지 10층 석탑에 영향을 줌

### 3. 청자

★ 청자 참외모양 병

무늬나 장식이 없는 순청자, 11세기까지는 비색의 순청자가 주로 만들어짐

★ 청자 상감 운학무늬 매병

고려만의 독창적 기술인 상감 기법이 사용된 청자, 12세기 중반 이후 상감 청자가 유행함

### 4. 건축

★ 논산 개태사

왕건이 후백제를 제압하고 세운 사찰, 논산 개태사지 석조 여래 삼존 입상, 개태사 5층 석탑, 개태사 철확(철제 솥) 등이 전해짐

★ 안동 봉정사 극락전

기둥 위에만 공포가 있는 주심포 양식, 배흘림기둥, 현존하는 우리나라에서 가장 오래된 목조 건축물

★ 영주 부석사 무량수전

고려 후기에 만들어진 주심포 양식의 건축물, 배흘림기둥, 팔작지붕

★ 예산 수덕사 대웅전

고려 후기에 만들어진 주심포 양식의 건축물, 배흘림기둥, 맞배지붕

★ 황해도 성불사 응진전

기둥과 기둥 사이에도 공포가 있는 다포 양식의 고려 후기 건축물

# 4 문화유산 [조선]

## 1. 지도

★ 혼일강리역대국도지도

조선 전기 태종 때 제작된 동아시아에서 가장 오래된 세계 지도, 중국 중심의 세계관 반영

★ 곤여만국전도

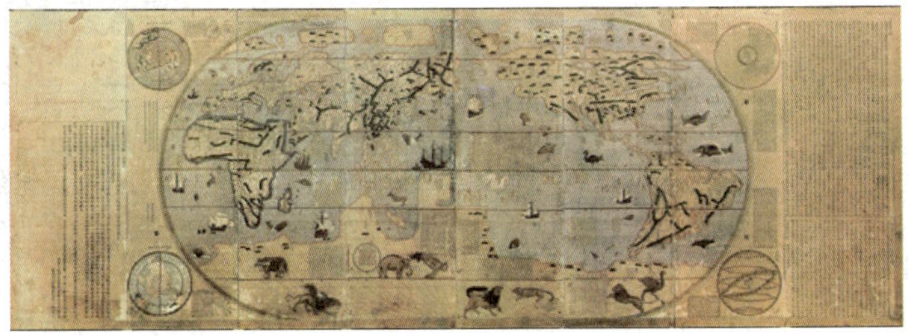

중국에서 선교사 마테오 리치가 제작한 서양식 세계 지도로, 조선 후기에 전래되어 조선인의 세계관 확대에 영향을 줌

★ 동국지도

조선 후기 영조 때 정상기가 제작, 최초로 100리 척 사용

★ 대동여지도

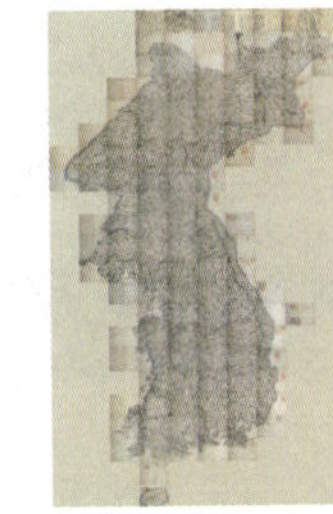

조선 후기 김정호가 제작, 산맥·하천·도로망 등을 표시, 10리마다 눈금으로 거리 표시, 목판으로 제작, 휴대 간편

## 2. 과학 기술

★ 천상열차분야지도

조선 태조 때 고구려의 천문도를 바탕으로 제작

★ 측우기

조선 세종 때 처음 제작된 강우량 측정 기구

★ 앙부일구

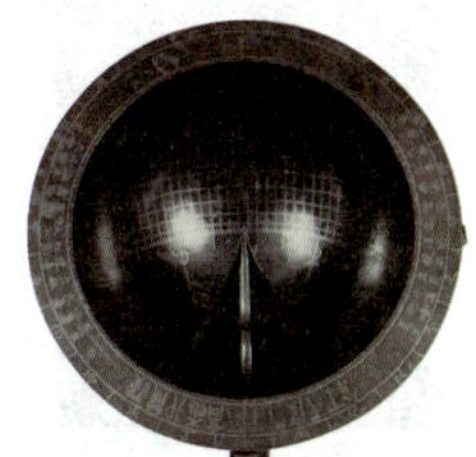

조선 세종 때 처음 제작된 해시계로, 해의 움직임에 따라 시간을 측정함

★ 자격루

조선 세종 때 처음 제작된 물시계로 자동으로 시간을 알려 주는 장치를 갖춤

★ 거중기

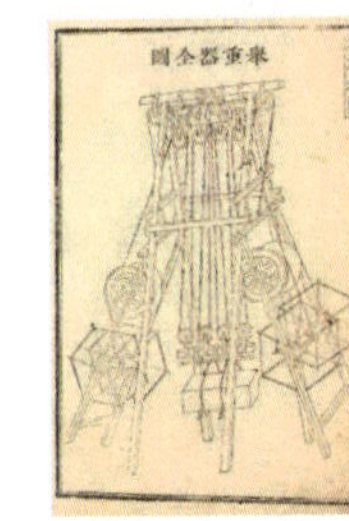

조선 정조 때 정약용이 "기기도설"을 참고하여 제작해 수원 화성 축조에 이용함

## 3. 석탑, 건축

★ 서울 원각사지 10층 석탑

조선 세조 때 건립, 개성 경천사지 10층 석탑의 영향을 받음

★ 해인사 장경판전

팔만대장경판을 보관하기 위해 조선 초에 건립

★ 보은 법주사 팔상전

조선 후기에 건축된 현존하는 우리나라 유일의 목조 5층탑, 내부에 팔상도가 있음

★ 김제 금산사 미륵전

조선 후기에 건축된 규모가 큰 다층 다포계 건물로 내부는 3층 전체가 하나로 트인 통층

★ 구례 화엄사 각황전

조선 후기에 건축된 규모가 큰 다층 다포계 건물, 현존하는 중층 불전 중에서 가장 큰 규모

### 4. 전기 회화

★고사관수도

15세기 강희안의 작품, 물을 바라보는 선비의 모습을 과감한 필치로 표현함

★몽유도원도

15세기 도화서 화원 안견이 안평 대군이 꿈속에서 본 무릉도원 이야기를 듣고 그린 그림, 현실 세계와 도원 세계가 대비를 이루면서 전체적으로 조화를 이룸

★사군자

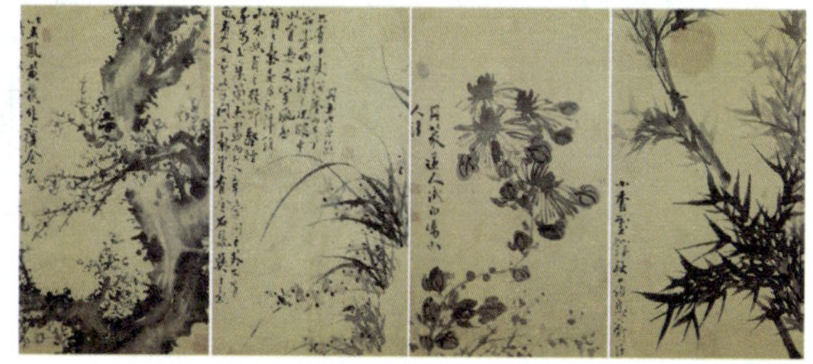

매화·난초·국화·대나무를 소재로 사대부가 즐겨 그린 그림으로, 16세기에 유행함

★초충도

16세기 신사임당이 풀과 벌레를 소재로 그렸다고 전하는 그림

### 5. 후기 회화

★민화

조선 후기에 유행함, 대부분 작자를 알 수 없으며, 일반 서민의 소망과 기원을 담음

★진경 산수화

인왕제색도

금강전도

18세기 정선이 개창한 화풍으로, 우리나라의 실제 경치를 사실적으로 표현한 산수화

★풍속화

무동(김홍도)

월하정인(신윤복)

조선 후기에 당시 사람들의 생활 모습을 담은 풍속화가 유행함

★영통동구도

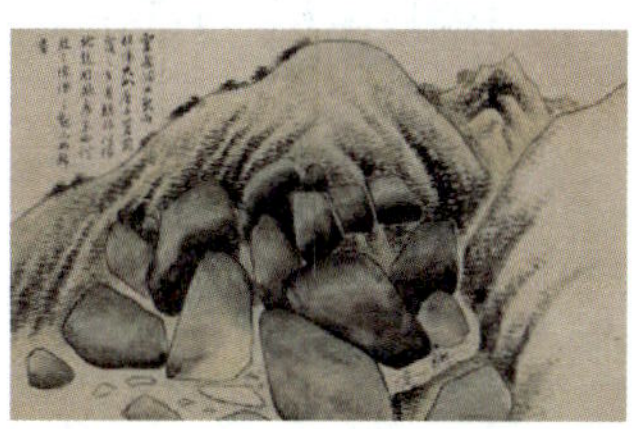

강세황이 서양의 음영법과 원근법을 사용하여 영통동으로 향하는 길목의 풍경을 표현한 그림

★세한도

19세기 제주도에 유배 중이던 김정희가 제자 이상적에게 그려 준 그림

### 6. 공예

★분청사기

15세기에 유행, 회색 계통의 태토 위에 백토로 분을 발라 구워 낸 자기, 소박한 무늬로 장식

➡

★백자

16세기 이후 유행, 깨끗하고 검소한 아름다움이 사대부 취향에 잘 어울림

➡

★청화 백자

조선 후기에 유행, 회회청 안료를 사용하여 푸른색 그림을 그려 넣은 자기

# 5 문화유산 [개항기]

## 1. 신문

★ 한성순보

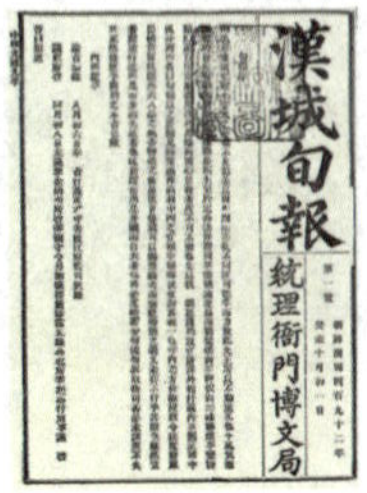


우리나라 최초의 근대 신문, 박문국에서 열흘에 한 번씩 발행함, 관보적 성격을 가짐

★ 독립신문

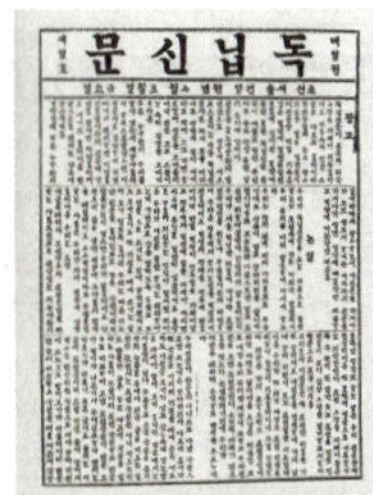


우리나라 최초의 민간 신문, 서재필 주도로 창간, 한글판과 영문판 발행

★ 황성신문

국한문 혼용체로 발행(유림층 대상), 장지연의 항일 논설인 '시일야방성대곡'을 처음 게재

★ 제국신문

순 한글로 발행하여 서민층과 부녀자에게 많이 읽힘

★ 대한매일신보

영국인 베델이 발행인으로 참여, 항일 논조, 의병 운동에 호의적인 기사 게재, 국채 보상 운동 확산에 기여함

## 2. 건축

★ 독립문

프랑스의 개선문을 모방하여 독립 협회의 주도로 건립됨

★ 명동 성당

고딕 양식의 건축물로 1898년에 준공됨, 6월 민주 항쟁 당시 시위대의 농성 장소로 이용됨

★ 덕수궁 석조전

유럽풍 석조 건축물로 영국인 하딩이 설계함, 광복 이후 미·소 공동 위원회가 개최됨

★ 덕수궁 중명전

고종의 집무실로 사용되기도 함, 1905년 을사늑약이 체결된 장소

★ 구 러시아 공사관

르네상스 양식의 건축물, 을미사변 이후 고종이 피신하여 머물던 곳(아관 파천)

★ 환구단

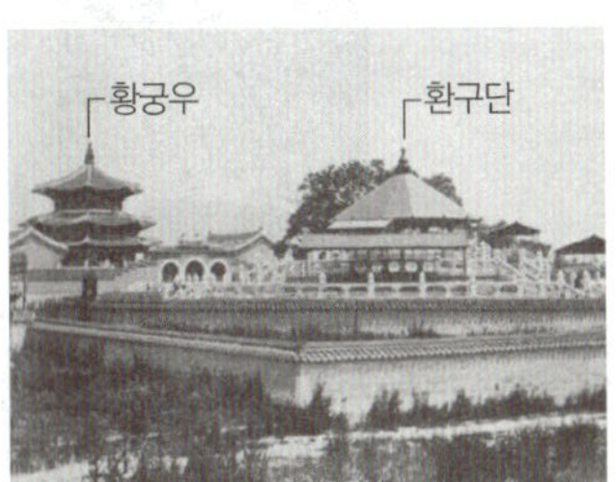

하늘에 제사를 지내던 제단으로, 1897년에 고종이 환구단에서 황제 즉위식을 거행하고 대한 제국의 수립을 선포함, 1913년에 일제에 의해 철거되고 현재는 부속 건물인 황궁우만 남아 있음

★ 원각사

1908년에 설립된 우리나라 최초의 서양식 극장, 신소설 "은세계"가 연극으로 상연됨

## 3. 근대 문물

★ 전차

1899년 서대문에서 청량리 구간이 처음으로 개통됨

★ 철도

1899년 최초의 철도인 경인선(노량진에서 제물포 구간)이 개통됨

큰별쌤 최태성의

별★별 한국사

# 한국사 능력검정시험

심화 (1·2·3급) 상

# 한국사능력검정시험이란?

**한국사능력검정시험**은 국사편찬위원회에서 개발한 다양한 유형의 문항을 통해 우리 역사에 대한 관심을 제고하고, **한국사 전반에 걸쳐 역사적 사고력을 평가**할 수 있는 시험입니다. 이를 통해 한국사 교육의 올바른 방향을 제시하고 자발적 역사 학습을 통한 고차원적 사고력과 문제해결 능력 배양을 목적으로 하고 있습니다.

**시험 목적**

- 우리 역사에 대한 관심을 확산·심화시키는 계기를 마련함
- 균형 잡힌 역사의식을 갖도록 함
- 고차원적 사고력과 문제해결 능력을 육성함
- 역사 교육의 올바른 방향을 제시함

| 시험 주관 및 시행 기관 | 응시 대상 |
|---|---|
| 국사편찬위원회 | 한국사에 관심 있는 대한민국 국민 (외국인도 가능) |

출처 : 국사편찬위원회 한국사능력검정시험

한능검 접수 가이드 영상

## 시험 종류 및 인증 등급

| 시험 종류 | 심화 | 기본 |
|---|---|---|
| 인증 등급 | 1급(80점 이상) | 4급(80점 이상) |
| | 2급(70~79점) | 5급(70~79점) |
| | 3급(60~69점) | 6급(60~69점) |
| 문항 수 | 50문항(5지 택1형) | 50문항(4지 택1형) |

배점 : 100점 만점(문항별 1점~3점 차등 배점)

## 평가 내용

| 시험 종류 | 평가 내용 |
|---|---|
| 심화 | **한국사 심화 과정**으로 한국사에 대한 체계적인 이해를 바탕으로 한국사의 주요 사건과 개념을 종합적으로 이해하고, 역사 자료를 분석하고 해석하는 능력, 한국사의 흐름 속에서 시대적 상황 및 쟁점을 파악하는 능력 |
| 기본 | **한국사 기본 과정**으로 기초적인 역사 상식을 바탕으로 한국사의 필수 지식과 기본적인 흐름을 이해하는 능력 |

### 여기서 잠깐!

1급을 받기 위해서는 80점 이상을 받아야 합니다. 그러나 "심화" 시험의 난도는 기존 고급과 비슷한 수준이고, 문제 유형도 바뀌지 않았기 때문에 걱정할 필요가 전혀 없어요. 지금처럼 큰별쌤을 믿고 중요한 개념들 위주로 학습하면 합격할 수 있습니다.

## 시험 시간

| 시간 | 내용 | 소요 시간 |
|---|---|---|
| 10:00~10:10 | 오리엔테이션(시험 시 주의 사항) | 10분 |
| 10:10~10:15 | 신분증 및 수험표 확인(감독관) | 5분 |
| 10:15~10:20 | 문제지 배부 | 5분 |
| 10:20~11:40 | 시험 실시(50문항) | 80분 |

## 시험 합격 비법

**유튜브 최태성1TV**(인강 전문 채널)

**모두의 별★별 한국사**(http://www.etoos.com/bigstar)

## 원서 접수 및 자세한 시험 정보

**한국사능력검정시험**(http://www.historyexam.go.kr)

# 큰별쌤의 결론은?

**1**

**초등부터 성인까지**
**한국사 필수 시대!**

한국사를
손 놓을 수는
없죠!

**2**

**한국사는 계속된다!**
**쭈~욱!**

공무원 시험,
교원임용 시험,
승진 시험 등

**3**

**한국사능력검정시험은**
**선발 시험이 아닌**
**인증 시험!**

80점 이상이면 1급
70~79점이면 2급
60~69점이면 3급

**4**

**도전해**
**볼 만한 수준!**

한 달 정도만 투자해서
필수 개념만 익히면
합격할 수 있어요.

**전체적인 흐름을 파악**하고, 개념을 꼼꼼히 확인하세요.
**사진, 자료 등은 시대와 꼭 연결**하여 익숙하게 만들어 두세요.

시험 합격도 중요하지만 한국사 공부를 통해 역사 속의 사람들을 만나 소통해 보고
**한 번의 인생 어떻게 살아갈 것인가를 생각**해 보는 계기가 되기를 바랄게요.

# 합격 하려면?

강별로 판서를 통해 흐름을 이해하고 강의를 들으며 자신만의 필기 노트를 만들어 보세요.
눈으로 보고 손으로 따라 쓰고 입으로 대답하며 익힌 내용은 오래 기억됩니다
그런 다음 사진, 도표, 지도, 사료, 용어 해설을 통해 기본 개념을 정리하고, 기출문제를 통해 출제 경향을 확인하세요.
마지막으로 ☆(별) 채우기를 통해 복습하면 한국사 개념 완전 정복 끝!

## 한국사를 그리다

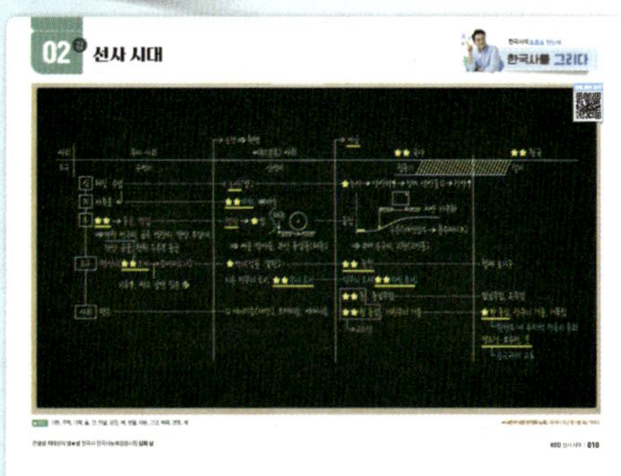

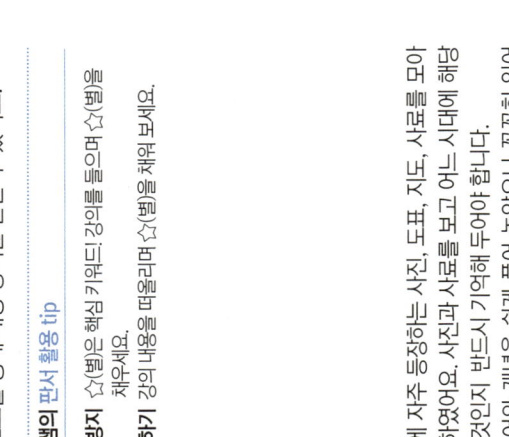

20년 넘게 판서를 연구한
판서의 장인 큰별쌤의 아트 판서!
시대의 흐름이 한눈에 보이는 판서와 함께 내용을 정리하세요.
QR 코드를 통해 해당 강의를 들을 수 있어요.

**큰별쌤의 판서 활용 tip**

- **졸음방지** ☆(별)은 핵심 키워드! 강의를 들으며 ☆(별)을 채우세요.
- **복습하기** 강의 내용을 떠올리며 ☆(별)을 채워 보세요.

## 한국사를 보다

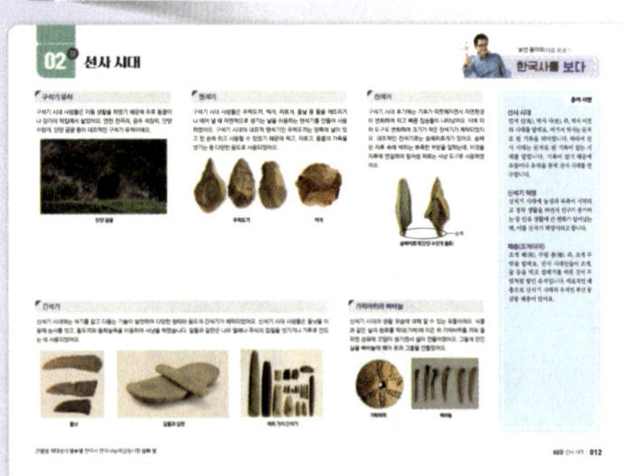

시험에 자주 등장하는 사진, 도표, 지도, 사료를 모아 해설하였어요. 사진과 사료를 보고 어느 시대에 해당하는 것인지 반드시 기억해 두어야 합니다.
또 용어와 개념을 쉽게 풀어 놓았으니 꼼꼼히 읽어 보세요.

## 한국사를 쓰다

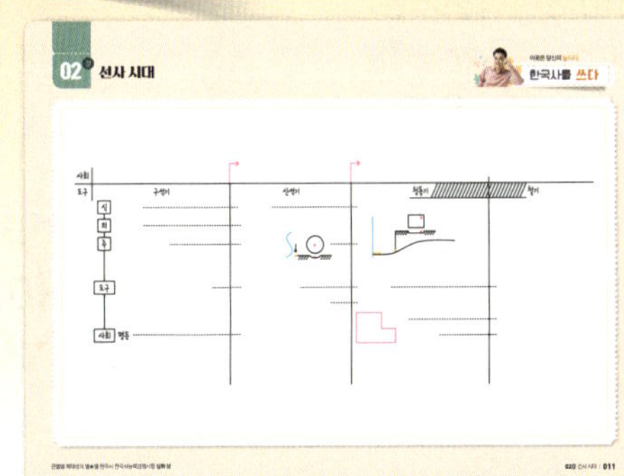

강의를 들으며 판서를 쉽게 그릴 수 있도록 구성하였어요.
아트 판서를 따라 그리며 강의 내용을 생생하게 기억해 보세요.

## 한국사를 읽다

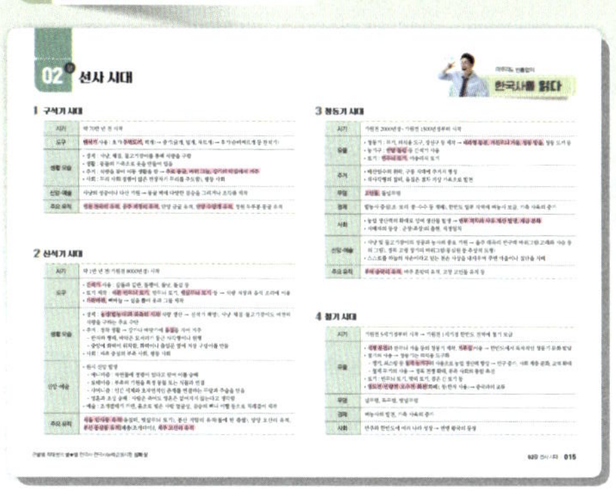

큰별쌤의 아트 판서 내용을 표로 정리하였습니다. 이곳에 자신이 더 공부한 내용을 추가해도 좋아요. 정리하는 개념으로 휘리릭~ 읽어 보세요.

## 한국사를 풀다

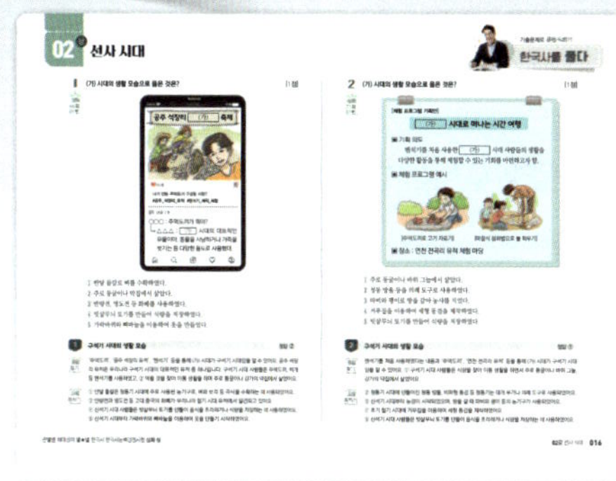

강의 내용에 해당하는 기출문제를 꼼꼼 친절한 해설과 함께 담았습니다. 어떤 유형으로 문제가 나오는지 기출 경향을 확인할 수 있습니다.
읽기만 해도 이해·정리되는 친절한 해설을 담았으니, 해설을 가리고 풀어 본 다음 해설을 읽으며 아는 내용은 되새기고 부족한 내용은 채워 보세요.

## 한국사를 채우다

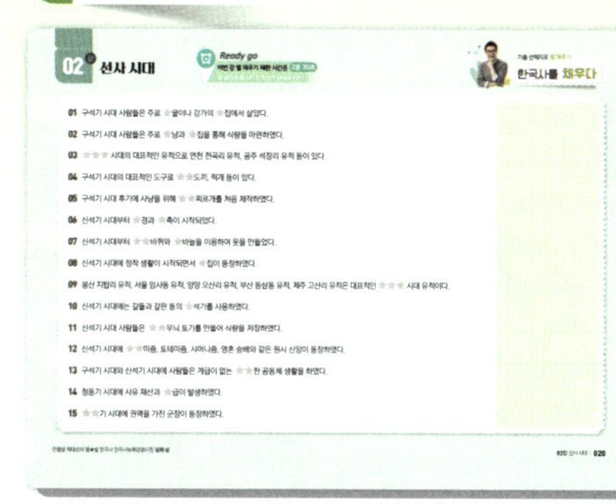

☆(별) 채우기를 하지 않은 자, 재앙이 오리라! 아주아주 중요한 부분입니다. 기출문제에서 선택지로 자주 등장하는 내용으로 구성하였어요.
☆(별)이 들어간 단어가 바로 핵심 키워드입니다. 제한 시간 안에 게임하듯 ☆(별) 채우기를 하며 재미있게 복습하세요. 틀린 부분은 꼭! 다시 확인하셔야 해요.

## 주제 특강

## 빈틈 없이 대비하다

시험에 자주 출제되는 세시 풍속, 지역사, 근·현대 인물, 유네스코와 유산 등을 기출문제와 함께 정리하였고, 최근 자주 출제되는 시대 통합 문제까지 담았어요.

# 합격을 돕는 부록

## 나만의 약점 단권화 노트

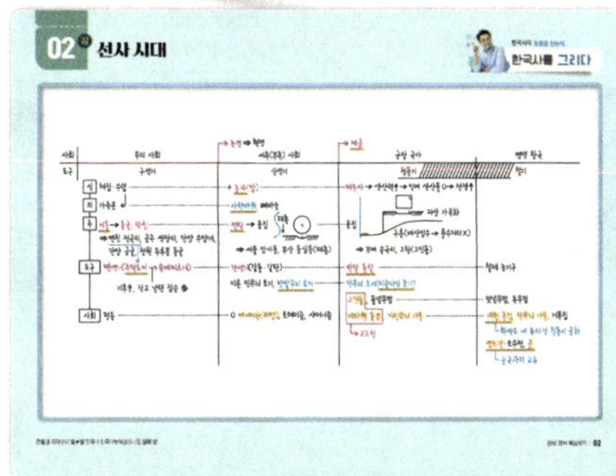

나만의 노하우와 아트 판서의 콜라보!
시험장에 꼭 가지고 가야 할 단 한 권!
자세한 활용법은 유튜브 최태성 1TV에서 확인하세요.

## 연표·지역사

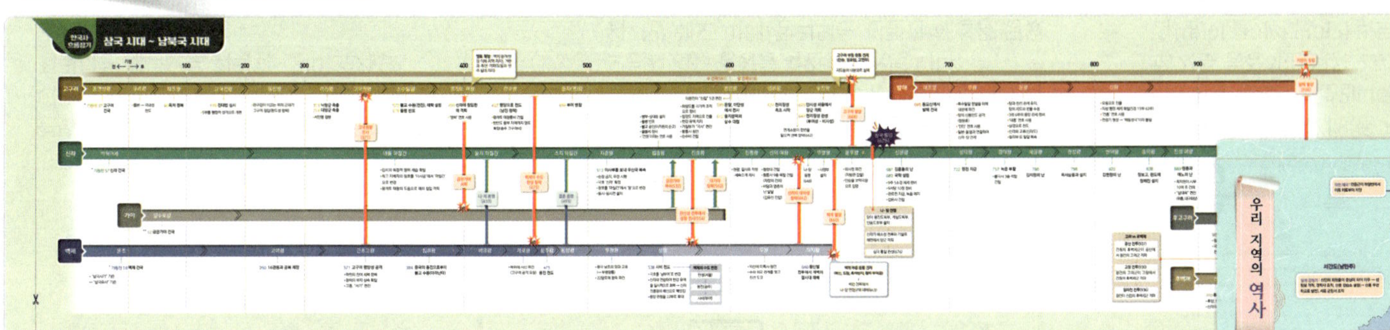

한국사의 흐름을 한눈에 볼 수 있도록 연표와 지역의 역사를 정리한 지도를 담았어요. 가지고 다니면서 틈틈이 눈에 익히면 한국사의 흐름이 쉽게 머릿속에 정리됩니다.

# 이 책의 차례는?

큰별쌤 최태성의 별★별 한국사 한국사능력검정시험 심화 교재는 총 2권으로 구성되어 있습니다.
상권은 선사 시대부터 조선 전기까지(01~21강), 하권은 조선 후기부터 근·현대까지(22~40강), 총 40강입니다.

# 01강 역사는 왜 배우는가

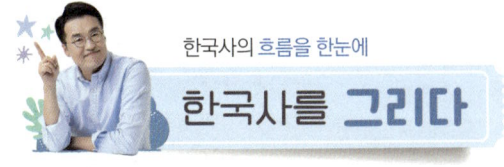

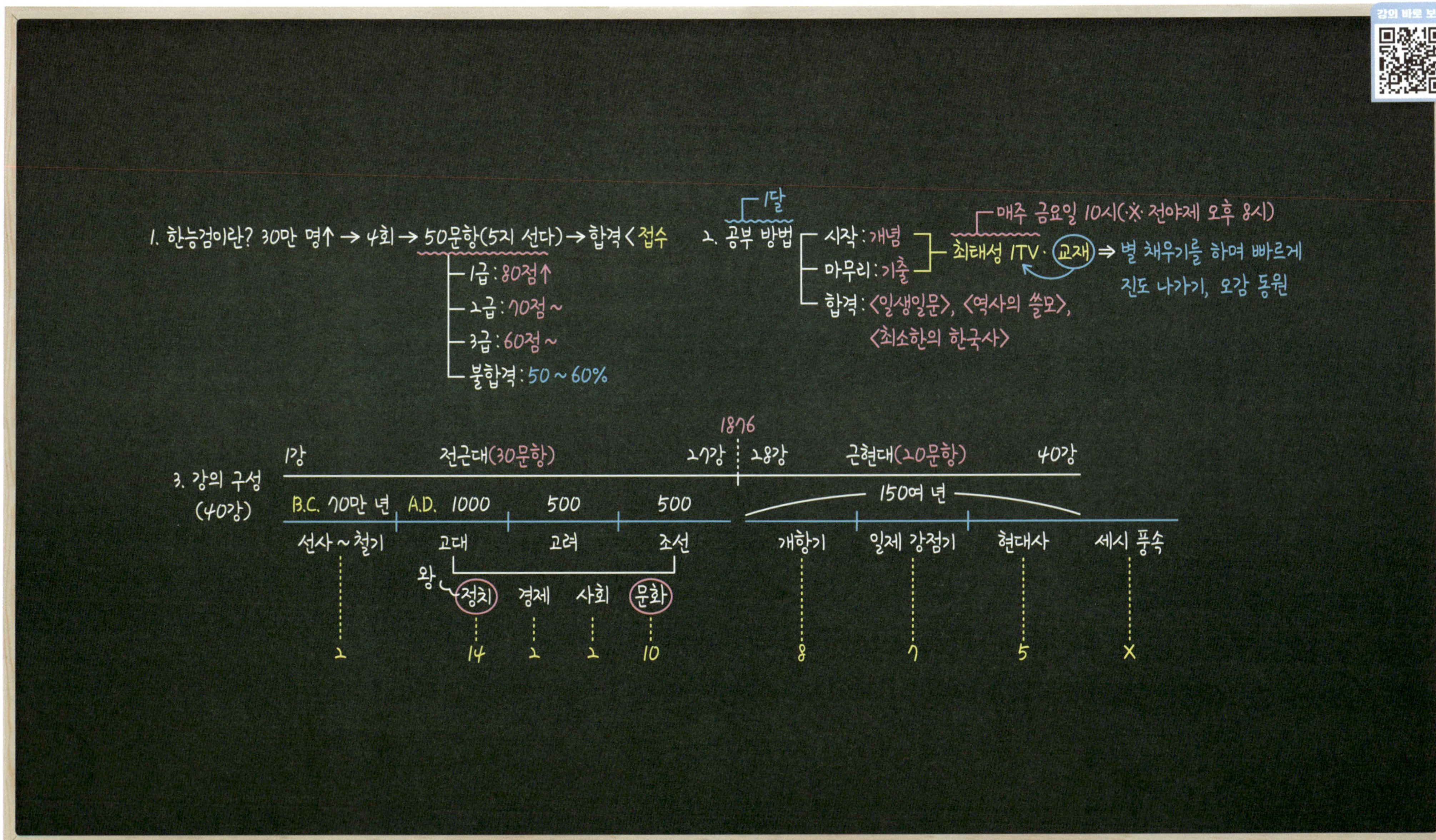

# 01강 역사는 왜 배우는가

이곳은 당신의 놀이터!

한국사를 **쓰다**

# 02강 선사 시대

한국사의 흐름을 한눈에
한국사를 그리다

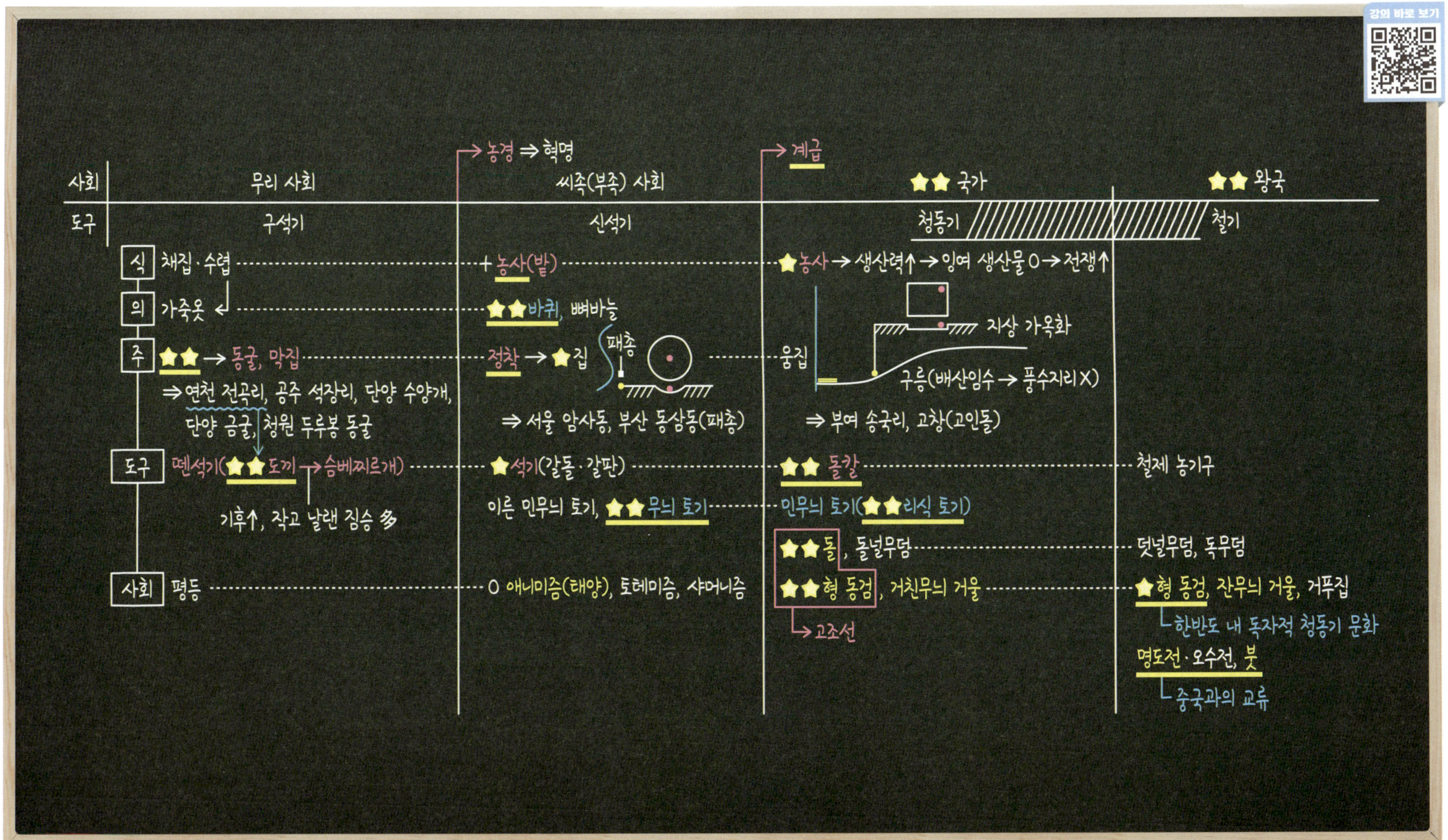


★정답 이동, 주먹, 가락, 움, 간, 빗살, 군장, 벼, 반달, 미송, 고인, 비파, 연맹, 세

➡ 나만의 약점 단권화 노트 2쪽에서 완성 판서를 확인하세요.

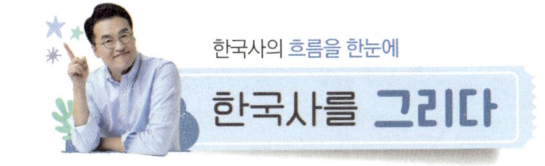

# 02강 선사 시대

이곳은 당신의 놀이터!
한국사를 쓰다

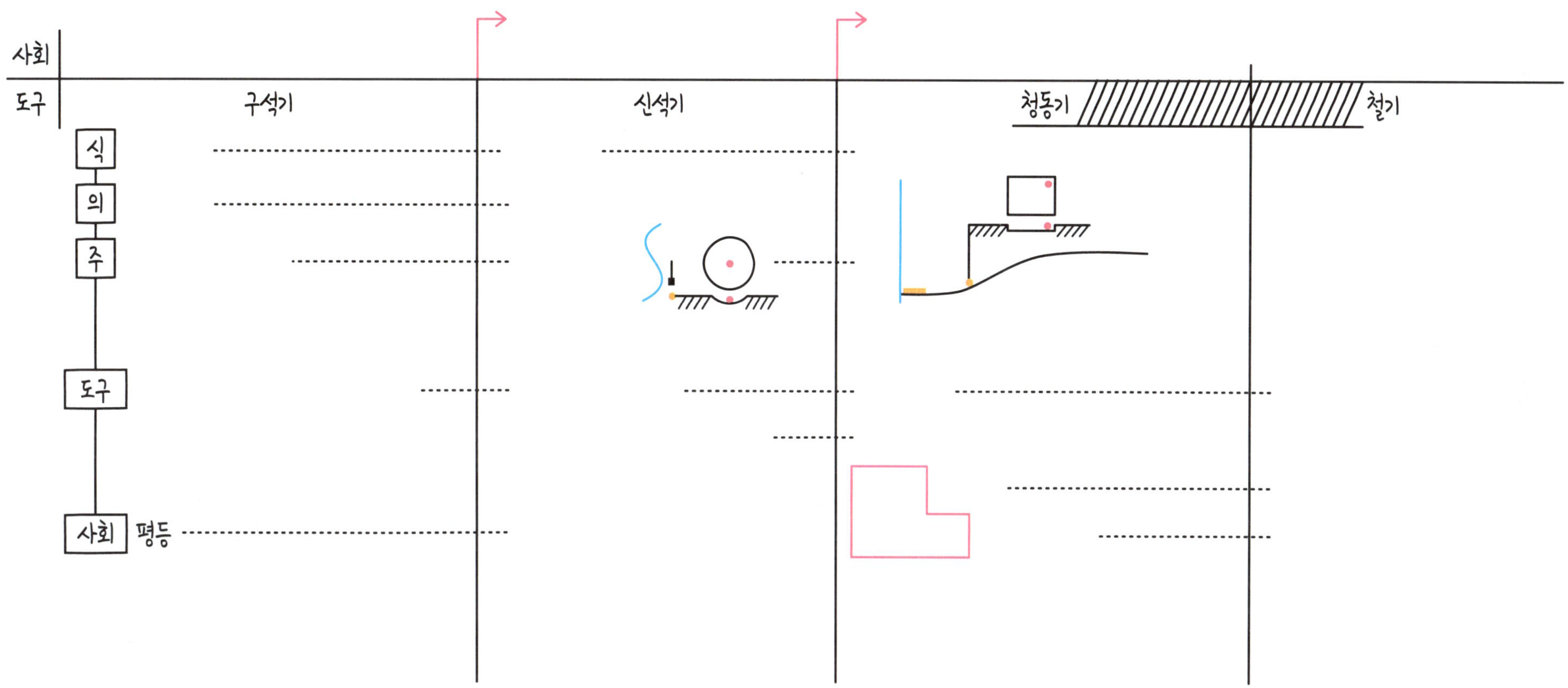

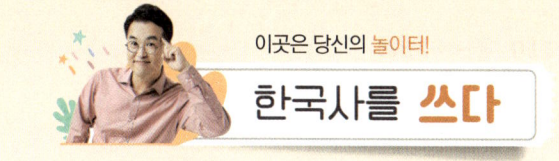

# 02강 선사 시대

낯선 용어와 자료 돋보기
## 한국사를 보다

### 구석기 유적

구석기 시대 사람들은 이동 생활을 하였기 때문에 주로 동굴이나 강가의 막집에서 살았어요. 연천 전곡리, 공주 석장리, 단양 수양개, 단양 금굴 등이 대표적인 구석기 유적이에요.

단양 금굴

### 뗀석기

구석기 시대 사람들은 주먹도끼, 찍개, 찌르개, 돌날 등 돌을 깨뜨리거나 떼어 낼 때 자연적으로 생기는 날을 이용하는 뗀석기를 만들어 사용하였어요. 구석기 시대의 대표적 뗀석기인 주먹도끼는 양쪽에 날이 있고 한 손에 쥐고 사용할 수 있었기 때문에 찍고, 자르고, 동물의 가죽을 벗기는 등 다양한 용도로 사용되었어요.

주먹도끼

찍개

### 잔석기

구석기 시대 후기에는 기후가 따뜻해지면서 자연환경이 변화하여 작고 빠른 짐승들이 나타났어요. 이에 따라 도구도 변화하여 크기가 작은 잔석기가 제작되었지요. 대표적인 잔석기로는 슴베찌르개가 있어요. 슴베란 자루 속에 박히는 뾰족한 부분을 말하는데, 이것을 자루에 연결하여 창처럼 찌르는 사냥 도구로 사용하였어요.

슴베찌르개(단양 수양개 출토)

### 용어 사전

**선사 시대**
먼저 선(先), 역사 사(史). 즉, 역사 이전의 시대를 말해요. 여기서 역사는 문자로 된 기록을 의미합니다. 따라서 선사 시대는 문자로 된 기록이 없는 시대를 말합니다. 기록이 없기 때문에 유물이나 유적을 통해 선사 시대를 연구합니다.

**신석기 혁명**
신석기 시대에 농경과 목축이 시작되고 정착 생활을 하면서 인구가 증가하는 등 인류 생활에 큰 변화가 일어났는데, 이를 신석기 혁명이라고 합니다.

**패총(조개더미)**
조개 패(貝), 무덤 총(塚). 즉, 조개 무덤을 말해요. 선사 시대인들이 조개, 굴 등을 먹고 껍데기를 버린 것이 무덤처럼 쌓인 유적입니다. 대표적인 패총으로 신석기 시대의 유적인 부산 동삼동 패총이 있어요.

### 간석기

신석기 시대에는 석기를 갈고 다듬는 기술이 발전하여 다양한 형태와 용도의 간석기가 제작되었어요. 신석기 시대 사람들은 돌낫을 이용해 농사를 짓고, 돌도끼와 돌화살촉을 이용하여 사냥을 하였습니다. 갈돌과 갈판은 나무 열매나 곡식의 껍질을 벗기거나 가루로 만드는 데 사용되었어요.

돌낫

갈돌과 갈판

여러 가지 간석기

### 가락바퀴와 뼈바늘

신석기 시대의 생활 모습에 대해 알 수 있는 유물이에요. 식물과 같은 실의 원료를 막대(가락)에 이은 뒤 가락바퀴를 끼워 돌리면 섬유에 꼬임이 생기면서 실이 만들어졌어요. 그렇게 만든 실을 뼈바늘에 꿰어 옷과 그물을 만들었어요.

가락바퀴

뼈바늘

### 빗살무늬 토기

신석기 시대의 대표적인 토기입니다. 그릇 표면에 새기개로 긋거나 눌러서 새긴 빗살무늬와 뾰족한 밑바닥이 특징이에요. 신석기 시대에는 식량을 저장하거나 음식을 조리하기 위해 토기를 만들어 사용하기 시작하였어요.

### 움집

신석기 시대 사람들은 정착 생활을 하였는데, 주로 강가나 바닷가에 움집을 짓고 마을을 이루었어요. 움집의 움은 구덩이를 의미해요. 즉, 움집은 구덩이를 파고 그 위에 지붕을 얹어 만든 반지하 형태의 집입니다. 신석기 시대 움집터를 살펴보면 바닥은 모서리가 둥근 사각형이나 원형이고, 가운데에는 취사와 난방을 위한 화덕이 있었음을 알 수 있어요.

움집(복원)

움집터(서울 강동구 암사동)

### 신석기 시대의 신앙과 예술

신석기 시대 사람들은 농경과 밀접한 자연에 대해 관심을 갖기 시작하였고, 자연물이나 자연 현상, 특정 동식물, 영혼 등을 숭배하였어요. 또한, 동물 모양을 새긴 조각, 얼굴 모양의 토기, 조개껍데기 가면 등을 만들었는데, 이는 신의 모습을 형상화한 것으로 추정되고 있습니다. 그리고 짐승의 뼈나 이빨로 만든 치레걸이(장신구) 등을 만들었어요.

조개껍데기 가면

용어 사전

**원시 신앙의 형태**
- 애니미즘 : 태양, 물 등 자연물에 정령이 있다고 믿는 원시 신앙이에요. 애니미즘이라는 용어는 영혼을 뜻하는 라틴어 'anima'에서 유래하였어요.
- 토테미즘 : 자기 부족의 기원이 특정한 동물이나 식물에서 유래하였다고 믿는 원시 신앙이에요. 단군의 건국 이야기에 나오는 곰과 호랑이는 각각 곰을 숭배하는 부족과 호랑이를 숭배하는 부족을 상징하는 것으로 보이는데, 대표적인 토테미즘의 예라고 할 수 있어요.
- 샤머니즘 : 무당을 통해서 초자연적인 존재와 인간 세계를 연결하고자 하는 원시 신앙을 말해요.

**배산임수**
등 배(背), 뫼 산(山), 내려다볼 임(臨), 물 수(水). 즉, 산을 등지고 물을 바라보는 자리를 말합니다. 뒤쪽에 있는 산이 바람을 막아 주고 땔감을 구할 장소가 되어 주며, 앞쪽에 흐르는 하천에서 물을 구하기 쉽기 때문에 살기 좋은 곳이에요.

### 비파형 동검과 거친무늬 거울

청동기는 재료의 희소성 때문에 주로 의례용 또는 지배자의 무기나 장신구로 쓰였어요. 악기 비파와 모양이 닮아 이름 붙여진 '비파형' 동검과 거친무늬 거울은 청동기 시대의 대표적인 유물이에요.

비파형 동검

거친무늬 거울

### 미송리식 토기

평안북도 의주군 미송리 동굴 유적에서 발견되어 미송리식 토기라고 해요. 청동기 시대에 사용된 민무늬 토기의 한 종류로, 몸체에 손잡이가 달린 것이 특징이에요.

### 반달 돌칼

청동기 시대의 대표적인 농기구로, 주로 이삭을 자르는 데 사용된 도구예요. 가운데에 있는 구멍에 끈을 꿰어 끈 사이로 손가락을 집어넣어 몸체를 잡고 사용하였어요. 반달 돌칼처럼 청동기 시대에도 농기구는 여전히 나무나 돌로 만든 도구를 사용하였어요.

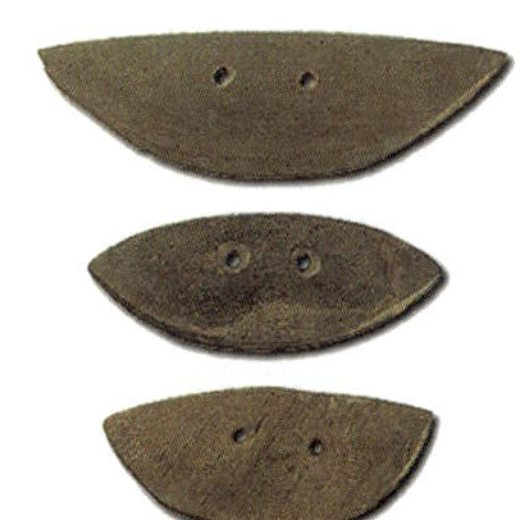

# 02강 선사 시대

## 고인돌

고인돌은 청동기 시대 지배자의 무덤으로 알려져 있어요. 고인돌 중 큰 것은 덮개돌의 무게가 무려 50톤이 넘어요. 이렇게 큰 고인돌을 만들기 위해서는 많은 노동력이 필요하였습니다. 따라서 고인돌을 통해 많은 사람을 동원할 수 있는 힘을 가진 사람, 바로 지배자(군장)의 등장을 짐작해 볼 수 있어요.

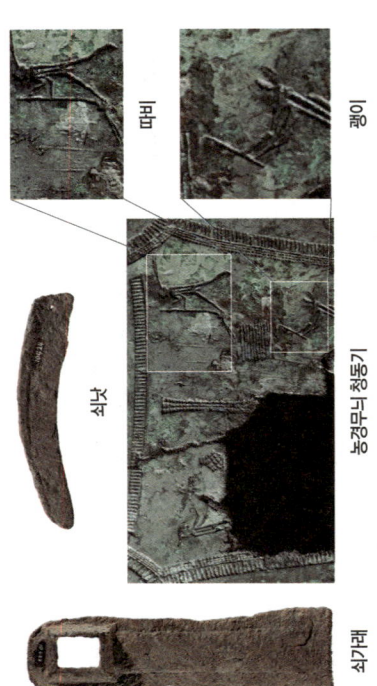

탁자식 고인돌(인천 강화)

## 세형 동검과 잔무늬 거울, 거푸집

철기 시대에도 의식용 도구로 청동기가 제작되었어요. 초기 철기 시대에 비파형 동검과는 다르게 날씬하게 생긴 세형 동검이 만들어졌는데, 세형 동검은 주로 청천강 이남 한반도 전역에서 발견되어 한국식 동검이라고도 불려요. 또한, 거친무늬 거울은 뒷면의 장식이 예전보다 더욱 가는 선으로 이루어진 잔무늬 거울로 변하였어요. 거푸집은 금속을 녹여 부어 도구를 만드는 틀인데, 한반도에서 발견되는 거푸집을 통해 청동기를 직접 제작하였음을 알 수 있습니다. 세형 동검과 잔무늬 거울, 거푸집을 통해 한반도 내에서 독자적인 청동기 문화가 발전하였음을 알 수 있어요.

세형 동검

잔무늬 거울

거푸집

## 철제 농기구

청동기 시대에도 농기구는 주로 나무나 돌로 만들었지만, 철기 시대에는 철제 농기구를 만들기 시작하였어요. 철제 농기구를 사용하면서 농업 생산력은 커졌고, 인구도 크게 증가하였어요. 청동기 시대 후기~초기 철기 시대의 대표적 유물인 농경무늬 청동기에는 따비, 괭이 등을 사용해 농사짓고 있는 모습이 새겨져 있어 당시 농경과 신앙의 모습을 짐작할 수 있습니다.

쇠가래

쇠낫

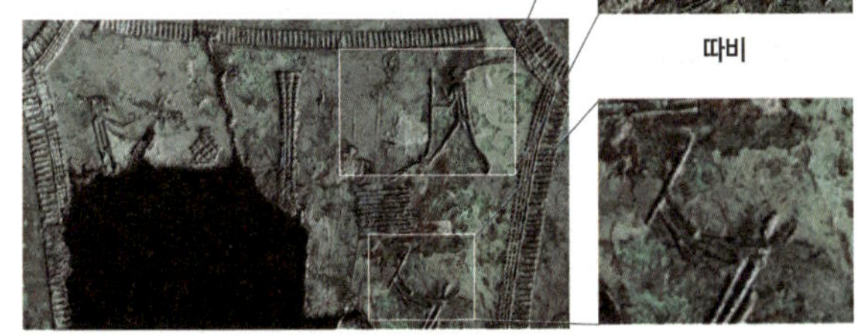

농경무늬 청동기

따비

괭이

## 명도전과 붓

철기 시대에 중국과 교류하였음을 보여 주는 유물들이에요. 중국의 전국 시대 연에서 사용된 명도전은 표면에 '명(明)'이라는 글자가 새겨져 있는 청동으로 만든 칼[도(刀)] 모양의 화폐입니다. 그리고 창원 다호리 유적에서 발견된 붓을 통해 당시에 중국의 한자가 전해져 사용되었음을 알 수 있습니다.

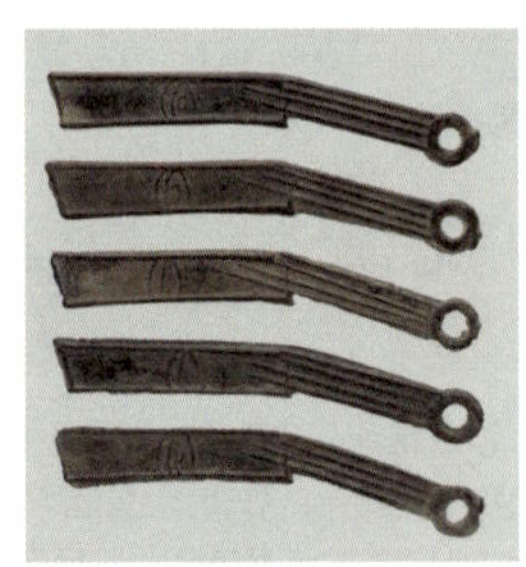

명도전

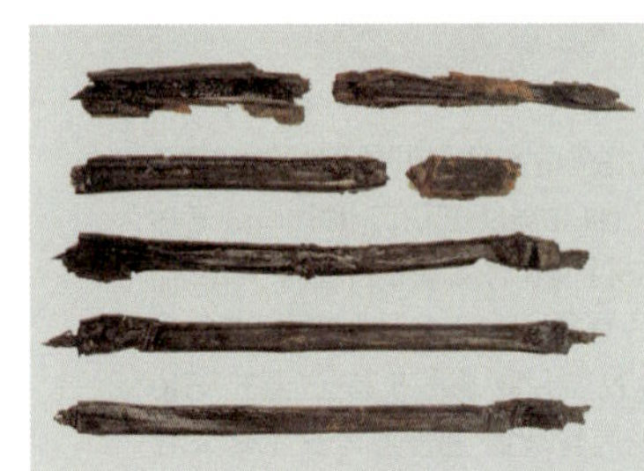

창원 다호리 출토 붓

### 용어 사전

**군장 국가**
군장이 다스리는 초기 국가 형태입니다. 청동기 시대에 들어와 계급이 발생하고 경제력과 정치권력을 가진 군장이 부족의 우두머리가 되어 통치하기 시작하였어요. 군장은 정치적 통치자의 역할과 더불어 종교 지도자의 역할도 하였어요.

**연맹 왕국**
여러 부족이 연합하여 성립한 국가입니다. 하나의 맹주국을 중심으로 연맹체를 구성하고, 연맹의 대표로 '왕'을 선출하였어요. 왕은 연맹체를 대표하였으나 권한이 강하지 않았으며, 각 부족은 군장이 독자적으로 다스렸습니다.

# 02강 선사 시대

마무리도 빈틈없이
**한국사를 읽다**

## 1 구석기 시대

| | |
|---|---|
| 시기 | 약 70만 년 전 시작 |
| 도구 | 뗀석기 사용 : 초기(주먹도끼, 찍개) → 중기(긁개, 밀개, 자르개) → 후기(슴베찌르개 등 잔석기) |
| 생활 모습 | • 경제 : 사냥, 채집, 물고기잡이를 통해 식량을 구함<br>• 생활 : 동물의 가죽으로 옷을 만들어 입음<br>• 주거 : 식량을 찾아 이동 생활을 함 → 주로 동굴, 바위 그늘, 강가의 막집에서 거주<br>• 사회 : 무리 사회(경험이 많은 연장자가 무리를 주도함), 평등 사회 |
| 신앙·예술 | 사냥의 성공이나 다산 기원 → 동굴 벽에 다양한 짐승을 그리거나 조각품 제작 |
| 주요 유적 | 연천 전곡리 유적, 공주 석장리 유적, 단양 금굴 유적, 단양 수양개 유적, 청원 두루봉 동굴 유적 |

## 2 신석기 시대

| | |
|---|---|
| 시기 | 약 1만 년 전(기원전 8000년경) 시작 |
| 도구 | • 간석기 사용 : 갈돌과 갈판, 돌괭이, 돌낫, 돌삽 등<br>• 토기 제작 : 이른 민무늬 토기, 덧무늬 토기, 빗살무늬 토기 등 → 식량 저장과 음식 조리에 이용<br>• 가락바퀴, 뼈바늘 → 실을 뽑아 옷과 그물 제작 |
| 생활 모습 | • 경제 : 농경(밭농사)과 목축의 시작(식량 생산 → 신석기 혁명), 사냥·채집·물고기잡이도 여전히 식량을 구하는 주요 수단<br>• 주거 : 정착 생활 → 강가나 바닷가에 움집을 지어 거주<br>- 반지하 형태, 바닥은 모서리가 둥근 사각형이나 원형<br>- 중앙에 화덕이 위치함, 화덕이나 출입문 옆에 저장 구덩이를 만듦<br>• 사회 : 씨족 중심의 부족 사회, 평등 사회 |
| 신앙·예술 | • 원시 신앙 발생<br>- 애니미즘 : 자연물에 정령이 있다고 믿어 이를 숭배<br>- 토테미즘 : 부족의 기원을 특정 동물 또는 식물과 연결<br>- 샤머니즘 : 인간 세계와 초자연적인 존재를 연결하는 무당과 주술을 믿음<br>- 영혼과 조상 숭배 : 사람은 죽어도 영혼은 없어지지 않는다고 생각함<br>• 예술 : 조개껍데기 가면, 흙으로 빚은 사람 얼굴상, 짐승의 뼈나 이빨 등으로 치레걸이 제작 |
| 주요 유적 | 서울 암사동 유적(움집터, 빗살무늬 토기), 봉산 지탑리 유적(불에 탄 좁쌀), 양양 오산리 유적, 부산 동삼동 유적[패총(조개더미)], 제주 고산리 유적 |

## 3 청동기 시대

| | |
|---|---|
| 시기 | 기원전 2000년경~기원전 1500년경부터 시작 |
| 유물 | • 청동기 : 무기, 의식용 도구, 장신구 등 제작 → 비파형 동검, 거친무늬 거울, 청동 방울, 청동 도끼 등<br>• 농기구 : 반달 돌칼 등 간석기 사용<br>• 토기 : 민무늬 토기, 미송리식 토기 |
| 주거 | • 배산임수의 취락, 구릉 지대에 주거지 형성<br>• 직사각형의 집터, 움집은 점차 지상 가옥으로 발전 |
| 무덤 | 고인돌, 돌널무덤 |
| 경제 | 밭농사 중심(조·보리·콩·수수 등 재배), 한반도 일부 지역에 벼농사 보급, 가축 사육의 증가 |
| 사회 | • 농업 생산력의 확대로 잉여 생산물 발생 → 빈부 격차와 사유 재산 발생, 계급 분화<br>• 지배자의 등장 : 군장(족장)의 출현, 제정일치 |
| 신앙·예술 | • 사냥 및 물고기잡이의 성공과 농사의 풍요 기원 → 울주 대곡리 반구대 바위그림(고래와 사슴 등의 그림), 경북 고령 장기리 바위그림(동심원 등 추상적 도형)<br>• 스스로를 하늘의 자손이라고 믿는 천손 사상을 내세우며 주변 마을이나 집단을 지배 |
| 주요 유적 | 부여 송국리 유적, 여주 흔암리 유적, 고창 고인돌 유적 등 |

## 4 철기 시대

| | |
|---|---|
| 시기 | 기원전 5세기경부터 시작 → 기원전 1세기경 한반도 전역에 철기 보급 |
| 유물 | • 세형 동검과 잔무늬 거울 등의 청동기 제작, 거푸집 이용 → 한반도에서 독자적인 청동기 문화 발달<br>• 철기의 사용 → 청동기는 의식용 도구화<br>- 쟁기, 쇠스랑 등 철제 농기구의 사용으로 농업 생산력 향상 → 인구 증가, 사회 계층 분화, 교역 확대<br>- 철제 무기의 사용 → 정복 전쟁 확대, 부족 사회의 통합 촉진<br>• 토기 : 민무늬 토기, 덧띠 토기, 검은 간 토기 등<br>• 명도전·반량전·오수전·화천(화폐), 붓(한자 사용) → 중국과의 교류 |
| 무덤 | 널무덤, 독무덤, 덧널무덤 |
| 경제 | 벼농사의 발전, 가축 사육의 증가 |
| 사회 | 만주와 한반도에 여러 나라 성장 → 연맹 왕국의 등장 |

# 02강 선사 시대

**1** (가) 시대의 생활 모습으로 옳은 것은? [1점]

심화 66회 01번

공주 석장리 (가) 축제
20개
내가 만든 주먹도끼 구경할 사람?
#공주_석장리_유적 #뗀석기_제작_체험
댓글 2개
○○○ : 주먹도끼가 뭐야?
└△△△ : (가) 시대의 대표적인 유물이야. 동물을 사냥하거나 가죽을 벗기는 등 다양한 용도로 사용했대.


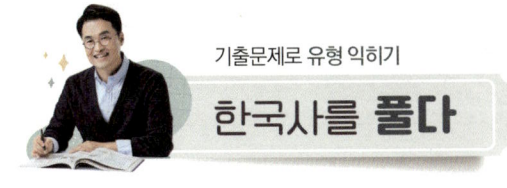

① 반달 돌칼로 벼를 수확하였다.
② 주로 동굴이나 막집에서 살았다.
③ 반량전, 명도전 등 화폐를 사용하였다.
④ 빗살무늬 토기를 만들어 식량을 저장하였다.
⑤ 가락바퀴와 뼈바늘을 이용하여 옷을 만들었다.

**1 구석기 시대의 생활 모습** 정답 ②

정답 찾기 '주먹도끼', '공주 석장리 유적', '뗀석기' 등을 통해 (가) 시대가 구석기 시대임을 알 수 있어요. 공주 석장리 유적은 우리나라 구석기 시대의 대표적인 유적 중 하나입니다. 구석기 시대 사람들은 주먹도끼, 찍개 등 뗀석기를 사용하였고, ② 먹을 것을 찾아 이동 생활을 하며 주로 동굴이나 강가의 막집에서 살았어요.

오답 피하기
① 반달 돌칼은 청동기 시대에 주로 사용된 농기구로, 벼와 보리 등 곡식을 수확하는 데 사용되었어요.
③ 반량전과 명도전 등 고대 중국의 화폐가 우리나라 철기 시대 유적에서 발견되고 있어요.
④ 신석기 시대 사람들은 빗살무늬 토기를 만들어 음식을 조리하거나 식량을 저장하는 데 사용하였어요.
⑤ 신석기 시대부터 가락바퀴와 뼈바늘을 이용하여 옷을 만들기 시작하였어요.

**2** (가) 시대의 생활 모습으로 옳은 것은? [1점]

심화 71회 01번

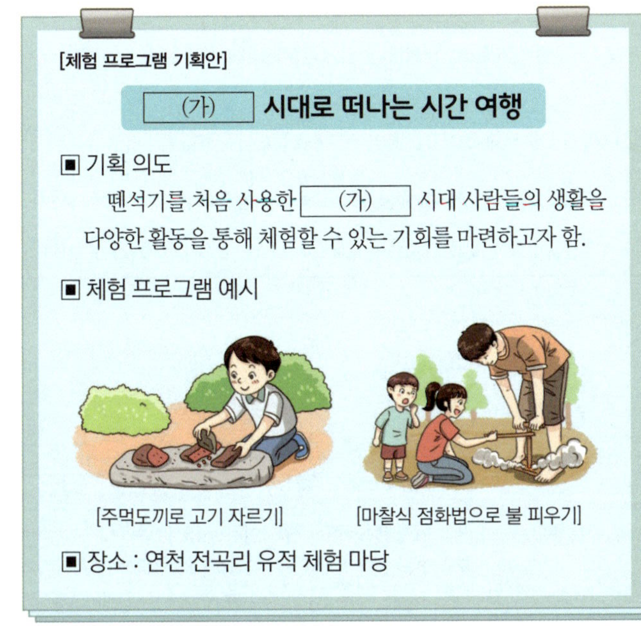


① 주로 동굴이나 바위 그늘에서 살았다.
② 청동 방울 등을 의례 도구로 사용하였다.
③ 따비와 괭이로 땅을 갈아 농사를 지었다.
④ 거푸집을 이용하여 세형 동검을 제작하였다.
⑤ 빗살무늬 토기를 만들어 식량을 저장하였다.

**2 구석기 시대의 생활 모습** 정답 ①

정답 찾기 뗀석기를 처음 사용하였다는 내용과 '주먹도끼', '연천 전곡리 유적' 등을 통해 (가) 시대가 구석기 시대임을 알 수 있어요. ① 구석기 시대 사람들은 식량을 찾아 이동 생활을 하면서 주로 동굴이나 바위 그늘, 강가의 막집에서 살았어요.

오답 피하기
② 청동기 시대에 만들어진 청동 방울, 비파형 동검 등 청동기는 대개 무기나 의례 도구로 사용되었어요.
③ 신석기 시대부터 농경이 시작되었으며, 땅을 갈 때 따비와 괭이 등의 농기구가 사용되었어요.
④ 초기 철기 시대에 거푸집을 이용하여 세형 동검을 제작하였어요.
⑤ 신석기 시대 사람들은 빗살무늬 토기를 만들어 음식을 조리하거나 식량을 저장하는 데 사용하였어요.

## 3 (가) 시대의 생활 모습으로 가장 적절한 것은? [1점]

심화 74회 01번

올해는 서울 암사동 유적 발견 100주년입니다. 1925년 을축년 대홍수로 우연히 모습이 드러난 이 유적은 수차례 발굴 과정에서 (가) 시대의 대표적 유물인 빗살무늬 토기와 갈돌, 갈판이 출토되고, 유구인 집터가 발견되었습니다.
서울 암사동 유적 발견 100주년 맞아


① 목책과 환호 등 방어 시설을 갖추었다.
② 소를 이용한 깊이갈이가 일반화되었다.
③ 농경과 목축을 통해 식량을 생산하였다.
④ 지배층의 무덤으로 고인돌을 축조하였다.
⑤ 거푸집을 이용하여 세형 동검을 제작하였다.

## 4 (가) 시대의 생활 모습으로 가장 적절한 것은? [1점]

심화 69회 01번

초대합니다

**수장고에서 찾아낸 유물 이야기**

우리 박물관은 수장고의 유물을 선정하여 분기별로 특별 전시회를 개최하고 있습니다. 이번 전시회에서는 (가) 시대를 주제로 한 유물들이 전시될 예정입니다.

■ 대표 전시 유물

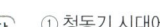

동삼동 패총 유적에서 출토된 빗살무늬 토기로, 짧은 사선 무늬, 생선뼈 무늬 등이 잘 드러납니다. 농경과 목축이 시작된 (가) 시대에 식량의 저장과 조리를 위해 이와 같은 토기가 제작되었습니다.

■ 기간 : 2024. ○○. ○○. ~ ○○. ○○.
■ 장소 : △△ 박물관 특별 전시실

① 반달 돌칼을 이용하여 벼를 수확하였다.
② 주로 동굴이나 강가의 막집에 거주하였다.
③ 가락바퀴와 뼈바늘로 옷을 만들어 입었다.
④ 많은 인력을 동원하여 고인돌을 축조하였다.
⑤ 주먹도끼, 찍개 등의 뗀석기를 처음 제작하였다.

### 3 신석기 시대의 생활 모습 정답 ③

**정답 찾기** 서울 암사동 유적에서 빗살무늬 토기와 갈돌, 갈판 등이 출토되었다는 내용을 통해 (가) 시대가 신석기 시대임을 알 수 있어요. 신석기 시대 사람들은 빗살무늬 토기를 만들어 식량을 저장하거나 음식을 조리하였으며, 갈돌과 갈판 등 간석기를 만들어 사용하였어요. 또한, 가락바퀴와 뼈바늘을 이용하여 옷이나 그물 등을 만들기도 하였어요. ③ 신석기 시대에는 농경과 목축을 통해 식량을 생산하기 시작하였으며, 강가나 바닷가에 마을을 이루어 정착 생활을 하였어요.

**오답 피하기**
① 청동기 시대에 외부의 침입에 대비하기 위해 목책과 환호 등의 방어 시설을 갖추었어요.
② 소를 이용한 깊이갈이는 철기 시대부터 시작된 것으로 보이며, 고려 시대에 일반화되었어요.
④ 청동기 시대에 사유 재산과 계급이 발생하고 권력과 경제력을 가진 지배층이 나타났으며, 많은 인력을 동원하여 지배층의 무덤으로 고인돌을 축조하였어요.
⑤ 초기 철기 시대에 거푸집을 이용하여 세형 동검을 제작하였어요.

### 4 신석기 시대의 생활 모습 정답 ③

**정답 찾기** 빗살무늬 토기가 출토되었으며, 농경과 목축이 시작되었다는 내용을 통해 (가) 시대가 신석기 시대임을 알 수 있어요. 신석기 시대에 농경과 목축을 통해 식량을 생산하기 시작하였으며, 빗살무늬 토기 등을 제작하여 식량을 저장하거나 음식을 조리하는 데 이용하였어요. ③ 신석기 시대부터 가락바퀴로 실을 뽑아 뼈바늘을 이용하여 옷을 만들어 입었어요.

**오답 피하기**
① 청동기 시대에 반달 돌칼을 이용하여 벼, 보리 등의 곡식을 수확하였어요.
② 구석기 시대에 식량을 찾아 이동 생활을 하였으며 주로 동굴이나 강가의 막집에 거주하였어요.
④ 청동기 시대에 계급이 발생하였으며, 지배층의 무덤인 고인돌을 축조하는 데 많은 인력이 동원되었어요.
⑤ 구석기 시대에 주먹도끼, 찍개 등의 뗀석기를 처음 제작하였어요.

# 02강 선사 시대

**5** (가) 시대의 생활 모습으로 옳은 것은? [1점]

심화 58회 01번

부산 동삼동 유적에서 출토된 빗살무늬 토기는 농경과 정착 생활이 시작된 (가) 시대의 대표적 유물 중 하나입니다. 이 유적에서는 곡물 등을 가공하는 데 사용한 갈돌과 갈판도 출토되었습니다.


① 가락바퀴를 이용하여 실을 뽑았다.
② 주로 동굴이나 막집에서 거주하였다.
③ 명도전, 반량전 등의 화폐가 유통되었다.
④ 거푸집을 이용하여 세형 동검을 만들었다.
⑤ 쟁기, 쇠스랑 등의 철제 농기구를 사용하였다.

**6** (가) 시대의 생활 모습으로 가장 적절한 것은? [1점]

심화 75회 01번

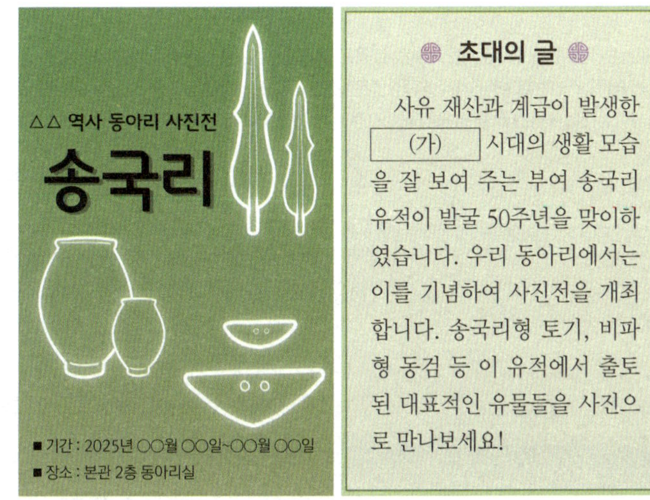

△△ 역사 동아리 사진전
송국리
■ 기간 : 2025년 ○○월 ○○일~○○월 ○○일
■ 장소 : 본관 2층 동아리실
초대의 글
사유 재산과 계급이 발생한 (가) 시대의 생활 모습을 잘 보여 주는 부여 송국리 유적이 발굴 50주년을 맞이하였습니다. 우리 동아리에서는 이를 기념하여 사진전을 개최합니다. 송국리형 토기, 비파형 동검 등 이 유적에서 출토된 대표적인 유물들을 사진으로 만나보세요!


① 주먹도끼 등 뗀석기를 처음 제작하였다.
② 소를 이용한 깊이갈이가 널리 보급되었다.
③ 주로 강가의 동굴이나 막집에 거주하였다.
④ 많은 인력을 동원하여 고인돌을 축조하였다.
⑤ 가락바퀴를 이용하여 실을 뽑기 시작하였다.

### 5 신석기 시대의 생활 모습 정답 ①

정답 찾기 농경과 정착 생활이 시작되었다는 내용과 '빗살무늬 토기', '갈돌과 갈판' 등을 통해 (가) 시대가 신석기 시대임을 알 수 있어요. 신석기 시대 사람들은 강가나 바닷가에 움집을 짓고 마을을 이루어 정착 생활을 하였으며, 농경을 통해 식량을 생산하기 시작하였어요. 갈돌과 갈판 등의 간석기를 사용하였으며, 토기를 만들어 식량을 저장하거나 음식을 조리하는 데 이용하였어요. ① 신석기 시대에 가락바퀴를 이용하여 실을 뽑고 뼈바늘로 옷이나 그물 등을 만들기 시작하였어요.

오답 피하기
② 구석기 시대 사람들은 식량을 찾아 이동 생활을 하였으며 주로 동굴이나 강가의 막집에 거주하였어요.
③ 명도전과 반량전은 중국 전국 시대에 사용된 화폐로, 우리나라 철기 시대 유적에서도 발견되고 있어요. 이를 통해 당시에 중국과 교류하였음을 알 수 있어요.
④ 우리나라 초기 철기 시대에 제작된 세형 동검은 주로 한반도에서 출토되어 한국식 동검이라고도 불립니다. 세형 동검은 한반도에서 독자적인 청동기 문화가 발전하였음을 보여 주는 유물이에요.
⑤ 철기 시대부터 쟁기, 쇠스랑 등의 철제 농기구가 사용되었어요.

### 6 청동기 시대의 생활 모습 정답 ④

정답 찾기 사유 재산과 계급이 발생하였으며 부여 송국리 유적에서 비파형 동검 등이 출토되었다는 내용을 통해 (가) 시대가 청동기 시대임을 알 수 있어요. 청동기 시대에 농업 생산력이 향상되어 잉여 생산물이 생겼어요. 이로 인해 사유 재산의 개념이 나타나고 빈부의 차이가 생기면서 계급이 발생하였어요. 또한, 정복 활동이 활발해지면서 계급 분화가 뚜렷해지고, 권력과 경제력이 있는 지배자가 등장하였어요. 청동기 시대에는 비파형 동검, 청동 거울, 청동 방울 등 청동으로 만든 도구가 만들어졌는데 주로 지배자의 무기나 장신구, 의례용 도구로 사용되었어요. ④ 고인돌은 청동기 시대에 만들어진 지배자의 무덤으로, 거대한 규모를 통해 당시 지배자가 가졌던 권력과 경제력의 크기를 짐작할 수 있어요.

오답 피하기
① 구석기 시대에 주먹도끼, 찍개 등 뗀석기가 처음 제작되었어요.
② 소를 이용한 깊이갈이는 고려 시대에 일반화되었어요.
③ 구석기 시대 사람들은 식량을 찾아 이동 생활을 하였으며 주로 동굴이나 강가의 막집에 거주하였어요.
⑤ 신석기 시대부터 가락바퀴로 실을 뽑고, 뼈바늘을 이용하여 옷이나 그물 등을 만들었어요.

## 7 (가) 시대의 생활 모습으로 옳은 것은? [1점]

심화 67회 01번

계급이 출현한 (가) 시대의 생활상을 엿볼 수 있는 환호, 고인돌, 민무늬 토기 등이 울주 검단리 유적에서 발굴되었습니다. 특히 마을의 방어 시설로 보이는 환호는 우리나라의 (가) 시대 유적에서 처음 확인된 것으로, 둘레가 약 300미터에 달합니다.


① 철제 무기로 정복 활동을 벌였다.
② 주로 동굴이나 막집에서 거주하였다.
③ 소를 이용한 깊이갈이가 일반화되었다.
④ 비파형 동검과 청동 거울 등을 제작하였다.
⑤ 빗살무늬 토기에 음식을 저장하기 시작하였다.

## 8 (가) 시대의 생활 모습으로 옳은 것은? [1점]

심화 73회 01번

〈집에서 만나는 박물관〉 2월호

**부여 송국리 출토 유물**

이번 호에서는 부여 송국리에서 출토된 대표적인 유물을 소개합니다. 사유 재산과 계급이 발생한 (가) 시대의 유물을 통해 당시 사람들의 생활 모습을 상상해 보세요.

**유물 소개**

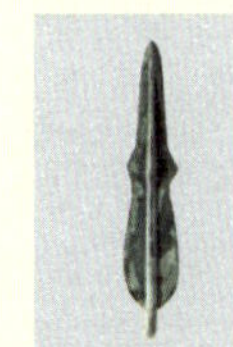

◈ 비파형 동검
검몸[劍身] 아랫부분의 폭이 넓고 둥근 비파 모양을 이루며, 중앙보다 약간 위에 뚜렷한 좌우 돌기가 있는 것이 특징임. 또한, 검몸과 자루를 따로 만들어 결합하는 방식으로 제작됨.

◈ 민무늬 토기
무늬가 없는 토기를 일컬음. 지역과 시기에 따라 다양한 형태를 보이는데 송국리형 토기는 평평한 바닥의 작은 굽, 계란 모양의 몸체와 바깥으로 벌어진 입구 부분이 특징임.

① 소를 이용한 깊이갈이가 일반화되었다.
② 반달 돌칼을 사용하여 벼를 수확하였다.
③ 주로 동굴이나 강가의 막집에서 살았다.
④ 주먹도끼, 찍개 등의 뗀석기를 처음 제작하였다.
⑤ 가락바퀴와 뼈바늘을 이용하여 옷을 만들기 시작하였다.

### 7 청동기 시대의 생활 모습 정답 ④

**정답 찾기** 계급이 출현하였으며 고인돌, 민무늬 토기 등이 발굴되었다는 내용을 통해 (가) 시대가 청동기 시대임을 알 수 있어요. 청동기 시대에 처음 사용되기 시작한 청동은 그 재료를 구하기가 어렵고 다루기도 까다로운 금속이었기 때문에 주로 ④ 비파형 동검과 청동 거울 등 지배자의 무기나 의례 도구, 장신구를 만드는 데 사용되었어요.

**오답 피하기**
① 철제 무기는 철기 시대부터 제작되었어요.
② 구석기 시대 사람들은 식량을 찾아 이동 생활을 하였으며, 주로 동굴이나 강가의 막집에서 거주하였어요.
③ 고려 시대에 소를 이용한 깊이갈이가 일반화되었어요.
⑤ 빗살무늬 토기는 우리나라 신석기 시대의 대표적인 토기로, 식량을 저장하거나 음식을 조리하는 데 사용되었어요.

### 8 청동기 시대의 생활 모습 정답 ②

**정답 찾기** 사유 재산과 계급이 발생하였다는 내용과 유물로 제시된 비파형 동검과 민무늬 토기를 통해 (가) 시대가 청동기 시대임을 알 수 있어요. ② 청동기 시대부터 반달 돌칼을 사용하여 벼, 보리 등의 곡식을 수확하였어요.

**오답 피하기**
① 소를 이용한 깊이갈이는 고려 시대부터 일반화되었어요.
③ 구석기 시대 사람들은 식량을 찾아 이동 생활을 하며 주로 동굴이나 강가의 막집에서 살았어요.
④ 구석기 시대에 주먹도끼, 찍개 등의 뗀석기를 만들기 시작하였어요.
⑤ 신석기 시대부터 가락바퀴로 실을 뽑고 실을 뼈바늘에 꿰거나 매어 옷을 만들기 시작하였어요.

# 02강 선사 시대

**Ready go**
**이번 강 별 채우기 제한 시간은 2분 30초**
한 문장을 끝까지 또박또박 읽어야 패스!

기출 선택지로 별 채우기
**한국사를 채우다**

**01** 구석기 시대 사람들은 주로 ★굴이나 강가의 ★집에서 살았다.

**02** 구석기 시대 사람들은 주로 ★냥과 ★집을 통해 식량을 마련하였다.

**03** ★★★ 시대의 대표적인 유적으로 연천 전곡리 유적, 공주 석장리 유적 등이 있다.

**04** 구석기 시대의 대표적인 도구로 ★★도끼, 찍개 등이 있다.

**05** 구석기 시대 후기에 사냥을 위해 ★★찌르개를 처음 제작하였다.

**06** 신석기 시대부터 ★경과 ★축이 시작되었다.

**07** 신석기 시대부터 ★★바퀴와 ★바늘을 이용하여 옷을 만들었다.

**08** 신석기 시대에 정착 생활이 시작되면서 ★집이 등장하였다.

**09** 봉산 지탑리 유적, 서울 암사동 유적, 양양 오산리 유적, 부산 동삼동 유적, 제주 고산리 유적은 대표적인 ★★★ 시대 유적이다.

**10** 신석기 시대에는 갈돌과 갈판 등의 ★석기를 사용하였다.

**11** 신석기 시대 사람들은 ★★무늬 토기를 만들어 식량을 저장하였다.

**12** 신석기 시대에 ★★미즘, 토테미즘, 샤머니즘, 영혼 숭배와 같은 원시 신앙이 등장하였다.

**13** 구석기 시대와 신석기 시대에 사람들은 계급이 없는 ★★한 공동체 생활을 하였다.

**14** 청동기 시대에 사유 재산과 ★급이 발생하였다.

**15** ★★기 시대에 권력을 가진 군장이 등장하였다.

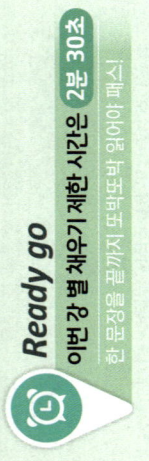

**16** 청동기 시대에 ★★ 돌칼을 이용하여 곡물을 수확하였다.

**17** 청동기 시대의 대표적인 토기로 미★★식 토기가 있다.

**18** 청동기 시대에 지배자의 무덤으로 많은 인력을 동원하여 ★★돌을 축조하였다.

**19** 청동기 시대에 거푸집을 이용하여 비★형 동검을 제작하였다.

**20** ★★★ 시대의 대표적인 유적으로 부여 송국리 유적, 여주 흔암리 유적 등이 있다.

**21** 초기 철기 시대에 거푸집을 사용하여 ★형 동검을 제작하였다.

**22** 철기 시대에 쟁기, 쇠스랑 등의 ★제 농기구를 사용하여 농사를 지었다.

**23** ★★ 시대에 명도전, 반량전, 오수전, 화천 등의 중국 화폐가 유통되었다.

**24** 경남 창원 다호리 유적에서 나온 ★을 통해 철기 시대에 중국으로부터 한자가 전래되어 사용되었음을 알 수 있다.

정답

**01** 동, 막 **02** 사, 채 **03** 구석기 **04** 주먹 **05** 슴베 **06** 농, 목 **07** 가락, 뼈 **08** 움 **09** 신석기 **10** 간 **11** 빗살 **12** 애니 **13** 평등 **14** 계 **15** 청동 **16** 반달 **17** 송리 **18** 고인 **19** 파 **20** 청동기 **21** 세 **22** 철 **23** 철기 **24** 붓

# 03강 여러 나라의 성장

한국사의 흐름을 한눈에
**한국사를 그리다**

강의 바로 보기

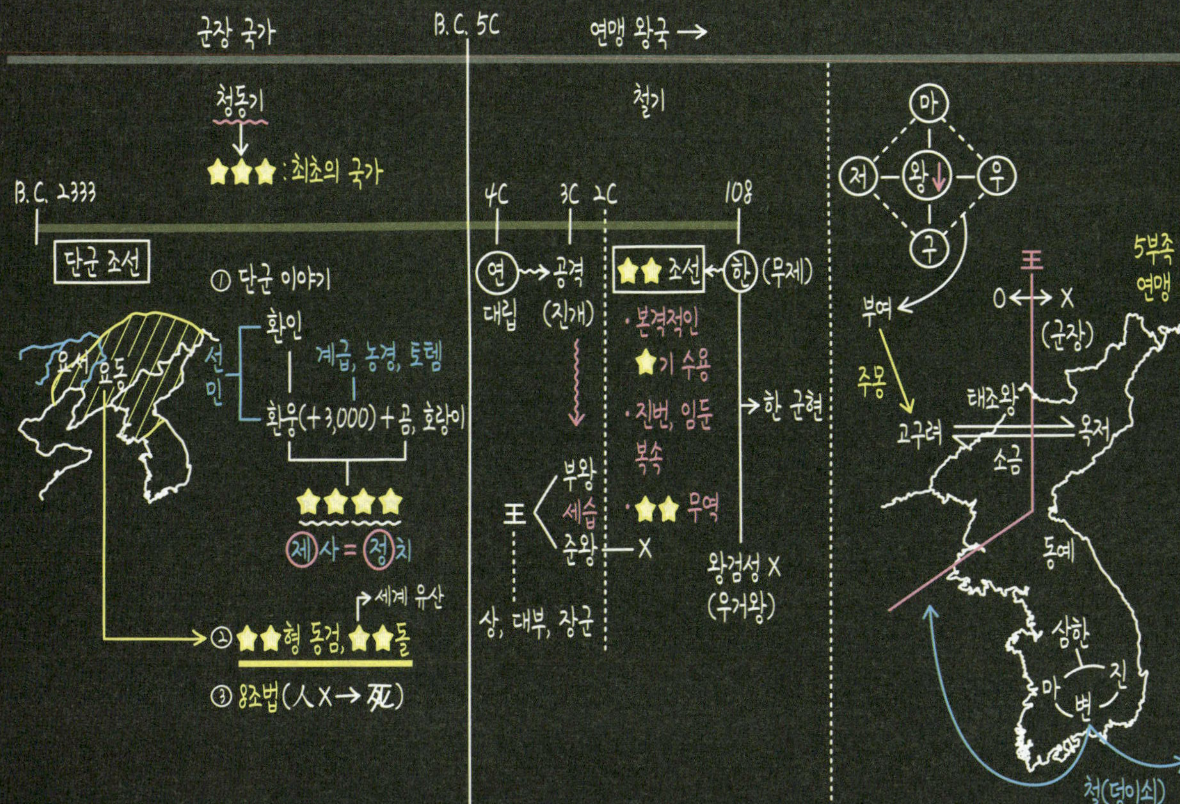


| | 정치 | 제천 행사 | 결혼 | 풍습 | 경제 |
|---|---|---|---|---|---|
| 부여 | ★★도(마·우·구·저가) | ★고 | 형사취수제 | · 순장<br>· 1책 12법 | 반농반목 |
| 고구려 | · ★★ 회의<br>· 王·대가 ← 사자·조의·선인 | ★맹 | · 형사취수제<br>· ★★제 | | 약탈 경제 |
| 옥저 | 군장 : 읍군·삼로 | | 민며느리제 | 가족 공동 묘 | 소금·해산물 |
| 동예 | | ★천 | 족외혼 | · ★화<br>· 집터 (여자형, 철자형) | · 단궁<br>· 과하마<br>· 반어피 |
| 삼한 | ★도(천군) 군장 : 신지·읍차<br>제사 ≠ 정치 | 계절제<br>(5, 10月) | | | · 벼농사<br>→ 두레, 저수지<br>· 철(변한) |

★정답 고조선, 단군왕검, 비파, 고인, 위만, 철, 중계, 사출, 영, 제가, 동, 서옥, 무, 책, 소

→ 나만의 약점 단권화 노트 4쪽에서 완성 판서를 확인하세요.

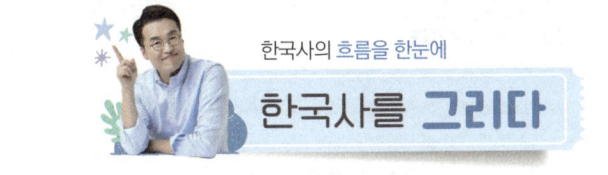

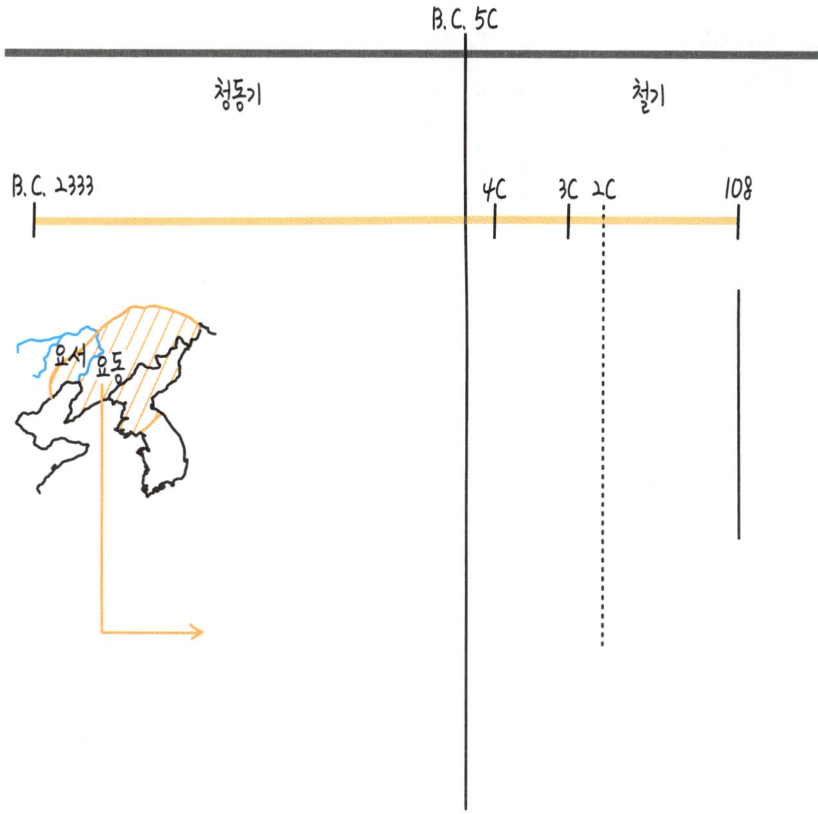


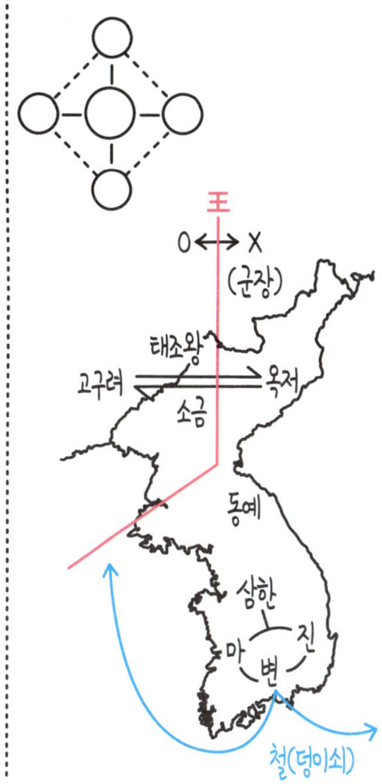


| | 정치 | 제천 행사 | 결혼 | 풍습 | 경제 |
|---|---|---|---|---|---|
| 부여 | | | | | |
| 고구려 | | | | | |
| 옥저 | | | | | |
| 동예 | | | | | |
| 삼한 | | | | | |

# 03강 여러 나라의 성장

## 단군의 건국 이야기

단군의 건국 이야기 중에서 ㉠ 환인의 아들 환웅이 건국하였다는 내용은 선민사상, ㉡ 널리 인간을 이롭게 한다는 내용은 홍익인간의 건국 이념이 반영된 것입니다. ㉢ 바람, 비, 구름을 다스리는 신(풍백, 우사, 운사)을 거느리고 왔다는 것을 통해 고조선이 성립될 무렵 지배 계급이 출현하였고, 농사를 중시하였다는 점을 알 수 있어요. ㉣ 환웅과 웅녀의 결합은 환웅 부족이 곰을 숭배하는 토착 세력과 연합하여 고조선을 세웠다는 점을 보여 줍니다. ㉤ '단군왕검'이라는 칭호를 통해 고조선이 제사장(단군)과 정치적 지배자(왕검)가 분리되지 않은 제정일치 사회였다는 점을 알 수 있어요.

> 하늘에서 ㉠ 환인의 아들 환웅이 ㉡ 널리 세상을 이롭게 할 목적으로 이 땅에 내려왔다. 환웅은 ㉢ 바람, 비, 구름을 다스리는 신들을 데리고 태백산 신단수 아래에 신시를 열었다. 이때 곰과 호랑이가 와서 사람이 되기를 빌었다. 곰은 삼칠일(21일) 동안 몸을 삼가 여자의 몸이 되었으나, 호랑이는 그렇지 못하여 사람의 몸을 얻지 못하였다. 여자가 된 곰의 부탁으로 ㉣ 환웅이 잠시 남자로 변하여 웅녀와 결혼하니, 그 사이에서 태어난 이가 단군왕검이다. ㉤ 단군왕검은 자라서 아사달에 도읍하고 조선이라는 나라를 세웠다. - "삼국유사" -

## 고조선의 8조법

중국 역사서 "한서"에는 고조선의 사회 모습을 보여 주는 8조법(범금 8조) 가운데 3개 조항이 기록되어 있어요. 전해져 내려오는 3개 조항을 통해 고조선이 ㉠ 생명과 노동력을 중시하였고, ㉡ 사유 재산을 인정한 농경 사회였으며, ㉢ 계급이 형성되었고 화폐를 사용하였다는 것을 알 수 있어요.

> 대개 ㉠ 사람을 죽인 자는 즉시 죽이고, ㉡ 남에게 상처를 입힌 자는 곡식으로 갚는다. ㉢ 도둑질을 한 자는 노비로 삼는다. 용서를 받고자 하는 자는 한 사람마다 50만 전을 내게 한다. 그러나 비록 용서를 받아 보통 백성이 되어도 사람들은 이를 수치스럽게 여겨 혼인을 하고자 해도 짝을 구할 수 없다. 이러해서 백성은 도둑질을 하지 않아 대문을 닫고 사는 일이 없었다. 여자는 모두 정숙하여 음란하고 편벽된 짓을 하지 않았다. - "한서" 지리지 -

### 용어 사전

**선민사상**
가릴 선(選), 백성 민(民). 즉, '선택된 백성'이라는 뜻이에요. 특정 민족이나 사람들이 신적 존재에게 선택되어 구원된다는 사상이에요. 넓은 뜻으로는 어떤 민족이나 사람들이 다른 민족이나 사람들보다 우월하다고 생각하는 사상입니다. '우리는 보통 사람과는 다르다. 지배 계급이 될 자격이 있는 사람이다.'라는 것을 보여 주기 위한 사상이지요.

## 고조선의 건국과 문화 범위

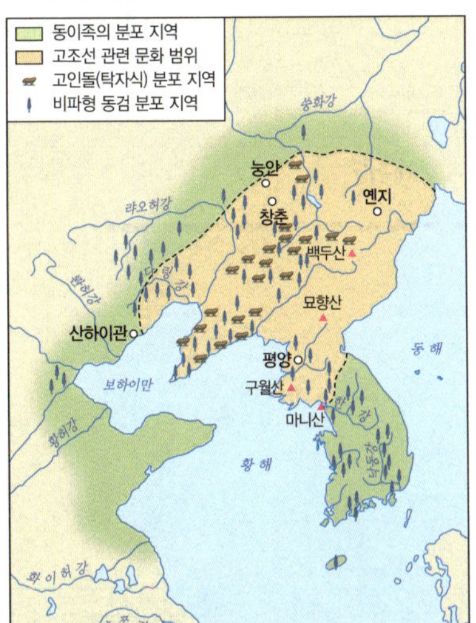

비파형 동검

탁자식 고인돌

청동기 문화가 발전하면서 요령(랴오닝) 지방과 한반도 서북부 지방의 부족 사회에서는 권력을 가진 군장이 출현하였어요. 그 가운데 세력이 강한 군장이 여러 부족 사회를 통합하여 점차 지배 영역을 넓혀 나갔지요. 이 과정에서 우리 역사 최초의 국가인 고조선이 세워졌어요. 고조선은 현재 중국의 요령 지방을 중심으로 성장하여 점차 주변 지역을 통합하면서 한반도 북부 지역까지 영토를 넓혔을 것으로 추정하고 있어요. 비파형 동검, 탁자식 고인돌 등은 고조선의 문화 범위를 알려 주는 유물·유적이에요.

## 고조선의 성장과 발전

고조선은 기원전 4~3세기경 중국의 전국 7웅 중 하나인 연과 대립할 정도로 성장하였고, 이 과정에서 연의 공격을 받기도 하였습니다. 기원전 3세기경에는 부왕, 준왕 등 강력한 왕권을 가진 왕이 등장하여 왕위를 세습하였고, 왕 아래 상, 대부, 장군 등의 관직을 두었어요.

> "위략"에 이르기를 "옛 기자의 후예인 조선후(朝鮮侯)는 주나라가 쇠약해지자 연(燕)나라가 스스로 왕이 되어 동쪽을 침략하려는 것을 보고, 조선후 역시 스스로 왕을 칭하고 군사를 일으켜 연나라를 공격하여 주나라를 받들고자 하였다. 조선의 대부 예가 간언하자 곧 그만두었다. …… 연나라는 곧 장군 진개를 보내 조선의 서쪽을 공격하여 2천여 리의 땅을 빼앗았다."고 전한다. - "삼국지" 위서 동이전 -

## 위만 조선의 발전

중국에서 고조선으로 망명한 위만은 준왕의 신임을 받아 서쪽 변경을 수비하는 임무를 맡았는데, 이후 세력을 규합하여 준왕을 몰아내고 고조선의 왕이 되었어요(위만 조선). 위만이 집권한 후 고조선은 철기 문화를 본격적으로 수용하였고, 진번과 임둔을 복속시켜 세력을 확장하였습니다. 또 지리적 이점을 이용하여 중국의 한과 한반도 남부의 진 사이에서 중계 무역으로 많은 이익을 얻었습니다.

- 위만이 망명하여 호복을 하고 동쪽의 패수를 건너 준왕에게 투항하였다. 위만은 서쪽 변경에 거주하도록 해 주면, 중국의 망명자를 거두어 고조선의 번병(藩屛 : 변경의 울타리)이 되겠다고 준왕을 설득하였다. 준왕은 그를 믿어 박사로 삼고 …… 백 리의 땅을 봉해 주어 서쪽 변경을 지키게 하였다. - "삼국지" 위서 동이전 -
- 연왕 노관이 한(漢)을 배반하여 흉노로 들어가자, 만(滿)도 망명하였다. 무리 천여 명을 모아 상투를 틀고 오랑캐 복장을 하고서 동쪽으로 도망하여 변경을 지나 패수를 건너 진(秦)의 옛 땅인 상하장에 살았다. 점차 진번·조선인과 옛 연(燕)·제(齊)의 망명자를 복속시켜 거느리고 왕이 되었으며, 왕검에 도읍을 정하였다. - "한서" 조선전 -
- 위만은 군사의 위세와 재물을 얻어 그 주변의 소읍(小邑)을 침략해 항복시키니, 진번(眞番)·임둔(臨屯)이 모두 와서 복속하였고 고조선의 영역은 사방 수천 리가 되었다. - "사기" 조선열전 -

## 동예의 집터

강원도 동해시와 강릉시를 중심으로 철(凸)자 모양과 여(呂)자 모양의 집터가 발굴되어 동예의 주거 문화가 고고학적으로 밝혀지고 있어요.

철(凸)자형 집터

여(呂)자형 집터

## 고조선의 멸망

우거왕 때 조선상 역계경은 왕에게 올린 의견이 받아들여지지 않자 무리를 이끌고 진국(辰國)으로 남하하였어요. 한편, 고조선의 성장에 위기감을 느낀 한 무제는 대규모 군대를 보내 왕검성을 공격하였어요. 한의 침략에 고조선은 1년여간 저항하였으나 그 과정에서 지배층이 분열되었어요. 이후 한과의 화친을 주장하던 세력들이 우거왕을 암살하였고, 한이 왕검성을 함락하면서 고조선은 멸망하였어요(기원전 108). 한은 고조선의 일부 지역에 낙랑군 등 여러 군현을 설치하였어요. 하지만 임둔군, 진번군, 현도군은 토착민의 저항으로 곧 폐지되었고, 낙랑군은 4세기 고구려 미천왕의 공격을 받아 축출되었습니다.

- "위략"에 따르면 "처음 우거(右渠)가 아직 격파되기 이전에 조선상 역계경이 간하였지만, 우거가 듣지 않았다. 이에 역계경은 동쪽 진국으로 갔다. 이때 민(民)으로 따라가 옮긴 자가 2천여 호였다."고 하였다. - "삼국지" 위서 동이전 -
- 좌장군이 패수 장군을 격파하고 군대를 전진하여 왕검성에 이르렀고 그 성의 서북 방면을 포위하였다. 누선장군도 좌장군의 군대와 만나 성의 남쪽에 주둔하였다. 우거왕이 끝까지 성을 굳게 지키니 수개월이 지나도 성을 함락시킬 수 없었다. -"사기" 조선열전-
- 원봉 3년 여름 니계상(尼谿相) 참이 사람을 시켜 조선왕 우거왕을 죽이고 항복해 왔다. …… 드디어 조선을 평정하고 4군을 삼았다. - "사기" 조선열전 -

## 덩이쇠

원활한 교역을 위해 철을 일정한 크기의 덩어리로 만든 것이에요. 변한 지역에서는 철이 많이 생산되어 낙랑과 왜에 수출하였고, 덩이쇠를 화폐처럼 사용하기도 하였어요.

## 철기 시대의 여러 나라

고조선의 멸망 이후 만주와 한반도에서는 철기 문화를 바탕으로 부여, 고구려, 옥저, 동예, 삼한(마한, 변한, 진한) 등 여러 나라가 성장하였어요.

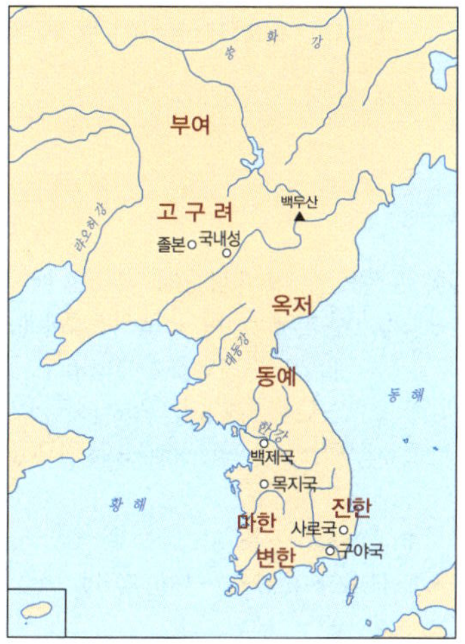


## 소도

삼한에는 제의가 행해지는 신성 지역인 소도가 있었어요. 소도에는 정치적 지배자의 세력이 미치지 못하여 죄인이 도망해 숨더라도 잡아갈 수 없었습니다. 솟대는 긴 장대 위에 나무로 만든 새를 얹은 것으로, 소도에서 유래하였다고 알려져 있어요. 고대 사회에서 새는 하늘과 사람을 이어 주는 존재로 여겨졌어요.

솟대

### 용어 사전

**한 군현(한사군)**
한나라가 고조선을 멸망시키고 고조선의 일부 지역에 설치한 행정 구역으로 낙랑군, 임둔군, 진번군, 현도군의 4개 군을 한사군이라고 해요.

**사출도**
넉 사(四), 나갈 출(出), 길 도(道). 부여에서 마가, 우가, 구가, 저가가 각각 말아 다스리는 4개 구역을 말해요.

**제가 회의**
초기 고구려는 5부족 연맹을 이루었으며, 왕 아래 상가, 고추가 등의 가(加)가 있어 왕과 마찬가지로 각각 사자, 조의, 선인 등의 관리를 거느렸어요. 제가 회의는 5부족 연맹의 지배층인 제가들이 모여 나라의 중요한 일을 결정하는 회의였어요.

**읍군·삼로 / 신지·읍차**
읍군·삼로는 옥저와 동예, 신지·읍차는 삼한의 군장을 가리키는 말이에요.

# 03강 여러 나라의 성장

낯선 용어와 자료 돋보기

## 한국사를 보다

중국 역사서인 "삼국지" 위서 동이전, "후한서" 등을 통해 여러 나라의 풍속과 생활 모습을 알 수 있어요.

### 부여

부여에는 왕 아래 여러 가(加)들이 별도로 다스리는 행정 구역인 사출도가 있었어요. 또한, 사회 질서를 유지하기 위해 엄격한 법을 만들었고, 순장, 형사취수제의 풍습과 영고(12월)라는 제천 행사가 있었어요. 부여에서는 전쟁을 할 때 하늘에 제사를 지내고 소를 잡아서 그 발굽의 모양을 가지고 길흉을 점치기도 하였습니다(우제점법).

- 사출도 : 나라에는 군왕이 있고 가축 이름으로 벼슬 이름을 정하여 마가, 우가, 저가, 구가 등이 있다. 제가들은 별도로 사출도를 나누어 맡아본다. 큰 곳은 수천 가이고 작은 곳은 수백 가이다. …… 가뭄이나 장마가 계속되어 오곡이 영글지 않으면 그 허물을 왕에게 돌려 "왕을 마땅히 바꾸어야 한다."라고 하거나 "죽여야 한다."라고 하였다.
- 1책 12법 : 형벌이 엄하고 각박하여 사람을 죽인 자는 사형에 처하고, 그 집안사람은 노비로 삼는다. 도둑질하면 물건의 12배를 변상하게 하였다. 간음한 자와 투기가 심한 부인은 모두 죽였다. 투기는 더욱 증오해서 죽인 후 시체를 나라의 남산 위에 버려서 썩게 한다. 친정집에서 시체를 가져가려면 소나 말을 바쳐야 한다.
- 순장 : 사람이 죽어 장사 지낼 때는 곽은 사용하나 관은 쓰지 않고, 사람을 죽여서 순장하는데 많을 때는 100명가량이 된다.
- 형사취수제 : 형이 죽으면 형수를 아내로 삼는데 이는 흉노의 풍습과 같다.
- 영고 : 은력(殷曆) 정월에 하늘에 제사를 지내며 나라에서 대회를 열어 연일 마시고 먹고 노래하고 춤추는데, 영고라고 한다. 이때 형옥(刑獄)을 중단하여 죄수를 풀어 주었다.
- 우제점법 : 전쟁을 하게 되면 그때에도 하늘에 제사를 지내고, 소를 잡아서 그 발굽으로 길흉을 점친다.

### 동예

동예에는 다른 부족의 경계를 침범하였을 때 가축이나 노비로 변상하게 하는 책화의 풍습이 있었고, 무천이라는 제천 행사가 있어 매년 10월에 제사를 지냈어요.

- 책화 : 그 나라의 풍속은 산천을 중시하였으며, 산천마다 각각의 구분이 있어 함부로 서로 건너거나 들어갈 수 없었다. …… 읍락이 서로 침범하면 항상 생구(生口 : 노비)·우마(牛馬 : 소·말)로 죄를 처벌하도록 하였는데, 이를 책화(責禍)라고 한다.
- 무천 : 해마다 10월이면 하늘에 제사를 지내고, 밤낮으로 술 마시고 노래 부르며 춤춘다. 이를 무천이라 한다.
- 특산물 : 낙랑의 단궁(박달나무로 만든 활)이 그 지역에서 산출된다. 바다에서는 반어피가 나며, 땅은 기름지고 무늬 있는 표범이 많고, 과하마가 나온다.

### 고구려

고구려에는 서옥제라는 혼인 풍습이 있었으며, 10월에 동맹이라는 제천 행사를 열었어요. 또한, 제가 회의에서 나라의 중요한 일을 결정하였습니다.

- 서옥제 : 혼인할 때는 미리 약속하고 신부 집 뒤편에 작은 별채를 짓는다. 이것을 서옥이라고 한다. …… 아들을 낳아서 장성하면 남편은 아내를 데리고 자기 집으로 돌아간다.
- 동맹 : 10월에 지내는 제천 행사는 국중 대회로서 동맹이라고 한다.
- 정치 : 그 나라에는 왕이 있고 벼슬로는 상가·대로·패자·고추가·주부·우태·승·사자·조의·선인이 있으며, 존비(尊卑)에 따라 각각 등급을 두었다. 모든 대가들도 스스로 사자·조의·선인을 두었는데, 그 명단은 모두 왕에게 보고하여야 한다. …… 범죄자가 있으면 제가들이 모여 회의하여 즉시 사형에 처하고, 그 처자는 노비로 삼는다.

### 옥저

옥저에는 가족 공동 무덤을 만드는 장례 풍습과 여자아이를 남자 집에서 데려다 키운 후, 성인이 되면 여자 집에 예물을 주고 결혼하는 민며느리제의 혼인 풍습이 있었어요.

- 가족 공동 무덤 : 사람이 죽으면 시체는 모두 가매장을 하되 …… 뼈만 추려 곽 속에 안치한다. 온 집안 식구를 모두 하나의 곽 속에 넣어 두는데, 죽은 사람의 숫자대로 살아 있을 때와 같은 모습으로 나무에 모양을 새긴다.
- 민며느리제 : 여자 나이 10살이 되기 전에 혼인을 약속한다. 신랑 집에서는 여자를 맞이하여 다 클 때까지 길러 아내로 삼는다. 여자가 어른이 되면 친정으로 돌려보낸다. 친정에서는 돈을 요구하는데, 신랑 집에서 돈을 지불한 뒤 다시 신랑 집으로 돌아온다.
- 특산물 : 나라가 작아 큰 나라의 틈바구니에서 압박을 받다가 마침내 고구려에 예속되었다. …… 대가(大加)로 하여금 조세를 책임지도록 하였고, 맥포(貊布)·어염(魚鹽) 및 해산물 등을 천 리나 되는 거리에서 짊어져 나르게 하였다.

### 삼한

삼한에는 소도라는 신성 구역이 있었고, 5월(수릿날)과 10월에 계절제를 열었어요.

- 소도 : 나라마다 각각 별읍(別邑)이 있으니 이를 소도라고 한다. 큰 나무를 세우고 방울과 북을 매달아 놓고 귀신을 섬긴다.
- 계절제 : 해마다 5월이면 씨뿌리기를 마치고 귀신에게 제사 지낸다. …… 10월에 농사일을 마치고 나서도 이렇게 한다.

#### 용어 사전

**순장**
따라 죽을 순(殉), 장사 지낼 장(葬). 즉, 지배자나 높은 계급의 사람이 죽었을 때 신하, 노비 혹은 따르던 여러 사람들을 함께 묻는 장례 풍습이에요. 기록에 따르면 부여에서는 많으면 100명을 죽여서 함께 묻기도 하였다고 해요.

**서옥제**
혼인 후 남자가 여자 집 뒤에 서옥이라는 집을 짓고 살다가 자식이 장성하면 아내와 자식들을 데리고 자신의 집으로 돌아가는 고구려의 혼인 풍습이에요.

**과하마**
과실 과(果), 아래 하(下), 말 마(馬). 말의 키가 작아서 사람이 말을 타고도 과일나무 아래를 지날 수 있다고 해서 이름이 붙여진 말이에요. 동예의 특산물 중 하나였어요.

**반어피**
반어는 바다표범을 가리키며, 반어피는 바다표범의 가죽을 말해요. 동예의 특산물이며, 장식에 많이 쓰인 것으로 보여요.

# 03강 여러 나라의 성장

마무리도 빈틈없이
**한국사를 읽다**

## 1 고조선의 성립과 발전

### (1) 고조선의 성립(기원전 2333년)과 사회 모습

| | |
|---|---|
| 단군의 건국 이야기 | • 청동기 문화와 농경 문화를 배경으로 고조선이 건국되었음을 반영<br>• 단군의 건국 이야기를 통해 고조선의 성립과 사회 모습을 짐작해 볼 수 있음 → 선민사상, 계급 사회, 농사 중시, 곰과 호랑이 토템, 제정일치 사회(단군왕검) 등 |
| 발전 | • 랴오닝(요령) 지방을 중심으로 성장하여 점차 한반도 북부까지 발전 → 비파형 동검, 탁자식 고인돌 등의 출토 지역으로 고조선의 문화 범위를 짐작할 수 있음<br>• 기원전 4~3세기경 연과 대립할 정도로 강성함 → 기원전 3세기 초 연의 장수 진개의 공격을 받아 영토를 빼앗김<br>• 기원전 3세기경 부왕·준왕과 같은 강력한 왕이 등장해 왕위 세습, 상·대부·장군 등의 관직 존재 |
| 사회 모습 | 범금 8조(8조법)로 사회 질서 유지 → 사람의 생명 중시, 사유 재산 중시, 계급 사회(노비 존재) |

### (2) 고조선의 변화와 멸망

| | |
|---|---|
| 위만의 집권 | 중국 진·한 교체기 위만이 연에서 무리를 이끌고 고조선에 들어와 세력을 키워 준왕을 몰아내고 왕위에 오름(기원전 2세기 초) |
| 발전 | • 본격적인 철기 문화 수용, 진번·임둔을 복속하는 등 세력 확장<br>• 중국의 한과 한반도 남부의 진 사이에서 중계 무역 독점 → 한과 대립 |
| 고조선의 멸망 | 한 무제의 침략 → 약 1년여간 저항 → 지배층의 내분으로 우거왕이 살해되고 왕검성이 함락되어 멸망(기원전 108) → 한이 일부 지역에 군현 설치 → 한 군현의 억압과 수탈에 토착민의 반발이 이어짐 |

## 2 여러 나라의 성장

### (1) 부여

| | |
|---|---|
| 위치 | 쑹화강 유역의 평야 지대에서 성장 |
| 정치 | 5부족 연맹체 : 중앙(왕이 통치) + 사출도(마가, 우가, 저가, 구가 등 여러 가들이 통치) → 왕권 미약 |
| 경제 | 농경과 목축 발달(반농반목) |
| 법률 | 엄격한 법률 : 살인자는 사형, 남의 물건을 훔쳤을 때는 12배로 배상하게 함(1책 12법) 등 |
| 풍속 | • 순장, 형사취수제(형이 죽으면 형수를 아내로 삼음)<br>• 우제점법(국가 중대사를 두고 소를 잡아 발굽 모양으로 길흉을 예견하는 점법)<br>• 제천 행사 : 영고(12월, 수렵 사회의 전통 계승) |

### (2) 고구려

| | |
|---|---|
| 위치 | 압록강 지류인 동가강 유역의 졸본 지역에 건국 → 국내성으로 천도 |
| 정치 | • 5부족 연맹체 : 계루부, 소노부 등 5부족 연맹<br>• 왕 아래에 상가, 대로, 패자, 고추가 등의 관직이 있었고, 대가들도 각각 사자, 조의, 선인 등을 거느림<br>• 제가 회의 : 국가의 중대사 결정 |
| 경제 | • 산악 지대에 위치하여 식량 부족 → 정복 활동 전개(한 군현 공격, 옥저 압박), 약탈 경제 발전<br>• 정복 활동을 통해 공물을 받음(옥저가 특산물을 바침) |
| 풍속 | • 서옥제, 형사취수제, 집집마다 부경이라는 창고가 있음<br>• 제천 행사 : 동맹(10월) |

### (3) 옥저와 동예

| 구분 | 옥저 | 동예 |
|---|---|---|
| 위치 | 함경도 지역 | 강원도 북부 동해안 지역 |
| 정치 | 왕이 없고 읍군, 삼로라는 군장이 지배, 고구려의 압력을 받음 | |
| 경제 | 해산물(소금, 어물) 풍부 → 고구려에 공납 | 특산물 : 단궁, 과하마, 반어피 |
| 풍속 | • 민며느리제<br>• 가족 공동 무덤(골장제) | • 족외혼(같은 씨족끼리 혼인하지 않음), 책화<br>• 여(呂)자형·철(凸)자형 집터<br>• 제천 행사 : 무천(10월) |

### (4) 삼한

| | |
|---|---|
| 위치 | 한반도 남부 |
| 정치 | • 마한, 진한, 변한 → 마한의 소국인 목지국 지배자가 삼한 전체 주도<br>• 신지, 읍차라는 군장이 지배<br>• 제정 분리 : 제사장인 천군과 신성 지역인 소도가 있음(소도에는 군장의 세력이 미치지 못함) |
| 경제 | • 농업 : 철제 농기구 사용, 벼농사 발달 → 두레<br>• 변한 : 철 생산 풍부 → 철을 화폐처럼 사용, 낙랑·왜 등에 덩이쇠 수출 |
| 풍속 | • 제천 행사 : 5월(수릿날)과 10월의 계절제<br>• 남녀가 몸에 문신을 새기는 풍습이 있었음 |

# 03강 여러 나라의 성장



**1** 밑줄 그은 '이 나라'에 대한 설명으로 옳은 것은? [2점]

심화 74회 02번

이곳 강화 참성단은 단군왕검이 하늘에 제사를 올리던 제단이라고 전합니다. 우리 역사상 최초의 국가인 이 나라를 세운 것을 기념하는 개천절 행사가 매년 열리며, 전국 체육 대회 성화 채화식도 이곳에서 거행됩니다.

① 여러 가(加)들이 사출도를 다스렸다.
② 동맹이라는 제천 행사를 개최하였다.
③ 민며느리제라는 혼인 풍습이 있었다.
④ 읍락 간의 경계를 중시하는 책화가 있었다.
⑤ 왕 아래 상, 대부, 장군 등의 관직을 두었다.

**1** 고조선 정답 ⑤

**정답 찾기** 단군왕검이 세웠으며 우리 역사상 최초의 국가라는 내용을 통해 밑줄 그은 '이 나라'가 고조선임을 알 수 있어요. 고조선은 청동기 문화를 바탕으로 세워졌으며, 기원전 4~3세기경에는 중국의 연과 대립할 정도로 성장하였어요. ⑤ 기원전 3세기경 고조선에는 부왕, 준왕과 같은 강력한 왕이 등장하여 왕위를 세습하였고, 왕 아래 상, 대부, 장군 등의 관직이 있었어요. 기원전 2세기에 중국에서 넘어온 위만이 준왕을 몰아내고 왕이 된 이후 고조선은 중국의 한과 한반도 남부의 진 사이에서 중계 무역을 독점하며 많은 이익을 얻었어요.

**오답 피하기**
① 부여에서는 왕이 중앙을 다스리고 여러 가(加)들이 별도로 사출도를 다스렸어요.
② 고구려는 10월에 동맹이라는 제천 행사를 개최하였어요.
③ 옥저에는 남자 집에서 장래에 며느리가 될 여자아이를 데려와 키우고 성인이 되면 돌려보낸 뒤 여자 집에 예물을 주고 정식으로 혼인하게 하는 민며느리제라는 혼인 풍습이 있었어요.
④ 동예에는 읍락 간의 경계를 중시하여 다른 읍락의 영역을 함부로 침범하면 소나 말, 노비 등으로 변상하게 하는 책화라는 풍습이 있었어요.

**2** (가)에 들어갈 내용으로 가장 적절한 것은? [2점]

심화 68회 02번

#8. 궁궐 안

손자와 대화하며 과거를 회상하는 장면

손자 : 할아버지, 어떻게 왕이 되셨나요?
왕 : 이 땅에 들어와서 처음에는 국경 수비를 맡았다가 준왕을 몰아내고 왕이 되었지.
손자 : 또 무슨 일을 하셨어요?
왕 : 왕검성을 중심으로 기반을 정비하고 백성을 받아들여 나라의 내실을 다졌단다. 그리고 (가)

① 율령을 반포하여 체제를 정비하였단다.
② 화랑도를 국가적인 조직으로 개편하였단다.
③ 내신좌평 등 여섯 명의 좌평을 거느렸단다.
④ 진번과 임둔을 복속하여 영토를 확대하였단다.
⑤ 지방의 여러 성에 욕살, 처려근지 등을 두었단다.

**2** 고조선 정답 ④

**정답 찾기** 처음에는 국경 수비를 맡았다가 준왕을 몰아내고 왕이 되었다는 내용을 통해 자료의 왕이 고조선의 위만임을 알 수 있어요. 위만은 기원전 2세기경 중국의 진·한 교체기에 무리를 이끌고 고조선으로 들어왔어요. 준왕의 신임을 얻은 위만은 서쪽 변경의 수비를 담당하면서 세력을 키운 후 준왕을 몰아내고 왕위에 올랐어요. 위만의 집권 이후 고조선은 본격적으로 철기 문화를 수용하고 중국의 한과 한반도 남부 사이에서 중계 무역을 하여 많은 이익을 얻었어요. ④ 위만은 고조선 주변의 진번과 임둔을 복속하여 영토를 확대하였어요.

**오답 피하기**
① 율령은 나라를 통치하기 위한 법과 제도로 '율'은 형법, '령'은 행정 법규를 말해요. 고구려, 백제, 신라는 고대 국가로 성장하는 과정에서 율령을 반포하고 체제를 정비하였어요.
② 신라는 진흥왕 때 인재 양성을 위해 화랑도를 국가적인 조직으로 개편하였어요.
③ 백제는 내신좌평, 위사좌평 등 6좌평의 관제를 마련하였어요.
⑤ 고구려는 지방의 여러 성에 욕살, 처려근지 등의 관리를 두어 다스렸어요.

## 3 다음 검색창에 들어갈 나라에 대한 설명으로 옳은 것은? [2점]

심화 71회 02번

사료로 보는 한국사 [검색]

검색 결과 | ○○○건

1. 위치
장성의 북쪽에 있는데 현도군에서 천 리 떨어져 있다. 남쪽은 고구려와, 동쪽은 읍루와, 서쪽은 선비와 접해 있고, 북쪽에는 약수가 있다.

2. 형벌
형벌은 엄하고 각박하여 사람을 죽인 자는 사형에 처하고 그 집안사람은 적몰(籍沒)하여 노비로 삼았다. 도둑질을 하면 [도둑질한 물건의] 12배를 변상케 했다.

3. 풍습
전쟁을 하게 되면 그때도 하늘에 제사를 지내고, 소를 잡아서 그 발굽을 보아 길흉을 점치는데, 발굽이 갈라지면 흉하고 발굽이 붙으면 길하다고 생각했다.

① 신성 지역인 소도가 있었다.
② 혼인 풍습으로 민며느리제가 있었다.
③ 읍락 간의 경계를 중시하는 책화가 있었다.
④ 여러 가(加)들이 각각 사출도를 주관하였다.
⑤ 사회 질서를 유지하기 위해 범금 8조를 만들었다.

## 4 (가) 나라에 대한 설명으로 옳은 것은? [2점]

심화 64회 02번

○ (가) 의 풍속에는 가뭄이나 장마가 계속되어 오곡이 영글지 않으면, 그 허물을 왕에게 돌려 "왕을 마땅히 바꾸어야 한다."라고 하거나 "죽여야 한다."라고 하였다. - "삼국지" 동이전 -

○ (가) 사람들은 …… 활·화살·칼·창으로 무기를 삼았다. 가축의 이름으로 관직명을 지으니 마가·우가·구가 등이 있었다. 그 나라의 읍락은 모두 여러 가(加)에 소속되었다. - "후한서" 동이열전 -

① 영고라는 제천 행사를 열었다.
② 한 무제의 공격으로 멸망하였다.
③ 정사암에 모여 재상을 선출하였다.
④ 읍락 간의 경계를 중시하는 책화가 있었다.
⑤ 제사장인 천군과 신성 지역인 소도가 존재하였다.

### 3 부여 정답 ④

**정답 찾기** 남쪽은 고구려와 접해 있으며, 1책 12법과 우제점법의 풍습이 있었다는 내용을 통해 검색창에 들어갈 나라가 부여임을 알 수 있어요. 부여는 철기 문화를 배경으로 등장한 여러 나라 가운데 가장 북쪽에 위치하였으며, 남쪽으로 고구려와 접해 있었어요. 부여에는 지배자나 높은 계급의 사람이 죽으면 순장을 하는 풍습이 있었으며, 형이 죽으면 동생이 형수를 아내로 삼는 형사취수제의 풍습도 있었어요. ④ 부여에서는 왕이 중앙을 다스리고 마가, 우가, 저가, 구가 등 여러 가(加)들이 각각 사출도를 다스렸어요.

**오답 피하기**
① 삼한에는 신성 지역인 소도가 있었어요. 제사장인 천군이 소도에서 제사를 주관하였는데, 이곳에는 정치적 지배자의 영향력이 미치지 못하였어요.
② 옥저에는 남자 집에서 장래에 며느리가 될 여자아이를 데려와 키우고 성인이 되면 돌려보낸 뒤 여자 집에 예물을 주고 정식으로 혼인하게 하는 민며느리제라는 혼인 풍습이 있었어요.
③ 동예에는 읍락 간의 경계를 중시하여 다른 부족의 경계를 침범하면 노비나 가축 등으로 변상하게 하는 책화가 있었어요.
⑤ 고조선은 사회 질서를 유지하기 위해 범금 8조를 만들었어요. 현재 3개 조항이 전해져 당시의 사회 모습을 짐작하게 합니다.

### 4 부여 정답 ①

**정답 찾기** 가뭄이나 장마가 계속되면 그 허물을 왕에게 돌렸으며 마가, 우가, 구가 등의 관직이 있었다는 내용을 통해 (가) 나라가 부여임을 알 수 있어요. 만주 쑹화강 일대 평야 지역에 자리를 잡은 부여는 왕이 중앙을 다스리고 가축의 이름을 딴 마가·우가·저가·구가 등 여러 가(加)들이 사출도라고 불린 지역을 관장하는 연맹 왕국이었어요. 가들은 왕을 선출하기도 하고, 가뭄이나 장마 등 재해가 일어나면 왕에게 책임을 묻기도 하였어요. ① 부여는 12월에 영고라는 제천 행사를 열었어요.

**오답 피하기**
② 고조선은 한 무제의 공격을 받아 기원전 108년에 멸망하였어요.
③ 백제에서는 귀족들이 정사암에 모여 재상을 선출하거나 국가의 중대사를 논의하고 결정하였어요.
④ 동예에는 읍락 간의 경계를 중시하여 다른 부족의 경계를 침범하면 소나 말, 노비 등으로 변상하게 하는 책화라는 풍습이 있었어요.
⑤ 삼한에는 제사장인 천군과 신성 지역인 소도가 있었어요. 소도에는 정치적 지배자의 힘이 미치지 못하였어요.

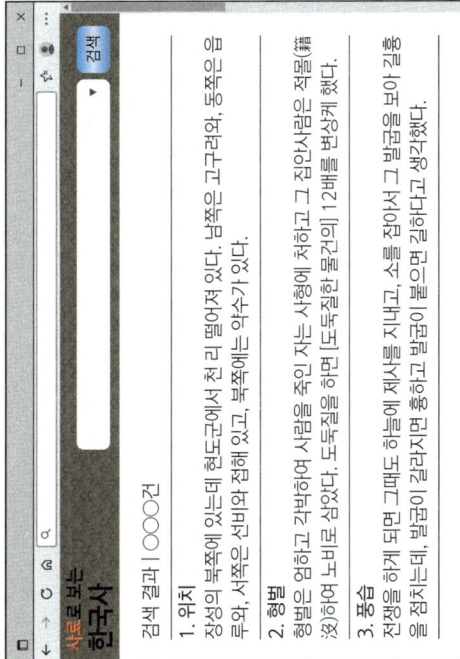

**5** (가), (나) 나라에 대한 설명으로 옳은 것은? [2점]

심화 57회 03번

> (가) 그 나라에는 왕이 있고, 벼슬로는 상가·대로·패자·고추가·주부·우태·승·사자·조의·선인이 있으며, 신분의 높고 낮음에 따라 각각 등급을 두었다. …… 10월에 지내는 제천 행사는 국중대회로 이름하여 동맹이라 한다.
> - "삼국지" 동이전 -
>
> (나) 그 나라의 풍속은 산천을 중요시하여 산과 내마다 각기 구분이 있어 함부로 들어가지 않는다. …… 해마다 10월이면 하늘에 제사를 지내는데, 주야로 술을 마시고 노래를 부르며 춤추니 이를 무천이라 한다. 또 호랑이를 신으로 여겨 제사를 지낸다.
> - "삼국지" 동이전 -

① (가) - 낙랑과 왜에 철을 수출하였다.
② (가) - 서옥제라는 혼인 풍습이 있었다.
③ (나) - 연의 장수 진개의 공격을 받았다.
④ (나) - 가(加)들이 별도로 사출도를 다스렸다.
⑤ (가), (나) - 골품에 따라 관등 승진에 제한이 있었다.

**6** 다음 자료에 해당하는 나라에 대한 설명으로 옳은 것은? [2점]

심화 66회 02번

> 호의 수는 5천인데 대군왕은 없으며 읍락에는 각각 대를 잇는 우두머리가 있다. …… 여러 읍락의 거수(渠帥)들은 스스로를 삼로라 일컬었다. …… 장사를 지낼 때에는 큰 나무 곽을 만든다. 길이가 10여 장이나 되며 한쪽을 열어 놓아 문을 만든다. 사람이 죽으면 임시로 매장한다. 겨우 시체가 덮일 만큼 묻었다가 가죽과 살이 다 썩은 다음에 뼈만 추려 곽 속에 넣는다. 온 집 식구를 하나의 곽 속에 넣어 두는데, 죽은 사람의 숫자만큼 나무를 깎아 생전의 모습과 같이 만들었다.
> - "삼국지" 동이전 -

① 신성 지역인 소도가 존재하였다.
② 혼인 풍습으로 민며느리제가 있었다.
③ 범금 8조를 통해 사회 질서를 유지하였다.
④ 여러 가(加)들이 각각 사출도를 주관하였다.
⑤ 정사암에 모여 국가의 중대사를 논의하였다.

**5 고구려와 동예** 정답 ②

**정답 찾기** (가) 나라는 상가, 대로를 비롯하여 사자, 조의, 선인 등의 벼슬이 있으며, 10월에 동맹이라는 제천 행사를 지냈다는 내용을 통해 고구려임을 알 수 있어요. (나) 나라는 산천을 중요시하여 산과 내마다 각기 구분이 있어 함부로 들어가지 않는 풍속이 있으며, 10월에 무천이라는 제천 행사를 지냈다는 내용을 통해 동예임을 알 수 있어요. ② 고구려에는 혼인한 뒤 신랑이 신부 집 뒤편에 지어 놓은 서옥이라는 집에서 살다가 자녀가 장성하면 가족과 함께 자기 집으로 돌아가는 서옥제라는 혼인 풍습이 있었어요.

**오답 피하기**
① 삼한 가운데 변한에서는 철이 풍부하게 생산되어 낙랑과 왜에 철을 수출하였어요.
③ 고조선은 기원전 3세기에 연의 장수 진개의 공격을 받아 서쪽의 많은 영토를 빼앗겼어요.
④ 부여에서는 왕이 중앙을 다스리고 마가, 우가, 저가, 구가 등 여러 가(加)들이 별도로 사출도를 다스렸어요.
⑤ 신라에는 골품에 따라 관등 승진을 제한하는 골품제라는 신분 제도가 있었어요.

**6 옥저** 정답 ②

**정답 찾기** 삼로가 읍락을 다스렸으며, 사람이 죽으면 뼈만 추려서 온 집 식구를 하나의 곽 속에 넣어 둔다는 내용을 통해 자료에 해당하는 나라가 옥저임을 알 수 있어요. 옥저는 지금의 함경도 지역에서 성장한 작은 나라로 왕이 없고 세력 크기에 따라 읍군, 삼로라고 불린 지배자가 부족을 다스렸으며, 가족 공동 무덤을 만드는 장례 풍습이 있었어요. ② 옥저에는 남자 집에서 장래에 며느리가 될 여자아이를 데려와 키우고 성인이 되면 돌려보낸 뒤 여자 집에 예물을 치르고 정식으로 혼인하게 하는 민며느리제라는 혼인 풍습이 있었어요.

**오답 피하기**
① 삼한에는 신성 지역인 소도가 있었는데, 이곳에는 정치적 지배자의 세력이 미치지 못하였어요.
③ 고조선에는 사회 질서를 유지하기 위한 범금 8조가 있었어요.
④ 부여에서는 마가, 우가, 저가, 구가 등 여러 가(加)들이 각각 사출도를 주관하였어요.
⑤ 백제에서는 귀족들이 정사암에 모여 재상을 선출하거나 국가의 중대사를 논의하였어요.

**7** 심화 70회 02번

**(가) 나라에 대한 설명으로 옳은 것은?** [2점]

학습 내용 정리

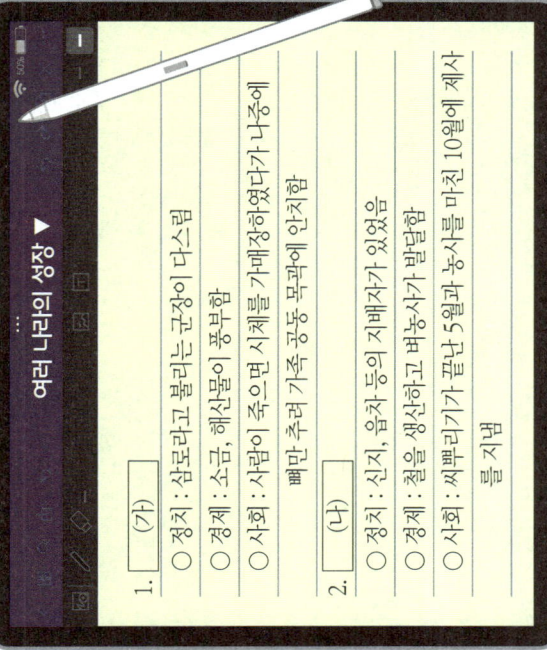

**<철기 문화를 바탕으로 성장한 여러 나라>**

1. 경제 활동

| 나라 | 사료에 나타난 특징 |
|---|---|
| 부여 | 관직명에 가축 이름 사용, 명마·담비 가죽 생산 |
| (가) | 삼베·명주 생산, 특산물 : 단궁·과하마·반어피 |
| 삼한 | 벼농사 발달, 철이 많아 낙랑·왜에 수출 |

① 신지, 읍차 등의 지배자가 있었다.
② 혼인 풍습으로 민며느리제가 있었다.
③ 10월에 무천이라는 제천 행사를 열었다.
④ 여러 가(加)들이 각각 사출도를 주관하였다.
⑤ 제가 회의에서 나라의 중대사를 결정하였다.

**8** 심화 73회 04번

**(가), (나) 나라에 대한 설명으로 옳은 것은?** [2점]

여러 나라의 성장 ▼

1. (가)
○ 정치 : 삼로라고 불리는 군장이 다스림
○ 경제 : 소금, 해산물이 풍부함
○ 사회 : 사람이 죽으면 시체를 가매장하였다가 나중에 뼈만 추려 가족 공동 목곽에 안치함

2. (나)
○ 정치 : 신지, 읍차 등의 지배자가 있었음
○ 경제 : 철을 생산하고 벼농사가 발달함
○ 사회 : 씨뿌리기가 끝난 5월과 농사를 마친 10월에 제사를 지냄

① (가) - 영고라는 제천 행사를 열었다.
② (가) - 사회 질서를 유지하기 위해 범금 8조를 만들었다.
③ (나) - 신성 지역인 소도가 존재하였다.
④ (나) - 제가 회의에서 나라의 중대사를 결정하였다.
⑤ (가), (나) - 도둑질한 자에게 12배로 배상하게 하였다.

**7 동예** 정답 ③

정답 찾기 철기 문화를 바탕으로 성장하였으며, 단궁과 과하마, 반어피가 특산물이라는 내용을 통해 (가) 나라가 동예임을 알 수 있어요. 고조선 멸망 이후 만주와 한반도에서는 철기 문화를 바탕으로 부여, 고구려, 옥저, 동예, 삼한 등 여러 나라가 성장하였어요. 동예는 지금의 강원도 북부 동해안 지역에 위치한 나라로, 고구려의 압박을 받아 크게 성장하지 못하고 결국 고구려에 통합되었어요. ③ 동예는 매년 10월에 무천이라는 제천 행사를 열었어요.

오답 피하기
① 삼한에는 왕이 없고 세력 크기에 따라 신지, 읍차라고 불린 지배자가 있었어요.
② 옥저에는 남자 집에서 장래에 며느리가 될 여자아이를 데려와 키우고 성인이 되면 돌려보낸 뒤 여자 집에 예물을 주고 정식으로 혼인하게 하는 민며느리제라는 혼인 풍습이 있었어요.
④ 부여에서는 왕이 중앙을 다스리고 마가, 우가, 저가, 구가 등 여러 가(加)들이 각각 사출도를 다스렸어요.
⑤ 고구려는 제가 회의라는 귀족 회의에서 나라의 중대사를 결정하였어요.

**8 옥저와 삼한** 정답 ③

정답 찾기 (가) 나라는 삼로라고 불리는 군장이 다스렸으며, 사람이 죽으면 가매장하였다가 나중에 뼈만 추려 가족 공동 목곽에 안치하였다는 내용을 통해 옥저임을 알 수 있어요. 옥저는 지금의 함경도 지역에서 성장하였으나 고구려의 압력으로 고대 국가로 성장하지 못하고 고구려에 복속되었어요. (나) 나라는 신지, 읍차 등의 지배자가 있었으며, 벼농사가 발달하고 5월과 10월에 제사를 지냈다는 내용을 통해 삼한임을 알 수 있어요. 철기 문화를 배경으로 한반도 중남부에서는 수십 개의 소국으로 이루어진 마한, 진한, 변한이 성립되어 삼한이라는 연맹체를 이루었어요. ③ 삼한에는 소도라는 신성 지역이 있었으며, 천군이라고 불린 제사장이 소도에서 제사를 주관하였어요.

오답 피하기
① 부여는 12월에 영고라는 제천 행사를 열었어요.
② 고조선은 사회 질서를 유지하기 위해 범금 8조를 만들었어요.
④ 고구려는 제가 회의라는 귀족 회의에서 국가 중대사를 결정하였어요.
⑤ 부여에는 도둑질한 자에게 훔친 물건값의 12배로 갚게 하는 1책 12법이 있었어요.

# 03강 여러 나라의 성장

**Ready go**
이번 강 별 채우기 제한 시간은 **2분 40초**
한 문장을 끝까지 또박또박 읽어야 패스!

기출 선택지로 별 채우기
**한국사를 채우다**

**01** ★★형 동검, 탁자식 ★★돌의 출토 지역을 통해 고조선의 문화 범위를 알 수 있다.

**02** 고조선에는 사회 질서를 유지하기 위한 범금 ★조가 있었다.

**03** 기원전 4~3세기경 고조선은 전국 7웅 중 하나인 ★과 대적할 만큼 성장하였다.

**04** 기원전 3세기경 ★★선에 부왕 등 강력한 왕이 등장하여 왕위를 세습하였다.

**05** 고조선은 왕 아래 상, 대★, 장★ 등의 관직을 두었다.

**06** 기원전 3세기 초 고조선은 ★의 장수 진개의 공격을 받아 땅을 빼앗겼다.

**07** ★★은 진·한 교체기에 무리를 이끌고 고조선에 들어와 준왕을 몰아내고 왕이 되었다.

**08** 위만 집권 이후 고조선은 중국의 한과 한반도 남부의 진국 사이에서 ★★ 무역을 통해 많은 이익을 얻었다.

**09** 위만 집권 이후 고조선은 진★과 임★을 복속시켜 세력을 확장하였다.

**10** 조선상 역계경은 자신의 건의를 위만의 손자인 ★★왕이 받아들이지 않자 무리를 이끌고 진국으로 남하하였다.

**11** 고조선은 우거왕 때 한 무제의 공격을 받아 ★★성이 함락되어 멸망하였다.

**12** 부여에서는 여러 가(加)들이 별도로 ★★도를 주관하였다.

**13** 부여는 12월에 ★고라는 제천 행사를 열었다.

**14** 부여에서는 남의 물건을 훔치면 ★★배로 배상하게 하였다.

**15** 고구려는 ★★ 회의에서 나라의 중요한 일을 결정하였다.

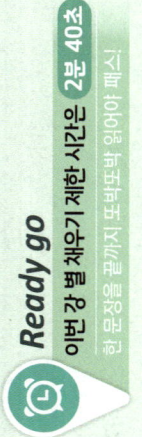

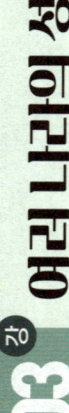

**16** 고구려에는 왕 아래 상가, 고추가 등의 대★들이 있었으며, 이들은 사자, 조의, 선인 등의 관리를 거느렸다.

**17** 고구려는 10월에 ★맹이라는 제천 행사를 열었다.

**18** 고구려에는 혼인 풍습으로 ★★제가 있었다.

**19** 고구려에는 집집마다 ★경이라는 창고가 있었다.

**20** 옥저의 혼인 풍속으로 ★★★★제가 있었다.

**21** ★★에는 가족의 유골을 한 목곽에 안치하는 풍습이 있었다.

**22** 옥★는 소금, 어물 등 해산물이 풍부하여 이를 고구려에 바쳤다.

**23** 동예의 특산물로 ★궁, ★★마, 반어피 등이 있었다.

**24** 동예는 10월에 ★천이라는 제천 행사를 열었다.

**25** 옥저와 동예에는 ★군, ★로라고 불리는 군장이 있었다.

**26** 동예에는 읍락 간의 경계를 중시하는 ★화라는 풍습이 있었다.

**27** 삼한에는 ★지, ★차 등의 지배자가 있었다.

**28** 삼한에는 제사장인 천★이 있고 신성 지역인 소★가 존재하였다.

**29** 변한에서는 ★이 많이 생산되어 낙랑과 왜에 수출하였다.

정답

**01** 비파, 고인 **02** 8 **03** 연 **04** 고조 **05** 부, 군 **06** 연 **07** 위만 **08** 중계 **09** 번, 둔 **10** 우거 **11** 왕검 **12** 사출 **13** 영 **14** 12 **15** 제가 **16** 가 **17** 동 **18** 서옥 **19** 부 **20** 민며느리 **21** 옥저 **22** 저 **23** 단, 과하 **24** 무 **25** 읍, 삼 **26** 책 **27** 신, 읍 **28** 군, 도 **29** 철

# 04강 고대(고구려, 가야)

한국사의 흐름을 한눈에
한국사를 그리다

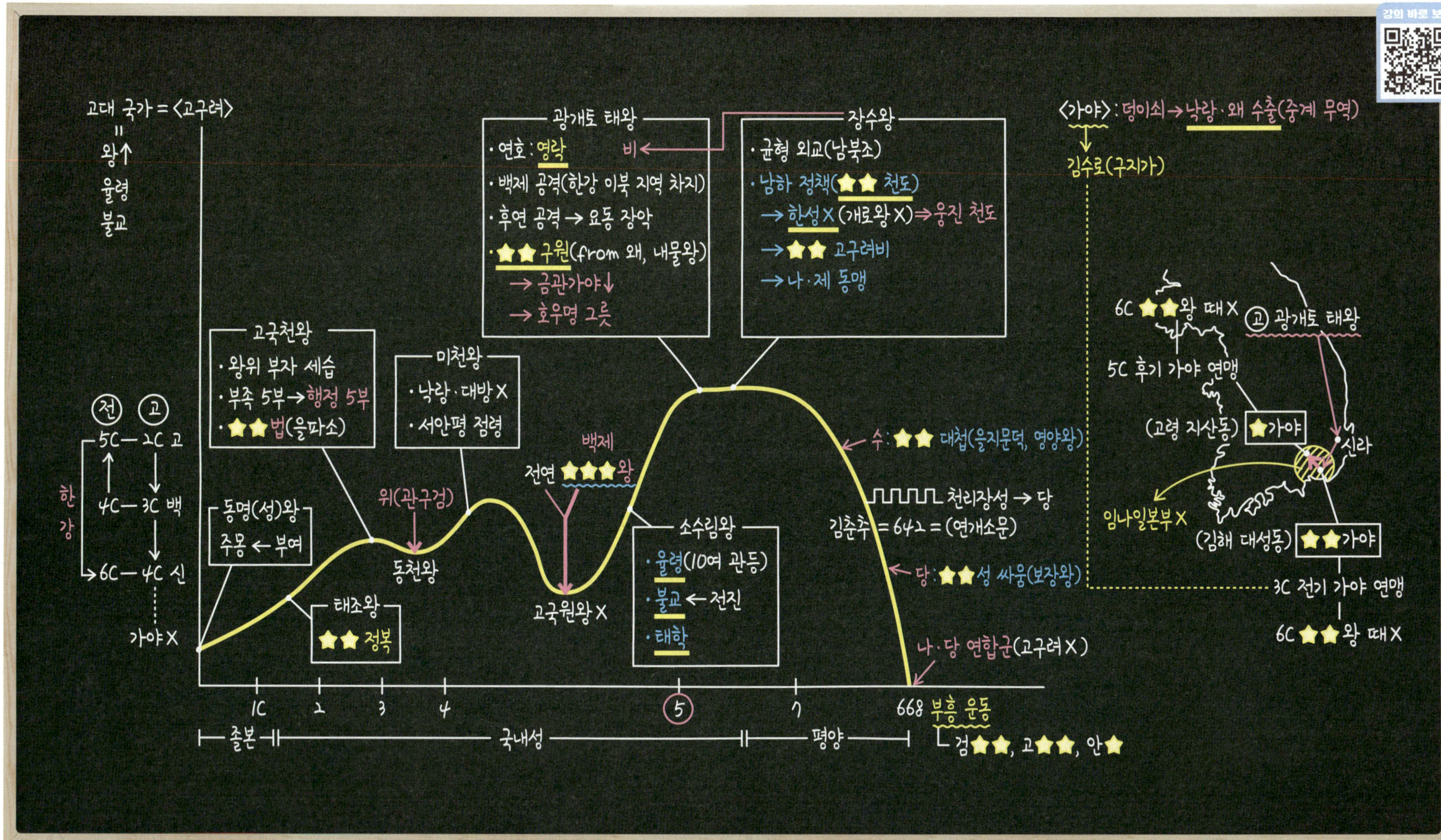


★정답 옥저, 진대, 근초고, 신라, 평양, 충주, 살수, 안시, 모잠, 연무, 승, 대, 진흥, 금관, 법흥

➡ 나만의 약점 단권화 노트 6쪽에서 완성 판서를 확인하세요.

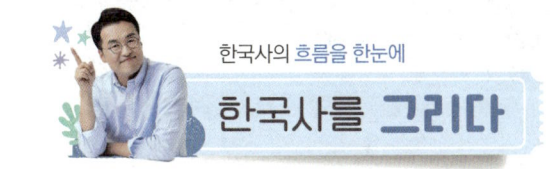

# 04강 고대(고구려, 가야)

㉠ ㉡

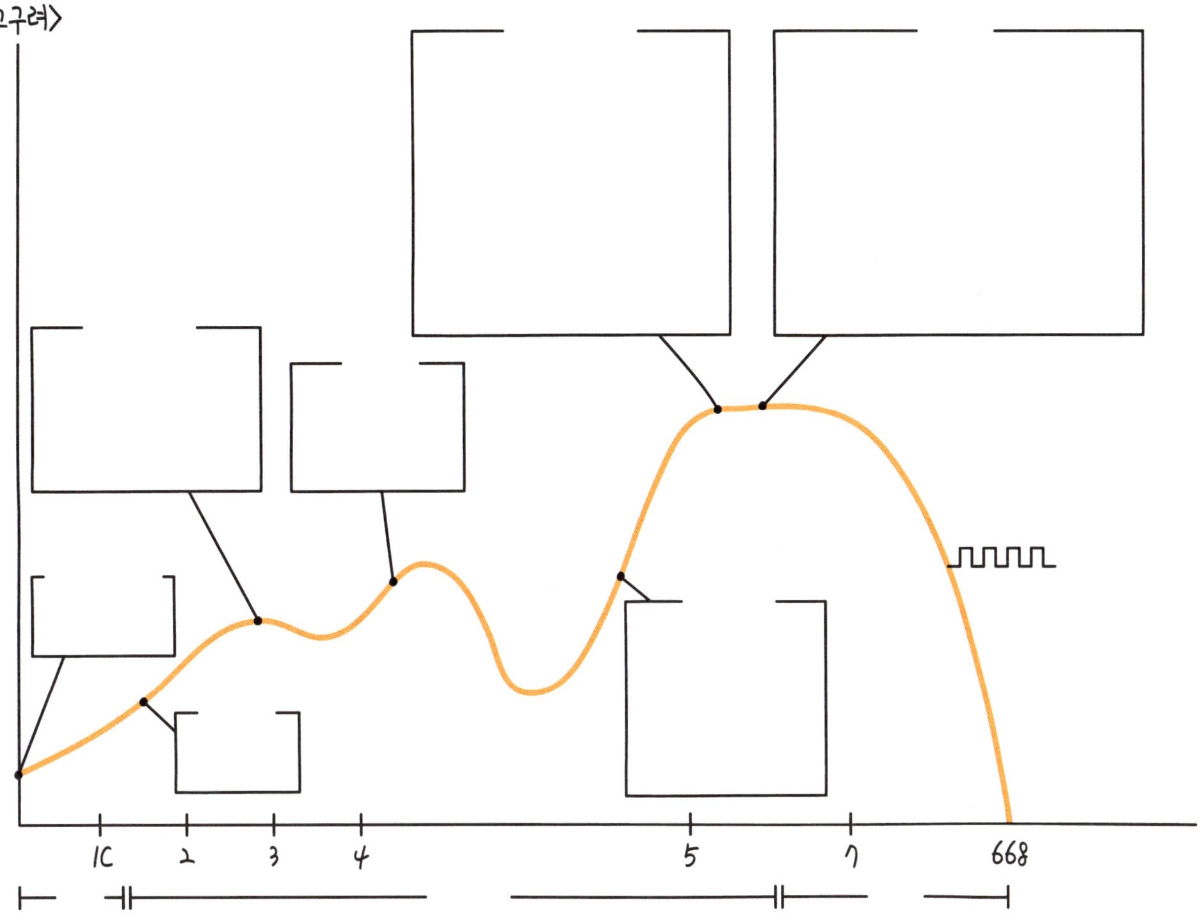

# 04강 고대(고구려, 가야)

### 고구려 태조왕의 정복 활동

고구려는 1세기경 태조왕 때 요동 지방으로 진출을 도모하였으며, 옥저를 복속하고 동해안 지역으로 세력을 확대하였어요. 이러한 정복 활동을 통해 왕권이 강화되어 5부 중 계루부 고씨가 왕위를 독점적으로 세습하게 되었습니다.

> (태조왕) 4년(56) 가을 7월에 동옥저를 정벌하여 그 땅을 취하고 성읍을 만들며 국경을 개척하였는데, 동으로는 창해(동해)에 이르고 남으로는 살수에 이르렀다. - "삼국사기" -

### 고구려의 전성기(5세기)

고구려는 4세기 후반 소수림왕이 국가의 기틀을 다진 후 4세기 말~5세기 광개토 태왕과 장수왕 때 영토를 크게 넓히며 전성기를 맞이하였어요. 광개토 태왕은 남으로 백제를 압박하고 신라를 도와 신라에 침입한 왜를 물리쳤으며, 거란과 후연 등을 격파하고 요동과 만주 일대를 장악하였습니다. 국력 확대의 자신감을 바탕으로 광개토 태왕은 '영락'이라는 독자적인 연호를 사용하였어요. 광개토 태왕의 아들 장수왕은 수도를 국내성에서 평양으로 옮긴 후 본격적으로 남진(남하) 정책을 펼쳐 한강 유역을 차지하고 영토를 확장하였어요. 이러한 대외 팽창을 통해 동아시아에서 고구려의 위상이 높아졌어요.

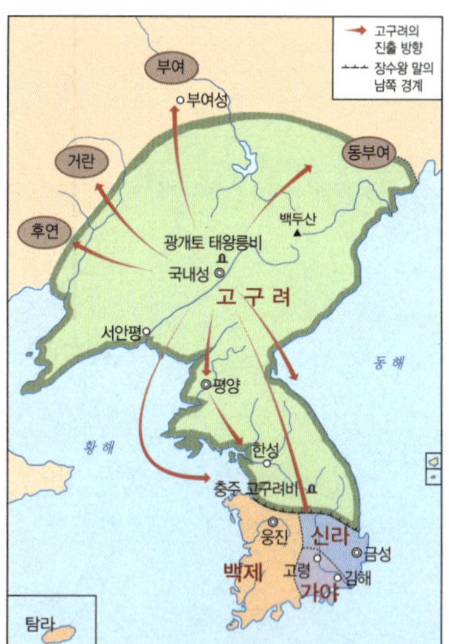


### 고구려 소수림왕의 국가 체제 정비

고구려는 소수림왕 때 전진에서 온 순도라는 승려를 통해 불교를 받아들였어요. 또한, 태학을 설립하여 인재를 양성하였으며, 율령을 반포하여 국가 체제를 정비하였습니다.

> • (소수림왕) 2년(372) 진나라 왕 부견이 사신과 승려인 순도를 파견하여 불상과 불경을 보내왔다. 왕이 사신을 보내 답례로 토산물을 바쳤다. …… 태학(太學)을 세우고 자제를 교육시켰다.
> • 3년(373)에 처음으로 율령을 반포하였다.
> • 5년(375) 처음으로 초문사를 창건하여 순도에게 절을 맡겼다. 또한, 이불란사를 창건하여 아도에게 맡기니, 이것이 해동 불법의 시초가 되었다. - "삼국사기" -

### 고구려 광개토 태왕의 신라 지원

고구려 광개토 태왕은 신라의 요청으로 군대를 보내 신라에 침입한 왜를 격퇴하고, 신라에 군대를 주둔시켰어요. 이로 인해 신라는 한동안 고구려의 정치적 간섭을 받았습니다.

> (영락) 9년(399) 기해에 백제가 서약을 어기고 왜와 화통하므로, 왕은 평양으로 순수해 내려갔다. 신라가 사신을 보내 왕에게 말하기를 "왜인이 그 국경에 가득 차 성을 부수었으니, 노객(奴客 : 신라 내물 마립간)은 백성된 자로서 왕에게 귀의하여 분부를 청한다."라고 하였다. …… 10년(400) 경자년에 왕(광개토 태왕)이 보병과 기병 5만을 보내 신라를 구원하게 하였다. 남거성을 거쳐 신라에 이르니, 그곳에 왜군이 가득하였다. 고구려군이 도착하자 왜적이 퇴각하였다. - 광개토 태왕릉비 비문 -

### 호우총 청동 그릇(호우명 그릇)

경주 호우총에서 발견된 그릇으로, 그릇 밑바닥에 '을묘년국강상 광개토지호태왕 호우십(乙卯年國岡上廣開土地好太王壺杅十)'이라는 글자가 새겨져 있어 당시 신라와 고구려가 밀접한 관계를 맺고 있었다는 것을 짐작하게 해 줍니다.

**용어 사전**

**동명(성)왕**
고구려의 시조로 부여에서 태어났어요. 이름은 주몽인데, 부여 말로 '활을 잘 쏘는 사람'이라고 합니다. 부여 금와왕의 왕자들과 갈등이 있어 부여를 탈출해 졸본을 도읍으로 고구려를 건국하였어요.

**진대법**
고국천왕 때 시행된 구휼 제도로, 당시 을파소가 국상으로 있었어요. 진대법은 흉년이 들거나 봄에 먹을 것이 없을 때 나라에서 백성에게 곡식을 빌려주고 수확한 후에 갚도록 한 제도예요. 이처럼 봄에 양식을 빌려주고 추수기에 갚는 제도(춘대추납)는 이후 고려, 조선에서도 운영되었습니다.

## 고구려 장수왕의 남진 정책

광개토 태왕의 뒤를 이은 장수왕은 분열된 중국의 남북조와 각각 교류하면서 외교적 안정을 꾀하였어요. 또한, 국내성에서 평양으로 수도를 옮긴 후 본격적으로 남진 정책을 추진하여 백제의 수도 한성을 함락하고 한반도 중부 지방까지 영토를 확장하였습니다.

- (장수)왕이 군사 3만 명을 이끌고 백제에 침입하여 백제의 도읍 한성을 함락하고 백제 왕 부여경(扶餘慶 : 개로왕)을 죽였으며 남녀 8천 명을 사로잡아 돌아왔다.
 - "삼국사기" 고구려본기 -
- 고구려 왕 거련(巨連)이 몸소 군사를 거느리고 백제를 공격하였다. 백제 왕 경(慶)이 아들 문주(文周)를 (신라에) 보내 구원을 요청하였다. 왕이 군사를 내어 구해 주려 하였으나 미처 도착하기도 전에 백제가 이미 (고구려에) 함락되었고, 경 역시 피살되었다.
 - "삼국사기" 신라본기 -

## 광개토 태왕릉비와 충주 고구려비

4세기 말~5세기에 고구려가 넓은 영토를 차지하는 등 전성기를 이루었음을 알려 주는 비석들이에요. 광개토 태왕릉비는 장수왕이 아버지의 업적을 기리기 위해 세운 것으로, 광개토 태왕이 백제 및 신라와 가야 지역까지 진출하였다는 내용이 새겨져 있어요. 충주 고구려비는 국내에 남아 있는 유일한 고구려의 비석으로, 고구려가 한강 이남까지 진출한 사실을 보여 줍니다.

광개토 태왕릉비

충주 고구려비

## 용어 사전

**율령**
법률 율(律), 명령 령(令). '율'은 형법을, '령'은 행정 법규를 뜻해요. 삼국은 중앙 집권적 고대 국가로 성장하면서 율령을 만들어 통치 기반을 확립하고, 왕권을 강화하였어요.

**태학**
클 태(太), 배울 학(學). 태학은 귀족 자제들을 교육한 고구려의 교육 기관으로, 일종의 국립 대학이에요. 유학 교육을 실시해 중앙 집권 체제에 적합한 관리를 양성하였어요.

**욕살, 처려근지**
고구려 후기에 성을 단위로 지역을 나누고 성의 규모에 따라 욕살, 처려근지 등의 지방관을 파견하였어요.

**연개소문**
연개소문은 천리장성을 쌓을 때 최고 감독자였어요. 그의 세력이 커지자 영류왕과 대신들은 연개소문을 제거할 계획을 세웠습니다. 이를 눈치챈 연개소문은 영류왕을 죽이고 보장왕을 왕위에 올린 뒤 스스로 대막리지가 되어 권력을 장악하였어요(642). 연개소문은 당에 대해 강경한 입장을 취하였습니다.

## 고구려와 수·당의 전쟁

6세기 말~7세기에 중국의 통일 왕조인 수와 당이 팽창 정책을 펴면서 동아시아 정세는 크게 변화하였고, 중국과 맞닿아 있었던 고구려는 중국과의 충돌을 피할 수 없었어요. 수와의 전쟁 과정에서 고구려의 장수 을지문덕이 살수에서 수의 대군을 격파하였습니다(살수 대첩). 수의 뒤를 이어 당이 들어서자, 고구려는 당의 침입에 대비해 부여성에서 비사성에 이르는 천리장성을 축조하였어요. 정변을 일으켜 권력을 잡은 연개소문은 당에 강경하게 대응하였고, 당 태종은 연개소문의 정변을 구실 삼아 직접 대규모 병력을 이끌고 침략하였어요. 고구려는 안시성에서 당의 대군을 물리쳤습니다(안시성 싸움).

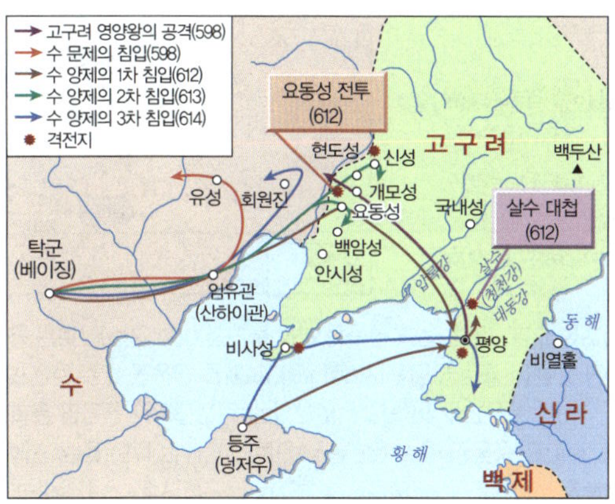

고구려와 수의 전쟁

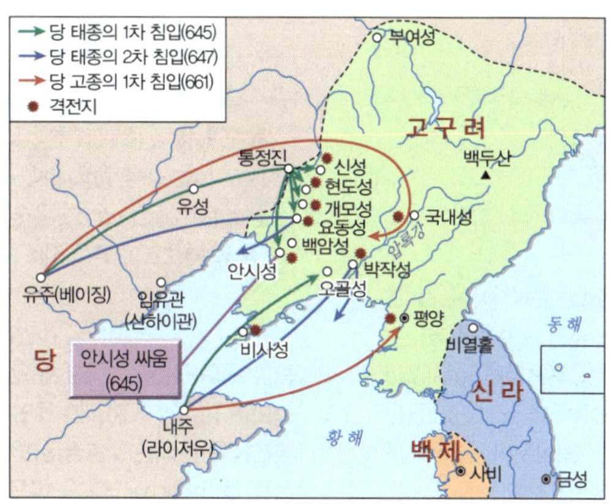

고구려와 당의 전쟁

- 살수에 이르러 수나라 군대가 살수를 반쯤 건너자, 을지문덕이 군사를 내보내 뒤에서 적군을 공격하니 우둔위장군 신세웅(辛世雄)이 전사하였다. …… (수나라 군이) 처음 요하에 이르렀을 때에는 무릇 30만 5천 명이었는데, 요동성으로 돌아간 것은 단지 2천 7백 명이었다. - "삼국사기" -
- (영류왕) 14년 당(唐)이 광주사마 장손사를 보내 수 병사의 유해가 묻힌 곳에 와서 제사를 지내게 하고, (고구려가) 세운 경관(京觀 : 적의 유해를 묻은 곳에 세운 승전 기념물)을 허물어 버렸다. 봄 2월에 왕이 많은 사람들을 동원하여 동북의 부여성에서부터 동남의 바다에 이르기까지 천여 리에 걸쳐 장성(長城)을 축조하기 시작하였다. - "삼국사기" -
- 여러 장수가 급히 안시성을 공격하였다. …… 밤낮으로 쉬지 않고 무릇 60일에 50만 명을 동원하여 토산을 쌓았다. …… 아군 수백 명이 성이 무너진 곳으로 나가 싸워서 마침내 토산을 빼앗아 차지하고 주위를 깎아 이를 지켰다. …… (황제가) 군사를 돌리도록 명하였다. - "삼국사기" -

# 04강 고대(고구려, 가야)

## 고구려 부흥 운동

고구려가 나·당 연합군의 침입으로 멸망한 후에 검모잠이 왕족인 안승을 왕으로 추대하여 한성(황해도 재령)에서 다시 고구려를 세우고자 부흥 운동을 전개하였어요. 고연무도 오골성을 중심으로 부흥 운동을 전개하였습니다. 그러나 안승이 검모잠을 죽이는 등 지도층 내부에서 분열이 일어나 고구려 부흥 운동은 실패하였습니다. 안승은 무리를 이끌고 신라로 망명하였고, 신라는 안승 집단을 금마저(익산)에 머물도록 하고 안승을 보덕국 왕으로 봉하였어요(674).

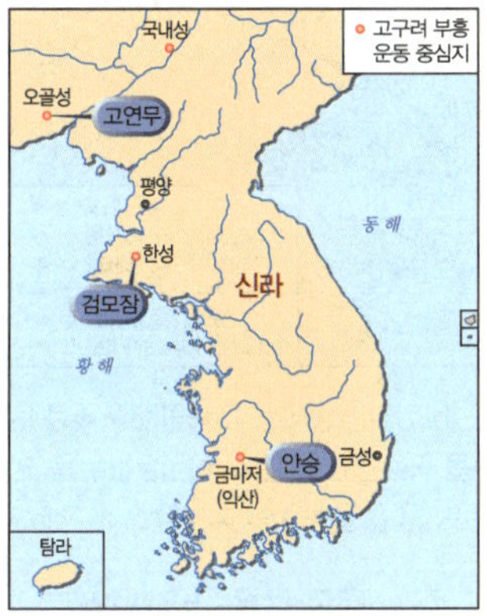


> 고구려 수림성 사람인 대형(大兄) 모잠(牟岑)이 남은 백성을 모아 궁모성으로부터 패강 남쪽에 이르러 당나라 관리와 승려 법안 등을 죽이고 신라로 향하였다. …… 안승을 보고 한성(황해도 재령) 안으로 맞아들여 받들어 임금으로 삼았다.
>
> - "삼국사기" -

## 가야 연맹과 중심 세력의 변화

가야는 여러 개의 소국으로 이루어진 연맹 국가로, 3세기경 김해의 금관가야를 중심으로 전기 가야 연맹을 형성하였어요. 그러나 고구려가 신라를 도와 왜를 격퇴하는 과정에서 가야까지 공격하여 금관가야의 세력이 쇠퇴하면서 전기 가야 연맹은 해체되었어요. 이후 대가야를 중심으로 후기 가야 연맹이 형성되었습니다. 가야 연맹은 소국마다 정치적·경제적 독립성이 강해 중앙 집권적 고대 국가로 성장하지 못한 채, 백제와 신라의 팽창에 시달리다가 금관가야는 신라 법흥왕 때 병합되었고, 대가야는 신라 진흥왕에게 정복되었어요. 이로써 가야 연맹은 멸망하였습니다.

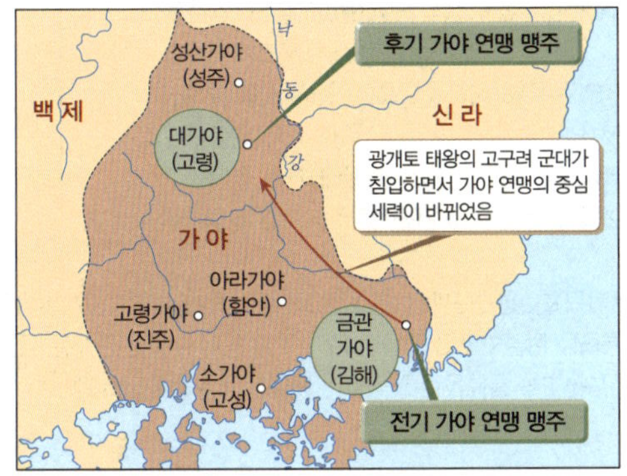


## 김해 대성동 고분군과 출토 유물

금관가야는 김해를 중심으로 발전하였으며, 전기 가야 연맹을 주도하였어요. 김해 대성동 고분군은 김해 시내 중심부에 있는 구릉 지대를 중심으로 형성되었는데, 구릉의 정상부에 왕과 왕족의 무덤이 있어요. 대성동 고분군에서는 다량의 토기와 철제 무기 및 갑옷, 그리고 중국, 낙랑, 왜로부터 전해진 것으로 보이는 많은 유물이 출토되었어요.

김해 대성동 고분군

판갑옷

청동솥

## 고령 지산동 고분군과 출토 유물

대가야는 고령을 중심으로 발전하였으며, 후기 가야 연맹을 주도하였어요. 산 정상에 자리 잡은 고령 지산동 고분군은 대가야 지배층의 무덤이에요. 지산동 고분군에서는 철제 갑옷과 금동관, 다양한 토기들이 출토되었어요.

고령 지산동 고분군과 무덤에서 출토된 토제 방울

철제 갑옷과 투구

금동관

### 용어 사전

**구지가**
가야의 건국 설화에 전해지는 노래입니다. "삼국유사"에 따르면 가야 지역은 9명의 부족장이 다스리고 있었어요. 어느 날 하늘에서 구지봉의 땅을 파면서 "거북아, 거북아, 머리를 내밀어라. 그렇지 않으면 구워서 먹겠다."라는 노래를 부르며 춤을 추라는 말이 들려 왔어요. 부족장과 사람들이 그렇게 하자 하늘에서 여섯 개의 알이 들어 있는 상자가 내려왔고 알에서 가장 먼저 태어난 아이가 김수로왕입니다. 김수로왕은 금관가야를 세우고 왕이 되었으며, 이후 배를 타고 건너온 아유타국의 공주 허황옥과 결혼하였습니다.

**임나일본부**
왜가 4세기 후반 한반도 남부 지역에 진출하여 백제, 신라, 가야를 지배하고, 특히 가야에는 일본부라는 기관을 두어 6세기 중반까지 직접 지배하였다고 하는, 일본에서 제기된 주장이에요. 임나일본부설은 일제 강점기 일본의 식민 지배를 정당화하기 위한 의도로 제기되었고, 지금은 여러 고증 과정을 통해 학문적으로 모두 극복되었습니다.

# 04강 고대(고구려, 가야)

마무리도 빈틈없이 **한국사를 읽다**

## 1 고대 국가의 특징

왕권 강화, 율령 반포, 불교 공인, 중앙 관제 정비, 활발한 정복 활동(영토 확장) → 중앙 집권 국가로 성장

## 2 고구려의 성장

### (1) 고구려의 성립과 발전

| | |
|---|---|
| 건국 | 부여에서 이주한 동명성왕(고주몽)이 압록강 유역의 토착 세력과 결합하여 졸본을 도읍으로 고구려 건국(기원전 37) → 1세기 초 유리왕 때 국내성으로 천도 |
| 태조왕(53~146) | 옥저 정복, 요동 지방으로 진출을 꾀함, 왕권 강화(계루부 고씨가 왕위를 독점적으로 세습) |
| 고국천왕(179~197) | • 왕위의 부자 세습 확립(형제 상속 → 부자 상속), 을파소 등용, 구휼 제도인 진대법 실시<br>• 부족적 성격의 5부를 행정적 성격의 5부로 개편 |
| 동천왕(227~248) | 위나라 관구검의 공격으로 환도성이 함락됨 → 고구려 세력 위축 |
| 미천왕(300~331) | 서안평 점령, 낙랑군과 대방군 축출 → 대동강 유역 확보, 대외 진출의 발판 마련 |
| 고국원왕(331~371) | 전연(선비족)의 침략, 백제 근초고왕의 공격으로 전사(평양성 전투) → 국가적 위기 |
| 소수림왕(371~384) | 율령 반포(10여 관등 마련), 전진으로부터 불교 수용, 태학 설립 → 중앙 집권 체제 강화 |

### (2) 고구려의 전성기

| | |
|---|---|
| 광개토 태왕<br>(391~412) | • 대외 진출 : 백제 공격(한강 이북 차지), 신라의 요청으로 군대를 보내 신라에 침입한 왜 격퇴, 거란과 후연을 격파해 요동과 만주 일대 장악<br>• '영락' 연호 사용, 광개토 태왕릉비(장수왕 건립) |
| 장수왕<br>(412~491) | • 대외 교류 : 중국의 남북조와 동시에 교류, 균형 외교 → 고구려의 국제적 위상을 높임<br>• 남진 정책<br>- 평양 천도(427) : 국내성을 기반으로 한 귀족 세력의 약화 목적 → 나·제 동맹 결성<br>- 백제 공격(475) : 백제의 한성 함락(개로왕 전사, 한강 유역 장악) → 백제가 웅진(공주)으로 천도<br>- 한반도 중부 지역까지 영토 확장 |

## 3 6세기 말~7세기 동아시아 국제 정세의 변화

| | |
|---|---|
| 남북 세력 | 고구려는 중국 세력(수·당)의 압박에 맞서기 위해 돌궐과 연합 → 돌궐 - 고구려 - 백제 - 왜 |
| 동서 세력 | 백제와 고구려의 협공으로 어려움에 처한 신라가 중국에 도움 요청 → 신라 - 수·당 |

## 4 고구려와 수·당의 전쟁

| | |
|---|---|
| 고구려와 수의 전쟁 | 수의 중국 통일(589) → 수가 고구려에 복속 요구 → 고구려가 수의 요서 지방 선제공격 → 수 문제의 30만 대군 침입 → 성과 없이 후퇴 → 수 양제의 113만 대군 침입 → 우중문의 30만 별동대가 평양성 공격 → 을지문덕이 살수(청천강)에서 격퇴(살수 대첩, 612) |
| 고구려와 당의 전쟁 | 당의 중국 통일 → 당 태종의 팽창 정책 → 고구려가 당의 침입에 대비하여 국경 지역에 천리장성 축조(영류왕 ~ 보장왕) → 연개소문의 정변(642, 영류왕 등 반대파를 제거하고 보장왕을 즉위시킴), 대당 강경책 전개 → 당 태종이 직접 군대를 이끌고 침입(연개소문의 정변, 고구려의 신라 공격 등 구실) → 고구려의 당군 격퇴(안시성 전투, 645) |

## 5 고구려의 멸망

| | |
|---|---|
| 쇠퇴 | • 백제·신라 연합군에게 한강 유역 상실(→ 수복 노력 ⓔ 영양왕 때 온달의 아단성 전투)<br>• 수·당과의 계속된 전쟁으로 국력 약화<br>• 왕위 계승을 둘러싼 지배층의 내분 |
| 멸망 | 연개소문 사후 권력 다툼 발생[연개소문의 아들 연남생이 당에 투항(666), 연개소문의 동생 연정토가 신라에 투항(666)] → 나·당 연합군의 공격으로 평양성 함락 → 고구려 멸망(668) |
| 부흥 운동 | 고연무(오골성) 등이 부흥 운동 전개, 검모잠[한성(황해도 재령)]이 왕족인 안승을 왕으로 추대(신라의 지원) → 지도층의 내분으로 실패(안승이 검모잠을 죽이고 신라에 투항하여 보덕국 왕으로 임명됨) |

## 6 가야의 성립과 쇠퇴

| | |
|---|---|
| 가야 연맹 성립 | 철기 문화 발전, 농업 생산력 증대 → 낙동강 하류의 변한 지역에서 성장한 소국들이 가야 연맹으로 발전 |
| 금관가야<br>(전기 가야 연맹 주도) | • 수로왕의 건국 신화가 전해짐('구지가')<br>• 금관가야(김해)가 우수한 철기 문화를 바탕으로 전기 가야 연맹 주도 → 풍부한 철 생산, 편리한 해상 교통, 낙랑과 왜를 연결하는 중계 무역 발달 → 고구려 광개토 태왕이 보낸 군대의 공격으로 쇠퇴 → 대가야로 중심지 이동 |
| 대가야<br>(후기 가야 연맹 주도) | 대가야(고령)가 내륙 평야의 농업 생산 기술을 바탕으로 금관가야의 선진 기술을 흡수하여 후기 가야 연맹 주도 → 농업에 유리한 입지 조건, 풍부한 철 산지 보유, 중국 및 왜와 교류 |
| 멸망 | 각 소국이 독자적 정치 기반 유지(중앙 집권적 고대 국가로 발전하지 못함), 백제와 신라의 팽창과 압력으로 위축 → 신라 법흥왕 때 금관가야 멸망(532), 신라 진흥왕 때 대가야 멸망(562) |

# 04강 고대(고구려, 가야)

**1** (가) 왕의 재위 시기에 있었던 사실로 옳은 것은? [2점]

심화 70회 04번

**스스로 탐구하는 역사 수업**

고구려 제17대 왕으로 즉위하여 통치 체제를 정비한 (가) 에 대해 조사한 내용을 올려 주세요.

| 정치 | 외교 | 사회 |
|---|---|---|
| 율령을 반포하였어요. | 전진에 사신을 파견하여 교류하였어요. | 태학을 설립하여 인재를 양성하였어요. |

① 승려 순도를 통해 불교를 수용하였다.
② 낙랑군을 축출하여 영토를 확장하였다.
③ 영락이라는 독자적인 연호를 사용하였다.
④ 을지문덕이 살수에서 수의 군대를 물리쳤다.
⑤ 이문진이 유기를 간추린 신집 5권을 편찬하였다.

**2** 밑줄 그은 '왕'에 대한 설명으로 옳은 것은? [2점]

심화 66회 04번

○ 기해년에 백제가 맹세를 어기고 왜와 화통하였다. 왕이 순행하여 평양으로 내려갔는데, 신라에서 사신을 보내어 아뢰기를, "왜인이 국경에 가득 차 성지(城池)를 파괴하고 있습니다. …… 귀부하여 명을 받고자 합니다."라고 하였다.

○ 경자년에 왕이 보병과 기병 5만 명을 보내서 신라를 구원하게 하였다. 군대가 남거성을 거쳐 신라성에 이르니 왜적이 많았다. 군대가 도착하자 왜적이 퇴각하였다.

① 대가야를 병합하였다.
② 평양으로 도읍을 옮겼다.
③ 22담로에 왕족을 파견하였다.
④ 영락이라는 연호를 사용하였다.
⑤ 낙랑군을 몰아내고 영토를 확장하였다.

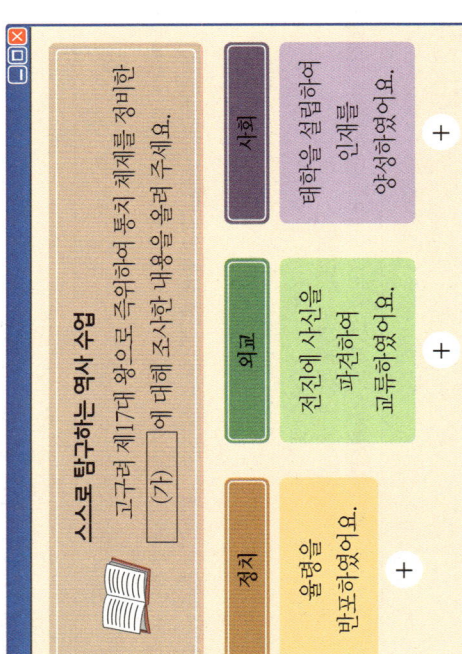

### 1 고구려 소수림왕 재위 시기의 사실 — 정답 ①

**정답 찾기** 고구려의 왕이며, 율령을 반포하고 태학을 설립하였다는 내용을 통해 (가) 왕이 소수림왕임을 알 수 있어요. 소수림왕은 고국원왕이 전사한 위기 상황 속에서 즉위하였으며, 국가의 위기를 극복하기 위한 여러 정책을 추진하였어요. 율령을 반포하여 통치 체제를 정비하였으며, 인재 양성을 위해 태학을 설립하였어요. 또한, 당시 중국의 패권을 차지한 전진에 사신을 파견하고 우호적인 관계를 맺는 등 대외 관계를 안정시키기 위해 노력하였어요. ① 소수림왕은 전진에서 온 승려 순도를 통해 불교를 수용하였어요.

**오답 피하기**
② 고구려 미천왕은 낙랑군과 대방군을 축출하여 영토를 확장하였어요.
③ 고구려 광개토 태왕은 '영락'이라는 독자적인 연호를 사용하였어요.
④ 고구려 영양왕 때 을지문덕이 이끄는 고구려군이 살수에서 우중문이 이끄는 수의 별동대를 크게 물리쳤어요.
⑤ 고구려 영양왕 때 이문진이 왕명을 받아 역사서 "유기"를 간추린 "신집" 5권을 편찬하였어요.

### 2 고구려 광개토 태왕의 업적 — 정답 ④

**정답 찾기** 신라에서 사신을 보내 국경에 왜인이 가득 차 있다고 아뢰었으며 왕이 보병과 기병 5만 명을 보내 신라를 구원하게 하였다는 내용을 통해 밑줄 그은 '왕'이 고구려 광개토 태왕임을 알 수 있어요. 신라 내물 마립간은 왜의 침입으로 어려움에 처하자 고구려 광개토 태왕에게 군사 지원을 요청하였어요. 이에 광개토 태왕은 군사를 보내 신라에 침입한 왜를 격퇴하고 한반도 남부 지역까지 영향력을 확대하였어요. ④ 광개토 태왕은 '영락'이라는 독자적인 연호를 사용하였어요.

**오답 피하기**
① 신라 진흥왕은 고령의 대가야를 병합하여 영토를 확장하였어요.
② 고구려 장수왕은 국내성에서 평양으로 도읍을 옮기고 본격적으로 남진 정책을 추진하였어요.
③ 백제 무령왕은 지방 통제를 강화하기 위해 22담로에 왕족을 파견하였어요.
⑤ 고구려 미천왕은 낙랑군과 대방군을 몰아내고 영토를 확장하였어요.

## 3 다음 검색창에 들어갈 왕에 대한 설명으로 옳은 것은? [2점]

심화 60회 05번

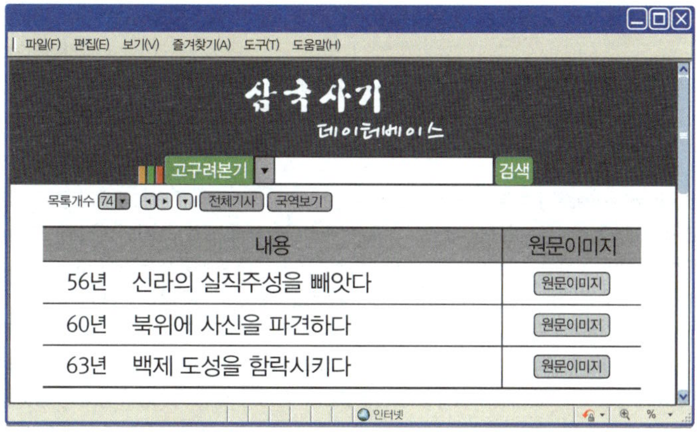


① 도읍을 국내성에서 평양으로 옮겼다.
② 낙랑군을 몰아내고 영토를 확장하였다.
③ 을파소의 건의로 진대법을 실시하였다.
④ 영락이라는 독자적 연호를 사용하였다.
⑤ 전진의 순도를 통해 불교를 수용하였다.

## 4 다음 자료에 나타난 상황 이후에 있었던 사실로 옳은 것은? [3점]

심화 75회 07번

> 당(唐)이 광주사마 장손사를 보내 수(隋) 병사의 해골을 묻은 곳에 와서 제사를 지내고, 당시에 [고구려가] 세운 경관(京觀)*을 허물었다. 봄 2월에 왕이 많은 사람을 동원하여 동북의 부여성에서 동남의 바다에 이르기까지 천 리 남짓에 걸쳐 장성을 쌓았다.
>
> - "삼국사기" -
>
> * 경관 : 승전을 기념하기 위해 적의 유해를 한곳에 모아 만든 무덤

① 을지문덕이 살수에서 대승을 거두었다.
② 고구려가 신라에 침입한 왜를 물리쳤다.
③ 김무력이 관산성에서 백제군을 격파하였다.
④ 연개소문이 정변을 일으켜 권력을 장악하였다.
⑤ 백제가 평양성을 공격하여 고구려 왕이 전사하였다.

### 3 고구려 장수왕의 활동 정답 ①

**정답 찾기** 북위에 사신을 파견하고, 백제의 도성을 함락하였다는 내용을 통해 검색창에 들어갈 왕이 고구려 장수왕임을 알 수 있어요. 장수왕은 중국이 남북조로 분열된 틈을 이용해 남조와 북조 모두와 외교 관계를 맺으며 중국과의 관계에서 안정을 꾀하였어요. 또한, ① 장수왕은 427년에 국내성에서 대동강 유역의 평양으로 도읍을 옮긴 후 본격적으로 남진 정책을 추진하였으며, 475년에 백제를 공격하여 도읍 한성을 함락하였어요.

**오답 피하기**
② 고구려 미천왕은 낙랑군을 몰아내고 영토를 확장하였어요.
③ 고구려 고국천왕은 을파소의 건의를 수용하여 구휼 제도인 진대법을 실시하였어요.
④ 고구려 광개토 태왕은 '영락'이라는 독자적 연호를 사용하였어요.
⑤ 고구려 소수림왕은 전진에서 온 승려 순도를 통해 불교를 받아들였어요.

### 4 천리장성 축조 이후의 사실 정답 ④

**정답 찾기** 당이 사람을 보내 고구려가 승전을 기념하기 위해 수 병사의 유해를 모아 만든 경관을 허물었으며, 고구려 왕이 동북의 부여성에서 동남의 바다까지 천 리에 걸쳐 장성을 쌓았다는 내용을 통해 고구려가 천리장성을 쌓기 시작한 7세기 중반의 상황임을 알 수 있어요. 6세기 후반 중국을 통일한 수는 여러 차례 고구려를 공격하였어요. 고구려는 수의 공격을 막아 냈고, 이 과정에서 국력이 쇠퇴한 수가 멸망하고 이어 당이 세워졌어요. 당의 사신이 고구려에 와서, 수와의 전쟁에서 승리한 것을 기념하기 위해 세운 경관을 헐어버리자 고구려는 당의 침략을 예상하고 영류왕 때인 631년부터 부여성에서 비사성에 이르는 천리장성을 축조하였어요. ④ 642년 천리장성 공사의 감독을 맡은 연개소문이 영류왕을 시해하고 보장왕을 왕위에 올리는 정변을 일으켜 정권을 장악하였어요.

**오답 피하기**
① 고구려의 장수 을지문덕은 612년에 살수에서 수의 대군을 격퇴하였어요.
② 고구려 광개토 태왕은 400년에 군대를 파견하여 신라에 침입한 왜를 물리쳤어요.
③ 신라의 장수 김무력은 554년에 관산성 전투에서 성왕을 전사시키고 백제군을 격파하였어요.
⑤ 백제 근초고왕은 371년에 고구려의 평양성을 공격하여 고국원왕을 전사시켰어요.

# 04강 고대(고구려, 가야)



**5** (가), (나) 사이의 시기에 있었던 사실로 옳은 것은? [3점]

심화 73회 02번

> (가) 연개소문은 왕의 조카인 장을 왕으로 세우고 스스로 막리지가 되었다. 그 관직은 당의 병부상서 겸 중서령의 직임과 같다.
>
> (나) 검모잠은 남은 백성을 모아 궁모성에서 패강 남쪽으로 내려와 당나라 관인 및 승려 법안 등을 죽이고 신라로 향하였다. 사야도에 이르러 고구려 대신 연정토의 아들 안승을 알현하고, 한성으로 모셔와 임금으로 받들었다.

① 을지문덕이 살수에서 대승을 거두었다.
② 사찬 시득이 기벌포에서 당군을 격파하였다.
③ 관구검이 이끄는 군대가 환도성을 함락하였다.
④ 김춘추가 당으로 건너가 군사 동맹을 체결하였다.
⑤ 장문휴가 자사 위준이 관할하는 당의 등주를 공격하였다.

**5 삼국 통일 과정** 정답 ④

정답 찾기 (가)는 연개소문이 왕의 조카를 왕으로 세우고 스스로 막리지가 되었다는 내용을 통해 642년에 연개소문이 정변을 일으킨 상황임을 알 수 있어요. 연개소문은 영류왕을 시해하고 그 조카를 왕(보장왕)으로 세운 뒤 스스로 대막리지가 되어 권력을 장악하였어요. (나)는 검모잠이 안승을 알현하고 한성으로 모셔와 임금으로 받들었다는 내용을 통해 고구려 멸망 이후 부흥 운동이 전개되는 상황임을 알 수 있어요. 고구려는 668년에 나·당 연합군의 공격으로 평양성이 함락되면서 멸망하였어요. 고구려 멸망 이후 검모잠은 한성(지금의 황해도 재령)에서 안승을 왕으로 추대(670)하고 고구려 부흥 운동을 벌였어요. 이후 안승은 검모잠과 갈등이 생기자 그를 제거한 후 신라에 투항하여 보덕국의 왕으로 임명되었어요(674). ④ 신라의 김춘추는 백제를 견제하기 위해 고구려와의 동맹을 시도하였으나 실패하자 648년에 당으로 건너가 나·당 동맹을 체결하였어요.

오답 피하기
① 612년에 을지문덕이 이끄는 고구려군이 살수에서 수의 군대를 크게 물리쳤어요.
② 나·당 전쟁이 치러지는 과정에서 676년에 신라의 사찬 시득이 기벌포에서 설인귀가 이끄는 당군을 격파하였어요.
③ 고구려는 3세기 중반 동천왕 때 위의 장수 관구검이 이끄는 군대의 공격을 받아 환도성이 함락되었어요.
⑤ 발해 무왕은 732년에 장문휴를 보내 자사 위준이 관할하는 당의 등주를 공격하였어요.

**6** (가) 나라에 대한 설명으로 옳은 것은? [1점]

심화 71회 03번

> 특별 기획 큐레이터와의 대화
>
> **유물을 통해 본 (가) 의 대외 교류**
>
> 우리 박물관에서는 수로왕이 건국했다고 전해지는 (가) 의 유물을 큐레이터가 직접 설명하는 행사를 마련하였습니다. 이번 행사를 통해 (가) 의 활발했던 대외 교류에 대해서 알아보는 뜻깊은 시간을 가져 보시기 바랍니다.
>
> ■ 주요 해설 유물
>
> | 중국과 교류를 보여 주는 금동허리띠 | 왜와 교류를 보여 주는 바람개비모양 동기 | 북방과 교류를 보여 주는 청동솥 |
> |---|---|---|
> |  |  |  |
>
> ■ 기간 : 2024년 ○○월 ○○일 ~ ○○월 ○○일
> ■ 장소 : △△ 박물관

① 법흥왕 때 신라에 복속되었다.
② 서옥제라는 혼인 풍습이 있었다.
③ 6좌평이 중요한 국사를 논의하였다.
④ 만장일치제로 운영된 화백 회의가 있었다.
⑤ 지방에 22담로를 두어 왕족을 파견하였다.

**6 금관가야** 정답 ①

정답 찾기 수로왕이 건국하였다는 내용을 통해 (가) 나라가 금관가야임을 알 수 있어요. 금관가야는 지금의 김해 지역을 중심으로 발전하여 전기 가야 연맹을 이끌었어요. 금관가야는 고구려 광개토 태왕이 신라에 침입한 왜를 격퇴하는 과정에서 공격을 받아 쇠퇴하였고, ① 법흥왕 때인 532년에 신라에 복속되었어요.

오답 피하기
② 고구려에는 혼인 후 신랑이 신부의 집 뒤편에 지어 놓은 서옥이라는 집에서 살다가 자식이 장성하면 가족과 함께 자신의 집으로 돌아가는 서옥제라는 혼인 풍습이 있었어요.
③ 백제는 내신좌평, 위사좌평 등 6좌평의 관제를 정비하였는데, 이들이 국가의 중대사를 논의하였어요.
④ 신라에는 귀족들이 모여 만장일치로 중요한 정책을 결정하는 화백 회의가 있었어요.
⑤ 백제의 무령왕은 지방 통제를 강화하기 위해 22담로에 왕족을 파견하였어요.

**7** 심화 68회 07번

(가) 나라에 대한 설명으로 옳은 것은? [2점]

(가) 의 대표적 생활 유적지인 봉황대가 회현리 패총과 합쳐져 김해 봉황동 유적으로 확대 지정되었습니다. 이 유적은 김수로왕에 의해 건국되었다고 전해진 (가) 의 초기 모습을 추정해 볼 수 있는 귀중한 문화유산입니다.
김해 봉황동 유적, 사적으로 확대 지정

① 집사부를 비롯한 14부를 두었다.
② 집집마다 부경이라는 창고가 있었다.
③ 대가들이 사자, 조의, 선인을 거느렸다.
④ 철이 많이 생산되어 낙랑, 왜 등에 수출하였다.
⑤ 왕족인 부여씨와 8성의 귀족이 지배층을 이루었다.

**7 금관가야** 정답 ④

정답 찾기 김수로왕에 의해 건국되었다고 전해지며 김해 지역에 유적이 있다는 내용을 통해 (가) 나라가 금관가야임을 알 수 있어요. 전기 가야 연맹의 맹주였던 금관가야는 지금의 김해 지역에서 성장하였으며, 우수한 제철 기술과 해상 활동에 유리한 입지 조건을 바탕으로 낙랑과 왜를 연결하는 중계 무역으로 번성하였어요. 그러나 고구려 광개토 태왕이 보낸 고구려군의 공격을 받아 쇠퇴하였어요. 이후 가야 연맹은 대가야를 중심으로 재편되었고, 금관가야는 532년 법흥왕 때 신라에 복속되었어요. ④ 금관가야는 철이 풍부하게 생산되어 낙랑, 왜 등에 수출하였으며, 덩이쇠를 화폐처럼 사용하였어요.

오답 피하기
① 신라는 집사부, 위화부, 병부 등 14부의 중앙 부서를 운영하였어요.
② 고구려에는 집집마다 부경이라는 작은 창고가 있었어요.
③ 고구려에서는 대가들이 사자, 조의, 선인 등의 관리를 거느렸어요.
⑤ 백제에서는 왕족인 부여씨와 8성의 귀족이 지배층을 이루었어요.

**8** 심화 75회 04번

(가) 나라에 대한 설명으로 옳은 것은? [2점]

국가유산청은 (가) 의 중심지였던 경상북도 고령군을 한국의 다섯 번째 고도로 지정하였습니다. 고령에는 궁성지, 지산동 고분군, 방어성인 주산성 등 (가) 의 문화유산들이 보존되어 있어 이와 같이 지정되었습니다.
경북 고령군, 다섯 번째 고도(古都)로 지정

① 신라 진흥왕에 의해 복속되었다.
② 광평성 등의 정치 기구를 마련하였다.
③ 화백 회의를 통해 국정을 운영하였다.
④ 대가들이 사자, 조의, 선인을 거느렸다.
⑤ 박, 석, 김의 3성이 교대로 왕위를 계승하였다.

**8 대가야** 정답 ①

정답 찾기 경상북도 고령군이 중심지이며 지산동 고분군이 문화유산으로 보존되어 있다는 내용을 통해 (가) 나라가 대가야임을 알 수 있어요. 대가야는 김수로왕의 형제인 이진아시왕이 건국하였다고 전해집니다. 전기 가야 연맹을 주도한 금관가야가 고구려 군대의 공격을 받아 쇠퇴하였고, 이후 고령 지역의 대가야가 성장하여 후기 가야 연맹을 주도하였어요. ① 신라 진흥왕 때인 562년에 대가야가 신라에 복속되면서 가야 연맹도 해체되었어요.

오답 피하기
② 후고구려를 건국한 궁예는 국호를 '마진'으로 바꾼 후 광평성을 비롯한 여러 정치 기구를 마련하여 중앙 정치 조직을 정비하였어요.
③ 신라는 귀족 회의인 화백 회의를 통해 국가의 중대사를 논의하였어요.
④ 고구려에서는 대가들이 사자, 조의, 선인 등의 관리를 거느렸어요.
⑤ 신라 초기에는 박, 석, 김의 3성이 교대로 왕위를 계승하였고, 내물 마립간 때 김씨의 독점적인 왕위 세습이 확립되었어요.

# 04강 고대(고구려, 가야)

**Ready go**
이번 강 별 채우기 제한 시간은 **2분 40초**
한 문장을 끝까지 또박또박 읽어야 패스!

기출 선택지로 별 채우기
**한국사를 채우다**

**01** 고구려는 태조왕 때 ★저를 정복하고 동해안으로 진출하였다.

**02** 고구려 고★★왕은 부족적 성격의 5부를 행정적 성격의 5부로 개편하였다.

**03** 고구려 고국천왕은 빈민을 구제하기 위해 ★★법을 실시하였다.

**04** 고구려 동천왕 때 위의 장수 관★★이 이끄는 군대의 공격을 받았다.

**05** 고구려 ★천왕은 서안평을 공격하여 점령하였다.

**06** 고구려 미천왕은 낙★군과 대방군을 축출하여 영토를 확장하였다.

**07** 고구려 소수림왕은 ★학을 설립하고 율★을 반포하였다.

**08** 고구려 광개토 태왕은 '★락'이라는 독자적인 연호를 사용하였다.

**09** 고구려는 ★★★ ★왕 때 후연을 공격하고 요동 땅을 차지하였다.

**10** 고구려 광개토 태왕은 신라에 군대를 파견하여 신라에 침입한 ★를 격퇴하였다.

**11** ★★총 청동 그릇은 5세기에 신라와 고구려가 밀접한 관계였음을 보여 준다.

**12** 고구려 장수왕은 국내성에서 ★★으로 천도하고 남진 정책을 본격화하였다.

**13** 고구려 장수왕은 백제의 도읍 ★성을 공격하여 개로왕을 전사시켰다.

**14** 고구려 ★★왕은 중국의 남북조 사이에서 균형 외교를 펼쳤다.

**15** 고구려 장수왕은 아버지 ★★★ 태왕의 업적을 기리기 위해 ★★★ 태왕릉비를 세웠다.

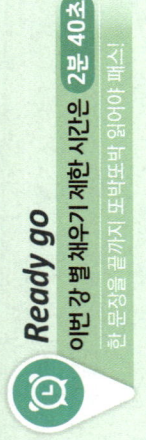

**16** 충주 고구려비는 고구려가 ★강 이남 지역까지 진출하였음을 보여 준다.

**17** 을지문덕이 이끄는 고구려군이 ★의 군대를 살수에서 크게 물리쳤다.

**18** 고구려는 당의 침입에 대비하여 국경 지역에 ★★장성을 축조하였다.

**19** 고구려 영류왕 때 연★★★이 정변을 일으켜 권력을 장악하였다.

**20** 고구려는 당 태종의 침입으로 요동성, 백암성이 함락되는 위기를 맞았지만 ★시성에서 당의 군대를 물리쳤다.

**21** 고구려는 ★·★ 연합군에 의해 평양성이 함락되어 멸망하였다.

**22** 고구려의 장수 검모잠은 ★승을 왕으로 받들고 나라를 다시 세우기 위한 부흥 운동을 일으켰다.

**23** 고구려 안승은 신라에 의해 ★★국 왕으로 임명되었다.

**24** 김수로왕이 김해 지역에 건국한 ★★가야는 전기 가야 연맹을 주도하였다.

**25** 금관가야는 ★이 풍부하고 덩이쇠를 화폐처럼 사용하였다.

**26** 금관가야는 낙랑과 왜를 연결하는 ★★ 무역으로 번성하였다.

**27** 고구려 광개토 태왕의 공격으로 피해를 입은 가야 연맹이 고령 지역의 ★가야를 중심으로 재편되었다.

**28** 금관가야는 신라 ★★왕 때 신라에 병합되었다.

**29** 대가야는 신라 ★★왕 때 신라에 복속되었다.

정답

**01** 옥 **02** 국천 **03** 진대 **04** 구검 **05** 미 **06** 랑 **07** 태, 령 **08** 영 **09** 광개토 태 **10** 왜 **11** 호우 **12** 평양 **13** 한 **14** 장수 **15** 광개토, 광개토 **16** 한 **17** 수 **18** 천리 **19** 개소문 **20** 안 **21** 나, 당 **22** 안 **23** 보덕 **24** 금관 **25** 철 **26** 중계 **27** 대 **28** 법흥 **29** 진흥

# 05강 고대(백제, 신라)

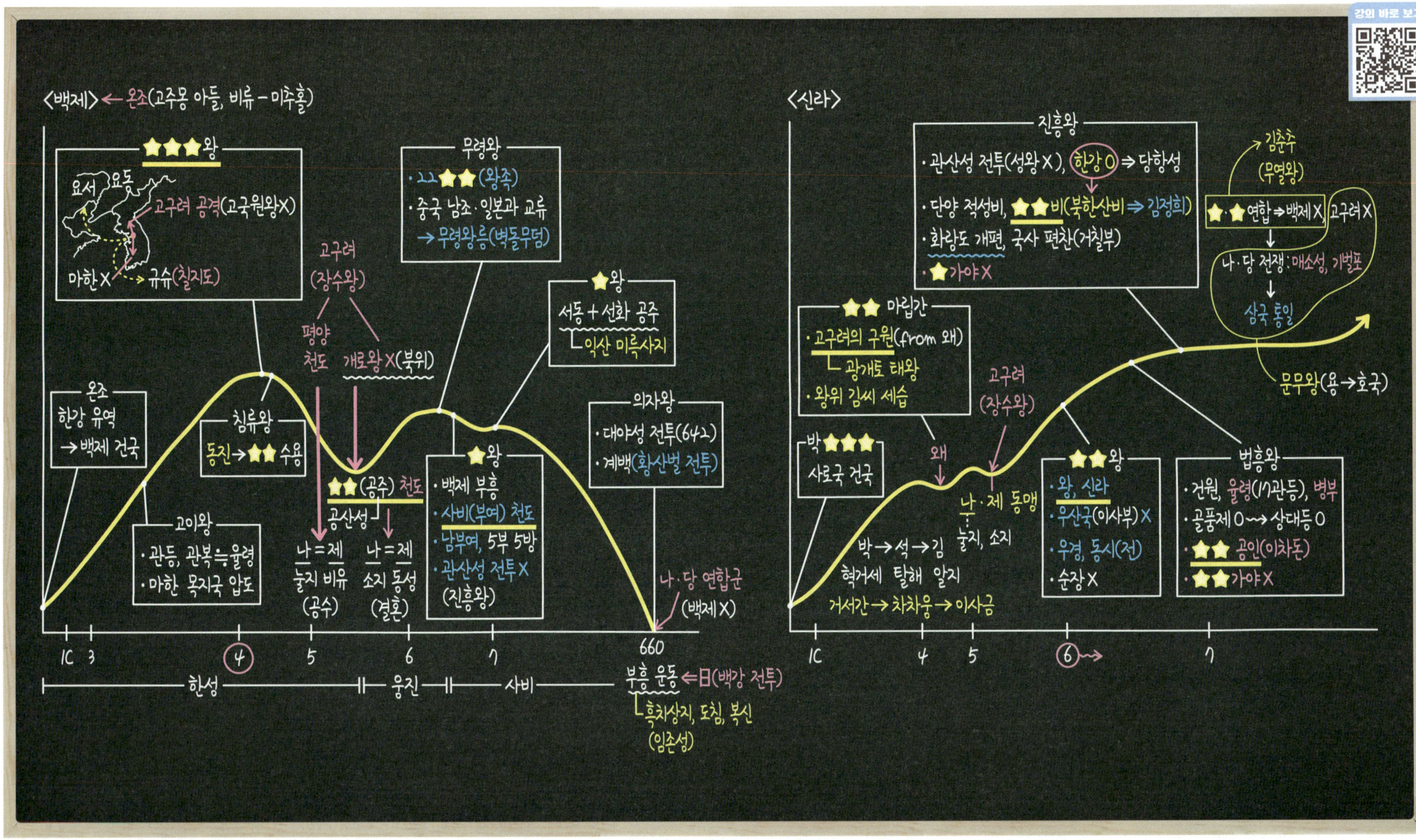


★정답 근초고, 불교, 웅진, 담로, 성, 무, 혁거세, 내물, 지증, 불교, 금관, 순수, 대, 나, 당

→ 나만의 약점 단권화 노트 8쪽에서 완성 판서를 확인하세요.

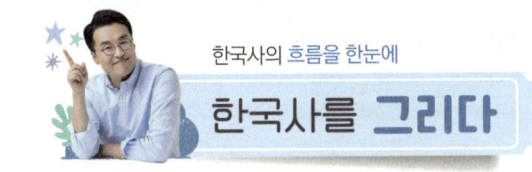

# 05강 고대(백제, 신라)

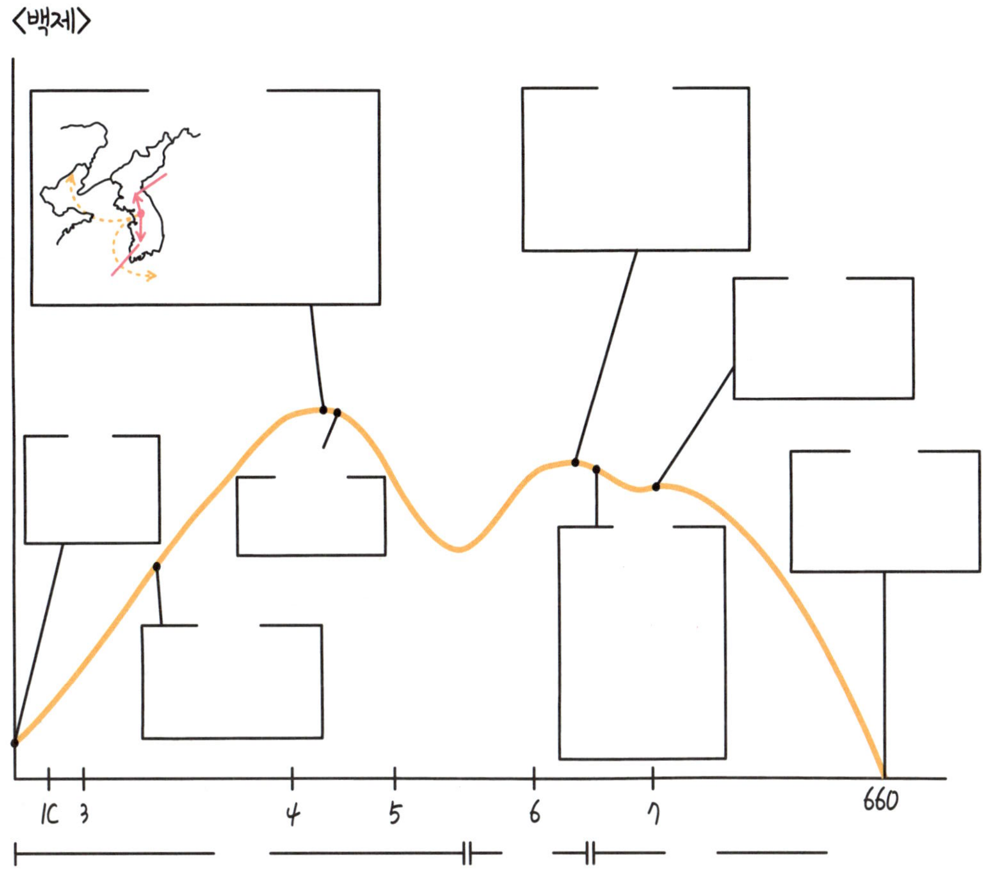


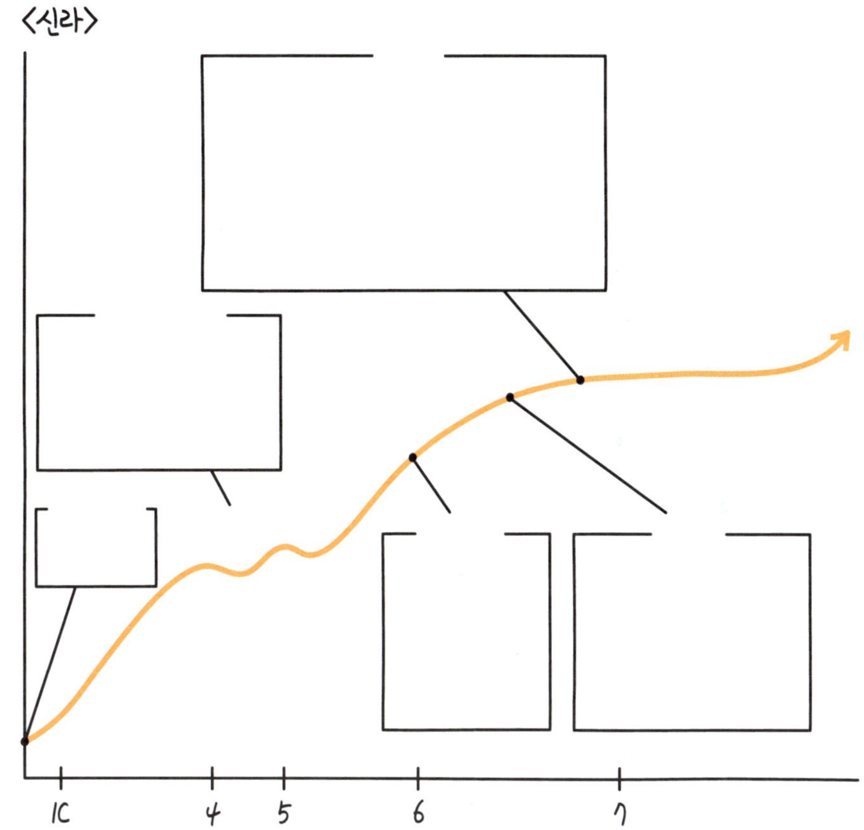

# 05강 고대(백제, 신라)



### 백제 고이왕의 중앙 집권 체제 정비

고이왕은 왕을 정점으로 한 위계질서를 확립하기 위해 관등제와 관복제를 제정하였어요. 왕 아래 6좌평을 비롯한 16등급의 관리를 두어 행정을 담당하게 하였고, 관리들 간의 등급 차이를 옷으로 구분하는 관복제(자색·비색·청색)를 제정하였습니다.

> 고이왕 27년(260), 내신좌평을 두어 왕명 출납을, 내두좌평은 물자와 창고를, 내법좌평은 예법과 의식을, 위사좌평은 숙위 병사를, 조정좌평은 형벌과 송사를, 병관좌평은 지방의 군사에 관한 일을 각각 맡게 하였다. …… 왕이 영을 내려 6품 이상은 자줏빛 복장을 입고 은꽃으로 관을 장식하고, 11품 이상은 붉은 복장을, 16품 이상은 푸른 복장을 입게 하였다. …… 고이왕 29년(262), 정월에 영을 내려, 무릇 관인으로서 재물을 받은 자와 도적질한 자는 장물의 3배를 징수하고, 종신 금고하게 하였다. - "삼국사기" -

### 백제의 전성기(4세기)

한강 유역에서 건국된 백제는 4세기 근초고왕 때 전성기를 맞았어요. 근초고왕 때 백제는 마한을 정복하고 고구려를 공격하여 황해도 지역까지 영토를 확장하였어요. 근초고왕은 평양성을 공격하여 고국원왕을 전사시켰으며, 중국의 동진과 외교 관계를 맺고 일본의 규수 지방과 활발히 교류하였습니다.

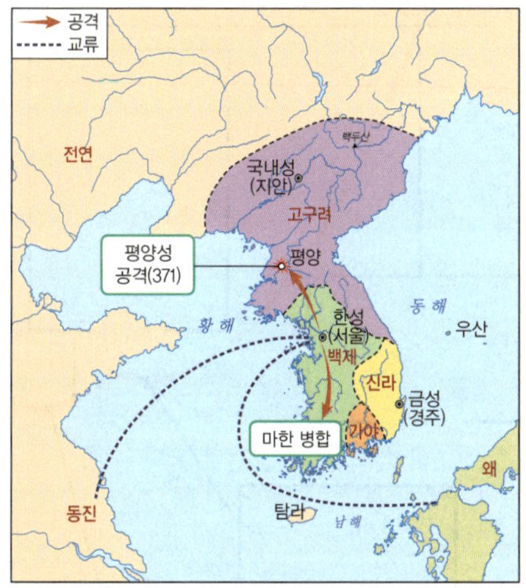


> - 근초고왕 24년(369), 왕이 강진, 보성, 나주(전라남도 남부 지방) 등 여러 지역을 공격하였다. 이로써 마한이 완전히 멸망하였다. - "일본서기" -
> - 근초고왕 26년(371), 고구려가 군사를 일으켜 오자 왕이 패하(浿河 : 예성강)에 군사를 매복시켜 공격하니 고구려군이 패하였다. 그해 겨울 왕이 태자와 함께 정병 3만을 거느리고 고구려에 침입하여 평양성을 공격하였다. 고구려 왕(사유, 고국원왕)이 이를 막으려다가 활에 맞아 죽었다. - "삼국사기" -

### 칠지도

칼의 좌우로 3개씩의 칼날이 가지처럼 뻗어 있는 모양의 철제 칼이에요. 백제에서 만들어 왜에 보낸 것으로, 당시 백제와 왜의 관계를 짐작할 수 있게 해 주는 유물입니다. 현재 일본 국보로 지정되어 일본에 있어요.

### 백제 개로왕이 북위에 보낸 국서

427년에 고구려의 장수왕이 평양으로 도읍을 옮기자 백제는 큰 위협을 느꼈어요. 이에 대항하여 백제는 왜, 가야, 신라 등과 우호 관계를 형성하고, 중국과의 외교도 강화하였어요. 개로왕 때 북위에 사신과 원병을 요청하는 국서를 보내기도 하였으나 실패하였습니다. 결국 고구려의 침입으로 수도 한성이 함락되고 개로왕은 살해되었어요(475). 이후 개로왕의 아들 문주왕이 즉위하여 웅진(공주)으로 수도를 옮겼습니다.

> 왕(개로왕)이 북위에 사신을 보내 말하였다. "우리나라는 고구려와 더불어 근원이 부여에서 나왔다. 전에는 고구려가 옛 우의를 굳게 지키더니, 점차 …… 백제를 압박하고 외교를 방해하였다. 이로 인해 위례성이 함락될 위험에 처하였다." - "삼국사기" -

### 백제의 수도 변천

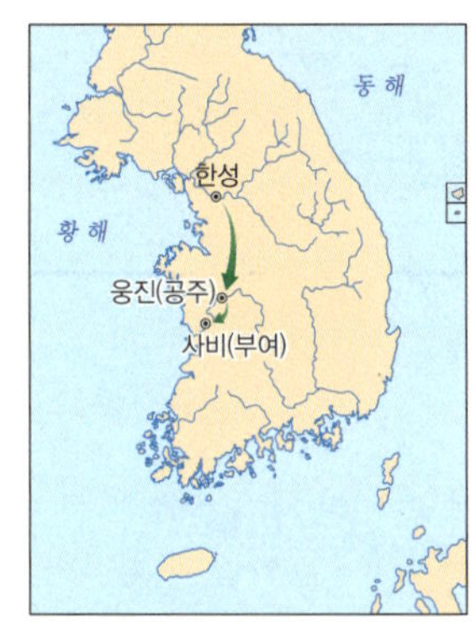


백제는 한성 시기에 한강 유역을 발판으로 빠르게 성장하였으며, 활발한 정복 활동을 전개하고 대외 교류를 확대하였어요. 그러나 고구려 장수왕의 남진 정책으로 한성을 빼앗기고 웅진으로 도읍을 옮기게 되었어요(475). 이후 성왕 때 대외 진출에 유리한 사비(부여)로 도읍을 옮기고 국호를 '남부여'라고 하였어요(538).

### 용어 사전

**온조**
백제의 시조로, 고구려를 세운 주몽의 아들이에요. 주몽이 부여에서 낳은 아들에게 왕위를 물려주기로 하자, 온조는 남쪽으로 내려와 백제를 건국하였어요.

**나·제 동맹**
신라와 백제의 동맹 관계를 말해요. 신라의 '라', 백제의 '제'를 따서 나·제 동맹이라고 합니다. 신라가 삼국을 통일할 때 중국의 당과 연합한 것도 같은 방식으로 나·당 연합이라고 합니다.

**22담로**
담로는 백제의 지방 행정 구역이에요. 무령왕은 지방 통제를 강화하기 위해 전국 22개의 담로에 왕족을 보내 다스리게 하였어요.

**지석**
무덤을 만들 때 죽은 사람의 인적 사항이나 무덤의 소재를 기록하여 함께 묻은 판석이에요. 무령왕릉에서는 무덤의 주인이 무령왕임을 확실하게 보여 주는 지석이 함께 발견되었어요.

## 백제 성왕의 관산성 전투

백제의 중흥을 이끌었던 성왕은 신라와 연합하여 고구려로부터 한강 하류 지역을 되찾았어요(551). 그러나 신라 진흥왕의 기습 공격을 받아 다시 이 지역을 빼앗겼습니다. 이로써 120여 년간 지속되었던 나·제 동맹이 파기되고, 신라와 백제는 대립하게 되었습니다. 백제는 대가야와 연합하여 신라를 공격하였는데, 관산성(충북 옥천) 전투에서 성왕과 백제군 3만여 명이 전사하는 큰 피해를 입었어요(554).

- 성왕 32년(554) 7월 왕이 신라를 습격하기 위하여 친히 보병과 기병 50명을 거느리고 밤에 구천(충북 옥천 부근)에 이르렀다. 신라의 복병이 나타나 싸우다가 왕이 난병들에게 살해되었다. 시호를 성(聖)이라 하였다. - "삼국사기" 백제본기 -
- 진흥왕 15년(554) 백제 왕 명농(성왕)이 관산성(충북 옥천)을 공격하였다. …… 신주(新州)의 군주 김무력이 주의 군사를 이끌고 와서 교전하였는데, 비장인 삼년산군(충북 보은)의 고간 도도가 급히 쳐서 백제 왕을 죽였다. 백제의 좌평 4명과 병사 2만 9천6백 명을 베어 죽였다. - "삼국사기" 신라본기 -

## 백제의 멸망

백제의 마지막 왕인 의자왕은 신라를 공격하여 40여 개의 성과 전략적 요충지인 대야성을 빼앗아 영토를 확장하고 백제 부흥을 위해 힘썼습니다(642). 그러나 지배층의 분열로 정치가 혼란한 가운데 660년 신라와 당의 연합군이 백제를 공격해 오자, 의자왕은 계백이 이끄는 결사대를 보내 항전하였지만 패하였습니다(황산벌 전투). 이후 수도인 사비성이 함락되고 의자왕이 항복하면서 백제는 멸망하였습니다.

- 의자왕이 장군 윤충을 보내 군사 1만 명을 거느리고 신라의 대야성을 공격하게 하였다. 성주 품석이 처자를 데리고 나와 항복하자 윤충이 그들을 모두 죽이고 품석의 목을 베어 왕도(王都)에 보냈다. - "삼국사기" -
- 의자왕은 또한 당나라와 신라 군사들이 이미 백강과 탄현을 지났다는 소식을 듣고 장군 계백을 시켜 결사대 5천 명을 거느리고 황산으로 가서 신라 군사와 싸우게 하였는데, 4번 싸워서 모두 이겼으나 군사가 적고 힘이 모자라서 마침내 패하고 계백이 사망하였다. - "삼국사기" -

## 용어 사전

**박혁거세**
신라의 시조입니다. 사로국을 건국하고 거서간이라고 불렸어요. 사로국은 진한 지역의 소국 가운데 하나였는데, 이 사로국이 성장하여 주변 나라를 통합하면서 신라로 발전해 갔어요. '신라'라는 국호는 지증왕 때부터 사용되었어요.

**신라의 왕호 변천 과정**
신라의 왕호는 '거서간 - 차차웅 - 이사금 - 마립간 - 왕'의 순으로 변하였어요. 거서간은 왕·귀인을 의미하고, 차차웅은 무당이라는 뜻이었어요. 그리고 이사금은 연장자를 뜻하는 말에서 유래되었어요. 마립간은 마리·마루 등과 같은 어원을 가지고 있는데, 이는 꼭대기, 우두머리라는 뜻이에요.

**우산국**
지금의 울릉도에 있었던 고대의 작은 나라예요. 신라 지증왕 때 이사부에 의해 신라에 복속되었어요.

## 백제 부흥 운동

사비성이 함락된 이후 흑치상지는 임존성을 거점으로 부흥 운동을 일으켰고, 복신과 도침은 주류성에서 왜에 있는 의자왕의 아들 부여풍을 왕으로 추대하여 백제의 부흥을 도모하였어요. 백제 부흥군은 임존성에서 소정방이 이끄는 당군을 격퇴하기도 하였습니다. 그러나 지도층의 분열로 세력이 약화되었고, 백제 부흥군을 돕기 위해 파견된 왜의 수군과 백제 부흥군이 백강 전투에서 나·당 연합군에게 패하면서 백제 부흥 운동은 실패하였습니다.

- 흑치상지가 좌우의 10여 명과 함께 [적을] 피해 본부로 돌아가 흩어진 자들을 모아 임존산(任存山)을 지켰다. 목책을 쌓고 굳게 지키니 열흘 만에 귀부한 자가 3만여 명이었다. 소정방이 병사를 보내 공격하였는데, 흑치상지가 죽음을 두려워하지 않고 막아 싸우니 그 군대가 패하였다. 흑치상지가 본국의 2백여 성을 수복하니 소정방이 토벌할 수 없어서 돌아갔다. - "구당서" 흑치상지 열전 -
- 손인사, 유인원과 신라왕 김법민은 육군을 거느려 나아가고, 유인궤와 별수(別帥) 두상과 부여융은 수군과 군량을 실은 배를 거느리고 웅진강에서 백강으로 가서 육군과 합세하여 주류성으로 갔다. 백강 어귀에서 왜국 군사를 만나 네 번 싸워서 모두 이기고 그들의 배 4백 척을 불사르니 연기와 불꽃이 하늘로 오르고 바닷물은 붉은 빛을 띠었다. - "삼국사기" -

## 신라 지증왕의 업적

지증왕은 국호를 '신라'로 정하고, 왕호를 마립간에서 '왕'으로 바꾸었어요. 수도와 지방의 행정 구역을 정비하고 지방관(군주)을 파견하였으며, 이사부를 보내 우산국을 정벌하였어요. 또 순장을 금지하고 우경을 장려하였어요.

- 여러 신하들이 아뢰기를, "신들의 생각으로는 신(新)은 '덕업이 날로 새로워진다.'는 뜻이고, 라(羅)는 '사방(四方)을 망라한다.'는 뜻이므로 이를 나라 이름으로 삼는 것이 마땅하다고 여겨집니다." …… 여러 신하가 한마음으로 삼가 '신라 국왕(新羅國王)'이라는 칭호를 올리옵니다."라고 하니 왕이 이에 따랐다. - "삼국사기" -
- 왕이 몸소 나라 안의 주·군·현을 정하였다. 실직주를 설치하고 이사부를 군주(軍主)로 삼았다. 군주의 명칭이 이로부터 시작되었다. - "삼국사기" -
- 13년 6월에 우산국이 항복하여 해마다 토산물을 바쳤다. 우산국은 명주의 정동쪽 바다에 있는 섬으로 울릉도라고도 하였다. - "삼국사기" -

# 05강 고대(백제, 신라)

낯선 용어와 자료 돋보기

한국사를 보다

## 신라 법흥왕의 체제 정비

법흥왕은 병부를 설치하였으며, 율령을 반포하고 관리의 공복을 제정하는 등 체제 정비를 위해 노력하였어요. 또한, 상대등을 설치하여 국정을 총괄하는 재상의 역할을 부여하였고, '건원'이라는 연호를 사용하였습니다.

- 4년 여름에 처음으로 병부를 설치하였다.
- 7년 봄 정월에 율령을 반포하고, 처음으로 모든 관리의 공복(公服)을 제정하였다. 붉은빛과 자줏빛으로 위계를 표시하였다.
- 18년 4월에 이찬 철부를 상대등으로 삼아 나라의 일을 총괄하게 하였다. 상대등의 관직은 이때 처음으로 생겼는데, 지금의 재상과 같다.
- 23년 처음으로 연호를 정하여 건원이라 하였다. - "삼국사기" -

## 신라의 불교 수용

신라는 법흥왕 때 삼국 중 가장 늦게 불교를 공인하였습니다. 불교가 받아들여지는 과정에서 전해지는 이야기가 이차돈의 순교예요. 이를 기리기 위해 세워진 이차돈 순교비에는 이차돈이 순교하던 순간의 모습이 조각되어 있어요.

불법을 처음으로 행하였다. …… 이때에 이르러 왕이 불교를 일으키려 하였으나 여러 신하들이 믿지 않고 불평을 많이 하였으므로 근심하였다. 이차돈이 아뢰기를, "바라건대 신의 목을 베어 여러 사람들의 논의를 진정시키십시오."라고 하였다. …… 이차돈의 목을 베자 잘린 곳에서 피가 솟구쳤는데, 그 색이 우윳빛처럼 희었다. 여러 사람들이 괴이하게 여겨 다시는 불교를 헐뜯지 않았다.
- "삼국사기" -

이차돈 순교비

## 신라의 전성기(6세기)

신라는 삼국 중 가장 늦게 성장하였지만 삼국 통일을 이룩하였어요. 6세기 신라는 지증왕, 법흥왕 대를 거치면서 비약적으로 발전하였으며, 진흥왕 대에 한강 유역을 차지하며 삼국 통일의 기틀을 마련하였어요. 진흥왕은 고령의 대가야를 병합하고, 동해안을 따라 함흥평야까지 진출하였습니다. 그리고 이러한 영토 팽창을 대내외에 알리기 위해 단양 신라 적성비와 4개의 순수비를 세웠어요.

북한산 순수비

단양 신라 적성비

창녕 척경비

## 나·당 전쟁

당은 백제와 고구려의 멸망 이후 한반도 전체를 지배하려는 야심을 품고 있었어요. 이에 신라는 백제 및 고구려 유민과 힘을 합쳐 당에 대항하였습니다. 신라는 매소성에서 당의 육군을, 기벌포에서 설인귀가 이끄는 당의 수군을 격파하고 삼국 통일을 완성하였어요(676).

- 이근행이 군사 20만 명을 이끌고 매소성에 진을 쳤다. 신라군이 (이근행의 군사를) 공격하여 패주시키고, 말 3만여 필과 그만큼의 다른 병기를 얻었다. - "삼국사기" -
- 사찬 시득이 수군을 거느리고 설인귀와 소부리주 기벌포에서 싸웠는데 연이어 패배하였다. [시득은] 다시 나아가 크고 작게 22번 싸워 이기고, 4천여 명의 목을 베었다. - "삼국사기" -

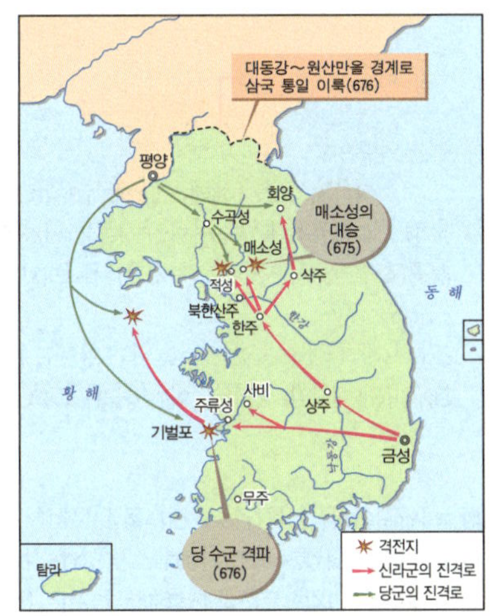


> **용어 사전**
>
> **당항성**
> 지금의 경기도 화성에 위치한 곳이에요. 한반도 동남쪽에 치우쳐 있던 신라가 한강 유역을 차지하게 되면서 중국과 직접 교역할 수 있는 길이 열리게 되었고, 당항성은 중국과의 교통에서 중요한 출입구 역할을 하였어요.
>
> **단양 신라 적성비**
> 충북 단양에 있는 신라의 비석이에요. 진흥왕 때 여러 명의 신라 장군이 전쟁에 나가 당시 고구려 지역이었던 남한강 상류의 단양 적성을 공격하여 차지하자 왕이 그 공을 치하하고, 적성 지역 백성들을 위로하기 위해 세웠어요.
>
> **순수비**
> 순수비의 '순수'는 돌 순(巡), 사냥 수(狩)로, 원래 중국에서 황제가 사냥하면서 병사를 단련시키고 제후국을 돌아다니면서 살피는 일을 뜻하는 말이에요. 후대에는 왕이 직접 자기 영토를 돌아본다는 뜻으로 쓰였어요. 순수비는 왕이 순수한 곳을 기념하기 위해 세운 비석이에요. 신라의 영토를 크게 확장한 진흥왕은 4개의 순수비(북한산 순수비, 창녕 척경비, 황초령 순수비, 마운령 순수비)를 세웠어요.
>
> **화랑도**
> 신라에 있었던 청소년 수양 단체예요. 진흥왕은 화랑도를 국가 조직으로 정비하여 인재를 육성하였어요.

# 05강 고대(백제, 신라)

마무리도 빈틈없이 **한국사를 읽다**

## 1 백제의 성장과 멸망

### (1) 백제의 성립과 발전

| | |
|---|---|
| 건국 | 온조가 하남 위례성에서 백제 건국(기원전 18) → 한강 유역의 토착 세력과 고구려 계통의 유이민 세력의 결합(서울 석촌동 고분 - 고구려 초기 고분 양식과 유사한 돌무지무덤) |
| 고이왕(234~286) | 법령 정비, 관등제 정비(6좌평을 비롯한 16관등제), 관리의 공복 제정, 마한 목지국을 압도함 |

### (2) 백제의 전성기

| | |
|---|---|
| 근초고왕(346~375) | • 왕위의 부자 상속 확립 → 왕권 강화, 중국 남조의 동진과 국교 체결, 일본 규슈 지방과 교류<br>• 마한 정복(남해안 진출), 고구려 평양성 공격(황해도 일대 차지, 고국원왕 전사) |
| 침류왕(384~385) | 중국 동진에서 온 마라난타를 통해 불교 수용 |

### (3) 백제의 중흥

| | |
|---|---|
| 비유왕(427~455) | 고구려 장수왕의 남진 정책에 대항하여 나·제 동맹(신라 눌지 마립간) 결성 |
| 개로왕(455~475) | • 고구려 견제를 위해 북위에 국서를 보냄<br>• 장수왕의 공격 → 한성 함락, 개로왕 사망 → 문주왕이 웅진(공주)으로 천도(475) |
| 동성왕(479~501) | 신라와 결혼 동맹(신라 이벌찬 비지의 딸과 혼인) 결성 → 나·제 동맹 강화, 중국 남조와 국교 재개 |
| 무령왕(501~523) | 전국 22담로에 왕족 파견 → 지방 통제 강화, 중국 남조의 양과 교류, 무령왕릉(중국 남조 및 왜와의 교류를 보여 줌) |
| 성왕(523~554) | • 사비(부여) 천도, 국호를 '남부여'로 고침(538)<br>• 중앙 관청(22부로 확대), 중앙과 지방 행정 조직 정비(5부 5방)<br>• 신라 진흥왕과 연합하여 한강 하류 지역을 회복하였으나 신라에 빼앗김 → 대가야와 왜를 끌어들여 신라 공격 → 관산성(옥천) 전투에서 전사 |
| 무왕(600~641) | 수·당, 일본과의 친선 강화, 백제 부흥을 위해 노력 → 금마저(익산)에 미륵사 창건 |
| 의자왕(641~660) | 신라를 공격하여 40여 성 함락, 윤충을 보내 전략적 요충지인 대야성 함락(642) |

### (4) 백제의 멸망

| | |
|---|---|
| 멸망 | 나·당 연합군의 공격 → 계백의 항전(황산벌 전투 패배) → 사비성 함락, 의자왕 항복 → 백제 멸망(660) |
| 부흥 운동 | 복신·도침(주류성)이 왕자 부여풍을 왕으로 추대, 흑치상지(임존성) 등이 부흥 운동 전개, 백제 부흥군을 지원하기 위해 왜가 군대 파견(백강 전투) → 백강 전투의 패배와 지배층의 내분으로 실패 |

## 2 신라의 성장

### (1) 신라의 성립과 발전

| | |
|---|---|
| 건국 | • 진한의 사로국에서 출발, 박혁거세가 건국(기원전 57), 경주 지역의 토착 세력과 유이민 세력의 결합<br>• 초기에는 박·석·김의 3성이 교대로 이사금(왕)에 선출됨 |
| 내물 마립간(356~402) | • 진한 정복(낙동강 유역까지 영토 확장), 김씨의 독점적 왕위 세습 확립, '마립간(대군장)' 칭호 사용<br>• 왜가 침입하자 고구려에 지원 요청 → 광개토 태왕의 도움으로 왜 격퇴 |
| 5세기 | • 눌지 마립간(417~458) : 나·제 동맹 결성(백제 비유왕)<br>• 소지 마립간(479~500) : 결혼 동맹 결성(백제 동성왕) |

### (2) 신라의 전성기

| | |
|---|---|
| 지증왕(500~514) | • 국호 '신라'·왕호 '왕' 사용, 지방을 주·군으로 나누어 관리 파견, 이사부가 우산국(울릉도) 정복<br>• 수리 사업, 우경 장려, 순장 금지(노동력 확보 목적), 동시·동시전 설치 |
| 법흥왕(514~540) | '건원' 연호 사용, 율령 반포(17관등제 정비), 골품제 정비, 공복 제정, 상대등과 병부 설치, 불교 공인(이차돈 순교), 금관가야 병합(금관가야의 왕 김구해가 항복, 532) |
| 진흥왕(540~576) | • '개국'·'태창(대창)' 연호 사용, 화랑도를 국가적인 조직으로 개편, 품주(조세 관장) 설치, 불교 진흥(불교 교단 정비, 황룡사 건립), "국사" 편찬(거칠부)<br>• 백제 성왕과 연합하여 한강 유역 점령, 관산성 전투에서 승리(백제 성왕 전사) → 한강 유역을 모두 차지, 삼국 경쟁의 주도권 장악<br>• 이사부를 보내 대가야 정복(562), 북으로 동해안을 따라 함흥평야까지 진출<br>• 영토 확장 기념 : 단양 신라 적성비, 4개의 순수비 건립(북한산 순수비, 창녕 척경비, 황초령 순수비, 마운령 순수비) |

## 3 신라의 삼국 통일

| | |
|---|---|
| 나·당 동맹의 결성 | 백제 의자왕의 공격으로 위기에 빠진 신라가 김춘추를 고구려로 보내 동맹 시도·실패(642) → 김춘추가 당으로 건너가 나·당 동맹 결성(648) → 나·당 연합군이 백제·고구려를 공격하여 멸망시킴 |
| 나·당 전쟁 | • 당의 한반도 지배 야욕 : 백제와 고구려가 멸망한 후 당이 웅진도독부(백제), 계림도독부(신라 금성), 안동도호부(고구려 평양) 설치<br>• 고구려 부흥 운동 지원, 매소성 전투(675)·기벌포 전투(676)에서 당군 격퇴 → 삼국 통일 완수(문무왕, 676) |
| 평가 | • 의의 : 고구려·백제 유민과 함께 당 축출(자주적), 삼국의 문화 융합(민족 문화 발전의 토대 마련)<br>• 한계 : 외세(당) 이용, 대동강 이남 지역만 확보(옛 고구려 땅 대부분 상실) |

# 05강 고대(백제, 신라)

**1** 밑줄 그은 '왕'에 대한 설명으로 옳은 것은? [2점]

심화 73회 05번

○ 고구려가 군사를 일으켜 쳐들어왔다. 왕이 듣고 군사를 패하(浿河)가에 매복시켜 그들이 이르기를 기다렸다가 급히 치니 고구려 군사가 패배하였다.

○ 옛 기록에 이르기를, "백제는 나라를 연 이래 문자로 일을 기록한 적이 없는데 이 왕 때에 이르러 박사 고흥을 얻어 처음으로 서기가 있게 되었다."라고 하였다.

① 금마저에 미륵사를 창건하였다.
② 윤충을 보내 대야성을 함락하였다.
③ 사비로 천도하고 국호를 남부여로 고쳤다.
④ 평양성을 공격하여 고국원왕을 전사시켰다.
⑤ 동진에서 온 마라난타를 통해 불교를 수용하였다.

**2** (가)에 들어갈 내용으로 적절한 것은? [2점]

심화 69회 04번

**한국사 교양 강좌**

우리 학회는 백제 웅진기의 역사를 주제로 교양 강좌를 운영하고 있습니다. 이번 달에는 백제 중흥의 기틀을 마련한 왕에 대한 강좌를 준비하였습니다.

제1강 - 동성왕을 시해한 백가를 처단하다
제2강 - 지방의 22담로에 왕족을 파견하다
제3강 - (가)
제4강 - 공주 왕릉원에 안장되다

■ 주최 : □□학회
■ 일시 : 2024년 2월 매주 수요일 19:00~21:00
■ 장소 : ○○대학교 인문대학 대강의실

① 금마저에 미륵사를 창건하다
② 윤충을 보내 대야성을 함락하다
③ 평양성을 공격하여 고국원왕을 전사시키다
④ 진흥왕과 연합하여 한강 하류 지역을 수복하다
⑤ 사신을 보내 중국 남조의 양과 외교 관계를 강화하다

**1 백제 근초고왕** 정답 ④

정답 찾기 고구려 군사를 격퇴하였으며, 박사 고흥을 얻어 처음으로 "서기"가 있게 되었다는 내용을 통해 밑줄 그은 '왕'이 백제 근초고왕임을 알 수 있어요. 근초고왕은 4세기 중반 백제의 전성기를 이끈 왕으로 마한 지역의 여러 세력을 복속시키고 남해안으로 진출하였어요. 고구려에 대항하기 위해 신라와 우호 관계를 맺고 중국 남조의 동진과도 외교 관계를 수립하였으며, 일본 규슈 지방과도 활발히 교류하였어요. ④ 근초고왕은 371년에 고구려의 평양성을 공격하여 고국원왕을 전사시켰어요.

오답 피하기
① 백제 무왕은 지금의 익산 지역인 금마저에 미륵사를 창건하였어요.
② 백제 의자왕은 윤충을 보내 신라를 공격하여 전략적 요충지인 대야성을 함락하였어요.
③ 백제 성왕은 백제의 중흥을 도모하기 위해 웅진에서 사비로 도읍을 옮기고 국호를 '남부여'로 고쳤어요.
⑤ 백제 침류왕은 중국 동진에서 온 마라난타를 통해 불교를 수용하여 사상적 통합을 꾀하였어요.

**2 백제 무령왕의 정책** 정답 ⑤

정답 찾기 백제 웅진기의 왕으로 지방의 22담로에 왕족을 파견하였다는 내용을 통해 (가)에 백제 무령왕에 관한 내용이 들어가야 함을 알 수 있어요. 동성왕이 위사좌평 백가에 의해 시해되자 무령왕이 왕위를 이어받았어요. 무령왕은 백가를 처단한 후 국방 체제를 정비하고 고구려의 침입을 물리쳤어요. ⑤ 무령왕은 사신을 보내 중국 남조의 양과 외교 관계를 강화하였어요. 공주 왕릉원에 있는 무령왕릉은 중국 남조의 영향을 받아 벽돌무덤으로 축조되었습니다.

오답 피하기
① 백제 무왕은 지금의 익산 지역인 금마저에 미륵사를 창건하였어요.
② 백제 의자왕은 642년에 윤충을 보내 전략적 요충지인 신라의 대야성을 함락하였어요.
③ 백제 근초고왕은 371년에 고구려의 평양성을 공격하여 고국원왕을 전사시켰어요.
④ 백제 성왕은 신라 진흥왕과 손잡고 고구려를 공격해 한강 하류 지역을 수복하였으나 곧이어 신라의 공격을 받아 이 지역을 다시 빼앗겼어요.

**3** 심화 67회 03번

**다음 자료에 해당하는 왕에 대한 설명으로 옳은 것은?** [1점]

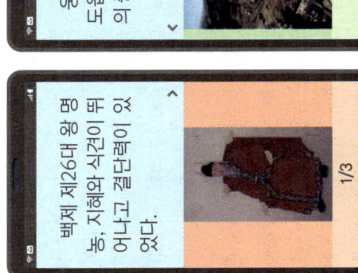

백제 제26대 왕 명농, 지혜와 식견이 뛰어나고 결단력이 있었다.

1/3

웅진에서 사비로 도읍을 옮기고 백제의 중흥을 꾀했다.

2/3

구천(관산성 부근)에서 신라의 복병에게 목숨을 잃었다.

3/3

① 국호를 남부여로 개칭하였다.
② 금마저에 미륵사를 창건하였다.
③ 고흥에게 서기를 편찬하게 하였다.
④ 윤충을 보내 대야성을 함락하였다.
⑤ 동진에서 온 마라난타를 통해 불교를 수용하였다.

**4** 심화 62회 06번

**(가), (나) 사이의 시기에 있었던 사실로 옳은 것은?** [3점]

> (가) 왕은 당과 신라 군사들이 이미 백강과 탄현을 지났다는 소식을 듣고 장군 계백을 시켜 결사대 5천 명을 거느리고 황산으로 가서 신라 군사와 싸우게 하였다. 네 번 싸워서 모두 이겼으나 군사가 적고 힘이 모자라서 마침내 패하고 계백이 사망하였다.
>
> (나) 검모잠이 국가를 부흥하려고 하여 당을 배반하고 왕의 외손 안승을 세워 왕으로 삼았다. 당 고종이 대장군 고간을 보내 동주도 행군총관으로 삼고 병력을 내어 그들을 토벌하게 하니 안승이 검모잠을 죽이고 신라로 달아났다.

① 당이 안동도호부를 요동으로 옮겼다.
② 성왕이 관산성 전투에서 전사하였다.
③ 신라군이 기벌포에서 당군을 격파하였다.
④ 김춘추가 당과의 군사 동맹을 성사시켰다.
⑤ 복신과 도침이 부여풍을 왕으로 추대하였다.

### 3 백제 성왕의 정책 — 정답 ①

**정답 찾기** 웅진에서 사비로 도읍을 옮겼으며, 관산성 부근에서 신라의 복병에게 목숨을 잃었다는 내용을 통해 자료에 해당하는 왕이 백제 성왕임을 알 수 있어요. 6세기 중반에 성왕은 신라 진흥왕과 손잡고 고구려를 공격해 한강 하류 지역을 되찾았어요. 그러나 곧이어 신라가 백제를 기습 공격하여 한강 유역 전체를 차지하자 이에 분노한 성왕은 신라 공격에 나섰다가 관산성 전투에서 전사하였어요. ① 성왕은 웅진(지금의 공주)에서 사비(지금의 부여)로 천도하고 부여 계승 의식을 내세우며 국호를 '남부여'로 개칭하였어요.

**오답 피하기**
② 백제 무왕은 지금의 익산 지역인 금마저에 미륵사를 창건하였어요.
③ 백제 근초고왕은 고흥에게 역사서인 "서기"를 편찬하게 하였어요.
④ 백제 의자왕은 윤충을 보내 신라를 공격하여 전략적 요충지인 대야성을 함락하였어요.
⑤ 백제 침류왕은 동진에서 온 마라난타를 통해 불교를 수용하여 사상적 통합을 꾀하였어요.

### 4 백제 부흥 운동 — 정답 ⑤

**정답 찾기** (가)는 계백이 결사대 5천 명을 거느리고 황산에서 신라 군사와 맞서 싸웠으나 결국 패하고 사망하였다는 내용을 통해 660년에 일어난 황산벌 전투 상황임을 알 수 있어요. (나)는 검모잠이 안승을 왕으로 삼았다는 내용을 통해 고구려 멸망 이후 전개된 고구려 부흥 운동 가운데 670년의 상황임을 알 수 있어요. 660년에 황산벌 전투 패배에 이어서 나·당 연합군에 의해 사비성이 함락되어 백제가 멸망하였어요. ⑤ 백제 멸망 후 복신과 도침이 의자왕의 아들 부여풍을 왕으로 추대하여 백제 부흥 운동을 전개하였으나 지도층 내부에서 분열이 생겨 백제 부흥 운동은 실패하였어요. 이후 나·당 연합군에 의해 평양성이 함락되어 고구려마저 무너졌어요(668). 고구려 멸망 이후 부흥 운동을 도모한 검모잠이 670년에 안승을 고구려 왕으로 받들어 한성(지금의 황해도 재령)을 중심으로 고구려 부흥 운동을 전개하였으나 내분이 일어나 안승이 검모잠을 죽이고 신라에 항복하였어요. 신라 문무왕은 안승의 무리를 금마저(지금의 익산)에 머물게 하고 674년에 안승을 보덕국 왕으로 책봉하였어요.

**오답 피하기**
① 고구려 멸망 이후 한반도 전체를 지배하려는 야욕을 노골적으로 드러낸 당은 668년 평양에 안동도호부를 설치하였어요. 이후 신라와의 전투에서 연이어 패배하자 676년에 안동도호부를 요동성으로 옮겼어요.
② 고구려로부터 되찾은 한강 하류 지역을 신라 진흥왕에게 빼앗긴 백제 성왕이 신라 공격에 나섰다가 관산성 전투에서 전사하였어요(554).
③ 신라는 676년에 기벌포 전투에서 당군을 격파하고 삼국 통일을 완성하였어요.
④ 신라의 김춘추는 648년에 당으로 건너가 당과의 군사 동맹을 성사시켰어요.

**5** 밑줄 그은 '왕'에 대한 설명으로 옳은 것은? [2점]

심화 71회 06번

나도 들었네. 작년에는 순장을 금지한다는 명을 내리셨지. 앞으로 우리나라의 발전이 기대되는구먼.

① 병부와 상대등을 설치하였다.
② 백제 비유왕과 동맹을 체결하였다.
③ 이사부를 보내 우산국을 복속시켰다.
④ 매소성 전투에서 당의 군대를 격파하였다.
⑤ 김흠돌의 난을 진압하고 귀족들을 숙청하였다.

**5 신라 지증왕의 업적** 정답 ③

정답 찾기 국호를 '신라'로 확정하고 임금의 호칭을 신라 국왕으로 하였으며, 순장을 금지한다는 명을 내렸다는 내용을 통해 밑줄 그은 '왕'이 신라 지증왕임을 알 수 있어요. 지증왕은 순장을 금지하고 우경을 장려하는 등 농업 생산력을 높이기 위해 힘썼어요. 정치 개혁에도 나서 국호를 '신라'로 확정하고 최고 지배자의 칭호를 '마립간'에서 '왕'으로 바꾸었어요. 또한, 수도 금성(지금의 경주)에 시장인 동시와 시장을 감독하는 관청인 동시전을 설치하였어요. ③ 지증왕은 이사부를 보내 지금의 울릉도 일대인 우산국을 복속시켰어요.

오답 피하기
① 신라 법흥왕은 병부와 상대등을 설치하였어요. 병부는 군사와 관련된 업무를 담당하는 관청이고, 상대등은 귀족 세력을 대표하는 신라의 최고 관직으로 화백 회의를 이끌었어요.
② 신라 눌지 마립간은 고구려 장수왕이 수도를 평양으로 옮기고 남진 정책을 본격화하자 이에 대응하여 백제 비유왕과 동맹(나·제 동맹)을 체결하였어요.
④ 신라 문무왕은 매소성 전투와 기벌포 전투에서 당의 군대를 격파하고 삼국 통일을 완성하였어요.
⑤ 신라 신문왕은 즉위 직후 김흠돌이 도모한 반란을 진압하고 진골 귀족 세력을 숙청하여 왕권을 강화하였어요.

**6** 밑줄 그은 '이 왕'에 대한 설명으로 옳은 것은? [2점]

심화 54회 04번

이것은 국보 제242호인 울진 봉평리 신라비로 병부를 설치하고 율령을 반포한 이 왕 때 건립되었습니다. 이 비석에는 신라 6부의 성격과 관등 체계, 지방 통치 조직과 촌락 구조 등 당시 사회상을 알려주는 내용이 담겨 있습니다.

① 이사부를 보내 우산국을 복속하였다.
② 관료전을 지급하고 녹읍을 폐지하였다.
③ 이차돈의 순교를 계기로 불교를 공인하였다.
④ 인재 등용을 위해 독서삼품과를 시행하였다.
⑤ 거칠부에게 명하여 국사를 편찬하게 하였다.

**6 신라 법흥왕의 정책** 정답 ③

정답 찾기 울진 봉평리 신라비를 세웠으며, 병부를 설치하고 율령을 반포하였다는 내용을 통해 밑줄 그은 '이 왕'이 신라 법흥왕임을 알 수 있어요. 법흥왕은 군사 업무를 담당하는 병부를 설치하였으며, 율령을 반포하고 관리의 공복을 제정하여 통치 질서를 확립하였어요. 또한, 귀족들의 반대를 물리치고 ③ 이차돈의 순교를 계기로 불교를 공인하였으며 영토 확장에도 나서 금관가야를 병합하였어요. 왕권 강화와 영토 확장 등으로 신라의 국력을 신장한 법흥왕은 '건원'이라는 독자적인 연호를 사용하였어요.

오답 피하기
① 신라 지증왕은 이사부를 보내 지금의 울릉도 일대인 우산국을 복속하였어요.
② 신라 신문왕은 관료전을 지급하고 녹읍을 폐지하여 귀족 세력의 경제적 기반을 약화하였어요.
④ 신라 원성왕은 유교 경전의 이해 수준을 평가하여 관리 등용에 활용하는 독서삼품과를 시행하였어요.
⑤ 신라 진흥왕은 거칠부에게 역사서인 "국사"를 편찬하게 하였어요.

**7** (가), (나) 사이의 시기에 있었던 사실로 옳은 것은? [3점]

심화 74회 04번

> (가) 백제 왕 명농이 가야와 함께 와서 관산성을 공격하였다. [신라의] 군주(軍主)인 각간 우덕과 이찬 탐지 등이 맞서 싸웠으나 불리하였다. …… 고간 도도가 급히 쳐서 백제 왕을 죽였다.
>
> (나) 8월에 [백제 왕이] 장군 윤충을 보내 군사 1만을 거느리고 신라 대야성을 공격하였다. 성주 품석이 처자와 함께 나와 항복하자 윤충이 모두 죽이고 그 머리를 베어 왕도로 보냈다.

① 백제가 국호를 남부여로 고쳤다.
② 진흥왕이 대가야를 공격하여 복속시켰다.
③ 계백이 이끈 결사대가 황산벌에서 패배하였다.
④ 김춘추가 당으로 건너가 군사 동맹을 체결하였다.
⑤ 신라가 한강 하류를 차지하여 신주를 설치하였다.

**8** (가)~(다)를 일어난 순서대로 옳게 나열한 것은? [3점]

심화 69회 07번

> (가) 사찬 시득이 수군을 거느리고 소부리주 기벌포에서 설인귀와 싸웠으나 패배하였다. 다시 나아가 크고 작은 22번의 싸움에서 승리하고, 4천여 명의 목을 베었다.
>
> (나) 흑치상지가 도망하여 흩어진 무리들을 모으니, 열흘 사이에 따르는 자가 3만여 명이었다. …… 흑치상지가 별부장 사타상여를 데리고 험준한 곳에 웅거하여 복신과 호응하였다.
>
> (다) 검모잠이 국가를 다시 일으키기 위하여 당을 배반하고 보장왕의 외손 안승을 세워 임금으로 삼았다. 당 고종이 대장군 고간을 보내 행군총관으로 삼고 병력을 내어 그들을 토벌하니, 안승이 검모잠을 죽이고 신라로 달아났다.

① (가) - (나) - (다)
② (가) - (다) - (나)
③ (나) - (가) - (다)
④ (나) - (다) - (가)
⑤ (다) - (나) - (가)

### 7 삼국의 경쟁 — 정답 ②

**정답 찾기** (가)는 백제 왕이 관산성을 공격하다가 사망하였다는 내용을 통해 백제 성왕이 전사한 관산성 전투(554) 상황임을 알 수 있어요. (나)는 윤충이 대야성을 공격해 성주를 사살하였다는 내용을 통해 백제 의자왕 때 일어난 대야성 전투(642) 상황임을 알 수 있어요. 백제 성왕은 신라 진흥왕과 연합하여 고구려를 공격해 한강 하류 지역을 되찾았어요. 곧이어 신라의 공격으로 백제는 이 지역을 다시 빼앗겼고, 이에 분노한 성왕은 신라 공격에 나섰다가 관산성 전투에서 전사하였어요. 이후 642년에 백제 의자왕은 신라를 공격하여 40여 개의 성을 빼앗았고, 윤충의 군대를 보내 대야성을 빼앗았어요(대야성 전투).
② 신라 진흥왕은 한강 유역을 차지한 뒤 대가야를 정복하여 낙동강 유역까지 영토를 확장하였어요(562).

**오답 피하기**
① 백제 성왕 때 웅진에서 사비로 도읍을 옮기고 국호를 '남부여'로 고쳤어요(538).
③ 백제 의자왕 때 계백이 이끈 결사대가 황산벌에서 신라군에 맞서 싸웠으나 패배하고, 나·당 연합군의 공격으로 사비성이 함락되면서 백제는 멸망하였어요(660).
④ 대야성을 빼앗긴 신라는 김춘추를 고구려에 보내 군사 지원을 요청하였으나 실패하였어요. 이후 648년에 김춘추는 당으로 건너가 나·당 동맹을 성사시켰어요.
⑤ 신라 진흥왕은 553년에 동맹이었던 백제를 공격하여 한강 하류 지역까지 차지한 뒤 '새로운 땅'이라는 뜻의 신주를 설치하였어요. 이는 백제 성왕이 관산성 전투를 일으킨 직접적인 계기가 되었어요.

### 8 삼국 통일 과정 — 정답 ④

**정답 찾기**
(가) 사찬 시득이 기벌포에서 설인귀와 싸워 패배하였으나 다시 나아가 승리하였다는 내용을 통해 676년에 일어난 기벌포 전투 상황임을 알 수 있어요. 신라는 당과 연합하여 백제와 고구려를 차례로 멸망시켰어요. 이후 당이 한반도 전체를 지배하려고 하자 이에 맞서 신라는 당과 전쟁을 벌여 매소성 전투, 기벌포 전투에서 당군에 승리하고 삼국 통일을 완성하였어요.
(나) 흑치상지가 무리를 모아 복신과 호응하였다는 내용을 통해 660년 백제 멸망 이후 전개된 백제 부흥 운동 상황임을 알 수 있어요. 백제 멸망 이후 흑치상지는 임존성, 복신과 도침은 주류성을 거점으로 하여 백제 부흥 운동을 전개하였어요. 백제 부흥 운동 세력은 한때 당군을 격퇴하고 세력을 넓히기도 하였으나, 왜의 지원을 받은 백강 전투(663)에서 나·당 연합군에게 패배하면서 백제 부흥 운동은 실패로 끝났어요.
(다) 검모잠이 안승을 임금으로 삼았다는 내용을 통해 668년 고구려 멸망 이후 전개된 고구려 부흥 운동 상황임을 알 수 있어요. 고구려 멸망 이후 검모잠은 고구려의 유민을 모으고 안승을 왕으로 세워 한성(지금의 황해도 재령)을 중심으로 고구려 부흥 운동을 전개하였어요. 그러나 안승이 검모잠을 죽이는 등 지배층의 내분으로 고구려 부흥 운동은 실패하였고, 안승은 무리를 이끌고 신라에 투항하였어요.

따라서 일어난 순서대로 나열하면 ④ (나) 백제 부흥 운동(660년 백제 멸망 이후) → (다) 고구려 부흥 운동(668년 고구려 멸망 이후) → (가) 기벌포 전투(676)입니다.

# 05강 고대(백제, 신라)

**Ready go**
이번 강 별 채우기 제한 시간은 **2분 50초**
한 문장을 끝까지 또박또박 읽어야 패스!

기출 선택지로 별 채우기
**한국사를 채우다**

**01** 백제는 ★★왕 때 마한 목지국을 압도하고 지역의 맹주로 발돋움하였다.

**02** 백제 ★★왕은 좌평과 관등제의 기본 골격을 마련하였다.

**03** 백제 근초고왕은 ★한을 복속하였으며, 고구려의 ★★성을 공격하여 고국원왕을 전사시켰다.

**04** 백제가 왜에 전한 ★지도의 명문을 통해 당시 백제와 왜의 관계를 짐작할 수 있다.

**05** 백제는 ★★왕 때 동진으로부터 불교를 수용하였다.

**06** 백제 ★★왕은 고구려를 견제하고자 북위에 국서를 보냈다.

**07** 고구려의 공격으로 한성이 함락된 후 백제 문주왕은 ★★으로 천도하였다.

**08** 신라의 ★지 마립간과 백제의 ★유왕은 동맹을 맺어 고구려의 남진 정책에 대항하였다.

**09** 백제 동성왕은 ★·★ 동맹을 강화하였다.

**10** 백제 무령왕은 지방의 22★★에 왕족을 파견하였다.

**11** 백제 ★왕은 중앙 관청을 22부로 정비하였다.

**12** 백제 성왕은 ★★로 천도하고 국호를 '남부여'로 고쳤다.

**13** 백제 성왕은 신라 진흥왕과 연합하여 ★강 하류 지역을 되찾았다.

**14** 백제 성왕은 신라와의 ★★성 전투에서 전사하였다.

**15** 백제 무왕은 익산에 ★★사를 창건하였다.

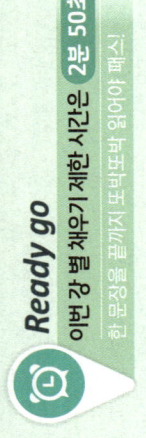

**16** 백제 ★★왕은 윤충을 보내 신라의 대야성을 함락하였다.

**17** 백제의 ★★이 이끄는 결사대가 황산벌에서 신라군에 맞서 싸웠다.

**18** ★신과 ★침 등이 부여풍을 왕으로 추대하고 주류성에서 군사를 일으켜 백제 부흥을 꾀하였다.

**19** 백제 부흥군은 임존성에서 소정방이 보낸 ★군을 격퇴하였으며, 왜의 지원군과 함께 ★강에서 나·당 연합군에 맞서 싸웠다.

**20** 신라 내물 마립간 이전에는 ★·★·★씨가 교대로 왕위를 계승하였다.

**21** 신라 지증왕은 국호를 '★★'로 확정하고 '★'이라는 칭호를 사용하였다.

**22** 신라 지증왕은 순장을 금지하고 ★경을 장려하였으며, 시장을 관리하기 위해 ★★전을 설치하였다.

**23** 신라 지증왕은 이사부를 보내 ★★국을 복속하였다.

**24** 신라 법흥왕은 '★원'이라는 독자적인 연호를 사용하였다.

**25** 신라 법흥왕은 ★부와 ★★등을 설치하였다.

**26** 신라 ★★왕은 금관가야를 병합하였으며, 그 일부 왕족을 신라의 진골 귀족으로 편입시켰다.

**27** 신라 진흥왕은 ★★도를 국가적인 조직으로 개편하고, 대★★를 정복하여 영토를 확장하였다.

**28** 신라 ★★왕은 한강 유역 전체를 차지하였다.

**29** 신라 진흥왕은 영토를 확장하고 단양 신라 ★★비와 4개의 ★★비를 세웠다.

**30** 신라의 김★★는 고구려와의 동맹에 실패하자 당으로 건너가 군사 동맹을 성사시켰다.

**31** 신라는 문무왕 때 당의 군대에 맞서 매★성 전투, ★★포 전투에서 승리하여 삼국 통일을 이룩하였다.

정답

**01** 고이 **02** 고이 **03** 마, 평양 **04** 칠 **05** 침류 **06** 개로 **07** 웅진 **08** 눌, 비 **09** 나, 제 **10** 담로 **11** 성 **12** 사비(부여) **13** 한 **14** 관산 **15** 미륵 **16** 의자 **17** 계백 **18** 복, 도 **19** 당, 백 **20** 박, 석, 김 **21** 신라, 왕 **22** 우, 동시 **23** 우산 **24** 건 **25** 병, 상대 **26** 법흥 **27** 화랑, 가야 **28** 진흥 **29** 적성, 순수 **30** 춘추 **31** 소, 기벌

# 06강 고대(통일 신라, 발해)

한국사의 흐름을 한눈에
한국사를 그리다

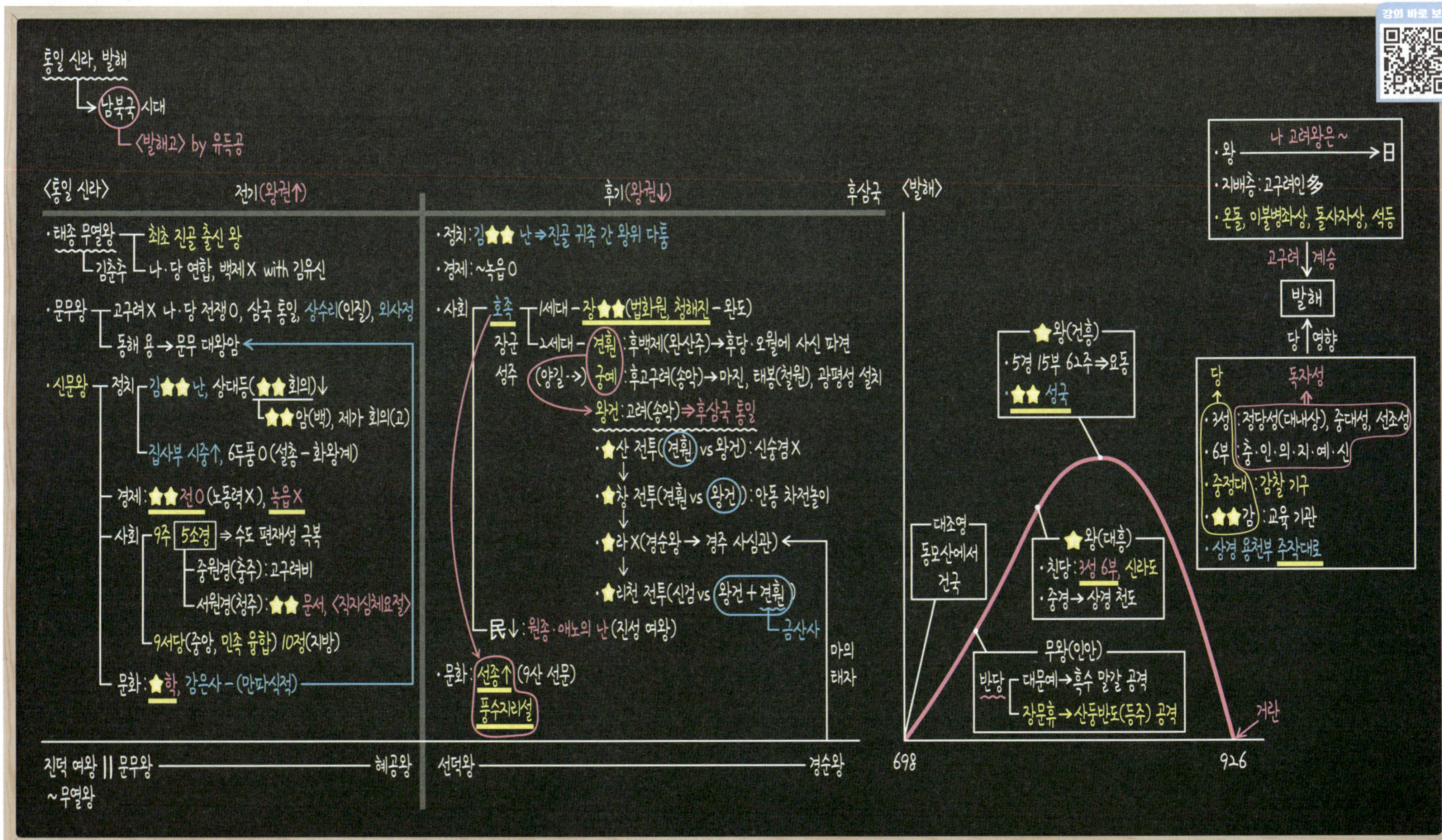


★정답 흥돌, 화백, 정사, 관료, 민정, 국, 현창, 보고, 공, 고, 신, 일, 문, 선, 해동, 주자

→ 나만의 약점 단권화 노트 10쪽에서 완성 판서를 확인하세요.

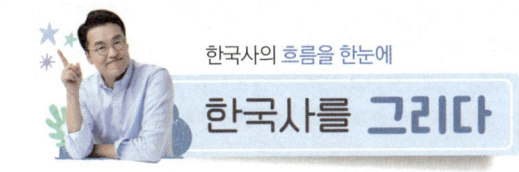

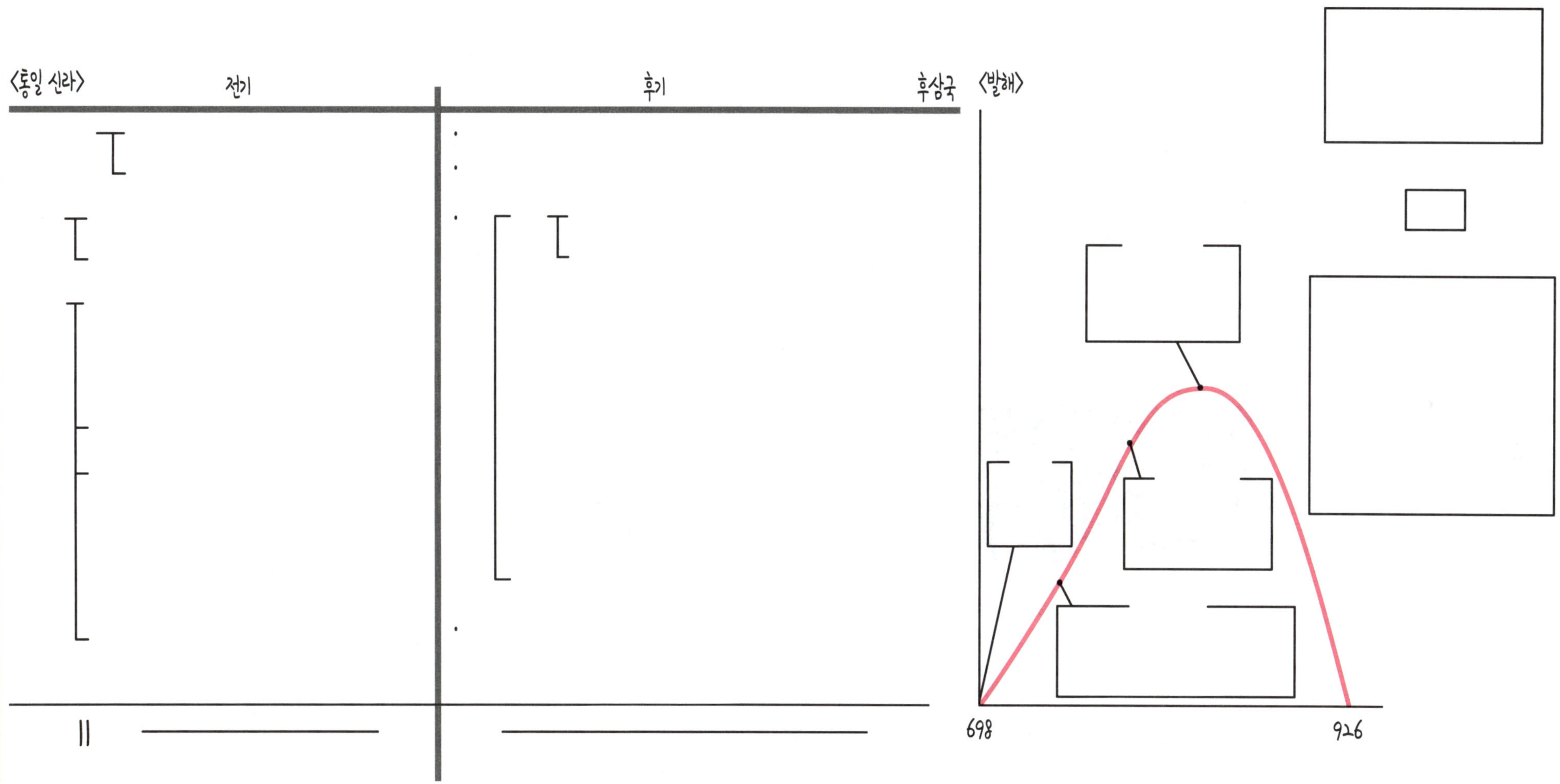
〈통일 신라〉
전기
후기
후삼국
〈발해〉
698
926

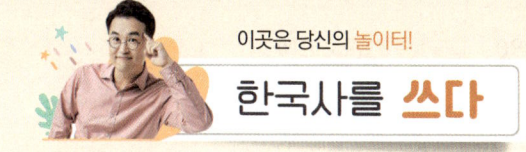

## 신라의 시기 구분

김부식은 "삼국사기"에서 신라의 역사를 세 시기로 나누었어요. 박혁거세부터 진덕 여왕 때까지를 상대, 무열왕부터 혜공왕 때까지를 중대, 선덕왕부터 마지막 경순왕 때까지를 하대로 구분하였습니다. 이후에 일연은 "삼국유사"에서 불교식 왕명을 썼던 법흥왕부터 진덕 여왕까지의 시기를 중고라 하며 새롭게 시기 구분을 하였습니다.

<table>
<tr><th>구분</th><th>박혁거세 ~ 지증왕</th><th>법흥왕 ~ 진덕 여왕</th><th>무열왕 ~ 혜공왕</th><th>선덕왕 ~ 경순왕</th></tr>
<tr><td rowspan="2">삼국사기</td><td colspan="2">상대(上代)</td><td>중대(中代)</td><td>하대(下代)</td></tr>
<tr><td colspan="2">귀족 권한 강화</td><td>전제 왕권 강화</td><td>왕권 약화</td></tr>
<tr><td rowspan="2">삼국유사</td><td>상고(上古)</td><td>중고(中古)</td><td colspan="2">하고(下古)</td></tr>
<tr><td>불교 공인 이전</td><td>불교식 왕호 사용</td><td colspan="2">중국식 시호 사용</td></tr>
</table>

## 신라 태종 무열왕의 즉위

무열왕은 김유신의 지원을 받아 진골 출신으로는 처음 왕위에 올랐어요. 이후 그의 직계 자손이 왕위를 세습하였어요. 무열왕이 시작한 통일 전쟁은 그의 아들 문무왕 때 삼국 통일의 결실을 맺었습니다.

> 진덕왕이 죽자, 여러 신하들이 이찬 알천에게 섭정하기를 청하였다. 알천이 한결같이 사양하며 말하기를, "신은 늙고 이렇다 할 만한 덕행도 없습니다. 지금 덕망이 높은 이는 춘추공만한 자가 없습니다. 실로 가히 빈곤하고 어려운 세상을 도울 영웅호걸입니다."…… 김춘추는 세 번 사양하다가 부득이하게 왕위에 올랐다. - "삼국사기" -

## 문무 대왕릉

삼국 통일을 완성한 문무왕은 민족 통합과 민생 안정을 위해 많은 노력을 기울였어요. 문무왕은 "나는 죽은 뒤 동해의 용이 되어 나라를 지키겠다. 그러니 죽은 후 화장하여 동해 바다에 장사 지내라."라는 유언을 하였다고 해요. 그래서 문무 대왕릉은 다른 왕들의 릉과는 달리 바다에 있습니다.

경주 문무 대왕릉(경북 경주)

### 용어 사전

**상수리 제도**
신라 시대에 지방 세력가나 그 자제를 일정 기간 수도에서 일하며 머무르게 한 제도예요. 지방 세력이 강해지는 것을 막기 위한 것이었어요.

**외사정**
지방 관리를 감찰하는 관직으로, 문무왕 때 설치되었어요. 근무지는 지방이었으나, 관리의 비행을 감찰하였기 때문에 중앙 관청에 소속되었을 것으로 보여요.

**집사부·시중**
집사부는 기밀 사무를 관장하면서 왕명을 집행하는 일을 맡은 부서이며, 시중은 집사부의 우두머리예요.

**삼국의 귀족 회의**
- 제가 회의 : 고구려에서 국가의 주요 사안을 논의하던 귀족 회의로, 부족 국가 시기부터 운영되었어요. 중앙 집권 체제가 정비되면서 약화되기는 하였으나 고구려가 멸망할 때까지 유지되었어요.
- 정사암 회의 : 정사암(천정대)이라는 바위에서 정치를 논의하고 재상을 뽑던 백제의 귀족 회의예요.
- 화백 회의 : 신라에서 중요 사항을 합의하여 처리한 회의로, 씨족 사회의 전통을 계승하였어요. 만장일치제로 처리하는 것이 특징이며, 화백 회의의 장은 상대등이 맡았어요.

## 김흠돌의 난

김흠돌은 신라가 통일하는 과정에서 큰 공을 세워 제3관등인 잡찬 벼슬에 올랐고 딸은 신문왕의 왕비가 되었어요. 그러나 신문왕이 즉위하던 해에 모반을 도모하다가 죽임을 당하였습니다. 이 사건을 계기로 신문왕은 진골 귀족 세력을 대거 숙청하고 왕권을 강화하였어요.

> 신문왕 원년에 소판 김흠돌, 파진찬 흥원, 대아찬 진공 등이 모반을 일으키다가 죽임을 당하였다. 왕이 교서를 내렸다. …… 적괴 흠돌, 흥원, 진공 등은 벼슬이 재능으로 올라간 것이 아니라 왕의 은혜를 입어 올라간 것인데 제 마음대로 위세를 부리더니 …… 온갖 악인들과 서로 도와 기일을 정하여 반역을 하려 하였다. …… 이에 병사들을 모아 역적들을 없애려 하니, 어떤 자는 산골짜기로 도망가기도 하고 어떤 자는 왕실에 투항하였다. 철저히 수색하여 남은 무리를 모두 찾아 죽였다. - "삼국사기" -

## 신라 신문왕의 개혁 정치

신문왕은 김흠돌의 반란을 계기로 진골 귀족 세력을 진압한 후 왕권을 강화하고 통치 체제를 정비하기 위해 적극적인 개혁 정책을 실시하였어요. 늘어난 백성과 영토를 효율적으로 통치하기 위해 중앙 정치 기구(집사부 등 14부)와 지방 행정 조직(9주 5소경), 군사 조직(9서당 10정) 등 중앙 집권적 통치 체제를 정비하였습니다. 또한, 국학을 설치하여 유교적 소양을 갖춘 인재를 양성하였습니다.

> - 원년 10월에 시위부 감(監)을 없애고 장군 6인을 두었다.
> - 2년 4월에 위화부의 영(令) 2인을 두어 선거에 관한 일을 맡겼다.
> - 2년 6월에 국학을 세워 경(卿) 한 명을 두었다.
> - 5년 봄에 완산주와 청주를 설치하니 비로소 9주가 갖추어졌다. - "삼국사기" -

## 만파식적 설화

피리를 불면 나라의 근심 걱정이 사라졌다는 만파식적 설화는 신문왕과 관련이 있습니다. 만파식적은 신문왕 때 나라가 융성하고 정치적 안정을 이룬 것을 상징하는 것으로 보입니다.

> 해관 박숙청이 아뢰되, "동해에 작은 산이 떠서 감은사로 향하여 오는데 물결을 따라 왕래합니다."라고 하였다. …… 국왕이 배를 타고 그 산에 들어가니, 용이 나타나 "동해의 용이 된 그대의 아버지인 문무왕과 천신이 된 김유신이 그대에게 옥대와 대나무를 전해 주라고 하였다."라고 하였다. 국왕이 놀라고 기뻐하여 대나무를 베어서 피리를 만들었다. …… 이 피리를 불면, 적병이 물러가고 병이 나으며, 가뭄에는 비가 오고 장마는 개며, 바람이 잦아들고 물결이 평온해졌으므로 이를 만파식적(萬波息笛)이라 부르고 국보로 삼았다. - "삼국유사" -

## 9주 5소경

통일 후 신라는 전국을 9개 주로 나누고, 북원경(원주), 중원경(충주), 서원경(청주), 남원경(남원), 금관경(김해) 등 5개의 소경을 두었어요. 5소경은 군사·행정상의 요충지에 설치되었으며, 이곳으로 옛 고구려와 백제 출신 귀족들을 옮겨 살게 하였습니다. 5소경은 수도인 금성(경주)이 동남쪽에 치우쳐 있는 것을 보완하고, 피정복민을 회유·감시하며, 지방을 균형 있게 발전시키기 위해 설치되었어요.

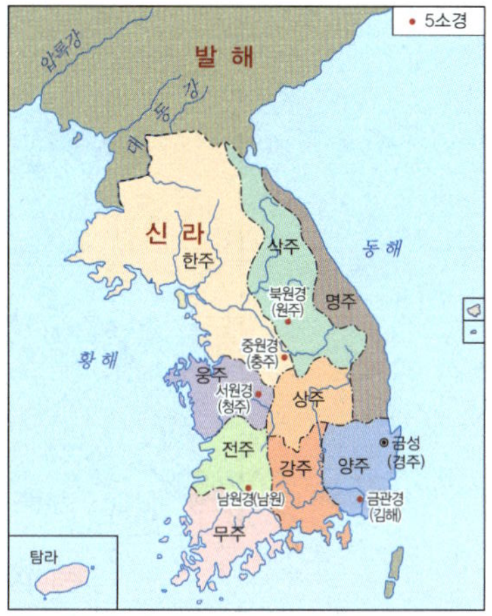


## 신라 말의 혼란

8세기 후반에 이르러 신라에서는 진골 귀족 간의 권력 다툼이 심화되었어요. 혜공왕 때 각간 대공이 난을 일으키자 많은 귀족들이 동참하였는데, 이를 96각간의 난이라고 합니다. 이후 중앙 정치가 더욱 혼란해지면서 지방 세력들이 왕위 쟁탈전에 가담하여 반란을 일으켰습니다. 김헌창은 태종 무열왕의 후손으로 자신의 아버지 김주원이 왕위 계승에서 밀려난 것에 불만을 품고 난을 일으켰으나 실패하였고, 김헌창의 아들 김범문도 난을 일으켰으나 실패하였습니다. 김헌창의 난 이후 진골 귀족들의 왕위 다툼은 더욱 심화되었어요.

- 혜공왕 4년 7월 3일에 대공 각간의 적도(도둑 무리)가 일어나자 왕도 및 5도 주군의 96각간이 서로 싸우게 되어 크게 어지러워졌다. …… 난리는 석 달이 지나서야 그쳤다. - "삼국유사" -
- 헌덕왕 14년 3월, 웅천주 도독 헌창은 그 아비 주원이 앞서 왕위에 오르지 못한 것을 이유로 반란을 일으켜 국호를 장안이라 하고 연호를 경운 원년이라 하였다. 무진주·완산주·청주·사벌주 등 4개 주 도독과 국원경, 서원경, 금관경의 사신 및 여러 군현의 수령을 협박하여 자기 소속으로 삼았다. - "삼국사기" -

## 신라 말의 사회 동요

신라 말 왕위 계승을 둘러싼 다툼으로 정치가 혼란하고 왕권이 약화되어 귀족들의 농민 수탈이 심화되었고, 정부는 세금이 잘 걷히지 않자 강압적으로 조세를 징수하였습니다. 고통스러운 생활을 이어 가던 농민들은 노비로 몰락하거나 초적이 되었으며, 곳곳에서 봉기를 일으켰어요. 9세기 말 진성 여왕 때 농민 봉기가 최고조에 이르렀는데, 대표적으로는 원종·애노의 난, 양길의 난, 기훤의 난, 적고적의 난 등이 있어요. '붉은 바지를 입은 도적'이라는 뜻의 적고적은 금성(경주) 인근까지 쳐들어가기도 하였습니다.

- 진성 여왕 3년, 나라 안의 여러 주와 군에서 조세와 공물을 바치지 않으니, 창고가 비어 나라의 쓰임이 궁핍해졌다. 왕이 세금을 징수하고자 사신을 자주 보내어 독촉하였다. 이로 인해 곳곳에서 도적이 벌 떼같이 일어났다. 원종, 애노 등이 사벌주에서 봉기하니 …… 영기가 적진을 쳐다보고는 두려워하여 나아가지 못하였다. - "삼국사기" -
- 진성 여왕 10년, 도적이 서남쪽에서 일어나 붉은 바지를 입고 특이하게 굴어 사람들이 적고적(붉은 바지를 입은 무리)이라 불렀다. 그들이 주현을 무찌르고 서울 서부 모량리까지 와서 민가를 약탈하였다. - "삼국사기" -

**합천 해인사 길상탑**

신라 말 도적들로부터 절의 보물을 지키다 희생된 승려들의 영혼을 기리기 위해 진성 여왕 때 건립한 탑이에요. 이 탑의 탑지를 최치원이 작성하였는데, 이를 통해 당시의 혼란스러웠던 상황을 알 수 있어요.

## 후삼국의 성립

신라 말에 사회 분위기가 혼란스러운 가운데 지방에서는 호족들이 등장하였어요. 호족은 6두품 출신의 유학자나 선종 승려와 손을 잡고 새로운 사회를 건설하고자 하였습니다. 이 중에서 상주 출신의 지방 세력 견훤과 신라 왕족 출신이라고 알려진 궁예는 세력을 모아 각각 나라를 세웠어요. 완산주(전주)를 도읍으로 견훤이 후백제를, 송악(개성)을 도읍으로 궁예가 후고구려를 건국하면서 경상도 일대로 축소된 신라와 함께 후삼국을 이루었습니다. 후백제는 충청도와 전라도의 경제력을 바탕으로 우위를 확보하였으며, 중국의 후당·오월과 외교 관계를 맺었어요. 또 '정개(正開)'라는 연호를 사용하였습니다. 후고구려는 '마진'으로 국호를 바꾼 후 '무태'라는 연호를 사용하였으며, 이듬해 수도를 철원으로 옮겼어요. 이후 또다시 국호를 '태봉'으로 바꾸고, '수덕만세'와 '정개(政開)'라는 연호를 사용하였습니다.

## 용어 사전

**관료전**
관료전은 녹읍처럼 관리에게 일정한 토지를 지급한 것이지만 녹읍과 달리 조세만 거둘 수 있었어요.

**녹읍**
녹읍은 관리에게 녹(봉급)으로 읍(지방 행정 구역)을 지급한 것으로, 해당 토지의 조세와 공납뿐만 아니라 노동력까지 수취할 수 있었어요.

**국학**
왕권을 뒷받침할 인재를 육성하고자 신문왕이 설립한 통일 신라의 최고 교육 기관으로, 유학을 가르쳤어요.

**호족**
신라 말 귀족 간 왕위 다툼으로 중앙 정치가 혼란스러워지자 지방에서 경제력과 군사력을 키워 독자적인 세력을 구축한 집단을 말해요. 스스로 성주, 장군을 칭하였어요.

**선종**
선종은 불교의 한 종파로 진리는 각자의 마음속에 있다고 가르치며 참선 등 정신 수양을 강조하였어요. 선종은 호족들의 사상적 기반이 되었어요.

**풍수지리설**
산이나 물, 땅의 모양 등이 인간이나 국가의 좋은 일과 나쁜 일, 재앙과 복을 결정한다는 이론이에요.

## 남북국 시대

'남북국'은 조선 후기 실학자 유득공이 쓴 역사책 "발해고"에서 처음 사용된 용어예요. 통일 신라와 발해를 '남북국'이라 칭한 것은 발해의 주도 세력이 고구려계 유민이고, 그 영역이 고구려의 땅이므로 발해를 우리 역사에 포함시켜야 한다고 보았기 때문입니다.

> 부여씨와 고씨가 망한 다음에 김씨의 신라가 남에 있고, 대씨의 발해가 북에 있으니 이것이 남북국이다. 여기에는 남북국사가 있어야 할 터인데, 고려가 편찬하지 않은 것은 잘못이다. 저 대씨는 어떠한 사람인가. 바로 고구려 사람이다. 그들이 차지하고 있던 땅은 어떤 땅인가. 바로 고구려 땅이다. …… 김씨와 대씨가 망한 다음 왕씨가 통합하여 차지하고는 고려라고 하였다. …… 고려가 마침내 약소국이 된 것은 발해의 땅을 되찾지 못했기 때문이니, 한탄스럽다.
> - 유득공, "발해고" -

## 발해의 중앙 정치 조직

발해는 정당성의 장관인 대내상을 중심으로 국정을 운영하였고, 그 아래 좌사정과 우사정이 6부를 둘로 나누어 관할하는 이원적 통치 체제를 갖추었어요. 그리고 6부의 명칭에 유교 이념(충·인·의·지·예·신)을 반영하였어요. 중정대는 관리들의 비리를 감찰한 기구였으며, 문적원은 서적 관리와 주요 문서 작성 등을 담당한 기구였어요. 주자감은 국립 교육 기관으로, 왕족과 귀족을 대상으로 유학 교육을 실시하였어요.

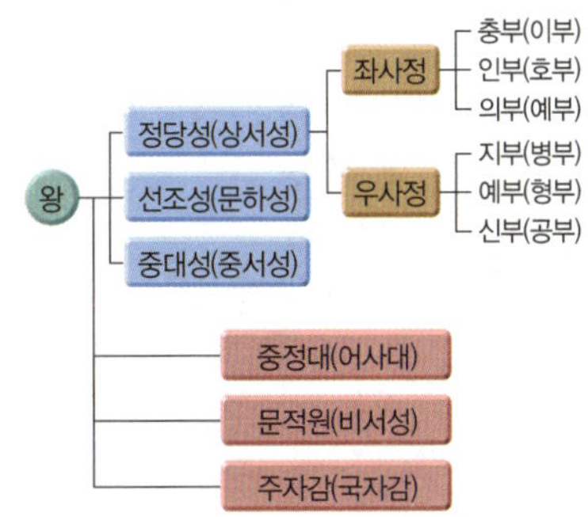

※( ) 안은 당의 관제임

## 발해의 최대 영역

대조영은 고구려 유민과 말갈인을 이끌고 지린성 동모산에서 발해를 건국하였어요. 신라 북쪽에 발해가 건국되면서 한반도는 남북국의 형세를 이루게 되었지요. 발해는 9세기 선왕 때 요동, 연해주까지 진출하여 고구려의 옛 영토를 대부분 회복하였어요. 발해는 넓은 영토를 효율적으로 통치하기 위해 5경 15부 62주의 지방 행정 제도를 정비하였어요.

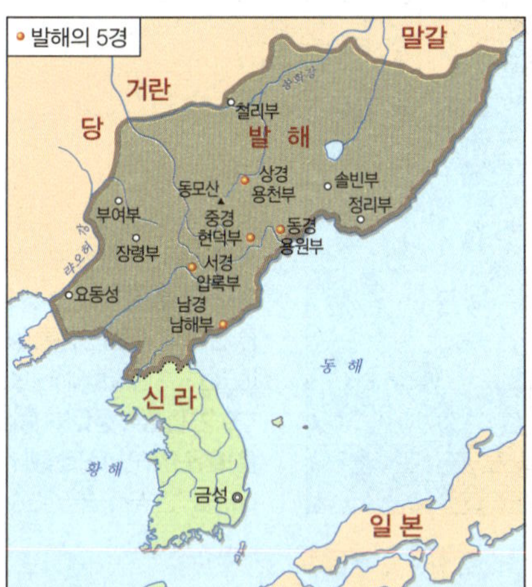


## 발해의 고구려 계승 의식

발해는 스스로 '고(구)려'라 칭하면서 고구려 계승 의식을 분명히 하였어요. 중국과 일본의 역사책에는 발해와 고구려의 연관성을 인정하는 기록이 남아 있어요. 또한, 온돌, 기와 무늬 등을 통해서도 발해가 고구려의 문화를 계승하였다는 것을 짐작할 수 있습니다.

- 발해 말갈의 대조영이란 자는 본래 고구려의 별종이다. 고구려가 멸망하자 대조영은 가족을 거느리고 영주로 이사하였다. - "구당서" -
- 무예(무왕)는 분에 넘치게 열국에 해당되어서 외람되게 여러 나라를 다스렸다. 그래서 고(구)려의 옛 땅을 회복하고 부여 풍속을 갖추었다. - "속일본기" -
- (일본) 천황은 삼가 고려 국왕에게 문안한다. …… 지금 보내온 글을 보니 갑자기 문도(文道)를 고쳐 날짜 아래 관품과 이름을 쓰지 않고 글 말미에 거짓되이 천손(天孫)이라는 참람한 칭호를 써 놓았다. - "속일본기" -

고구려 기와

발해 기와

고구려 난방 형식과 동일한 발해의 온돌 시설

### 용어 사전

**진성 여왕**
진성 여왕 때 중앙 정부가 관리를 보내 조세를 독촉하자 원종과 애노의 난을 시작으로 전국에서 농민 봉기가 일어났어요. 한편, 진성 여왕은 위홍과 대구화상에게 향가집인 "삼대목"을 편찬하도록 하였어요.

**대조영**
고구려 유민으로, 발해의 시조예요. 고구려 유민과 말갈인을 규합하여 동모산에서 나라를 세웠어요. 처음에는 나라 이름을 '진국(振國)'이라 하였다가 713년 '발해'로 바꾸었어요.

**해동성국**
바다 해(海), 동녘 동(東), 번성할 성(盛), 나라 국(國). 즉, '바다 동쪽의 번성한 나라'라는 뜻으로, 중국에서 전성기 발해를 부르던 명칭이에요.

# 06강 고대(통일 신라, 발해)

마무리도 빈틈없이
한국사를 읽다

## 1 통일 신라의 발전

### (1) 전제 왕권의 강화

| | |
|---|---|
| 태종 무열왕(김춘추) | • 최초의 진골 출신 왕 → 이후 혜공왕 때까지 무열왕 직계 자손의 왕위 세습<br>• 나·당 동맹 결성(진덕 여왕, 648), 백제 정벌, 통일 전쟁 과정에서 왕권 강화 |
| 문무왕 | 고구려 정벌, 나·당 전쟁 승리 → 삼국 통일 완성(676) |
| 신문왕 | • 김흠돌의 난 진압 → 진골 귀족 숙청<br>• 중앙 정치 기구(집사부 등 14부)와 지방 행정 조직(9주 5소경), 군사 조직(9서당 10정) 정비<br>• 관료전 지급, 녹읍 폐지 → 진골 귀족의 경제 기반 약화, 달구벌(대구) 천도 시도<br>• 국학 설치(유학 교육), 6두품 중용(설총), 아버지 문무왕을 위해 감은사 건립(만파식적 설화) |

### (2) 통치 체제의 정비

| | |
|---|---|
| 중앙 행정 | • 집사부 시중의 권한 강화, 화백 회의의 기능 축소(상대등의 권한 약화) → 왕권 강화<br>• 집사부 아래 위화부 등 13부를 두어 행정 업무 분담<br>• 사정부 설치(태종 무열왕) : 관리 감찰 |
| 지방 행정 | • 9주 : 행정적 기능 강화<br>• 5소경 : 군사·행정상 중요한 곳에 설치, 수도가 동남쪽에 치우친 점 보완 → 지방 균형 발전<br>• 상수리 제도(지방 세력 견제), 외사정 파견(문무왕 때 설치, 지방관 감찰) |
| 군사 제도 | • 9서당(중앙군) : 옷깃 색을 기준으로 9개의 부대로 편성, 고구려·백제·말갈인까지 포함 → 민족 융합 도모<br>• 10정(지방군) : 9주에 1개씩의 정 배치, 국경 지대인 한주에는 2개의 정 배치 |
| 토지 제도 | 관료전 지급, 녹읍 폐지(신문왕) → 정전 지급(성덕왕) → 녹읍 부활(경덕왕) |

### (3) 전제 왕권의 동요

| | |
|---|---|
| 중앙 정치의 문란 | • 정치 혼란 : 무열왕계의 권력 독점에 반발(96각간의 난) → 진골 귀족의 왕위 쟁탈전(혜공왕 피살 이후 150여 년간 20여 명의 왕 교체) → 지방 세력의 반란(김헌창의 난, 장보고의 난)<br>• 상대등의 권한 강화, 시중의 권한 약화 → 왕권 약화 |
| 새로운 세력의 등장 | • 호족 : 스스로 성주·장군이라 칭함 → 지방의 행정권과 군사권 장악, 독자적인 세력 형성<br>- 1세대 : 장보고(법화원, 청해진) / - 2세대 : 견훤, 궁예<br>• 6두품 : 골품제의 모순 비판, 개혁 주장 → 호족 세력과 연계, 반신라적 경향 |
| 농민 봉기 | 진성 여왕 시기에 절정 → 원종과 애노의 난(889), 적고적의 난(896) 등 |
| 새로운 사상 등장 | 선종(실천 수행 강조), 풍수지리설(경주 중심의 지리 개념에서 탈피) → 호족의 사상적 기반이 됨 |

### (4) 후삼국의 성립과 고려의 후삼국 통일

| | |
|---|---|
| 후백제 | • 견훤이 완산주(전주)를 도읍으로 하여 건국(900)<br>• 충청·전라도의 경제력을 바탕으로 군사적 우위 확보, '정개(正開)' 연호 사용, 중국과 외교(후당·오월에 사신 파견, 오월로부터 검교태보의 직을 받음), 신라의 금성을 습격하여 경애왕을 죽게 하고 김부(경순왕)를 즉위시킴 |
| 후고구려 | • 궁예가 양길의 휘하에서 세력을 키운 후 호족들의 지원을 받아 송악(개성)을 도읍으로 하여 건국(901)<br>• 후고구려 건국(901), 수도 송악(개성) → '마진'으로 국호 변경(904), 연호 '무태' → 철원 천도(905), 연호 '성책' → '태봉'으로 국호 변경(911), 연호 '수덕만세'·'정개(政開)'<br>• 중앙 정치 조직 정비 : 광평성을 비롯한 여러 관부 설치<br>• 미륵 신앙을 이용한 궁예의 폭정 → 신하들이 궁예 축출 → 왕건을 왕으로 추대, 고려 건국(918) |
| 고려의 후삼국 통일 | 공산 전투 패배(견훤의 후백제군에 패배, 신숭겸 전사, 927) → 고창 전투 승리(후백제에 우세, 안동 차전놀이, 930) → 견훤 귀순(935) → 신라 통합(경순왕 항복 → 경주의 사심관으로 임명됨, 935) → 일리천 전투 승리(신검의 후백제군 격파, 936) → 황산 전투 승리, 후백제 멸망(후삼국 통일, 936) |

## 2 발해의 발전

| | | |
|---|---|---|
| 건국 | | • 대조영이 고구려 유민과 말갈인을 이끌고 지린성 동모산에서 건국(698)<br>• 고구려 계승 의식 : 일본에 보낸 국서에 '고려·고려 국왕' 호칭 사용, 지배층에 고구려인이 많음, 온돌, 이불병좌상, 돌사자상, 석등 등 고구려 문화와 유사 |
| 발전 | 무왕 | • 대문예에게 흑수 말갈 공격 지시(이후 대문예는 당으로 망명)<br>• 장문휴를 보내 당의 산둥 지방 등주 공격, 일본·돌궐과 교류, '인안' 연호 사용 |
| | 문왕 | • 당과 친선 관계 형성, 당의 제도와 문물 수용 → 3성 6부, 상경성(당의 장안성 모방)<br>• 신라와 상설 교통로 개설(신라도), 중경 → 상경 → 동경으로 천도, '대흥'·'보력' 연호 사용 |
| | 선왕 | • 요동 진출, 지방 행정 체제 확립(5경 15부 62주), '건흥' 연호 사용<br>• 옛 고구려 땅의 대부분 차지 → 전성기를 누림, 이후 당으로부터 '해동성국'이라 불림 |
| 멸망 | | 거란의 침략으로 멸망(926) |
| 통치 체제 | 중앙 | • 당의 3성 6부제 수용, 운영과 명칭에서 독자성 유지<br>- 3성 : 정당성, 선조성, 중대성 → 정당성을 중심으로 운영(정당성의 장관인 대내상이 국정 총괄)<br>- 6부 : 정당성이 6부를 둘로 나누어 관할(좌사정 - 충·인·의부, 우사정 - 지·예·신부), 6부의 명칭에 유교 이념 반영<br>• 중정대(감찰 기구, 관리 감찰), 문적원(서적 관리, 주요 문서 작성) |
| | 지방 | 5경 15부 62주 |
| | 군사 | 중앙군 - 10위(왕궁과 수도 경비), 지방군 - 각지에 배치, 지방관이 지휘 |
| | 교육 | 주자감(유교 교육 담당), 당에 유학생 파견 |

# 06강 고대(통일 신라, 발해)

**1** 밑줄 그은 '이 왕'에 대한 설명으로 옳은 것은? [3점]

심화 74회 06번

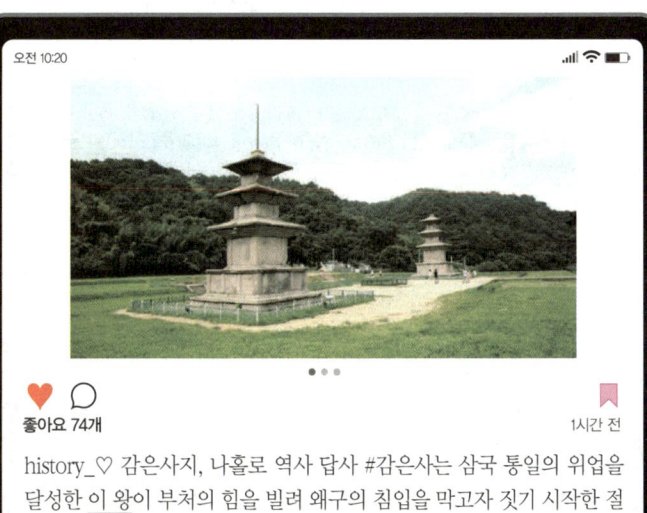

오전 10:20

좋아요 74개 1시간 전

history_♡ 감은사지, 나홀로 역사 답사 #감은사는 삼국 통일의 위업을 달성한 이 왕이 부처의 힘을 빌려 왜구의 침입을 막고자 짓기 시작한 절이야. 그 뜻을 이어받은 아들 신문왕이 완공했고, 절의 이름을 #감은사라고 지었다고 해. 나는 이제 이 왕의 수중릉인 #대왕암으로 이동!

① 이사부를 보내 우산국을 복속하였다.
② 건원이라는 독자적 연호를 사용하였다.
③ 관료전을 지급하고 녹읍을 폐지하였다.
④ 거칠부에게 명하여 국사를 편찬하였다.
⑤ 지방관을 감찰하고자 외사정을 파견하였다.

### 1 신라 문무왕의 업적 정답 ⑤

정답 찾기 삼국 통일의 위업을 달성하였고, 신문왕이 아들이라는 내용을 통해 밑줄 그은 '이 왕'이 신라 문무왕임을 알 수 있어요. ⑤ 문무왕은 지방관을 감찰하기 위해 감찰 관리인 외사정을 파견하였어요.

오답 피하기
① 신라 지증왕은 이사부를 보내 지금의 울릉도 일대인 우산국을 복속하였어요.
② 신라 법흥왕은 '건원'이라는 독자적인 연호를 사용하였어요.
③ 신라 신문왕은 관료전을 지급하고 녹읍을 폐지하여 귀족 세력의 경제 기반을 약화하였어요.
④ 신라 진흥왕은 거칠부에게 명하여 역사서인 "국사"를 편찬하게 하였어요.

**2** (가) 왕의 업적으로 옳은 것은? [2점]

심화 67회 07번

대왕암이 내려다 보이는 이곳은 경주 이견대입니다. 선왕을 기리며 감은사를 완공한 (가) 은/는 이곳에서 용을 만나는 신묘한 일을 겪었고, 이를 통해 검은 옥대와 만파식적의 재료가 된 대나무를 얻었다고 합니다.

① 향가 모음집인 삼대목을 편찬하였다.
② 관료전을 지급하고 녹읍을 폐지하였다.
③ 인사를 담당하는 위화부를 창설하였다.
④ 건원이라는 독자적인 연호를 사용하였다.
⑤ 시장을 감독하기 위해 동시전을 설치하였다.

### 2 신라 신문왕의 정책 정답 ②

정답 찾기 감은사를 완공하였으며, 만파식적 설화와 관련된 (가) 왕은 신라 신문왕이에요. 삼국 통일을 완수한 문무왕의 뒤를 이어 즉위한 신문왕은 즉위 초에 일어난 김흠돌의 난을 진압하면서 진골 귀족 세력을 숙청하고 왕권을 강화하였어요. 이를 바탕으로 통치 체제를 정비하여 9주 5소경의 지방 행정 조직을 마련하고 9서당 10정의 군사 조직을 갖추었습니다. 또한, 국학을 설치하여 유학을 교육하고 왕권을 뒷받침할 인재를 양성하였어요. ② 신문왕은 관리에게 해당 지역에서 조세만 거둘 수 있는 관료전을 지급하고, 노동력까지 징발할 수 있는 녹읍을 폐지하여 귀족의 경제적 기반을 약화하였어요.

오답 피하기
① 신라 진성 여왕은 위홍과 대구 화상에게 명하여 향가 모음집인 "삼대목"을 편찬하게 하였어요.
③ 신라 진평왕은 위화부를 창설하여 관리 인사에 관한 업무를 담당하게 하였어요.
④ 신라 법흥왕은 '건원'이라는 독자적인 연호를 사용하였어요.
⑤ 신라 지증왕은 수도 금성에 시장인 동시와 이를 감독하는 관청인 동시전을 설치하였어요.

## 3 (가)에 들어갈 내용으로 가장 적절한 것은? [2점]

심화 75회 06번

① 김흠돌의 난이 진압되었어요.
② 만적이 개경에서 봉기를 도모하였어요.
③ 관료전이 지급되고 녹읍이 폐지되었어요.
④ 김헌창이 웅천주에서 반란을 일으켰어요.
⑤ 이차돈의 순교를 계기로 불교가 공인되었어요.

## 4 (가) 인물에 대한 설명으로 옳은 것은? [2점]

심화 72회 09번

11:07
나는 지금 경주 포석정지에 와 있어. 삼국사기에 의하면 이곳은 경애왕이 연회를 벌이다가 (가)의 습격을 받은 곳이야.
(가)에 대해 더 알려 줄래?
그는 공산 전투에서 고려군에 대승을 거두기도 했어.

① 훈요 10조를 남겼다.
② 경주의 사심관으로 임명되었다.
③ 금마저에 미륵사를 창건하였다.
④ 완산주를 도읍으로 삼아 나라를 세웠다.
⑤ 광평성을 비롯한 정치 기구를 마련하였다.

### 3 신라 말의 상황 정답 ④

**정답 찾기** 혜공왕 피살 이후 진골 귀족들의 왕위 다툼이 치열하게 전개되었다는 내용을 통해 (가)에 들어갈 내용이 신라 말에 일어난 사실임을 알 수 있어요. 8세기 후반 혜공왕 피살 이후 진골 귀족 간의 왕위 쟁탈전이 치열하게 전개되면서 중앙 정치는 혼란에 빠지고 지방 통제력이 약화되어 지방에서는 독자적인 세력을 가진 호족이 성장하였어요. 또한, 귀족들의 농민 수탈이 더욱 심해지면서 농민 중에는 토지를 잃고 노비가 되거나 도적이 되는 이들도 있었어요. 이러한 혼란은 진성 여왕 때 극에 달하여 원종과 애노의 봉기 등 하층민의 봉기가 전국 곳곳에서 일어났어요. ④ 9세기 전반 신라 헌덕왕 때 웅천주 도독 김헌창은 아버지 김주원이 왕위에 오르지 못한 것에 불만을 품고 반란을 일으켰어요(822).

**오답 피하기**
① 7세기 후반 신라 신문왕 때 왕의 장인인 김흠돌이 반란을 도모하였으나 진압되었어요.
② 12세기 후반 고려 무신 집권기에 만적이 개경(지금의 개성)에서 노비를 모아 신분 해방을 도모하는 봉기를 모의하였으나 사전에 계획이 발각되어 실패하였어요.
③ 7세기 후반 신라 신문왕 때 관료전이 지급되고 녹읍이 폐지되어 진골 귀족의 경제적 기반이 약화되었어요.
⑤ 6세기 신라 법흥왕 때 이차돈의 순교를 계기로 불교가 공인되었어요.

### 4 후백제 견훤의 활동 정답 ④

**정답 찾기** 경애왕을 습격하였으며, 공산 전투에서 고려군에 대승을 거두었다는 내용을 통해 (가) 인물이 후백제 견훤임을 알 수 있어요. 견훤은 신라가 고려와 연합하여 대항하려 하자 신라를 공격해 경애왕을 죽게 하였고, 신라를 도우러 온 고려군을 공산 전투에서 크게 물리쳤어요. 그러나 후백제는 고창 전투에서 고려군에 패배하면서 세력이 약화되었고, 이러한 상황에서 견훤은 왕위 계승에 불만을 품은 큰아들 신검에 의해 금산사에 유폐되었다가 탈출하여 고려에 귀부하였어요. ④ 견훤은 지금의 전주 지역인 완산주를 도읍으로 삼아 후백제를 건국하였어요.

**오답 피하기**
① 고려를 세운 태조 왕건은 후대 왕에게 정책 방향을 제시한 훈요 10조를 남겼어요.
② 신라의 마지막 왕인 경순왕 김부는 고려에 항복한 후 경주의 사심관으로 임명되었어요.
③ 백제 무왕은 지금의 익산 지역인 금마저에 미륵사를 창건하였어요.
⑤ 후고구려를 세운 궁예는 광평성을 비롯한 정치 기구를 마련하였어요.

**5** 심화 73회 10번

(가) 인물에 대한 설명으로 옳은 것은? [3점]

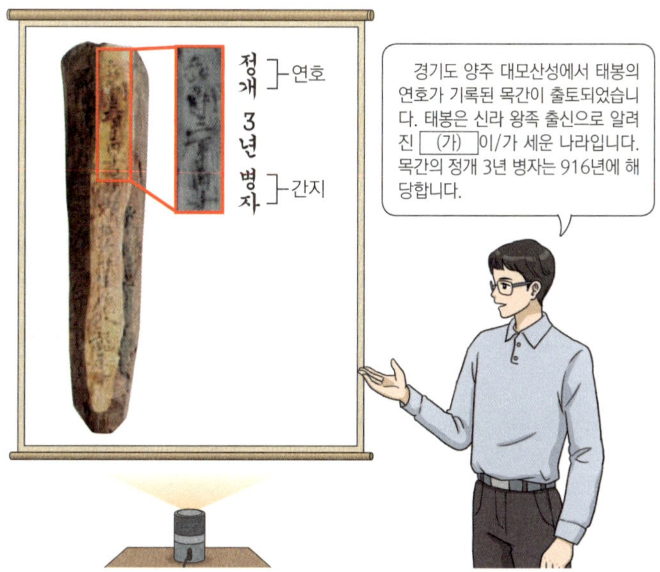

정개 — 연호
3년
병자 — 간지
경기도 양주 대모산성에서 태봉의 연호가 기록된 목간이 출토되었습니다. 태봉은 신라 왕족 출신으로 알려진 (가) 이/가 세운 나라입니다. 목간의 정개 3년 병자는 916년에 해당합니다.

① 경주의 사심관으로 임명되었다.
② 12목에 지방관을 처음으로 파견하였다.
③ 폐정 개혁을 목표로 정치도감을 설치하였다.
④ 광평성을 비롯한 각종 정치 기구를 마련하였다.
⑤ 오월(吳越)에 사신을 보내고 검교태보의 직을 받았다.

**5 후고구려 궁예의 활동** 정답 ④

정답 찾기 '태봉'이라는 나라를 세웠다는 내용을 통해 (가) 인물이 후고구려 궁예임을 알 수 있어요. 신라의 왕족 출신으로 알려진 궁예는 북원 지역의 호족인 양길의 휘하에서 세력을 키운 후 호족들의 지원을 받아 송악을 도읍으로 삼아 후고구려를 세웠어요. 이후 ④ 국호를 '마진'으로 바꾸고 최고 중앙 관서인 광평성을 비롯한 각종 정치 기구를 마련하였어요. 그 뒤 다시 국호를 '태봉'으로 고친 궁예는 왕권을 강화하기 위해 미륵불을 자처하며 폭정을 펴 신하들에 의해 왕위에서 쫓겨났어요.

오답 피하기
① 신라의 마지막 왕 경순왕 김부는 고려에 항복한 후 경주의 사심관으로 임명되었어요.
② 고려 성종은 12목을 설치하고 처음으로 지방관을 파견하였어요.
③ 고려 충목왕은 폐정 개혁을 목표로 정치도감을 설치하였어요.
⑤ 후백제를 세운 견훤은 오월에 사신을 보내고 검교태보의 직을 받았어요.

**6** 심화 75회 10번

(가), (나) 사이의 시기에 있었던 사실로 옳은 것은? [3점]

> (가) 견훤이 신라의 수도로 들어갔다. 포석정에서 연회를 벌이고 있던 신라 왕은 적의 병사들이 이르렀다는 말을 듣고 부인과 함께 달아나 성의 남쪽에 있는 별궁에 숨었다. 견훤은 신라 왕을 찾아내고 핍박하여 자결하게 하였다.
>
> (나) 견훤이 고창군을 포위하자 유금필이 왕에게 아뢰기를, "싸워 보지도 않고 먼저 패배를 걱정하는 것은 어째서입니까? 신은 군대를 진격해 서둘러 공격하기를 바랍니다."라고 하니 왕이 허락하였다.

① 신숭겸이 공산 전투에서 전사하였다.
② 안승이 보덕국의 왕으로 책봉되었다.
③ 흑치상지가 임존성에서 군사를 일으켰다.
④ 최치원이 왕에게 시무 10여 조를 건의하였다.
⑤ 왕건이 일리천 전투에서 신검에게 승리하였다.

**6 후삼국 통일의 과정** 정답 ①

정답 찾기 (가)는 견훤이 신라의 수도로 들어가 신라 왕을 자결하게 하였다는 내용을 통해 927년 후백제가 신라 금성을 공격한 상황임을 알 수 있어요. 후백제를 세운 견훤은 신라가 고려와 연합하려는 움직임을 보이자 이를 막기 위해 기습적으로 신라의 수도 금성을 공격하였어요. 견훤은 경애왕을 자결하게 하고 경순왕(김부)을 새로운 왕으로 세웠어요. 그리고 돌아가는 길에 신라를 지원하러 온 고려군을 공산 전투에서 크게 물리쳤어요. (나)는 견훤이 고창군을 포위하자 유금필이 왕(태조 왕건)에게 공격을 건의하는 것으로 보아 930년 고창 전투 당시의 상황임을 알 수 있어요. 공산 전투 이후 패권을 두고 후백제와 고려의 대립이 다시 격화되었고, 전략적으로 중요한 지역인 고창(안동)에서 양국 군대가 격돌하였어요. 고려는 지역 호족들의 지원을 받아 후백제에 승리하였고, 이후 후삼국 통일의 주도권을 장악하였어요. ① 공산 전투 당시 고려의 장수 신숭겸이 왕건의 목숨을 구하고 전사하였어요.

오답 피하기
② 안승은 고구려 부흥 운동을 주도한 검모잠을 제거한 후 신라에 망명하였고, 674년에 보덕국의 왕으로 책봉되었어요.
③ 660년 백제 멸망 후 흑치상지는 임존성에서 군사를 일으켜 백제 부흥 운동을 전개하였어요.
④ 당에서 신라로 돌아온 최치원은 혼란스러운 정치 상황을 바로잡기 위해 894년에 진성 여왕에게 시무 10여 조를 건의하였으나 귀족들의 반발로 실현하지는 못하였어요.
⑤ 936년 왕건의 고려군은 일리천 전투에서 신검의 후백제군에 승리하였어요.

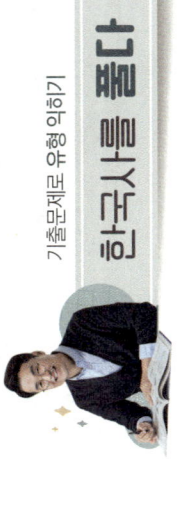

## 7 다음 자료에 나타난 국가에 대한 설명으로 옳은 것은? [2점]

심화 75회 08번

> ○ 조영이 죽으니, 시호를 고왕이라 하였다. 아들 무예가 왕위에 올라 영토를 크게 개척하니, 동북의 모든 오랑캐들이 두려워하여 신하가 되었다. 또 연호를 인안(仁安)으로 고쳤다.
>
> ○ 무예가 죽자, 시호를 무왕이라 하였다. 아들 흠무가 왕위에 올라 연호를 대흥(大興)으로 고쳤다.
>
> ○ 인수가 왕위에 올라 연호를 건흥(建興)으로 고치니, 그의 4대조 야발은 조영의 아우이다. 인수는 바다 북쪽의 여러 부(部)를 토벌하고 영역을 크게 넓힌 공이 있다.

① 골품에 따라 관등 승진을 제한하였다.
② 주자감을 설치하여 인재를 양성하였다.
③ 내신좌평 등 6좌평의 관제를 정비하였다.
④ 국경 지역인 양계에 병마사를 파견하였다.
⑤ 상수리 제도를 통해 지방 세력을 견제하였다.

## 8 (가) 국가에 대한 설명으로 옳은 것은? [1점]

심화 70회 07번

> 신라고기(新羅古記)에 이르기를 "고(구)려의 옛 장수 조영의 성은 대씨(大氏)니 남은 군사를 모아 태백산 남쪽에서 나라를 세우고 나라 이름을 (가) (이)라고 하였다." …… 지장도(指掌圖)에 보면 " (가) 은/는 만리장성 동북쪽 모서리 밖에 있다."라고 하였다.

① 군사 조직으로 9서당 10정을 편성하였다.
② 정사암에 모여 국가 중대사를 논의하였다.
③ 광평성을 비롯한 각종 정치 기구를 갖추었다.
④ 5경 15부 62주의 지방 행정 제도를 마련하였다.
⑤ 상수리 제도를 시행하여 지방 세력을 견제하였다.

### 7 발해 정답 ②

**정답 찾기** '인안', '대흥', '건흥' 등의 연호를 사용하였다는 내용을 통해 자료에 나타난 국가가 발해임을 알 수 있어요. 발해는 대조영이 고구려 유민과 말갈인을 이끌고 건국한 나라로 고구려 계승 의식을 표방하였어요. 발해 무왕은 '인안', 문왕은 '대흥', 선왕은 '건흥'이라는 독자적인 연호를 사용하였어요. 선왕 때 옛 고구려 영토의 대부분을 차지하고 전성기를 이루었으며 이 무렵 중국으로부터 '해동성국'이라고 불리기도 하였어요. 발해는 중앙 정치 조직으로 3성 6부를 정비하였으며, 5경 15부 62주의 지방 행정 제도를 마련하였어요. 또 ② 최고 교육 기관으로 주자감을 설치하여 인재를 양성하였어요.

**오답 피하기**
① 신라는 엄격한 신분제인 골품제를 운영하여 골품에 따라 관등 승진을 제한하였어요.
③ 백제는 내신좌평, 위사좌평 등 6좌평의 관제를 정비하였어요.
④ 고려는 5도 양계의 지방 행정 제도를 정비하고, 국경 지역인 양계에 병마사를 파견하였어요.
⑤ 신라는 지방 세력을 견제하기 위해 지방의 세력가나 그 자제를 일정 기간 수도에 거주하게 하는 상수리 제도를 실시하였어요.

### 8 발해 정답 ④

**정답 찾기** 고구려의 옛 장수 대조영이 나라를 세웠다는 내용을 통해 (가) 국가가 발해임을 알 수 있어요. 발해는 고구려 출신 대조영이 고구려 유민과 말갈인을 이끌고 지린성 동모산에서 세운 나라이며 고구려 계승 의식을 표방하였어요. 9세기 선왕 때 옛 고구려의 영토를 대부분 회복하고 전성기를 맞았으며, 이 무렵 중국으로부터 '해동성국'이라고 불리기도 하였어요. 발해는 당의 제도를 받아들여 3성 6부의 중앙 정치 조직을 갖추었으나 그 명칭과 운영에서는 독자성을 유지하였어요. ④ 발해는 주요 지역에 5경을 설치하였으며, 지방을 15부로 나누고 그 아래 62주를 둔 지방 행정 제도를 마련하였어요.

**오답 피하기**
① 신라는 통일 이후 9서당의 중앙군과 10정의 지방군을 편성하여 군사 조직을 정비하였어요.
② 백제에서는 귀족들이 정사암에 모여 재상을 선출하거나 국가 중대사를 논의하였어요.
③ 후고구려를 세운 궁예는 국호를 '마진'으로 바꾸고 광평성을 비롯한 각종 정치 기구를 두었어요.
⑤ 신라는 지방 세력가나 그 자제를 일정 기간 수도에 머무르게 하는 상수리 제도를 시행하여 지방 세력을 견제하였어요.

# 06강 고대(통일 신라, 발해)

**Ready go**
이번 강 별 채우기 제한 시간은 2분 50초
한 문장을 끝까지 또박또박 읽어야 패스!

기출 선택지로 별 채우기
한국사를 채우다

01 ★★왕은 나·당 전쟁에서 승리하여 삼국 통일을 이룩하였다.

02 문무왕은 지방관을 감찰하고자 외★★을 파견하였다.

03 신문왕은 장인인 김★★의 반란을 진압하고 진골 귀족 세력을 숙청하여 왕권을 강화하였다.

04 신문왕은 왕권 강화를 위해 집사부의 장관인 ★★(중시)의 권한을 강화하였다.

05 ★★왕은 관리에게 관료전을 지급하고 녹읍을 폐지하였다.

06 신문왕은 유학 교육을 위해 ★학을 설립하였다.

07 통일 이후 신라는 지방을 ★주로 나누고, 수도가 동남쪽으로 치우친 것을 보완하기 위해 ★소경을 설치하였다.

08 통일 이후 신라는 9★★ 10★의 군사 조직을 운영하였다.

09 신라는 ★★★ 제도를 실시하여 지방 세력을 견제하였다.

10 신라 말에 웅천주 도독 김★★의 난 이후 진골 귀족들의 왕위 다툼이 심화되었다.

11 신라 말에 왕권이 약화되고 지방에서 ★족들이 반독립적인 세력으로 성장하였다.

12 신라 말에 일부 ★두품 세력은 골품제를 비판하며 새로운 사회 건설을 추구하였다.

13 신라 말에 참선과 수행을 통해 깨달음을 얻고자 하는 ★종 불교가 호족의 후원을 받으며 성행하였다.

14 신라 말에 장★★는 청해진을 거점으로 반란을 도모하였다.

15 견훤은 완산주를 도읍으로 ★★★를 건국하고, 중국과도 외교 관계를 맺어 후당, 오월에 사신을 파견하였다.

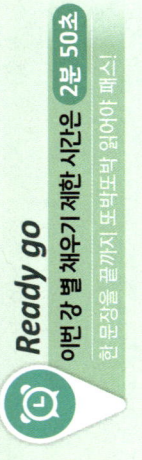

**16** 후백제의 ★★은 신라의 금성을 습격하여 경애왕을 죽게 하였다.

**17** 궁예는 송악 지방 호족들의 후원을 받아 후★★★를 건국하였다.

**18** 궁예는 광★성 등 각종 정치 기구를 마련하였다.

**19** 궁예는 국호를 '★진'으로 바꾸고 ★원으로 천도하였다.

**20** 후백제군은 ★산 전투에서 고려군에 대승을 거두었다.

**21** 신검의 후백제 군대는 ★★천 전투에서 왕건의 고려군에 패배하였다.

**22** 대★★은 지린성 동모산에서 발해를 세웠다.

**23** 발해는 일본에 보낸 국서에서 '★★ 국왕'이라는 명칭을 사용하여 고구려 계승 의식을 드러냈다.

**24** 발해 ★왕은 대문예에게 흑수 말갈의 정벌을 명하였고, 장문휴를 보내 당의 등주를 공격하였다.

**25** 발해 무왕은 '★안'이라는 독자적인 연호를 사용하였으며, 일본에 사신과 국서를 보냈다.

**26** 발해 ★왕은 당의 선진 문물과 제도를 수용하여 3성 6부의 중앙 통치 체제를 정비하였다.

**27** 발해 문왕은 '★흥'이라는 독자적인 연호를 사용하였으며, 신라와의 상설 교통로인 ★★도를 개설하였다.

**28** 발해 ★왕은 '건흥'이라는 연호를 사용하였으며, 이 시기에 발해는 전성기를 이루어 중국으로부터 '★★성국'이라 불렸다.

**29** 발해의 중앙 관제는 당의 ★성 ★부를 모방하였으나 명칭과 운영 방식에서는 독자성을 가졌다.

**30** 발해는 3성 가운데 ★★성의 장관인 대내상이 국정을 총괄하였으며, ★★대를 두어 관리를 감찰하였다.

**31** 발해는 ★경 ★★부 ★★주의 지방 행정 제도를 마련하였다.

**32** 발해는 교육 기관으로 ★★감을 설치하였으며, 서적 관리, 주요 문서 작성 등을 위해 ★★원을 두었다.

정답

**01** 문무 **02** 사정 **03** 흠돌 **04** 시중 **05** 신문 **06** 국 **07** 9, 5 **08** 서당, 정 **09** 상수리 **10** 헌창 **11** 호 **12** 6 **13** 선 **14** 보고 **15** 후백제 **16** 견훤 **17** 고구려 **18** 평 **19** 마, 철 **20** 공 **21** 일리 **22** 조영 **23** 고려 **24** 무 **25** 인 **26** 문 **27** 대, 신라 **28** 선, 해동 **29** 3, 6 **30** 정당, 중정 **31** 5, 15, 62 **32** 주자, 문적

# 07강 고대(경제, 사회)

강의 바로 보기

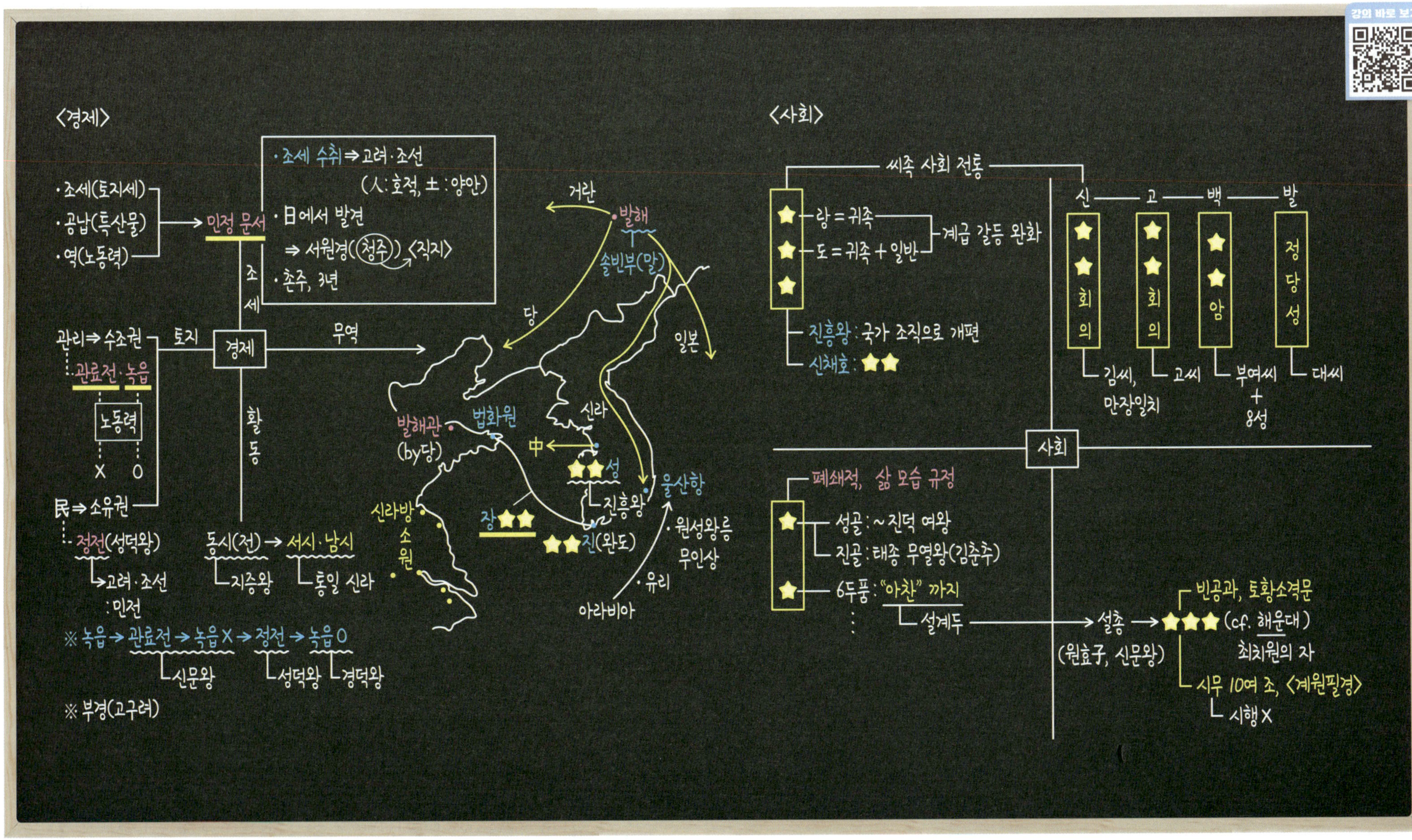


★정답 당항, 보고, 청해, 화랑도, 낭가, 화백, 제가, 정사, 골품, 최치원

→ 나만의 약점 단권화 노트 12쪽에서 완성 판서를 확인하세요.

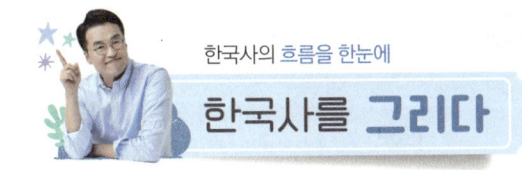

# 07강 고대(경제, 사회)

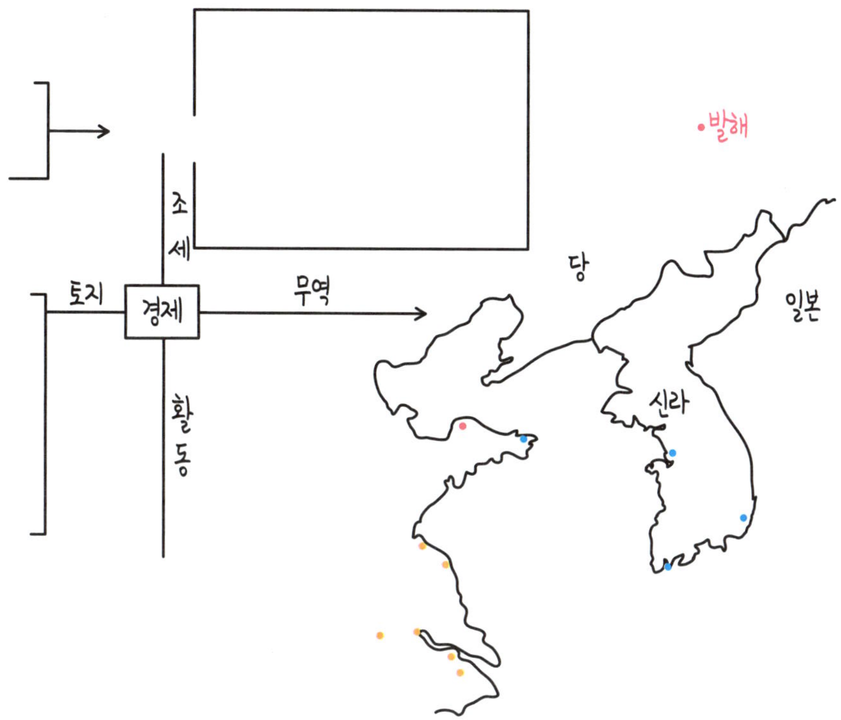


〈사회〉

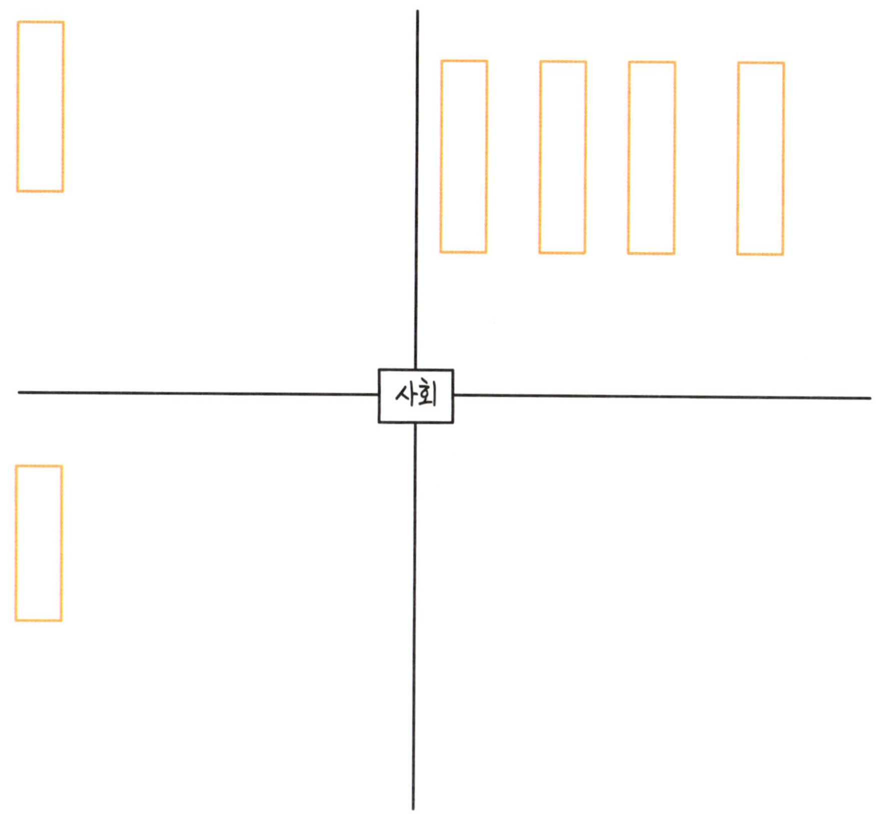

# 07강 고대(경제, 사회)



## 삼국의 농업 정책

삼국 시대에는 농업이 경제 활동에서 가장 큰 비중을 차지하였어요. 이에 삼국은 농민의 생활을 안정시키고 농업 생산력을 높이기 위해 철제 농기구를 보급하고 우경을 장려하였어요. 또한, 황무지를 개척하고 보와 저수지 등의 수리 시설을 확충하여 가뭄에 대비하였습니다. 농업에 힘쓰지 않는 지방관은 처벌하기도 하였어요.

〈고구려〉
- 후한 요동 태수 최식이 말하기를 "지금 요동에서는 쟁기로 농사를 짓는데 …… 두 마리 소를 사용하는데 두 사람이 끌고 한 사람이 쟁기를 잡고 간다. 그 뒤에 한 사람이 씨를 뿌리고 한 사람이 덮는다. 대개 소 두 마리와 여섯 사람이 함께 일한다."라고 하였다. - "제민요술" -
- 나라에 큰 창고는 없고 집집마다 조그만 창고가 있는데, 이를 부경(桴京)이라고 한다. - "삼국지" 위서 동이전 -

〈백제〉
구수왕 9년(222) 봄 2월에 담당 관청에 명하여 제방을 수축하게 하였다. - "삼국사기" -

〈신라〉
- 파사 이사금 즉위 11년(90) 가을 7월에 사신 열 사람을 파견하여, 주주(州主)나 군주(郡主)로서 공무에 근실하지 못하여 농토를 많이 묵히는 자를 몰래 살펴 벼슬을 낮추거나 거두었다. - "삼국사기" -
- 지증 마립간 3년(502) 3월에 주주와 군주에게 각각 명하여 농사를 권장하게 하였고, 처음으로 소를 부려 논밭을 갈았다. - "삼국사기" -

## 삼국의 대외 무역

삼국의 대외 무역은 4세기 이후 크게 발달하였어요. 교역은 왕실과 귀족의 필요에 따라 주로 공무역의 형태로 이루어졌습니다. 고구려는 남북조 및 유목 민족과 교류하였고, 백제는 남조 및 왜와 활발하게 교류하였습니다. 신라는 고구려와 백제를 통해 중국과 교류하다가 당항성을 확보한 이후에는 직접 교류하였습니다.

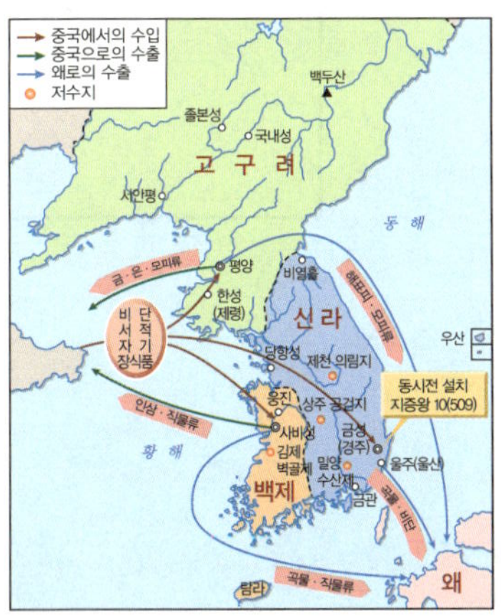


## 삼국 시대 귀족과 농민의 생활

삼국 시대의 귀족은 본래 자신이 갖고 있던 재산 외에 국가로부터 녹읍과 식읍을 지급받았으며, 고리대 등을 통해 많은 사유지와 노비를 소유하여 경제적으로 풍족한 생활을 하였어요. 반면에 농민은 자신이 소유한 땅이나 귀족의 토지를 빌려 경작하였는데, 국가와 귀족에게 조세로 곡물과 특산물을 바쳐야 하였기 때문에 대체로 어려운 생활을 하였어요.

- 대가들은 경작하지 않고 먹는 자가 1만 명이나 되며, 하호(평민)는 먼 곳에서 쌀, 낟알, 물고기, 소금 등을 져서 날라다 대가에게 공급하였다. - "삼국지" -
- 위략에 이르기를 대가들은 경작하지 않고, 하호들은 세금을 바치며 노비와 같다. - "태평어람" -

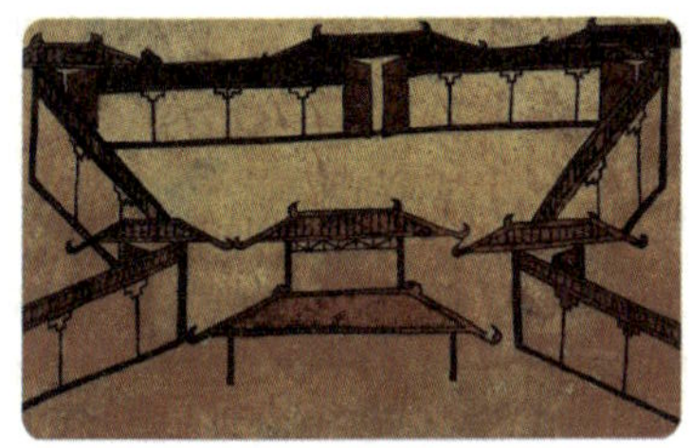
귀족의 기와집
(황해도 안악 1호분 벽화)

귀족과 노비의 모습
(중국 지린성 지안, 무용총 벽화)

## 통일 신라 시대의 녹읍과 관료전

통일 이후 신라는 귀족들에게 지급하는 식읍을 제한하고, 관리에게 관료전을 지급하면서 녹읍을 폐지하였어요. 이에 농민에 대한 귀족의 지배력이 크게 약화되고 왕권이 강해졌으나, 경덕왕 때 귀족들의 반발로 녹읍이 부활되었어요. 한편, 성덕왕은 백성에게 정전을 지급하여 국가의 토지 지배력을 강화하였습니다.

- 신문왕 7년(687) 5월, 문무 관리에게 관료전을 지급하되 차등을 두었다.
- 신문왕 9년(689) 1월, 내외관의 녹읍을 혁파하고 매년 조를 내리되 차등이 있게 하여 이로써 영원한 법식을 삼았다.
- 성덕왕 21년(722) 8월, 처음으로 백성에게 정전을 지급하였다.
- 경덕왕 16년(757) 3월, 여러 내외관의 월봉을 없애고 다시 녹읍을 나누어 주었다.
- 소성왕 원년(799) 청주의 거로현(居老縣)을 학생의 녹읍으로 삼았다. - "삼국사기" -

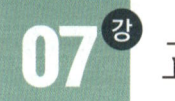

### 용어 사전

**조세 제도**
- 조세 : 재산에 따라 세금을 내는 것이에요. 고대의 재산은 대부분 토지이므로 쉽게 토지세라고 생각하면 돼요.
- 공납 : 각 지역의 특산물을 현물로 내는 것을 말해요.
- 역 : 국가가 무상으로 노동력을 징발하는 것으로, 군 복무를 하는 군역과 토목, 건축 사업 등에 징발되어 노동력을 제공하는 요역이 있어요.

**정전**
성덕왕 때 백성에게 지급한 토지예요. 자기 소유의 땅을 농사짓는 자영농이 많을수록 국가가 거둘 수 있는 세금이 늘어납니다. 또한, 농민이 경제적으로 어려우면 귀족에게 귀속될 가능성이 높아지고, 이것은 왕권 약화로 이어질 수 있기 때문에 자영농을 육성하는 것이 국가로서는 중요한 사업이었어요.

**동시**
지증왕 때 수도 금성에 설치된 시장이에요. 동시를 관리·감독하기 위해 동시전이라는 관청이 설치되었어요. 통일 후 인구가 늘고 상품 수요가 증가하여 금성에 서시, 남시와 같은 시장이 추가로 설치되었고, 시전(서시전, 남시전)을 두어 각 시를 감독하였어요.

### 신라 촌락 문서(민정 문서)

일본의 도다이사[동대사(東大寺)] 쇼소인[정창원(正倉院)]에서 발견된 통일 신라 시대의 문서로, 서원경(청주) 인근 4개 촌락의 토지 크기, 인구수, 소와 말의 수 등이 기록되어 있어요. 호는 인구수에 따라 9등급, 인구는 남녀를 각기 연령별로 6등급으로 분류하여 기재하였어요. 신라 촌락 문서는 3년마다 다시 조사하여 기록하였는데, 이를 통해 촌락의 경제 상황과 세무 행정에 대해 알 수 있어요.

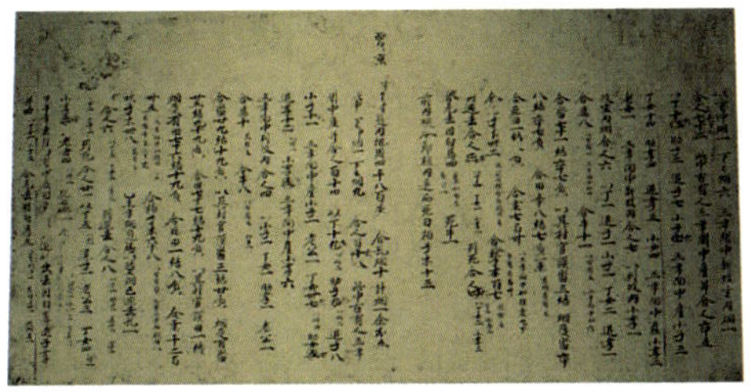

### 엔닌의 "입당구법순례행기"

일본의 승려 엔닌은 당을 순례하던 중 위험에 처했을 때 장보고가 세운 법화원에 머무르며 장보고의 도움을 받았어요. 엔닌이 당을 순례하고 기록한 여행기인 "입당구법순례행기"에는 엔닌이 장보고에게 보낸 편지가 실려 있습니다. 장보고는 완도에 청해진을 설치하여 신라·당·일본을 잇는 해상 무역을 장악하였어요. 그리고 중국 산둥반도에 법화원이라는 사찰을 지었는데, 이곳에는 신라인뿐만 아니라 중국인, 일본인 등 많은 사람이 왕래하였어요. 한편, 장보고는 중앙의 권력 다툼에 연루되어 반란을 일으켰다가 살해되었습니다.

> 귀하를 뵌 적은 없으나 높으신 이름을 오래 전에 들었기에 흠모하는 마음이 더욱 깊어만 갑니다. …… 부족한 이 사람은 다행히도 대사께서 세우신 이곳 법화원에 머무를 수 있었던 것을 말로 다할 수 없이 감사하게 생각합니다. 저는 은혜를 입고 있으면서도 멀리 떨어져 찾아뵙지 못하였습니다.
> – "입당구법순례행기" –

### 남북국 시대의 무역

통일 이후 신라와 당의 교류가 증가하면서 산둥반도와 양쯔강 하류에 신라방, 신라촌, 신라소, 신라원 등이 설치되었어요. 신라는 장보고의 청해진 설치로 안정적인 해상 무역이 가능하였습니다.

발해는 대외 무역에 적극적이었으며 거란, 당, 일본, 신라 등과 교류하였어요. 당과는 문왕 때 교류를 시작하였으며, 당의 산둥반도에 발해관이 설치되었어요. 일본과도 일본도를 통해 무역을 활발히 전개하였고, 신라와는 신라도를 통해 교류하였습니다. 발해는 솔빈부의 말, 막힐부의 돼지 등이 특산물로 유명하였어요.

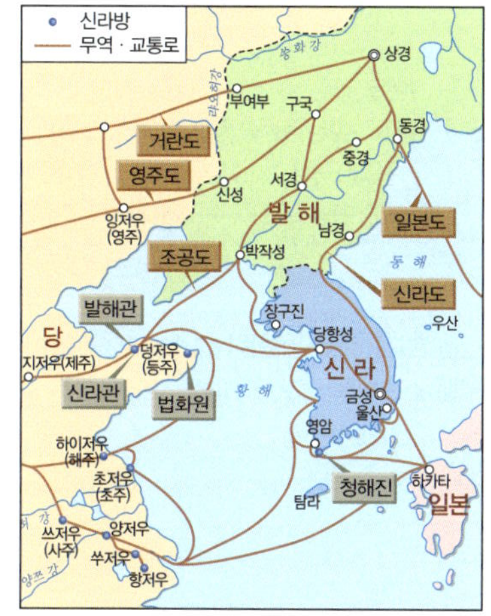

통일 신라와 발해의 대외 무역로

### 서역과의 교류

통일 신라 시기에는 국제 무역이 번성하여 울산항에 아라비아 상인이 왕래하였어요. 원성왕릉에는 서역인의 모습을 한 무인석이 있으며, 황남 대총에서 나온 봉수형 유리병은 서역에서 만들어져 신라에 들어온 것으로 보입니다. 이를 통해 신라가 서역과 교류하였음을 알 수 있어요.

원성왕릉의 무인석

봉수형 유리병

**용어 사전**

**신라방**
당의 동해안 일대에 신라인이 집단으로 거주하던 자치 지역을 말해요.

**신라소**
당의 동해안 일대에 설치된 신라인들의 자치 기관이에요.

**신라원**
신라 사람이 당의 신라방에 세운 절을 통틀어 말합니다. 장보고가 세운 법화원이 대표적인 신라원이에요.

**발해관**
당에 간 발해의 사신들이 머물던 일종의 여관이에요.

# 07강 고대(경제, 사회)

낯선 용어와 자료 돋보기

## 한국사를 보다

### 신라의 화랑도

화랑도는 청소년 수련 단체인 원화(源花)에서 기원한 것으로, 풍월도, 국선도라고도 불렸으며 진골 출신의 화랑과 그가 이끄는 다양한 신분의 낭도들로 이루어졌어요. 화랑과 낭도들은 원광의 세속 5계를 지키며 생활하였고, 사냥·군사 훈련 등을 통해 협동과 단결 정신을 기르고 심신을 연마하였습니다. 화랑도는 신라 사회를 이끌어 갈 인재를 양성하고, 여러 계층이 일체감을 가지고 활동하여 계층 간의 대립과 갈등을 완화하는 역할을 하였어요. 진흥왕은 화랑도를 국가 조직으로 개편하여 많은 인재를 양성하였습니다.

- 진흥왕 37년, 외모가 고운 남자를 뽑아 곱게 단장하게 하고 이름을 화랑이라 하여 받들게 하니, 따르는 무리들이 구름처럼 몰려들었다. 혹은 도의(道義)로써 서로 연마하고 혹은 노래와 음악으로 서로 즐겼는데, 산과 물을 찾아 노닐고 즐기니 멀리 이르지 않은 곳이 없었다. 이로 인해 그들 중에 나쁘고 나쁘지 아니한 것을 알게 되어 그중의 착한 자를 가려 조정에 추천하게 되었다. - "삼국사기" -
- 여러 해 뒤에 왕은 또 나라를 흥하게 하려면 반드시 풍월도(風月道)를 먼저 해야 한다고 생각하여 다시 명령을 내려 좋은 가문 출신의 남자로 행이 있는 자를 선발해 (명칭을) 고쳐서 화랑이라고 하였다. 처음 설원랑을 받들어 국선(國仙)으로 삼았는데 이것이 화랑 국선의 시초이다. - "삼국유사" -
- 세속 5계 : 충으로써 임금을 섬긴다. 효로써 부모를 섬긴다. 믿음으로써 벗을 사귄다. 전쟁에 임하여 물러서지 않는다. 살생을 가려서 한다.

### 신라의 골품제

골품제는 왕족을 대상으로 한 골제(성골, 진골)와 귀족을 대상으로 한 두품제가 통합된 신라의 신분 제도예요. 정복하거나 통합한 지역의 부족장을 중앙 귀족으로 편입시키는 과정에서 세력에 따라 등급을 서열화하여 마련되었어요. 골품제는 정치·사회 활동뿐만 아니라 가옥의 규모와 수레 크기, 장신구 등 일상생활까지 규제하는 매우 폐쇄적인 신분 제도입니다.

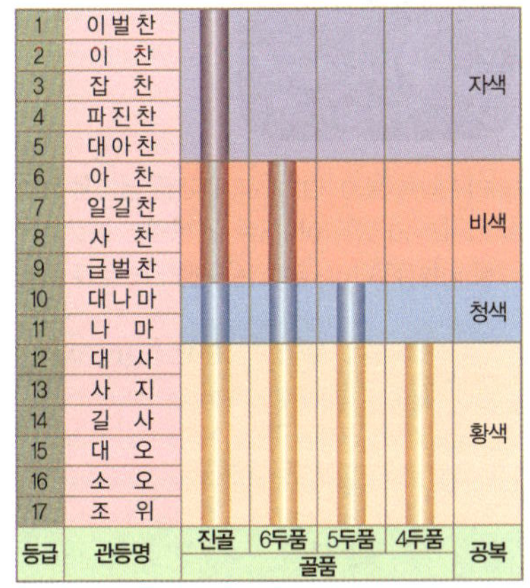

신라의 골품과 관등표

진골의 방은 길이와 너비가 24척을 넘을 수 없으며 …… 6두품의 방은 길이와 너비가 21척을 넘을 수 없고 4두품에서 백성에 이르기까지는 방의 길이와 너비가 15척을 넘지 못한다. 느릅나무를 쓰지 못하고, 우물천장을 만들지 못하며, 당기와를 덮지 못하고, 짐승 머리 모양의 지붕 장식이나 높은 처마 등을 두지 못하며, 금·은이나 구리 등으로 장식하지 못한다. …… 대문과 사방문을 만들지 못하고, 마구간에는 말 2마리를 둘 수 있다. - "삼국사기" -

### 골품제의 모순

신라의 폐쇄적 신분제인 골품제에 따라 6두품은 능력이 뛰어나도 올라갈 수 있는 관직에 한계가 있어 불만이 높았어요. 이에 신라 말 일부 6두품은 은둔 생활을 하기도 하였고, 일부는 호족들과 손을 잡고 사회 개혁을 추진하기도 하였어요.

- 설계두는 신라 6두품 집안 자손이다. 하루는 친구들과 함께 술 마시며 자기 뜻을 말하였다. "우리나라에서는 사람을 쓰는 데 먼저 골품을 따진다. 정말 그 족속이 아니면 비록 큰 재주와 뛰어난 공이 있다 하더라도 크게 될 수 없다. 나는 중국에 가서 출중한 지략을 발휘하고 비상한 공을 세워 영화를 누리며, 높은 관직에 어울리는 칼을 차고 천자 곁에 출입하기를 원한다."라고 하였다. 당 고조 4년에 그는 몰래 배를 타고 당에 건너갔다. - "삼국사기" -
- 최치원이 당에 가서 벼슬을 하다가 고국에 돌아왔는데 전후에 난세를 만나서 처지가 곤란하였으며, 움직이면 매번 비난을 받으니 스스로 때를 만나지 못한 것을 한탄하고 다시 벼슬할 뜻을 두지 않았다. 그는 세속과 관계를 끊고 자유로운 몸이 되어 숲속과 강이나 바닷가에 정자를 짓고 소나무와 대나무를 심으며 책을 벗하여 자연을 노래하였다. - "삼국사기" -

### 발해의 사회

발해의 주민은 고구려인과 말갈인으로 구성되었어요. 발해의 지배층은 왕족인 대씨나 귀족인 고씨 등 고구려계 사람들이 중심이었고 피지배층은 말갈인이 많았어요.

발해는 고구려 옛 땅에 세운 나라이다. …… 그 백성은 말갈인이 많고 토인(고구려인)이 적다. 토인은 촌장으로 삼는데, 큰 촌의 촌장은 도독이라 하고, 다음가는 촌의 촌장은 자사라고 하며, 그 이하는 다 백성들이 수령이라고 부른다. - "유취국사" -

#### 용어 사전

**낭가 사상**
민족주의 역사학자 신채호는 "조선사 연구초"에서 낭가 사상을 언급하였어요. 산과 계곡을 누비며 심신 수련을 통해 호연지기와 진취적 기상을 기르는 화랑도에 주목하여 우리의 민족 정신이 낭가 사상에 기반을 두었다고 주장하였습니다.

**최치원**
6두품 출신으로, 당으로 유학을 떠나 빈공과에 합격하여 문장가로 이름을 떨쳤어요. 귀국한 이후에 진성 여왕에게 개혁안 10여 조를 건의하였으나 진골 귀족의 반대로 받아들여지지 않자 이후 은둔 생활을 하였다고 해요. 대표적인 저술로 '토황소격문(격황소서)', "계원필경" 등이 있어요.

**빈공과**
당에서 외국인을 대상으로 실시한 과거 시험이에요. 신라 말 당으로 유학을 가는 사람들이 늘어나면서 빈공과에 합격하는 사람이 많아졌어요. 대부분 6두품 출신으로, 최치원, 최승우, 최언위가 대표적인 인물들이에요.

# 07강 고대(경제, 사회)

마무리도 빈틈없이
**한국사를 읽다**

## 1 삼국의 경제

### (1) 삼국의 경제 정책

| | |
|---|---|
| 조세 제도 | 조세(토지세 - 곡물이나 포 수취), 공물(특산물), 역(노동력 징발 - 요역, 군역) |
| 농업 정책 | 철제 농기구 보급, 우경 장려, 수리 시설 확충, 황무지 개간, 농사철에 부역 징발 금지 |

### (2) 상공업과 대외 무역

| | |
|---|---|
| 수공업 | 관청에 수공업자를 배정하여 왕실과 지배층에게 필요한 무기·장신구 등 생산 |
| 상업 | • 신라 : 지증왕 때 동시(시장) 개설, 동시전(감독관청) 설치<br>• 백제 : 수도에 도시부(상업, 교역, 시장 관련 업무 담당) 설치 |
| 대외 무역 | • 4세기 이후 발달, 주로 공무역의 형태로 전개<br>• 고구려 : 중국 남북조, 유목 민족과 교류<br>• 백제 : 중국의 남조, 왜와 교류<br>• 신라 : 고구려, 백제를 통해 중국과 교류 → 한강 유역 확보 이후 당항성을 통해 중국과 직접 교역 |

## 2 남북국 시대의 경제

### (1) 통일 신라의 경제

| | |
|---|---|
| 토지 제도 | 관리에게 관료전 지급, 녹읍 폐지(신문왕) → 백성에게 정전 지급(성덕왕) → 귀족들의 반발로 녹읍 부활(경덕왕) |
| 조세 제도 | • 조세(일반적으로 수확량의 1/10을 국가에 납부), 공물(촌락 단위로 특산물 납부), 역(16~60세 남자를 대상으로 부과)<br>• 지대 : 농민이 귀족의 토지를 빌려 경작할 때는 수확량의 1/2 이상을 주인에게 납부<br>• 신라 촌락 문서(민정 문서)<br>- 일본 도다이사 쇼소인에서 발견된 서원경(청주) 부근 4개 촌에 대한 기록 문서<br>- 촌주가 토지 종류와 면적, 인구수, 소와 말의 수, 나무의 종류와 수, 특산물 등을 파악, 3년마다 작성 → 조세 징수와 노동력 징발에 활용 |
| 상업 | 경주에 서시·남시를 추가로 설치, 시전(감독관청) 설치 |
| 대외 무역 | • 당 : 8세기 이후 당과의 관계 회복, 공무역·사무역 전개 → 신라방·신라촌(거주지), 신라소(관청), 신라원(사원) 등 설치, 사신 및 승려·유학생 파견(빈공과 응시)<br>• 일본 : 8세기 이후 일본과의 교류 확대<br>• 국제 무역항 : 당항성, 영암, 울산항(아라비아 상인 왕래)<br>• 장보고의 활동 : 완도에 청해진 설치 → 신라·당·일본을 잇는 해상 무역권 장악, 법화원 설치 |

### (2) 발해의 경제

| | |
|---|---|
| 농경과 목축 | 농업(밭농사 중심, 일부 지역에서 벼농사 실시), 목축 발달(솔빈부의 말, 막힐부의 돼지가 특산물로 유명), 수렵 활발(모피·녹용·사향 수출) |
| 상공업 | 수공업(금속 공예, 직물, 도자기 생산), 상업(수도인 상경과 교통 중심지에서 발달) |
| 대외 무역 | • 영주도·압록조공도(당), 거란도, 일본도, 신라도 등을 통해 주변국과 교류<br>• 당 : 문왕 때 교류 시작, 산둥반도에 발해관 설치<br>• 일본 : 한 번에 수백 명이 오갈 정도로 활발히 교류<br>• 신라 : '신라도'라는 상설 교통로를 통해 교류 |

## 3 삼국의 사회

| | |
|---|---|
| 고구려 | • 지배층 : 왕족 고씨를 비롯한 5부 출신의 귀족<br>• 귀족 회의 : 제가 회의(국가 중대사 결정)<br>• 빈민 구제책 : 진대법 실시(고국천왕) |
| 백제 | • 지배층 : 왕족인 부여씨와 8성의 귀족 → 진씨·해씨(왕비족) 등<br>• 귀족 회의 : 정사암(정치 논의, 재상 선출) |
| 신라 | • 귀족 회의 : 화백 회의(만장일치제, 국가 중대사 논의)<br>• 골품제 : 성골·진골, 6~1두품(삼국 통일 후 3두품 이하 평민화) → 골품에 따른 관직 진출 상한선 존재, 개인의 일상생활(가옥 규모, 수레 크기, 장신구 등)도 규제<br>• 화랑도 : 원화에 기원을 둠, 화랑(귀족)과 낭도(귀족, 평민)로 구성, 원광의 세속 5계를 행동 규범으로 삼음 → 계층 간의 대립과 갈등 완화, 진흥왕 때 국가 조직으로 개편 |

## 4 남북국 시대의 사회

| | |
|---|---|
| 통일 신라 | • 민족 융합 정책 : 백제와 고구려의 귀족에게 관직 제수, 9주(신라·고구려·백제의 옛 땅에 각각 3주씩 설치), 9서당(신라인 외에 고구려인, 백제인, 말갈인까지 포함)<br>• 6두품의 성장<br>- 학문과 실무 능력을 바탕으로 국왕을 보좌하였으나 신분적 제약으로 중앙이나 지방 관청의 장관은 되지 못함 → 일부는 신라 말 반신라적 성격을 보임<br>- 대표적 6두품 : 설계두, 설총(원효의 아들, 신문왕 때 활동), 최치원[빈공과에 합격, 진성 여왕에게 시무 10여 조를 건의하였으나 수용되지 않음, '토황소격문(격황소서)'·"계원필경" 저술]<br>• 신라 말 진골 귀족 간 왕위 다툼, 귀족들의 대토지 소유 등으로 지방에서 호족 세력이 성장하고 농민 반란이 일어남 → 중앙 정부의 지방 통제력 약화 |
| 발해 | • 주민 구성 : 고구려인 + 말갈인<br>• 사회 모습 : 당의 제도와 문화 수용 + 고구려와 말갈 사회의 전통 생활 모습 유지 |

# 07강 고대(경제, 사회)

**1** 교사의 질문에 대한 학생의 답변으로 가장 적절한 것은? [2점]

심화 66회 06번

지도는 이 국가의 교역로를 표시한 것입니다. 청해진을 설치하여 해상 교역을 활발하게 전개하였던 이 국가의 경제 상황에 대해 말해 볼까요?
법화원
동 해
황 해
청해진


① 삼한통보와 해동통보를 발행하였어요.
② 특산품으로 솔빈부의 말이 유명하였어요.
③ 고구마, 감자 등의 구황 작물을 재배하였어요.
④ 특수 행정 구역인 소에서 여러 물품을 생산하였어요.
⑤ 조세 수취를 위해 3년마다 촌락 문서를 작성하였어요.

**2** (가) 국가의 경제 상황으로 옳은 것은? [2점]

심화 69회 08번

이 문서는 일본의 도다이사 쇼소인에서 발견된 것으로, (가) 의 5소경 중 하나인 서원경 주변 촌락을 포함한 4개 촌락의 인구 현황, 토지의 종류와 면적 등이 상세히 기록되어 있습니다.


① 경성과 경원에 무역소를 두었다.
② 수도에 서시와 남시를 설치하였다.
③ 주전도감에서 해동통보를 발행하였다.
④ 독점적 도매상인인 도고가 출현하였다.
⑤ 감자, 고구마 등을 구황 작물로 재배하였다.

**1 통일 신라의 경제 상황** 정답 ⑤

정답 찾기 청해진을 설치하여 해상 교역을 활발하게 전개하였다는 내용을 통해 제시된 지도가 통일 신라의 교역로를 표시한 것임을 알 수 있어요. 통일 신라 시기에 수도 금성(지금의 경주)과 가까운 울산항과 한강 유역의 당항성이 국제 무역항으로 번성하였어요. 신라는 당, 일본을 비롯해 아라비아 등 서역과도 교류하였어요. ⑤ 신라에서는 조세 수취와 노동력 동원에 활용할 목적으로 각 촌락의 인구수, 토지 종류와 면적, 소와 말의 수, 수목의 종류와 수 등을 3년마다 조사하여 촌락 문서를 작성하였어요.

오답 피하기
① 고려 시대에 삼한통보, 해동통보 등의 화폐가 발행되었으나 널리 사용되지는 못하였어요.
② 발해에서는 목축이 발달하였는데, 말이 특산품이자 주요 수출품이었어요. 특히 솔빈부의 말이 특산품으로 유명하였어요.
③ 조선 후기에 고구마, 감자 등이 전래되어 구황 작물로 널리 재배되었어요.
④ 고려에는 향, 부곡, 소라는 특수 행정 구역이 있었으며, 소에서는 주로 수공업품을 생산하였어요.

**2 통일 신라의 경제 상황** 정답 ②

정답 찾기 일본 도다이사 쇼소인에서 발견된 문서로, 서원경 주변 촌락의 여러 경제적 정보를 기록하였다는 내용을 통해 제시된 문서가 신라 촌락 문서(민정 문서)임을 알 수 있어요. 따라서 (가) 국가는 신라입니다. 신라 촌락 문서는 각 촌락의 인구수, 토지 종류와 면적, 소와 말의 수, 수목의 종류와 수 등을 3년마다 조사하여 변동 사항을 기록한 것입니다. 신라 촌락 문서를 통해 당시의 경제 상황과 세무 행정에 대해 짐작할 수 있어요. ② 신라는 지증왕 때 수도에 동시라는 시장을 설치하였고, 통일 이후 서시와 남시를 추가로 설치하였어요.

오답 피하기
① 조선은 여진의 요청에 따라 국경 지역인 경성과 경원에 무역소를 설치하고 교역을 허용하였어요.
③ 고려는 숙종 때 화폐 주조 기관인 주전도감을 설치하고 해동통보를 발행하였어요.
④ 조선 후기에 상업이 발달하면서 공인과 사상의 활동이 활발하였어요. 이들 가운데 일부는 독점적 도매상인인 도고로 성장하였어요.
⑤ 조선 후기에 감자, 고구마 등이 전래되어 구황 작물로 널리 재배되었어요.

**3** 심화 72회 06번

**(가)에 들어갈 내용으로 가장 적절한 것은?** [1점]

> **통일 신라의 경제** (한국사 교양 강좌)
>
> ◈ 강좌 주제 ◈
>
> 제1강 촌락 문서에 나타난 수취 체제의 특징
>
> 제2강 서시와 남시 설치를 통해 본 상업 발달
>
> 제3강 (가)
>
> ■ 일시 : 2024년 10월 △△일 △△시 ~ △△시
>
> ■ 장소 : ○○대학교 대강당

① 상평창과 물가 조절
② 은병이 화폐 유통에 미친 영향
③ 진대법으로 알아보는 빈민 구제
④ 덩이쇠 수출을 통해 본 낙랑과의 교역
⑤ 울산항을 통한 아라비아 상인들과의 교류

**4** 심화 74회 09번

**(가)에 들어갈 내용으로 가장 적절한 것은?** [1점]

> 한국사 동영상 제작 기획안
>
> **○○○, 동아시아를 무대로 활약하다**
>
> △학년 △반 △모둠
>
> ▣ 기획 의도
>
> 신라인으로서 동아시아를 무대로 활약한 ○○○의 생애를 다룬 동영상을 제작하여, 당시의 상황과 그의 활동을 살펴본다.
>
> ▣ 장면별 구성 내용
>
> #1. 당으로 건너가 무령군 소장이 되다
>
> #2. (가)
>
> #3. 청해진을 설치하고 동아시아 무역을 주도하다
>
> #4. 왕위 쟁탈전에 휘말려 암살당하다

① 화왕계를 지어 국왕에게 바치다
② 산둥반도에 적산 법화원을 창건하다
③ 외교 문서인 청방인문표를 작성하다
④ 격황소서를 지어 세상에 이름을 떨치다
⑤ 구법 순례기인 왕오천축국전을 저술하다

**3 통일 신라의 경제** 정답 ⑤

정답 찾기 일본 도다이사 쇼소인에서 발견된 신라 촌락 문서에는 통일 이후 서원경 인근 4개 촌락의 경제 상황이 기록되어 있어요. 이 문서에는 각 촌락의 인구수, 토지 종류와 면적, 소와 말의 수, 수목의 종류와 수 등이 기록되어 있어 조세 징수와 노동력 징발 등에 활용되었을 것으로 보여요. 한편, 신라는 지증왕 때 수도 금성에 시장인 동시를 설치하였는데, 통일 이후 인구가 늘어나고 물자 유통이 활발해지면서 서시와 남시를 추가로 설치하였어요. ⑤ 통일 신라 시기에 수도 금성과 가까운 울산항이 국제 무역항으로 번성하여 당과 일본 상인을 비롯하여 아라비아 상인도 왕래하였어요.

오답 피하기
① 상평창은 고려 시대에 설치된 물가 조절 기구로, 조선 시대까지 이어졌어요.
② 은병은 고려 시대에 주조된 고액 화폐로, 활구라고도 불렸어요.
③ 진대법은 고구려 고국천왕 때 시행된 춘대추납 방식의 빈민 구제 정책이에요.
④ 금관가야는 철이 풍부하게 생산되어 덩이쇠를 화폐처럼 사용하거나 낙랑, 왜 등에 수출하였어요.

**4 장보고의 활동** 정답 ②

정답 찾기 당으로 건너가 무령군 소장이 되었으며 청해진을 설치하였다는 내용으로 보아 (가)에는 장보고와 관련된 내용이 들어가야 합니다. 장보고는 당으로 건너가 군인으로 활동하다가 흥덕왕 때 신라로 돌아왔어요. 장보고는 흥덕왕에게 건의하여 완도에 청해진을 설치하고 해적을 소탕한 후 해상 무역을 통해 세력을 키웠어요. 이후 중앙의 왕위 쟁탈전에 관여하였고, 청해진을 거점으로 반란을 도모하다가 자객에 의해 암살당하였어요. ② 장보고는 산둥반도의 적산촌에 신라인을 위한 사찰인 법화원을 창건하였어요.

오답 피하기
① 설총은 꽃에 비유하여 충신을 가까이할 것을 조언한 '화왕계'를 지어 신라 신문왕에게 바쳤어요.
③ 강수는 당에 잡혀 있던 신라 무열왕의 아들 김인문을 석방해 줄 것을 당 고종에게 청하는 '청방인문표'를 작성하였어요.
④ 최치원은 당에서 반란을 일으킨 황소에게 항복을 권하는 격문인 '격황소서'를 지어 문장가로 이름이 널리 알려졌어요.
⑤ 혜초는 인도와 중앙아시아 지역을 다녀온 후 구법 순례기인 "왕오천축국전"을 저술하였어요.

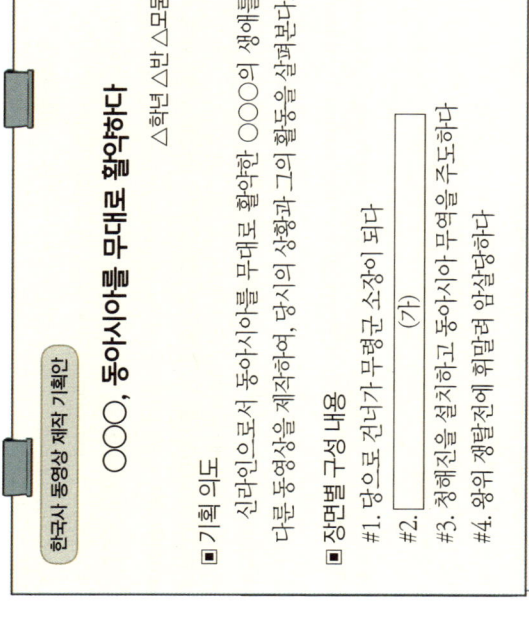

# 07강 고대(경제, 사회)

**5** (가) 국가에 대한 설명으로 옳은 것을 〈보기〉에서 고른 것은? [2점]

심화 53회 08번

**〈한국사 온라인 강좌〉**

우리 연구소에서는 (가) 의 역사적 의미를 조명하기 위해 온라인 강좌를 마련하였습니다. 관심 있는 분들의 많은 참여 바랍니다.

▣ 강좌 주제 ▣

제1강 일본에 보낸 외교 문서에 나타난 역사의식
제2강 정혜 공주 무덤의 구조로 알 수 있는 고분 양식
제3강 장문휴의 등주 공격을 통해 본 대외 인식
제4강 인안, 대흥 연호 사용에 반영된 천하관

■ 일시 : 2021년 6월 매주 목요일 19:00~21:00
■ 방식 : 화상 회의 플랫폼 활용
■ 주관 : △△ 연구소

보기

ㄱ. 철전인 건원중보를 발행하였다.
ㄴ. 솔빈부의 말이 특산물로 거래되었다.
ㄷ. 지방관을 감찰하고자 외사정을 파견하였다.
ㄹ. 거란도, 영주도 등을 통해 주변국과 교류하였다.

① ㄱ, ㄴ ② ㄱ, ㄷ ③ ㄴ, ㄷ ④ ㄴ, ㄹ ⑤ ㄷ, ㄹ

**5 발해의 경제 상황** 정답 ④

정답 찾기 장문휴가 등주를 공격하였으며, '인안', '대흥' 연호를 사용하였다는 내용 등을 통해 (가) 국가가 발해임을 알 수 있어요. ㄴ. 발해는 목축이 발달하여 말이 특산물이자 주요 수출품이었어요. 특히 솔빈부의 말이 특산물로 유명하였어요. ㄹ. 발해는 신라도, 거란도, 영주도, 일본도 등의 교통로를 통해 주변 국가들과 교류하였어요.

오답 피하기 ㄱ. 고려 성종 때 우리나라 최초의 금속 화폐이자 철전인 건원중보가 발행되었어요.
ㄷ. 신라는 문무왕 때부터 지방관을 감찰하기 위해 외사정을 파견하였어요.

**6** (가) 국가의 경제 상황으로 옳은 것은? [2점]

심화 64회 08번

상경
동경
(가)
중경
서경
남경
동 해
이 지도는 (가) 의 전성기 영역을 나타낸 것입니다. 이 국가에서는 각지에서 말이 사육되었는데, 그중에서도 솔빈부의 말은 당에 수출될 정도로 유명하였습니다. 특히 고구려 유민 출신으로 산둥반도 지역을 장악하였던 이정기 세력에게 많은 말을 수출하였습니다.


① 벽란도를 통해 아라비아 상인과 무역하였다.
② 구황 작물로 감자, 고구마를 널리 재배하였다.
③ 해동통보를 발행하여 화폐 유통을 추진하였다.
④ 시장을 관리하는 관청인 동시전을 설치하였다.
⑤ 거란도, 영주도 등을 통해 주변국과 교역하였다.

**6 발해의 경제 상황** 정답 ⑤

정답 찾기 지도에 표시된 '상경', '동경', '중경', '서경', '남경'의 5경과 솔빈부의 말이 당에 수출될 정도로 유명하였다는 내용 등을 통해 (가) 국가가 발해임을 알 수 있어요. 9세기에 발해는 요동과 연해주 지역까지 진출하여 옛 고구려 영토의 대부분을 차지하였으며, 넓은 영토를 효율적으로 다스리기 위해 5경 15부 62주의 지방 행정 제도를 마련하였어요. ⑤ 발해는 거란도, 영주도, 일본도, 신라도 등의 교통로를 통해 주변국과 교역하였어요.

오답 피하기 ① 고려 시대에 예성강 하구의 벽란도가 국제 무역항으로 번성하여 아라비아 상인도 왕래하였어요.
② 조선 후기에 감자, 고구마가 전래되어 구황 작물로 널리 재배되었어요.
③ 고려 숙종은 의천의 건의에 따라 주전도감을 설치하고 은병(활구), 해동통보 등의 여러 화폐를 발행하였어요.
④ 신라 지증왕은 수도 금성에 시장인 동시를 설치하고 이를 관리하기 위한 관청으로 동시전을 설치하였어요.

## 7 (가) 제도를 시행한 국가에 대한 설명으로 옳은 것은? [1점]

심화 73회 09번

○ 풍월주(風月主), 원화(源花)의 법이 폐하여진 지 이미 여러 해였다. 왕은 나라를 일으키려면 풍월도를 먼저 하여야 한다고 생각하여 다시금 영(令)을 내려 귀인과 양가의 자제 중에서 얼굴이 아름답고 덕행이 있는 자를 선발해서 분장을 시켜 [ (가) ] 또는 국선(國仙)이라 이름하였다.

○ 좋은 가문 출신의 남자로서 덕행이 있는 자를 뽑아 [ (가) ](이)라 하였다. 처음 설원랑을 받들어 국선으로 삼았는데 이것이 시초이다.

① 태학과 경당을 두어 인재를 양성하였다.
② 유랑민을 구휼하는 활인서를 설치하였다.
③ 정사암 회의에서 국가 중대사를 결정하였다.
④ 도병마사에서 변경의 군사 문제 등을 논의하였다.
⑤ 골품에 따라 관등 승진, 일상생활 등을 엄격히 제한하였다.

## 8 (가) 인물에 대한 설명으로 옳은 것은? [2점]

심화 70회 08번

[역사 다큐멘터리 기획안]

**도당 유학생, 서로 다른 길을 걷다**

■ 기획 의도
당에 건너가 유학했던 6두품들이 신라로 돌아온 이후의 행보를 알아본다.

■ 구성 내용
1. [ (가) ], 진성 여왕에게 시무책 10여 조를 올리다
2. 최승우, 견훤의 신하로 왕건에게 보내는 격문을 짓다
3. 최언위, 고려에 투항하여 문한관으로 문명을 떨치다

① 향가 모음집인 삼대목을 편찬하였다.
② 외교 문서인 청방인문표를 작성하였다.
③ 격황소서를 지어 문장가로서 이름을 떨쳤다.
④ 유식의 교의를 담은 해심밀경소를 저술하였다.
⑤ 국왕에게 조언하는 내용의 화왕계를 저술하였다.

### 7 신라의 사회 모습 정답 ⑤

**정답 찾기** '풍월도'와 '국선', 귀인과 양가의 자제 중에서 얼굴이 아름답고 덕행이 있는 자를 선발하였다는 내용을 통해 (가) 제도가 신라의 화랑도임을 알 수 있어요. 화랑은 '꽃처럼 아름다운 남성'이라는 뜻이에요. 화랑도는 원화 제도에서 기원한 것으로, 귀족 출신의 화랑과 그를 따르는 다양한 신분의 낭도로 이루어졌어요. 화랑도는 원광이 제시한 세속 5계를 행동 규범으로 삼았으며, 군사 훈련 등을 통해 협동과 단결 정신을 길렀어요. 신라는 진흥왕 때 유능한 인재 양성을 위해 화랑도를 국가적인 조직으로 개편하였어요. ⑤ 신라의 골품제는 골품에 따라 관등 승진을 제한하고, 집의 규모와 수레의 크기, 장신구 등 일상생활까지 엄격히 규제한 폐쇄적인 신분 제도였어요.

**오답 피하기**
① 고구려는 교육 기관으로 중앙에 태학, 지방에 경당을 두어 인재를 양성하였어요.
② 조선은 도성 안의 병든 사람을 구제하고 치료하는 기구로 동서 활인서를 두었어요.
③ 백제에서는 귀족들이 정사암에 모여 재상을 선출하거나 국가의 중대사를 결정하였어요.
④ 도병마사는 고려 시대에 고위 관리들이 모여 국방과 군사 문제 등을 논의하던 회의 기구입니다.

### 8 최치원의 활동 정답 ③

**정답 찾기** 당에 건너가 유학했던 6두품이며, 신라로 돌아온 후에 진성 여왕에게 시무책 10여 조를 올렸다는 내용을 통해 (가) 인물이 최치원임을 알 수 있어요. 최치원은 당에 건너가 외국인을 대상으로 치른 과거 시험인 빈공과에 급제하여 당의 관리로서 관직 생활을 하였으며, ③ 당에서 반란을 일으킨 황소에게 항복을 권하는 격문인 '격황소서'를 지어 문장가로 이름을 널리 알렸어요. 신라에 돌아온 후 정치를 바로잡고 혼란스러운 사회를 안정시키기 위해 진성 여왕에게 시무책 10여 조를 건의하였으나, 진골 귀족들의 반대에 부딪혀 실현하지 못하였어요.

**오답 피하기**
① 위홍과 대구화상은 진성 여왕의 명을 받아 향가 모음집인 "삼대목"을 편찬하였어요.
② 강수는 외교 문서 작성에 능하여 당에 잡혀 있던 태종 무열왕의 아들 김인문의 석방을 당의 고종에게 청하는 '청방인문표'를 작성하였어요.
④ 원측은 유식의 교의를 담은 "해심밀경"의 주석서인 "해심밀경소"를 저술하였어요.
⑤ 설총은 국왕에게 충신을 가까이할 것을 조언하는 내용의 '화왕계'를 저술하였어요.

# 07강 고대(경제, 사회)

**Ready go**

이번 강 별 채우기 제한 시간은 **2분 40초**

한 문장을 끝까지 또박또박 읽어야 패스!

기출 선택지로 별 채우기

**한국사를 채우다**

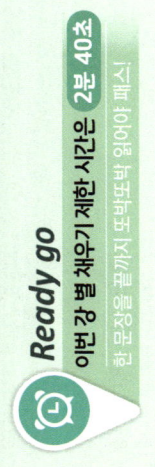

**01** 신라의 관리에게 지급된 녹★은 조세 수취와 노동력 징발이 허용된 지역이었다.

**02** 신문왕 때 관리에게 ★★전이 지급되고 ★읍이 폐지되었다.

**03** 신문왕 때 폐지된 녹읍은 ★덕왕 때 부활하였다.

**04** 성덕왕은 백성에게 ★전을 지급하였다.

**05** 일본 도다이사 쇼소인에서 발견된 신라 촌락 문서(★★ 문서)는 서원경 인근 4개 촌의 정보를 담고 있다.

**06** 신라 지증왕 때 시장을 감독하는 관청인 동★★이 설치되었다.

**07** 통일 신라 시기에 상업이 발전하여 수도에 ★시와 ★시가 설치되었다.

**08** 신라와 당의 교류가 증가하면서 산둥반도 등지에 신라인의 집단 거주 지역인 ★★방이 형성되었다.

**09** 통일 신라 시기에 당에 거주하는 신라인을 관리하기 위한 관청인 신라★, 신라인을 위한 사찰인 신라★이 세워졌다.

**10** 통일 신라 시기에 ★항성, 영암 등이 국제 무역항으로 번성하였다.

**11** 통일 신라 시기에 수도 근처의 ★★항이 국제 무역항으로 번성하여 아라비아 상인도 왕래하였다.

**12** 장보고는 완도에 ★★진을 설치하여 해상 무역을 전개하였다.

**13** 장보고는 당에 머무르는 신라인을 위한 사찰로 ★★원을 설립하였다.

**14** 당의 산둥반도에는 발해의 사신들이 머무는 발해★이 설치되었다.

**15** 발해는 모피, 인삼, 자기, 담비 가죽 등을 수출하였는데, 특히 ★★부의 말이 특산물로 유명하였다.

16 발해는 ★★도라는 상설 교통로를 두어 신라와 왕래하였다.

17 ★★는 거란도, 영주도 등을 통해 주변 국가와 교류하였다.

18 백제는 ★★암에서 국가 중대사를 결정하고 재상을 선출하였다.

19 신라의 귀족 회의인 ★★ 회의는 만장일치제로 운영되었다.

20 백제에서는 왕족인 ★★씨를 비롯한 8성의 귀족이 지배층을 이루었다.

21 신라의 ★★제는 개인의 정치 활동뿐만 아니라 일상생활까지 규제한 폐쇄적인 신분제이다.

22 진흥왕 때 국가적인 조직으로 정비된 신라의 ★★도는 계층 간의 갈등을 완화하는 역할을 하였다.

23 신라의 화랑도는 원광의 ★★ 5계를 행동 규범으로 삼았다.

24 최치원은 신라 ★★품 출신의 도당 유학생이었으며, 귀국 후 혼란에 빠진 신라 사회를 개혁하고자 하였다.

25 최★★은 당에서 돌아와 진성 여왕에게 시무 10여 조를 건의하였다.

26 신라 말에 진골 귀족 간의 왕위 다툼으로 사회가 혼란한 가운데 지방에서 ★족 세력이 성장하였다.

27 신라 말에 일부 ★두품은 호족과 연계하여 새로운 사회 건설을 추구하였다.

정답

**01** 읍 **02** 관료, 녹 **03** 경 **04** 정 **05** 민정 **06** 시전 **07** 서, 남 **08** 신라 **09** 소, 원 **10** 당 **11** 울산 **12** 청해 **13** 법화 **14** 관 **15** 솔빈 **16** 신라 **17** 발해 **18** 정사 **19** 화백 **20** 부여 **21** 골품 **22** 화랑 **23** 세속 **24** 6두 **25** 치원 **26** 호 **27** 6

# 08강 고대(문화 1)

한국사의 흐름을 한눈에
한국사를 그리다

강의 바로 보기

| | 유교 | 역사 | 도교 | 불교(人) ⇒ 왕실, 업, 호국 | 불상 | 불탑 |
|---|---|---|---|---|---|---|
| 고구려 | · 중앙 : ★학(소수림왕)<br>· 지방 : ★당(장수왕, 평양 천도 이후)<br>= 문 + 무 | 〈유기〉 → 〈신집〉 5권<br>영양왕, 이문진 | · 신선<br>무위자연 ⇒ ★★도 4.<br>· 연개소문(도교 진흥, 당에 도사 파견 요청) | 소수림왕 ← 전진 | 금동 미륵 보살 반가 사유상<br>금동 연가 7년명 여래 입상 | |
| 백제 | · 박사(오경·의·역박사)<br>· 왕인(논어, 천자문 → 日)<br>· 사택지적비(부여) | 〈서기〉<br>└ 근초고왕, 고흥 | · 산수무늬 벽돌<br>· 금동 ★★★(부여) | 침류왕 ← 동진 | 서산 용현리 마애 여래 삼존상<br>백제의 미소 | · 익산 ★★★지 석탑(무왕 – 서동, 선화)<br>: 목탑 → 석탑<br>· 부여 ★★★지 5층 석탑( = 평제탑) |
| 신라 | · 임신서기석<br>· 화랑도의 세속 오계(by 원광)<br>└→ 걸사표 | 〈국사〉<br>└ 진흥왕, 거칠부 | 화랑도 ⇒ 낭가 사상<br>└ 신채호 | 법흥왕(이차돈)<br>└→ 불교식 이름(법흥왕 ~ 진덕 여왕) | 경주 배동 석조 여래 삼존 입상 | · 경주 분황사 석탑(모전탑)<br>· 황룡사 9층 목탑(선덕 여왕 ← 자장)<br>: 고려 몽골 X |
| 통일 신라 | · 국학(신문왕)<br>· 설총(신문왕 ← 화왕계) : 이두 정리<br>· 강수 : 외교 문서, 청방인문표<br>· 김대문 : 〈화랑세기〉, 〈고승전〉, 〈한산기〉<br>⇒ 자주적, 주체적 | | 불교 대중화 — | · ★★ ┬ 무애가, 일심 사상, 아미타 신앙(정토 신앙)<br>├ 화쟁 사상 ⇝ 원융회통<br>└ 〈십문화쟁론〉, 〈대승기신론소〉, 〈금강삼매경론〉<br>· ★★ ┬ 관음 신앙<br>├ 화엄종(일즉다 다즉일), 〈화엄일승법계도〉<br>└ 부석사 창건<br>· 혜초 : 〈왕오천축국전〉 저술 | 석굴암 본존불 | · 경주 ★★★ 3층 석탑( = 석가탑, 무영탑)<br>└ 무구정광대다라니경<br>[현존 세계 최고(最古) 목판 인쇄물]<br>· 경주 불국사 다보탑<br>· 경주 감은사지 3층 석탑(신문왕 → 문무왕) |
| 말 | · 독서삼품과(원성왕) △<br>· 최치원 : 빈공과, 토황소격문, 〈계원필경〉 | | | ★종 유행 ⇒ 9산 선문(호족 후원)<br>└ 풍수지리설(도선) | | · 양양 진전사지 3층 석탑(조각)<br>· 승탑 유행 : 화순 쌍봉사 철감선사 승탑 |
| 발해 | 주자감 | | | | 이불병좌상 | 영광탑 |

★정답 태, 경, 사신, 대향로, 원효, 의상, 선, 미륵사, 정림사, 불국사

➡ 나만의 약점 단권화 노트 14쪽에서 완성 판서를 확인하세요.

# 고대(문화 1)

이곳은 당신의 놀이터!

한국사를 쓰다

| | 유교 | 역사 | 도교 | 불교 | 불상 | 불탑 |
|---|---|---|---|---|---|---|
| 고구려 | | | | | | |
| 백제 | | | | | | |
| 신라 | | | | | | |
| 통일 신라 | | | | | | |
| 말 | | | | | | |
| 발해 | | | | | | |

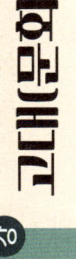

## 부여 사택지적비

부여에서 발견된 백제 시대의 비석이에요. 의자왕 때의 관료였던 사택지적이 말년에 인생이 덧없음을 한탄하며 불교에 귀의하여 법당과 탑을 세웠다는 내용을 담고 있어요. 도교 사상과 불교 사상이 혼합된 것으로 해석되며, 문장과 서체를 통해 백제의 한문학 수준이 뛰어났음을 알 수 있습니다.

## 임신서기석

임신년에 신라의 두 청년이 국가에 충성하고 유교 경전을 열심히 공부하겠다고 맹세한 내용을 기록한 비석이에요. 이를 통해 신라의 청년들이 유교 경전을 공부하였다는 것을 알 수 있어요.

> 임신년 6월 16일에 두 사람이 함께 맹세하여 기록한다. 하늘 앞에 맹세한다. 지금으로부터 3년 이후에 충도(忠道)를 지키고 허물이 없기를 맹세한다. 만일 이 서약을 어기면 하늘에 큰 죄를 얻을 것이라고 맹세한다. 만일 나라가 편안하지 않고 세상이 크게 어지러우면 가히 모름지기 충성을 바칠 것을 맹세한다. 또 따로 (3년 전인) 신미년 7월에 맹세하였다. 시경(詩經)·상서(尙書)·예기(禮記)·춘추전(春秋傳)을 차례로 3년 동안 습득하기로 맹세하였다.

## 사신도

사신은 동서남북을 지키는 도교의 방위신이고, 사신도는 방위를 나타내는 상징적 동물인 청룡(동), 백호(서), 주작(남), 현무(북)를 그린 그림이에요. 고구려인들은 사신이 죽은 자의 사후 세계를 지켜 준다고 믿었기 때문에 무덤에 사신을 그린 벽화가 발견되기도 해요. 한편, 고구려에서는 연개소문이 자신의 정치 세력을 강화하기 위해 당으로부터 체계화된 도교를 받아들이기도 하였어요.

고구려 강서대묘의 현무도

### 용어 사전

**화왕계**
설총이 신문왕에게 지어 바친 설화로, 꽃의 왕 모란이 할미꽃의 충언을 받아들여 겉만 아름다운 장미를 내치고 학식이 깊은 할미꽃을 신하로 등용한다는 내용의 글이에요.

**김대문**
진골 출신이며, 많은 저서를 남겼어요. 대표적으로 화랑들의 전기인 "화랑세기", 고승들의 이야기를 정리한 "고승전", 신라 9주 중 하나인 한산주(한주)에 부임하였을 때의 일을 기록한 "한산기"가 있는데, 현재 모두 전하지 않습니다.

**주자감**
당의 영향을 받아 만들어진 발해의 유학 교육 기관이에요. 또한, 정당성 아래 6부의 명칭이 충·인·의·지·예·신부라는 점에서도 발해가 유학을 중시하였다는 것을 알 수 있습니다.

**삼국의 역사서**
삼국은 국가 체제가 안정되자 왕실의 권위를 높이고자 역사서를 편찬하였어요. 하지만 현재 전해지는 것은 없어요.

## 백제 산수무늬 벽돌

산수무늬가 새겨진 벽돌입니다. 하늘에는 구름이 떠 있고, 중간에는 산봉우리들이 이어지며, 아래쪽에는 물이 흐르는 모습을 담았어요. 도교에서 말하는 이상향, 즉 신선들이 사는 세계를 표현하였습니다.

## 백제 금동 대향로

부여 능산리 백제 시대의 절터에서 출토되었는데, 백제 왕실의 의례에 사용된 것으로 추정됩니다. 뚜껑 부분에는 산골짜기마다 신선들이 노닐고 있는 모습이, 맨 꼭대기에는 도교에서 신령스러운 짐승으로 여기는 봉황이 조각되어 있고, 받침 부분에는 용의 입에서 불교에서 중시하는 연꽃이 피어나고 있어 도교와 불교가 어우러져 있는 모습입니다.

## 원효와 의상의 사상

원효는 '모든 진리는 한마음에서 나온다.'는 일심 사상을 바탕으로 화쟁 사상을 주장해 종파 간 조화를 꾀하였으며, 아미타 신앙을 전파하고 '무애가'를 지어 불러 백성들이 불교를 쉽게 수용할 수 있도록 하였어요. 의상은 '모든 존재는 서로 의존하여 조화를 이룬다.'는 화엄 사상을 설파해 통일 직후 신라 사회의 통합에 기여하였고, 화엄 사상의 요지를 축약한 '화엄일승법계도'를 지어 화엄 사상을 정리하였어요. 또 현세의 고난을 구제받고자 하는 관음 신앙을 강조하였습니다.

- 원효가 우연히 광대들이 춤출 때 쓰는 큰 박을 얻었는데 그 형상을 따라 도구를 만들고, 그 박을 무애라고 이름 짓고 노래를 지어 온 세상에 퍼뜨렸다. 원효는 무애를 지니고 수많은 마을을 돌아다니면서 노래하고 춤을 추고 교화시켰다. 그래서 가난하고 무지몽매한 무리도 모두 부처의 이름을 알게 되고, 나무아미타불을 외우게 되었다.
  - "삼국유사" -
- 하나 속에 모두가 있고 모든 것 속에 하나가 있다. 하나가 곧 모두이며, 모두가 곧 하나이다. 한 작은 티끌 속에 우주 만물을 머금고 모든 티끌 속이 또한 이와 같다.
  - '화엄일승법계도' -

### 9산 선문

9산 선문은 선종의 9개 종파를 말해요. 신라 말에 호족의 지원으로 선종이 발달하여 9산 선문이 성립되었어요.

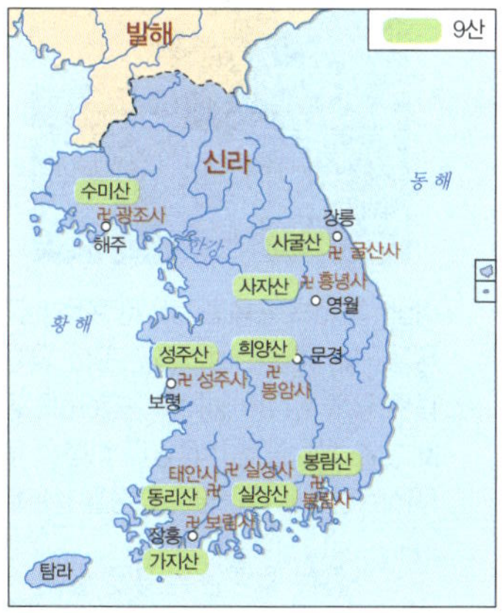


### 금동 연가 7년명 여래 입상

금동으로 만들어진 고구려의 불상으로, 승려들이 천불을 조성하는 과정에서 만든 것이라고 알려져 있어요. 불꽃무늬 광배 뒷면에 '연가 7년'이라는 글자가 새겨져 있어 제작된 시기를 알 수 있으며, 중국 북위 시대 불상 양식의 영향을 받은 것으로 보여요.

### 서산 용현리 마애 여래 삼존상

서산 마애 삼존불이라고도 하는데, 서산 용현리 바위에 새겨진 부처와 보살의 모습이에요. 둥근 얼굴 윤곽에 자비로운 인상을 지녀 '백제의 미소'라고도 불려요.

### 경주 배동 석조 여래 삼존 입상

경주 남산 기슭에 흩어져 있던 것을 1923년에 모아 세워 놓았어요. 온화하고 자비로운 불성을 표현하고 있으며, 삼국 시대 신라 조각을 대표하는 작품이에요.

### 경주 석굴암 본존불

경주 석굴암 석굴의 중앙에 있는 불상입니다. 통일 신라 시대의 불상은 삼국 시대의 불상과는 달리 근엄한 표정을 하고 있어요.

### 이불병좌상

'두 부처가 나란히 앉아 있는 모양의 불상'이라는 뜻입니다. 고구려의 영향을 받아 만들어진 발해의 불상으로, 동경의 절터에서 발견되었어요.

### 익산 미륵사지 석탑(복원)

백제 무왕이 지은 익산 미륵사에 세워진 석탑으로, 현존하는 삼국 시대 석탑 중 가장 규모가 큽니다. 이 탑에서 발견된 금제 사리 봉안기의 기록을 통해 석탑의 건립 연도가 639년으로 밝혀졌어요. 이 탑은 목조 건물을 본떠 만든 석탑으로, 목탑에서 석탑으로 바뀌는 과정을 보여 주고 있어요.

### 부여 정림사지 5층 석탑

부여 정림사에 세워진 5층 석탑이에요. 석탑이지만 목탑의 형식이 남아 있어요. 나·당 연합군이 백제를 멸망시킨 뒤 당의 장수 소정방이 백제를 멸망시킨 내용을 새겨 놓아 '평제탑'이라고 불리기도 하였어요.

#### 용어 사전

**호국 불교**
불교 신앙으로 국가를 보호한다는 뜻이에요. 고대 사회는 정복 전쟁이 많았기 때문에 불교를 통해 국가를 수호하고자 하였어요.

**아미타 신앙(정토 신앙)**
아미타불이 있는 곳이 극락정토인데, 원효는 '나무아미타불'만 열심히 외우면 누구나 극락정토에 갈 수 있다며 정토 신앙을 설파하였어요. 원효로 인해 불교가 빠르게 대중화될 수 있었어요.

**일심 사상**
'모든 것은 결국 한마음에서 나온다.'라고 주장하는 불교 사상이에요.

**화쟁 사상**
원효가 주장한 것으로, 불교의 모든 종파 간의 이론적 대립을 화합으로 바꾸려는 불교 사상이에요. 이와 관련하여 원효는 모든 것은 하나로 통한다는 '원융회통'을 주장하였어요.

**십문화쟁론**
원효가 당시 불교 사상을 10가지 문답으로 정리한 책입니다.

# 08강 고대(문화 1)



### 경주 분황사 모전 석탑

경주 분황사에 세워진 석탑으로, 선덕 여왕 때 분황사 창건과 동시에 건립된 것으로 보여요. 돌을 벽돌처럼 깎아서 쌓은 모전 즉, 전탑을 모방해서 만든 석탑이에요. 현존하는 신라 석탑 가운데 가장 오래되었어요.

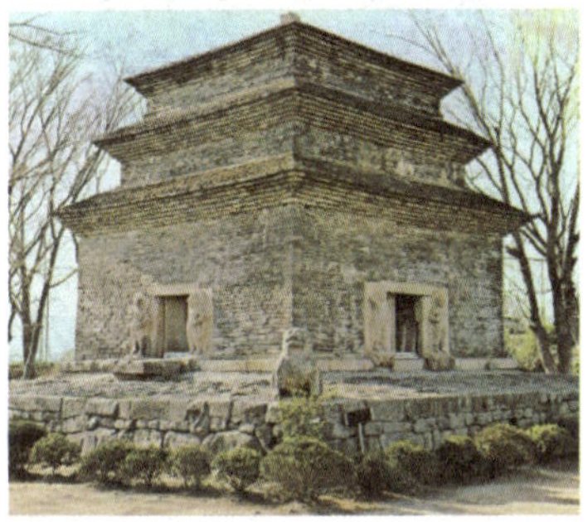

### 경주 황룡사 9층 목탑(복원 모형)

신라 선덕 여왕 때 자장의 건의를 받아들여 부처의 힘으로 주변국들을 복속시키고자 하는 염원에서 만든 탑이에요. 고려 시대에 몽골의 침입으로 황룡사가 불에 타면서 함께 소실되었어요.

### 경주 불국사 3층 석탑

석가탑, 무영탑이라고도 해요. 통일 신라 석탑의 완벽한 조형미를 보여 주고 있어요. 탑의 해체·보수 과정에서 무구정광대다라니경이 발견되었어요.

### 경주 불국사 다보탑

석가모니가 "법화경"을 설파할 때 보탑이 솟아올라 그 내용이 진리임을 증명하였다고 합니다. 그 내용을 담아 불국사에는 현세불인 석가모니를 상징하는 석가탑과 과거불인 다보여래를 상징하는 다보탑을 나란히 세웠어요.

### 경주 감은사지 3층 석탑

삼국을 통일한 문무왕의 유업을 이어받아 아들인 신문왕이 감은사를 짓고 세운 탑이에요. 동서에 하나씩 있는 쌍탑으로, 이중 기단 위에 3층을 쌓는 통일 신라 석탑 양식의 전형을 보여 줍니다.

### 양양 진전사지 3층 석탑

통일 신라 말에 만들어진 것으로 추정되며, 기단과 탑신에 아름답고 화려한 조각이 되어 있는 것이 특징입니다.

### 화순 쌍봉사 철감선사탑

승탑은 승려의 사리나 유골을 모신 탑이에요. 통일 신라 말에는 선종의 유행으로 화순 쌍봉사 철감선사탑과 같은 승탑과 승려의 행적을 기록한 탑비가 많이 만들어졌어요.

### 발해 석등과 영광탑

상경성 절터에서 6m가 넘는 거대한 크기의 석등이 발견되었어요. 팔각 지붕 모양의 덮개돌과 연꽃무늬가 특징이며, 고구려 양식을 따른 발해의 문화유산이에요. 영광탑은 벽돌로 만든 전탑으로, 완전한 형태로 보존된 유일한 발해 탑이에요.

석등

영광탑

### 용어 사전

**의상의 화엄 사상**
의상은 당에서 화엄종을 공부하고 와서 신라 귀족들에게 전파하며 '일즉다 다즉일(一卽多 多卽一, 하나가 곧 모든 것이고 모든 것이 곧 하나다.)'을 주장합니다. 서로 대립하는 존재들이 실제로는 하나로 연결되어 조화를 이룬다고 보는 화엄 사상의 가르침은 세상을 통합적으로 바라보게 하고, 나라의 질서와 조화를 중시하는 왕권을 정신적으로 뒷받침하는 역할을 하였어요.

**화엄일승법계도**
의상이 화엄 사상의 요지를 간결하게 시로 축약한 글이에요.

**왕오천축국전**
천축국은 지금의 인도를 뜻해요. 혜초가 인도와 중앙아시아의 다섯 천축국을 다녀와 이 지역의 풍물을 기록한 책입니다.

마무리도 빈틈없이
**한국사를 읽다**

# 08강 고대(문화 1)

## 1 유학의 발달

| | |
|---|---|
| 고구려 | • 태학(중앙) : 소수림왕 때 설치, 귀족 자제에게 유교 경전과 역사서 교육<br>• 경당(지방) : 유학과 무술 교육 |
| 백제 | • 오경박사(유교 경전 교육), 의박사(의학 교육), 역박사(천문·역법 교육)<br>• 왕인이 일본에 "논어"와 "천자문" 전파<br>• 부여 사택지적비 : 백제의 한문학 수준이 높았음을 알 수 있음 |
| 신라 | • 임신서기석 : 두 청년이 유학 경전 공부에 힘쓸 것을 맹세하는 내용이 새겨져 있음 → 신라에서 유학 교육이 행해졌음을 알 수 있음<br>• 화랑도의 세속 5계(원광 - 진평왕 때 왕명으로 수에 군사를 청하는 '걸사표'를 지음) |
| 통일 신라 | • 국학 설립(신문왕) : 유교 경전 교육<br>• 독서삼품과 마련(원성왕) : 국학 학생들의 유교 경전 이해 정도를 평가하여 관리 선발에 참고<br>• 유학자 : 설총(이두 정리, '화왕계'를 지어 신문왕에게 바침), 강수(외교 문서 작성에 능하여 '청방인문표' 집필), 김대문(진골 귀족 출신, "화랑세기"·"고승전"·"한산기" 집필 → 신라 문화를 자주적·주체적으로 인식), 최치원[6두품 출신, 당 유학, 빈공과 합격, 진성 여왕에게 시무 10여 조 건의, "계원필경"·'토황소격문(격황소서)' 집필] |
| 발해 | • 유학을 통치 이념에 반영, 6부에 유교식 명칭 사용(충·인·의·지·예·신)<br>• 주자감 설치(유교 경전 교육), 당에 유학생 파견 |

## 2 역사서의 편찬

| | |
|---|---|
| 고구려 | 영양왕 때 이문진이 "유기"를 간추려 "신집" 5권 편찬 |
| 백제 | 근초고왕 때 고흥이 "서기" 편찬 |
| 신라 | 진흥왕 때 거칠부가 "국사" 편찬 |

## 3 도교의 발달

| | |
|---|---|
| 특징 | 산천 숭배, 신선 사상과 결합 → 귀족 사회를 중심으로 발달 |
| 고구려 | • 사신도 : 도교의 방위를 나타내는 상징적 동물인 청룡(동), 백호(서), 주작(남), 현무(북)의 사신을 그린 그림<br>• 연개소문 : 도교 진흥, 당에 도사 파견을 요청 |
| 백제 | 백제 금동 대향로(부여 능산리 절터에서 출토), 산수무늬 벽돌(부여 외리 절터에서 출토) |
| 신라 | 화랑도 → 낭가 사상(신채호) |

## 4 불교의 발달

### (1) 삼국의 불교 수용

| | |
|---|---|
| 고구려 | 소수림왕 때 전진의 승려 순도를 통해 수용하여 공인 |
| 백제 | 침류왕 때 동진에서 온 승려 마라난타를 통해 수용하여 공인 |
| 신라 | 눌지왕 때 고구려 승려 묵호자를 통해 전래됨 → 법흥왕 때 이차돈의 순교를 계기로 공인 |

### (2) 통일 신라 시대 불교의 발전

| | |
|---|---|
| 원효 | • 불교의 대중화에 기여 : 아미타 신앙(정토 신앙, '나무아미타불'만 외우면 누구나 극락에 갈 수 있다고 주장), '무애가'를 지어 전파<br>• 일심 사상과 화쟁 사상을 통해 종파 간의 사상적 대립을 조화롭게 승화시키려고 함(원융회통)<br>• "대승기신론소", "십문화쟁론", "금강삼매경론" 등 저술 |
| 의상 | 관음 신앙(관세음보살을 믿어 현세의 고난을 구제받고자 하는 신앙) 전파, 화엄종 개창, 화엄 사상 정립, 당에서 유학하고 돌아온 후 부석사 등 많은 사찰 건립, '화엄일승법계도' 저술 |
| 혜초 | 인도와 중앙아시아를 순례한 뒤 "왕오천축국전" 저술 |
| 선종의 유행 | • 실천 수행을 통한 깨달음 추구 → 지방 호족의 사상적 배경이 됨, 9산 선문 성립, 승탑과 탑비 유행<br>• 도선 : 풍수지리설에 큰 영향을 미침, "도서비기", "송악명당기" 등 저술 |

### (3) 불상과 불탑

| | | |
|---|---|---|
| 불상 | | 삼국(금동 미륵보살 반가 사유상), 고구려(금동 연가 7년명 여래 입상), 백제(서산 용현리 마애 여래 삼존상), 신라(경주 배동 석조 여래 삼존 입상), 통일 신라(석굴암 본존불), 발해(이불병좌상) |
| 불탑 | 고구려 | 목탑이 주로 만들어졌으나 현존하는 것이 없음 |
| | 백제 | • 익산 미륵사지 석탑(무왕) : 목탑에서 석탑으로 넘어가는 과도기적 모습을 보이고 있음<br>• 부여 정림사지 5층 석탑 : 목탑 양식, '평제탑'이라고도 불렸음 |
| | 신라 | • 경주 분황사 모전 석탑 : 돌을 벽돌 모양으로 다듬어 쌓은 석탑<br>• 황룡사 9층 목탑(선덕 여왕, 자장의 건의) → 고려 때 몽골의 침입으로 소실 |
| | 통일 신라 | 경주 감은사지 3층 석탑(신문왕 때 건립, 쌍탑), 경주 불국사 3층 석탑[석가탑, 무영탑, 현존하는 세계 최고(最古) 목판 인쇄본인 무구정광대다라니경 발견], 경주 불국사 다보탑, 양양 진전사지 3층 석탑(기단부에 조각), 화순 쌍봉사 철감선사탑(선종의 영향) |
| | 발해 | 영광탑(벽돌로 쌓은 전탑, 탑 아래 무덤이 있음) |

# 08강 고대(문화 1)

**1** 밑줄 그은 '이 인물'에 대한 설명으로 옳은 것은? [3점]

심화 65회 08번

좋아요 28회 8시간 전

이곳은 이 인물을 제사하는 경주의 서악 서원. 그는 한자의 음과 훈을 빌려 우리말을 표기하는 이두를 체계적으로 정리함. 우리말로 유학 경전을 풀이하여 후학들을 가르침. 원효의 아들임.

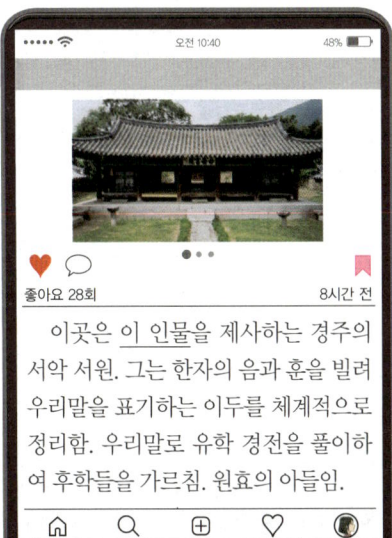

① 향가 모음집인 삼대목을 편찬하였다.
② 진성 여왕에게 시무책 10여 조를 올렸다.
③ 화랑도의 규범으로 세속 5계를 제시하였다.
④ 외교 문서 작성에 능하여 청방인문표를 지었다.
⑤ 국왕에게 조언하는 내용인 화왕계를 집필하였다.

**1 설총의 활동** 정답 ⑤

정답 찾기 원효의 아들이며, 이두를 체계적으로 정리하였다는 내용 등을 통해 밑줄 그은 '이 인물'이 설총임을 알 수 있어요. ⑤ 설총은 신라 신문왕에게 꽃에 비유하여 충신을 가까이할 것을 조언한 '화왕계'를 지어 바쳤어요.

오답 피하기
① 신라 진성 여왕 때 위홍과 대구화상이 왕명을 받아 향가 모음집인 "삼대목"을 편찬하였어요.
② 최치원은 당에서 활동하다가 신라로 돌아와 진성 여왕에게 사회 개혁을 위한 시무책 10여 조를 올렸으나 귀족들의 반대로 실현하지 못하였어요.
③ 원광은 화랑도가 지켜야 할 행동 규범으로 세속 5계를 제시하였어요.
④ 강수는 외교 문서 작성에 능하여 당에 잡혀 있던 태종 무열왕의 아들인 김인문의 석방을 당의 고종에게 청하는 '청방인문표'를 지었어요.

**2** (가)에 해당하는 문화유산으로 옳은 것은? [1점]

심화 64회 04번

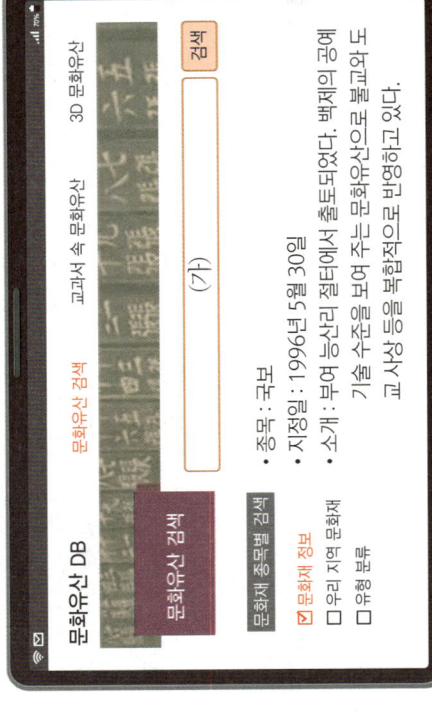

문화유산 DB　문화유산 검색　교과서 속 문화유산　3D 문화유산

문화유산 검색　(가)　검색

문화재 종목별 검색
☑ 문화재 정보
☐ 우리 지역 문화재
☐ 유형 분류

• 종목 : 국보
• 지정일 : 1996년 5월 30일
• 소개 : 부여 능산리 절터에서 출토되었다. 백제의 공예 기술 수준을 보여 주는 문화유산으로 불교와 도교 사상 등을 복합적으로 반영하고 있다.

①

②

③

④

⑤

**2 백제 금동 대향로** 정답 ⑤

정답 찾기 부여 능산리 절터에서 출토된 백제의 문화유산이며 불교와 도교 사상 등을 복합적으로 반영하고 있다는 내용을 통해 (가)에 해당하는 문화유산이 ⑤ 백제 금동 대향로임을 알 수 있어요.

오답 피하기
① 발해의 불상인 이불병좌상이에요.
② 고구려의 불상인 금동 연가 7년명 여래 입상이에요.
③ 고령 지산동 고분군에서 출토된 대가야의 금동관이에요.
④ 경주의 신라 고분에서 발견된 기마 인물형 토기 중 주인상이에요.

**3** (가) 승려에 대한 설명으로 옳은 것은? [2점]

심화 70회 06번

**일체유심조**
**모든 것은 마음먹기에 달려 있다!**

우리 역사상 불교 발전에 가장 크게 이바지한 승려를 가리는 이번 투표에서 여러분들의 현명한 선택을 기다립니다.

■ 주요 활동
- "금강삼매경론", "대승기신론소" 등 저술
- 일심 사상과 화쟁 사상 주장

기호 ○번 (가)

① 구법 순례기인 왕오천축국전을 남겼다.
② 황룡사 구층 목탑의 건립을 건의하였다.
③ 무애가를 지어 불교 대중화에 기여하였다.
④ 화랑도의 규범으로 세속 5계를 제시하였다.
⑤ 화엄일승법계도를 지어 화엄 사상을 정리하였다.

**4** 밑줄 그은 '이 승려'에 대한 설명으로 옳은 것은? [2점]

심화 67회 06번

POST CARD

○○에게

나는 지금 영주 부석사에 와 있어. 이곳은 당에 가서 화엄학을 공부한 이 승려가 세운 절이야. 선묘각과 부석을 통해 그가 선묘 낭자의 도움을 받아 사찰을 건립했다는 설화를 떠올릴 수 있었어. 그리고 무량수전 배흘림기둥에 기대어 멀리 풍경을 보니, 너와 함께 다시 와보고 싶다는 생각이 들었어. 그럼 이만 줄일게. 안녕.

△△가

우표

보내는 사람

받는 사람

① 황룡사 구층 목탑의 건립을 건의하였다.
② 무애가를 지어 불교 대중화에 노력하였다.
③ 유식의 교의를 담은 해심밀경소를 저술하였다.
④ 승려들의 전기를 정리한 해동고승전을 편찬하였다.
⑤ 현세의 고난에서 구제받고자 하는 관음 신앙을 강조하였다.

**3 원효의 활동** 정답 ③

정답 찾기 "금강삼매경론"과 "대승기신론소"를 저술하였으며, 일심 사상과 화쟁 사상을 주장하였다는 내용을 통해 (가) 승려가 신라의 원효임을 알 수 있어요. 원효는 "금강삼매경론", "대승기신론소" 등을 저술하여 불교 교리 연구에 힘썼으며, 모든 진리는 한마음에서 나온다는 일심 사상을 바탕으로 화쟁 사상을 주장하며 종파 간의 사상적 대립을 극복하기 위해 노력하였어요. 또한, '나무아미타불'만 외우면 누구나 극락에 갈 수 있다고 주장하며 일반 백성에게 불교를 알렸어요. ③ 원효는 백성들이 불교 교리를 쉽게 받아들일 수 있도록 '무애가'라는 노래를 지어 부르며 불교 대중화에 기여하였어요.

오답 피하기
① 혜초는 인도와 중앙아시아 지역을 순례하고 돌아와 구법 순례기인 "왕오천축국전"을 남겼어요.
② 자장은 신라 선덕 여왕에게 부처의 힘으로 주변국을 복속시키기 위한 염원을 담은 황룡사 9층 목탑의 건립을 건의하였어요.
④ 원광은 화랑이 지켜야 할 행동 규범으로 세속 5계를 제시하였어요.
⑤ 의상은 당에서 화엄 사상을 연구하고 돌아와 화엄 사상의 요지를 정리한 '화엄일승법계도'를 지었어요.

**4 의상의 활동** 정답 ⑤

정답 찾기 영주 부석사를 세웠으며 당에 가서 화엄학을 공부하였다는 내용을 통해 밑줄 그은 '이 승려'가 신라의 의상임을 알 수 있어요. 의상은 당에서 화엄학을 공부하고 돌아와 '모든 존재는 서로 의존하여 조화를 이룬다'는 화엄 사상을 설파하고 신라 화엄종을 개창하였어요. 또한, 화엄 사상의 요지를 축약한 '화엄일승법계도'를 지었어요. ⑤ 의상은 관세음보살에 의지하여 현세의 고난에서 구제받고자 하는 관음 신앙을 강조하였어요.

오답 피하기
① 자장은 신라 선덕 여왕에게 황룡사 9층 목탑의 건립을 건의하였어요.
② 원효는 백성들이 불교를 쉽게 받아들일 수 있도록 '무애가'를 지어 부르며 불교 대중화에 노력하였어요.
③ 원측은 유식의 교의를 담은 "해심밀경"을 풀이한 주석서인 "해심밀경소"를 저술하였어요.
④ 고려의 승려 각훈은 왕명을 받아 고승들의 전기를 정리한 "해동고승전"을 편찬하였어요.

**5** 심화 74회 08번

**(가) 종파에 대한 설명으로 가장 적절한 것은?** [2점]

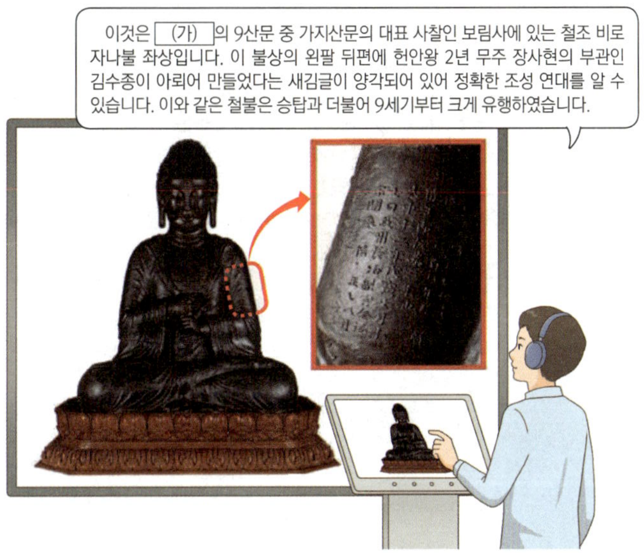

이것은 (가) 의 9산문 중 가지산문의 대표 사찰인 보림사에 있는 철조 비로자나불 좌상입니다. 이 불상의 왼팔 뒤편에 헌안왕 2년 무주 장사현의 부관인 김수종이 아뢰어 만들었다는 새김글이 양각되어 있어 정확한 조성 연대를 알 수 있습니다. 이와 같은 철불은 승탑과 더불어 9세기부터 크게 유행하였습니다.

① 하늘에 제사 지내는 초제를 거행하였다.
② 참선과 수행을 통한 깨달음을 강조하였다.
③ 시경, 서경, 역경 등을 주요 경전으로 삼았다.
④ 신선 사상을 기반으로 불로장생을 추구하였다.
⑤ 인내천 사상을 내세워 인간 평등을 주장하였다.

**5 선종** 정답 ②

정답 찾기 '9산문'을 통해 (가) 종파가 선종임을 알 수 있어요. 신라 말에 선종이 유행하면서 가지산문, 사굴산문 등 9개의 산문이 형성되었어요. 선종은 신라 말에 성장한 지방 호족의 지원을 받아 성행하였어요. 선종이 확산되면서 승려의 사리나 유골을 모신 승탑과 승려의 행적을 기록한 탑비 건립이 유행하였어요. ② 선종은 참선과 수행을 통한 깨달음을 강조한 불교 종파로 지방 호족의 사상적 배경이 되었어요.

오답 피하기 ① 초제는 국가 차원에서 지내는 제사로, 도교 의례의 하나입니다.
③ "시경", "서경", "역경"은 유교의 주요 경전으로, 삼경이라고 불렸어요. "대학", "논어", "맹자", "중용" 등 사서와 함께 유교에서 중요하게 다루었어요.
④ 도교는 산천 숭배, 신선 사상과 결합하여 불로장생과 현세 구복을 추구하였어요.
⑤ 동학은 마음속에 한울님을 모시는 시천주와 '사람이 곧 한울(하늘)'이라는 인내천 사상을 강조하였어요.

**6** 심화 69회 06번

**다음 설명에 해당하는 문화유산으로 옳은 것은?** [2점]

① 
② 
③ 
④ 
⑤ 

**6 금동 연가 7년명 여래 입상** 정답 ②

정답 찾기 고구려 승려들이 만들었으며, '연가'라는 글자가 새겨져 있는 문화유산은 ② 고구려의 불상인 금동 연가 7년명 여래 입상이에요. 광배 뒷면에 새겨진 '연가 7년'이라는 글자를 통해 불상의 제작 연대를 추정할 수 있어요.

오답 피하기 ① 고려의 불상인 영주 부석사 소조 여래 좌상, ③ 통일 신라 시대에 만들어진 것으로 보이는 경주 구황동 금제 여래 좌상, ④ 익산 왕궁리 5층 석탑의 해체 보수 과정에서 출토된 금동불 입상, ⑤ 고구려 불상 양식의 영향을 받은 발해의 이불병좌상이에요.

## 7 밑줄 그은 '이 탑'으로 옳은 것은? [3점]

심화 62회 05번

◆유물 이야기◆

**금제 사리봉영기가 남긴 고대사의 수수께끼**

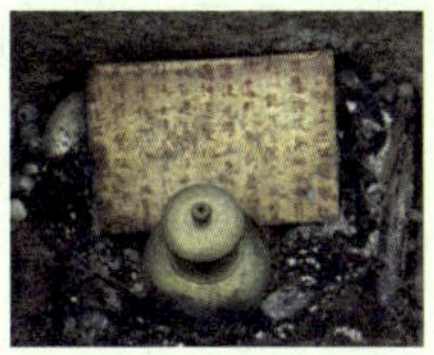

2009년 이 탑의 해체 수리 중에 사리장엄구와 금제 사리봉영기가 발견되었다. 사리봉영기에는 "우리 백제 왕후께서는 좌평 사택적덕의 따님으로 …… 가람을 세우시고 기해년 정월 29일에 사리를 받들어 맞이하셨다."라는 명문이 있어 큰 주목을 받았다. 이 탑을 세운 주체가 삼국유사에 나오는 선화 공주가 아니라 백제 귀족의 딸로 밝혀져 서동 왕자와 선화 공주 설화의 진위 여부에 대한 논란이 일어나기도 하였다.

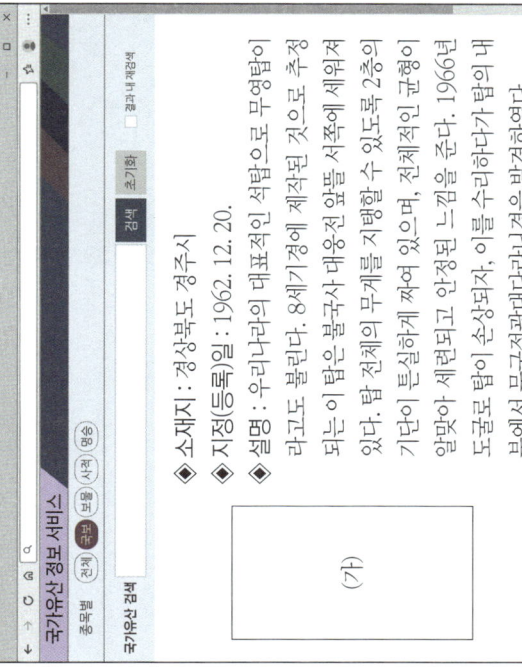

① 
② 
③ 
④ 
⑤ 

## 8 (가)에 해당하는 국가유산으로 옳은 것은? [2점]

심화 71회 07번

국가유산 정보 서비스

종목별 전체 국보 보물 사적 명승

국가유산 검색 검색 초기화 결과 내 재검색

(가)

◈ 소재지 : 경상북도 경주시
◈ 지정(등록)일 : 1962. 12. 20.
◈ 설명 : 우리나라의 대표적인 석탑으로 무영탑이라고도 불린다. 8세기경에 제작된 것으로 추정되는 이 탑은 불국사 대웅전 앞뜰 서쪽에 세워져 있다. 탑 전체의 무게를 지탱할 수 있도록 2층의 기단이 튼실하게 짜여 있으며, 전체적인 균형이 알맞아 세련되고 안정된 느낌을 준다. 1966년 도굴로 탑이 손상되자, 이를 수리하다가 탑의 내부에서 무구정광대다라니경을 발견하였다.

① 
② 
③ 
④ 
⑤ 

### 7 익산 미륵사지 석탑 정답 ③

정답 찾기 사리장엄구와 금제 사리봉영기가 발견되었으며 이로 인해 서동 왕자와 선화 공주 설화의 진위 여부가 논란이 되었다는 내용을 통해 밑줄 그은 '이 탑'이 ③ 백제의 익산 미륵사지 석탑임을 알 수 있어요. 익산 미륵사지 석탑은 목탑에서 석탑으로 넘어가는 과도기적인 모습을 보여 주고 있습니다.

오답 피하기 ① 신라의 경주 분황사 모전 석탑, ② 신라의 경주 정혜사지 13층 석탑, ④ 발해의 영광탑, ⑤ 신라의 경주 감은사지 3층 석탑이에요.

### 8 경주 불국사 3층 석탑 정답 ⑤

정답 찾기 불국사 대웅전 앞뜰 서쪽에 세워져 있으며, 탑을 수리하다가 내부에서 무구정광대다라니경을 발견하였다는 내용을 통해 (가)에 해당하는 국가유산이 ⑤ 신라의 경주 불국사 3층 석탑임을 알 수 있어요.

오답 피하기 ① 신라의 구례 화엄사 4사자 3층 석탑, ② 백제의 부여 정림사지 5층 석탑, ③ 신라의 경주 분황사 모전 석탑, ④ 발해의 영광탑이에요.

# 08강 고대(문화 1)

**Ready go**
**이번 강 별 채우기 제한 시간은 2분 50초**
한 문장을 끝까지 또박또박 읽어야 패스!

기출 선택지로 별 채우기
**한국사를 채우다**

**01** 고구려는 수도에 ★학을 설치하여 유학 교육을 하였고, 지방에는 ★당을 설치하여 청소년에게 글과 활쏘기를 가르쳤다.

**02** ★★서기석을 통해 신라에서 유학 교육이 행해졌음을 알 수 있다.

**03** ★★은 화랑도의 규범으로 세속 5계를 제시하였으며, 왕명을 받아 수에 군사를 청하는 걸사표를 작성하였다.

**04** 설총은 '★★계'를 지어 신문왕에게 조언하였다.

**05** ★총은 한자의 음과 훈을 차용한 이두를 체계적으로 정리하였다.

**06** 강★는 외교 문서 작성에 능하여 '청방인문표'를 작성하였다.

**07** 김★★은 진골 귀족 출신으로 "화랑세기", "고승전", "한산기" 등을 저술하였다.

**08** ★★★은 당에 건너가 빈공과에 합격하였으며, '격황소서(토황소격문)'와 "계원필경"을 지었다.

**09** 신라 원성왕은 유교적 학식을 갖춘 관리의 채용을 위해 ★★★★과를 시행하였다.

**10** 고구려 영양왕 때 이문진이 "유기"를 간추려 "★집" 5권을 편찬하였다.

**11** 백제 근초고왕은 고흥에게 "★기"를 편찬하도록 하였다.

**12** 신라 진흥왕은 거칠부에게 "★사"를 편찬하도록 하였다.

**13** 고구려 고분에 그려진 사신도는 ★교 사상과 밀접한 관련이 있다.

**14** 백제 금동 대★★에는 불교와 ★교 사상이 반영되어 있다.

**15** 고구려 ★★★왕은 중국 전진으로부터 불교를 받아들였다.

**16** 백제 ★★왕은 중국 동진으로부터 불교를 받아들였다.

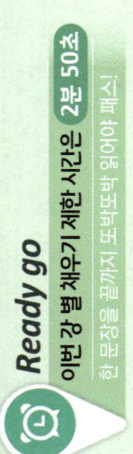

**17** 신라 ★★왕은 이차돈의 순교를 계기로 불교를 공인하였다.

**18** ★★는 '무애가'를 지어 불교 대중화에 노력하였고, "대승기신론소", "십문화쟁론"을 저술하였다.

**19** 원효는 "★★삼매경론"을 저술하였다.

**20** 의상은 ★★ 사상을 정립하고 현세의 고난에서 구제받고자 하는 관음 신앙을 강조하였다.

**21** ★★은 '화엄일승법계도'를 지어 화엄 사상을 정리하였다.

**22** 혜초는 인도와 중앙아시아를 다녀와서 "★★★★★전"을 남겼다.

**23** 고구려의 금동 ★★ 7년명 여래 입상은 광배 뒷면에 새겨진 내용을 통해 제작 시기를 알 수 있는 불상이다.

**24** 서산 용현리 ★★ 여래 삼존상은 백제를 대표하는 불상으로 '백제의 미소'라고도 불린다.

**25** 발해의 이불★★상은 고구려 불상의 영향을 받았다.

**26** 백제 무왕 때 건립된 익산 ★★★지 석탑은 목탑에서 석탑으로 넘어가는 과도기적 모습을 보여 주고 있다.

**27** 부여 ★★★지 5층 석탑은 목탑의 구조를 띤 석탑으로, '평제탑'이라고 불리기도 하였다.

**28** 경주 ★★★ 모전 석탑은 돌을 벽돌 모양으로 깎아 만든 석탑이다.

**29** 신라 선덕 여왕 때 자장의 건의로 세워진 경주 ★★★ 9층 목탑은 몽골이 고려에 침입한 시기에 소실되었다.

**30** 경주 불국사 3층 석탑은 ★가탑이라고도 불리며, 신라식 석탑의 전형으로 간결하고 비례미가 돋보인다.

**31** 경주 불국사 3층 석탑을 보수하는 과정에서 ★★★★대다라니경이 발견되었다.

**32** 신라 말에 ★종의 유행으로 승탑이 많이 제작되었는데, 대표적으로 화순 쌍봉사 철감선사탑이 있다.

정답

**01** 태, 경 **02** 임신 **03** 원광 **04** 화왕 **05** 설 **06** 수 **07** 대문 **08** 최치원 **09** 독서삼품 **10** 신 **11** 서 **12** 국 **13** 도 **14** 향로, 도 **15** 소수림 **16** 침류 **17** 법흥 **18** 원효 **19** 금강 **20** 화엄 **21** 의상 **22** 왕오천축국 **23** 연가 **24** 마애 **25** 병좌 **26** 미륵사 **27** 정림사 **28** 분황사 **29** 황룡사 **30** 석 **31** 무구정광 **32** 선

# 09강 고대(문화 2)

한국사의 흐름을 한눈에
한국사를 그리다

강의 바로 보기

| | 과학 | 건축 | 고분 | | | 日 교류 | 外 교류 |
|---|---|---|---|---|---|---|---|
| 고구려 | ★★도 → 천상열차분야지도(조선 태조)<br>└ 왕↑, 농업 | 안학궁(평양)<br>└→ 장수왕, 남하 정책 | ★★★무덤 — 모줄임 (장군총)<br>↓<br>굴식 돌방무덤 ⇒ 입구 O, 벽화 O, 도굴 O | 아스카 문화 | 금동 미륵보살 반가사유상 ↓ 목조 미륵보살 반가사유상(고류사) | ·★★★ 고분 벽화 → 다카마쓰 고분 벽화<br>·담징(금당 벽화)<br>·혜자(쇼토쿠 태자 스승) | ·우즈베키스탄 아프라시아브 궁전 벽화<br>·각저총 |
| 백제 | ★★도(왜, 근초고왕) | 미륵사(익산), 왕궁리<br>└→ 무왕 | ★★★무덤 (석촌동 고분)<br>↓<br>굴식 돌방무덤 + ★★무덤(무령왕릉)<br>└→ 중국 남조(양) 교류 | | | ·아직기, 왕인 → 日<br>·백제 가람 | |
| 신라 | ·금관<br>·★★대(선덕 여왕)<br>└ 분황사, 황룡사 9층 목탑 | 황룡사<br>└→ 진흥왕 | ★★★★★무덤(껴묻거리 多)<br>(천마총, 황남 대총)<br>└ 천마도(말 안장)<br>입구 X, 벽화 X, 도굴 X | | | ·조선술<br>·축제술 → 한인의 연못 | ·보검<br>·유리 제품(페르시아산) |
| 가야 | 덩이쇠(철판 갑옷, 금동관)<br>⇒ 대성동 고분(금관가야), 지산동 고분(대가야) | | 김해 대성동·고령 지산동 고분 | | | 스에키 | |
| 통일 신라 | ·상원사 동종(성덕왕): 현존 최고(最古) 동종<br>┌ 녹읍 O, 불국사<br>성덕 대왕 신종(경덕왕 ~ 혜공왕): 에밀레종<br>·무구정광★★★★경(현존 세계 최고 목판 인쇄물) ⇒ | ·★★사, ★★암<br>·동궁과 월지(안압지)<br>·불국사 3층 석탑(석가탑) | 굴식 돌방무덤(김유신 묘)<br>12지 신상(호석) | 하쿠호 문화 | | | 원성왕릉(괘릉) 무인상 |
| 발해 | | 상경 용천부, 주작대로<br>└ 당 | ·정혜 공주(문왕2) 묘: 굴식 돌방무덤, 모줄임 천장 ⇒ 고구려<br>·정효 공주(문왕4) 묘: 벽돌무덤 ⇒ 중국 | | | | |

★정답 천문, 칠지, 첨성, 대다라니, 불국, 석굴, 돌무지, 돌무지, 벽돌, 돌무지덧널, 수산리

→ 나만의 약점 단권화 노트 16쪽에서 완성 판서를 확인하세요.

# 09강 고대(문화 2)

| | 과학 | 건축 | 고분 | 日 교류 | 外 교류 |
|---|---|---|---|---|---|
| 고구려 | | |  | | |
| 백제 | | |  | | |
| 신라 | | |  | | |
| 가야 | | | | | |
| 통일 신라 | | | 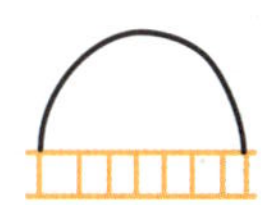 | | |
| 발해 | | | | | |

# 09강 고대(문화 2)

낯선 용어와 자료 돋보기

## 한국사를 보다

### 신라 금관

신라의 금관은 금관총, 금령총, 서봉총, 천마총, 황남 대총에서 출토된 것과 출처를 정확히 알 수 없는 금관까지 총 6점이 남아 있어요. 각 금관마다 모양은 조금씩 다르지만 대체로 출(出)자 모양과 사슴뿔 모양의 장식으로 이루어져 있고 여러 장식물을 달아 화려하게 꾸몄어요.

금령총 금관

황남 대총 북분 금관

### 첨성대

신라 선덕 여왕 때 건립된 것으로 알려져 있으며, 천문 관측대로 추정하고 있어요.

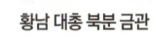

### 상원사 동종

통일 신라 성덕왕 때 만들어진 종으로, 오대산 상원사에 있어요. 현존하는 우리나라 범종 가운데 가장 오래된 것이에요.

### 성덕 대왕 신종

에밀레종이라고도 불려요. 경덕왕이 아버지 성덕왕을 기리기 위해 만들기 시작하여 혜공왕 때 완성되었어요. 우리나라에 남아 있는 가장 큰 종이에요.

### 무구정광대다라니경

'무구정광'이란 한없이 맑고 깨끗하며 영롱한 빛이라는 뜻이고, '다라니경'은 불교 경전으로, 기도문 같은 것이에요. 경주 불국사 3층 석탑을 보수하는 과정에서 발견되었으며, 현존하는 세계에서 가장 오래된 목판 인쇄물입니다.

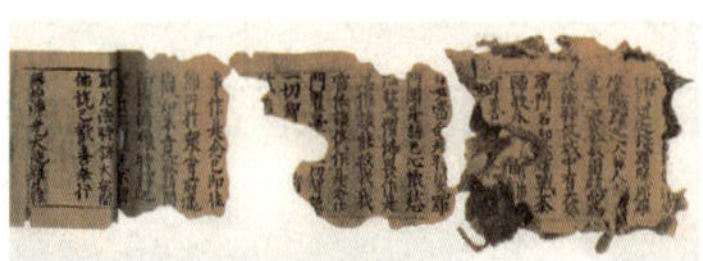

### 익산 미륵사

미륵사는 백제 무왕 때 창건된 사찰로, "삼국유사"에는 선화 공주의 청으로 무왕이 지은 것으로 기록되어 있어요. 그런데 미륵사지 석탑의 보수 과정에서 발견된 금제 사리봉안기(봉영기)에서 이 절을 지은 사람이 선화 공주가 아닌 사택 가문의 딸인 왕비로 밝혀져 학계를 놀라게 하였어요.

익산 미륵사지

금제 사리봉안기

### 경주 불국사

통일 신라 시기에 만들어진 대표적인 불교 건축물이에요. "삼국유사"에 따르면 김대성이라는 사람이 현생의 부모를 위해 불국사를, 전생의 부모를 위해 석굴암을 지었다고 해요. 신라인의 뛰어난 건축 기술을 볼 수 있어요.

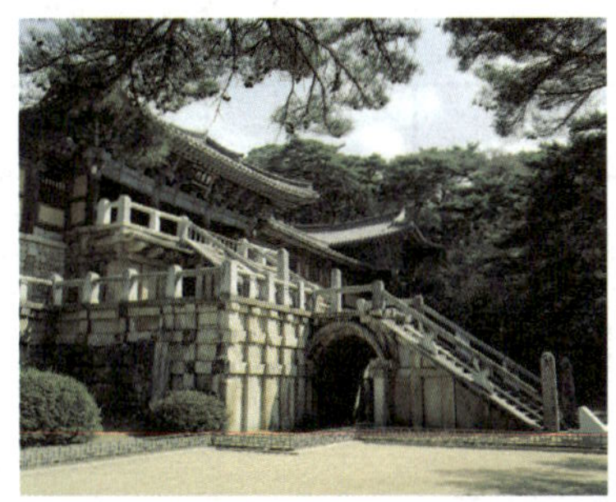

### 용어 사전

**고구려의 천문도**
천문 현상은 왕의 정치에 대한 하늘의 뜻으로 받아들여졌으며 농경과도 밀접한 관계가 있기 때문에, 천문학은 왕의 권위와 직결되는 학문이었어요. 기록에 의하면 고구려 때 돌에 새긴 천문도가 만들어졌다고 해요. 그 인쇄본이 조선까지 전해져 태조 이성계가 '천상열차분야지도'를 만들 때 고구려의 천문도를 참고하였다고 합니다.

**안학궁**
고구려 장수왕의 남진 정책으로 수도를 국내성에서 평양으로 옮기면서 건설한 궁궐이에요.

**무덤의 종류**
- 릉 : 무덤의 주인을 확실하게 알 수 있는 왕이나 왕비의 무덤이에요(예 무령왕릉, 진흥왕릉 등).
- 총 : 무덤의 주인을 확실하게 알 수 없어 발견된 유물의 이름 등을 따서 부르는 무덤이에요(예 천마총, 금관총 등).
- 고분군 : 여러 기의 무덤이 모여 있는 떼무덤을 말해요(예 능산리 고분군, 석촌동 고분군 등).

## 경주 동궁과 월지

경주 동궁과 월지는 문무왕 때 지어진 신라의 별궁 터예요. 신라가 멸망하고 고려와 조선을 거치며 이곳이 폐허가 되자 쓸쓸하게 기러기와 오리만 날아든다고 하여 기러기 '안'자와 오리 '압'자를 써서 '안압지'라고도 불렀어요. 이곳에서는 나무로 만든 14면체 주사위와 금동 초 심지 가위 등 당시 왕실과 귀족의 생활 모습을 엿볼 수 있는 많은 유물이 출토되었어요.

## 고구려 장군총과 백제 석촌동 고분

고구려 초기에 장군총과 같은 돌무지무덤이 많이 만들어졌어요. 그런데 백제의 초기 도읍인 한강 유역에 남아 있는 석촌동 고분들도 돌무지무덤의 형태를 보이고 있어요. 백제의 초기 무덤 양식이 고구려의 계단식 돌무지무덤과 비슷한 것을 통해 백제를 건국한 세력이 고구려계 유이민과 관련이 있음을 짐작할 수 있습니다.

고구려 장군총

백제 석촌동 고분

## 고구려 고분 벽화

고구려 고분에 그려진 벽화를 통해 당시 사회상을 짐작해 볼 수 있어요.

각저총 씨름도

무용총 무용도

무용총 접객도

수산리 고분 무덤 주인 부부의 모습

## 발해 상경성

발해는 당의 수도 장안성을 본떠 수도 상경성을 만들었는데 장안성과 마찬가지로 남북으로 쭉 뻗은 주작대로라는 큰 길이 있어요.

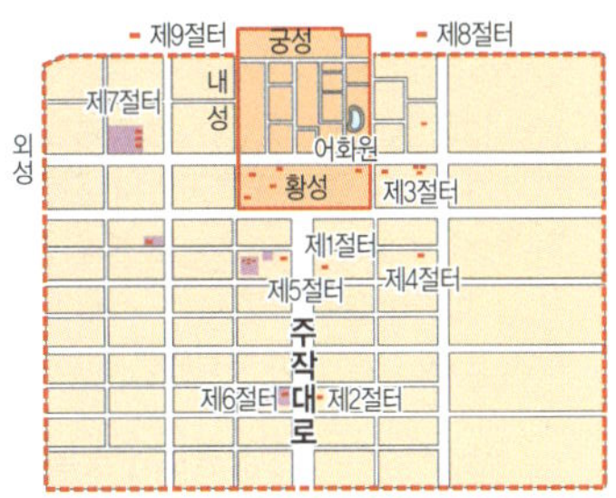


## 굴식 돌방무덤

돌을 이용하여 만든 방이 있고 입구에서 돌방까지 굴처럼 통로가 있는 무덤이에요. 입구만 찾으면 도굴이 쉽기 때문에 껴묻거리는 거의 남아 있지 않지만 돌방에 벽화가 남아 있기도 해 당시의 생활 모습 등을 파악하는 데 귀중한 자료가 되고 있어요.

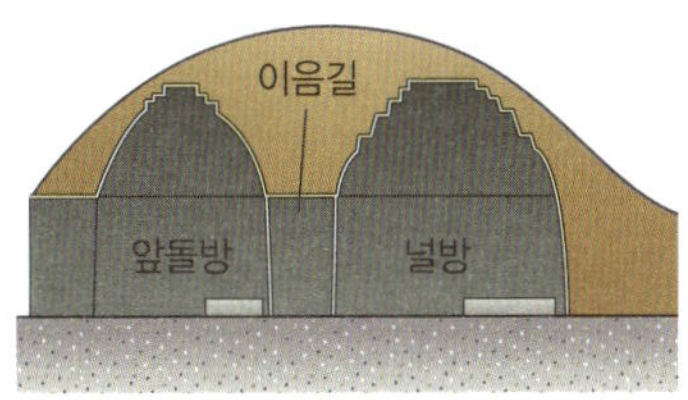

굴식 돌방무덤의 구조

## 벽돌무덤

백제는 중국 남조의 영향을 받아 웅진 시기에 벽돌무덤을 만들었어요. 무늬를 넣은 벽돌을 쌓아 널방을 만들고 그 속에 시신을 안치하였습니다. 대표적 벽돌무덤인 무령왕릉은 송산리 6호분 배수로 공사 과정에서 발견되어 많은 껴묻거리와 무덤의 주인을 알 수 있는 묘지석이 발견되었어요. 무령왕릉은 백제 고분 중 매장된 사람과 축조 연대가 확인되는 유일한 무덤입니다. 무령왕릉을 통해 웅진 시기의 화려한 문화뿐만 아니라 주변국과의 교류 사실을 알 수 있어요.

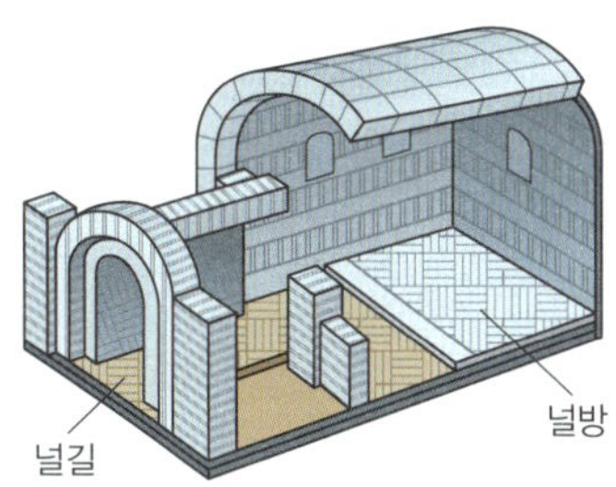

벽돌무덤의 구조

무령왕릉 내부 모습

### 용어 사전

**모줄임천장**
고구려의 굴식 돌방무덤에서 주로 보이는 양식으로, 벽면의 중간 지점부터 모서리를 점점 줄여 나가다가 사각형 모양으로 천장을 막는 방식이에요. 모줄임천장은 발해 무덤에서도 발견되는데 이를 통해 발해가 고구려 문화를 계승하였다는 것을 알 수 있어요.

**호석**
둘레돌이라고도 하는데 무덤의 봉분을 보호하기 위해 봉분 주변을 감싸 놓은 돌을 말해요. 통일 신라 시기에는 호석에 12지 신상 등을 새기기도 하였어요.

**아스카 문화**
7세기 전반 일본 아스카 지역에서 발달한 문화로, 일본 최초의 불교문화예요.

**담징**
고구려의 승려로, 일본에 종이와 먹의 제조 기술을 전파하고, 불법을 강론하였어요. 담징은 그림에도 능하여 일본 호류사에 금당 벽화를 그린 것으로 알려져 있습니다.

**혜자**
고구려의 승려로, 일본에 건너가 쇼토쿠 태자의 스승이 되었어요. 일본의 불교 발전에도 기여하였습니다.

# 09강 고대(문화 2)

낯선 용어와 자료 돋보기
## 한국사를 보다

### 돌무지덧널무덤

돌무지덧널무덤의 널은 '관'이라고 생각하면 돼요. 나무로 덧널을 만들고 그 안에 시신을 담은 관과 껴묻거리 상자를 넣은 다음 나무덧널 위에 돌무지를 쌓고 다시 흙으로 덮은 무덤이에요. 무덤의 구조상 벽화는 그릴 수 없고 도굴이 매우 어려워 껴묻거리가 많이 남아 있어요.

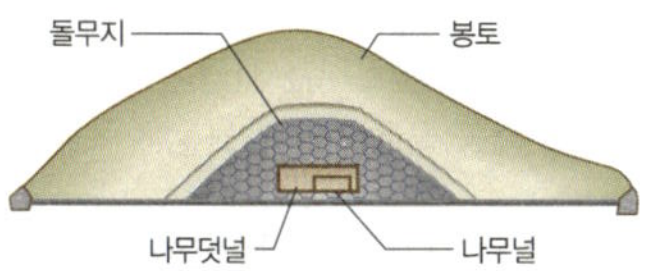

돌무지덧널무덤의 구조

### 천마도

천마총은 대표적인 돌무지덧널무덤으로, 발굴 후에 내부를 볼 수 있도록 해 놓았어요. 천마도가 그려진 말다래(장니, 말을 탄 사람에게 흙이 튀지 않도록 말 안장 양쪽에 늘어뜨려 놓은 기구)가 발견되어 천마총이라고 이름 붙여졌어요.

경주 천마총 장니 천마도

### 김유신 묘

신라의 무덤 양식은 통일을 전후하여 굴식 돌방무덤으로 변화합니다. 대표적으로 김유신 묘가 있는데 봉분 주변에 12지 신상이 새겨진 호석(둘레돌)을 두른 것이 특징입니다. 호석의 밖으로는 여러 개의 돌기둥을 세워 난간을 둘렀어요.

### 정혜 공주 묘와 정효 공주 묘

발해의 무덤은 다양한 형태를 보이는데, 문왕의 둘째 딸 정혜 공주 묘는 굴식 돌방무덤이며, 모줄임천장 구조와 이곳에서 발견된 돌사자상을 통해 고구려 영향을 받았음을 알 수 있어요. 문왕의 넷째 딸인 정효 공주 묘는 당의 영향을 받은 벽돌무덤이며, 당의 영향을 짐작할 수 있는 벽화와 돌로 공간을 줄여 나가는 고구려 양식의 천장 구조를 통해 당과 고구려 양식이 혼합되었음을 알 수 있습니다.

정혜 공주 묘의 돌사자상

정효 공주 묘의 안칸 동벽 벽화

### 용어 사전

**아직기**
4세기 말에서 5세기 초 백제 왕의 명으로 일본에 건너가 태자의 스승이 되었어요.

**왕인**
백제의 학자로, "천자문"과 "논어"를 일본에 전파하였어요.

**백제 가람**
가람은 승려가 살면서 불도를 닦는 건물인 사찰을 말해요. 일본에서는 백제의 양식으로 지어진 사찰을 백제 가람이라고 불러요.

**축제술**
쌓을 축(築), 제방 제(堤), 기술 술(術). 즉, 제방을 쌓는 기술을 말해요.

**한인의 연못**
신라에서 일본으로 건너간 사람들이 만든 저수지예요.

### 강서 수산리 고분 벽화와 다카마쓰 고분 벽화

고구려와 일본의 교류를 짐작할 수 있게 하는 벽화예요. 벽화를 제작한 기법을 비롯하여 그림 속 인물의 저고리와 색동 주름치마 등이 비슷한 것을 볼 수 있어요.

강서 수산리 고분 벽화(고구려)

다카마쓰 고분 벽화(일본)

### 금동 미륵보살 반가 사유상과 고류사 목조 미륵보살 반가 사유상

미륵보살이 반만 가부좌를 틀고 명상에 잠겨 있는 모습의 불상이에요. 두 불상은 재료만 다를 뿐 형태나 제작 기법이 매우 유사하여 삼국의 문화가 일본에 전해져 영향을 끼쳤다는 주장을 뒷받침하고 있어요.

금동 미륵보살 반가 사유상 (삼국)

고류사 목조 미륵보살 반가 사유상 (일본)

### 가야 토기와 스에키

가야의 토기 제작 기술이 일본으로 건너가 스에키 제작에 영향을 주었어요. 스에키는 '쇠처럼 단단한 토기'라는 뜻이에요.

가야 토기

스에키

# 09강 고대(문화 2)

마무리도 빈틈없이 **한국사를 읽다**

## 1 고대의 과학 기술

| | |
|---|---|
| 고구려 | 천문도(왕권 강화, 농업) → 조선 태조 때 제작된 '천상열차분야지도'에 영향 |
| 백제 | • 칠지도 : 우수한 제철 기술과 금속 주조 기술, 백제와 왜의 교류를 보여 줌<br>• 백제 금동 대향로 : 화려하고 섬세한 조각, 뛰어난 금속 공예 기술 |
| 신라 | • 금관, 금귀고리 제작 : 금·은 세공 기술의 발달<br>• 첨성대 : 선덕 여왕 때 축조된 동양 최고(最古)의 천문대로 알려짐 |
| 통일 신라 | • 상원사 동종(성덕왕), 성덕 대왕 신종(경덕왕~혜공왕, 맑고 장중한 소리와 아름다운 비천상 무늬 → 뛰어난 금속 주조 기술)<br>• 무구정광대다라니경 : 경주 불국사 3층 석탑에서 발견, 현존하는 세계 최고(最古)의 목판 인쇄물 |

## 2 고대의 건축

| | | |
|---|---|---|
| 고구려 | 안학궁 : 장수왕이 평양으로 천도할 때 세운 궁궐로 현재는 터만 남아 있음 | |
| 백제 | 익산 미륵사·익산 왕궁리 유적(무왕) | 대규모 사찰 → 현존하지 않음 |
| 신라 | 경주 황룡사(진흥왕) | |
| 통일 신라 | • 경주 불국사(불국토의 이상 표현), 경주 석굴암(인공 석굴 사원, 비례와 균형의 조화미)<br>• 경주 동궁과 월지(안압지) : 우수한 조경술과 화려한 귀족 문화를 보여 줌 | |
| 발해 | 상경성 : 당의 장안성과 구조 유사·주작대로 건설(당의 영향), 온돌 장치(고구려 문화 계승) | |

## 3 고분

| | |
|---|---|
| 고구려 | 돌무지무덤(장군총 - 계단식 무덤, 벽화 없음) → 굴식 돌방무덤(강서대묘, 무용총, 각저총 등 - 입구와 벽화가 있음, 도굴이 쉬움) |
| 백제 | 돌무지무덤(석촌동 고분군) → 굴식 돌방무덤 + 벽돌무덤[무령왕릉(묘지석 출토), 중국 남조의 영향] |
| 신라 | 돌무지덧널무덤(천마총, 황남 대총 등) : 입구와 벽화가 없음, 도굴이 어려움 |
| 가야 | 김해 대성동 고분군(금관가야), 고령 지산동 고분군(대가야) |
| 통일 신라 | 굴식 돌방무덤(김유신 묘) : 봉토 주위를 둘레돌(호석)로 두르고 12지 신상 조각 |
| 발해 | • 정혜 공주 묘 : 굴식 돌방무덤, 모줄임천장, 돌사자상 → 고구려 계승<br>• 정효 공주 묘 : 벽돌무덤·고분 벽화(당의 영향), 고구려 양식의 천장 구조 → 당과 고구려 양식 혼합 |

## 4 고대의 문화 교류

### (1) 고대 문화의 일본 전파

① 삼국과 가야의 문화 전파 : 일본 아스카 문화 형성에 영향을 줌

| | |
|---|---|
| 삼국 | 삼국의 금동 미륵보살 반가 사유상과 일본의 고류사 목조 미륵보살 반가 사유상이 유사 |
| 고구려 | • 강서 수산리 고분 벽화(고구려)와 다카마쓰 고분 벽화(일본)가 유사<br>• 담징(종이와 먹 제조 방법 전수, 호류사 금당 벽화 제작), 혜자(쇼토쿠 태자의 스승), 혜관(불교 전파) |
| 백제 | • 오경박사·의박사·역박사 파견 → 유교, 의학, 천문, 역법 등을 전해 줌<br>• 아직기(일본의 태자에게 한자를 가르침), 왕인("천자문"과 "논어" 전파), 노리사치계(불경·불상 전파 및 불교 보급)<br>• 호류사 백제 관음상 제작(일본으로 간 백제 귀화인이 만든 것으로 추정됨)<br>• 가람 양식 전파 → 백제 가람 양식 발달 |
| 신라 | 조선술·축제술 전파 → '한인의 연못'(저수지) |
| 가야 | 철기 문화, 토기 제작 기술 전파 → 스에키에 영향 |

② 남북국의 문화 전파 : 하쿠호 문화 성장에 영향을 줌

| | |
|---|---|
| 통일 신라 | 유교 문화와 불교 사상 전파 |
| 발해 | 외교 관계를 맺어 문물 교류, 일본 궁중에서 발해 음악 연주 |

### (2) 삼국과 남북국의 문화 교류

| | |
|---|---|
| 고구려 | • 북조를 중심으로 한 북방 민족과 교류 : 강건하고 패기 넘치는 문화 형성<br>• 서역과의 교류 : 우즈베키스탄의 아프라시아브 궁전 벽화에 고구려 사신 등장, 고구려의 각저총 벽화에 서역인 등장 |
| 백제 | 중국의 남조와 교류하며 선진 문물 수용 → 벽돌무덤 조성, 우아하고 세련된 귀족 문화 발달 |
| 신라 | • 고구려와 백제를 통해 중국 문물 수용 → 한강 유역 점령 이후 중국과 직접 교류<br>• 옛 전통이 오래 남아 있어 소박하면서 조화미를 갖춘 문화 발달<br>• 서역과의 교류 : 신라의 고분에서 서역의 유리그릇, 유리 구슬, 금제 장식 보검 등 발견 |
| 통일 신라 | • 당과의 교류 활발 → 사신, 유학생, 승려, 상인 등 왕래<br>• 서역과의 교류 : 원성왕릉(괘릉) 무인석 |
| 발해 | 문왕 이후 당과 친선 관계 → 당의 선진 문물 적극 수용 |

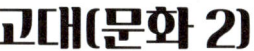

# 09강 고대(문화 2)



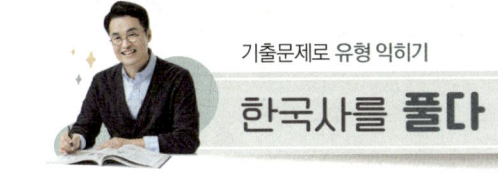

**1** (가) 국가에서 볼 수 있는 모습으로 가장 적절한 것은? [2점]

심화 74회 03번

이번에 촉각 전시물로 새롭게 제작된 장군총은 (가) 의 대표적인 무덤입니다. 반듯하게 다듬은 돌을 계단처럼 쌓아 만든 이 무덤의 높이는 약 13미터이고, 한 변의 최대 길이는 약 31미터에 달합니다. 거대한 크기를 고려할 때 왕의 무덤일 가능성이 높습니다. 이 무덤의 주인이 누구였을지 상상하며 만져보면 어떨까요?

① 녹과전을 지급받는 관리
② 경당에서 수련하는 청년
③ 팔만대장경판을 만드는 장인
④ 지방의 22담로에 파견되는 왕족
⑤ 황룡사 구층 목탑의 축조를 건의하는 승려

**2** 밑줄 그은 '이 국가'의 벽화로 옳지 않은 것은? [3점]

심화 54회 05번

이 국가의 고분 벽화는 도읍이었던 지안과 평양 일대에 주로 남아 있는데, 일상생활과 풍속, 신앙과 의례를 묘사한 것으로 유명합니다. 이제 벽화 사진을 바탕으로 제작한 영상을 생생하게 만나 보세요.

①

②

③

④

⑤

**1 고구려의 사회 모습** 정답 ②

정답 찾기 '장군총'을 통해 (가) 국가가 고구려임을 알 수 있어요. 고구려 초기에는 돌무지무덤이 많이 만들어졌어요. 장군총은 고구려의 대표적인 돌무지무덤이며, 계단식으로 조성되었어요. 왕릉으로 추정되나 무덤의 주인이 누구인지 밝혀지지 않았어요. ② 고구려는 지방에 경당을 설치하여 청소년에게 학문과 무예를 가르쳤어요.

오답 피하기
① 고려 후기에 관직 복무에 대한 대가로 관리에게 지급한 현물 급여(녹봉)를 보충하기 위해 녹과전을 지급하였어요.
③ 고려는 부처의 힘을 빌려 몽골의 침입을 물리치고자 하는 염원을 담아 팔만대장경판을 만들었어요.
④ 백제 무령왕은 지방 통제를 강화하기 위해 22담로에 왕족을 파견하였어요.
⑤ 신라의 승려 자장은 선덕 여왕에게 황룡사 9층 목탑의 건립을 건의하였어요.

**2 고구려의 고분 벽화** 정답 ⑤

정답 찾기 지안과 평양이 도읍이었다는 내용을 통해 밑줄 그은 '이 국가'가 고구려임을 알 수 있어요. ⑤ 경남 밀양에 있는 박익 묘에 그려진 벽화로, 박익은 고려 말의 인물이에요.

오답 피하기
① 고구려 수산리 고분의 벽화로, 무덤 주인 부부의 생활 모습이 그려져 있어요.
② 고구려 고분인 무용총에 남아 있는 접객도입니다.
③ 고구려 고분인 강서대묘의 사신도 벽화 중 현무도입니다.
④ 고구려 고분인 각저총에 남아 있는 벽화입니다. 씨름하는 모습이 그려져 있어요.

**3** (가)~(다) 지역에 대한 설명으로 옳지 않은 것은? [3점]

심화 72회 04번

**답사 계획서**

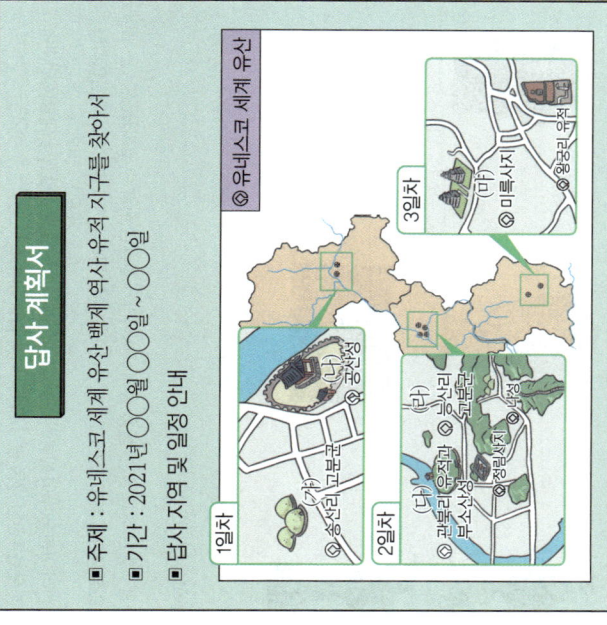

◈ 주제 : 도읍지를 따라가는 ○○의 역사
◈ 기간 : 2024년 10월 △△일 ~ △△일
◈ 답사 지역 및 일정

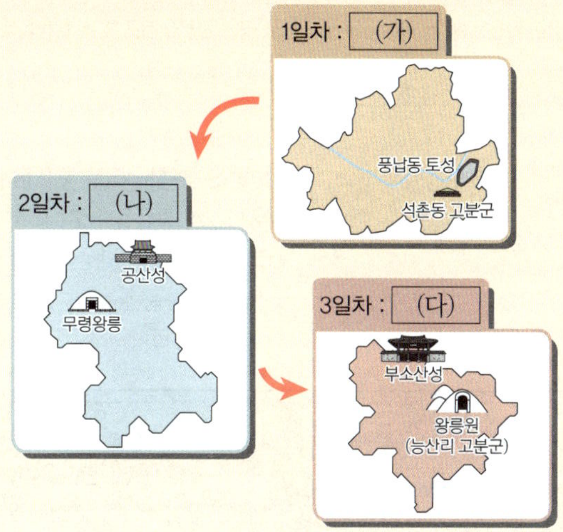


① (가) - 고구려에서 남하한 온조가 도읍으로 삼았다.
② (나) - 문주왕 때 천도한 곳이다.
③ (나) - 중국 남조의 영향을 받은 벽돌무덤이 있다.
④ (다) - 왕궁리 오층 석탑이 있다.
⑤ (다) - 백제 금동 대향로가 출토되었다.

**3 백제의 문화유산** 정답 ④

정답찾기 (가) 지역은 백제의 첫 번째 도읍지 한성(지금의 서울), (나) 지역은 백제의 두 번째 도읍지 웅진(지금의 공주), (다) 지역은 백제의 마지막 도읍지 사비(지금의 부여)입니다. ④ 왕궁리 오층 석탑은 백제의 궁궐터 유적인 익산의 왕궁리 유적에 있어요.

오답피하기
① 고구려에서 남하한 온조는 서울 한강 유역의 하남 위례성을 도읍으로 삼아 나라를 세웠어요.
② 고구려 장수왕의 공격으로 백제의 도읍 한성이 함락되고 개로왕이 죽임을 당하자 개로왕의 뒤를 이어 왕위에 오른 문주왕이 지금의 공주 지역인 웅진으로 천도하였어요.
③ 공주의 무령왕릉은 중국 남조의 영향을 받아 벽돌무덤으로 축조되었어요.
⑤ 백제 금동 대향로는 부여 능산리 절터에서 출토되었어요.

**4** (가)~(마) 문화유산에 대한 설명으로 옳은 것은? [3점]

심화 54회 09번

**답사 계획서**

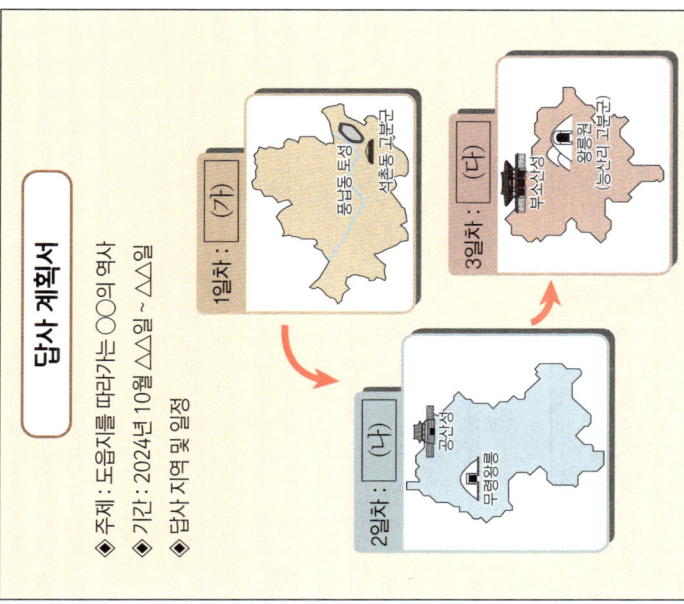

■ 주제 : 유네스코 세계 유산 백제 역사 유적 지구를 찾아서
■ 기간 : 2021년 ○○월 ○○일 ~ ○○일
■ 답사 지역 및 일정 안내

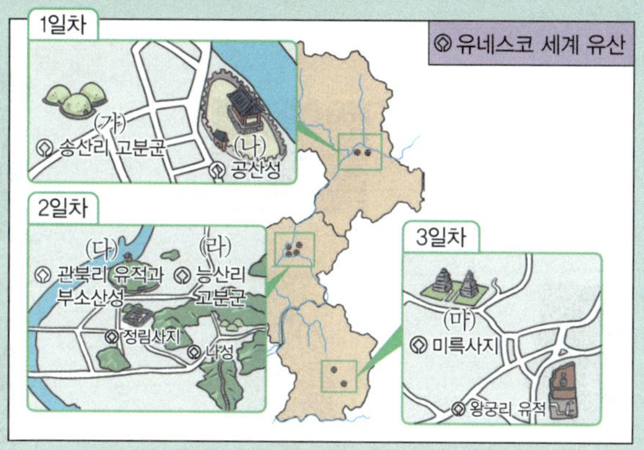


① (가) - 백제 금동 대향로가 출토되었다.
② (나) - 온조왕이 왕성으로 삼았다.
③ (다) - 재상을 선출하던 천정대가 있었다.
④ (라) - 무령왕과 왕비의 무덤이 발굴되었다.
⑤ (마) - 석탑 해체 과정에서 금제 사리봉영기가 발견되었다.

**4 백제의 문화유산** 정답 ⑤

정답찾기 ⑤ 익산 미륵사지 석탑의 해체 과정에서 금제 사리봉영기가 발견되었어요. 이를 통해 미륵사의 창건 목적과 창건 연대, 창건 주체에 대해 알게 되었어요.

오답피하기
① 백제 금동 대향로는 부여 능산리 고분군 근처의 절터에서 발견되었어요. 송산리 고분군은 공주에 있는 백제의 고분군으로, 무령왕릉이 이곳에 있어요.
② 온조왕이 나라를 세우고 왕성으로 삼은 곳은 한강 유역의 위례성이에요. 공산성은 백제가 웅진으로 천도한 후 도읍을 방어하기 위해 쌓은 산성이에요.
③ 부여군 호암리에 있는 천정대는 백제의 귀족들이 모여 재상을 선출하던 정사암으로 추정되는 곳이에요. 관북리 유적은 사비의 왕궁지로 추정되며, 부소산성은 사비를 방어하기 위한 산성이에요.
④ 무령왕과 왕비의 무덤은 공주 송산리 고분군에서 발굴되었어요. 능산리 고분군은 백제의 굴식 돌방무덤이 발굴된 곳으로, 모두 7기의 무덤이 있으며 왕릉으로 전해지고 있어요.

**5** (가) 문화유산에 대한 설명으로 옳은 것은? [3점]

심화 51회 04번

**학술 대회 안내**

올해는 백제의 고분 중 피장자와 축조 연대가 확인되는 유일한 무덤인 [ (가) ] 발굴 50주년이 되는 해입니다. 우리 학회는 이를 기념하여 '[ (가) ] 출토 유물로 본 동아시아 문화 교류'를 주제로 학술 대회를 개최합니다.

◆ 발표 주제 ◆

- 진묘수를 통해 본 도교 사상
- 금동제 신발의 제작 기법 분석
- 금송으로 만든 관을 통해 본 일본과의 교류

- ■ 일시 : 2021년 ○○월 ○○일 13 : 00~17 : 00
- ■ 장소 : □□ 박물관 강당
- ■ 주최 : △△ 학회

① 서울 석촌동 고분군에 위치하고 있다.
② 나무로 곽을 짜고 그 위에 돌을 쌓았다.
③ 국보로 지정된 금동 대향로가 출토되었다.
④ 무덤의 둘레돌에 12지 신상을 조각하였다.
⑤ 중국 남조의 영향을 받아 벽돌로 축조하였다.

**5 공주 무령왕릉** 정답 ⑤

정답 찾기 백제의 고분 중 피장자와 축조 연대가 확인되는 유일한 무덤이라는 내용을 통해 (가) 문화유산이 공주 무령왕릉임을 알 수 있어요. 무령왕릉은 백제 무령왕과 왕비의 무덤으로, ⑤ 중국 남조의 영향을 받아 벽돌로 축조된 벽돌무덤입니다. 무덤에서 죽은 사람의 인적 사항 등이 기록된 묘지석이 발견되어 무덤의 주인과 축조 연대가 밝혀졌어요.

오답 피하기
① 무령왕릉은 충남 공주의 송산리 고분군(공주 무령왕릉과 왕릉원) 내에 위치하고 있어요.
② 나무로 곽을 짜고 그 위에 돌을 쌓는 방식으로 만들어진 무덤은 돌무지덧널무덤이에요.
③ 국보로 지정된 백제 금동 대향로는 부여 능산리 고분군(부여 왕릉원) 근처의 절터에서 출토되었어요.
④ 신라는 통일을 전후하여 굴식 돌방무덤을 주로 만들었는데, 무덤의 둘레돌에 12지 신상을 새기기도 하였어요. 대표적으로 김유신 묘가 있습니다.

**6** (가) 국가의 문화유산으로 옳은 것은? [2점]

심화 75회 03번

**□□ 신문**

제△△호 2025년 ○○월 ○○일

**금관 특별전 개최**

▲ 금관총 금관

올해 가을 아시아 태평양 경제 협력체(APEC) 정상 회의를 맞이하여 특별한 문화 행사가 경주에서 열린다. 금관총 금관, 황남 대총 금관 등 현재까지 발견된 [ (가) ]의 금관 6점이 최초로 한자리에 모이는 '금관 특별전'은 세계 각국에 우리 문화의 우수성을 알리는 계기가 될 것으로 기대된다.

①

②

③

④

⑤

**6 신라의 문화유산** 정답 ⑤

정답 찾기 '금관총 금관', '황남 대총 금관' 등을 통해 (가) 국가가 신라임을 알 수 있어요. 신라는 뛰어난 금세공 기술을 바탕으로 금관을 제작하였어요. ⑤ 신라의 고분인 천마총에서 발굴된 천마도입니다.

오답 피하기
① 부여 능산리 고분군(부여 왕릉원) 근처의 절터에서 출토된 백제의 금동 대향로입니다.
② 고구려의 문화유산인 금동 연가 7년명 여래 입상이에요.
③ 김해 대성동 고분군에서 출토된 금관가야의 판갑옷이에요.
④ 고구려 양식을 계승한 발해의 석등이에요.

## 7 (가)~(마) 문화유산에 대한 설명으로 옳지 않은 것은? [2점]

심화 48회 09번

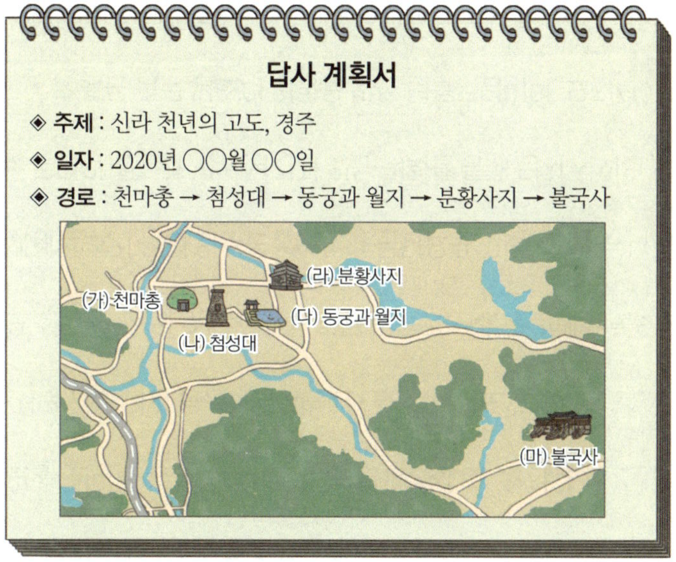


① (가) - 내부에서 천마도가 수습되었다.
② (나) - 자장의 건의로 건립되었다.
③ (다) - 나무로 만든 14면체 주사위가 출토되었다.
④ (라) - 돌을 벽돌 모양으로 다듬어 쌓아 올린 탑이 남아 있다.
⑤ (마) - 경내의 삼층 석탑에서 무구정광대다라니경이 발견되었다.

### 7 신라의 문화유산 정답 ②

정답 찾기
② 첨성대는 신라 선덕 여왕 때 지어진 천문 관측대로 알려져 있어요. 선덕 여왕 시기에 자장의 건의로 황룡사 9층 목탑이 건립되었어요.

오답 피하기
① 천마총은 신라의 대표적인 돌무지덧널무덤이며, 내부에서 천마의 모습을 그린 천마도가 발견되어 천마총이라는 이름이 붙여졌어요. 천마도는 말다래에 그려져 있어요.
③ 동궁과 월지는 신라의 별궁 터로 안압지라고도 불렸어요. 이곳에서 나무로 만든 14면체 주사위, 청동 가위, 장신구, 기와 등 당시 귀족들의 생활 모습을 보여 주는 유물이 많이 발견되었어요.
④ 분황사지에는 돌을 벽돌 모양으로 다듬어 쌓아 올린 경주 분황사 모전 석탑이 남아 있어요.
⑤ 불국사 3층 석탑의 해체·보수 작업 중에 세계에서 가장 오래된 목판 인쇄물인 무구정광대다라니경이 발견되었어요.

## 8 (가) 국가에 대한 설명으로 옳은 것은? [2점]

심화 56회 09번

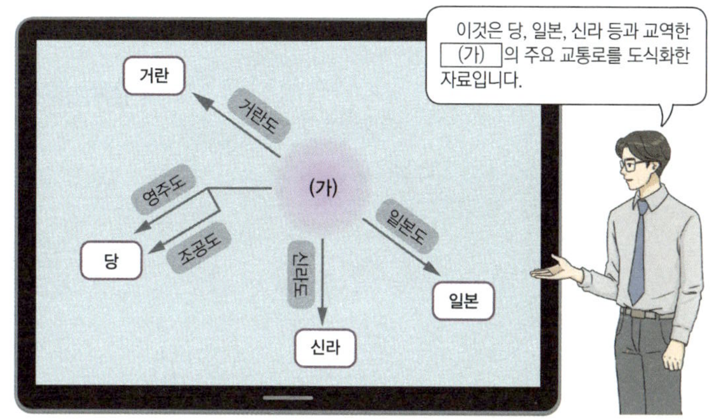


① 평양을 서경으로 삼아 중시하였다.
② 후연을 격파하고 백제를 공격하였다.
③ 지방에 22담로를 두어 왕족을 파견하였다.
④ 완도에 청해진을 설치해 해상 무역을 장악하였다.
⑤ 고구려와 당의 양식이 혼합된 벽돌무덤을 만들었다.

### 8 발해의 문화 정답 ⑤

정답 찾기
당, 일본, 신라 등과 교역하였다는 설명과 거란도, 일본도, 신라도, 영주도, 조공도 등 주요 교통로를 도식화한 자료를 통해 (가) 국가가 발해임을 알 수 있어요. 발해는 고구려 멸망 후 대조영이 고구려 유민과 말갈인을 이끌고 동모산에서 건국한 나라이며 고구려 계승 의식을 내세웠어요. 발해는 건국 초기에 고구려를 멸망시킨 당과 신라를 적대시하여 이들 국가와 대립하였으나, 문왕 때 관계를 개선하였어요. 일본과는 건국 초부터 당과 신라를 견제할 목적으로 빈번하게 왕래하며 활발히 교역하였어요. ⑤ 발해는 고구려의 문화를 계승하였으며 당의 문화도 받아들였어요. 특히 문왕의 딸인 정효 공주의 무덤은 두 나라의 양식이 혼합된 벽돌무덤으로 만들어졌어요.

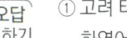

오답 피하기
① 고려 태조 왕건은 평양을 서경으로 삼아 중시하였으며, 이를 전진 기지로 활용하여 북진 정책을 추진하였어요.
② 고구려 광개토 태왕은 후연을 격파하고 요동과 만주 일대를 장악하였으며, 백제를 공격하여 한강 이북 지역을 차지하였어요.
③ 백제 무령왕은 지방 통제를 강화하기 위해 22담로에 왕족을 파견하였어요.
④ 신라 흥덕왕 때 당에서 귀국한 장보고는 완도에 청해진을 설치하고 이곳을 거점으로 해상 무역을 장악하였어요.

# 09강 고대(문화 2)

**Ready go**
이번 강 별 채우기 제한 시간은 **2분 30초**
한 문장을 끝까지 또박또박 읽어야 패스!

기출 선택지로 별 채우기
**한국사를 채우다**

01 ★★★의 천문도는 조선 태조 때 만들어진 '천상열차분야지도'에 영향을 주었다.

02 금동 대향로와 칠지도는 ★★의 수준 높은 공예 기술을 보여 준다.

03 신라는 천문 관측을 위해 첨★★를 세웠다.

04 우리나라에서 가장 오래된 범종은 통일 신라 성덕왕 때 만들어진 ★★사 동종이다.

05 우리나라에서 현존하는 가장 큰 범종은 ★★ 대왕 신종으로, 에밀레종이라고도 불린다.

06 현존하는 세계에서 가장 오래된 목판 인쇄물은 ★★★★대다라니경이다.

07 백제 무왕은 익산 지역에 ★륵사를 건립하였다.

08 신라 진흥왕은 경주에 ★룡사를 건립하였다.

09 신라는 통일 후 신라를 불국토로 만들려는 염원에서 ★★사와 ★★암을 건립하였다.

10 통일 신라 시대 별궁 터인 동궁과 월지는 ★★지라고도 불렸다.

11 발해의 수도 상경은 ★의 수도 장안을 본떠 만들었는데, 중앙에 남북으로 쭉 뻗은 ★★대로가 있었다.

12 고구려와 백제의 초기 무덤 양식은 ★★★무덤으로, 이를 통해 두 나라 건국 세력이 밀접한 관계였음을 알 수 있다.

13 ★식 ★★무덤의 천장과 벽에 남겨져 있는 벽화를 통해 당시 사회의 모습을 짐작해 볼 수 있다.

14 공주의 ★★★릉은 중국 남조의 영향을 받은 벽돌무덤이며, 묘지석이 발견되어 무덤의 주인이 명확하게 밝혀졌다.

15 신라의 대표적 무덤 양식인 돌★★★★무덤은 구조상 도굴이 어려워 많은 껴묻거리가 출토되었다.

**16** 김유신 묘는 신라의 대표적인 굴식 돌방무덤으로 무덤의 ★★돌(호석)에 12지 신상이 새겨져 있다.

**17** 발해의 정★ 공주 묘는 굴식 돌방무덤으로, 정효 공주 묘는 ★★무덤으로 만들어졌다.

**18** 발해 정혜 공주 묘의 천장 구조와 무덤에서 발견된 돌사자상 등을 통해 발해 문화가 ★★★의 영향을 받았음을 알 수 있다.

**19** 일본의 다카마쓰 고분 벽화와 ★★★의 수산리 고분 벽화가 유사한 것으로 보아 두 나라가 교류하였음을 알 수 있다.

**20** 고구려의 승려 담★은 일본에 종이와 먹 제조 기술 등을 전파하였으며, 호류사의 금당 벽화를 그렸다고 알려져 있다.

**21** 고구려의 승려인 혜★는 일본으로 건너가 쇼토쿠 태자의 스승이 되었다.

**22** 백제의 학자 왕★은 일본에 "천자문"과 "논어"를 전파하였다.

**23** 삼국 시대의 ★★ 미륵보살 반가 사유상과 일본 고류사 ★★ 미륵보살 반가 사유상의 형태가 유사한 것을 통해 삼국의 문화가 일본에 영향을 미쳤음을 알 수 있다.

**24** 신라의 축제술이 일본으로 전해져 '★★의 연못'이 만들어졌다.

**25** 가야의 토기 제작 기술이 일본에 전해져 ★★키 제작에 영향을 끼쳤다.

**26** 삼국의 문화는 일본의 아★★ 문화 형성에 영향을 끼쳤다.

정답

**01** 고구려 **02** 백제 **03** 성대 **04** 상원 **05** 성덕 **06** 무구정광 **07** 미 **08** 황 **09** 불국, 석굴 **10** 안압 **11** 당, 주작 **12** 돌무지 **13** 굴, 돌방 **14** 무령왕 **15** 무지덧널 **16** 둘레 **17** 혜, 벽돌 **18** 고구려 **19** 고구려 **20** 징 **21** 자 **22** 인 **23** 금동, 목조 **24** 한인 **25** 스에 **26** 스카

# 10강 고려(초기 정치)

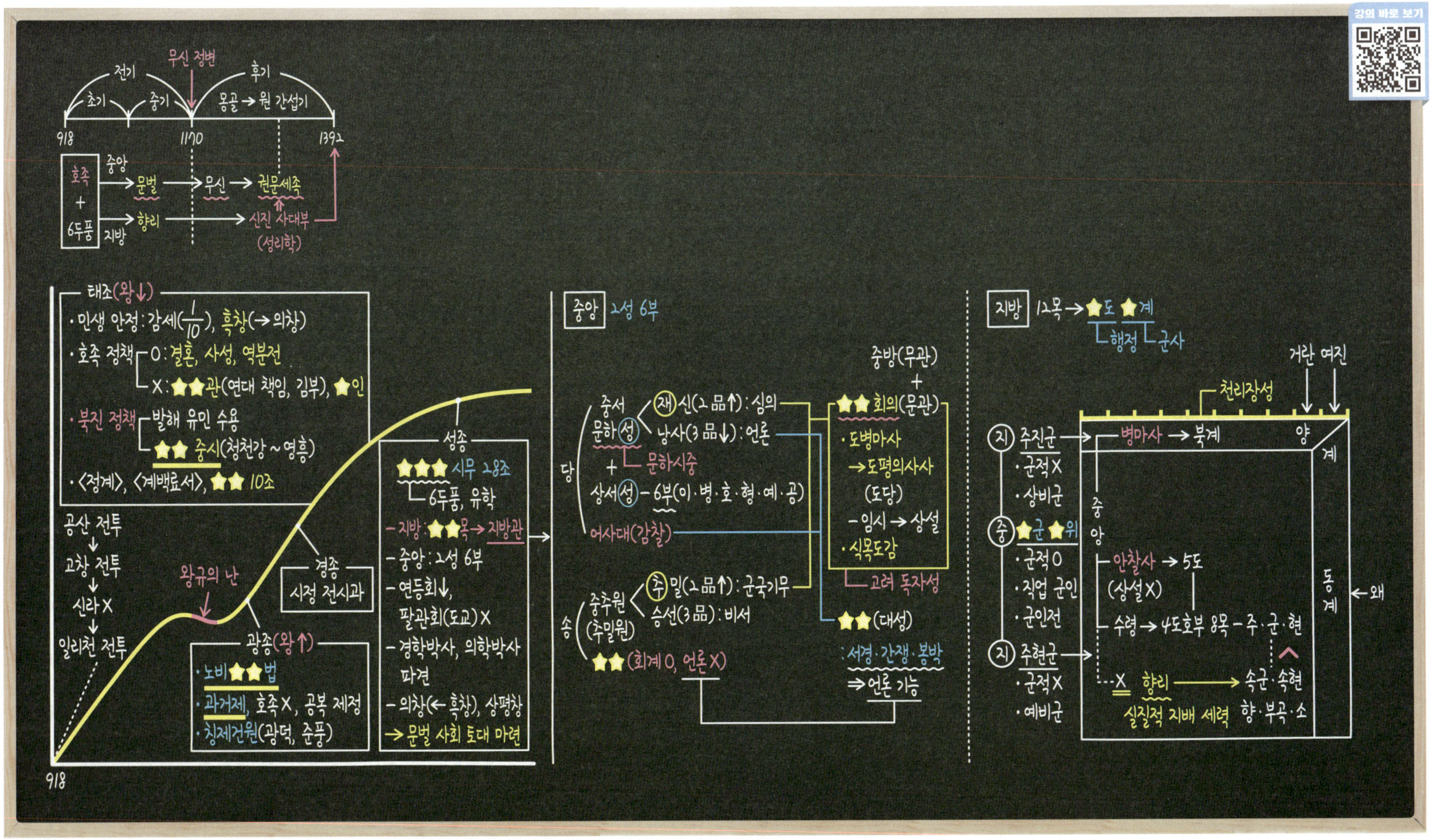


★정답 사심, 기, 서경, 훈요, 안검, 최승로, 12, 재추, 대간, 삼사, 5, 양, 2, 6

➡ 나만의 약점 단권화 노트 18쪽에서 완성 판서를 확인하세요.

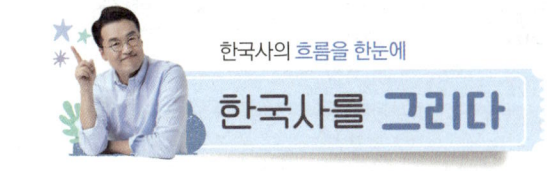

# 고려(초기 정치)



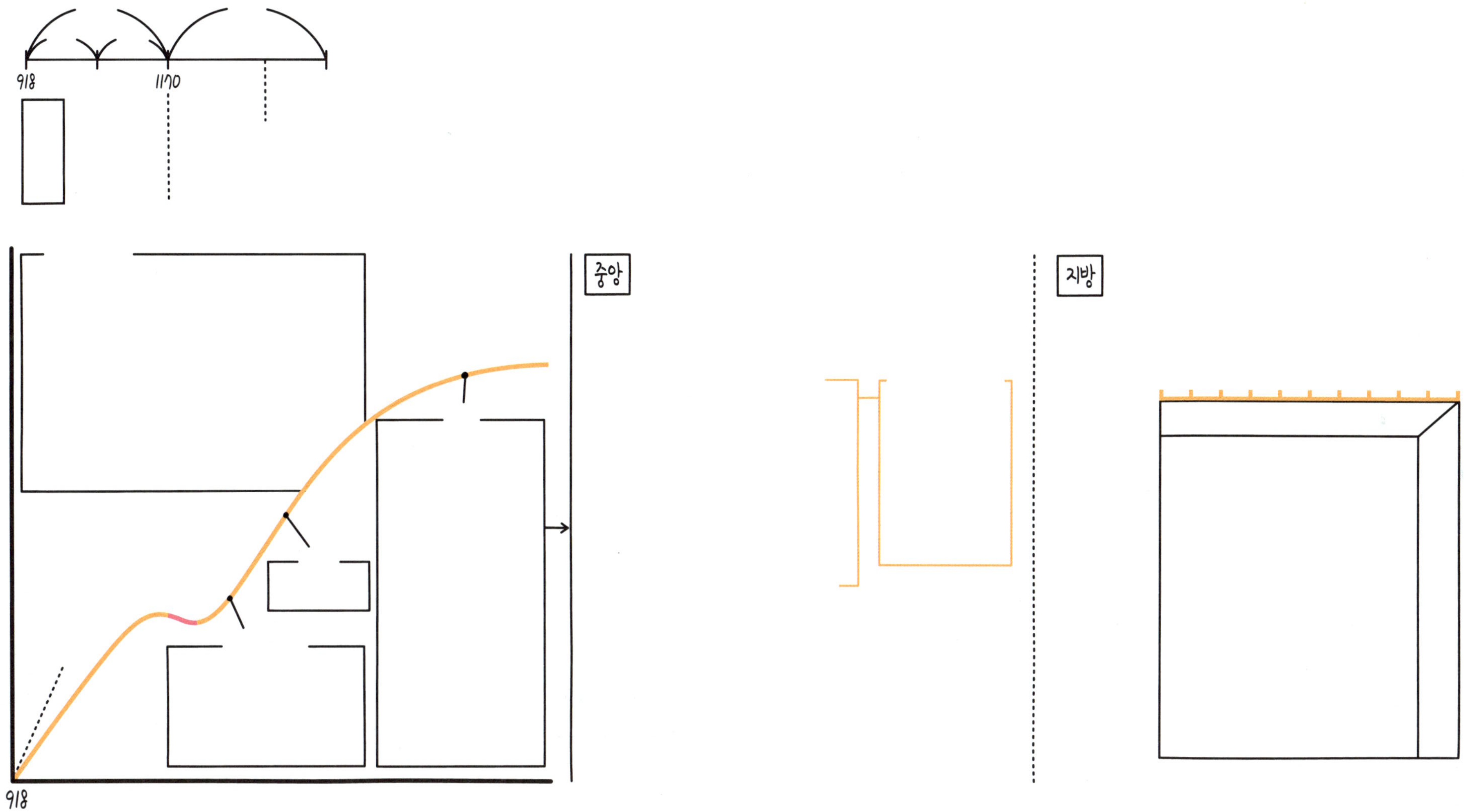

# 10강 고려(초기 정치)

낯선 용어와 자료 돋보기
## 한국사를 보다

### 태조의 후삼국 통일과 북진 정책

후고구려를 세운 궁예가 스스로 미륵이라 칭하며 실정을 이어가자 신하들이 궁예를 몰아내고 왕건을 왕으로 추대하였습니다. 태조 왕건은 국호를 '고려'로 정하고 송악으로 천도하였어요. 한편, 후백제를 세운 견훤은 신라의 수도 금성을 습격해 경애왕을 죽이고, 새 왕(경순왕)을 세웠어요. 이 소식을 들은 태조가 공산(대구) 전투에서 후백제군에 맞서 싸웠으나 충신 신숭겸이 죽고, 고려군은 크게 패하였습니다. 그 뒤 태조는 고창(안동) 전투에서 후백제군에 승리하여 후삼국 통일의 주도권을 장악하였어요. 이러한 상황에서 견훤이 넷째 아들 금강에게 왕위를 물려주려고 하자 불만을 품은 큰아들 신검이 난을 일으켜 견훤을 금산사에 유폐하였고, 견훤은 탈출하여 태조에게 귀순하였습니다. 그리고 나라를 더 이상 유지하기 어려워진 경순왕이 고려에 항복해 오자 태조는 그를 받아들이고 신라를 통합하였어요. 이후 태조는 견훤과 함께 일리천 전투에서 신검의 후백제군을 격퇴하고 후삼국을 통일하였어요. 한편, 발해가 멸망하고 왕자 대광현이 고구려계를 포함해 많은 유민을 이끌고 고려에 망명해 오자, 태조는 이들을 우대하여 받아들였습니다. 이로써 고려는 후삼국을 비롯해 발해 유민까지 포함한 민족의 재통일을 완성하였습니다. 이후 태조는 서경을 전진 기지로 삼고 북진 정책을 추진하여 청천강에서 영흥까지 영토를 확장하였어요.

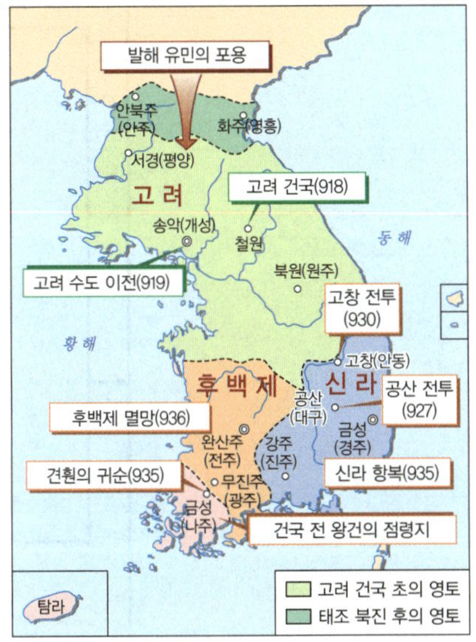


발해는 우리 국경과 인접하여 있었는데 거란과는 원수지간이었다. 거란이 군사를 일으켜 발해를 공격하여 멸망시키고 동단국이라 고쳐 부르니, 발해국의 세자 대광현 등이 나머지 무리를 이끌고 오니 앞뒤로 도망쳐 온 자가 수만 호였다. 왕은 이들을 후하게 대접하고 대광현에게 왕계라는 성명을 내려 주었다. 또한, 종실의 적에 붙여 그 선대의 제사를 받들게 하였다. - "고려사절요" -

### 태조의 호족 통합 정책

태조는 지방 세력을 포섭하기 위해 호족과 정략 결혼을 하거나 호족에게 관직과 토지, 성씨를 내려 주고, 그들의 지역 지배권을 부분적으로 인정해 주었어요.

(김)순식은 강원도 명주 사람이다. 그는 그 고을의 장군으로 오랫동안 굴복하지 않아 태조가 걱정하였다. 시랑 벼슬을 하는 권열이 "아버지가 아들에게 명령하고 형이 아우에게 가르침을 주는 것이 당연한 세상 이치입니다. 순식의 아버지 허월이 지금 중이 되어 내원에 있으니 그를 파견하여 회유하는 것이 좋겠습니다."라고 건의하였다. 순식이 큰아들 수원을 보내 항복하자 태조는 그에게 왕씨 성을 주고 땅과 집을 주었다. - "고려사" -

### 태조의 호족 견제 정책

태조는 지방 통치를 보완하고 호족을 견제하기 위해 사심관 제도와 기인 제도를 실시하였어요. 사심관 제도는 지방 출신 고관을 사심관으로 임명하여 출신 지역을 통제하도록 한 것이고, 기인 제도는 지방 호족의 자제를 볼모로 삼아 중앙에 머물게 한 것입니다.

- 태조 18년에 신라왕 김부가 항복하였다. 신라를 없애 경주로 삼고, 김부를 경주의 사심관으로 임명하여 부호장 이하 관직자들의 일을 살피도록 하였다. 여러 공신들도 각각 출신 고을의 사심관으로 삼았다. - "고려사" -
- 국초에 향리 자제를 뽑아 서울에서 인질로 삼고 그 고을 일을 자문하게 하였다. 이를 기인이라 하였다. - "고려사" -

### 태조의 훈요 10조

태조는 후세 왕에게 전하는 10가지 교훈을 남겨 정책의 방향을 제시하였어요. 제1조에서는 불교를 숭상할 것을 당부하였고, 제2조와 제5조에서는 풍수지리설을 중시하였어요. 제4조와 제5조에서는 거란 배척 및 북진 정책을 강조하였고, 제7조에서는 민생의 안정을 중시하였습니다.

제1조 불교의 힘으로 나라를 세웠으니 사찰을 세우고 주지를 파견하여 불도를 닦도록 할 것
제2조 모든 절을 도선의 풍수 사상에 따라서 세우고 함부로 짓지 말 것
제4조 거란은 짐승과 같은 나라이니 그들의 의관 제도를 본받지 말 것
제5조 서경은 우리나라 지맥의 근본이 되니 1년에 100일 이상 머물러 왕실의 안녕을 이룰 것
제6조 연등회와 팔관회를 소홀히 하지 말고 임금과 신하가 함께 즐길 수 있도록 할 것
제7조 때를 가려 백성을 부리고, 요역과 부세를 가볍게 하여 민심을 얻을 것 - "고려사" -

### 용어 사전

**흑창**
태조가 설치한 빈민 구제 기관으로, 봄에 곡식이 없을 때 곡식을 빌려주고 수확한 후에 갚도록 하였어요. 성종 때 의창으로 발전하여 지방까지 확대되었어요.

**사성 정책**
줄 사(賜), 성씨 성(姓). 왕이 신하들에게 성을 내리는 것으로, 태조는 호족들에게 왕씨 성을 내려 유대를 강화하고자 하였어요.

**역분전**
태조가 개국 공신들의 공로와 인품에 따라 분배해 준 토지입니다. '역할에 따라 분배해 준 토지'라고 생각하면 돼요.

**정계, 계백료서**
태조가 관리들이 지켜야 할 규범을 제시한 책인데 현재 전하지 않습니다.

## 광종의 개혁 정책

〈노비안검법〉

노비안검법은 억울하게 노비가 된 사람을 조사하여 다시 양인으로 되돌려 준 법이에요. 노비는 호족의 경제·군사적 기반이었기 때문에 노비안검법의 시행으로 호족 세력이 약화되었어요. 또한, 조세를 부담하는 양인의 수가 증가하여 국가 재정이 확충되었습니다.

> 광종 7년(956)에 노비를 조사해서 옳고 그름을 분명히 밝히도록 하였다. 이 때문에 주인을 배반하는 노비들이 억누를 수 없을 정도로 많아지고, 주인을 업신여기는 풍속이 유행하였다. 사람들이 다 수치스럽게 여기고 원망하였다. 왕비도 간절히 말렸지만 받아들이지 않았다. - "고려사절요" -

〈과거제〉

과거제는 후주에서 귀화한 쌍기의 건의로 실시된 관리 선발 제도예요. 유교 경전과 문장 능력을 시험하여 관리를 선발하였어요. 과거제의 실시로 유교적 소양을 갖춘 신진 세력을 선발하여 왕권을 뒷받침하는 세력으로 키울 수 있었습니다.

> 삼국 이전에는 과거법이 없었다. 고려 태조가 처음으로 학교를 세웠으나 과거로 인재를 뽑는 데까지는 이르지 못하였다. 광종이 쌍기의 의견을 받아들여 과거로 인재를 뽑게 하였다. 이때부터 문풍(文風)이 일어났고, 그 법은 대체로 당나라 제도를 따른 것이다. - "고려사" -

〈관리의 공복 제정〉

광종은 관리들이 입는 제복을 4가지 색(자·단·비·녹)으로 구분하는 공복을 제정하였어요. 관등에 따라 다른 색깔의 공복을 착용하도록 해 관직 체제를 정비하고 위계질서를 확립하였습니다.

> 신라 태종 무열왕이 당의 복장 제도를 도입하려고 한 뒤부터 관복 제도가 중국과 비슷하게 되었다. 고려 태조가 나라를 세울 때는 새로 시작하는 것이 많아서 관복 제도도 우선 신라의 제도를 따랐다. 광종 때에 와서 비로소 백관의 공복을 정하였으니 이때부터 귀천과 상하의 차별이 명확해졌다. - "고려사" -

## 최승로의 시무 28조

성종은 즉위 후 5품 이상의 고위 관리들에게 정책을 건의하도록 하였어요. 그중 최승로가 올린 시무 28조를 채택하여 유교 이념을 바탕으로 통치 체제를 정비하였습니다. 최승로는 시무 28조의 제7조에서 지방관 파견을 통한 중앙 집권, 제13조에서 불교 행사 축소를 통한 민생 안정, 제20조에서 불교의 폐단을 비판하며 유교 정치 이념을 확립할 것을 주장하였습니다.

> 제7조 국왕이 백성을 다스림은 집집마다 가서 돌보고 날마다 이를 보는 것은 아닙니다. 그런 까닭으로 수령을 보내어 가서 백성의 이익되는 일과 손해되는 일을 살피게 하는 것입니다. 청컨대 외관(外官)을 두십시오.
>
> 제9조 관료들로 하여금 조회할 때에는 모두 중국 및 신라의 제도에 의하여 공복을 입도록 하여 지위의 높고 낮음을 분별하도록 하소서.
>
> 제10조 승려들이 지방에 왕래하면서 여관과 역(驛)에 머물고 지방의 아전과 백성을 매질하여 대접의 소홀함을 꾸짖습니다. 아전과 백성들은 승려들이 왕명을 받들고 나왔는지 의심하여 감히 말하지 못하니, 폐단이 이보다 큰 것은 없습니다. 지금부터 승려들이 여관과 역에 숙박하는 것을 금지시켜 그 폐단을 제거하십시오.
>
> 제13조 우리나라에서는 봄에는 연등회를, 겨울에는 팔관회를 열어 많은 사람들이 동원되어 힘든 일을 하고 있으니, 이를 줄여서 백성이 힘을 펴게 하십시오.
>
> 제19조 삼한 공신의 자손을 등급에 따라 관계(官階)와 관직을 주어 업신여김을 받고 원망하는 일이 없도록 하소서.
>
> 제20조 불교는 자신을 다스리는 근본이며, 유교는 나라를 다스리는 근원입니다. 자신을 다스리는 것은 내생을 위한 것이고, 나라를 다스리는 것은 오늘의 급한 일입니다. 오늘은 아주 가까운 것이고, 내생은 지극히 먼 것이니, 가까운 것을 버리고 먼 것을 구하는 것은 그릇된 일이 아니겠습니까? - "고려사절요" -

## 성종의 정책

성종은 최승로의 시무 28조를 받아들여 국자감을 설립하고 과거제를 정비하였으며, 지방에 경학박사를 파견하는 등 유학 교육을 장려하였어요. 또한, 12개의 주요 지역(목)에 지방관을 파견하였고, 향리 제도를 마련하였습니다.

> - 경치 좋은 장소를 택하여 서재와 학교를 크게 세우고 적당한 토지를 주어서 학교의 식량을 해결하며 또 국자감을 창설하라고 명하였다. - "고려사" -
> - 왕이 교서를 내려 말하기를, "…… 이제 경서에 통달하고 책을 두루 읽은 선비와 온고지신하는 무리를 가려서, 12목에 각각 경학박사 1명과 의학박사 1명을 뽑아 보낼 것이다." - "고려사" -
> - 주·부·군·현의 이직(吏職)을 개정하여 …… 당대등을 호장으로, 대등을 부호장으로, 낭중을 호정으로, 원외랑을 부호정으로 하였다. - "고려사" -

### 용어 사전

**왕규의 난**
태조 왕건이 죽고 혜종이 즉위하자 권력 다툼이 일어났어요. 혜종이 즉위 2년 만에 죽자 혜종 때부터 권력을 노리던 왕규가 자신의 손자를 왕으로 세우기 위해 난을 일으켰습니다. 왕규는 자신의 두 딸을 왕건과 결혼시킨 외척이었어요. 혜종의 동생으로 뒤를 이은 정종은 서경을 기반으로 세력을 키운 왕식렴의 도움을 받아 왕규의 반란을 진압하였으나, 재위 4년 만에 병사하였어요. 정종의 뒤를 이어 친동생인 광종(왕소)이 즉위하였습니다.

**칭제건원**
일컬을 칭(稱), 임금 제(帝), 세울 건(建), 연호 원(元). 황제를 칭하고 나라의 연호를 정하는 것을 말해요.

**연등회, 팔관회**
연등회는 왕실의 태평을 기원하는 불교 법회이고, 팔관회는 도교와 토속 신앙 및 불교가 결합된 행사예요. 고려 시대에는 국가 행사로 팔관회가 크게 열렸는데, 이때에는 송의 상인과 여진 등이 토산물을 바치고 무역을 하기도 하였습니다.

**도병마사**
병마 즉, 군사를 관장하는 기구라는 뜻으로, 국경 문제나 군사 훈련 등 국방과 대외 관계의 일을 관장하였어요. 기능이 확대되면서 고려 후기 원 간섭기에 도평의사사로 명칭이 바뀌었어요.

# 10강 고려(초기 정치)

낯선 용어와 자료 돋보기

## 한국사를 보다

### 고려의 중앙 통치 조직

성종은 중국의 제도를 참고해 2성 6부의 중앙 정치 체제를 정비하였는데, 도병마사와 식목도감 같은 고려만의 독자적 회의 기구도 운영하였어요.

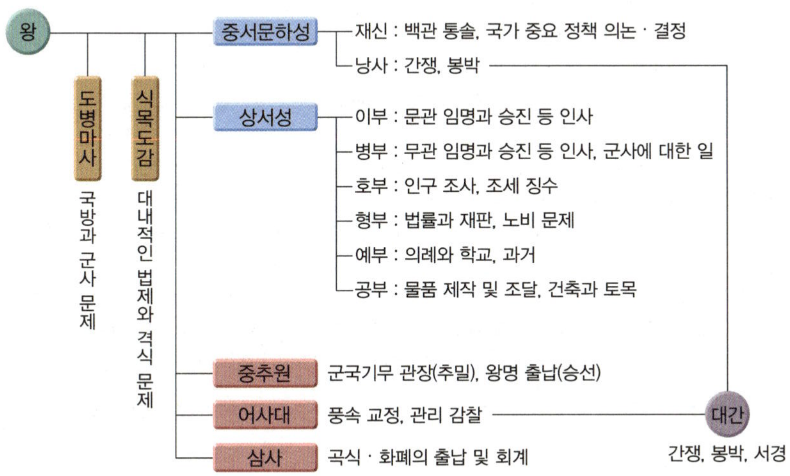


〈2성 6부〉

| | |
|---|---|
| 중서문하성 | • 국정을 총괄하는 최고 중앙 관서<br>• 장관 : 문하시중 |
| 상서성 | • 정책 집행 : 6부 관리<br>• 6부 : 이·병·호·형·예·공부 |

### 고려의 지방 행정 조직

고려의 지방 행정 조직은 몇 차례 변화를 거쳐 5도 양계와 경기 지역으로 정비되었어요. 5도는 일반 행정 구역이고, 국경선을 마주한 북계와 동계의 양계는 군사 행정 구역이며, 경기는 수도 개경과 그 주변입니다. 5도 아래에는 군현과 특수 행정 구역인 향, 부곡, 소 등이 있었어요. 군현은 지방관이 파견되는 주현과 파견되지 않은 속현으로 구분되었는데, 초기에는 속현의 수가 훨씬 많았으나 후대로 가면서 점차 감소하였습니다. 양계 아래에는 국방상 요충지를 중심으로 진이 설치되었어요. 5도에는 안찰사, 양계에는 병마사가 파견되었습니다.

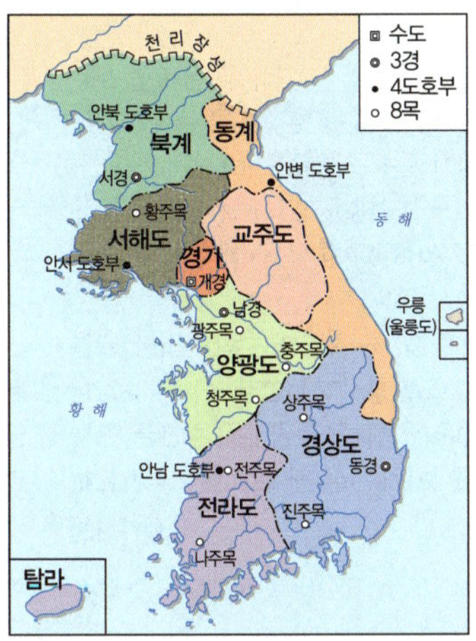


◀ 5도 양계

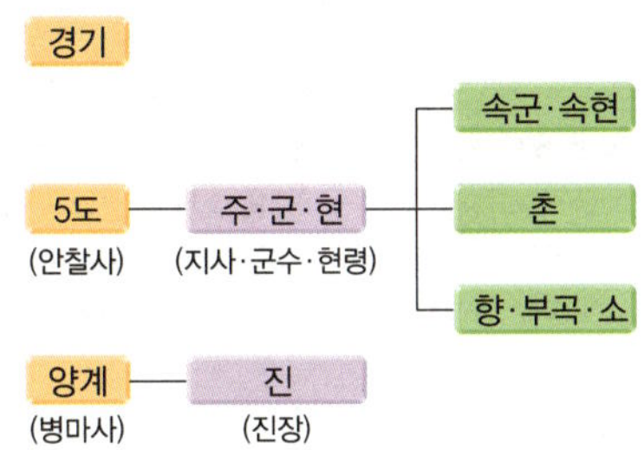


▲ 고려의 지방 편제

**용어 사전**

**식목도감**
도감은 임시 관청을 뜻하는데, 식목도감은 법식과 조목, 즉 나라의 중요한 격식이나 법제의 제정을 의논하던 임시 회의 기구예요.

**대간**
중서문하성의 낭사와 어사대의 관원을 합쳐 대간이라고 불렀어요. 이들은 왕의 잘못을 논하는 간쟁, 왕이 내린 명령이 합당하지 않을 경우 다시 봉하여 되돌려 보내는 봉박, 관리의 임명이나 법령의 개정·폐지에 서명, 즉 동의를 하는 서경의 권한을 가지고 있었습니다.

**2군 6위**
고려의 중앙군은 2군과 6위로 구성되었어요. 2군은 국왕의 친위 부대로, 응양군과 용호군으로 구성되었고, 좌우위, 신호위, 흥위위, 금오위, 천우위, 감문위로 구성된 6위는 수도의 경비와 국경 방어를 담당하였어요. 이들은 직업 군인으로 군인전을 받았습니다.

**향·부곡·소**
특수 행정 구역으로, 향과 부곡은 주로 농사를 짓는 지역이고, 소는 국가에서 필요로 하는 수공업품, 광산물을 생산하는 지역이에요. 이곳에 사는 사람들은 법적으로는 양인이지만 거주 이전의 자유가 없고 일반 군현민에 비해 더 많은 세금을 내는 등 차별을 받았어요.

# 10강 고려(초기 정치)

## 1 고려의 성립과 후삼국 통일

| | |
|---|---|
| 왕건의 성장 | • 궁예의 부하가 되어 후백제의 금성(나주)을 점령하며 성장<br>• 궁예의 실정 → 왕건이 궁예 축출, 신하들의 추대로 왕위에 오름 |
| 고려의 성립 | 국호 - '고려'(고구려 계승), 연호 - '천수', 송악(개경)으로 천도 → 후삼국 통일(936) |

## 2 고려의 정치 발전

| | | |
|---|---|---|
| 태조 | 민생 안정책 | 취민유도 표방(세율을 1/10로 정함), 흑창 설치(빈민 구제) |
| | 호족 정책 | • 통합 정책 : 혼인 정책, 사성 정책, 역분전 지급<br>• 지방 세력 견제 및 통치 보완 정책 : 사심관 제도, 기인 제도 |
| | 북진 정책 | • 발해 유민 포용, 거란 배척(만부교 사건)<br>• 서경(평양)을 전진 기지로 삼고 청천강~영흥까지 영토 확장 |
| | 기타 | • "정계", "계백료서" 저술 → 관리의 규범 제시<br>• 훈요 10조를 통해 후대 왕에게 정책 방향 제시<br>• 후백제를 제압한 뒤 논산 개태사 창건 |
| 정종 | • 왕규의 난 진압<br>• 거란의 침입에 대비하여 광군 창설 | |
| 광종 | • 왕권 강화를 위한 개혁 실시<br>- 노비안검법 시행 : 공신과 호족 세력의 경제·군사적 기반 약화, 국가 재정 확충<br>- 과거제 실시 : 쌍기의 건의, 유교적 소양을 갖춘 신진 세력 등용<br>- 백관의 공복 제정 : 관리의 기강 확립<br>- 공신과 호족 세력 숙청<br>• 칭제건원 : 황제를 칭하고, '광덕'·'준풍' 등 독자적인 연호 사용<br>• 대외 관계 : 후주와 사신을 교환하여 대외 관계의 안정을 꾀함 | |
| 경종 | 태조 때 시행한 역분전을 대신하여 전시과 제도 마련(시정 전시과) | |
| 성종 | • 최승로의 시무 28조를 채택하여 유교 정치 실현 추구<br>• 2성 6부의 중앙 관제 마련, 전국 주요 지역에 12목을 설치하고 지방관 파견, 향리 제도 정비<br>• 과거제 정비, 국자감 설치(개경), 경학박사·의학박사 파견(지방), 흑창을 의창으로 고침, 상평창 설치<br>• 연등회의 규모를 축소하고 팔관회 폐지 → 국가적인 불교 행사 억제 | |

## 3 통치 체제의 정비

### (1) 중앙 통치 조직 : 2성 6부

| | | | |
|---|---|---|---|
| 당·송의 영향 | 중서문하성 | • 국정을 총괄하는 최고 관서(장관 : 문하시중)<br>• 재신(2품 이상, 정책 심의·결정), 낭사(3품 이하, 정치의 잘잘못 비판) | |
| | 상서성 | 정책의 집행(실제 정무를 담당하는 이·병·호·형·예·공부의 6부 통솔) | |
| | 중추원(추밀원) | 추밀(2품 이상, 군사 기밀), 승선(3품, 왕명 출납) | |
| | 어사대 | 관리 감찰, 풍기 단속, 관원(판사, 대부, 지사, 중승, 시어사, 전중시어사, 감찰어사 등) | |
| | 삼사 | 화폐와 곡식의 출납, 회계 담당 | |
| 독자 기구 | 도병마사 | • 국방, 군사 문제 담당<br>• 원 간섭기에 도평의사사(도당)로 바뀜<br>• 임시 기구였다가 상설화됨 | 중서문하성의 재신과 중추원의 추밀이 모여 국가 중대사를 결정하는 회의 기구(재추 회의) → 고려의 독자적 기구 |
| | 식목도감 | 대내적인 법제와 격식 관장 | |
| 대간 | | • 구성 : 어사대(감찰 기구)의 관원과 중서문하성의 낭사<br>• 역할 : 간쟁, 봉박, 서경의 권한 행사(언론 기능 담당) → 정치권력의 견제와 균형 추구 | |

### (2) 지방 행정 조직 : 성종 때 12목 설치, 이후 5도 양계로 정비 → 3경 4도호부 8목 설치

| | |
|---|---|
| 5도(행정) | • 안찰사 파견<br>• 지방관이 파견된 주군·주현보다 지방관이 파견되지 않은 속군·속현(향리가 행정 담당)이 더 많음<br>• 특수 행정 구역인 향·부곡·소 존재<br>• 속군·속현과 향·부곡·소는 주군·주현을 통해 간접 지배를 받음 → 지방관이 파견되면서 호족은 향리로 전환되어 행정 실무 담당 |
| 양계(군사) | 군사적인 특수 행정 구역(동계·북계), 병마사 파견, 국방상 요충지에 진 설치 |

### (3) 군사 조직

| | |
|---|---|
| 중앙 | 2군(국왕 친위 부대, 응양군·용호군), 6위(수도 경비, 국경 방어) : 직업 군인(군적에 올라 군인전을 지급받음, 직역 세습) |
| 지방 | • 16세~59세의 양인 장정으로 편성<br>• 주현군 : 5도의 일반 군현에 주둔, 평상시에 농업에 종사, 일종의 예비군<br>• 주진군 : 양계 주둔, 국경 수비 담당, 상비군 |

## 1 (가) 왕에 대한 설명으로 옳은 것은? [2점]

심화 73회 11번

**교외 체험 학습 보고서**

△학년 △반 △△번 이름 □□□

◉ 날짜 : 2025년 ○○월 ○○일
◉ 장소 : 경상북도 안동 태사묘
◉ 학습 내용

안동 태사묘는 고창 전투에서 [ (가) ]을/를 도와 견훤을 물리치는 데 공을 세워 향직을 수여 받은 권행, 김선평, 장길(장정필)의 위패를 봉안하고 있는 사당이다. 이번 체험 학습을 통해 안동이라는 지명이 고창 전투에서 승리한 [ (가) ]이/가 고창군을 안동부로 승격시킨 데서 유래하였다는 것을 알 수 있었다.

① 한양을 남경으로 승격시켰다.
② 주전도감을 설치하여 해동통보를 발행하였다.
③ 쌍기의 건의를 받아들여 과거제를 실시하였다.
④ 청연각과 보문각을 두어 학문 연구를 장려하였다.
⑤ 정계와 계백료서를 지어 관리의 규범을 제시하였다.

## 2 (가) 왕의 재위 시기에 있었던 사실로 옳은 것은? [2점]

심화 65회 10번

**<탐구 활동 보고서>**

○학년 ○반 이름 : △△△

1. 주제 : [ (가) ], 안정과 통합을 꾀하다
2. 방법 : "고려사" 사료 검색 및 분석
3. 사료 내용과 분석

| 사료 내용 | 분석 |
|---|---|
| 명주의 순식이 투항하자 왕씨 성을 내리다. | 지방 호족 포섭 |
| "정계"와 "계백료서"를 지어 반포하다. | 관리의 규범 제시 |
| 흑창을 두어 가난한 백성에게 곡식을 빌려주다. | 민생 안정 |

① 개국 공신에게 역분전을 지급하였다.
② 외침에 대비하여 광군을 조직하였다.
③ 광덕, 준풍 등의 독자적 연호를 사용하였다.
④ 관학 진흥을 목적으로 양현고를 운영하였다.
⑤ 주전도감을 설치하여 해동통보를 발행하였다.

### 1 고려 태조 왕건의 정책 정답 ⑤

**정답 찾기** 고창 전투에서 견훤을 물리치고 승리하였다는 내용을 통해 (가) 왕이 고려 태조 왕건임을 알 수 있어요. ⑤ 태조 왕건은 "정계"와 "계백료서"를 지어 관리들이 지켜야 할 규범을 제시하였어요.

**오답 피하기**
① 고려 문종은 처음으로 한양을 남경으로 승격시켰어요.
② 고려 숙종은 주전도감을 설치하고 해동통보 등의 화폐를 발행하였어요.
③ 고려 광종은 쌍기의 건의를 받아들여 처음으로 과거제를 실시하였어요.
④ 고려 예종은 청연각과 보문각을 설치하여 학문 연구를 장려하였어요.

### 2 고려 태조 왕건 재위 시기의 사실 정답 ①

**정답 찾기** "정계"와 "계백료서"를 지었으며, 흑창을 두었다는 내용 등을 통해 (가) 왕이 고려를 세운 태조 왕건임을 알 수 있어요. 태조 왕건은 지방의 호족 세력을 통합하고자 유력한 호족 가문과 혼인 관계를 맺거나 왕씨 성을 하사하는 한편, 사심관 제도와 기인 제도를 실시하여 호족을 통제하고 지방 통치를 보완하였어요. 민생 안정을 위해 빈민 구제 기구인 흑창을 설치하여 가난한 이들에게 곡식을 빌려주었고, "정계"와 "계백료서"를 지어 관리가 지켜야 할 규범을 제시하였어요. ① 태조 왕건은 후삼국 통일 이후 개국 공신에게 공로와 인품을 기준으로 역분전을 지급하였어요.

**오답 피하기**
② 고려 정종은 거란의 침입에 대비하여 광군을 조직하였어요.
③ 고려 광종은 스스로 황제를 칭하고 '광덕', '준풍' 등의 독자적 연호를 사용하였어요.
④ 고려 예종은 관학을 진흥시키기 위해 장학 재단인 양현고를 설치하였어요.
⑤ 고려 숙종은 의천의 건의를 받아들여 주전도감을 설치하고 해동통보 등의 화폐를 발행하였어요.

## 3 밑줄 그은 '이 왕'이 추진한 정책으로 옳은 것은? [1점]

심화 74회 11번

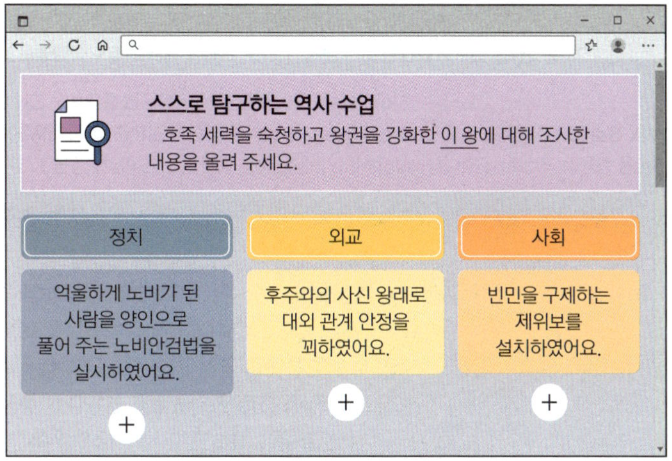

스스로 탐구하는 역사 수업
호족 세력을 숙청하고 왕권을 강화한 이 왕에 대해 조사한 내용을 올려 주세요.
정치
외교
사회
억울하게 노비가 된 사람을 양인으로 풀어 주는 노비안검법을 실시하였어요.
후주와의 사신 왕래로 대외 관계 안정을 꾀하였어요.
빈민을 구제하는 제위보를 설치하였어요.


① 폐정 개혁을 목표로 정치도감을 설치하였다.
② 광덕, 준풍이라는 독자적 연호를 사용하였다.
③ 예의상정소에서 상정고금예문을 편찬하였다.
④ 전국에 12목을 설치하고 지방관을 파견하였다.
⑤ 관리에게 등급에 따라 전지와 시지를 지급하였다.

## 4 (가), (나) 사이의 시기에 있었던 사실로 옳은 것은? [3점]

심화 71회 11번

> (가) 처음으로 역분전을 정하였다. 통일할 때 조정의 관리들과 군사들에게 관계(官階)는 논하지 않고, 그 사람의 성품과 행동이 착하고 악함과 공로가 크고 작음을 참작하여 차등 있게 주었다.
>
> (나) 12월에 문무 양반 및 군인들의 전시과를 개정하였다. 제1과는 전지 100결, 시지 70결을 지급한다. …… 제18과는 전지 20결을 지급한다. 이 한(限)에 들지 못한 자에게는 모두 전지 17결을 주기로 하고 이것을 통상의 법식으로 한다.

① 경기에 한하여 과전법이 실시되었다.
② 쌍기의 건의로 과거제가 시행되었다.
③ 신돈이 전민변정도감의 책임자가 되었다.
④ 만적이 개경에서 노비를 모아 반란을 모의하였다.
⑤ 최충헌이 봉사 10조를 올려 시정 개혁을 건의하였다.

### 3 고려 광종의 정책 정답 ②

**정답 찾기** 노비안검법을 실시하였으며 후주와 사신을 교환하였다는 내용을 통해 밑줄 그은 '이 왕'이 고려 광종임을 알 수 있어요. 왕위 계승을 둘러싼 외척 간의 다툼이 이어지는 가운데 왕위에 오른 광종은 자신의 개혁 정책에 반발하는 공신과 호족 세력을 숙청하고 왕권을 강화하였어요. 또한, 노비안검법을 실시하여 공신과 호족 세력을 약화하고 국가 재정을 확충하였으며, 과거제를 도입하여 유교적 소양을 갖춘 신진 세력을 등용하였어요. ② 광종은 스스로 황제를 칭하고 '광덕', '준풍' 등의 독자적 연호를 사용하였어요.

**오답 피하기**
① 고려 충목왕은 정치도감을 설치하여 폐정 개혁을 추진하였어요.
③ "상정고금예문"은 고려 인종 때 고금의 예법에 관한 글을 모아 편찬한 예법 서적으로 현재 남아 있지 않습니다. 고려 고종 때 "상정고금예문"을 금속 활자로 다시 인쇄하였다는 기록이 있어요.
④ 고려 성종은 최승로의 시무 28조를 받아들여 전국의 주요 지역에 12목을 설치하고 지방관을 파견하였어요.
⑤ 고려 경종은 처음으로 전시과 제도를 마련하여 관리에게 등급에 따라 전지와 시지를 지급하였어요.

### 4 고려 전기의 사실 정답 ②

**정답 찾기** (가)는 처음으로 역분전을 정하였다는 내용을 통해 고려 태조가 재위한 시기의 사실임을 알 수 있어요. 태조는 고려 건국과 후삼국 통일 과정에서 공을 세운 공신에게 인품과 공로를 기준으로 역분전을 차등 지급하였어요. (나)는 문무 양반 및 군인들의 전시과를 개정하였다는 내용을 통해 고려 목종이 재위한 시기의 사실임을 알 수 있어요. 전시과는 관리에게 관직 복무에 대한 대가로 전지와 시지를 지급한 토지 제도이며 고려 경종 때 처음 제정되었어요. 처음 제정된 전시과에서는 전현직 관리에게 관등과 인품을 기준으로 수조권을 주었어요(시정 전시과). 이후 목종은 전시과를 개정하여 관등만을 기준으로 18등급으로 나누어 전지와 시지를 지급하였어요(개정 전시과). ② 고려 광종 때 후주에서 귀화한 쌍기의 건의로 과거제가 시행되었어요. 광종의 뒤를 이은 경종 때 전시과가 처음 마련되었어요.

**오답 피하기**
① 고려 공양왕 때 조준 등의 건의로 경기에 한하여 과전법이 실시되었어요. (나) 이후의 사실이에요.
③ 고려 공민왕 때 신돈이 전민변정도감의 책임자가 되어 개혁을 추진하였어요. (나) 이후의 사실이에요.
④ 고려 무신 집권기에 만적이 개경에서 노비를 모아 반란을 모의하였으나 사전에 계획이 발각되어 실패하였어요. (나) 이후의 사실이에요.
⑤ 고려 무신 집권기에 최충헌이 명종에게 봉사 10조를 올려 시정 개혁을 건의하였어요. (나) 이후의 사실이에요.

# 10강 고려(초기 정치)

**5** (가) 왕에 대한 설명으로 옳은 것은? [2점]

심화 75회 11번

**사료로 만나는 한국사**

교서를 내려 말하기를, "태학조교 송승연과 나주목(羅州牧)의 경학박사 전보인이 [학생들을] 이끌어 잘 도와서, 학문을 널리 닦으라는 공자의 뜻에 합치된다. 가르침에 게으르지 않아서 내가 학문을 권장하는 뜻에 들어맞으니 마땅히 그들을 발탁하여 특별하고 두터운 총애를 보이도록 하라."라고 하였다.

[해설] 위 사료는 [ (가) ]이/가 유학 교육에 공이 있는 태학조교와 나주목의 경학박사를 치하하는 "고려사"의 기록이다. 중앙뿐 아니라 지방의 교육도 장려했던 [ (가) ]은/는 처음으로 12목을 설치하고 지방관에 이어 경학박사와 의학박사를 파견하였다.

① 광덕, 준풍 등의 독자적 연호를 사용하였다.
② 신돈을 중심으로 전민변정 사업을 추진하였다.
③ 청연각과 보문각을 두어 학문 연구를 장려하였다.
④ 정계와 계백료서를 지어 관리의 규범을 제시하였다.
⑤ 최승로의 시무 28조를 받아들여 통치 체제를 정비하였다.

**5 고려 성종의 업적** 정답 ⑤

정답 찾기 처음으로 12목을 설치하고 지방관에 이어 경학박사와 의학박사를 파견하였다는 내용을 통해 (가) 왕이 고려 성종임을 알 수 있어요. ⑤ 성종은 최승로가 올린 시무 28조를 받아들여 전국의 주요 지역에 12목을 설치하고 지방관을 파견하는 등 통치 체제를 정비하였어요.

오답 피하기
① 고려 광종은 스스로 황제를 칭하고 '광덕', '준풍' 등의 독자적 연호를 사용하였어요.
② 고려 공민왕은 신돈을 중심으로 전민변정 사업을 추진하였어요.
③ 고려 예종은 청연각과 보문각을 설치하여 학문 연구를 장려하였어요.
④ 고려 태조 왕건은 "정계"와 "계백료서"를 지어 관리들이 지켜야 할 규범을 제시하였어요.

**6** (가)~(라)를 일어난 순서대로 옳게 나열한 것은? [3점]

심화 59회 10번

(가) 처음으로 직관(職官)과 산관(散官) 각 품의 전시과를 제정하였다. …… 과등(科等)에 미치지 못한 자는 모두 전지 15결을 지급하였다.

(나) 역분전을 제정하였는데, 통일할 때의 조신(朝臣)이나 군사들은 관계(官階)를 따지지 않고 그 사람의 성품과 행동의 선악과 공로의 크고 작음을 보고 차등 있게 지급하였다.

(다) 쌍기가 의견을 올리니 처음으로 과거를 시행하였다. 시(詩)·부(賦)·송(頌) 및 시무책으로 시험하여 진사를 뽑았으며, 겸하여 명경업·의업·복업 등도 뽑았다.

(라) 왕이 말하기를, "비록 내 몸은 궁궐에 있지만 마음은 언제나 백성에게 치우쳐 있다. …… 이에 지방 수령들의 공(功)에 의지해 백성들의 소망에 부합하고자 12목 제도를 시행한다."라고 하였다.

① (가) - (나) - (다) - (라)
② (가) - (나) - (라) - (다)
③ (나) - (가) - (라) - (다)
④ (나) - (다) - (가) - (라)
⑤ (다) - (라) - (나) - (가)

**6 고려 통치 체제의 변화** 정답 ④

정답 찾기
(가) 고려 경종은 전직과 현직 관리에게 관직 복무에 대한 대가로 전지와 시지를 지급하는 전시과 제도를 처음으로 제정하였어요.
(나) 고려 태조는 고려 건국과 후삼국 통일 과정에서 공을 세운 공신에게 공로와 인품에 따라 토지를 차등 지급하는 역분전을 제정하였어요.
(다) 고려 광종은 후주에서 귀화한 쌍기의 건의를 받아들여 과거제를 처음 시행하였어요. 이를 통해 왕권을 뒷받침할 인재를 등용하였어요.
(라) 고려 성종은 최승로의 시무 28조를 수용하여 유교 정치 이념을 바탕으로 국가의 통치 체제를 정비하였어요. 2성 6부의 중앙 관제를 마련하였으며, 지방 주요 지역에 12목을 설치하고 지방관을 파견하였어요.

따라서 일어난 순서대로 나열하면 ④ (나) 역분전 제정(태조) → (다) 과거제 시행(광종) → (가) 전시과 제정(경종) → (라) 12목 설치(성종)입니다.

## 7 (가) 기구에 대한 설명으로 옳은 것은? [2점]

심화 59회 16번

① 역사서 편찬과 보관을 주관하였다.
② 주로 국방과 군사 문제를 논의하였다.
③ 화폐, 곡식의 출납과 회계를 담당하였다.
④ 좌사정, 우사정의 이원적인 체제로 운영되었다.
⑤ 최우에 의해 설치되어 인사 행정을 처리하였다.

### 7 도병마사 정답 ②

정답 찾기 중서문하성의 재신과 중추원의 추밀이 참여한 고려의 독자적인 정치 기구이고, 고려 후기에 도평의사사로 개편되었다는 내용을 통해 (가) 기구가 도병마사임을 알 수 있어요. 고위 관료인 중서문하성의 재신과 중추원의 추밀이 참여한 고려의 독자적인 회의 기구로 도병마사와 식목도감이 있었어요. ② 도병마사에서는 주로 국방과 군사 문제가, 식목도감에서는 대내적인 법제와 격식이 논의되었어요.

오답 피하기
① 고려 초기에는 사관(史館)이라고 불렸던 춘추관에서 역사서 편찬과 보관을 주관하였어요. 춘추관은 조선 시대로 이어졌어요.
③ 고려의 삼사는 화폐, 곡식의 출납과 회계를 담당하였어요.
④ 발해의 3성 중 정당성은 좌사정과 우사정의 이원적인 체제로 운영되었어요.
⑤ 고려 무신 집권기에 최우는 자신의 집에 정방을 설치하여 인사 행정을 처리하였어요.

## 8 ㉠~㉣에 대한 설명으로 옳은 것을 〈보기〉에서 고른 것은? [2점]

심화 74회 18번

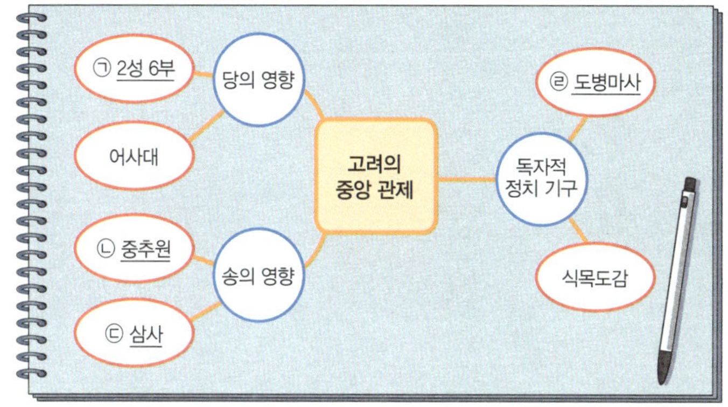


보기
ㄱ. ㉠ - 좌·우사정이 6부를 나누어 관할하였다.
ㄴ. ㉡ - 군사 기밀과 왕명 출납을 담당하였다.
ㄷ. ㉢ - 5품 이하의 관원에 대한 서경권을 행사하였다.
ㄹ. ㉣ - 재추를 중심으로 국방, 군사 문제를 논의하였다.

① ㄱ, ㄴ ② ㄱ, ㄷ ③ ㄴ, ㄷ
④ ㄴ, ㄹ ⑤ ㄷ, ㄹ

### 8 고려의 중앙 정치 조직 정답 ④

정답 찾기
ㄴ. 중추원은 추밀원이라고도 불렸으며 군사 기밀을 담당하는 추밀과 왕명 출납을 담당하는 승선으로 구성되었어요.
ㄹ. 재추는 중서문하성의 고위 관료인 재신과 중추원의 고위 관료인 추밀을 말해요. 고려 시대에는 재추가 모여 합의제로 운영되는 독자적 정치 기구인 도병마사와 식목도감이 있었어요. 이 중 도병마사에서는 주로 국방과 군사 문제를 논의하였어요.

오답 피하기
ㄱ. 발해는 3성 6부의 중앙 정치 조직을 두었는데, 정당성 아래에 좌·우사정을 두고 6부를 나누어 관할하게 하였어요. 고려는 중서문하성과 상서성의 2성과 상서성 아래 이·병·호·형·예·공부의 6부를 두었어요. 중서문하성은 국정을 총괄하는 최고 관서이고, 상서성은 6부를 통솔하며 정책을 집행하는 기구입니다.
ㄷ. 조선 시대에 사헌부와 사간원의 관리들이 대간이라 불리며 5품 이하의 관원에 대해 서경권을 행사하였어요. 고려의 삼사는 화폐와 곡식의 출납과 회계를 담당하였어요. 고려 시대에 중서문하성의 낭사와 어사대의 관원이 대간이라 불리며 관직 임명에 대한 서경권을 행사하였어요.

# 10강 고려(초기 정치)

Ready go
이번 강 별 채우기 제한 시간은 2분 50초
한 문장을 끝까지 또박또박 읽어야 패스!

기출 선택지로 별 채우기
한국사를 채우다

01 고려의 통치 체제가 정비되는 가운데 여러 대에 걸쳐 고위 관리를 배출한 가문이 등장하여 ★벌이 형성되었다.

02 원 간섭기에 ★★세족은 원의 세력을 배경으로 권세를 누리며 대농장을 소유하였다.

03 태조는 후삼국 통일 후 민생 안정을 위해 구휼 기관으로 ★창을 설치하였다.

04 태조는 호족에 대한 우호 정책으로 혼인 정책과 성을 하사하는 ★성 정책을 폈다.

05 태조는 호족에 대한 견제 정책으로 ★심관 제도와 ★인 제도를 시행하였다.

06 태조는 경순왕 김부를 경주의 ★★관으로 삼았다.

07 태조는 ★경을 중시하여 북진 정책의 전진 기지로 삼았다.

08 태조는 "★계", "★★료서"를 저술하여 관리의 규범을 제시하였다.

09 태조는 대광현을 비롯한 ★★ 유민을 포용하였다.

10 광종은 억울하게 노비가 된 자를 양인으로 회복시켜 주는 ★★안검법을 실시하였다.

11 광종은 쌍기의 건의를 받아들여 시험을 통해 관리를 뽑는 ★★제를 도입하였다.

12 광종은 '★덕', '★풍' 등의 독자적인 연호를 사용하였다.

13 광종은 백관의 ★복을 제정하여 복색을 4등급으로 구분하였다.

14 경종은 처음으로 직관·산관 각 품의 ★★과를 제정하였다.

15 성종은 ★★★의 시무 28조를 받아들여 통치 체제를 정비하였다.

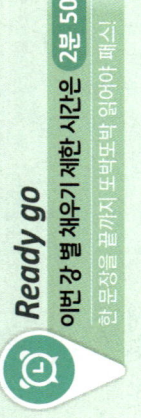

**16** 성종은 전국에 ★★목을 처음으로 설치하고 지방관을 파견하였다.

**17** 성종은 지방 세력 통제를 위하여 ★리제를 정비하였다.

**18** 고려는 중국의 제도를 참고하여 ★성과 ★부의 중앙 정치 조직을 두었다.

**19** 고려의 ★★문하성은 국정을 총괄하는 최고 중앙 관서이며 수장은 문하시중이었다.

**20** 고려에는 중서문하성의 ★신과 중추원의 ★밀이 모여 회의하는 ★★ 회의가 있었다.

**21** ★★★사는 주로 군사 관련 문제를 다루는 회의 기구였으며, 원 간섭기에 ★★★사사로 명칭이 바뀌었다.

**22** 고려의 재추 회의 중 하나였던 ★★도감은 법제와 격식을 논의하는 임시 회의 기구였다.

**23** 중서문하성의 낭사와 어사대의 관원은 ★간이라고 불렸으며, ★쟁·★박·★경의 권한을 가지고 언론 기능을 담당하였다.

**24** 고려의 ★★원은 왕명 출납과 군사 기밀을 담당하는 기구였다.

**25** 고려의 ★★대는 관리 감찰과 풍기 단속을, ★사는 화폐와 곡식의 출납과 회계를 담당하는 기구였다.

**26** 고려의 지방은 일반 행정 구역인 ★도와 군사 지역인 ★계로 구성되었다.

**27** 고려는 5도에 ★★사를, 국경 지대인 양계에는 ★★사를 파견하였다.

**28** 고려 시대에는 특수 행정 구역으로 향·★곡·★가 있었다.

**29** 고려의 중앙군은 국왕의 친위 부대인 ★군과 수도 경비 및 국경 방위를 맡는 ★위로 구성되었다.

**30** 고려 시대 5도에는 예비군 성격의 주★군이, 양계에는 상비군 성격의 주★군이 설치되었다.

정답

**01** 문 **02** 권문 **03** 흑 **04** 사 **05** 사, 기 **06** 사심 **07** 서 **08** 정, 계백 **09** 발해 **10** 노비 **11** 과거 **12** 광, 준 **13** 공 **14** 전시 **15** 최승로 **16** 12 **17** 향 **18** 2, 6 **19** 중서 **20** 재, 추, 재추 **21** 도병마, 도평의 **22** 식목 **23** 대, 간, 봉, 서 **24** 중추 **25** 어사, 삼 **26** 5, 양 **27** 안찰, 병마 **28** 부, 소 **29** 2, 6 **30** 현, 진

# 11강 고려(중기 정치 ~ 무신 정변)

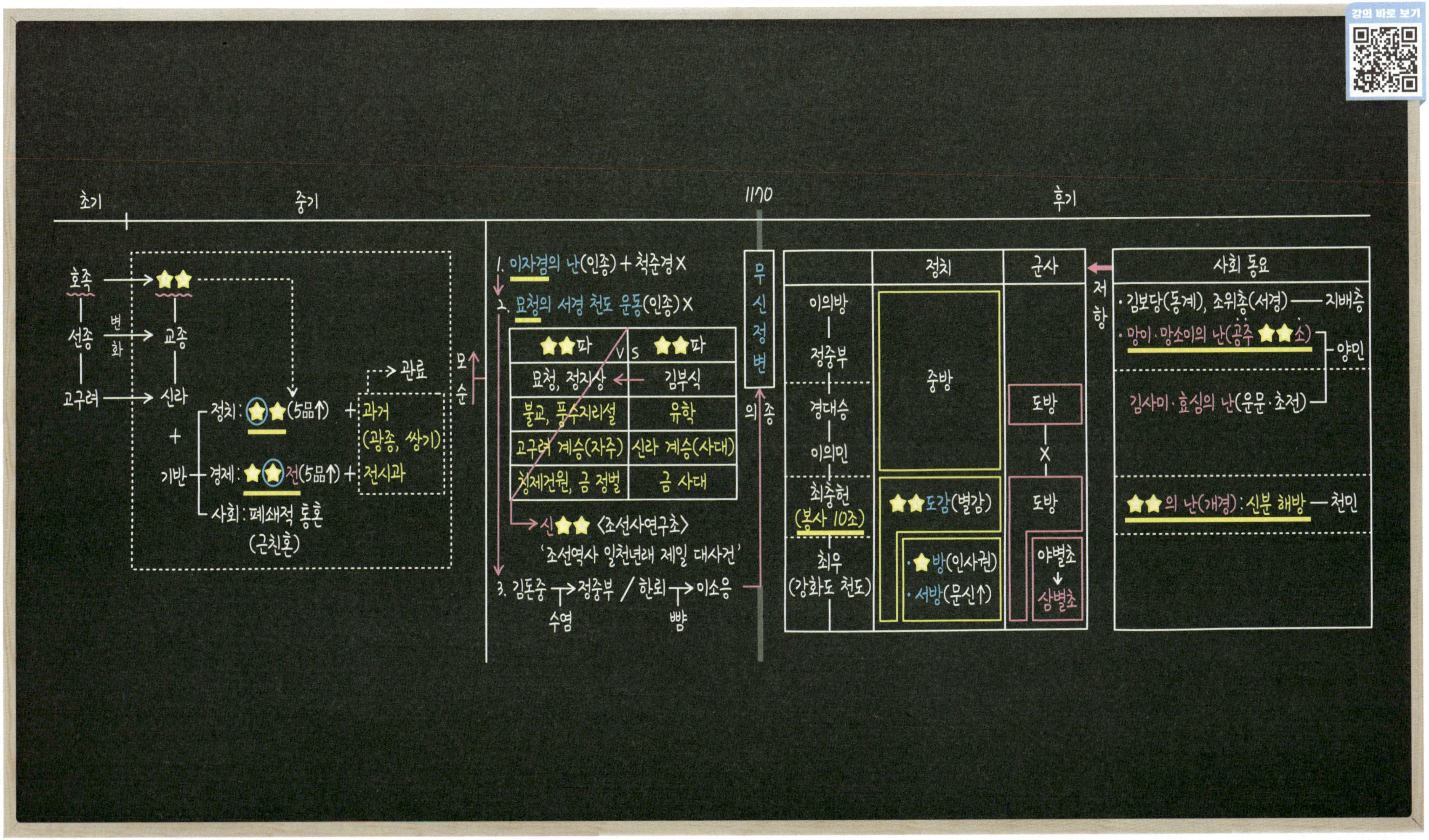


★정답 문벌, 음서, 공음, 서경, 개경, 채호, 교정, 정, 명학, 만적

→ 나만의 약점 단권화 노트 20쪽에서 완성 판서를 확인하세요.

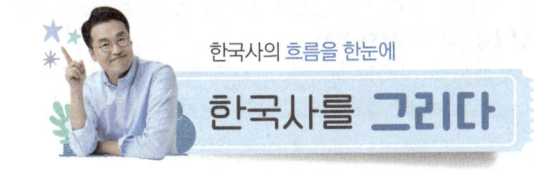

# 11강 고려(중기 정치 ~ 무신 정변)

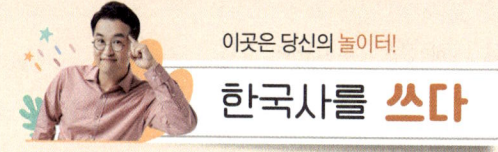

이곳은 당신의 놀이터!
한국사를 쓰다

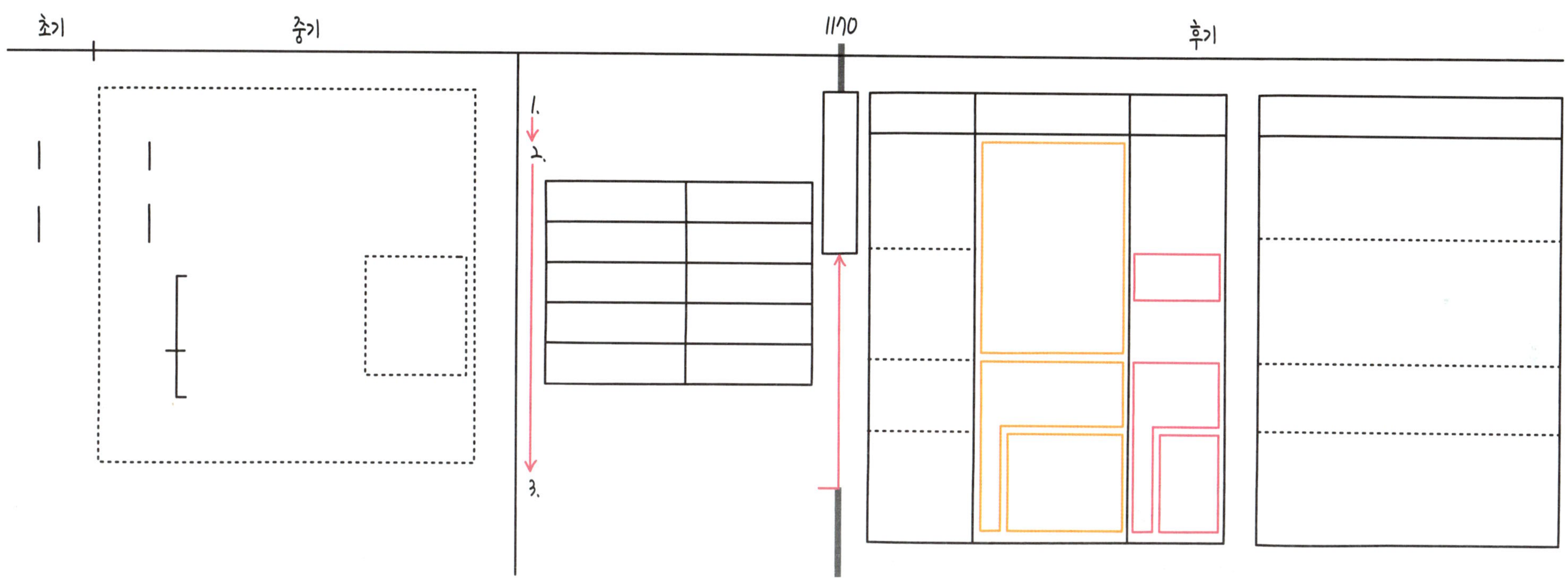

# 11강 고려(중기 정치 ~ 무신 정변)

낯선 용어와 자료 돋보기

**한국사를 보다**

## 문벌 사회의 성립

문벌은 과거와 음서를 통해 주요 관직을 독차지하고 다른 문벌이나 왕실과의 혼인을 통해 가문을 유지하며 세력을 확대하였어요. 대표적인 문벌로는 경원 이씨(예 이자겸), 경주 김씨(예 김부식, 김돈중) 등이 있어요.

- 이자겸은 스스로 국공이 되어 태자와 대등한 대우를 받았다. 자신의 생일을 왕의 생일처럼 인수절이라고 부르고 …… 사방에서 바치는 음식 선물이 넘치게 들어와 썩어서 버리는 고기가 수만 근이었다. - "고려사" -
- 김돈중 등이 절의 북쪽 산에 그 주변의 백성들을 모아 소나무와 잣나무, 삼나무, 전나무 등과 기이한 꽃과 풀을 심고 단을 쌓아 왕의 방을 꾸몄는데, 아름다운 색채로 장식하고 괴석을 사용해 섬돌을 만들었다. …… 휘장, 장막과 그릇이 사치스럽고 음식이 진기하여 왕이 재상, 신하들과 더불어 매우 흡족하게 즐겼다. - "고려사" -

## 고려 왕실과 경원 이씨 가문의 혼인 관계

고려의 대표적인 문벌인 경원 이씨 가문은 왕실과 중첩된 혼인 관계를 맺으며 왕실의 외척으로 80여 년간 권력을 장악하였어요.

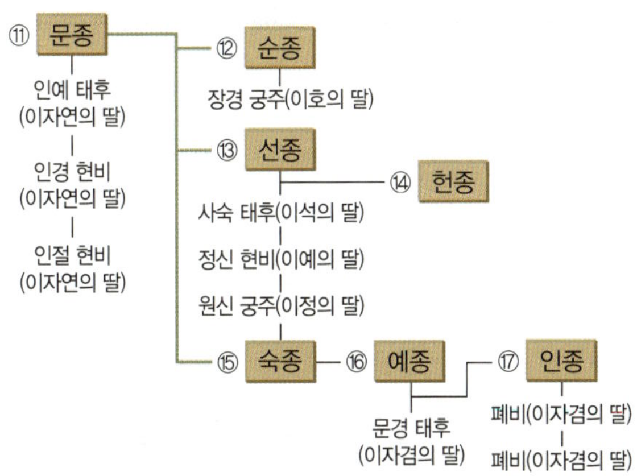


## 음서의 범위와 혜택

조상의 덕 음(蔭), 줄 서(敍). 즉, 음서는 조상의 음덕을 받는다는 뜻이에요. 왕족과 공신, 5품 이상 고위 관료의 자손 등은 과거를 거치지 않고 음서의 혜택을 받아 관료가 될 수 있었어요.

- 무릇 음서로 벼슬길에 나아가는 자는 모두 나이 18세 이상으로 제한한다.
- 목종 즉위년(997)에 교서(敎書)를 내리기를, "5품 이상 문·무관의 아들에게는 음직(蔭職)을 준다."라고 하였다.
- 현종 5년(1014) 12월에 교서를 내리기를, "양반으로서 현직 5품 이상인 관원의 아들·손자나 아우·조카 1명이 벼슬길에 들어서는 것을 허락한다."라고 하였다. - "고려사" -

## 서경파와 개경파의 주장

묘청 등 서경 세력은 인종에게 풍수지리설을 내세워 서경 천도를 건의하고 칭제건원, 금 정벌 등을 주장하였어요. 반면, 김부식 등 개경파는 서경 천도에 반대하였어요.

〈서경파(묘청)의 주장〉
서경 임원역의 땅은 음양가가 말하는 명당입니다. 만약 이곳에 궁궐을 짓고 옮겨 앉으시면 천하를 얻을 수 있습니다. 또한, 금이 선물을 바치고 스스로 항복할 것이며, 36개 나라가 모두 조공하게 될 것입니다. - "고려사" -

〈개경파(김부식)의 주장〉
올여름 서경 대화궁에 30여 군데나 벼락이 떨어졌습니다. 만약에 서경이 명당이라면 하늘이 이랬을 리가 없습니다. 또한, 서경은 아직 추수가 끝나지 않았습니다. 지금 움직이시면 농작물을 짓밟게 될 것입니다. 이는 백성을 사랑하고 물건을 아끼는 뜻과 어긋납니다. - "고려사" -

### 용어 사전

**교종**
불교의 한 종파로, 참선을 중시하는 선종과 달리 경전과 교리를 강조하였어요.

**공음전**
공신이나 5품 이상의 고위 관리에게 지급한 토지로, 세습이 가능하였어요.

**이자겸의 난**
인종의 장인이면서 외할아버지였던 이자겸은 고려 왕실과 중첩된 혼인 관계를 맺고 있었어요. 이를 토대로 왕도 함부로 대하지 못할 만큼 막강한 권력을 키웠어요. 이에 인종이 측근 세력과 함께 이자겸을 제거하려고 하자 이자겸은 척준경과 함께 난을 일으켜 궁궐을 불태우고 왕의 측근 세력을 제거한 후 왕을 감금하였습니다. 그러나 부하였던 척준경의 배신으로 난은 실패하였어요.

## 묘청의 서경 천도 운동

보수적 유교 사상을 기반으로 하는 김부식 등 개경 세력의 반대로 서경 천도가 어렵게 되자, 묘청 등 서경 세력은 서경에서 국호를 '대위', 연호를 '천개'로 정하고 난을 일으켰어요. 이들은 1년여간 저항하였으나 결국 김부식이 이끄는 관군에 의해 진압되었어요.

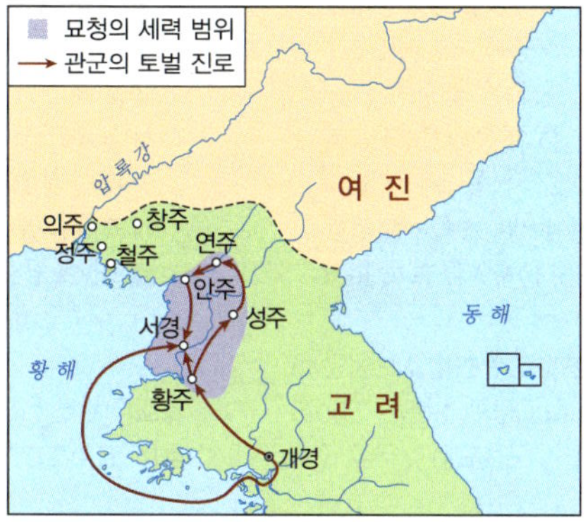


## 신채호의 서경 천도 운동 인식

역사학자 신채호는 일제 강점기 민족정신을 강조하는 측면에서 묘청의 서경 천도 운동의 진취적 기상을 높이 평가하여 '조선역사 일천년래 제일 대사건'이라고 하였어요.

묘청의 천도 운동에 대하여 역사가들은 단지 왕사(王師)가 반란한 적을 친 것으로 알았을 뿐인데, 이는 근시안적인 관찰이다. 실상은 낭가(郎家)와 불교 양가 대 유교의 싸움이며, 국풍파 대 한학파의 싸움이며, 독립당 대 사대당의 싸움이며, 진취 사상 대 보수 사상의 싸움이니, 묘청은 전자의 대표요, 김부식은 후자의 대표였던 것이다. 묘청의 천도 운동에서 묘청 등이 패하고 김부식이 이겼으므로 조선사가 사대적, 보수적, 속박적 사상인 유교 사상에 정복되고 말았다. 만약 김부식이 패하고 묘청이 이겼더라면 조선사가 독립적, 진취적으로 진전하였을 것이니 이것이 어찌 일천년래 제일 대사건이라 하지 아니하랴.

- 신채호, "조선사연구초" -

## 무신 정변

문신들에 비해 차별을 받아 오던 무신들은 의종의 보현원 행차 중에 문신인 한뢰가 대장군 이소응을 모욕하는 사건이 일어나자, 보현원에 도착하여 문신과 환관들을 살해하고 정변을 일으켜 정권을 잡았어요(보현원 사건).

- 대장군 이소응은 무인이지만 얼굴이 수척하고 힘도 약하였는데, 다른 장수와 수박희를 하다가 이기지 못하고 달아났다. 문신 한뢰가 갑자기 앞으로 나서며 이소응의 뺨을 때리자 섬돌 아래로 떨어졌다. 이때 왕과 모든 신하들이 손뼉을 치면서 크게 웃었다. - "고려사" -
- 왕이 보현원에 행차하고자 하여 오문 앞에 이르러 신하들과 술을 나누었다. …… 어두워지자 왕을 모신 가마가 보현원에 가까이 왔을 때 이고가 이의방과 함께 가서 왕명이라 속이고 순검군을 집합시켰다. 왕이 보현원 문에 들고 신하들이 물러날 무렵에 이고 등이 임종식, 이복기, 한뢰 등을 죽였다. 왕을 모신 문관, 환관 등이 모두 해를 입었다. 또 개경에 있는 문신 50여 명을 죽인 후 정중부 등이 왕을 궁으로 돌려보냈다. - "고려사" -

## 무신 집권기 최고 권력자와 지배 기구의 변화

무신들이 정변을 일으켜 정권을 장악한 이후 이의방 → 정중부 → 경대승 → 이의민으로 최고 권력자가 바뀌는 혼란기가 이어집니다. 최충헌이 집권한 후에는 비교적 안정되어 최씨 무신 정권이 4대 60여 년간 계속되었어요.

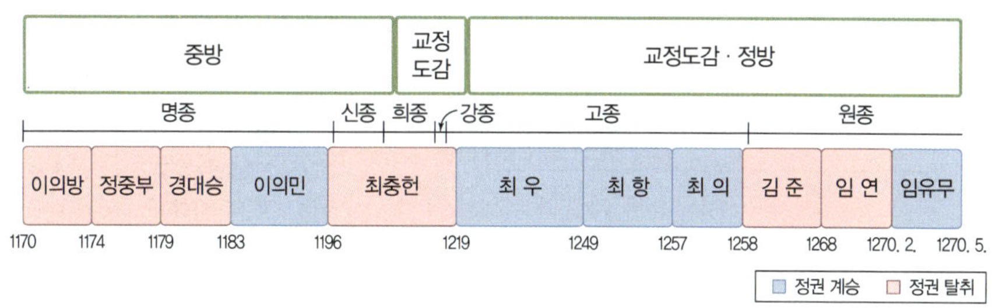


## 용어 사전

**김부식**
고려 시대의 문신이자 학자로, 대표적인 문벌이었어요. 묘청의 난을 진압하였으며, 관직에서 물러난 후에는 인종의 명으로 "삼국사기"를 편찬하였어요.

**중방**
중앙군(2군 6위)의 정·부지휘관인 상장군과 대장군들로 구성된 합의 기구였어요. 무신 정변 직후에는 모든 정책을 결정하는 실질적 최고 권력 기구가 되었어요.

**교정도감**
무신 집권기 최충헌 이래로 임유무가 피살되어 무신 정권이 끝날 때까지 최고 권력 기구였습니다. 최충헌 때 임시 관청으로 설치되었으나 이후 존속되면서 국정 전반을 총괄하였어요. 교정도감의 수장인 교정별감은 최고 집권자가 겸임하였어요.

**정방**
최우가 자신의 집에 설치한 정치 기구로, 관리의 인사 행정을 다루었습니다.

**서방**
최우는 문인 숙위 기관인 서방을 두어 문인에게 정책을 자문하였어요. 이러한 서방은 무신 지배 체제의 약점을 보완하는 역할을 하였습니다.

# 11강 고려(중기 정치 ~ 무신 정변)

낯선 용어와 자료 돋보기

## 한국사를 보다

### 최충헌의 봉사 10조

최충헌은 이의민을 제거하고 권력을 장악한 뒤 봉사 10조라는 사회 개혁안을 왕에게 올렸어요. 그는 봉사 10조에서 필요 이상의 관원을 도태시킬 것, 토지의 점탈을 바로잡을 것, 조부(租賦, 세금을 부과하는 일)를 공평히 할 것, 승려를 단속하고 왕실의 고리대업을 금지할 것, 청렴한 주·군의 관리를 등용할 것, 비보사찰 이외의 사찰을 없앨 것 등을 제시하였으나 제대로 시행되지는 않았어요.

> 엎드려 보건대 적신 이의민은 성품이 사납고 잔인하여 윗사람을 업신여기고 아랫사람을 능멸하여 신기(임금의 자리)를 흔들려고 하였으므로 재앙의 불길이 성하여 백성이 살 수 없었습니다. 신 등이 폐하의 위령을 힘입어 단번에 쓸어버렸으니, 바라건대 폐하께서는 낡은 것을 개혁하고 새로운 정치를 도모하심에 태조의 바른 법을 한결같이 따르셔서 중흥의 길을 빛나게 여시기 바랍니다. 이에 삼가 열 가지 일을 조목으로서 아뢰나이다.
> - "고려사" -

### 김사미와 효심의 난

김사미는 운문에서, 효심은 초전에서 반란을 일으켰어요. 이들은 신라 부흥을 내걸고 봉기하여 세력을 떨쳤으나 결국 실패하였어요.

> 명종 23년 7월 남적이 봉기하였다. 큰 도적인 김사미는 운문에 웅거하고, 효심은 초전에 웅거하며 주현을 노략질하였다. 국왕이 듣고 근심하여 대장군 전존걸 등을 보내어 치게 하였으나, 도리어 패퇴하였다. 24년 2월에 괴수 김사미가 스스로 행영에 와서 투항하였고, 그 후 참하였다.
> - "고려사" -

### 망이·망소이의 난

망이·망소이 형제가 지배층의 가혹한 수탈과 소 주민에 대한 차별에 저항하여 공주 명학소에서 일으킨 난이에요. 이들의 기세가 커지자 고려 정부는 명학소를 충순현으로 승격시키고 현령과 현위를 파견하는 등 회유책을 실시하였어요. 그러나 봉기가 계속되자 군대를 파견하여 토벌하였어요.

> - 망이의 고향인 명학소를 충순현으로 승격시키고, 내원승 양수탁을 현령으로, 내시 김윤실을 현위로 임명하여 그들을 달래었다.
> - 우리 고향을 현(縣)으로 승격시키고 또 수령을 두어 백성을 위로하더니, 돌이켜 다시 군대를 일으켜 토벌하러 와서 우리 어머니와 아내를 옥에 가두었으니 그 뜻은 어디에 있는가? 차라리 칼날 아래에서 죽을지언정 끝내 항복하여 포로가 되지 않을 것이며, 반드시 개경까지 가고야 말겠다.
> - 정세유 등이 망이·망소이 등을 체포하여 청주옥에 가두고, 사람을 보내어 승전을 보고하였다. - "고려사" -

### 만적의 난

무신 집권기 대표적인 하층민의 봉기로, 사노비 만적이 주도하였어요. 만적의 난은 차별적 신분 질서를 극복하려는 신분 해방 운동의 성격도 있었어요.

> 노비 만적 등 6명이 산으로 나무를 하러 올라가서 노비들을 모아놓고 "우리나라에서는 무신의 난 이후 대신들이 천민에서 많이 나왔다. 왕후장상(王侯將相)의 씨가 따로 있는가! 때만 잘 만나면 우리도 될 수 있는 것이다. 어찌 우리만 주인 밑에서 뼈 빠지게 일만 하겠는가! …… 최충헌과 주인들을 죽이고 노비 문서를 불태워 이 땅의 천민을 없애면 우리도 왕후장상이 될 수 있다."라고 말하였다.
> - "고려사" -

### 무신 집권기 주요 농민과 천민의 봉기

무신 집권기에 농민에 대한 수탈이 더욱 심해지자 하층민들의 봉기가 전국 곳곳에서 일어났어요.

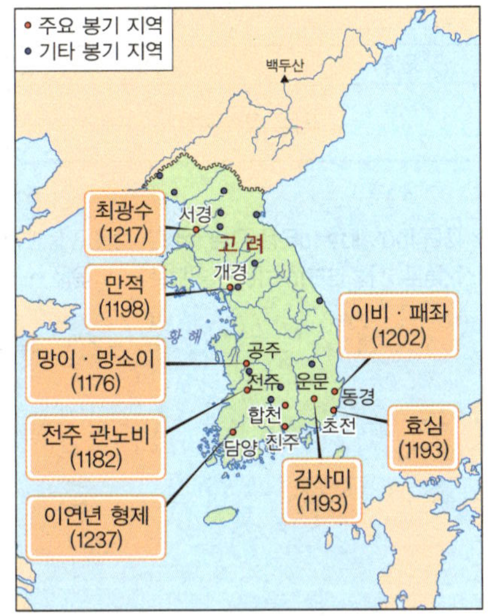


무신 집권기의 주요 농민과 천민의 봉기

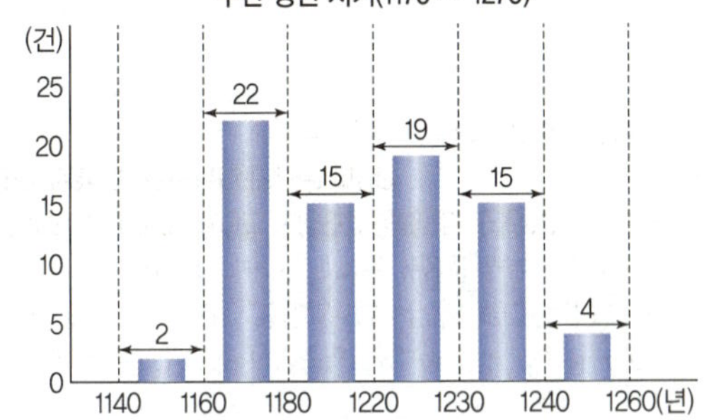


(이정신, "고려 무신 정권기 농민 · 천민 항쟁 연구")

연도별 봉기 발생 추이

### 용어 사전

**도방**
무신 집권기 최고 권력자의 경호를 위해 설치된 사병 집단이에요. 경대승이 처음 만들었고, 이의민이 실권을 잡았을 때 해체되었다가 최충헌 집권기에 부활하였어요.

**야별초**
최우가 만든 사병 집단으로 처음에는 도둑을 단속하는 일을 하였는데, 기능과 인원이 늘어나면서 좌별초와 우별초로 나뉘었어요. 이후 몽골의 포로로 잡혀갔다가 탈출해 온 사람들로 조직된 신의군을 합하여 삼별초를 이루게 되었어요.

**김보당의 난(1173)**
동계 지역에서 동북면 병마사 김보당이 무신 정권의 집권자 정중부와 이의방을 토벌하고 전왕인 의종을 다시 세우려고 일으킨 난이에요. 난이 진압된 이후 많은 문신이 죽었고 의종 역시 살해되었어요.

**조위총의 난(1174)**
김보당의 난 이후 서경 유수 조위총이 정중부와 이의방을 타도하기 위해 서경에서 일으킨 난이에요. 2년여 동안 항거하였으나 실패하였어요.

# 11강 고려(중기 정치 ~ 무신 정변)

마무리도 빈틈없이
**한국사를 읽다**

## 1 문벌 사회의 성립과 동요

### (1) 문벌 사회의 성립

| | |
|---|---|
| 형성 | 지방 호족과 6두품 출신의 유학자들을 중심으로 새로운 지배층 형성 → 여러 세대에 걸쳐 중앙에서 고위 관직자를 배출한 가문이 문벌 형성 |
| 기반 | • 정치 : 과거와 음서를 통해 관직에 진출해 정치권력 독점<br>• 경제 : 직역의 대가로 국가로부터 받은 토지·녹봉과 권력을 이용한 토지 확대로 경제력 독점<br>• 폐쇄적 혼인 관계, 왕실과 혼인 관계를 맺어 외척으로 성장 |
| 대표 가문 | 경원 이씨(이자겸), 경주 김씨(김부식), 해주 최씨(최충), 파평 윤씨(윤관) 등 |

### (2) 문벌 사회의 동요

<table>
<tr><td>배경</td><td colspan="3">• 문벌이 정치권력과 경제력 독점<br>• 권력을 둘러싸고 문벌 간에 갈등 발생<br>• 과거를 통해 새롭게 진출한 지방 출신 세력과 개경 문벌 간의 대립</td></tr>
<tr><td>이자겸의 난<br>(1126)</td><td colspan="3">• 배경 : 경원 이씨 가문이 왕실과의 중첩된 혼인 관계를 통해 유력한 외척 가문으로 성장, 이자겸이 실권 장악<br>• 경과 : 국왕의 측근 세력이 국왕을 중심으로 결집 → 이자겸 제거 시도, 실패 → 이자겸이 척준경과 함께 난을 일으켜 권력 장악(금의 사대 요구 수용) → 인종이 척준경을 회유하여 이자겸 제거 → 척준경이 탄핵을 받아 축출됨</td></tr>
<tr><td rowspan="7">묘청의<br>서경 천도 운동<br>(1135)</td><td colspan="3">• 배경 : 이자겸의 난 이후 개혁적인 서경 세력과 보수적인 개경 세력의 대립</td></tr>
<tr><td>구분</td><td>서경파</td><td>개경파</td></tr>
<tr><td>인물</td><td>묘청, 정지상 등</td><td>김부식 등</td></tr>
<tr><td>사상</td><td>불교, 풍수지리설</td><td>유교</td></tr>
<tr><td>역사의식</td><td>고구려 계승</td><td>신라 계승</td></tr>
<tr><td>대외 관계</td><td>• 금에 대한 사대 비판, 금 정벌 주장<br>• 황제를 칭하고 연호를 사용할 것(칭제건원) 주장</td><td>금에 대한 사대 인정</td></tr>
<tr><td colspan="3">• 경과 : 묘청 등 서경 세력이 풍수지리설을 내세워 서경 천도 추진 → 개경 세력의 반대로 서경 천도 중단 → 묘청이 서경에서 난을 일으킴(국호 - '대위', 연호 - '천개') → 김부식이 이끈 관군에 진압됨<br>• 신채호의 평가 : "조선사연구초"에서 '조선역사 일천년래 제일 대사건'이라고 평가</td></tr>
<tr><td>결과</td><td colspan="3">소수 문벌이 권력을 독점한 사회 모순 심화, 문벌 사회의 동요</td></tr>
</table>

## 2 무신 정권의 성립

### (1) 무신 정변(1170)

| | |
|---|---|
| 배경 | 문벌 사회의 모순 심화, 문신의 무반 고위직 독점, 무신에 대한 차별, 하급 군인들의 불만 고조, 의종의 실정 |
| 경과 | 보현원에서 정중부, 이의방 등이 정변을 일으켜 의종을 폐하고 권력 장악 → 무신이 중방을 중심으로 주요 관직 독점 |
| 무신 정권 | • 초기 무신 정권 : 무신 집권자의 잦은 교체(이의방 → 정중부 → 경대승 → 이의민 → 최충헌)<br>• 최씨 무신 정권 : 최충헌이 이의민을 제거하고 정권 장악, 봉사 10조의 사회 개혁안 제시 → 아들인 최우에게 권력 세습, 4대 60여 년간 최씨 정권 유지 |

### (2) 무신 정권의 권력 기구

| | | |
|---|---|---|
| 정치 | 교정도감 | 최충헌이 설치, 국정을 총괄하는 최고 권력 기구, 우두머리인 교정별감이 최고 권력 행사(교정별감은 최고 집권자가 겸임) |
| | 정방 | 최우가 설치, 인사 행정 기구(인사권 장악) |
| | 서방 | 최우가 설치, 문인 등용 → 국정 자문, 외교 문서 작성 등 |
| 군사 | 도방 | • 신변 경호를 위한 사병 집단<br>• 경대승이 처음 만들었고 이의민 때 해체되었다가 최충헌이 부활시킴 |
| | 삼별초 | • 최우가 개경의 치안 유지를 위해 설치한 야별초에서 시작<br>• 좌별초·우별초·신의군으로 구성, 정권 유지에 활용 |

### (3) 무신 집권기 사회 동요

| | |
|---|---|
| 배경 | 무신 간의 권력 다툼으로 정부의 지방 통제력 약화, 하층민에게 과도하게 세금 부과, 무신의 수탈 |
| 반무신 난 | 김보당의 난(동북면 병마사, 동계, 의종 복위 도모), 조위총의 난(서경 유수, 서경) |
| 농민의 저항 | • 망이·망소이의 난(공주 명학소) : 정부가 명학소를 충순현으로 승격시켜 무마 시도 → 무력 진압<br>• 김사미(운문)·효심(초전)의 난 |
| 천민의 저항 | 만적의 난(사노비 만적이 개경에서 봉기 시도, 신분 해방 운동의 성격), 전주 관노비의 난 |
| 삼국 부흥 운동 | 경주에서 이비·패좌가 신라 부흥 표방, 서경에서 최광수가 고구려 부흥 표방, 담양에서 이연년 형제가 백제 부흥 표방 |

# 11강 고려(중기 정치 ~ 무신 정변)

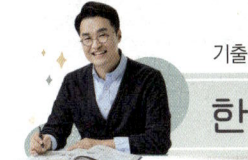

**1** 밑줄 그은 '반란'이 일어난 시기를 연표에서 옳게 고른 것은? [1점]

심화 64회 12번

| 1104 | | 1135 | | 1170 | | 1196 | | 1270 | | 1351 |
|---|---|---|---|---|---|---|---|---|---|---|
| 별무반 조직 | (가) | 묘청의 난 | (나) | 무신 정변 | (다) | 최충헌의 집권 | (라) | 개경 환도 | (마) | 공민왕 즉위 |

① (가) ② (나) ③ (다) ④ (라) ⑤ (마)

**2** (가), (나) 사이의 시기에 있었던 사실로 옳은 것은? [2점]

심화 59회 12번

> (가) 이자겸과 척준경이 왕을 위협하여 남궁(南宮)으로 거처를 옮기게 하고 안보린, 최탁 등 17인을 죽였다. 이 외에도 죽인 군사가 헤아릴 수 없을 정도였다.
>
> (나) 이의방과 이고가 정중부를 따라가 몰래 말하기를, "오늘날 문신들은 득의양양하여 술을 취하도록 마시고 음식을 배불리 먹는데, 무신들은 모두 굶주리고 고달프니 이것을 어찌 참을 수 있습니까."라고 하였다.

① 김부식이 묘청의 반란을 진압하였다.
② 강조가 정변을 일으켜 김치양을 제거하였다.
③ 망이·망소이가 공주 명학소에서 봉기하였다.
④ 서희가 외교 담판을 벌여 강동 6주를 확보하였다.
⑤ 최충헌이 봉사 10조를 올려 시정 개혁을 건의하였다.

### 1 이자겸의 난 정답 ①

정답 찾기 경원 이씨 가문 출신이며, 딸들을 왕비로 보내 최고 권력을 누린 인물에게 위협을 느낀 인종이 그를 제거하려 하자 척준경과 함께 반란을 일으켰다는 내용을 통해 밑줄 그은 '반란'이 이자겸의 난임을 알 수 있어요. 왕권을 위협할 정도로 막강한 권력을 행사하던 이자겸은 인종이 자신을 제거하려 하자 1126년에 척준경과 함께 난을 일으켰어요(이자겸의 난). 반란은 곧 진압되었지만, 왕권은 실추되었고 지배층 사이의 분열과 갈등이 심해졌어요. 이에 인종은 묘청, 정지상 등 서경 세력을 중심으로 개혁 정치를 추진하였습니다. 서경 세력은 서경 천도를 추진하고 칭제건원과 금국 정벌을 주장하였지만, 김부식 등 보수적인 성향을 가진 개경 세력의 반발에 부딪혀 실패하였어요. 서경 천도가 좌절되자 묘청 등이 서경에서 반란을 일으켰으나 1년여 만에 김부식이 이끄는 관군에 의해 진압되었어요.
따라서 이자겸의 난이 일어난 시기는 별무반 조직과 묘청의 난 사이인 ① (가)입니다.

### 2 이자겸의 난과 무신 정변 사이 시기의 사실 정답 ①

정답 찾기 (가)는 이자겸과 척준경이 왕을 위협하여 거처를 옮기게 하고 많은 군사를 죽였다는 내용을 통해 이자겸의 난이 일어난 상황임을 알 수 있어요. 1126년에 고려 인종의 외조부이자 장인으로 권력을 독점한 이자겸이 반란을 일으켰으나 실패하였어요. (나)는 이의방과 이고가 정중부에게 무신들이 받고 있는 차별에 대해 분노하며 이야기하는 것으로 보아 무신 정변 직전의 상황임을 알 수 있어요. 1170년에 정중부를 비롯한 무신들이 고려 의종의 보현원 연회를 계기로 무신 정변을 일으켜 권력을 장악하였어요. ① 인종 때 이자겸의 난 이후 묘청을 비롯한 서경 세력이 서경 천도를 시도하다가 개경 세력의 반대로 실패하자 1135년에 서경에서 반란을 일으켰어요. 이에 고려 정부는 김부식을 보내 반란을 진압하였어요.

오답 피하기
② 고려 목종 때 강조가 정변을 일으켜 김치양을 제거하고 현종을 새로운 왕으로 세웠어요(1009). (가) 이전의 사실이에요.
③ 고려 무신 집권기에 망이·망소이가 지배층의 가혹한 수탈과 소 주민에 대한 차별에 저항하여 공주 명학소에서 봉기를 일으켰어요(1176). (나) 이후의 사실이에요.
④ 고려 성종 때 거란이 침입하자 서희가 거란의 장수 소손녕과 외교 담판을 벌여 강동 6주를 확보하였어요(993). (가) 이전의 사실이에요.
⑤ 고려 무신 집권기에 이의민을 제거하고 최고 권력자가 된 최충헌은 왕에게 봉사 10조를 올려 시정 개혁을 건의하였어요(1196). (나) 이후의 사실이에요.

## 3 다음 상황이 나타난 시기를 연표에서 옳게 고른 것은? [2점]

심화 75회 14번

서경 반란군이 검교첨사 최경을 개경으로 보내 표문을 올려 이르기를, "폐하께서 음양의 지극한 말을 믿으시고 도참의 비설을 고찰하시어 대화궁을 창건하시니 천제(天帝)의 도읍을 본떠 만드신 것입니다. …… 인심은 두려운 것이며 군중의 분노는 막기 어려우니 만약 폐하께서 수레를 타고 임하신다면 병란은 그칠 것입니다."라고 하였다. 표문이 도착하니 모두 말하기를, "신하가 감히 군주를 부르다니 그 사자(使者)를 베는 것이 옳습니다."라고 하였다.

| 918 | | 1009 | | 1126 | | 1170 | | 1356 | | 1392 |
|---|---|---|---|---|---|---|---|---|---|---|
| 고려 건국 | (가) | 강조의 정변 | (나) | 이자겸의 난 | (다) | 무신 정변 | (라) | 쌍성총관부 탈환 | (마) | 고려 멸망 |

① (가) ② (나) ③ (다) ④ (라) ⑤ (마)

### 3 묘청의 서경 천도 운동 정답 ③

정답 찾기 고려 건국 이후 국가 체제를 정비하는 과정에서 문벌이 형성되었어요. 이들은 과거나 음서를 통해 여러 대에 걸쳐 다수의 고위 관리를 배출하였으며 몇몇 가문은 왕실과 혼인 관계를 맺어 권력을 장악하였어요. 이로 인해 지배층 내에 분열과 갈등이 나타나는 등 정치적 혼란이 일어났습니다. 특히 인종 때 막강한 권력을 가지고 있던 대표적인 문벌 이자겸은 스스로 왕이 되고자 반란을 일으켰어요(이자겸의 난). 반란은 곧 진압되었지만, 그 영향으로 왕권이 실추되고 지배층 내 분열과 갈등이 심해졌어요. 이에 인종은 승려 묘청과 정지상 등 서경 세력을 등용하여 개혁을 추진하였어요. 이 과정에서 묘청을 비롯한 서경 세력이 풍수 사상을 바탕으로 서경 길지설을 내세워 서경 천도를 추진하였으나 개경 세력의 반대로 실패하자 서경에서 반란을 일으켰어요(묘청의 난). 반란은 김부식이 이끄는 관군에 의해 진압되었지만 문벌 지배 체제의 모순은 더욱 심화되었어요. 이러한 가운데 문신에 비해 차별을 받던 무신들이 정변을 일으켜 정권을 장악하였어요(무신 정변).
따라서 묘청의 서경 천도 운동이 일어난 시기는 이자겸의 난과 무신 정변 사이인 ③ (다)입니다.

## 4 (가) 사건에 대한 탐구 활동으로 가장 적절한 것은? [2점]

심화 70회 14번

오전 10:50

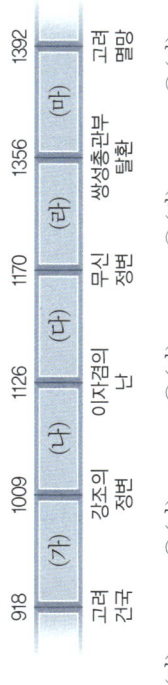

대한민국 방방곡곡 – 거제 둔덕기성 전경

史 한국사 채널 조회 수 140,525

거제의 둔덕기성은 신라 시대에 축조되었고, 고려 시대에 성벽이 개축되어 축성법의 변화를 연구하는 데 학술적 가치가 큰 사적입니다.
정중부 등이 일으킨 (가) (으)로 폐위된 의종이 이곳에서 머물렀다고 전해지고 있습니다. 이후 김보당은 의종을 경주로 피신시켜 복위를 시도하였습니다.

① 정동행성이 설치되는 배경을 살펴본다.
② 철령위 설치에 대한 최영의 대응을 검색한다.
③ 칭제건원과 금국 정벌을 주장한 인물을 찾아본다.
④ 서경 유수 조위총이 반란을 일으킨 이유를 알아본다.
⑤ 이성계 등 신흥 무인 세력이 성장하는 과정을 조사한다.

### 4 무신 정변 정답 ④

정답 찾기 정중부 등이 일으켰으며, 사건 이후에 김보당이 폐위된 의종의 복위를 시도하였다는 내용을 통해 (가) 사건이 무신 정변임을 알 수 있어요. 무신 차별과 의종의 실정 등에 분노하여 정중부, 이의방 등의 무신들이 정변을 일으켜 정권을 장악하자 이에 반발한 ④ 서경 유수 조위총이 반란을 일으켰어요.

오답 피하기
① 원 간섭기에 원은 일본 원정을 위해 고려에 정동행성을 설치하였어요.
② 명이 쌍성총관부 지역이 원래 원의 영토였다는 이유를 들어 고려에 철령위 설치를 통보하자 이에 반발한 우왕과 최영이 요동 정벌을 추진하여 이성계에게 군대를 이끌고 출정할 것을 명하였어요.
③ 고려 인종 때 묘청을 비롯한 서경 세력은 칭제건원과 금국 정벌을 주장하였어요.
⑤ 고려 말에 홍건적과 왜구를 격퇴하는 과정에서 최영, 이성계 등 신흥 무인 세력이 성장하였어요.

## 5 (가) 인물의 활동으로 옳은 것은? [2점]

심화 67회 13번

이것은 이의민을 제거하고 정권을 장악한 (가) 의 묘지명 탁본입니다. 여기에는 그가 명종의 퇴위와 신종의 즉위에 관여한 사실 등이 기록되어 있습니다.


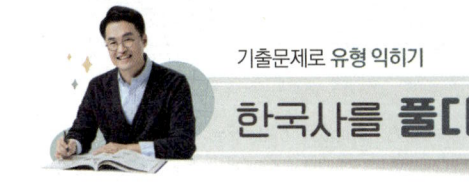

① 인사 행정을 담당하던 정방을 폐지하였다.
② 교정도감을 두어 국가의 중요한 사무를 처리하였다.
③ 삼별초를 이끌고 진도로 이동하여 대몽 항쟁을 펼쳤다.
④ 화약과 화포 제작을 위한 화통도감 설치를 건의하였다.
⑤ 후세의 정책 방향을 제시하기 위해 훈요 10조를 남겼다.

## 6 (가) 인물의 활동으로 옳은 것은? [2점]

심화 64회 14번

고려 고종의 능인 홍릉이 강화도에 조성된 이유는 무엇일까?
몽골 침략 당시 실권자였던 (가) 이/가 항전을 위해 강화 천도를 강행한 후에 고종이 이곳에서 승하했기 때문이야.


① 인사 행정 담당 기구로 정방을 설치하였다.
② 봉사 10조를 올려 시정 개혁을 건의하였다.
③ 삼별초를 이끌고 진도 용장성에서 항전하였다.
④ 군사를 일으켜 정중부 등의 제거를 도모하였다.
⑤ 전민변정도감의 책임자로 임명되어 권문세족을 견제하였다.

### 5 최충헌의 활동 정답 ②

**정답 찾기** 이의민을 제거하고 정권을 장악하였다는 내용을 통해 (가) 인물이 최충헌임을 알 수 있어요. 무신 정변 이후 무신 간의 권력 다툼이 심화되어 최고 집권자가 여러 차례 바뀌면서 정권이 불안정하였어요. 이러한 혼란은 1196년에 최충헌이 이의민을 제거하고 권력을 잡으면서 수습되었고, 이후 최씨 무신 정권이 60여 년 동안 이어졌어요. ② 최충헌은 교정도감을 설치하여 국정을 총괄하는 최고 권력 기구로 삼고, 스스로 교정도감의 수장인 교정별감이 되어 국정 전반을 장악하였어요.

**오답 피하기**
① 고려 공민왕은 인사권을 장악하기 위해 인사 행정을 담당하던 정방을 폐지하였어요.
③ 고려 정부가 몽골과 강화를 맺고 개경 환도를 결정하자 배중손은 삼별초를 이끌고 강화도에서 진도로 이동하여 대몽 항쟁을 펼쳤어요.
④ 고려 우왕 때 최무선은 화약과 화포 제작을 위한 화통도감 설치를 건의하였으며, 화통도감에서 제작한 화약과 화포를 사용하여 진포에서 왜구를 물리쳤어요.
⑤ 고려 태조는 후대 왕에게 훈요 10조를 남겨 왕조가 나아갈 방향을 제시하였어요.

### 6 최우의 활동 정답 ①

**정답 찾기** 몽골 침략 당시 실권자로, 강화 천도를 강행하였다는 내용을 통해 (가) 인물이 최우임을 알 수 있어요. 1231년에 몽골이 침략하자 고려 조정은 화의를 요청하여 몽골군을 철수하게 하였어요. 이어 당시 실권자였던 최우는 몽골의 침략에 대항하기 위해 강화도로 도읍을 옮겼어요. ① 최우는 자신의 집에 인사 행정 담당 기구로 정방을 설치(1225)하여 인사권을 장악하였어요.

**오답 피하기**
② 최충헌은 이의민을 제거하고 권력을 장악한 후 왕에게 봉사 10조를 올려 시정 개혁을 건의하였어요.
③ 고려 정부가 개경 환도를 결정하자 배중손은 삼별초를 이끌고 강화도에서 진도로 이동하여 대몽 항쟁을 전개하였어요.
④ 무신 정변 이후 정권을 장악한 정중부와 이의방 등을 제거하기 위해 동계 지역에서 김보당이, 서경 지역에서 조위총 등이 군사를 일으켰으나 실패하였어요.
⑤ 고려 후기 공민왕 때 신돈은 전민변정도감의 책임자로 임명되어 권문세족을 견제하고 개혁을 추진하였어요.

## 7 (가)~(다)를 일어난 순서대로 옳게 나열한 것은? [3점]

심화 74회 14번

> (가) 김보당이 정중부·이의방을 토벌하고 의종을 다시 세우고자 …… 동북면지병마사 한언국과 군사를 일으켜 함께 하도록 했다. …… 정중부·이의방이 이 소식을 듣고 장군 이의민, 산원(散員) 박존위로 하여금 군사를 거느리고 남로로 가도록 했고, 또 군사를 서해도로 파견하여 대응하도록 했다.
>
> (나) 최충헌은 최충수와 함께 봉사를 올렸다. "…… 낡은 제도를 혁파하고 새로운 정치를 도모하심에 오로지 태조의 올바른 법을 따르시어 중흥의 길을 환히 여시길 바랍니다. 삼가 열 가지 사항을 아뢰옵니다."
>
> (다) 왕과 세자가 몽골에서 개경으로 돌아온 이후, 삼별초가 반란을 일으켜 승화후 왕온을 [왕으로] 세우고 진도에 웅거하였다.

① (가) - (나) - (다) ② (가) - (다) - (나)
③ (나) - (가) - (다) ④ (나) - (다) - (가)
⑤ (다) - (가) - (나)

## 8 다음 서술형 평가의 답안에 들어갈 내용으로 가장 적절한 것은? [1점]

심화 71회 14번

> **서술형 평가** ○학년 ○○반 이름 : ○○○
>
> ◎ 다음 상황들이 나타난 시기의 사회 모습을 서술하시오.
>
> ○ 이의방은 평소 자기를 핍박하는 이고를 미워하였는데, 이고가 난을 모의한다는 말을 듣고 그를 살해하였다.
> ○ 서경 유수 조위총이 반란을 일으켰는데, 두경승이 향산동 통로역에서 반란군을 패퇴시켰다.
> ○ 최우가 정방(政房)을 자기 집에 설치하고 문사를 선발하여 여기에 소속시켰다.
>
> 답안

① 서얼이 통청 운동을 전개하였다.
② 청해진을 거점으로 국제 무역이 이루어졌다.
③ 왕조 교체를 예언하는 정감록 등이 유포되었다.
④ 망이·망소이의 난 등 하층민의 봉기가 발생하였다.
⑤ 역관들이 시사(詩社)에 참여해 위항 문학 활동을 하였다.

### 7 무신 집권기의 사실 정답 ①

정답 찾기

(가) 김보당이 정중부와 이의방을 토벌하고 의종을 다시 세우기 위해 군사를 일으켰다는 내용을 통해 무신 정권 초기의 상황임을 알 수 있어요. 정중부, 이의방 등 무신들은 1170년에 무신 정변을 일으켜 정권을 장악하였어요. 이에 반발하여 동북면 병마사 김보당(1173), 서경 유수 조위총(1174) 등이 반란을 일으켰으나 실패하였어요.

(나) 최충헌이 최충수와 함께 열 가지 사항의 봉사를 올렸다는 내용을 통해 최충헌이 이의민을 제거하고 정권을 차지한 직후의 상황임을 알 수 있어요. 무신 정권 초기 무신 간의 권력 다툼으로 최고 집권자가 자주 교체되다가 1196년에 최충헌이 이의민을 제거하고 정권을 차지한 이후 아들 최우를 비롯하여 그 자손이 60여 년간 권력을 세습하였어요. 정권을 장악한 최충헌은 명종에게 봉사 10조를 올려 시정 개혁을 건의하였으나 이는 제대로 시행되지 않았어요.

(다) 삼별초가 반란을 일으켜 승화후 왕온을 왕으로 세우고 진도에 웅거하였다는 내용을 통해 고려 정부가 개경으로 환도한 이후의 상황임을 알 수 있어요. 몽골의 침략 초기 당시 실권자였던 최우의 주도 아래 강화도로 천도한 고려 정부가 오랜 전쟁에 지쳐 결국 몽골과 화의를 맺고 개경 환도를 결정하였어요. 이에 삼별초는 고려 정부의 환도 결정에 반발하여 강화도에서 봉기하였어요. 정부가 개경으로 환도한 후 배중손이 이끈 삼별초는 승화후 왕온을 왕으로 추대하고 진도로 옮겨 가 대몽 항쟁을 이어 갔어요.

따라서 일어난 순서대로 나열하면 ① (가) 김보당의 난(1173) → (나) 최충헌의 집권, 봉사 10조 건의(1196) → (다) 고려 정부의 개경 환도와 삼별초의 봉기(1270)입니다.

### 8 무신 집권기의 사회 모습 정답 ④

정답 찾기

이의방은 1170년에 정중부, 이고 등과 함께 무신 정변을 일으켰는데, 이고가 정권을 마음대로 하려고 하자 그를 제거하고 정권을 장악하였어요. 무신 정권에 반발하여 서경 유수 조위총이 1174년에 군사를 일으켜 정중부와 이의방 등의 제거를 도모하였으나 실패하였어요. 무신 정권 초기 무신 간 권력 다툼으로 인한 혼란은 1196년 최충헌이 이의민을 제거하고 정권을 장악하면서 안정되어 이후 60여 년간 최씨 무신 정권이 이어졌어요. 최충헌의 뒤를 이어 집권한 최우는 1225년에 자신의 집에 인사 행정을 담당하는 정방을 설치하여 인사권을 장악하였어요. 따라서 자료의 답안에는 고려 무신 집권기의 사회 모습이 들어가야 합니다. ④ 고려 무신 집권기에 정치 혼란과 지배층의 가혹한 수탈로 인해 망이·망소이의 난, 전주 관노비의 난, 김사미·효심의 난, 만적의 난 등 하층민의 봉기가 각지에서 일어났어요.

오답 피하기

① 조선 후기에 서얼이 관직 진출의 제한을 철폐하고자 통청 운동을 전개하였어요.
② 통일 신라 시기에 장보고가 설치한 청해진을 거점으로 국제 무역이 이루어졌어요.
③ 조선 후기에 사회적 불안감이 고조되면서 왕조 교체를 예언하는 "정감록"이 유포되었어요.
⑤ 조선 후기에 역관, 의관 등 중인도 종래 양반을 중심으로 이루어진 문예 활동에 참여하여 시사를 조직하고 위항 문학 활동을 하였어요.

# 고려(중기 정치 ~ 무신 정변)

**Ready go**
이번 강 별 채우기 제한 시간은 **2분 20초**
한 문장을 끝까지 또박또박 읽어야 패스!

기출 선택지로 별 채우기
**한국사를 채우다**

**01** 고려 시대에 ★벌은 과거와 음서를 통해 고위 관직을 독점하였다.

**02** 인종 때 권력을 독점한 왕실의 외척 이★★이 척준경과 함께 난을 일으켰다.

**03** 묘청은 풍수지리설을 내세워 ★★ 천도를 주장하였다.

**04** 묘청 등 서경파는 고구려 계승 의식이 있었으며, 칭제★★과 ★국 정벌을 주장하였다.

**05** 김부식을 중심으로 한 개경파는 신라 계승 의식이 있었으며, ★에 대한 사대를 주장하였다.

**06** 묘청 일파는 김★★이 이끄는 관군에 의해 토벌되었다.

**07** 신★★는 “조선사연구초”에서 묘청의 서경 천도 운동을 ‘조선역사 일천년래 제일 대사건’이라고 평가하였다.

**08** 무신에 대한 차별과 의종의 실정을 배경으로 보현원에서 ★★ 정변이 일어났다.

**09** 무신 정변으로 ★종은 왕위에서 쫓겨나 거제도로 추방되었다.

**10** 무신 정변 직후 무신들의 회의 기구였던 ★방이 최고 권력 기구의 역할을 하였다.

**11** 최★★은 이의민을 몰아내고 정권을 장악하였다.

**12** 최충헌은 국왕에게 ★★ 10조를 올려 시정 개혁을 제안하였다.

**13** 최충헌은 ★★도감을 설치하고 ★★별감이 되어 국정 전반을 장악하였다.

**14** 최우는 인사 행정 담당 기구로 ★방을 설치하였다.

**15** ★방은 최우가 무신 정권의 국정 자문을 위해 문인들로 구성한 기구였다.

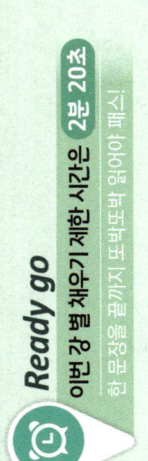

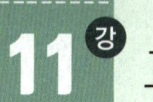

**16** 무신 집권기에 경대승이 신변 경호를 위해 사병 조직인 ★방을 만들었다.

**17** ★★★는 좌별초, 우별초, 신의군으로 편성된 군대로, 최씨 무신 정권의 군사적 기반이었다.

**18** 무신 정권에 항거하여 동북면 병마사 김★★이 의종의 복위를 도모하며 난을 일으켰다.

**19** 무신 정권에 반발한 서경 유수 조★★이 정중부 등의 제거를 도모하며 난을 일으켰다.

**20** 무신 집권기에 가혹한 수탈에 저항하여 공주 명학★에서 ★이·★소이가 봉기하였다.

**21** 무신 집권기에 김★★와 효★이 현재의 경상도 지역에서 난을 일으켰으나 실패하였다.

**22** 무신 집권기에 개경에서 만★을 비롯하여 ★★들이 신분 해방을 도모하였다.

정답

**01** 문 **02** 자겸 **03** 서경 **04** 건원, 금 **05** 금 **06** 부식 **07** 채호 **08** 무신 **09** 의 **10** 중 **11** 충헌 **12** 봉사 **13** 교정, 교정 **14** 정 **15** 서 **16** 도 **17** 삼별초 **18** 보당 **19** 위총 **20** 소, 망, 망 **21** 사미, 심 **22** 적, 노비

# 12강 고려(외교)

한국사의 흐름을 한눈에
**한국사를 그리다**

강의 바로 보기

**호족 ⇒ 10~11C ★★(요)**

- 광군(정종)
- 1차: 서희 vs 소손녕 – 강동 ★주 (성종)
- 2차: 강조의 변, 양규 (현종) – 나주 피란
- 3차: 강감찬 – ★★ 대첩 (현종) └ 낙성대
- ★★ 대장경
- 천리장성
- 나성(개경)

거란 →
여진 →

**문벌 ⇒ 12C ★★(금)**

- 윤관: ★★반 ⇒ 동북 9성 (숙종) (예종)
  - 신기군(기병)
  - 신보군(보병)
  - 항마군(승병)
- 금 사대 ⇒ O(이자겸, 김부식)
- 묘청의 서경 천도 운동 X

**무신 ⇒ 13C 몽골(원) → 초조대장경 X, 황룡사 9층 목탑 X**

저고여 X

- 최우: ★★도 천도 → 개경 환도
- 박서: 귀주성
- 김윤후: 처인성(살리타 X), 충주(노비) → 다인철소
- 배중손, 김통정: ★★초
  - └ = 좌·우별초 + 신의군
  - 강화도 → 진도(용장성) → 제주도(항파두리)

→ 팔만대장경

**권문세족 ⇒ ★ 간섭기**

★★왕(노국 대장 공주)

- 영토 축소
  - 쌍성총관부(철령 이북) → X
  - 동녕부(서경)
  - 탐라총관부(제주)
- 부마국, 忠O왕
- 관제 개편
  - 2성(→첨의부), 6부(→4사)
  - 중추원(→밀직사)
- 내정 간섭: 다루가치, 정동행성(개경) 이문소 → X
- ★녀(→조혼)
- 몽골풍(변발, 호복) → X
  ≠ 고려양
- ★★세족 → X 기철(기황후)
  - 정치: 도평의사사, 음서, 정방 → X 정방 폐지
  - 경제: 대농장 → X ★★변정도감(신돈)
    - └ 왕↑, 재정↑

└ + 신진 사대부 (성리학)

**14C 홍건적(안동 피신 → 공민왕) 왜구**

- ★산 대첩(부여): 최영
- ★포 대첩(군산): 최무선
  - ⇓ 화통도감 – 화포
- ★산 대첩(남원): 이★★
  - └→ 신흥 무인 세력↑
  - ↓
  - 명, 철령위 설치 통보
  - ↓
  - 최영(우왕) → 요동 정벌 단행
  - ↓ (X)
  - ★★★ 회군: 4불가론
  - ↓
  - 과전법 시행
  - ⇓
  - 조선(1392)

★정답 거란, 6, 귀주, 초조, 여진, 별무, 강화, 삼별, 원, 공, 권문, 공민, 전민, 홍, 진, 황, 성계, 위화도

→ 나만의 약점 단권화 노트 22쪽에서 완성 판서를 확인하세요.

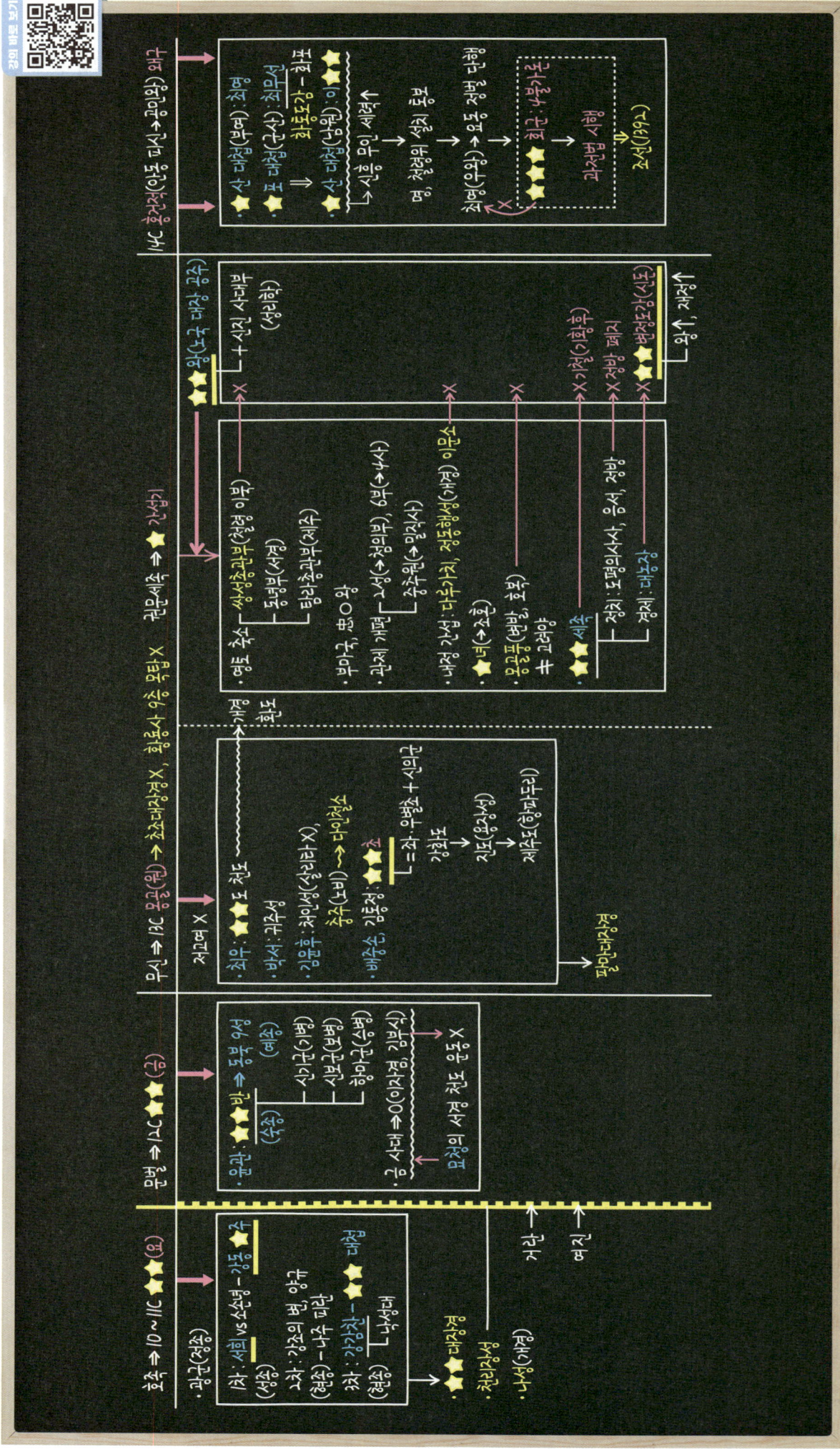

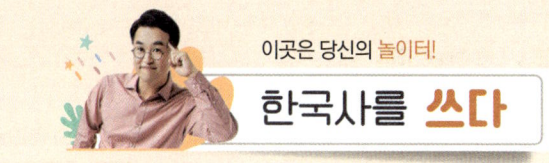

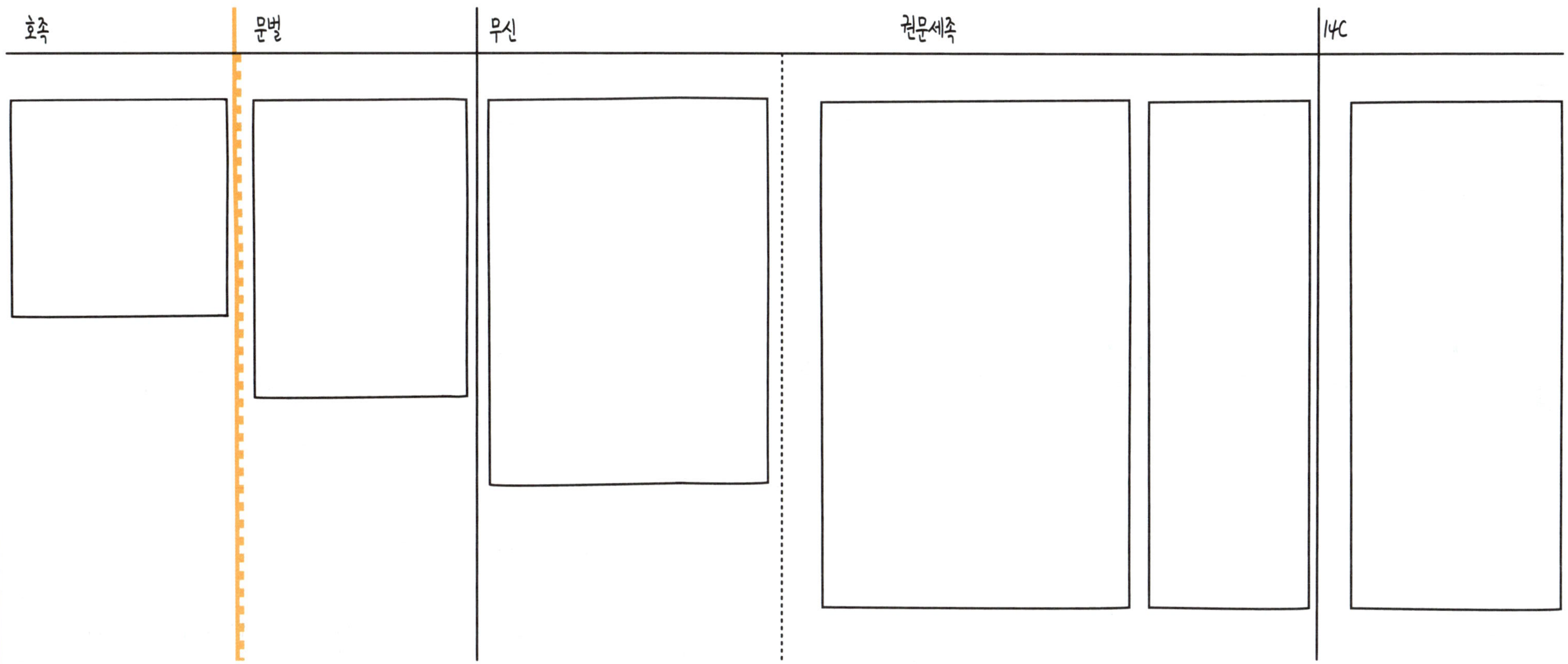
호족
문벌
무신
권문세족
14C

# 12강 고려(외교)

낯선 용어와 자료 돋보기

한국사를 보다

## 거란의 침입

고려는 정종 때 거란의 침입에 대비하여 광군을 창설하였습니다. 이후 성종 때 거란이 고려를 침략하였고(거란의 1차 침입, 993), 이때 서희가 거란 장수 소손녕과 외교 담판을 벌여 송과 관계를 끊고 거란과 교류하기로 약속하고 강동 6주를 확보하였어요. 그러나 고려가 송과의 관계를 계속 유지하자, 거란은 강조의 정변을 구실로 다시 침략하였습니다(거란의 2차 침입, 1010). 거란의 공격으로 개경이 함락되고 현종이 나주까지 피란을 가는 등 위기를 맞았으나 양규의 활약으로 많은 고려인 포로를 구하기도 하였어요. 거란의 3차 침입(1018) 때는 강감찬이 이끄는 고려군이 거란의 군대를 귀주에서 크게 무찔렀어요(귀주 대첩, 1019). 고려는 이민족의 침입에 대비하여 개경 주위에 나성을 쌓고, 국경 지대에는 압록강에서 동해안의 도련포에 이르는 천리장성을 쌓았어요.

- 거란의 1차 침입 : 거란 장수 소손녕이 서희에게 말하길 "너희는 신라 땅에서 일어났는데 고구려의 땅을 가지고 있다. …… 또한, 국경은 우리와 맞대고 있으면서 바다 건너 송을 섬기고 있다. 지금 땅을 바치고 조공을 보낸다면 아무 일이 없을 것이다." 이에 서희가 "고려는 고구려를 계승한 나라이기에 국호를 고려라고 하고 평양에 도읍을 정한 것이다. …… 거란과는 교류하고 싶어도 여진이 가로막고 있어 어렵다. 만약 여진을 쫓아내고 우리의 옛 땅을 되돌려주어 성(城)과 보(堡)를 쌓고 길이 통하게 하여 준다면 어찌 조공을 바치지 않겠는가."라고 하였다. - "고려사절요" -
- 거란의 2차 침입 : 양규가 흥화진으로부터 군사 7백여 명을 이끌고 통주까지 와서 군사 1천여 명을 수습하였다. 밤중에 곽주로 들어가서 지키고 있던 거란군을 급습하여 모조리 죽인 후 성 안에 있던 남녀 7천여 명을 통주로 옮겼다. - "고려사" -
- 거란의 3차 침입 : 거란의 병사가 귀주를 지나자 강감찬 등이 동교에서 맞아 싸웠다. …… 아군이 추격하여 석천을 건너 반령에 이르니 시신이 들을 덮고 사로잡은 사람과 노획한 말·낙타, 갑옷·무기는 모두 헤아릴 수 없었다. 살아서 돌아간 자가 (십만여 명 중에서) 겨우 수천 명이니 거란이 패한 것이 이보다 심한 적이 없었다. - "고려사" -
- 강감찬이 수도에 성곽이 없다 하여 나성을 쌓을 것을 요청하니, 왕이 그 건의에 따라 왕가도에게 명령하여 축조하게 되었다. - "고려사" -

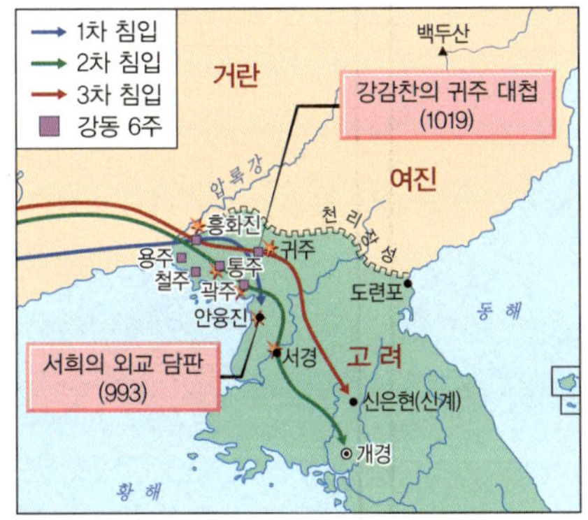


## 강조의 정변

변방을 지키던 고려의 장수 강조가 정변을 일으켜 당시 권력을 장악하고 있었던 목종의 어머니 천추 태후와 김치양 일파를 제거한 후 목종을 폐위하고 현종을 즉위시킨 사건을 말해요. 거란은 강조를 문책한다는 구실로 고려를 침략하였습니다.

강조의 군사들이 궁문으로 마구 들어오자, 목종이 모면할 수 없음을 깨닫고 태후와 함께 목 놓아 울며 법왕사로 옮겼다. 잠시 후 황보유의 등이 대량원군 [순]을 받들어 왕위에 올렸다. 강조가 목종을 폐위하여 양국공으로 삼고, 군사를 보내 김치양 부자와 유행간 등 7명을 죽였다. …… 적성현에 이르자 강조가 사람을 시켜 목종을 죽인 후 자결하였다고 보고하였으며, 그 시신은 문짝으로 만든 관에 넣어 객관에 임시로 안치하였다. - "고려사" -

## 동북 9성

윤관이 별무반을 이끌고 여진을 몰아낸 후 동북 지방에 쌓은 9개의 성을 말해요. 여진이 조공을 약속하며 끈질기게 반환을 요청하자, 고려는 동북 9성을 1년여 만에 돌려주었어요. 척경입비도는 윤관이 여진을 정벌한 뒤 '고려지경'이라고 새긴 경계비를 세우는 장면을 조선 후기에 그린 그림이에요.

- 왕이 여진을 정벌하려고 오연총을 윤관의 부관으로 삼았다. 그때 대신들이 모두 찬성하였으나 오연총은 자못 의심스럽게 여겨 작은 소리로 윤관에게 말하니 윤관이 말하기를, "계책은 이미 결정되었는데 또 무엇을 의심하겠는가?"라고 하였다. 드디어 군대를 이끌고 나가서 여진을 격파하여 영토를 개척하고 9성을 쌓았다. - "고려사" -
- 왕이 요불과 사현 등 6인을 접견하고 입조한 연유를 묻자 요불 등이 아뢰기를, "…… 만약 9성을 되돌려 주어 우리의 생업을 편안하게 해 주시면, 우리는 하늘에 맹세하여 자손 대대에 이르기까지 공물을 정성껏 바칠 것이며 감히 기와 조각 하나라도 국경에 던지지 않겠습니다."라고 하였다. …… 왕이 9성의 반환을 허락하자, 요불이 감격하여 울며 감사의 절을 올렸다. - "고려사" -

척경입비도

### 용어 사전

**만부교 사건**
고려는 건국 초기부터 발해를 멸망시킨 거란과 사이가 좋지 않았어요. 태조 때 거란이 고려에 사신을 보내면서 낙타를 선물하였는데, 태조는 사신을 귀양 보내고 낙타를 만부교 아래 묶어 두어 굶어 죽게 하였어요. 이로써 고려와 거란의 외교 관계는 단절되었습니다.

**양규**
거란의 2차 침입 때 활약한 고려의 장수입니다. 거란군과 치른 여러 차례의 전투에서 승리하였으며, 포로로 끌려가는 많은 백성을 구하였어요. 양규는 끝까지 거란에 맞서 싸우다가 전사하였습니다.

**강감찬**
거란의 3차 침입 때 흥화진과 귀주에서 거란군을 크게 물리친 장수입니다. 흥화진과 귀주는 모두 서희가 얻어 낸 강동 6주 지역에 있었어요. 또 강감찬은 개경에 나성을 축조할 것을 건의하였어요.

**나성**
성 밖에 겹으로 둘러쌓은 성을 말해요. 고려는 거란의 1차 침입을 막아 낸 이후 강감찬의 건의로 왕성 수비를 강화하기 위해 개경에 나성을 건설하기 시작하여 20여 년 만에 완성하였어요.

**별무반**
여진 정벌을 위해 윤관이 조직한 부대로, 기병인 신기군, 보병인 신보군, 승병 부대인 항마군으로 구성되었어요.

## 하층민의 대몽 항쟁

몽골이 침입하자 당시 최고 집권자 최우는 서둘러 강화를 맺고, 강화도로 도읍을 옮겨 장기 항전에 대비하였어요. 강화도로 옮겨 간 고려 정부는 국가의 역할을 제대로 하지 못하였고, 본토에 남겨진 백성들은 가족과 나라를 지키기 위해 몽골군에 대항하여 끝까지 싸웠어요. 대표적인 전투로 처인성 전투(경기도 용인)와 충주성 전투가 있어요. 처인성 전투에서 승리한 처인부곡은 몽골의 침입을 막아 낸 공이 인정되어 처인현으로 승격되었어요. 충주성에서는 노비와 백성들이 주축이 되어 충주성을 지켰어요. 이후 5차 침입 때 몽골군이 다시 충주성을 공격하자 김윤후의 지휘 아래 병사들과 백성들이 몽골군을 막아 냈어요.

- 금년 12월 16일에 이르러 처인부곡에서 몽골군과 큰 싸움이 벌어졌는데, 여기서 그 우두머리 살리타를 사살하고 사로잡은 이도 많았다. 이에 그 남은 무리들이 기세를 잃고 회군하여 갔다. - "동국이상국집" -
- 고종 19년(1232), 몽골군이 이르자 충주 부사 우종주와 유홍익은 양반들과 함께 성을 버리고 도망쳤다. 다만, 노비군과 천민들이 힘을 합하여 몽골군을 물리쳤다. - "고려사절요" -
- 충주성이 몽골에 포위를 당한 것이 무릇 70여 일이 되었으며, …… 김윤후가 병사와 백성들을 독려하며 말하기를, "만약 힘을 다해 싸운다면 귀천을 막론하고 모두 관직과 작위를 제수하겠다."라고 하였다. 그러고는 관노(官奴) 문서를 불사르고, 소와 말도 나누어 주었다. 이에 모두 죽음을 무릅쓰고 싸워 몽골군을 물리쳤다. - "고려사" -

## 삼별초의 항쟁

배중손이 이끄는 삼별초는 몽골과 강화를 맺고 개경으로 돌아가기로 한 고려 정부에 반발하여 봉기하였어요. 이들은 강화도, 진도, 제주도로 근거지를 옮기면서 대몽 항쟁을 이어 갔어요. 삼별초는 항쟁 과정에서 승화후 왕온을 왕으로 추대하고 일본에 국서를 보내기도 하였습니다. 이러한 사실은 일본측 문서인 '고려첩장불심조조'에서 확인할 수 있는데, 이는 삼별초가 세운 정부에서 보낸 외교 문서가 이전에 고려에서 보낸 문서와 성격이 다르자 일본의 실무자가 그 의문점을 정리한 것입니다.

진도 용장성

제주 항파두리(항파두성)

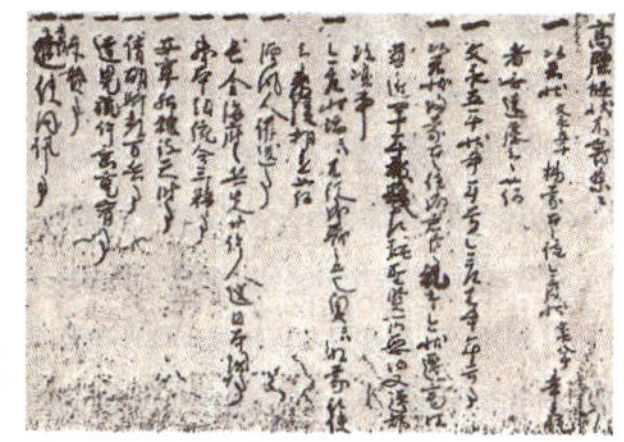
고려첩장불심조조

## 원 간섭기 사회 모습

원 간섭기에 고려의 왕은 원의 공주와 결혼을 해야 했어요. 이 과정에서 원의 공주를 따라 고려에 온 이들이 원의 세력을 배경으로 높은 관직에 오르거나 부를 쌓기도 하였어요.

- 당시 응방·겁령구 및 내수(內竪) 등의 천한 자들이 모두 사전(賜田)을 받았는데, 많은 경우는 수백 결에 이르렀다.
- 인후는 …… 처음 이름은 홀랄대였다. 제국 공주의 겁령구였는데, 겁령구는 중국 말로 사적으로 소속된 사람이다. 제국 공주를 따라 (고려에) 와서 중랑장에 임명되었다.
- 제국 대장 공주가 일찍이 잣과 인삼을 (원의) 강남 지역으로 보내 많은 이익을 얻었다. …… 비록 나오지 않는 땅이라도 강제로 거두니 백성들이 매우 괴로워하였다. - "고려사" -

## 몽골풍

고려에서는 원의 영향으로 몽골 풍속이 유행하기 시작하였는데, 대표적으로 뒷머리만 남겨 길게 땋아 늘어뜨리는 변발이 있었어요. 족두리, 철릭과 같은 의복과 만두, 소주 등의 음식도 몽골에서 전해진 것입니다. 공민왕은 반원 자주 정책을 추진하면서 몽골풍을 금지하였습니다.

족두리

공민왕이 원의 제도를 따라 변발을 하고 호복(몽골의 옷차림)을 입고 전상(殿上 : 왕이 앉는 자리)에 앉아 있었다. …… 이연종이 말하기를 "변발과 호복은 선왕의 제도가 아니오니, 원컨대 전하께서는 본받지 마소서."라고 하니, 왕이 기뻐하면서 즉시 변발을 풀어버리고 그에게 옷과 요를 하사하였다. - "고려사" -

## 공녀

원은 고려에서 강제로 공녀를 데리고 갔는데 일반 백성뿐 아니라 귀족의 딸까지도 데려갔어요. 이로 인해 조혼의 풍습이 생기기도 하였어요. 수령 옹주는 왕족과 결혼한 사람이었는데 남편을 여의고 홀로 자식을 키우다 딸을 원에 공녀로 보내게 되자 슬픔을 이기지 못하고 병이 나서 죽었다고 해요.

원에서 사신을 보내 부녀자를 요구해 …… 이에 결혼도감을 설치하고 촌가의 여자 140명을 잡아다가 만자(원에 항복한 남송인)에게 나누어 주었다. 만자들이 곧 데리고 돌아가니 곡성이 길에 가득하였다. - "고려사절요" -

수령 옹주 묘지명

### 용어 사전

**김윤후**
몽골의 침입 때 활약한 고려의 승려로, 용인 처인성에서 부곡민들을 이끌고 싸워 몽골의 장군 살리타를 사살하고 몽골군을 물리쳤어요. 그 공을 인정받아 관직을 받았습니다. 그 뒤 충주성에서 주민과 노비들을 지휘하여 몽골군의 공격을 막아 냈어요.

**신의군**
몽골군에게 포로로 잡혀갔다가 탈출해 온 사람들로 조직된 군대예요. 야별초에서 분리된 좌별초, 우별초와 함께 삼별초를 구성하였어요.

**부마국**
'부마'는 왕의 사위를 말해요. 원 간섭기 고려의 왕은 몽골의 공주와 결혼하였기 때문에 고려는 원의 사위국이 되었어요.

**다루가치**
몽골어로 '총독'이라는 뜻이에요. 원은 다루가치를 파견하여 고려의 내정을 간섭하였어요.

**정동행성**
'동쪽을 정벌하는 관청'이라는 뜻이에요. 원이 일본 정벌을 위해 개경에 설치한 것으로, 일본 정벌이 실패한 후에도 계속 유지되어 고려의 내정을 간섭하였어요.

# 12강 고려(외교)

낯선 용어와 자료 돋보기
**한국사를 보다**

## 공민왕의 반원 자주 정책

공민왕은 원·명 교체기라는 상황 속에서 원의 세력이 약화된 틈을 이용해 친원 세력을 숙청하고 자주 정책을 펼쳤어요. 몽골풍을 금지하고 격하된 고려의 관제를 복구하였으며, 내정 간섭 기구인 정동행성 이문소를 폐지하고 인사권을 장악하기 위하여 정방을 혁파하였어요. 또한, 유인우, 이자춘 등을 보내 쌍성총관부를 공격하게 하여 철령 이북의 영토를 회복하였습니다.

- 대사도 기철, 태감 권겸, 경양 부원군 노책이 반역을 도모하다 처단되었으며 그들의 친족과 당여(黨與 : 같은 편에 속하는 사람들)는 모두 도망쳤다. - "고려사" -
- 왕이 원 연호의 사용을 중지시키면서 교서를 내렸다. "근래에 나라의 풍속이 크게 바뀌어 오직 권세만을 추구하게 되었으니, 기철 일당이 권세를 믿고 나라의 법도를 뒤흔드는 일이 벌어졌다. …… 법령을 다듬어 명확히 하고 기강을 정돈함으로써 조종이 세운 법을 회복하여 온 나라 백성들과 함께 새롭게 시작하고자 한다." - "고려사" -

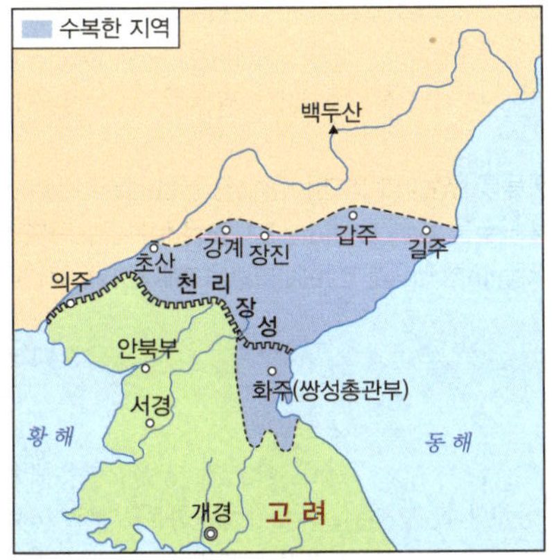

공민왕의 영토 회복

**공민왕과 왕비 노국 대장 공주를 그린 초상화**

노국 대장 공주는 공민왕의 정치 운영을 지지하였고 때로는 목숨을 구하기도 하였어요. 공민왕은 노국 대장 공주가 죽은 뒤부터 슬퍼하며 정사를 돌보지 않았다는 이야기가 전해집니다.

## 전민변정도감 설치

전민변정도감은 고려 후기에 권문세족이 불법적으로 차지한 토지나 농민 문제를 바로잡기 위하여 설치된 임시 개혁 기구로, 여러 차례 설치와 폐지가 반복되었어요. 대표적으로 공민왕이 신돈을 등용하고 전민변정도감을 설치하여 권문세족이 부당하게 빼앗은 토지를 원래 주인에게 되돌려 주고, 억울하게 노비가 된 사람들을 양인으로 회복시켜 주어 국가 재정을 확충하려 하였어요.

신돈이 왕에게 전민변정도감을 설치할 것을 청원하고 스스로 판사가 되어 전국에 포고문을 붙였다. "근래에 기강이 크게 무너져 사람들의 탐욕스러움이 풍속이 되었다. 종묘·학교·창고·사사(사찰)·녹전(관리의 녹봉에 충당된 민간 토지의 조세)·군수의 토지와 나라 사람들이 대대로 가져온 전민(田民)을 권세가들이 거의 다 빼앗아 차지하였다. 그들은 앞서 주인에게 돌려주라고 판결한 것도 그대로 가지고 있으며, 양민을 노예로 삼고 있다. …… 이제 도감을 두어 이를 가려 정비하고 서울은 15일, 여러 지방은 40일을 기한하여 잘못을 알고 스스로 고치는 자는 죄를 묻지 않을 것이며, 기한이 지나 발각된 자는 조사하여 다스릴 것이다."라고 명령이 나오자 권세가들 다수가 빼앗은 전민을 그 주인에게 돌려주므로 온 나라가 기뻐하였다. - "고려사" -

## 4불가론

명은 공민왕이 수복한 쌍성총관부 지역이 원래 원의 영토였다는 이유를 들어 그 지역에 철령위를 설치하여 직접 다스리겠다고 하였어요. 명에서 고려에 철령위 설치를 통보하자 우왕과 최영은 이성계에게 요동 정벌을 명령하였어요. 이성계는 4불가론을 들어 요동 출병에 반대하였지만 받아들여지지 않았어요. 결국 왕명을 받아 출정하였던 이성계는 우왕에게 회군 명령을 요청하였지만 받아들여지지 않자 압록강 근처 위화도에서 군사를 돌려 개경으로 돌아와 우왕과 최영을 몰아내고 정권을 장악하였어요(위화도 회군).

첫째, 작은 나라가 큰 나라를 거스르는 일은 옳지 않으며,
둘째, 여름철에 군사를 동원하는 것은 부적당하고,
셋째, 요동을 공격하는 틈을 타서 남쪽에서 왜구가 침범할 우려가 있으며,
넷째, 무덥고 비가 많이 오는 시기라 활의 아교가 녹아 무기로 쓸 수 없고, 병사들도 전염병에 걸릴 염려가 있다. - "고려사절요" -

### 용어 사전

**이문소**
정동행성의 부속 관청으로, 원과의 관계에서 발생하는 범죄를 다스렸던 기구였어요. 그러나 점차 친원파, 즉 권문세족을 대변하는 역할을 하며 권문세족의 수탈을 방조하였어요.

**기철**
원에 공녀로 끌려가 황후가 된 기황후의 친오빠입니다. 누이동생의 권세를 등에 업고 권력을 휘두르며 남의 재산을 빼앗는 등 세도를 부리다가 공민왕에게 숙청되었어요.

**홍건적**
붉을 홍(紅), 두건 건(巾), 도적 적(賊). 즉, '머리에 붉은 두건을 두른 도적'이라는 뜻으로, 원 말기에 일어난 한족 반란군이에요. 공민왕 때 여러 차례 고려에 침입해 개경을 함락하는 등 많은 피해를 입혔어요.

**과전법**
등급 과(科), 토지 전(田). 즉, 관직에 복무한 대가로 등급에 따라 토지의 수조권을 지급한 제도예요. 고려 말에 토지 개혁을 실시하고 전현직 관리에게 직역의 대가로 경기 지역 토지의 수조권을 지급하는 과전법을 실시하였어요.

# 12강 고려(외교)

마무리도 빈틈없이 **한국사를 읽다**

## 1 고려의 대외 관계

### (1) 거란의 침입과 격퇴(10~11세기)

| | |
|---|---|
| 배경 | 고려의 북진 정책과 친송 정책, 거란이 송을 공격하기에 앞서 고려에 송과의 관계 단절 요구 |
| 1차 침입 | 성종 때 소손녕이 군대를 이끌고 침입(993) → 서희의 외교 담판, 강동 6주 확보 |
| 2차 침입 | 현종 때 강조의 정변을 구실로 침입(1010) → 개경 함락, 현종의 나주 피란, 양규의 활약 |
| 3차 침입 | 현종 때 강동 6주의 반환 등을 요구하며 소배압이 군대를 이끌고 침입(1018) → 강감찬, 흥화진 전투(1018)·귀주 대첩(1019) |
| 영향 | • 고려·송·거란 사이에 세력 균형 유지, 개경에 나성 축조, 국경 지역에 천리장성 축조<br>• 초조대장경 제작(부처의 힘으로 거란 격퇴 염원) |

### (2) 여진과의 관계(12세기)

| | |
|---|---|
| 여진 정벌 | 여진족의 성장, 잦은 충돌 → 숙종 때 윤관의 건의로 신기군(기병), 신보군(보병), 항마군(승병)으로 구성된 별무반 편성(1104) → 예종 때 윤관이 별무반을 이끌고 여진 정벌 → 동북 지방에 9성 축조(1107) → 여진족의 계속적인 침입과 반환 요청, 여진이 조공을 바치겠다고 약속하여 1년여 만에 여진에 9성 지역 반환 |
| 금 건국 | 여진이 금을 세우고 거란(요)을 멸망시킴 → 고려에 군신 관계 요구 → 집권자 이자겸이 정권 유지와 전쟁 방지를 위해 금의 사대 요구 수용 → 개경파와 서경파의 대립, 묘청의 난 발생 |

### (3) 몽골과의 전쟁(13세기)

| | |
|---|---|
| 국교 수립 | 고려가 몽골과 연합하여 몽골에 쫓겨 고려에 침입한 거란족 토벌(강동성 전투) → 몽골과 국교 체결 |
| 원인 | 몽골의 지나친 공물 요구, 몽골 사신 저고여의 피살을 구실로 침입(1231) → 이후 여러 차례 침입 |
| 전개 | • 몽골의 1차 침입 후 고려 정부의 강화 천도(장기 항전 목적, 1232), 팔만대장경 조판<br>• 귀주성 전투(박서·송문주가 귀주성 사수, 1231), 충주성 전투(일부 병사와 백성들 중심, 1231), 처인성 전투(김윤후, 살리타 사살, 1232), 죽주 전투(송문주가 죽주성 사수, 1236), 충주성 전투(김윤후, 노비와 천민 중심, 1253), 충주 다인철소 주민의 저항(1254) 등<br>• 몽골과 강화 체결, 무신 정권 붕괴, 개경 환도(1270) |
| 영향 | 국토의 황폐화, 문화재 소실(초조대장경판, 황룡사 9층 목탑), 대장도감을 설치하여 팔만대장경 간행 |
| 삼별초의 항쟁 | • 원인 : 고려 정부의 개경 환도 결정에 반발 → 승화후 왕온을 왕으로 추대하고 봉기<br>• 경과 : 강화도(배중손의 지휘 아래 항쟁) → 진도(용장성) → 제주도(항파두리, 김통정의 지휘)로 근거지를 옮기며 항전<br>• 결과 : 고려와 몽골 연합군에 의해 진압됨 |

## 2 고려 후기의 사회 변동

### (1) 원 간섭기

| | |
|---|---|
| 영토 축소 | • 쌍성총관부 : 화주(영흥)에 설치, 철령 이북을 직속령으로 편입<br>• 동녕부 : 서경에 설치, 자비령 이북 차지<br>• 탐라총관부 : 삼별초의 항쟁 진압 후 제주도에 설치, 목마장 경영 |
| 왕실 호칭과 관제 격하 | • 고려 왕이 원의 공주와 결혼(부마국), 왕실 호칭 격하(짐 → 고, 폐하 → 전하, 조·종 → 왕)<br>• 관제 개편 : 중서문하성·상서성 → 첨의부, 6부 → 4사, 중추원 → 밀직사 |
| 내정 간섭 | 원이 다루가치(감찰관) 파견, 정동행성 설치(충렬왕 때 여·원 연합군이 두 차례 일본 원정 추진·실패) |
| 인적·물적 수탈 | • 결혼도감 설치, 공녀 강제 선발 → 조혼 풍습 유행<br>• 특산물 징발(금, 은, 베, 인삼, 약재 등), 응방 설치(매 징발) |
| 권문세족의 성장 | 도평의사사(도당)와 정방을 장악하여 권력 독점, 음서를 통해 관직 진출, 대농장 소유 |
| 문화 교류 | 몽골풍(변발, 호복, 족두리, 연지, 발립, 철릭 등 몽골의 풍습과 소주, 만두 등 몽골 음식이 고려에 전래됨), 고려양(떡, 두루마기 등 고려의 풍속이 몽골에 전래됨) |

### (2) 고려의 개혁 노력

| | | |
|---|---|---|
| 공민왕 이전의 개혁 노력 | | 충선왕(사림원 설치, 정방 폐지), 충목왕(정치도감 설치, 정방 폐지) |
| 공민왕의 개혁 | 반원 자주 정책 | 기철 등 친원 세력 숙청, 중서문하성과 상서성 등 고려의 관제 복구, 몽골풍 금지, 정동행성 이문소 폐지, 유인우·이자춘 등을 보내 쌍성총관부 공격(철령 이북의 땅 수복) |
| | 왕권 강화 정책 | • 전민변정도감 설치(신돈 등용) → 권문세족 억압, 재정 기반 확대 추진<br>• 정방 폐지(국왕이 인사권 장악), 신진 사대부 등용 |
| | 결과 | 권문세족의 반발 → 신돈 제거, 공민왕 시해로 개혁 중단 |

## 3 고려의 멸망

| | | |
|---|---|---|
| 14세기 | 홍건적의 침입 | 한족 반란군인 홍건적의 일부가 고려에 침입 → 공민왕이 안동까지 피신 |
| | 왜구의 침입 | 홍산 대첩(최영), 진포 대첩(최무선·나세·심덕부, 화포 사용), 황산 대첩(이성계), 관음포 전투(정지) 등, 창왕 때 박위가 전함을 이끌고 왜구의 근거지인 쓰시마섬 토벌(1389) |
| 신흥 무인 세력의 성장 | | 홍건적과 왜구를 격퇴하는 과정에서 최영, 이성계 등 신흥 무인 세력 성장 |
| 고려의 멸망 | | 명의 철령위 설치 통보 → 우왕과 최영의 요동 정벌 단행, 이성계의 반대(4불가론) → 이성계의 위화도 회군(1388) → 과전법 실시(1391) → 조선 건국(1392) |

# 12강 고려(외교)

**1** (가)에 대한 고려의 대응으로 옳은 것은? [2점]

심화 72회 12번

이 자료는 초조대장경의 일부입니다. (가) 의 침입으로 현종이 피란을 가고 개경이 함락되자 부처의 힘으로 나라를 지키려는 마음을 담아 조판하기 시작하였습니다.


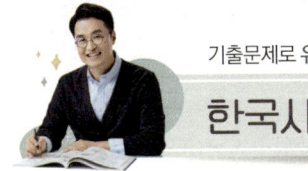

① 윤관을 보내 동북 9성을 개척하였다.
② 화통도감을 두어 화포를 제작하였다.
③ 광군을 조직하여 침입에 대비하였다.
④ 박위를 파견하여 근거지를 토벌하였다.
⑤ 철령위 설치에 반발해 요동 정벌을 추진하였다.

**1 고려와 거란의 관계** 정답 ③

정답 찾기 초조대장경을 조판하기 시작하였으며, 현종이 피란을 가고 개경이 함락되었다는 내용을 통해 (가)가 거란임을 알 수 있어요. 고려 성종 때 거란의 1차 침입이 일어났어요. 이때 서희가 거란 장수 소손녕과 외교 담판을 벌여 송과의 관계를 끊고 거란과 교류할 것을 약속하여 거란을 물러나게 하였어요. 그러나 고려가 계속 송과의 관계를 유지하자 거란은 강조의 정변을 구실로 다시 침입하였어요. 고려는 거란의 2차 침입으로 개경이 함락되고 현종이 나주로 피란을 가는 등 위기를 맞았지만, 국경 지역에서는 양규의 부대가 큰 활약을 펼치기도 하였어요. 이 시기에 고려는 부처의 힘으로 거란의 침입을 물리치고자 하는 마음을 담아 초조대장경을 조판하기 시작하였어요. ③ 고려 정종 때 거란의 침입에 대비하여 광군을 조직하였어요.

오답 피하기
① 고려 예종 때 윤관을 보내 여진을 정벌하고 동북 9성을 개척하였어요.
② 고려 우왕 때 최무선의 건의로 화통도감이 설치되어 화포, 화약 무기 등을 제작하였어요. 최무선 등은 이를 이용하여 진포에서 왜구를 물리쳤어요.
④ 고려 창왕 때 박위를 파견하여 왜구의 근거지인 쓰시마섬(대마도)을 토벌하였어요.
⑤ 명이 철령위를 설치하고 철령 이북의 영토를 직접 통치하겠다고 통보하자 고려 우왕과 최영은 요동 정벌을 추진하였어요.

**2** (가), (나) 사이의 시기에 있었던 사실로 옳은 것은? [2점]

심화 74회 12번

> (가) 거란에서 사신을 파견하며 낙타 50필을 보냈다. 왕은 거란이 일찍이 발해와 지속적으로 화목하다가 갑자기 의심을 일으켜 맹약을 어기고 멸망시켰으니, 이는 매우 무도하여 친선 관계를 맺을 이웃으로 삼을 수는 없다고 생각하였다. 드디어 교빙을 끊고 사신 30인을 섬으로 유배 보냈으며, 낙타는 만부교 아래에 매어 두니 모두 굶어 죽었다.
>
> (나) 왕이 나주로 들어갔는데, 밤에 척후병이 잘못 보고하기를, "거란 군사들이 이르렀습니다."라고 하였다. 왕이 크게 놀라서 밖으로 달려 나오자 지채문이 아뢰어 이르기를, "주상께서 밤중에 행차하시면 백성들이 놀라 혼란하게 되니, 바라옵건대 행궁으로 돌아가십시오. 제가 염탐하여 알아보고 나서, 그 후에 움직이셔도 됩니다."라고 하였다.

① 묘청이 칭제건원을 주장하였다.
② 강감찬이 홍화진 전투에서 승리하였다.
③ 서희의 활약으로 강동 6주를 획득하였다.
④ 최우가 강화도로 도읍을 옮겨 항전하였다.
⑤ 윤관이 별무반을 이끌고 동북 9성을 개척하였다.

**2 고려와 거란의 관계** 정답 ③

정답 찾기 (가)는 거란에서 온 사신을 유배 보내고 거란이 보낸 낙타를 만부교 아래에서 굶겨 죽였다는 내용을 통해 고려 태조 때 일어난 만부교 사건임을 알 수 있어요. (나)는 왕이 나주로 들어갔으며 척후병이 거란 군사들이 이르렀다고 보고한 것으로 보아 거란의 2차 침입 당시 고려 현종의 나주 피란 상황임을 알 수 있어요. ③ 고려 성종 때 일어난 거란의 1차 침입 당시 서희가 거란 장수 소손녕과 외교 담판을 벌여 송과의 관계를 끊을 것을 약속하고 대가로 강동 6주를 획득하였으며 거란군을 철수하게 하였어요. 그러나 고려가 송과의 관계를 계속 유지하자 거란은 현종 때 강조의 정변을 구실로 다시 침입하였어요. 개경이 함락되고 나주까지 피란하는 등 어려움을 겪은 현종은 거란군이 물러가면 직접 거란 조정에 들어가 황제를 만나겠다는 조건을 내세워 강화를 맺었어요.

오답 피하기
① 고려 인종 때 묘청이 칭제건원과 서경 천도, 금국 정벌 등을 주장하였어요.
② 고려 현종 때 일어난 거란의 3차 침입 당시 강감찬이 흥화진 전투에서 크게 승리하였어요.
④ 고려 고종 때 몽골이 침략하자 당시 최고 권력자였던 최우는 강화도로 도읍을 옮겨 장기 항전을 준비하였어요.
⑤ 고려 예종 때 윤관이 별무반을 이끌고 여진을 정벌한 후 동북 9성을 개척하였어요.

## 3 (가)에 대한 고려의 대응으로 옳은 것은? [2점]

심화 69회 13번

> 변방의 장수가 보고하기를, "(가) 이/가 매우 사나워 변방의 성을 침입하고 있습니다."라고 하였다. …… 드디어 출병하기로 의논을 정하여 윤관을 원수로 삼고 지추밀원사 오연총을 부원수로 삼았다. 윤관이 아뢰기를, "신이 일찍이 선왕의 밀지를 받들었고 지금 또 엄명을 받았으니, 어찌 감히 삼군을 통솔하여 (가) 의 보루를 깨뜨리고 우리의 강토를 개척하여 나라의 수치를 씻지 않겠습니까."라고 하였다.

① 광군을 창설하여 침입에 대비하였다.
② 박위를 파견하여 근거지를 토벌하였다.
③ 강화도로 도읍을 옮겨 장기 항전을 준비하였다.
④ 선물 받은 낙타를 만부교에서 굶어 죽게 하였다.
⑤ 동북 9성을 설치하고 경계를 알리는 비석을 세웠다.

## 4 (가)에 대한 고려의 대응으로 옳은 것은? [2점]

심화 71회 15번

> ○ 박서는 김중온의 군사로 성의 동서쪽을, 김경손의 군사로는 성의 남쪽을, 별초 250여 인은 나누어 3면을 지키게 하였다. (가) 의 군사들이 성을 여러 겹으로 포위하고 공격하자 성안의 군사들이 갑자기 나가 싸워 그들을 패주시켰다.
>
> ○ 송문주는 귀주에서 종군하였던 사람인데 그 공으로 낭장(郎將)으로 초수(超授) 되었다. 이후 죽주 방호별감이 되었을 때, (가) 이/가 죽주성에 이르러 보름 동안이나 다방면으로 공격하였으나 성을 빼앗지 못하고 물러갔다.

① 강화도로 도읍을 옮겨 항전하였다.
② 광군을 창설하여 침입에 대비하였다.
③ 화통도감을 설치하여 군사력을 증강하였다.
④ 철령위 설치에 반발하여 요동 정벌을 추진하였다.
⑤ 신기군, 신보군, 항마군으로 구성된 별무반을 창설하였다.

### 3 고려와 여진의 관계 — 정답 ⑤

**정답 찾기** 출병하기로 의논을 정하여 윤관을 원수로 삼았다는 내용을 통해 (가)가 여진임을 알 수 있어요. 12세기 초 부족을 통일한 여진이 고려의 국경을 자주 침범하여 충돌이 잦았어요. 고려는 숙종 때 기마병 중심의 여진에 대응하기 위해 윤관의 건의에 따라 신기군, 신보군, 항마군으로 구성된 별무반을 설치하였어요. 이후 ⑤ 예종 때 윤관은 별무반을 이끌고 여진을 정벌한 후 동북 9성을 설치하고 경계를 알리는 비석을 세웠어요. 그러나 여진이 계속해서 9성 지역을 돌려줄 것을 요청하자 고려는 1년여 만에 이 지역을 여진에 반환하였어요.

**오답 피하기**
① 고려 정종 때 거란의 침입에 대비하여 광군을 창설하였어요.
② 고려 창왕 때 박위가 왜구의 근거지인 쓰시마섬(대마도)을 토벌하였어요.
③ 고려 고종 때 몽골이 고려를 침략하자 당시 최고 권력자였던 최우는 강화도로 도읍을 옮겨 장기 항전을 준비하였어요.
④ 고려 태조 왕건은 발해를 멸망시킨 거란을 적대시하였어요. 이에 거란에서 선물로 보내온 낙타를 만부교 아래에 묶어 두고 굶어 죽게 하였어요.

### 4 고려의 대몽 항쟁 — 정답 ①

**정답 찾기** 박서와 송문주가 격퇴하였다는 내용을 통해 (가)가 몽골임을 알 수 있어요. 몽골은 사신 저고여의 피살을 빌미로 1231년에 고려를 침략한 이후 여러 차례에 걸쳐 고려에 침입하였어요. 박서의 귀주성 전투는 몽골의 1차 침입 때, 송문주의 죽주성 전투는 몽골의 3차 침입 때 있었던 전투입니다. ① 몽골이 고려를 침략하자 당시 최고 집권자였던 최우는 일단 강화를 맺어 몽골군을 철수하게 한 후 강화도로 도읍을 옮겨 항전하였어요.

**오답 피하기**
② 고려 정종 때 거란의 침입에 대비하기 위해 광군을 창설하였어요.
③ 고려 우왕 때 왜구의 침입으로 인한 피해가 커지자 최무선의 건의에 따라 화통도감을 설치하고 화약과 화포를 제작하여 군사력을 증강하였어요.
④ 고려 우왕 때 명이 철령위를 설치하려고 하자 우왕과 최영이 반발하여 요동 정벌을 추진하였어요.
⑤ 고려 숙종 때 윤관의 건의에 따라 여진을 정벌하기 위해 신기군, 신보군, 항마군으로 구성된 별무반을 창설하였어요.

# 12강 고려(외교)

**5** (가)의 침입에 대한 고려의 대응으로 옳은 것은? [1점]

심화 75회 12번

이곳은 전라남도 진도의 용장성 유적으로, 삼별초가 조성한 궁궐의 터가 남아 있습니다. 고려 정부가 (가) 와/과 강화를 맺자, 이에 반발한 삼별초는 왕족인 승화후 온을 왕으로 삼고 이곳으로 내려와 궁궐과 성을 쌓아 항쟁을 계속하였습니다. 단기간 사용되었음에도 왕궁과 외성이 있고, 여러 개의 성문과 치(雉) 등 다양한 시설이 확인된다고 합니다.


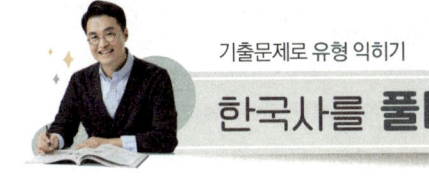

① 윤관을 보내 동북 9성을 개척하였다.
② 상비군으로 구성된 훈련도감을 설치하였다.
③ 박위로 하여금 쓰시마섬을 정벌하게 하였다.
④ 서희를 파견하여 소손녕과 외교 담판을 벌였다.
⑤ 대장도감을 설치하여 팔만대장경을 간행하였다.

**5 고려의 대몽 항쟁** 정답 ⑤

정답 찾기 고려 정부가 (가)와 강화를 맺자 삼별초가 이에 반발하여 왕족인 승화후 온을 왕으로 삼고 진도에서 궁궐과 성을 쌓아 항쟁을 계속하였다는 내용을 통해 (가)가 몽골임을 알 수 있어요. 1231년에 몽골은 사신 저고여의 피살을 빌미로 고려를 침략하였어요. 고려 정부는 일단 강화를 요청하여 몽골군을 물러나게 하고, 수도를 강화도로 옮겨 장기 항전을 준비하였어요. 이후 오랜 항전 끝에 고려 정부가 몽골과 강화를 맺고 개경 환도를 결정하자, 삼별초가 이에 반발하여 봉기하였어요. 삼별초는 강화도에서 진도, 제주도로 근거지를 옮겨 가며 대몽 항쟁을 펼쳤으나 고려와 몽골 연합군에 의해 진압되었어요. ⑤ 고려 고종 때 부처의 힘을 빌려 몽골의 침입을 물리치기 위해 대장도감을 설치하여 팔만대장경을 간행하였어요.

오답 피하기
① 고려 예종 때 윤관을 보내 여진을 정벌하고 동북 9성을 개척하였어요.
② 조선은 일본의 침입으로 일어난 임진왜란 당시 상비군으로 구성된 훈련도감을 설치하였어요.
③ 고려 창왕 때 박위를 파견하여 왜구의 근거지인 쓰시마섬(대마도)을 토벌하였어요.
④ 고려 성종 때 거란이 침입하자 서희가 거란의 장수 소손녕과 외교 담판을 벌였어요.

**6** 다음 자료에 나타난 시기의 사회 모습으로 적절한 것은? [1점]

심화 70회 16번

○ 당시 응방·겁령구 및 내수(內竪) 등의 천한 자들이 모두 사전(賜田)을 받았는데, 많은 경우는 수백 결에 이르렀다. 일반 백성을 유인하여 전호로 삼고, 가까운 곳에 있는 민전에서는 모두 수조하였으므로 주와 현에서는 부세가 들어올 바가 없게 되었다.

○ 공주가 장차 입조(入朝)할 예정이었으므로, 인후와 염승익에게 명하여 양가의 자녀로서 나이가 14~15세인 자들을 선발하였고, 순군(巡軍)과 홀적(忽赤) 등으로 하여금 인가를 수색하게 하였다. 혹 밤중에 침실에 돌입하거나 노비를 포박하여 심문하기도 하였으니, 비록 자녀가 없는 자라 할지라도 깜짝 놀라 동요하게 되었다. 원망하며 우는 소리가 온 거리에 가득하였다.

① 최충이 9재 학당을 설립하였다.
② 만적이 개경에서 반란을 모의하였다.
③ 지배층을 중심으로 변발과 호복이 유행하였다.
④ 국난 극복을 기원하며 초조대장경이 조판되었다.
⑤ 기근에 대비하기 위하여 구황촬요가 간행되었다.

**6 원 간섭기의 사회 모습** 정답 ③

정답 찾기 응방·겁령구 등의 천한 자들이 모두 사전을 받았으며 공주의 입조를 위해 나이가 14~15세인 양가의 자녀를 선발하였다는 내용 등을 통해 자료에 나타난 시기가 원 간섭기임을 알 수 있어요. 고려 정부가 몽골과 강화를 맺고 개경으로 환도하면서 고려는 본격적으로 몽골이 세운 원의 간섭을 받게 되었어요. 고려 국왕이 원의 공주와 결혼하여 원의 부마국이 되었고 이에 따라 고려 왕실의 호칭과 관제가 격하되었어요. 또한, 원이 공녀와 환관을 뽑아 강제로 데려가고 특산물(금, 은, 인삼 등)과 매를 거두어 가는 등 고려는 인적·물적 수탈에 시달렸어요. 한편, 이 시기에 원의 세력에 기대어 성장한 권문세족이 권력을 장악하고 부를 축적하였어요. ③ 원 간섭기에 고려의 지배층을 중심으로 변발과 호복 같은 몽골 풍습이 유행하였어요.

오답 피하기
① 고려 문종 때 관직에서 물러난 최충은 사립 교육 기관인 9재 학당을 세워 유학을 교육하였어요.
② 고려 무신 집권기에 만적이 개경에서 노비를 모아 신분 해방을 도모하는 반란을 모의하였으나 사전에 발각되어 실패하였어요.
④ 고려 현종 때 부처의 힘으로 거란을 물리치고자 하는 염원을 담은 초조대장경의 조판이 시작되었어요.
⑤ 조선 명종 때 기근에 대비하는 방법이 담긴 "구황촬요"가 간행되었어요.

## 7 (가) 왕의 재위 시기에 있었던 사실로 옳은 것은? [2점]

심화 73회 17번

(가) 께서 돌아가신 뒤 어린 왕을 새로 옹립한 이인임이 원과의 관계 회복에 나섰다는군.

① 대각국사 의천이 천태종을 개창하였다.
② 신돈을 중심으로 전민변정 사업이 추진되었다.
③ 만적이 개경에서 노비를 모아 반란을 모의하였다.
④ 최충이 문헌공도를 설립하여 유학 교육에 힘썼다.
⑤ 이규보가 고구려 계승 의식을 강조한 동명왕편을 지었다.

### 7 고려 공민왕 재위 시기의 사실 정답 ②

정답 찾기

기철 세력을 숙청하고 쌍성총관부를 수복하였다는 내용을 통해 (가) 왕이 고려 공민왕임을 알 수 있어요. 14세기 중반 왕위에 오른 공민왕은 원의 세력이 약해진 틈을 이용하여 반원 자주 정책을 추진하였어요. 내정을 간섭하던 기구인 정동행성 이문소를 폐지하고 친원 세력인 기철 일파를 숙청하였으며, 쌍성총관부를 공격하여 철령 이북의 영토를 수복하였어요. 또한, 왕권을 강화하기 위해 인사권을 장악하고 있던 정방을 폐지하고 전민변정도감을 설치하여 권문세족을 견제하였어요. ② 공민왕 때 권문세족의 폐단이 극심하였던 토지와 노비 문제를 해결하기 위해 신돈을 등용하여 전민변정 사업을 추진하였어요.

오답 피하기

① 고려 숙종 때 의천은 국청사를 중심으로 천태종을 개창하였어요.
③ 고려 무신 집권기에 만적이 개경에서 노비를 모아 반란을 모의하였으나 사전에 계획이 발각되어 실패하였어요.
④ 고려 문종 때 최충은 9재 학당을 설립하여 유학 교육에 힘썼어요. 9재 학당은 최충이 죽은 뒤 그의 시호를 따서 문헌공도라고도 불렸어요.
⑤ 고려 무신 집권기에 이규보는 고구려 건국 시조인 동명왕(주몽)의 일대기를 서사시로 표현한 '동명왕편'을 지었어요. '동명왕편'에는 고구려 계승 의식이 반영되었어요.

## 8 교사의 질문에 대한 학생의 답변으로 가장 적절한 것은? [2점]

심화 75회 15번

자료는 '이생규장전'의 일부입니다. 이 작품은 홍건적의 침입으로 왕이 피란하고 백성이 고통을 겪는 등 전란의 참혹했던 상황을 역사적 배경으로 하고 있습니다. 이 상황 이후에 전개된 역사적 사실에 대해 말해 볼까요?

**[문학으로 만나는 한국사]**

신축년에 홍건적이 개경을 점거하자 임금은 복주(福州)로 피란하였다. 적들은 집을 불태워 없애버렸으며, 사람을 죽이고 가축을 잡아먹었다. 부부와 친척끼리도 서로 보호하지 못했고 동서로 달아나 숨어서 제각기 살길을 찾았다. 이생은 가족들을 데리고 외진 산골로 숨었는데, 한 도적이 칼을 빼어들고 뒤를 쫓아왔다. 이생은 달아나 목숨을 건졌지만, 그의 아내 최랑은 도적에게 사로잡혔다.

① 김사미가 운문을 거점으로 봉기하였어요.
② 강감찬이 흥화진 전투에서 승리하였어요.
③ 후주 출신 쌍기가 과거제 도입을 건의하였어요.
④ 최충헌이 교정도감을 두어 국정을 총괄하였어요.
⑤ 이성계가 위화도에서 회군하여 정권을 장악하였어요.

### 8 홍건적의 침입 이후의 사실 정답 ⑤

정답 찾기

홍건적은 원 말기에 일어난 한족 반란군이에요. 고려 공민왕 때 홍건적의 침입으로 개경이 함락되고 공민왕이 안동까지 피란하였어요(1361). ⑤ 고려 우왕 때 요동 정벌을 위해 출정한 이성계는 위화도에서 군대를 멈추고 우왕에게 회군 명령을 요청하였지만 받아들여지지 않자 군대를 돌려 개경으로 돌아와 우왕과 최영을 몰아내고 정권을 장악하였어요(1388).

오답 피하기

① 고려 무신 집권기에 김사미가 운문(지금의 청도)을 거점으로 봉기하였어요(1193).
② 고려 현종 때 일어난 거란의 3차 침입 당시 강감찬이 흥화진에서 거란군을 크게 물리쳤어요(1018).
③ 고려 광종 때 후주 출신 쌍기의 건의로 과거제가 도입되었어요(958).
④ 고려 무신 집권기에 최충헌은 청교역에서 자신과 자신의 아들 최우를 죽이려는 모의가 있자 이를 조사하기 위해 임시 기구로 교정도감을 설치하였어요(1209). 이후 교정도감은 국정을 총괄하는 최고 권력 기구가 되었어요.

# 12강 고려(외교)

**Ready go**
이번 강 별 채우기 제한 시간은 **2분 50초**
한 문장을 끝까지 또박또박 읽어야 패스!

**01** 정종은 거란의 침입에 대비하기 위하여 ★군을 창설하였다.

**02** 거란의 1차 침입 때 ★★가 소손녕을 상대로 외교 담판을 벌여 ★★ 6주를 확보하였다.

**03** ★조가 정변을 일으켜 김치양 일파를 제거하고 목종을 폐위하였다.

**04** 강조의 정변을 구실로 거란군이 침략하여 개경이 함락되자 현종이 ★주로 피란하였다.

**05** 거란의 2차 침입 때 양★가 포로로 잡혀가는 많은 고려인을 구하였다.

**06** 강감찬은 강동 6주의 반환 등을 요구하며 침략한 ★★군을 ★주에서 크게 격퇴하였다.

**07** 고려는 부처의 힘을 빌려 거란의 침입을 막아 내고자 ★★대장경을 만들었다.

**08** 고려는 거란과 여진의 침입에 대비하여 개경에 ★성을 쌓고, 국경 지역에 ★★★성을 축조하였다.

**09** 숙종 때 윤★의 건의에 따라 신기군, 신보군, 항마군으로 구성된 ★★★이 조직되었다.

**10** 윤관은 별무반을 이끌고 ★★을 정벌하여 ★★ 9성을 축조하였다.

**11** 무신 집권기에 ★★의 침입으로 초조대장경과 ★★사 9층 목탑이 소실되었다.

**12** 최씨 무신 정권은 몽골이 침입해 오자 ★★도로 도읍을 옮겨 장기 항전에 대비하였다.

**13** 몽골의 침입 때 김★★가 처인성에서 몽골 장수 살리타를 사살하였다.

**14** 배중손이 이끄는 ★★★는 고려 정부의 개경 환도 결정에 반대하여 대몽 항쟁을 이어 갔다.

**15** 삼별초는 강화도에서 ★도, 다시 ★★도로 근거지를 옮겨 가며 대몽 항쟁을 펼쳤다.

16 고려는 부처의 힘을 빌려 몽골의 침입을 막아 내고자 대장도감을 설치하여 ★★대장경을 간행하였다.

17 원이 설치한 ★★행성은 일본 원정 실패 이후 고려의 내정 간섭 기구로 이용되었다.

18 원 간섭기에 고려의 중서문하성과 상서성은 ★★부로, 6부는 ★사, 중추원은 밀직사로 격하되었다.

19 원 간섭기에 권문세족은 최고 의결 기관인 ★★★사사를 장악하고 권력을 유지하였다.

20 원 간섭기에 고려의 지배층을 중심으로 ★발과 ★복이 유행하였다.

21 원 간섭기에 결혼도감을 통해 ★녀가 징발되었다.

22 공민왕은 인사 행정을 담당하던 ★방을 혁파하였다.

23 공민왕은 권문세족을 견제하기 위해 신돈을 등용하고 ★★★★도감을 설치하였다.

24 공민왕은 기철을 비롯한 친★ 세력을 숙청하고, 변발 등 ★★풍을 금지하였다.

25 공민왕은 격하된 관제를 복구하고, 고려의 내정을 간섭하던 정동행성 ★★소를 폐지하였다.

26 공민왕은 ★★★★부를 공격하여 철령 이북의 땅을 수복하였다.

27 ★★적의 침략으로 개경이 함락되고 공민왕이 ★★으로 피신하였다.

28 이성계는 내륙까지 쳐들어와 약탈하던 왜구를 ★산에서 무찔렀다.

29 명이 철령 이북의 땅을 직속령으로 삼으려고 하자 우왕과 최영은 ★★ 정벌을 위해 이성계를 파견하였다.

30 이성계는 ★★★론을 내세우며 요동 정벌에 반대하였다.

31 ★★★ 회군으로 정권을 장악한 이성계와 급진 개혁파 신진 사대부는 ★★법을 공포하여 전제를 개혁하였다.

정답

**01** 광 **02** 서희, 강동 **03** 강 **04** 나 **05** 규 **06** 거란, 귀 **07** 초조 **08** 나, 천리장 **09** 관, 별무반 **10** 여진, 동북 **11** 몽골, 황룡 **12** 강화 **13** 윤후 **14** 삼별초 **15** 진, 제주 **16** 팔만(재조) **17** 정동 **18** 첨의, 4 **19** 도평의 **20** 변, 호 **21** 공 **22** 정 **23** 전민변정 **24** 원, 몽골 **25** 이문 **26** 쌍성총관 **27** 홍건, 안동 **28** 황 **29** 요동 **30** 4불가 **31** 위화도, 과전

# 13강 고려(경제, 사회)

〈경제〉

| | | |
|---|---|---|
| 토지 제도 | 수조권 | 역분전(태조) – 논공행상 → (광종) → 시정 전시과(경종) – 전현직, 인★ → 개정 전시과(목종) – 전현직, X → 경정 ★★과(문종) – 현직 (토지 부족) (★: 토지, ★: 임야) |
| | 소유 | 민전(→조선) |
| 수취 제도 | | 양안 ⇒ 조세(토지세), 공납(특산물), 호적 ⇒ 역(정남 → 요역, 군역) |
| 경제 활동 | | 농업(후기) – 논: 이앙법(남부 일부 시행), 〈농상★★〉(from 원, 이암) / 밭: 윤작법(2년 3작), 목화(from 원, 문익점) |
| | | 상업 – 무역: ★★도(국제 무역항, 예성강, 이규보 – COREA by 아라비아 상인), 〈노걸대〉 / 화폐: 활구(은병), 건원중보(성종, 철전) – ★★통보(숙종) ⇒ 주전도감 ~~ 유통X, 현물O / 관영 상점(서적점, 다점), 시전 ~~> ★시서(상행위 관리·감독), ★평창(물가 조절 기구) |
| | | 수공업: 관영 수공업, 소 수공업 → 민영 수공업, 사원 수공업 |

〈사회〉

| | |
|---|---|
| 신분제 | 호족 → 양반 문벌 → 무신 → 권문세족 (지배) / 중간 계층 – 하급 관리, 잡류, 남반, 군반, 향리 / 양민(세금 O) – 백★(일반 농민): 인구 多, 향·부곡·소: 차별 – 세금↑, 거주 이주 X (농업, 수공업) / 천인 – 노비 多(매매·상속·증여), 일천즉천 |
| 농민 조직 | ★도: 전기 불교 신앙 조직(★향) ~~> 후기 마을 공동 조직(상장제례) → 조선 |
| 사회 제도 | ·구휼: ★창(태조) → 의창(성종), 제위보(광종)<br>·기구: 동서 대비원, 혜민국, 구제도감, 구급도감 |
| 법률 | 당률〈관습법, 태·장·도·유·사 |
| 가족 제도 | 가정 内 여성 지위↑ – 균★ 상속, 윤★봉사(딸 제사 O), 외가 음서 O, 호적 나이순 기재 |

★정답 품, 전시, 집요, 벽란, 해동, 경, 상, 정, 향, 매, 흑, 분, 행

→ 나만의 약점 단권화 노트 24쪽에서 완성 판서를 확인하세요.

# 13강 고려(경제, 사회)

〈경제〉

| | | |
|---|---|---|
| 토지 제도 | 수조권 | 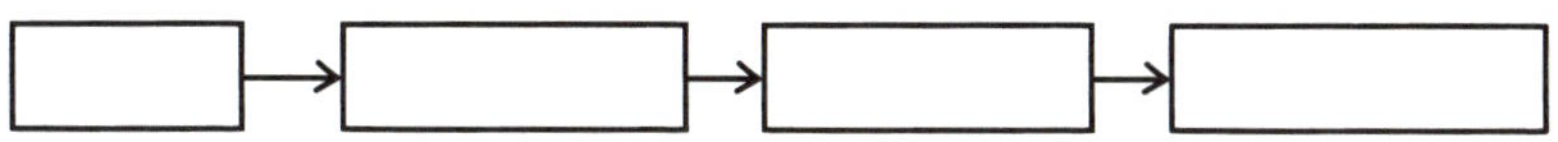 |
| | 소유 | |
| 수취 제도 | | |
| 경제 활동 | | |
| | | |
| | | |

〈사회〉

| | |
|---|---|
| 신분제 | 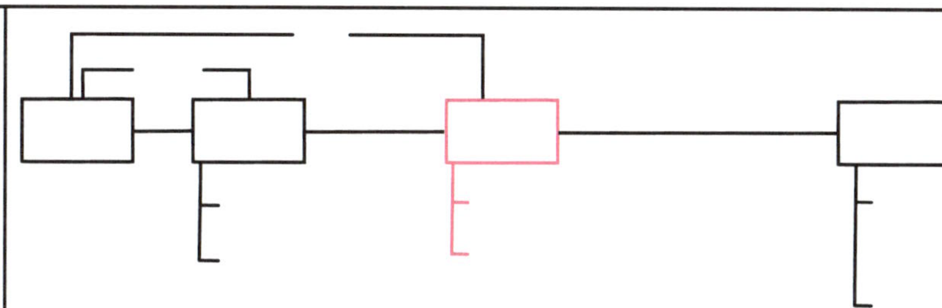 |
| 농민 조직 | 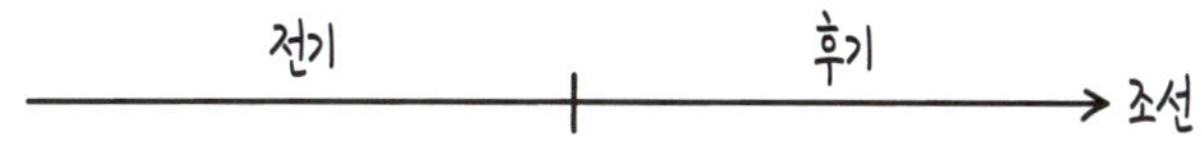 |
| 사회 제도 | |
| 법률 | |
| 가족 제도 | |

# 13강 고려(경제, 사회)

## 전시과 제도의 변천

후삼국 통일 이후 태조는 공신들에게 공로에 따라 역분전을 지급하였어요. 이후 경종 때에는 전·현직 관리에게 인품과 관품을 기준으로 등급을 나누어 전지(곡물을 재배하는 토지)와 시지(땔나무를 얻을 수 있는 임야)를 지급하는 전시과(시정 전시과) 제도가 마련되었어요. 그 뒤 목종 때에는 관품만을 기준으로 18등급으로 나누도록 전시과가 개정되었고(개정 전시과), 문종 때에는 전시과의 지급 대상을 현직 관료로 제한하였어요(경정 전시과). 전시과는 토지에 대한 수조권(조세를 받을 권리)을 지급한 제도입니다.

- 태조 23년(940)에 처음으로 역분전 제도를 설정하였는데, 삼한을 통합할 때 조정의 관료와 군사에게 그 관계(官階)의 높고 낮음을 논하지 않고 그 사람의 성품과 행동의 착하고 악함과 공로가 크고 작은가를 참작하여 차등 있게 주었다.
- 경종 원년 11월에 비로소 직관·산관의 각 품(品)의 전시과를 제정하였는데 관품(官品)의 높고 낮은 것은 논하지 않고 다만 인품(人品)만 가지고 전시과의 등급을 결정하였다.
- 목종 원년 3월 각 군현의 안일호장(安逸戶長 : 퇴임한 향리직의 우두머리)에게 직전의 절반을 주었다. 12월 문무 양반 및 군인들의 전시과를 개정하였다.
- 문종 30년, 양반 전시과를 다시 고쳤다. 제1과는 중서령, 상서령, 문하시중으로 전지 100결과 시지 50결을 주며, 제2과는 문하시랑, 중서시랑으로 전지 90결과 시지 45결을 주고, …… 제18과는 한인, 잡류로 전지 17결을 주었다. - "고려사" -

## 고려의 대외 무역

고려는 송과 활발하게 교류하였는데, 주로 바닷길을 통해 왕실과 귀족의 수요품을 수입하고 금·은·종이·먹·인삼 등의 토산품을 수출하였어요. 거란이나 여진과는 주로 사신이 오가는 때를 이용하여 무역을 하였는데, 이들은 은·말·모피 등을 가져와 고려의 농기구 및 식량과 교환하였지요. '대식국'이라 불리는 아라비아의 상인들도 수은·향료·산호 등을 고려에 들여와 판매하였어요.

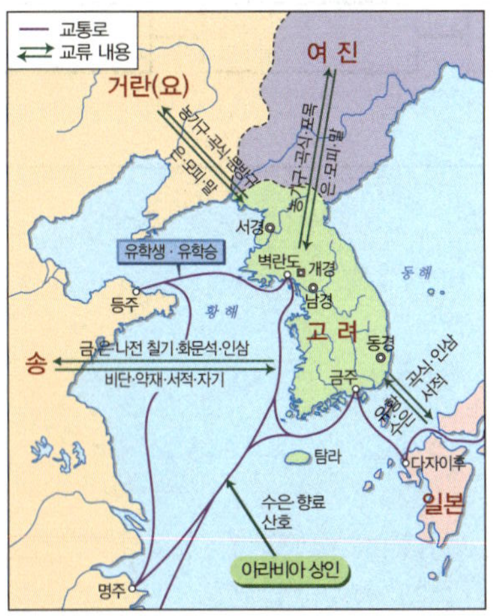


## 전시과 체제 하 토지의 종류와 특징

전시과 체제에서는 관리가 등급에 따라 받는 과전 외에 여러 종류의 토지가 있었어요. 과전은 받은 관료가 죽거나 관직에서 물러날 때 국가에 반납하는 것이 원칙이었어요. 그러나 공신이나 5품 이상 관리에게 지급되는 공음전은 세습이 가능하였고, 군인전과 외역전(향리에게 지급)처럼 직역과 함께 세습되는 토지도 있었어요.

| | |
|---|---|
| 과전 | 문무 관리에게 지급 → 사망하거나 퇴직하면 반납 |
| 공음전 | 공신이나 5품 이상 고위 관리에게 지급 → 세습 가능 |
| 한인전 | 한인(관직에 오르지 못한 관리의 자제, 직업적 무인 등 다양한 해석 존재)에게 지급 |
| 군인전 | 중앙의 군인에게 지급 → 역의 세습에 따라 자손에게 세습 |
| 구분전 | 하급 관리와 군인의 유가족에게 지급 |
| 공해전 | 중앙과 지방의 관청에 지급 |
| 내장전 | 왕실의 경비 충당 |
| 사원전 | 사원에 지급 |

## 벽란도

고려는 예성강 하구의 벽란도를 중심으로 다른 나라들과 무역을 하였어요. 벽란도는 고려의 국제 무역항으로, 개경과 가깝다는 지리적 이점이 있었어요. 이때 벽란도에 온 아라비아 상인들에 의해 고려는 'COREA(코리아)'라는 이름으로 서방 세계에 알려졌어요.

조류를 따라 예성항에 이르자 정사와 부사는 신주(중국 사신이 탄 큰 배)로 옮겨 탔다. 낮 12시쯤 정사와 부사가 …… (송 황제의) 조서를 봉안하였다. 1만 명이 되는 고려인들이 병기, 갑옷 입은 말, 깃발, 의장물을 가지고 해안가에 늘어서 있고 구경꾼이 담장 같이 둘러섰다. 벽란정(碧瀾亭 : 벽란도에 있는 정자)으로 들어가 조서를 봉안하고 그 일이 끝나자 지위에 따라 나뉘어 잠시 휴식을 취하였다. 다음날 육로를 따라 왕성(개경)으로 들어갔다. - "선화봉사고려도경" -

### 용어 사전

**인품**
시정 전시과의 지급 기준인 인품은 사람의 됨됨이가 아니라 그 사람의 인맥, 가문을 고려하는 것을 의미해요.

**양안**
조세를 부과할 목적으로 만든 토지 대장이에요. 논밭의 소재지, 일련 번호, 위치, 등급, 모양, 면적, 소유주 등이 기록되어 있었어요.

**호적**
한 집[호(戶)]의 식구를 조사하여 적은 문서로, 역의 징발을 위해 작성되었습니다.

**정남**
적령에 이른 장정을 이르는 말인데, 16~59세까지 역의 의무를 지고 있는 남자를 말해요.

**이앙법(모내기법)**
모를 모판에서 키워 논에 옮겨 심는 농사법이에요. 이앙(모내기)을 하면 김매기에 들어가는 노동력을 절감할 수 있고, 벼를 추수한 후 모를 옮겨 심기 전에 논에서 보리 농사를 지을 수 있어 생산량이 늘어났어요. 이앙법은 고려 후기에 일부 남부 지방에 보급되기 시작하여 조선 후기에 전국으로 확대되었어요.

## 고려의 화폐 정책

성종 때 관(官)에서 주조한 우리나라 최초의 금속 화폐인 건원중보가 만들어졌지만 제대로 유통되지 않았어요. 이후 숙종 때 다시 은병(활구), 삼한통보, 해동통보, 해동중보 등의 화폐를 주조하였지만, 백성들은 여전히 쌀이나 베 같은 현물 화폐를 이용하였기 때문에 이 역시 널리 쓰이지 못하였어요.

- 목종 5년 7월에 왕이 명령하여 말하였다. "성종이 옛 법제에 따라 조서를 내리어 돈을 만들게 하였다. 수년 동안 만든 돈꿰미가 창고에 가득 찼고 쓰기에 편리하였다. 그리하여 대신들에게 축하연을 베풀 것을 명령하고 좋은 날을 택하여 통용시켰다. …… 차와 술과 음식 등을 파는 점포에서는 전과 같이 화폐를 사용하고, 그 밖의 일반 백성들이 사사로이 교역하는 데에는 임의의 토산물을 쓰도록 하라." - "고려사" -
- 숙종 6년 4월 주전도감에서 아뢰기를 "백성들이 비로소 화폐 사용의 이로움을 알아 편리하게 되었으니 종묘에 고하소서."라고 하였다. 또한, 이 해에 은병을 사용하여 화폐로 삼았는데, 그 제도는 은 1근으로 만들되 우리나라 지형을 본뜬 것으로 속칭 활구라고 하였다. - "고려사" -
- 숙종 7년 12월에 왕이 명령하기를, "백성들을 부유하게 하고 국가를 이롭게 하는 데 돈보다 중요한 것은 없다. …… 이제 처음으로 화폐를 주조하는 법을 제정하니, 이에 따라 주조한 돈 1만 5천 관(貫)을 여러 관리와 군인들에게 나누어 주어 화폐 사용의 시초로 삼고 돈의 이름은 해동통보라고 할 것이다."라고 하였다. - "고려사" -

## 사원의 상공업 활동

고려 후기 상업이 발달하면서 민간 수공업이 성행하고 사원에서도 수공업품을 만들어 팔았어요. 불교를 숭상하였던 고려인 만큼 사원은 노비와 토지 등 많은 혜택을 받았고 면세·면역의 특권도 가지고 있었기 때문에 이를 바탕으로 다양한 수공업품을 제작할 수 있었어요. 그런데 사원 수공업이 활발해져 사원이 돈을 벌게 되면서 세속화되는 경향이 나타났고 이에 따른 폐단이 발생하였어요.

- 지금 부역을 피하려는 무리들이 부처의 이름을 걸고 돈놀이를 하거나 농사, 축산을 업으로 삼고 장사를 하는 것이 보통이 되었다. …… 어깨에 걸치는 가사는 술 항아리 덮개가 되고, 범패를 부르는 장소는 파, 마늘의 밭이 되었다. 장사꾼과 통하여 팔고 사기도 하며, 손님들과 어울려 술 먹고 노래를 불러 절간이 떠들썩하다. - "고려사" -
- 어떤 여자 스님이 공주에게 흰 모시를 바쳤는데 가늘기가 매미의 날개같이 얇고 꽃무늬도 수놓아져 있었다. 공주가 시장의 상인들에게 보이니 이전에도 보지 못하던 물품이라고 말하였다. 여자 스님에게 누가 만들었냐고 물어보자, "제가 데리고 있는 여종이 만들었습니다."라고 대답하였다. 공주가 그 여종을 달라고 요구하자 여자 스님은 하는 수 없이 공주에게 바쳤다. - "고려사" -

**용어 사전**

**윤작법(돌려짓기)**
바퀴 윤(輪), 지을 작(作), 법 법(法). 즉, 밭농사에서 작물을 돌려 가면서 농사짓는 방법이에요. 한 방법으로 2년 3작이 있는데, 2년 동안 세 종류의 작물을 차례대로 재배하는 것이에요. 주로 조, 보리, 콩을 돌아가면서 농사지었는데, 3작이 끝난 후 겨울철에 휴경하여 지력을 보호하였어요.

**노걸대**
"노걸대"는 중국어 학습서예요. '노'는 상대를 높여 부르는 접두어이고, '걸대'는 몽골인이 중국인을 부르는 말로, '노걸대'는 중국인을 높여 부르는 말이에요.

**경시서**
개경의 시전을 관리·감독하던 관청이에요.

**상평창**
항상 상(常), 고르게 할 평(平), 창고 창(倉). '상평'은 상시평준의 준말로, 항상 고르게 유지하는 창고라는 뜻이에요. 풍년이 들어 곡식이 흔해 가격이 떨어지면 적정량을 사들여 가격 폭락을 막고, 곡식이 부족해 가격이 지나치게 오르면 비축해 놓은 곡식을 풀어 가격 폭등을 막아 물가를 조절하는 기구예요.

## 건원중보

하늘 건(乾), 으뜸 원(元), 귀중할 중(重), 보배 보(寶). 즉, 하늘 아래 으뜸가는 귀중한 보배라는 뜻이에요. 우리나라 최초의 금속 화폐로, 철전으로 주조된 이후 동전도 발행되었어요. 뒷면에 '동국(東國)'이라는 글자가 새겨져 있으며, 둥근 형태의 가운데에는 사각형 모양의 구멍이 뚫려 있어요.

## 은병(활구)과 해동통보

은병(활구)은 은 1근으로 우리나라의 지형을 본떠 만든 병 모양의 은화로, 고려 시대의 고액 화폐예요. 병의 입이 넓기 때문에 활구[트일 활(闊), 입 구(口)]라고도 불렸어요. 숙종 때 의천의 건의로 주전도감을 설치하고 은병을 주조해 유통하였어요. 주전도감에서는 해동통보, 해동중보, 삼한통보, 동국통보 등의 동전도 주조하였습니다.

은병

해동통보

## 고려의 신분 구조

고려의 신분은 크게 양인과 천인으로 나뉘었어요. 양인 중 문무 양반과 서리, 향리 등의 중간 계층은 지배층을, 양인 중 농민, 상인 등과 사회의 최하층인 천인은 피지배층을 이루었습니다.

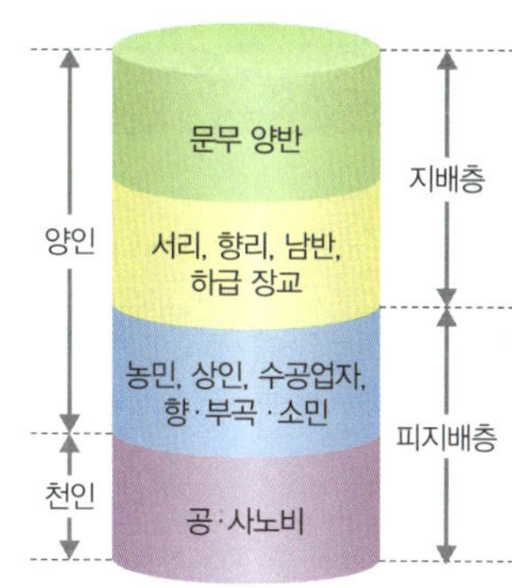

# 13강 고려(경제, 사회)

## 고려의 신분 질서 변동

고려는 엄격한 신분제 사회였지만, 제한적으로나마 신분 상승의 가능성이 열려 있었어요. 대표적인 사례로, 이의민은 아버지가 소금 장수이고 어머니는 절의 노비였으나 최고 무신 집권자가 되어 권력을 휘두르기도 하였습니다. 또한, 노비도 재산을 모아 주인에게 재물을 바치고 양인이 되기도 하였어요.

- 이의민은 경주 사람인데, 부친 이선은 소금과 체를 파는 직업이었고, 모친은 연일현 옥령사의 노비였다. 성인이 되어서는 신장이 8척으로 힘이 뛰어났는데, 김자양이 이의민의 사람됨을 장하게 여겨 경군으로 뽑아 넣었다. 이의민이 수박을 잘하였으므로 의종이 사랑하였으며 대정에서 별장으로 승진하였다. 정중부의 난 때 이의민이 살해한 사람이 제일 많았다. 그리하여 이의민은 중랑장으로 되었다가 즉시 장군으로 승진하였다. - "고려사" -
- 평량은 평장사 김영관의 집안 노비로, 경기도 양주에 살면서 농사에 힘써 부유하게 되었다. 그는 권세가 있는 중요한 길목에 뇌물을 바쳐 천인에서 벗어나 산원동정의 벼슬을 얻었다. 그의 처는 소감 왕원지의 집안 노비인데, 왕원지는 집안이 가난하여 가족을 데리고 가서 의탁하고 있었다. 평량이 후하게 위로하여 서울로 돌아가기를 권하고는 길에서 몰래 처남과 함께 원지 부처와 아들을 죽이고, 스스로 그 주인이 없어졌으므로 계속해서 양인으로 행세할 수 있음을 다행으로 여겼다. - "고려사" -

## 고려 시대 농민 안정책

국가 재정을 안정적으로 유지하기 위해서는 조세를 부담하는 농민의 생활을 안정적으로 유지시켜야 하였어요. 이를 위해 고려는 농번기에 잡역 동원 금지, 이자율 제한, 자연재해 시 조세 감면, 빈민 구제를 위한 의창의 운영, 구휼 기관의 설치 등 여러 제도와 시책을 마련하였어요.

- 왕(성종)이 명을 내리기를 "민간에 사채를 빌려주고 이자를 받는 자는, 원금과 이자가 서로 같으면 이자를 다시 받지 말라."라고 하였다. - "고려사" -
- 성종 5년 7월에 교서를 내리기를 "내가 들으니, 덕이란 오직 정치를 잘하는 것일 뿐이고, 정치는 백성을 기르는 데에 있으며, 나라는 사람을 근본으로 삼고 사람은 먹는 것을 하늘로 삼는다고 하였다. 이에 우리 태조께서는 흑창(黑倉)을 두어 곤궁한 백성에게 곡식을 빌려주게 하셨고 이를 일정한 법으로 삼으셨다. …… 쌀 1만 석을 더 보태고, 그 이름을 의창으로 바꾸도록 하라. ……"라고 하였다. - "고려사" -
- 예종 4년 5월에 왕이 명하기를, "개경 안의 백성들이 역질에 걸렸으니 마땅히 구제도감을 설치하여 이들을 치료하고, 시신과 유골은 거두어 묻어서 비바람에 드러나지 않게 할 것이며, 관리들을 나누어 보내 동북도와 서남도의 굶주린 백성들을 진휼하라."라고 하였다. - "고려사" -

## 향도

백성들이 자발적으로 만든 조직이에요. 처음에는 바닷가에 향을 묻으며 구원을 기원하는 불교 의식인 매향과 사원 조성 등을 하는 불교 신앙 조직에서 출발하였는데, 고려 후기에는 마을 공동 조직으로 성격이 변하여 주로 상장제례를 주관하였어요. 경상남도 사천 지방에 남아 있는 매향비는 향나무를 묻고 세운 비석으로, 다음 생에 좋은 세상에서 태어날 것과 나라와 백성의 태평을 기원하는 내용이 새겨져 있어요.

대체로 이웃 사람들이 모여서 회합을 하는데, 적으면 7~9명이고, 많으면 백여 인이 된다. 매달 돌아가면서 술을 마시고, 상을 당한 사람이 있으면 같은 향도 사람들끼리 상복이나 관을 마련하였다. 이는 참으로 좋은 풍속이다. - "용재총화" -

사천 흥사리 매향비

## 고려 시대 여성의 지위

고려 시대는 다른 시대에 비해 상대적으로 여성의 지위가 높았어요. 사회 진출에는 한계가 있었지만 가정생활이나 경제적인 면에서는 남성과 비교적 대등한 위치에 있었어요. 재혼도 비교적 자유롭게 할 수 있었고, 재가한 여성의 자녀도 사회적 차별을 받지 않았어요. 뿐만 아니라 호적에도 남녀 구분 없이 태어난 순서대로 기재되었고, 유산 상속에서도 아들과 딸의 차별을 두지 않았으며, 딸도 제사를 지냈어요. 그리고 사위와 외손자도 음서의 혜택을 받을 수 있었어요.

어머니가 일찍이 재산을 나누어 줄 때 나익희에게는 따로 노비 40구를 남겨 주었다. 나익희가 "제가 6남매 가운데 외아들이라 해서 어찌 사소한 것을 더 차지하여 여러 자녀들과 화목하게 살게 하려 하신 어머니의 거룩한 뜻을 더럽히겠습니까?" 하고 사양하자, 어머니는 옳게 여기고 그 말을 따랐다. - "고려사" -

### 용어 사전

**일천즉천**
한 일(一), 천할 천(賤), 곧 즉(則), 천할 천(賤). 즉, 부모 중 한쪽이 노비(천민)이면 자녀도 노비(천민)가 되는 법이에요.

**동서 대비원**
고려 시대에 병자 치료와 빈민 구제를 담당하던 기관이에요. 개경의 동쪽과 서쪽에 있어 동서 대비원이라 하였어요.

**혜민국**
고려 시대에 백성들의 질병 치료를 위해 설치한 의료 기관으로, 병자에게 의약품을 제공하였어요. 공양왕 때 혜민전약국으로 고쳤어요.

**구제도감**
고려 시대에 재해가 발생하였을 때 질병 치료 및 병사자의 매장을 위해 설치된 임시 관청이에요.

**구급도감**
고려 시대에 재난 구호를 위해 임시적으로 설치된 관청이에요.

**윤행봉사**
바퀴 윤(輪), 행할 행(行), 받들 봉(奉), 제사 사(祀). 자녀들이 돌아가면서 제사를 모시는 것을 말해요. 고려 시대에는 딸, 아들 상관없이 돌아가면서 부모의 제사를 모시기도 하였어요.

# 13강 고려(경제, 사회)

## 1 고려의 경제 정책

### (1) 토지 제도

| | | |
|---|---|---|
| 역분전(태조) | | 후삼국 통일 과정에서 공을 세운 공신들에게 공로와 인품에 따라 지급, 논공행상적 성격 |
| 전시과 | 원칙 | 문무 관리로부터 군인, 한인에 이르기까지 등급을 구분하여 전지와 시지 지급, 원칙적으로 세습 불가(※공음전 : 공신이나 5품 이상 고위 관리에게 지급, 세습 가능) |
| | 변천 | • 시정 전시과(경종) : 전현직 관리에게 지급, 관품과 인품 고려<br>• 개정 전시과(목종) : 전현직 관리에게 지급, 관품 기준<br>• 경정 전시과(문종) : 지급할 토지 부족 → 현직 관리에게만 지급 |
| 녹과전 | | 고려 후기 관리들에게 녹봉을 보충하기 위해 지급, 경기 지역(개경 인근)에 한정 |
| 과전법(공양왕) | | 이성계의 위화도 회군 이후 급진 개혁파 신진 사대부 주도로 과전법 시행 |

### (2) 수취 제도

| | |
|---|---|
| 조세 | • 양안(토지 대장) 작성, 논과 밭을 비옥도에 따라 3등급으로 구분, 생산량의 1/10 징수<br>• 각 지방에서 거둔 조세는 조운을 통해 개경으로 운반 |
| 공납 | • 집집마다 지역 토산물, 수공업 제품, 광물 등 각종 현물 징수<br>• 상공(매년 일정하게 징수), 별공(필요에 따라 수시로 징수) |
| 역 | 호적 작성, 16~59세 정남 대상, 요역·군역 부과 |

### (3) 경제 활동

| | |
|---|---|
| 농업 | • 경작지 확대 장려 : 개간한 토지에 대해 주인이 없을 경우 소유권 인정, 주인이 있으면 일정 기간 소작료 감면<br>• 논 : 이앙법(모내기법, 남부 지방 일부 시행)<br>• 밭 : 윤작법(조·보리·콩의 2년 3작), 목화 재배 시작(문익점이 원에서 목화씨를 들여와 재배에 성공)<br>• 소를 이용한 깊이갈이 일반화, 농서인 "농상집요"(이암, 원에서 들여옴) |
| 무역 | • 벽란도 : 송·아라비아 상인 등이 왕래한 국제 무역항 → 아라비아 상인에 의해 고려가 코리아(COREA)로 알려짐<br>• "노걸대"(중국어 학습서) 편찬 |
| 상업 | • 화폐 : 성종 때 건원중보(우리나라 최초의 금속 화폐), 숙종 때 주전도감을 설치해 은병(활구)·해동통보 등 발행 → 널리 유통되지 못함<br>• 경시서(시전의 상행위 관리·감독)와 상평창(물가 조절 기구) 설치, 서적점·다점·주점 등 관영 상점 운영 |
| 수공업 | 전기(관영 수공업, 소 수공업 위주로 발달) → 후기(민영 수공업, 사원 수공업 발달) |

## 2 고려의 신분 제도와 사회 모습

### (1) 신분 제도

| | | |
|---|---|---|
| 양인 | 지배층 | • 문무 양반 : 고위 관직에 오를 수 있는 계층, 일부는 문벌 형성<br>• 중간 계층<br>- 지배 기구의 말단 행정직(하급 관리), 직역 세습 → 국가로부터 토지를 받음<br>- 서리, 남반, 향리, 하급 장교 등으로 구성 |
| | 피지배층 | • 백정(일반 농민) : 조세·공납·역 부담<br>• 향·부곡·소의 주민 : 거주 이전 제한, 일반 군현민보다 많은 세금 부담 |
| 천인 | | 대다수가 노비(공노비·사노비) → 매매·증여·상속의 대상, 일천즉천(부모 중 한 쪽이 노비이면 그 자녀도 노비가 됨)의 원칙 적용 |
| 신분 변동 | | • 상층 향리가 과거를 통해 문관 진출, 군인이 군공을 쌓아 무관 진출, 노비가 재산을 모아 양인으로 신분 상승<br>• 향·부곡·소가 공을 세워 일반 군현으로 승격 |

### (2) 사회 모습

| | | |
|---|---|---|
| 농민 조직(향도) | | • 매향 활동을 하는 불교 신앙 조직에서 기원<br>• 초기에는 매향 활동과 함께 불상·석탑 제작, 절을 지을 때 주도적 역할 담당 → 후기에는 노역, 혼례와 상장례, 마을 제사 등 공동체 생활 주도 |
| 사회 제도 | 구휼 | 흑창(태조) → 의창(성종), 춘대추납, 조선 시대까지 이어짐) |
| | 기구 | • 동서 대비원 : 개경에 설치, 질병 치료, 무의탁자·행려자 등 구제<br>• 제위보 : 광종 때 설치, 빈민 구제 재단(기금을 마련하여 그 이자로 빈민 구제)<br>• 혜민국 : 서민 질병 치료, 병자에게 의약품 제공<br>• 구제도감·구급도감 : 각종 재해 시 백성을 구제하는 임시 기구 |
| 법률 | | • 당률보다는 관습법이 우선<br>• 5형(태·장·도·유·사형) 적용 |
| 가족 제도 | | • 혼인은 일부일처제가 일반적<br>• 가족 내 여성의 지위가 비교적 높음<br>- 자녀 균분 상속<br>- 여성의 재가가 비교적 자유로움 → 재가한 여성의 자녀도 사회적 차별을 받지 않음<br>- 딸·아들 구분 없이 태어난 순서대로 호적에 기재<br>- 사위와 조카, 외손자도 음서 혜택 적용<br>- 아들이 없으면 딸이 제사 봉행, 자녀 윤행봉사 |

# 13강 고려(경제, 사회)



**1** 다음 상황이 나타난 시기의 경제 모습으로 옳은 것은? [2점]

심화 63회 18번

> 도병마사가 아뢰기를, "안서도호부에서 바친 철은 예전에는 무기용으로 충당하였습니다. 근래에 흥왕사를 창건하면서 또다시 철을 더 바치라고 명령하셨으니 백성들이 고통을 감당하지 못하고 있습니다. 청컨대 염주, 해주, 안주 세 곳에서 2년 동안 바치는 철을 흥왕사 창건에 쓰게 하여 수고로운 폐단을 풀어 주십시오."라고 하니, 이를 따랐다.

① 관리에게 전지와 시지를 지급하였다.
② 시장을 감독하기 위해 동시전을 설치하였다.
③ 허적의 제안에 따라 상평통보를 발행하였다.
④ 일본과의 교역 규모를 규정한 계해약조를 체결하였다.
⑤ 상권 수호를 목적으로 황국 중앙 총상회를 조직하였다.

**2** 다음 상황이 나타난 국가의 경제 모습으로 옳은 것은? [2점]

심화 75회 16번

> ○ 동소(銅所)·철소(鐵所)·자기소(瓷器所)·지소(紙所)·묵소(墨所) 등 여러 소에서 별공으로 바치는 물건들을 너무 과중하게 징수하여 장인들이 고통스러워 도망하고 있다.
>
> ○ 왕이 명령하기를, "이제 처음으로 화폐를 주조하는 법을 제정하였으니, 주조한 돈 1만 5천 관(貫)을 여러 관리와 군인들에게 나누어 주어 이를 통용의 시초로 삼고 전문(錢文)은 해동통보라 하여라."라고 하였다.

① 청해진을 설치하여 해상 무역을 전개하였다.
② 재정 문제를 해결하기 위한 당백전이 발행되었다.
③ 계해약조가 체결되어 세견선의 입항이 허가되었다.
④ 육의전을 제외한 시전 상인의 금난전권이 폐지되었다.
⑤ 예성강 하구의 벽란도가 국제 무역항으로 번성하였다.

**1** 고려 시대의 경제 모습 정답 ①

**정답 찾기** '도병마사', '안서도호부', '흥왕사'를 통해 고려 시대의 상황임을 알 수 있어요. 도병마사는 고려 시대에 중서문하성의 재신과 중추원의 추밀이 모여 국가 중대사를 논의하던 회의 기구로, 충렬왕 때 도평의사사로 개편되었습니다. 안서도호부는 고려 성종 때 황해도 지역에 설치된 지방 행정 기구입니다. 흥왕사는 고려 문종 때 창건된 사찰이에요. 의천이 흥왕사에 교장도감을 설치하고 불교 경전 주석서인 "교장"을 편찬하기도 하였어요. ① 고려 시대에 관리에게 관직 복무에 대한 대가로 전지와 시지를 지급하는 전시과가 시행되었어요.

**오답 피하기**
② 신라 지증왕 때 수도 금성(지금의 경주)에 시장인 동시와 이를 감독하기 위한 관청으로 동시전이 설치되었어요.
③ 조선 숙종 때 허적 등의 제안에 따라 상평통보가 발행되어 법화로 사용되었어요.
④ 조선 세종 때 일본과의 교역 규모를 규정한 계해약조가 체결되었어요.
⑤ 대한 제국 시기에 서울의 시전 상인들이 외국 상인의 상권 침탈에 맞서기 위해 황국 중앙 총상회를 조직하였어요.

**2** 고려의 경제 모습 정답 ⑤

**정답 찾기** 동소, 철소, 자기소 등 여러 소가 있었으며 해동통보를 주조하였다는 내용을 통해 자료에 나타난 국가가 고려임을 알 수 있어요. 고려 시대에 특수 행정 구역으로 향·부곡·소가 있었는데, 이곳의 주민은 거주 이전의 자유가 제한되고 일반 군현민에 비해 더 많은 세금을 내는 등 차별을 받았어요. 고려 숙종 때 화폐 주조 기관인 주전도감이 설치되고 은병(활구), 해동통보 등의 화폐가 발행되었으나 널리 유통되지는 못하였습니다. ⑤ 고려 시대에 예성강 하구의 벽란도가 국제 무역항으로 번성하여 아라비아 상인까지도 왕래하였어요.

**오답 피하기**
① 신라 흥덕왕 때 장보고가 청해진을 설치하고 이곳을 거점으로 해상 무역을 전개하였어요.
② 조선 고종 때 흥선 대원군은 왕권 강화를 위해 경복궁을 중건하였어요. 이 과정에서 중건 비용을 마련하기 위해 당백전을 발행하였어요.
③ 조선 세종 때 세견선의 입항 규모 등에 관한 규정을 정하여 일본과 제한된 범위의 무역을 허용한 계해약조가 체결되었어요.
④ 조선 정조 때 신해통공이 실시되어 육의전을 제외한 시전 상인의 금난전권이 폐지되었어요.

## 3 (가) 국가의 경제 상황으로 옳은 것은? [1점]

심화 65회 16번

명주의 정해현에서 순풍을 만나 3일이면 큰 바다 가운데로 들어가고, 다시 5일이면 흑산도에 도달하여 그 경계에 들어간다. 흑산도에서 섬들을 지나 7일이면 예성강에 이른다. …… 거기서 3일이면 연안에 닿는데, 벽란정(碧瀾亭)이라는 객관이 있다. 사신은 여기에서부터 육지에 올라 험한 산길을 40여 리쯤 가면 (가) 의 수도에 도달한다.

- "송사" -

① 집집마다 부경이라는 창고가 있었다.
② 활구라고 불리는 은병이 주조되었다.
③ 동시전이 설치되어 시장을 감독하였다.
④ 계해약조가 체결되어 일본과 교역하였다.
⑤ 광산을 전문적으로 경영하는 덕대가 등장하였다.

## 4 (가) 국가의 경제 상황으로 옳은 것은? [2점]

심화 72회 16번

이달의 책

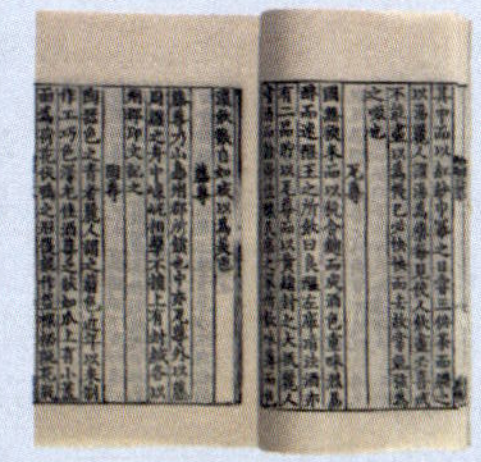

1123년 송 사절의 한 사람으로 (가) 에 왔던 서긍이 지은 책입니다. 이 책은 서긍이 예성항을 통해 개경으로 들어와 한 달 남짓 머물며 보고 들은 (가) 의 다양한 모습을 그림을 곁들여 설명한 것입니다. 현재 남아 있는 판본들은, 그림[圖]은 없어지고 글[經]만 남아 있습니다.

① 솔빈부의 말이 특산품으로 유명하였다.
② 송상이 전국 각지에 송방을 설치하였다.
③ 서적점, 다점 등의 관영 상점을 운영하였다.
④ 집집마다 부경이라고 불리는 창고가 있었다.
⑤ 광산을 전문적으로 경영하는 덕대가 나타났다.

### 3 고려의 경제 상황 정답 ②

정답 찾기 중국의 명주에서 바다를 건너 벽란정에 도착한 사신의 여정을 기록한 "송사"를 통해 (가) 국가가 고려임을 알 수 있어요. 고려 시대에 수도 개경과 거리가 가까웠던 예성강 하구의 벽란도가 국제 무역항으로 번성하였어요. 벽란도에는 송의 상인을 비롯하여 멀리 아라비아 상인까지도 왕래하였어요. ② 고려 시대에는 활구라고 불리는 은병이 주조되었어요. 은병은 은 1근으로 만든 고액 화폐입니다.

오답 피하기
① 고구려에는 집집마다 부경이라는 창고가 있었어요.
③ 신라 지증왕 때 수도 금성(지금의 경주)에 시장인 동시와 이를 감독하기 위한 관청인 동시전이 설치되었어요.
④ 조선 세종 때 무역의 규모, 입항 조건 등을 규정한 계해약조가 체결되어 일본과 교역하였어요.
⑤ 조선 후기에 민간의 광산 개발이 활발해지면서 물주에게 자금을 받아 광산을 전문적으로 경영하는 덕대가 등장하였어요.

### 4 고려의 경제 상황 정답 ③

정답 찾기 송의 사절 서긍이 예성항을 통해 개경에 들어왔다는 내용을 통해 (가) 국가가 고려임을 알 수 있어요. 고려 시대에 예성강 하구의 벽란도가 국제 무역항으로 번성하였는데 송, 일본 등 주변국 상인들이 왕래하였어요. 특히 아라비아 상인도 들어와 무역하였으며, 이들에 의해 고려가 'COREA(코리아)'라는 이름으로 서방 세계에 알려지기도 하였어요. ③ 고려는 건국 초기부터 개경, 서경, 동경 등 대도시에 서적, 약, 술, 차 등을 판매하는 관영 상점을 운영하는 등 상업을 육성하였어요.

오답 피하기
① 발해는 목축이 발달하였는데, 특히 솔빈부의 말이 특산품으로 유명하였어요.
② 조선 후기에 개성을 근거지로 활동한 송상이 전국 각지에 송방이라는 지점을 설치하였어요.
④ 고구려에는 집집마다 부경이라고 불리는 작은 창고가 있었어요.
⑤ 조선 후기에 민영 광산이 발달하면서 물주로부터 자금을 투자받아 광산을 전문적으로 경영하는 덕대가 등장하였어요.

# 13강 고려(경제, 사회)

**5** (가) 국가의 경제 상황으로 옳은 것은? [1점]

심화 70회 11번

이것은 (가) 시대에 다인철소에서 생산된 유물들입니다. 특수 행정 구역이었던 소에 대해 검색한 것을 말해 볼까요?
(가) 시대에는 가혹한 수탈에 맞서 공주 명학소에서 봉기가 일어나기도 하였어요.
국가가 지정한 특정 물품을 생산하여 공급하였던 소의 주민들은 일반 군현민에 비해 차별을 받았어요.


① 특산품으로 솔빈부의 말이 유명하였다.
② 풍흉에 따라 9등급으로 전세를 거두었다.
③ 감자, 고구마 등의 작물이 널리 재배되었다.
④ 경시서의 관리들이 시전의 상행위를 감독하였다.
⑤ 설점수세제를 시행하여 민간의 광산 개발을 허용하였다.

**5 고려의 경제 상황** 정답 ④

정답 찾기 특수 행정 구역인 소가 있었으며, 공주 명학소에서 봉기가 일어났다는 내용을 통해 (가) 국가가 고려임을 알 수 있어요. 고려에는 특수 행정 구역으로 향·부곡·소가 있었어요. 이곳의 주민은 거주 이전의 자유가 제한되고 일반 군현민에 비해 더 많은 세금을 내는 등 차별을 받았어요. 무신 집권기인 1176년에 공주 명학소에서 망이·망소이가 소 주민에 대한 차별과 지배층의 가혹한 수탈에 저항하여 봉기하였어요. ④ 고려 시대에 경시서의 관리들이 수도 개경에 설치된 시전의 상행위를 감독하였어요.

오답 피하기
① 발해는 목축이 발달하였으며, 특산품으로 솔빈부의 말이 유명하였어요.
② 조선은 세종 때 연분9등법을 시행하여 풍흉에 따라 9등급으로 나누어 전세를 거두었어요.
③ 조선 후기에 감자, 고구마 등이 전래되어 구황 작물로 널리 재배되었어요.
⑤ 조선 후기에 설점수세제를 시행하여 민간의 광산 개발을 허용하는 대신에 세금을 내게 하였어요.

**6** 밑줄 그은 '이 시기'에 볼 수 있는 모습으로 적절한 것은? [2점]

심화 74회 17번

권문세족이 도평의사사를 장악하고 대농장을 경영한 이 시기에 대해 말해 볼까?
많은 여성이 공녀로 끌려갔어.
지배층을 중심으로 변발과 호복이 유행하였어.


① 농상집요를 소개하는 관리
② 흑창에서 곡식을 빌리는 농민
③ 사섬서에서 저화를 발행하는 장인
④ 선혜청에서 공가(貢價)를 받는 상인
⑤ 상평통보로 물건을 거래하는 보부상

**6 고려 말의 사회 모습** 정답 ①

정답 찾기 권문세족이 도평의사사를 장악하였으며, 많은 여성이 공녀로 끌려가고 변발과 호복이 유행하였다는 내용을 통해 밑줄 그은 '이 시기'가 원 간섭기임을 알 수 있어요. 고려 정부가 개경으로 환도한 이후 몽골은 국호를 '원'으로 바꾸고 본격적으로 고려의 내정에 간섭하였어요. 원 간섭기에 원과 친밀한 관계를 맺은 이들이 권문세족으로 성장하여 도평의사사를 장악하고 고위 관직을 독점하였어요. 이들은 불법적으로 토지를 겸병하고 대농장을 소유하였어요. 이 시기에 고려의 많은 여성이 원에 공녀로 끌려갔으며, 지배층을 중심으로 원의 풍습인 변발과 호복이 유행하였어요. ① 원 간섭기에 이암이 목화 재배와 양잠 등 중국 화북 지방의 농법을 수록한 원의 농서인 "농상집요"를 소개하였어요.

오답 피하기
② 고려 태조 때 빈민 구제 기관인 흑창이 설치되었어요. 흑창은 성종 때 의창으로 개칭되었으며 조선 시대까지 이어졌어요.
③ 조선 태종 때 설치된 사섬서에서 종이 화폐인 저화를 발행하였어요.
④ 조선 광해군 때 대동법이 시행되면서 관련 업무를 처리할 관청으로 선혜청이 설치되었어요. 선혜청에서는 대동법 시행으로 거두어들인 쌀, 베, 동전의 출납을 관장하였고, 공인은 선혜청에서 공가를 받아 관청에 필요한 물품을 납품하였어요.
⑤ 조선 숙종 때 상평통보가 발행되었어요. 조선 후기에 상품 화폐 경제가 발달하면서 상평통보가 널리 유통되었어요.

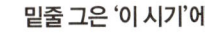

## 7 다음 자료에 나타난 시기의 사회 모습으로 적절한 것은? [2점]

심화 74회 15번

○ 7재를 설치하였다. 주역을 [공부하는 곳은] 이택재, 상서는 대빙재, 모시(毛詩)는 경덕재, 주례는 구인재, 대례는 복응재, 춘추는 양정재, 무학은 강예재라고 하였다.

○ 왕이 결정하시기를 "…… 무학이 점차 번성하여 장차 문학하는 사람들과 각을 세워 불화하게 되면 매우 편치 못하게 될 것이다. …… 무학으로 무사를 선발하는 일과 무학재의 호칭은 모두 혁파하겠다."라고 하였다.

① 서얼이 통청 운동을 전개하였다.
② 사창절목에 따라 사창제가 시행되었다.
③ 왕조 교체를 예언하는 정감록이 유포되었다.
④ 병자에게 약을 지급하는 혜민국이 설치되었다.
⑤ 국산 약재와 치료 방법을 정리한 향약집성방이 간행되었다.

### 7 고려 시대의 사회 모습 정답 ④

**정답 찾기** 7재를 설치하였다는 내용을 통해 자료에 나타난 시기가 고려 시대임을 알 수 있어요. 고려 시대에 사학이 융성하면서 상대적으로 관학이 위축되자 예종은 관학을 진흥시키기 위해 국자감에 7재라는 전문 강좌를 설치하였어요. 한편, 무학재는 7재 가운데 하나로 무학을 배우던 곳이었으며, 원래 이름은 강예재였어요. 인종 때 무학이 번성하면 문학하는 사람들과 불화가 생길 수 있다는 이유로 무학으로 무사를 선발하는 일과 무학재를 모두 폐지하였어요. 무신들의 출세에 유용하였던 무학재의 폐지는 이후 무신 정변이 일어나는 배경으로 작용하였어요. ④ 고려 시대에 서민의 질병 치료를 위한 의료 기관인 혜민국이 설치되어 병자에게 약을 지급하였어요.

**오답 피하기**
① 조선 후기에 서얼이 관직 진출의 제한을 철폐하고자 통청 운동을 전개하였어요.
② 조선 고종 때 환곡의 폐단을 바로잡기 위해 호조에서 정한 "사창절목"에 따라 사창제가 시행되었어요.
③ 조선 후기에 사회 혼란이 커지면서 왕조 교체를 예언하는 "정감록"이 유포되었어요.
⑤ 조선 세종 때 우리나라에서 나는 약재와 이를 이용하는 치료 방법을 정리한 "향약집성방"이 간행되었어요.

## 8 다음 상황이 나타난 시기의 사회 시책으로 옳은 것은? [2점]

심화 58회 12번

○ 왕이 명하였다. "도성 안의 백성들이 역질에 걸렸으니 구제도감을 설치하여 치료하고, 시신과 유골은 거두어 비바람에 드러나지 않게 매장하라."

○ 중서성에서 아뢰었다. "지난해 관내 서도의 주현에 흉년이 들어 백성이 굶주리고 있습니다. 사창과 공해(公廨)의 곡식을 내어 경작을 원조하고, 가난하여 스스로 살아갈 수 없는 자는 의창을 열어 진휼하십시오."

① 유랑민을 구휼하는 활인서를 두었다.
② 백성들에게 곡식을 빌려주는 진대법을 실시하였다.
③ 국산 약재와 치료법을 소개한 향약집성방을 편찬하였다.
④ 기근에 대비하기 위해 구황촬요를 간행하여 보급하였다.
⑤ 기금을 모아 그 이자로 빈민을 구제하는 제위보를 운영하였다.

### 8 고려 시대의 사회 정책 정답 ⑤

**정답 찾기** 왕이 구제도감 설치를 명하고, 중서성에서 의창을 열 것을 아뢰었다는 내용을 통해 고려 시대의 상황임을 알 수 있어요. 구제도감은 고려 시대에 전염병 등 재해가 발생하였을 때 설치된 임시 관청으로, 질병에 걸린 환자를 치료하고 병으로 죽은 사람을 매장하는 일을 담당하였어요. 중서성은 고려 시대 최고 정치 기구인 중서문하성을 말하며, 고려 태조 때 빈민 구제 기관으로 설치된 흑창이 성종 때 의창으로 이름이 바뀌었어요. ⑤ 고려는 기금을 모아 그 이자로 빈민을 구제하는 제위보를 운영하였어요.

**오답 피하기**
① 조선은 도성 안의 병든 사람을 치료하고 빈민을 구제하는 기구로 동서 활인서를 두었어요.
② 고구려 고국천왕은 빈민을 구제하기 위해 백성에게 곡식을 빌려주는 진대법을 실시하였어요.
③ 조선 세종 때 국산 약재와 이를 이용하는 치료 방법을 종합적으로 정리한 "향약집성방"을 편찬하였어요.
④ 조선 명종 때 기근에 대비하기 위한 방법을 정리한 "구황촬요"를 간행·보급하였어요.

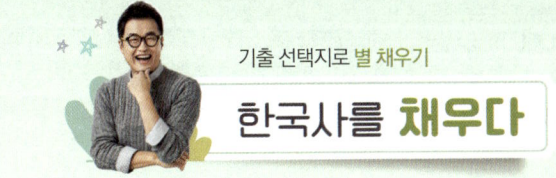

# 13강 고려(경제, 사회)

**Ready go**
이번 강 별 채우기 제한 시간은 **2분 50초**
한 문장을 끝까지 또박또박 읽어야 패스!

기출 선택지로 별 채우기
**한국사를 채우다**

**01** 고려 태조는 개국 공신에게 공로와 인품에 따라 ★★전을 차등 지급하였다.

**02** ★★과는 관리에게 관직 복무에 대한 대가로 전지와 시지를 지급하여 세금 수취의 권리를 행사하게 한 토지 제도이다.

**03** 경종 때 마련된 시정 전시과에서는 전현직 관리에게 관리의 ★품과 ★등을 기준으로 하여 토지를 지급하였다.

**04** ★종 때 정비된 개정 전시과에서는 관직을 기준으로 ★현직 관리에게 토지를 지급하였다.

**05** 문종 때 정비된 경정 전시과에서는 ★직 관리에게만 토지를 지급하였다.

**06** 고려의 수취 제도로는 ★세, ★납, 역이 있었다.

**07** 고려 시대 조세는 토지 대장인 ★안을 기준으로, 역은 ★적을 기준으로 부과되었다.

**08** 고려 후기에 남부 일부 지역에서 벼농사에 ★★법(모내기법)이 시행되기 시작하였다.

**09** 고려 시대에 들어와 ★를 이용한 깊이갈이가 일반화되었다.

**10** 고려 후기에 이암이 원으로부터 화북 지방의 농법을 정리한 "농상★★"를 들여왔다.

**11** 고려 후기에 문익점이 원으로부터 ★★씨를 들여와 재배하기 시작하였다.

**12** 고려 시대에 예성강 하구의 ★★도에 송, 일본, 아라비아의 상인들이 들어와 무역을 하였다.

**13** 고려 정부는 우리나라 최초의 금속 화폐인 ★★중보와 ★★(활구), 해동통보 등을 발행하여 화폐의 통용을 추진하였다.

**14** 고려 시대에 수도 개경의 시전을 감독하기 위해 ★★서가 설치되었다.

**15** 고려 정부는 물가 조절을 위해 ★★창을 설치하였다.

16 고려 시대에 서적점, 다점 등의 ★영 상점이 운영되었다.

17 고려 전기에는 관영 수공업과 소 수공업이 주로 이루어졌으나, 후기에는 ★영 수공업과 사★ 수공업이 발달하였다.

18 고려 시대에 ★★은 일반 백성을 가리키는 말이었으나, 조선 시대에는 주로 도살업에 종사하는 천민을 이르는 말이 되었다.

19 고려 시대에 천민의 대부분은 노★였으며, 이들은 매매·증여·상속의 대상이 되었다.

20 고려 시대에 향·부곡·소의 주민은 신분상 ★민이지만 거주 이전의 자유가 없고 세금 부담에서 차별을 받았다.

21 ★도는 매향 활동 등 각종 불교 행사를 주관하다가 점차 상장제례를 담당하는 마을 공동 조직으로 변화하였다.

22 고려 태조가 빈민 구제를 위해 ★창을 설치하였는데, 이는 성종 때 ★창으로 이름이 바뀌었다.

23 고려의 대표적 구휼 기관인 ★★은 흉년에 빈민에게 곡식이나 종자 등을 빌려주었는데, 이는 조선 시대까지 이어졌다.

24 고려는 개경의 동쪽과 서쪽에 동서 ★★원을 두어 환자를 치료하였다.

25 ★★도감과 ★★도감은 재해가 발생하였을 때 설치된 고려의 임시 기구였다.

26 고려 시대에 서민의 질병 치료 기관인 ★★국에서 병자에게 의약품을 제공하였다.

27 고려 시대에 기금을 모아 그 이자로 빈민을 도와주는 ★★보가 운영되었다.

28 고려 시대에는 자녀에게 재산을 ★분 상속하는 일이 많았다.

29 고려 시대에는 여성의 ★가가 비교적 자유로웠으며 ★가한 여성의 자녀도 사회적 차별을 받지 않았다.

30 고려 시대에는 사위와 외손자에게도 ★서의 혜택이 주어졌다.

정답

**01** 역분 **02** 전시 **03** 인, 관 **04** 목, 전 **05** 현 **06** 조, 공 **07** 양, 호 **08** 이앙 **09** 소 **10** 집요 **11** 목화 **12** 벽란 **13** 건원, 은병 **14** 경시 **15** 상평 **16** 관 **17** 민, 원 **18** 백정 **19** 비 **20** 양 **21** 향 **22** 흑, 의 **23** 의창 **24** 대비 **25** 구제, 구급 **26** 혜민 **27** 제위 **28** 균 **29** 재, 재 **30** 음

# 14강 고려(문화 1)

강의 바로 보기

1170

| | 호족 | 문벌 | 무신 | 원↑ ------ 권문세족 ← 신진 사대부 |
|---|---|---|---|---|
| 유학(훈고학) | 성종 ↑ 최승로<br>┬ 중앙: ★★감 ---<과거: 쌍기>---<br>├ 유학부 → 명경과, 제술과<br>└ ★★학부 → 잡과<br>승과 O, 무과 X<br>└ 지방: 향교 | ~~> 사학 12도(최충의 ★재 학당 = 문헌공도)<br>└ 해동공자<br>└→ 관학 진흥책: ★★고, ★재(전문 강좌, 국자감) | 유학↓ | 안향: ★★학(from 원) 소개<br>→ 신진 사대부<br>이제현 – 이색 – 정몽주·정도전<br>└ 만권당, <역옹패설> |
| 역사 | 실록·<구삼국사> ---> X | <삼국★★> ┬ 김부식(← 인종), 신라<br>├ 현존 우리나라 최고(最古) 역사서<br>└ 기전체: 본(기) + (세가) + 지 + 표 + 열(전) | ·<해동고승전>: 각훈<br>·<동명왕편>: 이규보 ⇒ 고구려<br>└ 고주몽 | ·<삼국★★>: 일연, 민간 설화, 군위 ┐<br>·<제왕운기>: 이승휴 ┘ 단군<br>·<사략>: 이제현 |
| 불교 | ·균여: <보현십원가> – 향가, 광종(귀법사)<br>·태조: 훈요 10조 → 연등회, 팔관회↑<br>도교(민간 신앙) ↓ X<br>·성종: 최승로 → ↓<br>·국사·왕사 제도 | 의천(왕자) ┬ ★★종(국청사)<br>├ ㉠·선 통합: ★(교)★(선)겸수<br>└ <교장> 편찬, 화폐 유통 주장 | ·지눌 ┬ ★★종<br>├ ㉡·교 통합: ★(선)★(교)쌍수, ★★점수<br>└ 결사(수선사 → 송광사)<br>·혜심: 유불 일치설<br>·요세: 법화 신앙, 백련 결사 | |
| 풍수지리설 | ★★ 길지설 → 훈요 10조, 북진 정책,<br>3경(개경, 서경, 동경 → 남경) | ~~> 묘청의 서경 천도 운동<br>남경 길지설 ──── | ──── | ──→ 한양 천도(조선) |

★정답 국자, 기술, 9, 양현, 7, 성리, 사기, 유사, 천태, 교, 관, 조계, 정, 혜, 돈오, 서경

➡ 나만의 약점 단권화 노트 26쪽에서 완성 판서를 확인하세요.

# 14강 고려(문화 1)

이곳은 당신의 놀이터!
한국사를 쓰다

1170

| | 호족 | 문벌 | 무신 | 원↑ ······ 권문세족 ← 신진 사대부 |
|---|---|---|---|---|
| 유학 (훈고학) | | | | |
| 역사 | | | | |
| 불교 | | | | |
| 풍수지리설 | | | | |

# 14강 고려(문화 I)

낯선 용어와 자료 돋보기

## 한국사를 보다

### 고려의 교육 제도

성종은 인재 양성을 위한 최고 교육 기관으로 개경에 국자감을 설립하였어요. 국자감은 지금의 국립 대학이라 할 수 있는데, 유학부와 기술학부로 나뉘었어요. 유학부에는 7품 이상 관리의 자제가 입학하였고, 기술학부에는 8품 이하 관리의 자제와 향리·서민의 자제가 입학할 수 있었습니다. 고려는 지방에 향교를 세웠는데, 향교는 조선 시대까지 이어졌어요.

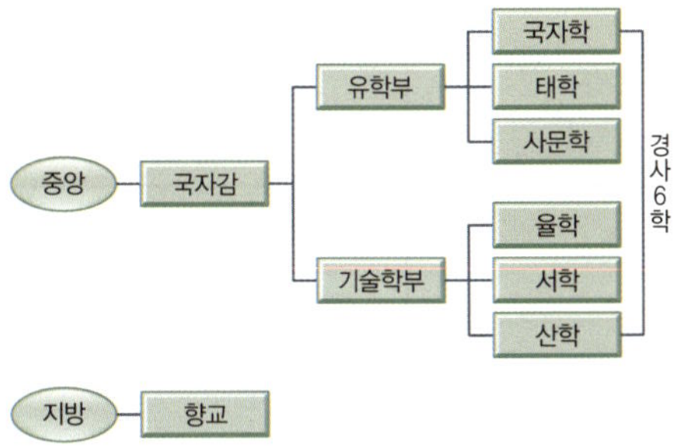

고려의 관학

인종 때에 식목도감에서 학식(學式)을 상세히 정하기를, "국자학생은 문·무관 3품 이상의 아들과 손자 및 훈관 2품으로 현공 이상을 지닌 자의 아들, 아울러 경관 4품으로 3품 이상의 훈봉을 지닌 자의 아들로 삼는다. 태학생은 문·무관 5품 이상의 아들과 손자, 정·종 3품관의 증손자 및 훈관 3품 이상의 봉작이 있는 자의 아들로 삼는다. 사문학생은 훈관 3품 이상으로서 봉작이 없는 자, 4품으로서 봉작이 있는 자 및 문·무관 7품 이상의 아들로 삼는다. 3학의 학생은 각각 300명이며 재학은 나이 순서로 한다.
- "고려사" -

### 고려의 관리 등용 제도

광종 때 후주 출신인 쌍기의 건의로 과거 제도가 처음 시행되었어요. 고려 시대의 과거제는 문관을 뽑는 문과(제술과, 명경과), 기술관을 뽑는 잡과, 그리고 승려를 대상으로 하는 승과가 있었으며, 무과는 거의 시행되지 않았어요. 무관은 무예가 뛰어나고 신체 조건이 좋은 사람을 골라 간단한 시험을 통해 선발하였습니다. 한편, 과거 합격자인 문생은 과거를 주관하는 고시관인 좌주(지공거)를 스승처럼 따랐어요. 그리고 과거 외에도 5품 이상 관리의 자손은 음서를 통해 관직에 나아갈 수 있었습니다.

제술업·명경업의 두 업과 의업·복업·지리업·율업·서업·산업 …… 등의 잡업이 있었는데, 각각 그 업으로 시험을 쳐서 벼슬길에 나아가게 하였다.
- "고려사" -

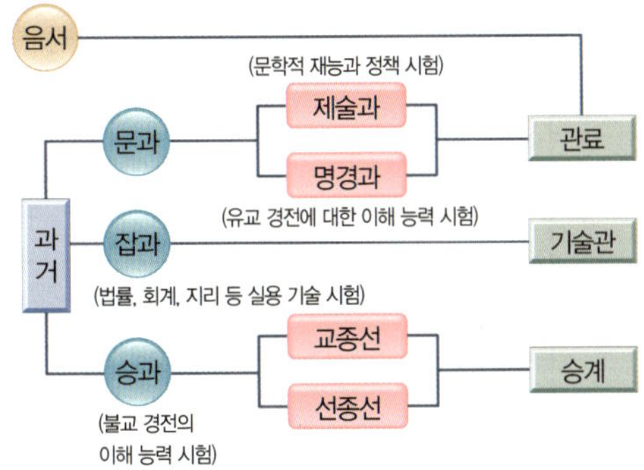

고려의 관리 등용 제도

#### 용어 사전

**양현고**
예종이 사학의 융성으로 위축된 관학을 진흥시키고자 국자감(국학)에 설치한 장학 재단이에요.

**만권당**
아들에게 왕위를 물려준 충선왕이 원의 연경에 있는 자신의 집에 세운 독서당이에요. 남송 출신 원의 유학자들이 이곳에서 이제현 등 고려의 학자들과 교류하였어요.

### 사학 12도

12도는 고려 시대에 유명하였던 12개의 사학(사립 교육 기관)을 부르는 말이에요. 그중 제일 유명한 것이 해동공자라 불리던 최충이 세운 9재 학당이에요. 9재 학당은 최충이 죽은 뒤에는 그의 시호인 '문헌'을 따서 문헌공도라고도 불렸어요.

무릇 사학으로는 문종 때 태사중서령 최충이 후진들을 불러 모아 부지런히 가르치자 선비와 평민의 자제들이 모여들어 그 집 앞의 문과 거리를 가득 채웠다. …… 그 후부터는 과거에 응시하는 사람들이면 모두 9재의 명부에 이름을 올리게 되었으니, 이들을 문헌공도라고 불렀다. …… 유신으로서 공도를 세운 자가 11명 있었는데, …… 이들을 문헌공도와 함께 세상에서 12도라 불렀다. 그중 문헌공도가 가장 흥성하였다.
- "고려사" -

### 예종의 관학 진흥책

사학이 나라에서 세운 학교(관학)보다 융성해지자 고려 정부는 관학을 진흥시키고자 국자감에 양현고를 설립하고 7재를 개설하였어요. 양현고는 국자감에 다니는 학생들을 대상으로 마련된 장학 재단이고, 7재는 국자감에 설치된 7개의 전문 강좌입니다. 7재에는 무인 관료 양성을 위해 강예재가 설치되었으나 인종 때 폐지되었어요.

- 예종 4년(1109) 7월에 국학에 7재를 두었는데, 주역(周易) 전공을 여택(麗澤, 이택), 상서(尙書)를 대빙(待聘), 모시(毛詩)를 경덕(經德), 주례(周禮)를 구인(求仁), 대례(戴禮)를 복응(服膺), 춘추(春秋)를 양정(養正), 무학(武學)을 강예(講藝)라 하였다. 대학에서 최민용 등 70명과 무학에서 한자순 등 8명을 시험으로 뽑아 여기(7재)에 나누어 공부하도록 하였다.
- 예종 14년(1119) 7월에 국학에 처음으로 양현고를 두고 인재를 양성하게 하였다.

- "고려사" -

## 성리학의 전래

안향은 충렬왕 때 원으로부터 성리학을 들여와 고려에 소개하였어요. 이후 이제현은 충선왕이 원의 연경에 설립한 만권당에서 원의 학자들과 교류하며 성리학을 더욱 깊이 연구하였어요. 이제현의 제자가 이색이고, 이색의 제자가 바로 정도전과 정몽주예요.

안향

- 안향은 학교가 날로 쇠퇴함을 근심하여 양부(兩府)에 의논하기를 "재상의 직무는 인재를 교육하는 것보다 우선하는 것이 없습니다. ……" 하고, …… 만년에는 항상 회암 선생(주자)의 초상화를 걸어 놓고 경모하였으므로 드디어 호를 회헌이라 하였다. - "고려사" -
- 성균관을 다시 짓고 이색을 판개성부사 겸 성균관 대사성으로 삼았다. …… 이색이 다시 학칙을 정하고 매일 명륜당에 앉아 경(經)을 나누어 수업하고, 강의를 마치면 서로 더불어 논란하여 권태를 잊게 하였다. 이에 학자들이 많이 모여 함께 눈으로 보고 마음으로 느끼는 가운데 정주 성리학이 비로소 흥기하게 되었다. - "고려사" -

## 삼국사기와 삼국유사

고려 인종 때 김부식이 편찬한 "삼국사기"는 현존하는 우리나라에서 가장 오래된 역사서예요. "삼국사기"는 유교적 합리주의 사관에 따라 기전체로 쓰였고, 고려가 통일 신라를 계승한다고 보았습니다.

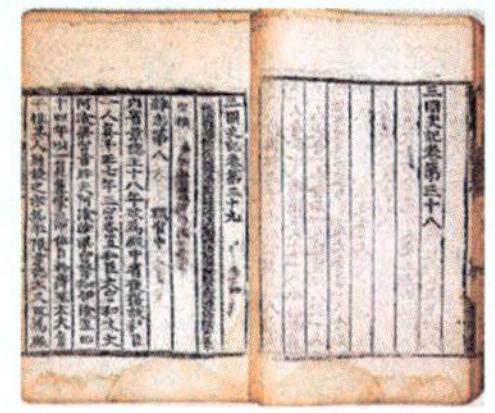

성상 폐하께서는 "오늘날의 학자들이 중국의 경전과 역사서에는 능통하나, 우리 역사는 잘 알지 못하니 매우 개탄할 노릇이다. …… 중국 역사서에 삼국의 기록이 있으나 자세하지 않고, 예부터 전해 오던 고기(古記)의 내용은 빠진 것이 많아 후대에 교훈을 주기 어렵다. 이에 후대에 남겨 줄 역사서를 만들어야겠다."라고 말씀하셨습니다. - "삼국사기" -

"삼국유사"는 원 간섭기에 승려 일연이 지은 역사서예요. 우리 역사의 독자성과 자주성을 강조하여 우리 민족의 기원을 고조선으로 보았고, 단군의 건국 이야기가 실려 있어요. 또한, 불교사를 중심으로 고대의 설화와 야사도 기록되어 있어요.

임금이 장차 일어날 때는 부명(符命)을 받고 도록(圖籙)을 얻어 반드시 보통 사람과는 다른 점이 있으니, 그런 뒤에야 큰 변화를 타서 기회를 잡아 대업을 이루었다. …… 삼국의 시조들이 모두 신이한 일로 탄생하였음이 어찌 괴이하겠는가. 이것이 기이편을 책 첫머리에 실은 까닭이며, 그 뜻도 여기에 있다. - "삼국유사" -

## 동명왕편

"동국이상국집"에 실려 있는 '동명왕편'은 이규보가 고구려의 시조 동명왕(주몽)의 일대기에 대해 쓴 영웅 서사시로, 고구려 계승 의식이 반영되어 있어요.

"구삼국사"를 얻어 '동명왕본기'를 보니 그 신이한 사적이 세상에 전하는 것보다 더하였다. 그러나 처음에는 믿지 못해 귀신이나 환상으로만 여겼는데, 세 번 반복하여 읽어서 점점 그 근원에 들어가니, 환(幻)이 아니고 성(聖)이며 귀(鬼)가 아니고 신(神)이었다. …… 하물며 동명왕의 일은 변화의 신이한 것으로 여러 사람의 눈을 현혹한 것이 아니라 진실로 나라를 세운 신기한 사적이니 이것을 기술하지 않으면 후인들이 장차 어떻게 볼 것인가? 따라서 시를 지어 기록하여 우리나라가 본래 성인(聖人)의 나라라는 것을 천하에 알리고자 한다. - '동명왕편' -

## 제왕운기

이승휴가 중국과 우리나라의 제왕을 중심으로 5언시와 7언시로 쓴 역사서입니다. 상, 하 각 1책씩으로 되어 있는데, 상권에는 중국의 역사가, 하권에는 우리나라의 역사가 서술되어 있습니다. 단군을 우리 민족의 시조로 조명하고, 중국과 우리나라의 역사가 대등한 것이라는 자긍심을 표현하였어요.

- 신(臣) 이승휴가 지어서 바칩니다. 예로부터 제왕들이 서로 계승하여 주고받으며 흥하고 망한 일은 세상을 경영하는 군자가 밝게 알지 않아서는 안 되는 바입니다.
- 중국은 반고로부터 금까지이고, 우리나라는 단군으로부터 본조(本朝)까지온데, …… 흥망성쇠의 같고 다름을 비교하여 중요한 점을 간추려 운을 넣어 읊고 비평의 글을 덧붙였나이다.
- 요동에 따로 한 천지가 있으니 / 뚜렷이 중국과 구분되어 나누어져 있도다. …… 처음 누가 나라를 열고 풍운을 일으켰던가. / 천제의 손자 그 이름하여 단군이라. - "제왕운기" -

### 용어 사전

**기전체**
본기(제왕), 열전(인물), 지(주제), 표(연표) 등으로 구성된 역사 서술 방식으로, 중국과 우리나라의 역대 왕조에서 정사(正史)를 편찬할 때 사용하였어요. 본기의 '기', 열전의 '전'을 따서 기전체라고 해요.

**편년체**
역사 기록을 연·월·일 순으로 정리하는 편찬 체제예요. 편년체로 서술된 대표적인 역사서로는 "조선왕조실록"을 들 수 있어요.

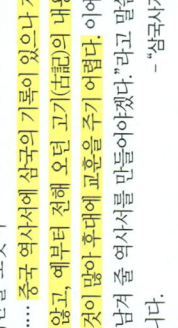

**해동고승전**
승려 각훈이 왕명을 받아 우리나라 역대 고승들의 전기를 정리하여 편찬한 역사서예요. 현재 삼국 시대 승려에 대한 일부 내용만 전해 오고 있어요.

**사략**
고려 말기 성리학이 전래되면서 정통 의식과 대의명분을 중시하는 성리학적 유교 사관이 대두되었는데, 이제현이 쓴 "사략"은 이러한 역사관을 바탕으로 하고 있어요. 현재는 "사략"에 실렸던 사론만이 전해져 책의 성격을 짐작할 수 있어요.

**이규보**
이규보는 문집으로 "동국이상국집"을 남겼는데, 이 책에는 '동명왕편'을 비롯하여 시, 가전체 소설 등 다양한 작품이 실려 있어요. 전집 41권, 후집 12권으로 구성되었습니다.

낯선 용어와 자료 돋보기

**한국사를 보다**

# 14강 고려(문화 1)

## 의천

의천은 문종의 아들로, 출가하여 승려가 되었어요. 송에 유학하고 돌아온 후 그는 교단을 통합하여 불교를 개혁하고자 국청사를 중심으로 해동 천태종을 개창하고 수행 방법으로 교관겸수를 제시하였어요. 또한, 고려와 송, 요, 일본 등 동아시아 각지의 불교 서적을 수집하여 그 목록을 정리한 "신편제종교장총록"을 만들고 개경 흥왕사에 설치된 교장도감에서 "교장"을 간행하였어요.

> 가만히 생각해 보면 성인의 가르침을 이야기함은 이를 실천하는 데 있으므로, 다만 입으로만 말할 것이 아니라 실은 몸으로 행동하려는 것이다. …… 교리를 배우는 이는 마음을 버리고 외적인 것을 구하는 일이 많고, 참선하는 사람은 밖의 인연을 잊고 내적으로 밝히기를 좋아한다. 이는 다 편벽된 집착이고 양극단에 치우친 것이다. - "대각국사 문집" -

대각국사 의천

## 지눌

지눌은 기존 불교계의 타락과 세속화를 비판하면서 수선사(정혜사, 송광사) 결사를 결성하여 불교계를 개혁하고자 하였으며, 수행 방법으로 정혜쌍수와 돈오점수를 주장하였어요. 지눌의 수선사 결사 이후 조계종이 크게 발전하게 되었습니다.

> • 정(定)은 본체이고 혜(慧)는 작용이다. 작용은 본체를 바탕으로 해서 있게 되므로 혜가 정을 떠나지 않고, 본체는 작용을 가져오게 하므로 정은 혜를 떠나지 않는다. - "보조국사 법어" -
> • 마음 밖에서 부처를 찾아 물결치듯이 흘러 다니다가 …… 자기의 본성을 보면, 이 성품에는 원래 번뇌가 없다. 번뇌가 없는 지혜의 성품은 스스로 갖추어져 있어서 모든 부처와 조금도 다르지 않다. 이를 돈오(頓悟)라고 한다. …… 비록 본래의 성품이 부처와 다르지 않음을 깨달았지만 오랜 세월의 습기(習氣)는 곧바로 제거하기 어렵다. 따라서 그 깨달음에 의지해 닦고 점차 익혀 공(功)을 이루고, 오랫동안 성태(聖胎)를 기르면 성(聖)을 이루게 된다. 이를 점수(漸修)라고 한다. - "수심결(修心訣)" -

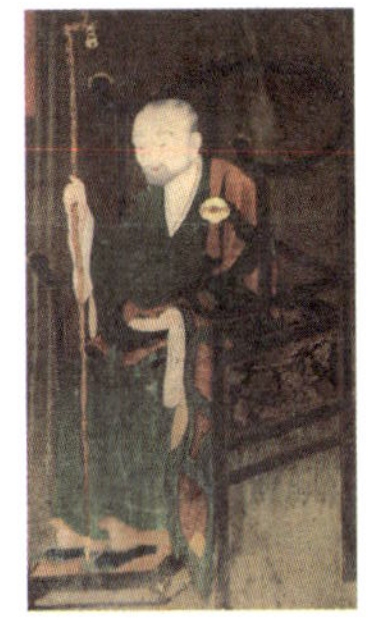

보조국사 지눌

## 서경 길지설과 남경 길지설

길지란 길한 땅, 즉 명당을 의미해요. 서경 길지설은 서경, 즉 평양이 명당이라는 주장이고, 남경 길지설은 남경, 즉 한양이 명당이라는 주장이에요. 고려 초 북진 정책을 추진할 때는 서경이 중시되었지만, 중기 이후 북진 정책이 점차 퇴조하면서 남경 길지설이 대두되었어요.

> 〈태조의 훈요 10조(서경 중시)〉
> 짐은 삼한 산천의 음덕을 받아 왕업을 이루었다. 서경은 수덕이 순조로워 우리나라 지맥의 근본이 되며, 대업을 만대에 전할 땅이므로 마땅히 봄, 여름, 가을, 겨울의 중간 달에 순행하여 1백 일 이상 머물러 왕실의 안녕을 도모하게 하라. - "고려사" -
> 〈김위제의 남경 천도 주장〉
> 한강의 북쪽에 도읍하면 왕업이 오래 이어질 것이며 온 천하가 조회하러 모여들어 왕족이 크게 번성할 것이니 실로 대명당(大明堂)의 터입니다. - "고려사" -

## 고려 시대의 도교

고려 시대 도교는 불교와 함께 나라의 안정과 왕실의 번영을 기원하는 국가 종교로서의 역할을 하였어요. 이에 도교 사원을 세우고 하늘에 올리는 제사인 초제를 지내기도 하였습니다. 한편, 민간에서는 도교가 재앙을 물리치고 복을 기원하는 신앙으로 유행하였어요. 그러나 도교는 일관된 체계를 갖추지 못하여 교단을 형성하지는 못하였습니다.

> • 태자가 안경공 왕창을 맞이하여 잔치하고 풍악을 울려 밤을 새웠다. 나라 풍속이 도가(道家)의 말에 의하여 매번 이날이 되면 반드시 모여 마시고 밤이 새도록 자지 않았다. 이것을 '경신을 지킨다.'라고 한다. - "고려사절요" -
> • 신이 우매한 자질로서 숭고한 지위에 올랐으므로 …… 신령한 광명을 크게 나타내고 보배의 눈으로 빨리 보살피사 이 사람으로 하여금 길이 수명을 연장하고, 백성들까지 모두 크게 화합하는 즐거움을 맛보게 하소서. - "동국이상국집" -

### 용어 사전

**국사·왕사 제도**
고려는 불교를 중시하여 임금의 스승 역할을 하는 고승을 왕사로 임명하는 왕사 제도를 두었어요. 왕사가 사망하면 대부분 국사의 존호를 추증하였어요.

**교관겸수**
'교'는 부처의 말씀인 경전을 뜻하고, '관'은 실천 수행법을 뜻해요. 즉, 교리 학습과 실천 수행을 함께해야 한다는 사상이에요.

**교장**
의천이 신라 고승의 저술 4백여 권을 비롯하여 송, 요(거란), 일본 등에서 장소(章疏 : 주석서)를 수집하여 간행한 대장경에 대한 연구 해석서예요.

**정혜쌍수**
'정'은 선정, '혜'는 지혜예요. 선정을 통해 깨달음을 얻되 지혜를 얻는 교리 공부를 함께해야 한다는 뜻이에요.

**돈오점수**
갑자기 돈(頓), 깨달을 오(悟). 즉, 문득, 단번에 깨우치는 것을 돈오라고 해요. 깨달은 후에도 점차 점(漸), 닦을 수(修). 즉, 점진적으로 수행을 계속해야 한다는 주장이에요.

**유불 일치설**
혜심은 유교와 불교의 뿌리가 하나라는 이론을 주장하여 불교가 성리학을 포용할 수 있는 이론적 토대를 마련하였어요.

# 14강 고려(문화 1)

마무리도 빈틈없이 한국사를 읽다

## 1 유학의 발달과 성리학의 도입

### (1) 유학의 발달

| | |
|---|---|
| 배경 | 과거제 실시, 정치 이념으로 유교 강조 |
| 초기 | 자주적·주체적 성격, 최승로의 시무 28조(유교 정치사상 확립의 계기 마련) |
| 중기 | • 문벌 사회의 확립 → 귀족적·보수적 성격으로 변화<br>• 최충(해동공자, 고려의 유학을 한 차원 높은 수준으로 발전시킴), 김부식(보수적·현실 안정 추구, 유교적 합리주의 사관의 "삼국사기" 편찬) |
| 후기 | 무신 정변 이후 문벌 세력의 몰락으로 유학 위축, 원 간섭기에 안향에 의해 성리학 수용 |

### (2) 성리학의 도입

| | |
|---|---|
| 도입 | 인간의 심성과 우주의 원리 문제를 철학적으로 규명하려는 학문 → 충렬왕 때 안향이 고려에 처음 소개 |
| 보급 | • 이제현("역옹패설"을 남김)이 만권당에서 원의 학자와 교유<br>• 이색이 성균관에서 유학 교육 → 정몽주·정도전에게 계승 |
| 영향 | • 신진 사대부가 개혁 사상으로 수용 → 불교의 폐단과 권문세족 비판<br>• 일상생활과 관련된 실천적 기능 강조 : "소학", "주자가례" 중시<br>• 불교의 역할과 비중 축소, 성리학이 사회의 지도 이념으로 등장 → 성리학을 바탕으로 조선 건국 |

## 2 교육 기관과 과거제

| | |
|---|---|
| 관학 | • 중앙 : 국자감(유학부, 기술학부로 구성)<br>- 유학부 : 국자학·태학·사문학 교육, 과거에서 명경과, 제술과에 응시(7품 이상 관리의 자제가 입학)<br>- 기술학부 : 율학·서학·산학 교육, 과거에서 잡과에 응시(8품 이하 관리·향리·서민의 자제 등이 입학)<br>- 명칭 변경 : 국자감 → 국학 → 성균감 → 성균관 → 국자감 → 성균관<br>• 지방 : 향교(지방 관리와 서민의 자제 교육) |
| 사학 | 고려 중기 사학에서 공부한 사람들이 과거에서 좋은 성적을 거둠 → 최충의 9재 학당(문헌공도)을 비롯한 사학 12도 융성 |
| 관학 진흥책 | • 사학의 융성으로 위축된 관학 진흥을 위해 노력함<br>• 숙종 때 국자감에 서적포를 두어 출판을 담당하게 함<br>• 예종 때 국자감에 7재(전문 강좌)와 양현고(장학 재단) 설치, 청연각·보문각 설치<br>• 인종 때 경사 6학을 중심으로 정비 |
| 과거제 | 법적으로 양인 이상이면 응시 가능, 실제로는 신분에 따라 응시 과목 구분 → 문과(제술과·명경과, 귀족과 고위 향리의 자제가 응시), 잡과(주로 일반 백성이 지원), 승과(승려에게 승계 부여) |

## 3 역사서의 편찬

| | | | |
|---|---|---|---|
| 초기 | | 고려 왕조 실록, "구삼국사", "7대실록", "고금록" → 현재 전하지 않음 | |
| 중기 | | "삼국사기"(김부식) : 현존하는 우리나라에서 가장 오래된 역사서, 신라 계승 의식 반영, 유교적 합리주의 사관, 기전체로 서술 | |
| 후기 | 특징 | 자주 의식을 바탕으로 전통문화를 바르게 이해하려는 경향 대두 | |
| | 무신 집권기 | • "동명왕편"(이규보) : "동국이상국집"에 수록, 동명왕에 관한 장편 서사시, 고구려 계승 의식 반영<br>• "해동고승전"(각훈) : 명망 높은 승려들의 전기 기록 | |
| | 원 간섭기 | • "삼국유사"(일연) : 불교사를 중심으로 고대의 민간 설화, 야사 등 기록<br>• "제왕운기"(이승휴) : 단군부터 충렬왕까지의 역사를 서사시로 서술 | 단군의 건국 이야기 수록 |
| | 말기 | "사략"(이제현) : 성리학적 유교 사관, 정통과 대의명분 중시 | |

## 4 불교의 발달

| | | |
|---|---|---|
| 초기 | 태조 | 훈요 10조 → 불교 숭상 당부, 연등회와 팔관회(불교·도교·토속 신앙) 중시 |
| | 광종 | • 승과 실시 → 합격자에게 법계(승계)를 주어 지위 보장, 국사·왕사 제도 정비<br>• 개경에 귀법사를 건립하고, 균여(향가 '보현십원가' 저술)를 주지로 삼음 |
| | 성종 | 최승로의 시무 28조 수용 → 연등회, 팔관회 축소·폐지(현종 때 부활) |
| 중기 | 의천 (대각국사) | • 해동 천태종 개창(국청사), "신편제종교장총록"(교장의 총목록) 편찬, "교장" 간행(교장도감), 화폐 사용 건의<br>• 교리 : 교관겸수(이론 연마 + 실천) → 교종 중심의 선종 통합 |
| 후기 | 지눌 (보조국사) | • 조계종 정립, 수선사 결사(불교계 본연의 자세 확립을 주장하는 새로운 종교 운동)<br>• 교리 : 정혜쌍수와 돈오점수를 바탕으로 선종 위주의 교종 통합 |
| | 혜심 (진각국사) | 지눌의 제자, 수선사 제2대 사주, 유불 일치설을 주장하며 심성의 도야 강조 → 성리학 수용의 사상적 토대 마련, "선문염송집" 편찬 |
| | 요세 | 원묘국사, 법화 신앙을 중심으로 백련사 결사 주도 |

## 5 풍수지리설의 발달

| | |
|---|---|
| 유행 | 신라 말 도선이 수용, 음양오행 사상에 도참사상이 가미되어 크게 유행 → 수도의 위치 선정에 관심 |
| 전기 | 서경 길지설 → 북진 정책의 이론적 근거, 묘청의 서경 천도 운동에 이용됨 |
| 중기 이후 | 남경 길지설 대두 → 한양의 남경 승격, 조선의 한양 정도에 영향 |

# 14강 고려(문화 1)

**1** (가)에 들어갈 내용으로 가장 적절한 것은? [2점]

심화 75회 13번

이 초상화 속 인물은 고려의 학자인 문헌공 최충으로, 해동공자라고 불리기도 하였습니다. 거란의 침입으로 개경이 함락되어 서적들이 소실되자 역사서 편찬을 위한 수찬관에 임명되었습니다. 유학을 보급하고 인재 양성에 힘쓴 그는 (가)

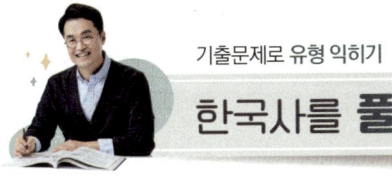

① 불씨잡변을 지어 불교를 비판하였습니다.
② 만권당에서 원의 학자들과 교유하였습니다.
③ 지공거 출신으로 9재 학당을 설립하였습니다.
④ 입학도설을 저술하여 성리학의 기본 원리를 해설하였습니다.
⑤ 성균관의 대사성이 되어 정몽주 등을 학관으로 천거하였습니다.

**2** 다음 가상 인터뷰의 주인공에 대한 설명으로 옳은 것은? [3점]

심화 71회 17번

최근에 역옹패설을 저술하셨는데 독자들이 관심 가질 만한 내용을 소개해 주세요.
고위 관리 유청신이 원의 사신과 몽골말로 직접 대화하자 홍자번이 역관을 심하게 꾸짖었고, 이에 유청신이 부끄러워 한 일화가 실려 있습니다.

① 불씨잡변을 지어 불교를 비판하였다.
② 정혜결사를 통해 불교 개혁에 앞장섰다.
③ 청방인문표를 지어 인질의 석방을 요구하였다.
④ 고구려 계승 의식을 강조한 동명왕편을 지었다.
⑤ 만권당에서 조맹부, 요수 등의 문인들과 교유하였다.

**1 최충의 활동** 정답 ③

정답 찾기 최충은 고려 전기에 문하시중 등을 역임한 문신으로, 유학자로서 명망이 높아 해동공자라고도 불렸어요. ③ 지공거는 고려 시대에 과거 시험이 있을 때 이를 주관한 임시 직책으로 시험관을 말해요. 최충은 지공거 출신으로 벼슬에서 물러난 후 9재 학당을 설립하였어요. 9재 학당은 최충의 시호를 따 문헌공도라고 불리기도 하였어요.

오답 피하기
① 조선 초기에 정도전은 불교 교리를 비판한 "불씨잡변"을 지었어요.
② 고려 후기에 충선왕은 원의 연경에 머물면서 자신의 집에 만권당이라는 독서당을 세웠어요. 이곳에서 이제현 등 고려의 학자들이 원의 학자들과 교유하였어요.
④ 고려 후기에 권근은 성리학 입문서 성격의 "입학도설"을 저술하여 글과 그림을 통해 성리학의 기본 원리를 해설하였어요.
⑤ 고려 후기에 이색은 성균관의 대사성이 되어 정몽주, 이숭인 등을 학관으로 천거하여 성리학 보급에 공헌하였어요.

**2 이제현의 활동** 정답 ⑤

정답 찾기 "역옹패설"을 저술하였다는 내용을 통해 가상 인터뷰의 주인공이 이제현임을 알 수 있어요. 이제현은 고려 후기의 문신이자 학자였으며, 대표적인 저술로 "역옹패설"과 함께 성리학적 유교 사관을 반영한 역사서인 "사략" 등이 있어요. ⑤ 이제현은 왕위에서 물러난 충선왕의 부름을 받아 원의 연경으로 가서 만권당에 머무르며 조맹부, 요수 등 원의 문인들과 교유하였어요.

오답 피하기
① 조선 초기에 정도전은 유학의 입장에서 불교 교리를 비판한 "불씨잡변"을 저술하였어요.
② 고려 후기에 지눌은 참선, 노동 등 승려 본연의 수행에 힘써야 한다고 주장하며 정혜결사를 결성하고 이를 통해 불교 개혁에 앞장섰어요.
③ 신라 문무왕 때 강수는 당에 잡혀 있던 태종 무열왕의 아들 김인문의 석방을 청하는 외교 문서인 '청방인문표'를 지었어요.
④ 고려 후기에 이규보는 고구려 건국 시조인 동명왕(주몽)의 일대기를 서사시로 표현한 '동명왕편'을 지었어요. '동명왕편'에는 고구려 계승 의식이 반영되었어요.

## 3 (가)에 들어갈 내용으로 가장 적절한 것은? [2점]

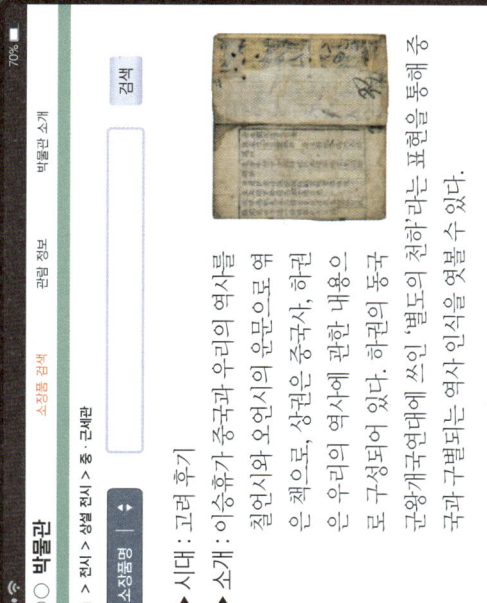

심화 71회 13번

문헌공도 등 사학의 발달로 관학이 위축된 시기에 관학 진흥을 위하여 시행한 정책에 대해 말해 보자.
서적포를 두어 출판을 담당하게 하였어.
(가)


① 국자감에 전문 강좌인 7재를 개설하였어.
② 사액 서원에 서적과 노비 등을 지급하였어.
③ 독서삼품과를 실시하여 인재를 등용하였어.
④ 초계문신제를 시행하여 문신을 재교육하였어.
⑤ 흥왕사에 교장도감을 두고 속장경을 편찬하였어.

## 4 다음 검색창에 들어갈 역사서에 대한 설명으로 옳은 것은? [3점]

심화 73회 16번

○○ 박물관 소장품 검색 관람 정보 박물관 소개

⌂ > 전시 > 상설 전시 > 중 · 근세관

소장품명 | 검색

▶ 시대 : 고려 후기

▶ 소개 : 이승휴가 중국과 우리의 역사를 칠언시와 오언시의 운문으로 엮은 책으로, 상권은 중국사, 하권은 우리의 역사에 관한 내용으로 구성되어 있다. 하권의 동국군왕개국연대에 쓰인 '별도의 천하'라는 표현을 통해 중국과 구별되는 역사 인식을 엿볼 수 있다.

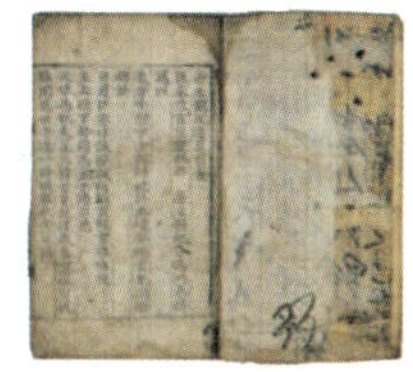

① 남북국이라는 용어가 처음 사용되었다.
② 불교사를 중심으로 민간 설화를 담았다.
③ 단군의 고조선 건국 이야기가 수록되었다.
④ 왕명에 의해 고승들의 전기가 기록되었다.
⑤ 본기, 열전 등으로 구성된 기전체 형식으로 서술되었다.

### 3 고려의 관학 진흥책 정답 ①

**정답 찾기** (가)에는 관학 진흥을 위하여 고려 정부가 시행한 정책이 들어가야 합니다. 고려 시대에 사학이 발달하면서 최충이 설립한 9재 학당을 비롯한 사학 12도가 크게 융성하였어요. 고려 정부는 사학에 비해 관학이 위축되자 국자감에 출판을 담당하는 서적포와 장학 재단인 양현고를 설치하고 ① 전문 강좌인 7재를 개설하는 등 관학 진흥을 위해 노력하였어요.

**오답 피하기**
② 서원은 조선 시대에 설립된 사립 교육 기관이에요. 국왕으로부터 현판을 하사받은 사액 서원에는 서적과 노비 등이 지급되었어요.
③ 신라 원성왕은 유교 경전의 이해 수준을 시험하여 관리 선발에 이용하는 독서삼품과를 실시하였어요.
④ 조선 정조는 자신의 정책을 뒷받침할 인재를 양성하기 위해 젊은 문신을 재교육하는 초계문신제를 시행하였어요.
⑤ 고려의 승려 의천은 흥왕사에 교장도감을 설치하고 불교 경전에 대한 주석서를 모아 "속장경(교장)"을 편찬하였어요.

### 4 제왕운기 정답 ③

**정답 찾기** 이승휴가 중국과 우리의 역사를 칠언시와 오언시의 운문으로 엮었다는 내용을 통해 검색창에 들어갈 역사서가 "제왕운기"임을 알 수 있어요. "제왕운기"는 원 간섭기인 고려 충렬왕 때 이승휴가 중국과 우리나라의 제왕을 중심으로 서술한 역사서입니다. 중국의 역사는 신화 시대부터 원까지, 우리나라의 역사는 단군의 고조선부터 충렬왕 때까지를 다루었어요. ③ 이승휴는 "제왕운기"에서 우리 민족의 시조를 단군으로 보고 단군의 고조선 건국 이야기를 수록하였어요.

**오답 피하기**
① 조선 후기에 유득공은 "발해고"에서 발해를 우리 역사로 본격적으로 다루며 '남북국'이라는 용어를 처음 사용하였어요.
② 고려 후기에 일연이 쓴 "삼국유사"는 불교사를 중심으로 고대의 민간 설화와 야사 등을 담았어요.
④ 고려의 승려 각훈은 왕명을 받아 고승들의 전기를 기록한 "해동고승전"을 저술하였어요.
⑤ 기전체는 본기, 열전, 지, 연표로 구분하여 역사를 서술하는 방식이에요. 대표적인 기전체 역사서로 김부식이 쓴 "삼국사기"를 들 수 있어요.

**5** 밑줄 그은 '역사서'에 대한 설명으로 옳은 것은? [1점]

심화 59회 18번

이곳은 경상북도 군위군에 위치한 인각사로, 승려 일연이 마지막 여생을 보낸 곳입니다. 그는 불교사를 중심으로 민간 설화 등을 수록한 역사서를 저술하였습니다.

① 편년체 형식으로 기술되었다.
② 고조선의 건국 이야기가 서술되었다.
③ 남북국이라는 용어가 처음 사용되었다.
④ 왕명에 의해 고승들의 전기가 기록되었다.
⑤ 고구려 시조의 일대기가 서사시로 표현되었다.

**6** (가)에 들어갈 내용으로 옳은 것은? [2점]

심화 65회 13번

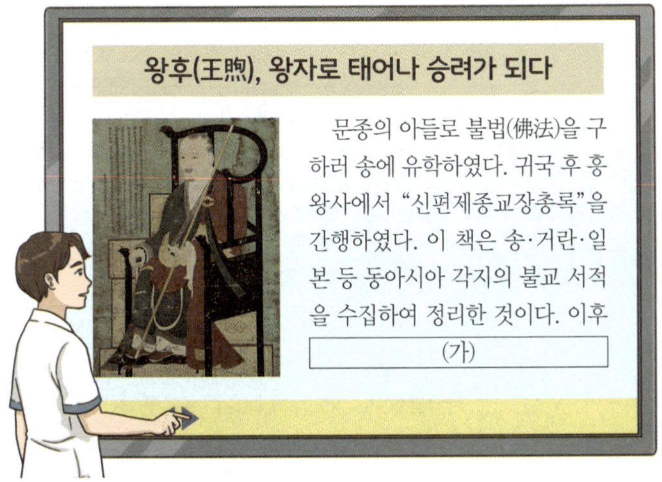


① 국청사의 주지가 되어 해동 천태종을 개창하였다.
② 불교 개혁을 주장하며 수선사 결사를 조직하였다.
③ 선문염송집을 편찬하고 유불 일치설을 주장하였다.
④ 불교 관련 자료를 중심으로 삼국유사를 집필하였다.
⑤ 인도와 중앙아시아를 순례하고 왕오천축국전을 남겼다.

**5** 삼국유사 정답 ②

정답 찾기 승려 일연이 불교사를 중심으로 민간 설화 등을 수록하여 저술하였다는 내용을 통해 밑줄 그은 '역사서'가 "삼국유사"임을 알 수 있어요. "삼국유사"는 고려 후기에 일연이 불교사를 중심으로 고대의 민간 설화와 야사 등을 기록한 역사서입니다. ② 일연은 "삼국유사"에서 고조선을 우리 민족의 기원으로 보고 단군의 건국 이야기를 수록하였어요.

오답 피하기
① 편년체는 연대순으로 역사를 기술하는 방식으로, "조선왕조실록"이 편년체로 서술된 대표적인 역사서입니다. "삼국유사"는 왕력, 기이, 흥법, 탑상 등 주제별로 기술되었어요.
③ 조선 후기에 유득공이 저술한 "발해고"에서 '남북국'이라는 용어가 처음 사용되었어요.
④ 고려의 승려 각훈은 왕명을 받아 고승들의 전기를 기록한 "해동고승전"을 저술하였어요.
⑤ 고려 후기에 이규보는 고구려 건국 시조의 일대기를 서사시로 표현한 '동명왕편'을 지었어요.

**6** 의천의 활동 정답 ①

정답 찾기 문종의 아들이며 "신편제종교장총록"을 간행하였다는 내용을 통해 (가)에 고려의 승려 의천에 관한 내용이 들어가야 함을 알 수 있어요. 의천은 송에서 화엄종과 천태학 등을 공부하고 돌아와 "신편제종교장총록"을 편찬하였어요. 또 불교 통합을 추진하면서 수행 방법으로 이론 연마와 수행을 함께 강조하는 교관겸수를 제시하였어요. ① 의천은 국청사의 주지가 되어 해동 천태종을 개창하였어요.

오답 피하기
② 고려의 승려 지눌은 승려 본연의 자세로 돌아가 독경과 참선, 노동에 고루 힘써야 한다고 주장하며 수선사 결사를 조직하였어요.
③ 고려의 승려 혜심은 "선문염송집"을 편찬하고 유불 일치설을 주장하며 심성의 도야를 강조하였어요.
④ 고려의 승려 일연은 "삼국유사"를 저술하여 불교사를 중심으로 고대의 민간 설화, 야사 등을 정리하였어요.
⑤ 신라의 승려 혜초는 인도와 중앙아시아 지역을 순례하고 이 지역의 풍속, 종교, 문화 등을 담은 "왕오천축국전"을 저술하였어요.

**7** 심화 74회 16번

**(가) 인물에 대한 설명으로 옳은 것은?** [2점]

이것은 '불일보조국사'라는 시호를 받은 (가) 의 행적을 담고 있는 송광사 보조국사비입니다. 비문에는 그가 정혜결사를 조직하고, 권수정혜결사문을 지었다는 내용이 들어 있습니다. 또한, 당시 국왕이 그의 뜻을 흠모하여 그가 머물렀던 송광산 길상사(吉祥寺)를 조계산 수선사(修禪社)로 이름을 바꿔 주며 직접 글씨를 써서 보냈다는 등의 내용이 기록되어 있습니다.

① 법화 신앙에 중점을 둔 백련 결사를 이끌었다.
② 돈오점수를 바탕으로 꾸준한 수행을 강조하였다.
③ 승려들의 전기를 기록한 해동고승전을 저술하였다.
④ 선문염송집을 편찬하고 유불 일치설을 주장하였다.
⑤ 성상융회를 제창하여 교종 내 대립을 해소하고자 하였다.

**8** 심화 70회 12번

**(가)~(마)에 들어갈 내용으로 적절한 것은?** [3점]

〈한국사 학술 강좌〉

**인물로 보는 고려 불교사**

우리 학회에서는 고려 승려들의 활동을 통해 불교사의 흐름을 파악하는 자리를 마련하였습니다. 관심 있는 분들의 많은 참여를 바랍니다.

▣ 강좌 주제 ▣

제1강 균여, (가)
제2강 의천, (나)
제3강 지눌, (다)
제4강 요세, (라)
제5강 혜심, (마)

• 일시 : 2024년 ○○월 ○○일 09:00~17:00
• 장소 : □□ 박물관 대강당
• 주최 : △△ 학회

① (가) - 법화 신앙에 중점을 둔 백련 결사를 제창하다
② (나) - 심성의 도야를 강조한 유불 일치설을 주장하다
③ (다) - 권수정혜결사문을 작성하여 정혜쌍수를 강조하다
④ (라) - 이론과 수행을 함께 강조하는 교관겸수를 제시하다
⑤ (마) - 보현십원가를 지어 불교 교리를 대중에게 전파하다

**7 지눌의 활동** 정답 ②

정답 찾기 '불일보조국사'라는 시호를 받았으며, "권수정혜결사문"을 지었다는 내용을 통해 (가) 인물이 고려의 승려 지눌임을 알 수 있어요. 지눌은 선종을 중심으로 교종을 통합하고자 하였으며, "권수정혜결사문"을 지어 수행 방법으로 참선과 교리 공부를 나란히 수행하자는 정혜쌍수를 주장하였어요. ② 지눌은 단번에 깨우치되 깨달은 후에도 점진적으로 수행을 계속해야 한다는 돈오점수를 주장하였어요.

오답 피하기
① 요세는 강진의 백련사에서 법화 신앙에 중점을 둔 백련 결사를 이끌었어요.
③ 각훈은 삼국 시대 이래 우리나라 고승들의 전기를 정리한 "해동고승전"을 저술하였어요.
④ 혜심은 심성의 도야를 강조한 유불 일치설을 주장하였는데, 이는 장차 성리학을 받아들일 수 있는 사상적 토대가 되었어요.
⑤ 균여는 화엄 사상을 중심으로 법상종의 사상을 융합하려는 성상융회를 제창하여 교종 내 교파 간의 대립을 해소하고자 하였어요.

**8 고려 승려들의 활동** 정답 ③

정답 찾기 ③ 지눌은 "권수정혜결사문"을 지어 수행 방법으로 참선과 교리 공부를 함께해야 한다는 정혜쌍수를 강조하였어요.

오답 피하기
① 백련 결사를 제창한 인물은 요세입니다. 균여는 '보현십원가' 등 화엄 사상을 담은 향가를 지어 대중에게 불교 교리를 전파하는 데 힘썼어요.
② 유불 일치설을 주장한 인물은 혜심이에요. 의천은 교종을 중심으로 불교 교단을 통합하고자 하였으며, 수행 방법으로 이론의 연마와 수행을 함께 강조하는 교관겸수를 제시하였어요.
④ 교관겸수를 제시한 인물은 의천이에요. 요세는 법화 신앙을 강조하며 백련사에서 백련 결사를 결성하여 불교 정화 운동을 전개하였어요.
⑤ '보현십원가'를 지은 인물은 균여입니다. 혜심은 지눌의 제자로, "선문염송집"을 편찬하고 유불 일치설을 주장하였어요. 혜심의 유불 일치설은 장차 성리학을 받아들일 수 있는 사상적 토대가 되었어요.

# 14강 고려(문화 1)

**Ready go**
이번 강 별 채우기 제한 시간은 **2분 50초**
한 문장을 끝까지 또박또박 읽어야 패스!

기출 선택지로 별 채우기
**한국사를 채우다**

**01** 고려 시대에 유학 교육을 진흥하기 위해 중앙에는 ★★감, 지방에는 ★교를 설립하였다.

**02** 국자감에는 유학부 외에 율학·서학·산학 등의 ★★학부가 있었다.

**03** 고려의 과거는 ★관을 뽑는 명경과와 제술과, 기술관을 뽑는 ★과, 승려를 대상으로 하는 ★과가 있었다.

**04** 고려 시대에 과거 시험에서 ★과는 거의 시행되지 않았다.

**05** 고려 시대에는 과거 감독관인 ★★거와 합격자 사이에 좌주와 문생 관계가 형성되었다.

**06** 최충은 ★★ 학당을 세워 유학 교육을 실시하였는데, 최충의 시호를 따 ★★★도라고도 불렸다.

**07** 고려 중기에 사립 교육 기관인 사학 ★★도가 융성하였다.

**08** 고려는 예종 때 국자감에 전문 강좌인 ★재를 두어 운영하였다.

**09** 고려는 관학 진흥을 위해 ★★고를 설치하여 장학 기금을 마련하였다.

**10** 안★은 원으로부터 성리학을 들여와 고려에 최초로 소개하였다.

**11** 충선왕은 원의 연경에 ★★당을 설치하여 고려와 원 학자들의 교류를 확대하였다.

**12** 이★현은 만권당에서 원의 학자들과 교유하였다.

**13** 이제현은 "★★패설", "★략" 등을 저술하였다.

**14** 김부식은 왕명으로 유교 사관에 입각하여 "삼국★★"를 저술하였다.

**15** "삼국사기"는 ★★체 형식으로 편찬되었으며, 현존하는 우리나라에서 가장 오래된 역사서이다.

16 각훈은 승려들의 전기를 기록한 "해동★★전"을 남겼다.

17 이규보는 고구려 건국 시조의 일대기를 서사시 형태로 서술한 '★★★편'을 저술하였다.

18 고려 후기에 일연은 불교사를 중심으로 민간 설화를 기록한 "삼국★★"를 저술하였다.

19 이승휴가 쓴 "제왕★★"는 고조선부터 충렬왕 때까지의 역사를 서사시 형태로 정리한 역사서이다.

20 "삼국유사"와 "제왕운기"는 고조선을 우리 역사의 시작으로 보았으며, ★★의 건국 이야기를 다루었다.

21 태조는 훈요 10조에서 불교를 중시하고 ★등회와 ★관회 같은 행사를 소홀히 하지 말 것을 당부하였다.

22 광종 때 ★여는 향가 형태의 '보현십원가'를 지어 불교 교리를 대중에게 전파하였다.

23 ★★은 이론의 연마와 실천을 함께 강조하는 교관겸수를 제창하였다.

24 의천은 불교 통합을 위해 국청사를 중심으로 해동 ★★종을 창시하였다.

25 의천은 ★★도감을 설치하여 불교 경전에 대한 주석서를 편찬하였다.

26 지눌은 수★★ 결사를 제창하여 불교계를 개혁하고자 하였다.

27 지눌은 ★★점수를 주장하며 수행 방법으로 ★★쌍수를 내세웠다.

28 ★심은 지눌의 제자로 "선문염송집"을 편찬하고 유불 일치설을 주장하였다.

29 ★세는 법화 신앙을 바탕으로 백련 결사를 주도하였다.

30 고려 중기 이후 한양을 중시하는 ★경 길지설이 대두되었다.

정답

**01** 국자, 향 **02** 기술 **03** 문, 잡, 승 **04** 무 **05** 지공 **06** 9재, 문헌공 **07** 12 **08** 7 **09** 양현 **10** 향 **11** 만권 **12** 제 **13** 역옹, 사 **14** 사기 **15** 기전 **16** 고승 **17** 동명왕 **18** 유사 **19** 운기 **20** 단군 **21** 연, 팔 **22** 균 **23** 의천 **24** 천태 **25** 교장 **26** 선사 **27** 돈오, 정혜 **28** 혜 **29** 요 **30** 남

# 15강 고려(문화 2)

한국사의 흐름을 한눈에
한국사를 그리다

강의 바로 보기

| 구분 | 전기: 초기 | 전기: 중기 | 후기 (1170~) |
|---|---|---|---|
| 불상 & 회화 | ·★불 유행: 하남 하사창동 철조 석가여래 좌상<br>·★★ 석불: 논산 관촉사 석조 미륵보살 입상<br>안동 이천동 마애 여래 입상<br>파주 용미리 마애 이불 입상 | 신라 계승: 영주 ★★사 소조 아미타여래 좌상<br>└ 의상 | ·불화 ┌ 아미타래영도<br>└ 수월관음도 ⇒ 지배층 소원<br>·천산대렵도(by 공민왕?) |
| 불탑 | ·여주 고달사지 승탑<br>·충주 정토사지 홍법국사 승탑(국박) | 다각 다층 석탑 ⇒ 평창 월정사 8각 9층 석탑<br>(석조 보살 좌상) | 개성 ★★사지 ★★층 석탑(원 영향) – 대리석(국박 실내) → 서울 원각사지 10층 석탑(조선) |
| 공예 | | 나전 칠기, 순청자 ~~~~~~→ | ★★ 청자 → 분청사기 / 은입사 |
| 인쇄: 목판 | → 대량 O, 다양 X   초조대장경(★★X) —— | 교장(의천) —— | X → 재조대장경(= ★★ 대장경, ★★X, 무신) – 경남 합천 해인사에 보관, 유네스코 세계 기록 유산 |
| 인쇄: 활판 | → 소량 O, 다양 O | 〈상정고금예문〉(인종 X) | 〈★★심체요절〉[현존 세계 최고(最古) 금속 활자본] – 청주(서원경) 흥덕사에서 제작, 유네스코 세계 기록 유산 |
| 건축 | ·★★포 양식 X 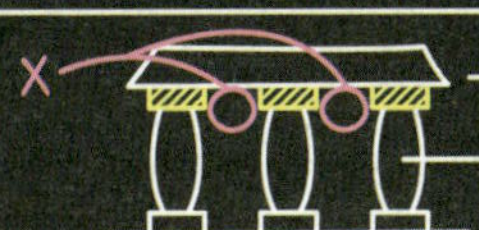 배흘림 —— | —— | → 안동 봉정사 극락전, 예산 수덕사 대웅전, 영주 부석사 ★★★전<br>└ 현존 최고(最古) 고려 목조 건축물<br>·다포 양식: 황해도 성불사 응진전 |
| 과학(천문) | 사천대, 선명력(당) | | 수시력(원), 개성 첨성대(?) |
| 의학 | | | 〈향약★★방〉: 현존 우리나라 최고(最古) 의약서 |
| 무기 | | | 화통도감(우왕, 최무선) → ★★(군산) 대첩 ---> 황산 전투(이성계) |

★정답 철, 대형, 부석, 경천, 10, 상감, 거란, 팔만, 몽골, 직지, 주심, 무량수, 구급, 진포

→ 나만의 약점 단권화 노트 28쪽에서 완성 판서를 확인하세요.

# 15강 고려(문화 2)

이곳은 당신의 놀이터!
한국사를 쓰다

| | 전기 | | 1170 후기 |
| --- | --- | --- | --- |
| | 초기 | 중기 | |
| 불상 & 회화 | | | |
| 불탑 | | | |
| 공예 | | | |
| 인쇄 - 목판 | | | |
| 인쇄 - 활판 | | | |
| 건축 | 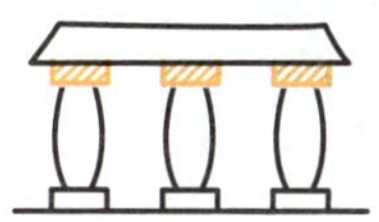 | | |
| 과학(천문) | | | |
| 의학 | | | |
| 무기 | | | |

# 15강 고려(문화 2)

낯선 용어와 자료 돋보기

## 한국사를 보다

### 하남 하사창동 철조 석가여래 좌상

하남시 하사창동에서 출토된 대형 철불로, 앉아 있는 모습의 석가모니상이에요. 고려 초기에는 지방 호족들의 영향으로 대형 철불이 많이 만들어졌어요.

### 논산 관촉사 석조 미륵보살 입상

논산 관촉사에 있는 돌로 만들어진 서 있는 모습의 미륵보살상으로, 은진 미륵이라고도 불려요. 고려 광종 때 만들어졌으며, 고려 시대 불상 가운데 가장 큰 불상으로 알려져 있어요. 개성 있는 지방 문화를 보여 줍니다.

### 안동 이천동 마애 여래 입상

고려 전기에 제작된 거대 불상으로, 거대한 자연 암석에 몸체를 조각하고 별개의 돌로 머리를 조각하여 올려 놓은 특이한 형식의 불상이에요. 제비원 석불이라고도 해요.

### 영주 부석사 소조 (아미타)여래 좌상

영주 부석사 무량수전에 있는 진흙으로 만들어진 앉아 있는 모습의 부처상으로, 신라 불상 양식의 전통을 계승하였어요. 소조 불상으로는 가장 크고 오래된 것이에요.

### 용어 사전

**승탑**
승려들의 사리를 보관하는 탑으로, 신라 말에 선종의 유행과 함께 승탑과 탑비가 많이 만들어졌어요.

**분청사기**
청자 위에 분칠한 사기그릇이라는 뜻으로, 회색 또는 흑회색의 태토(바탕흙) 위에 백토 가루로 분을 발라 구워 낸 자기예요. 고려 말 청자 특유의 비색이 퇴조하면서 등장하였어요.

### 수월관음도

관음보살은 중생의 고통을 구제하는 보살이며, 수월관음도는 물에 비친 달빛을 관음보살이 내려다보는 모습을 그린 불화입니다. 고려 후기에는 왕실이나 귀족들의 평안과 극락왕생을 기원하는 불화가 많이 제작되었습니다.

### 천산대렵도

비단에 변발과 호복을 한 무사들이 사냥하는 모습을 그린 그림으로, 공민왕이 그렸다고 전해지고 있어요. 고려 시대에는 고구려의 전통과 몽골의 영향으로 수렵이 유행하였고 수렵 활동의 모습이 종종 그림으로 그려졌어요.

### 평창 월정사 8각 9층 석탑

통일 신라 시대에는 4각형의 3층으로 된 석탑이 주로 만들어졌지만, 고려 시대에는 다각형으로 3층보다 높이 쌓은 다각 다층 석탑이 많이 만들어졌어요. 대표적인 다각 다층 석탑으로 평창 월정사 8각 9층 석탑이 있으며, 이 탑의 옆에는 탑을 향해 공양하는 듯한 모습의 석조 보살 좌상이 있었습니다.

석조 보살 좌상

### 개성 경천사지 10층 석탑

충목왕 때 건립된 다각 다층탑이에요. 우리나라의 탑은 보통 화강암을 재료로 하는데, 이 탑은 원의 영향을 받아 대리석으로 만들어졌어요. 대한 제국 말에 일본으로 무단 반출되었다가 반환되어 경복궁에 세워졌다가 현재는 국립 중앙 박물관 실내에 전시되어 있어요.

### 여주 고달사지 승탑

고려 시대에는 다양한 형태의 승탑과 탑비가 많이 만들어졌는데, 여주 고달사지 승탑은 신라 후기의 팔각원당형을 계승하였어요. 고려의 승탑은 신라의 승탑에 비해 단순한 형식으로 제작되었어요.

### 나전 칠기

조개껍질을 얇게 간 자개를 이용하는 나전은 목공예 기법 중 하나입니다. 나전 칠기는 옻칠한 바탕에 자개를 여러 가지 형태로 오려 붙여 장식한 것이에요.

### 은입사

금속 그릇 표면에 무늬를 새기고 은실을 채워 넣어 무늬를 장식한 것이에요. 상감 기법은 이 은입사 기법을 자기에 응용한 것입니다.

청동 은입사
물가풍경무늬
(포류수금문) 정병

**용어 사전**

**초조대장경**
대장경은 불경을 집대성한 경전이고, 초조는 처음 초(初), 새길 조(雕)입니다. 즉, 초조대장경은 처음 새긴 대장경이라는 뜻이에요. 부처의 힘으로 거란의 침입을 물리치기 위해 만들었어요.

**상정고금예문**
인종 때 최윤의가 고금의 예의를 수집하여 정리한 예법서예요. 그 뒤 1234년에 금속 활자를 이용해 "상정고금예문" 28부를 인쇄하였다는 기록이 남아 있으나 이 책은 현재 전해지지 않아요.

### 고려청자

순청자는 무늬나 장식이 없는 청자로, 주로 11세기에 만들어졌어요. 상감 청자는 그릇 표면에 무늬를 새기고 그 안을 백토나 흑토로 채우는 상감 기법을 이용하여 만든 청자로, 12세기 후반부터 많이 만들어졌어요. 상감 기법은 고려에서 개발한 독창적인 기법이에요.

순청자
(청자 참외 모양 병)

상감 청자
(청자 상감 운학무늬 매병)

### 팔만대장경

부처의 힘으로 몽골의 침입을 물리치고자 제작된 팔만대장경은 그 경판의 수가 팔만 장 이상에 달한다고 하여 붙여진 이름이에요. 고려 초에 거란의 침입을 물리치기 위해 제작된 초조대장경이 몽골의 침입으로 불타자 다시 대장경을 만들었다고 해서 재조대장경이라고도 합니다. 팔만대장경판은 현재 조선 초에 지어진 합천 해인사 장경판전에 보관되어 있어요. 팔만대장경판은 2007년 '고려대장경판 및 제경판'이라는 이름으로 유네스코 세계 기록 유산으로 등재되었고, 해인사 장경판전은 1995년 유네스코 세계 유산으로 등재되었어요.

팔만대장경판

합천 해인사 장경판전

### 고려의 금속 활자

글자를 한 글자 한 글자 새긴 활자를 문장으로 조판하면 활판이 되고 이것을 인쇄하면 활판 인쇄라고 합니다. 이 활자를 금속으로 주조하여 만든 것이 금속 활자입니다. 13세기 전반에 인쇄된 "상정고금예문"은 서양보다 200여 년이나 앞서 금속 활자로 인쇄되었지만 현재 전하지 않아요. 현존하는 세계에서 가장 오래된 금속 활자본은 14세기 후반에 인쇄된 "직지심체요절"이에요.

# 15강 고려(문화 2)

낯선 용어와 자료 돋보기
한국사를 보다

## 직지심체요절

고려 시대 백운화상이라는 승려가 부처의 말씀이 담긴 책에서 중요한 것만 뽑아 해설을 붙여 편찬한 책을 청주 흥덕사에서 금속 활자로 인쇄하였어요. 현재 남아 있는 금속 활자 인쇄본 중 세계에서 가장 오래된 것이에요. 이때 간행된 상·하 2권 가운데 지금까지 전해지고 있는 것은 하권 1책뿐입니다. "직지심체요절"은 19세기 말 주한 프랑스 대리 공사로 부임한 플랑시가 수집한 서적들 속에 있었는데, 골동품상에게 팔렸다가 1950년 프랑스 국립 도서관에 기증되어 현재에 이르고 있어요.

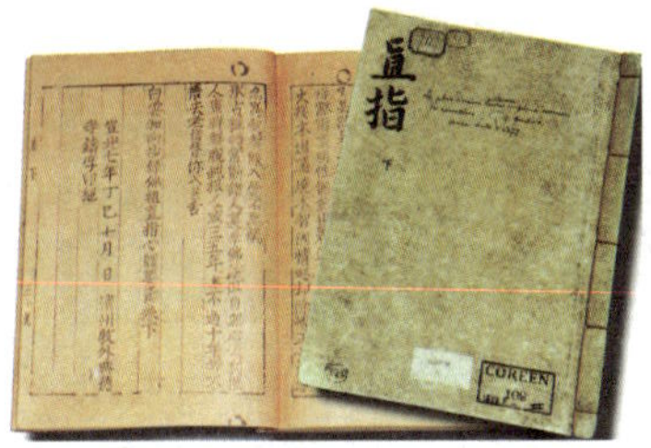

## 고려 시대 천문학의 발달

고려 시대에는 천재지변을 하늘의 뜻으로 인식하였어요. 그렇기 때문에 하늘의 뜻을 알고 농사에 필요한 기상 정보 등을 파악하기 위해 천문학과 역법이 발달하였습니다. 고려 시대에는 천문 관측과 역법 계산을 맡아하던 관청으로 사천대(후에 서운관)가 설치되었어요.

> 고려 왕조 475년간에 일식이 132회 있었고, 다섯 개의 행성이 다른 별에 접근한 현상과 각종 별의 이상한 현상도 많았다. 이제 역사 기록에 나타난 이러한 사료를 모아서 천문지를 만든다.
> - "고려사" -

고려의 첨성대(개성)

## 최무선의 화포 제작

고려 말 왜구의 침략으로 백성들이 고통을 받았어요. 이 무렵 최무선이 각고의 노력 끝에 화약과 화포를 개발하였어요. 그리고 우왕에게 화통도감의 설치를 건의하여 화약 무기를 제작하였습니다. 최무선은 이 무기들을 앞세워 진포 대첩에서 왜구를 크게 물리쳤어요.

> 왜구가 배 500척을 이끌고 진포 입구에 들어와서는 큰 밧줄로 배를 서로 잡아매고 병사를 나누어 지키다가, 해안에 상륙하여 여러 고을로 흩어져 들어가 불을 지르고 노략질을 자행하였다. …… 나세, 심덕부, 최무선 등이 진포에 이르러, 최무선이 만든 화포를 처음으로 사용하여 그 배들을 불태우자 연기와 화염이 하늘을 가렸다.
> - "고려사절요" -

## 주심포 양식

공포가 기둥머리 바로 위에만 있는 건축 양식을 주심포 양식이라고 해요. 고려 시대에는 주심포 양식에 배흘림기둥으로 된 건물이 많이 지어졌는데, 현재는 후기에 지어진 건축물만 남아 있어요. 그중 안동 봉정사 극락전은 현존하는 우리나라에서 가장 오래된 목조 건축물이에요.

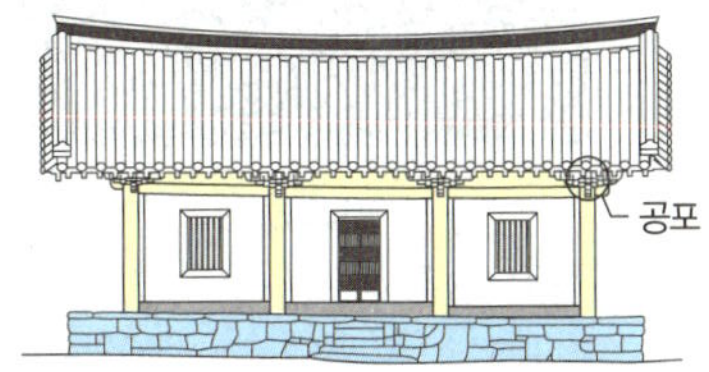

주심포 양식

안동 봉정사 극락전

예산 수덕사 대웅전

영주 부석사 무량수전

## 다포 양식

다포는 기둥 위에 공포가 많다는 뜻이에요. 지붕과 맞닿은 기둥 위뿐만 아니라 기둥과 기둥 사이에도 공포를 두는 양식입니다. 고려 후기에는 다포 양식의 건물이 등장하였는데, 현재 북한 지역의 사리원 성불사 응진전이 대표적이에요. 다포 양식은 조선 시대의 건축에 큰 영향을 미쳤어요. 크고 화려한 건물을 지을 때 다포 양식을 많이 쓰는데, 조선 시대의 경복궁 근정전이 대표적이에요.

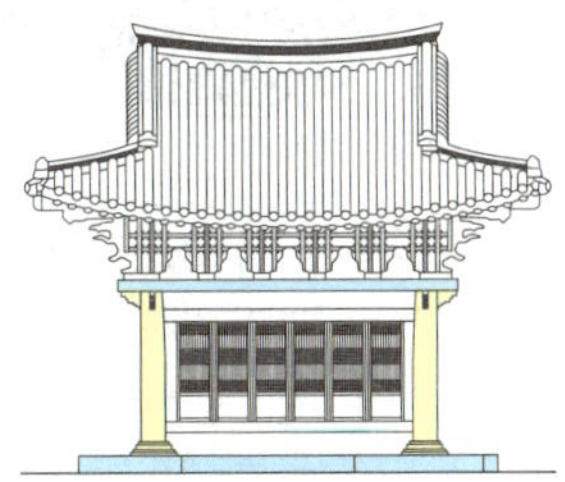
다포 양식

사리원 성불사 응진전

### 용어 사전

**공포**
처마의 무게를 받치기 위해 짜 맞춘 구조물로, 지붕의 무게를 효과적으로 기둥에 전달하는 기능과 함께 장식적 기능도 가지고 있어요.

**배흘림기둥**
기둥의 가운데 부분을 살짝 불룩하게 만든 형태로, 구조의 안정과 중간 부분이 가늘어 보이는 착시 현상을 교정하기 위한 것이에요.

**역법**
천체의 주기적 현상을 기준으로 시간의 단위를 정하는 방법이에요.

**향약구급방**
'향촌에서 구할 수 있는 약재를 통한 비상 처방전'이라는 뜻으로, 현재 우리나라에 전해지는 가장 오래된 의약서예요.

# 15강 고려(문화 2)

마무리도 빈틈없이

한국사를 **읽다**

## 1 예술의 발달

### (1) 불상

| | |
|---|---|
| 초기 | • 철불 유행 : 하남 하사창동 철조 석가여래 좌상<br>• 대형 석불 유행 : 논산 관촉사 석조 미륵보살 입상, 안동 이천동 마애 여래 입상, 파주 용미리 마애 이불 입상 → 지역적 특색 반영 |
| 중기 | 영주 부석사 소조 여래 좌상(신라 양식 계승) |

### (2) 회화

| | |
|---|---|
| 전기 | 문인화·산수화 유행 → 전하지 않음 |
| 후기 | 불화 유행(아미타래영도, 혜허의 수월관음도 등), 천산대렵도(공민왕의 작품으로 추정) |

### (3) 석탑과 승탑

| | |
|---|---|
| 전기 | • 평창 월정사 8각 9층 석탑과 같은 다각 다층탑 유행<br>• 여주 고달사지 승탑(신라의 팔각원당형 계승), 충주 정토사지 홍법국사탑(공 모양의 특이한 탑신부, 기단의 섬세한 조각, 현재 국립 중앙 박물관 소장) |
| 후기 | 개성 경천사지 10층 석탑(원의 영향을 받아 대리석으로 제작, 현재 국립 중앙 박물관 실내에 전시) → 조선 시대 서울 원각사지 10층 석탑에 영향을 줌 |

### (4) 청자

| | | |
|---|---|---|
| 전기 | 순청자 | 10세기 중반~11세기까지 주로 제작, 신라와 발해의 전통과 기술 + 송의 자기 기술 수용 |
| 후기 | 상감 청자 | • 12세기 이후 유행, 원 간섭기 이후 쇠퇴<br>• 그릇 표면에 무늬를 새기고 다른 색 흙을 채워 넣어 유약을 발라 구워 냄 → 고려만의 독창적인 상감 기법 |

### (5) 공예

| | |
|---|---|
| 특징 | 지배층의 생활 도구와 불교 의식에 사용되는 불구를 중심으로 발달 |
| 금속 공예 | 은입사 기술 발달 |
| 나전 칠기 | 옻칠한 바탕에 자개를 붙여 무늬를 표현 |

### (6) 건축

| | |
|---|---|
| 주심포 양식 | • 공포를 기둥 위에만 설치<br>• 현재 고려 후기에 지어진 건축물만 전해짐<br>• 안동 봉정사 극락전(현존하는 우리나라에서 가장 오래된 목조 건축물), 영주 부석사 무량수전, 예산 수덕사 대웅전 : 주심포 양식, 배흘림기둥 |
| 다포 양식 | • 기둥과 기둥 사이에도 공포 설치<br>• 고려 후기에 등장 → 조선 시대 건축에 영향을 줌<br>• 사리원 성불사 응진전 |

## 2 과학 기술의 발달

### (1) 인쇄술

| | |
|---|---|
| 목판 인쇄술 | • 초조대장경 : 거란의 침입 때 제작, 몽골의 침입 때 소실<br>• "교장" : 불교 경전 해설서, 의천이 편찬<br>• 팔만대장경(재조대장경) : 몽골의 침입 때 제작, 최씨 무신 정권의 후원, 합천 해인사 장경판전에 보관 |
| 활판 인쇄술 | • "상정고금예문"(1234) : 인종 때 처음 편찬된 책이며, 몽골의 침입으로 강화도로 피란한 당시 금속 활자로 인쇄되었다는 기록이 있으나 현존하지 않음<br>• "직지심체요절"(1377) : 청주 흥덕사에서 금속 활자로 간행, 현존하는 세계에서 가장 오래된 금속 활자 인쇄본, 프랑스 국립 도서관 소장, 유네스코 세계 기록 유산으로 등재 |

### (2) 천문학과 의학의 발달

| | |
|---|---|
| 천문학 | • 천문 관측과 역법 계산을 중심으로 발달<br>• 사천대(천문 관측 담당 관청)에서 천체와 기상 관측<br>• 역법 : 당의 선명력 → 원의 수시력 |
| 의학 | "향약구급방" : 우리나라에 전해지는 가장 오래된 의약서 |

### (3) 무기의 발달

| | |
|---|---|
| 최무선 | • 원으로부터 화약 제조 기술을 습득하여 화약 및 화포 개발에 성공<br>• 화통도감 : 최무선의 건의로 우왕 3년(1377)에 설치 → 화약과 화포 제작 |
| 화포 사용 | 진포 대첩[나세, 심덕부, 최무선 등이 군산에서 왜구 격퇴(우왕 6년, 1380)], 관음포 전투[정지가 관음포에서 왜구 격퇴(우왕 9년, 1383)]에서 왜구 격퇴에 사용 |

# 15강 고려(문화 2)

**1** 밑줄 그은 '불상'에 해당하는 문화유산으로 옳은 것은? [2점]

심화 67회 16번

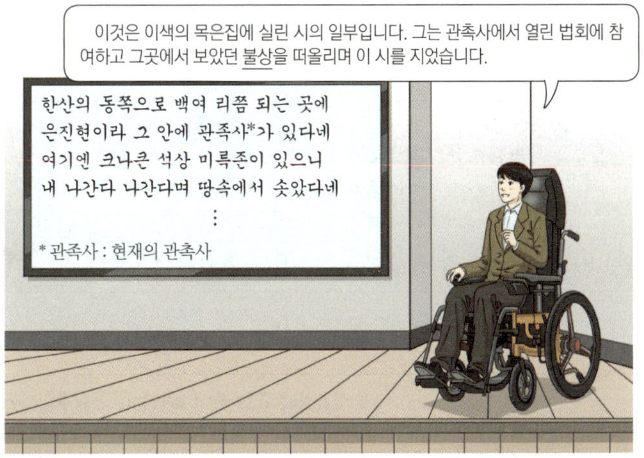

이것은 이색의 목은집에 실린 시의 일부입니다. 그는 관촉사에서 열린 법회에 참여하고 그곳에서 보았던 불상을 떠올리며 이 시를 지었습니다.
한산의 동쪽으로 백여 리쯤 되는 곳에
은진현이라 그 안에 관촉사*가 있다네
여기엔 크나큰 석상 미륵존이 있으니
내 나간다 나간다며 땅속에서 솟았다네
⋮
* 관촉사 : 현재의 관촉사


① 
② 
③ 
④ 
⑤ 

**2** (가)에 해당하는 문화유산으로 옳은 것은? [2점]

심화 63회 46번

국가문화유산포털

종목별 (전체) (국보) (보물) (사적) (명승)

문화유산 검색 [검색] [초기화] □ 결과 내 검색

(가)

부석사 무량수전에 있는 소조 불상으로, 우리나라 소조 불상 가운데 가장 규모가 크고 오래되어 그 가치가 높다.

얼굴은 풍만한 편이며 두꺼운 입술과 날카로운 코 등에서 근엄한 인상을 풍긴다. 옷 주름의 형태 등을 통해 고려 시대 불상임을 알 수 있다.

① 
② 
③ 
④ 
⑤ 

**1 논산 관촉사 석조 미륵보살 입상** 정답 ③

정답 찾기: 관촉사에 크나큰 석상 미륵존이 있다는 내용을 통해 밑줄 그은 '불상'이 ③ 고려의 논산 관촉사 석조 미륵보살 입상임을 알 수 있어요. 고려 초기에 지방 호족의 영향으로 개성 있는 모습의 거대 불상이 만들어졌어요. 논산 관촉사 석조 미륵보살 입상은 우리나라 석조 불상 중 가장 큰 불상이에요.

오답 피하기: ① 고려의 파주 용미리 마애 이불 입상, ② 통일 신라의 경산 팔공산 관봉 석조 여래 좌상, ④ 백제의 서산 용현리 마애 여래 삼존상, ⑤ 고려의 안동 이천동 마애 여래 입상이에요.

**2 영주 부석사 소조 여래 좌상** 정답 ⑤

정답 찾기: 부석사 무량수전에 있는 소조 불상이라는 내용을 통해 (가)에 해당하는 문화유산이 ⑤ 영주 부석사 소조 여래 좌상임을 알 수 있어요. 영주 부석사 소조 여래 좌상은 고려 시대의 불상으로 신라 양식을 계승하였어요.

오답 피하기: ① 통일 신라 시기에 만들어진 경주 석굴암 본존불상, ② 고려 말~조선 초에 만들어진 것으로 보이는 금동 관음보살 좌상, ③ 고려 초기에 만들어진 하남 하사창동 철조 석가여래 좌상, ④ 삼국 시대의 금동 미륵보살 반가 사유상이에요.

## 3 (가) 국가의 국가유산으로 옳지 않은 것은? [1점]

심화 71회 16번

**□□신문**

제△△호 2024년 ○○월 ○○일

**'국보 순회전 : 모두의 곁으로', 강진군에서 열려**

▲ 청자 상감 모란무늬 항아리

국립 중앙 박물관이 지역 간의 문화 격차를 해소하기 위해 기획한 국보 순회전이 전남 강진군에서 '도자기에 핀 꽃, 상감 청자'를 주제로 개최된다. 이번 전시에서는 청자 상감 모란무늬 항아리, 청자 상감 물가풍경무늬 매병 등 (가) 의 대표적인 국가유산인 상감 청자가 공개된다. 특히 국보 '청자 상감 모란무늬 항아리'는 왕실 자기의 전형을 보여 주는 유물로, 모란을 정교하고 화려하면서도 사실적으로 묘사하였다는 평가를 받는다. 전시회 관계자는 "상감 청자의 생산지였던 강진군에서 개최되어 더 큰 의미가 있다."라고 밝혔다.

①

②

③

④

⑤

## 4 (가) 국가의 탑으로 옳은 것은? [1점]

심화 72회 17번

이 탑은 원래 개성에 있었는데 지금은 국립 중앙 박물관에 옮겨져 새로운 영상 기법으로 전시되고 있습니다. (가) 시대에 만들어진 이 탑은 이후 원각사지 십층 석탑에 영향을 주기도 하였습니다.


①

②

③

④

⑤

### 3 고려의 국가유산 정답 ⑤

**정답 찾기** 상감 청자가 대표적인 국가유산이라는 내용을 통해 (가) 국가가 고려임을 알 수 있어요. 상감 청자는 표면에 무늬를 새겨 파내고 그 안을 백토나 흑토 등으로 채우는 상감 기법을 이용하여 만든 청자로, 12세기 후반에 많이 만들어졌어요. ⑤ 조선 후기에 김득신이 그린 파적도입니다.

**오답 피하기** 고려의 국가유산인 ① 논산 관촉사 석조 미륵보살 입상, ② 나전 국화 넝쿨무늬 합, ③ 수월관음도, ④ 개성 경천사지 10층 석탑이에요.

### 4 고려의 탑 정답 ③

**정답 찾기** 원래 개성에 있었으나 지금은 국립 중앙 박물관에 옮겨져 있으며, 원각사지 10층 석탑에 영향을 주었다는 내용을 통해 제시된 탑이 고려 시대에 만들어진 개성 경천사지 10층 석탑임을 알 수 있어요. ③ 고려의 평창 월정사 8각 9층 석탑이에요. 고려 전기에 유행한 다각 다층 양식의 대표적인 탑이에요.

**오답 피하기**
① 통일 신라 시기에 세워진 경주 불국사 3층 석탑이에요.
② 백제의 부여 정림사지 5층 석탑이에요.
④ 통일 신라 시기에 세워진 구례 화엄사 4사자 3층 석탑이에요.
⑤ 백제의 익산 미륵사지 석탑이에요.

# 15강 고려(문화 2)

**5** (가) 문화유산에 대한 설명으로 옳은 것은? [2점]

심화 68회 17번

2023년 프랑스 국립 도서관에서 열린 '인쇄하다! 구텐베르크의 유럽' 전에서 (가) 이/가 공개되었습니다.
Imprimer !
L'Europe de Gutenberg
Exposition
1/3
1973년 '동양의 보물'전 이후 50년 만에 대중에게 전시되었다는 점에서 의미가 있습니다.
2/3
승려 백운이 편찬한 불서로 제자들이 1377년 청주 흥덕사에서 인쇄하였습니다. 현재 하권만 프랑스에 남아 있습니다.
3/3


① 신미양요 때 미군이 탈취하였다.
② 현존하는 최고(最古)의 금속 활자본이다.
③ 거란의 침입을 물리치기 위해 제작하였다.
④ 장영실, 이천 등이 제작한 활자로 인쇄하였다.
⑤ 불국사 삼층 석탑을 보수하는 과정에서 발견되었다.

**6** (가)에 해당하는 문화유산으로 옳은 것은? [2점]

심화 65회 17번

충청남도 예산군에 있는 이 건물은 맞배지붕에 주심포 양식입니다. 건물 보수 중 묵서명이 발견되어 충렬왕 34년이라는 정확한 건립 연도를 알게 되었습니다.
한국사 교실
국보로 지정된 불교 건축물
(가)


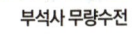

① 
수덕사 대웅전

② 
화엄사 각황전

③ 
부석사 무량수전

④ 
봉정사 극락전

⑤ 
법주사 팔상전

**5 직지심체요절** 정답 ②

정답 찾기 승려 백운이 편찬하였으며 1377년에 청주 흥덕사에서 인쇄하였다는 내용을 통해 (가) 문화유산이 "직지심체요절"임을 알 수 있어요. "직지심체요절"은 19세기에 주한 프랑스 대리 공사였던 콜랭 드 플랑시가 수집하여 프랑스에 가지고 갔으며, 현재 프랑스 국립 도서관에 보관되어 있어요. ② 프랑스 국립 도서관에서 근무하던 박병선 박사가 "직지심체요절"을 발견하고 연구하여 지금까지 남아 있는 금속 활자본 가운데 세계에서 가장 오래된 것이라는 사실을 밝혀냈어요. "직지심체요절"은 그 가치를 인정받아 유네스코 세계 기록 유산으로 등재되었어요.

오답 피하기
① 신미양요 때 미군은 어재연 장군의 장군기인 수자기를 탈취해 갔어요.
③ 고려 현종 때 부처의 힘을 빌려 거란의 침입을 물리치고자 하는 염원을 담아 초조대장경을 만들었어요.
④ 조선 세종 때 장영실, 이천 등이 왕명으로 금속 활자인 갑인자를 주조하였어요. 이후 "자치통감" 등 다양한 책이 갑인자로 인쇄되었어요.
⑤ 불국사 3층 석탑을 해체·보수하는 과정에서 무구정광대다라니경이 발견되었어요. 무구정광대다라니경은 현존하는 세계에서 가장 오래된 목판 인쇄물이에요.

**6 예산 수덕사 대웅전** 정답 ①

정답 찾기 충청남도 예산군에 있는 주심포 양식의 건물로, 고려 후기 충렬왕 때 건립된 문화유산은 ① 예산 수덕사 대웅전이에요.

오답 피하기 ② 구례 화엄사 각황전은 조선 후기에 지어진 중층 건물로, 현존하는 중층의 불전 중에서 가장 큰 규모입니다. ③ 영주 부석사 무량수전은 고려 시대에 지어진 주심포 양식의 건물로, 내부에 소조 여래 좌상이 봉안되어 있어요. ④ 안동 봉정사 극락전은 고려 시대에 지어진 주심포 양식의 건물로, 현존하는 우리나라에서 가장 오래된 목조 건축물이에요. ⑤ 보은 법주사 팔상전은 현존하는 유일한 조선 시대의 목탑으로, 내부에 석가모니의 생애를 여덟 장면으로 그린 팔상도가 있어요.

**7** (가)에 들어갈 내용으로 가장 적절한 것은? [2점]

심화 61회 19번

★ 역사 인물 다큐멘터리 기획안 ★

**화약 무기 연구의 선구자, ○○○**

1. 기획 의도
   중국의 군사 기밀이었던 화약 제조 기술을 습득해 우리나라 최초로 화약의 자체 생산에 성공한 ○○○. 그의 활동을 통해 국방 과학 기술의 중요성을 되새겨 본다.
2. 장면
   #1. 중국인 이원에게 염초 제조법을 배우다
   #2. (가)
   #3. 나세, 심덕부 등과 함께 진포에서 왜구를 크게 격퇴하다
   ⋮

① 신기전과 화차를 개발하다
② 화통도감의 설치를 건의하다
③ 불랑기포를 활용하여 평양성을 탈환하다
④ 조총 부대를 이끌고 나선 정벌에 참여하다
⑤ 발화 장치를 활용한 비격진천뢰를 발명하다

### 7 최무선의 활동 정답 ②

**정답 찾기** 중국의 군사 기밀이었던 화약 제조 기술을 습득해 우리나라 최초로 화약 자체 생산에 성공하였으며, 나세, 심덕부 등과 함께 진포에서 왜구를 크게 격퇴하였다는 내용을 통해 (가)에 최무선에 관한 내용이 들어가야 함을 알 수 있어요. 고려 말에 최무선은 왜구의 노략질을 방어하기 위해 화약과 화약 무기가 필요하다고 판단하여 당시 중국이 가진 화약 제조법을 습득하는 데 많은 노력을 기울였어요. ② 최무선은 화약과 화포 제작을 위한 관청으로 화통도감의 설치를 건의하였고, 이곳에서 제작된 화약과 화포를 이용하여 진포에 침입한 왜구를 격퇴하였어요.

**오답 피하기**
① 조선 세종 때 고려 말에 만들어진 병기인 주화를 개량한 신기전이 개발되었고, 문종 때에는 신기전의 발사대로 활용할 수 있는 화차가 개발되었어요.
③ 조선 선조 때 일어난 임진왜란 당시 평양성 탈환에 서양식 화포인 불랑기포가 사용되었어요.
④ 조선 효종 때 청의 요청에 따라 변급, 신류 등이 조총 부대를 이끌고 나선 정벌에 참여하였어요.
⑤ 조선 선조 때 이장손이 발화 장치를 이용한 폭탄인 비격진천뢰를 발명하였어요.

**8** (가) 국가의 문화유산으로 적절하지 <u>않은</u> 것은? [3점]

심화 74회 13번

우리 모둠은 영주 부석사 소조 여래 좌상을 소재로 하여 열쇠고리를 제작하고자 합니다.
〈한국사 모둠 활동〉
(가) 시대 문화유산 기념품 디자인 제작 발표회
1모둠
2모둠
3모둠
청자 모자원숭이모양 연적으로 석고 방향제 만들기
청자 상감 운학문 매병으로 조명등 만들기


①

②

③

④

⑤

### 8 고려의 문화유산 정답 ①

**정답 찾기** 영주 부석사 소조 여래 좌상, 청자 상감 운학문 매병 등을 통해 (가) 국가가 고려임을 알 수 있어요. 고려 시대인 12세기 후반에 그릇 표면에 무늬를 새기고 그 안을 백토나 흑토로 채우는 독창적인 상감 기법을 이용한 상감 청자가 유행하였어요. ① 경주의 신라 고분에서 발견된 기마 인물형 토기 주인상이에요.

**오답 피하기**
② 고려 시대에 만들어진 순청자인 청자 투각 칠보무늬 향로입니다.
③ 고려 시대에 만들어진 청동 은입사 포류수금문 정병이에요.
④ 고려 시대에 만들어진 나전 국화 넝쿨무늬 합이에요.
⑤ 고려 시대에 만들어진 다각 다층탑인 평창 월정사 8각 9층 석탑이에요.

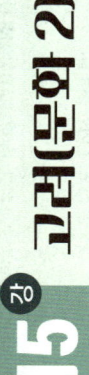

Ready go
이번 강 별 채우기 제한 시간은 2분 40초
한 문장을 끝까지 또박또박 읽어야 패스!

기출 선택지로 별 채우기
한국사를 채우다

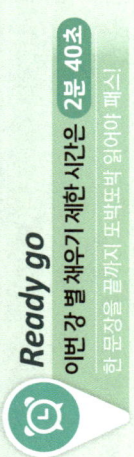

01 고려 초기의 대표적인 철불로 하남 하사창동 철조 ★★여래 좌상이 있다.

02 고려 초기에 ★족의 영향으로 각지에서 지방색이 강한 개성 있는 거대 불상들이 제작되었다.

03 고려 초기의 대표적인 거대 불상으로 논산 ★★사 석조 미륵보살 입상, 안동 이천동 마애 여래 입상 등을 들 수 있다.

04 영주 ★★사 ★조 여래 좌상은 신라 양식을 계승한 고려의 불상이다.

05 고려 후기에 아미타래영도, ★★관음도 등의 불화가 많이 그려졌다.

06 원의 영향을 받은 수렵도인 ★★대렵도는 공민왕이 그렸다고 전해진다.

07 고려 전기에 다각 다층탑이 많이 만들어졌는데, 대표적으로 평창 ★★사 8각 9층 석탑을 들 수 있다.

08 고려 후기에 개성 ★★사지 10층 석탑이 원의 영향을 받아 대리석으로 만들어졌다.

09 개성 경천사지 10층 석탑은 조선 시대 서울 ★★사지 10층 석탑에 영향을 주었으며, 현재 국립 중앙 박물관에 전시되어 있다.

10 고려 시대에 청자가 발달하였는데, 전기에는 무늬가 없는 ★청자, 후기에는 독창적 기법의 ★★ 청자가 많이 제작되었다.

11 고려 시대 금속 공예에서는 금속 그릇 표면에 무늬를 새기고 은실을 채워 넣어 장식하는 은★★ 기술이 발달하였다.

12 고려 시대에 조개껍질을 얇게 간 자개를 옻칠한 나무에 붙여 장식하는 ★★ 칠기가 많이 만들어졌다.

13 고려의 초조대장경은 ★★을, 팔만대장경은 ★★을 격퇴하려는 염원을 담아 만들어졌다.

14 팔만대장경판은 현재 합천 ★★사 장경판전에 보관되어 있고, 유네스코 세계 기록 유산으로 등재되어 있다.

15 고려 시대에 세계 최초의 금속 활자 인쇄본인 "★★★★예문"이 인쇄되었으나 현재 남아 있지 않다.

**16** 현존하는 세계에서 가장 오래된 금속 활자 인쇄본인 "★★심체요절"은 고려 시대에 ★주 흥덕사에서 간행되었다.

**17** "직지심체요절"은 현재 ★★★ 국립 도서관에 소장되어 있으며, 유네스코 세계 기록 유산으로 등재되어 있다.

**18** ★★포 양식은 지붕을 받치는 공포를 기둥 위에만 두는 구조이다.

**19** 영주 부석사 ★★★전은 주심포 양식의 건축물이며, 구조상 안정감을 주는 배★★기둥으로 되어 있다.

**20** 영주 부석사 무량수전, 예산 수덕사 ★★전, 안동 봉정사 ★★전은 고려 시대 대표적인 주심포 양식의 건축물이다.

**21** 안동 ★★★ 극락전은 현존하는 우리나라 목조 건축물 중 가장 오래된 것이다.

**22** 고려 후기에 공포가 기둥과 기둥 사이에도 있는 ★포 양식이 나타났다.

**23** 고려 후기에 만들어진 대표적인 다포 양식의 건축물로 사리원 성불사 ★★전을 들 수 있다.

**24** 고려 시대 천체와 기상 관측을 담당하는 관청으로 ★★대가 설치되었다.

**25** 고려는 원 간섭기에 들어오면서 원의 역법인 ★★력을 사용하였다.

**26** 고려 시대에 현전하는 우리나라에서 가장 오래된 의약서인 "향약★★방"이 간행되었다.

**27** 고려 말 우왕 때 최무선의 건의로 화약과 화포 제작을 맡은 ★★도감이 설치되었다.

**28** 최무선은 화포를 이용하여 ★포에 침입한 왜구를 격퇴하였다.

정답

**01** 석가 **02** 호 **03** 관측 **04** 부석, 소 **05** 수월 **06** 천산 **07** 월정 **08** 경천 **09** 원각 **10** 순, 상감 **11** 입사 **12** 나전 **13** 거란, 몽골 **14** 해인 **15** 상정고금 **16** 직지, 청 **17** 프랑스 **18** 주심 **19** 무량수, 흘림 **20** 대웅, 극락 **21** 봉정사 **22** 다 **23** 응진 **24** 사천 **25** 수시 **26** 구급 **27** 화통 **28** 진

# 16강 조선 전기(정치)

한국사의 흐름을 한눈에
한국사를 그리다

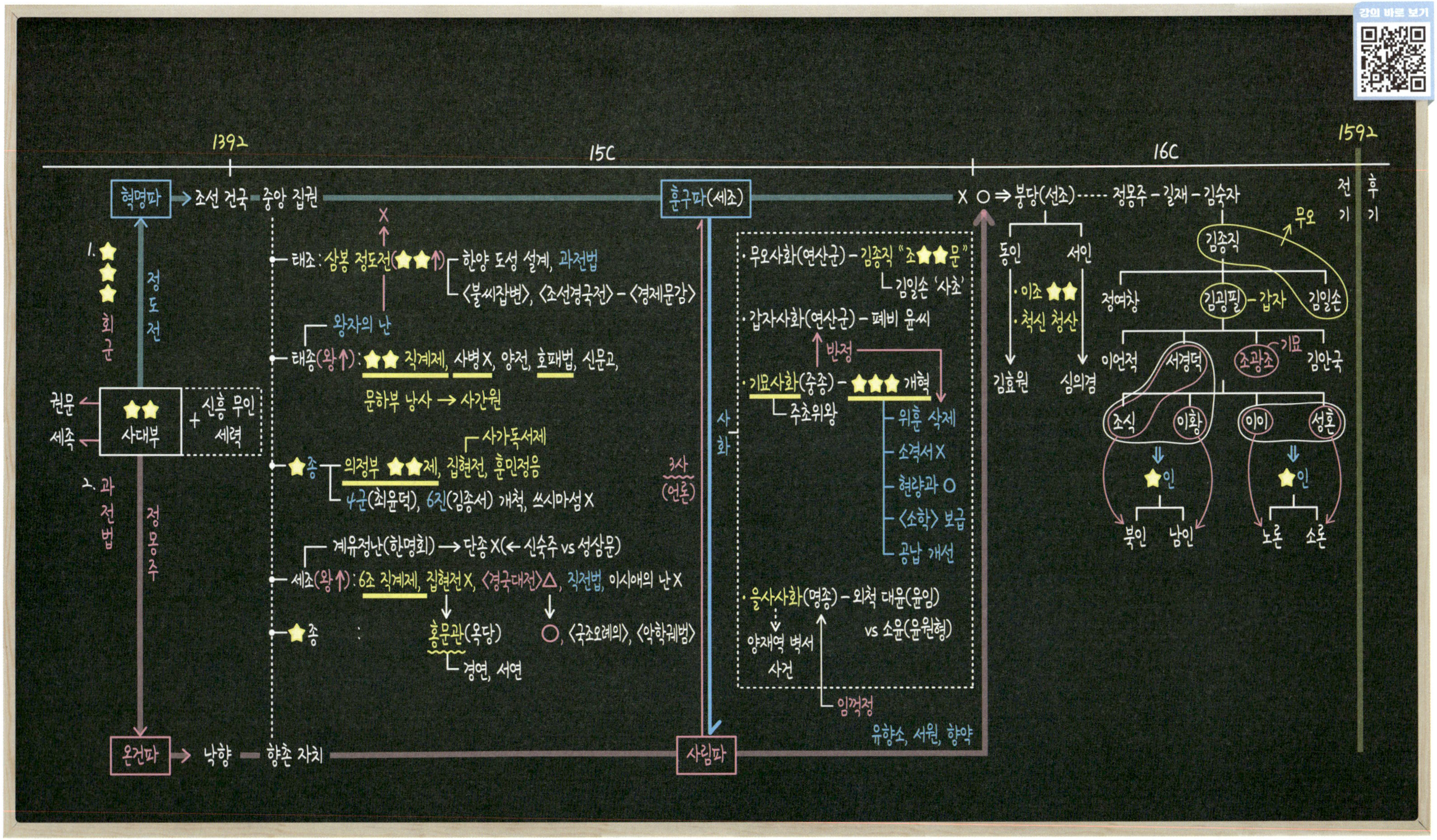


★정답 신진, 위화도, 재상, 6조, 세, 서사, 성, 의제, 조광조, 전랑, 동, 서

➡ 나만의 약점 단권화 노트 30쪽에서 완성 판서를 확인하세요.

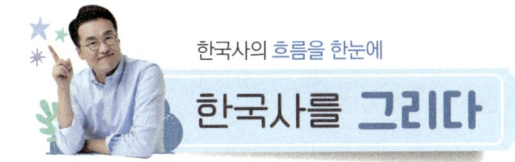

# 조선 전기(정치)



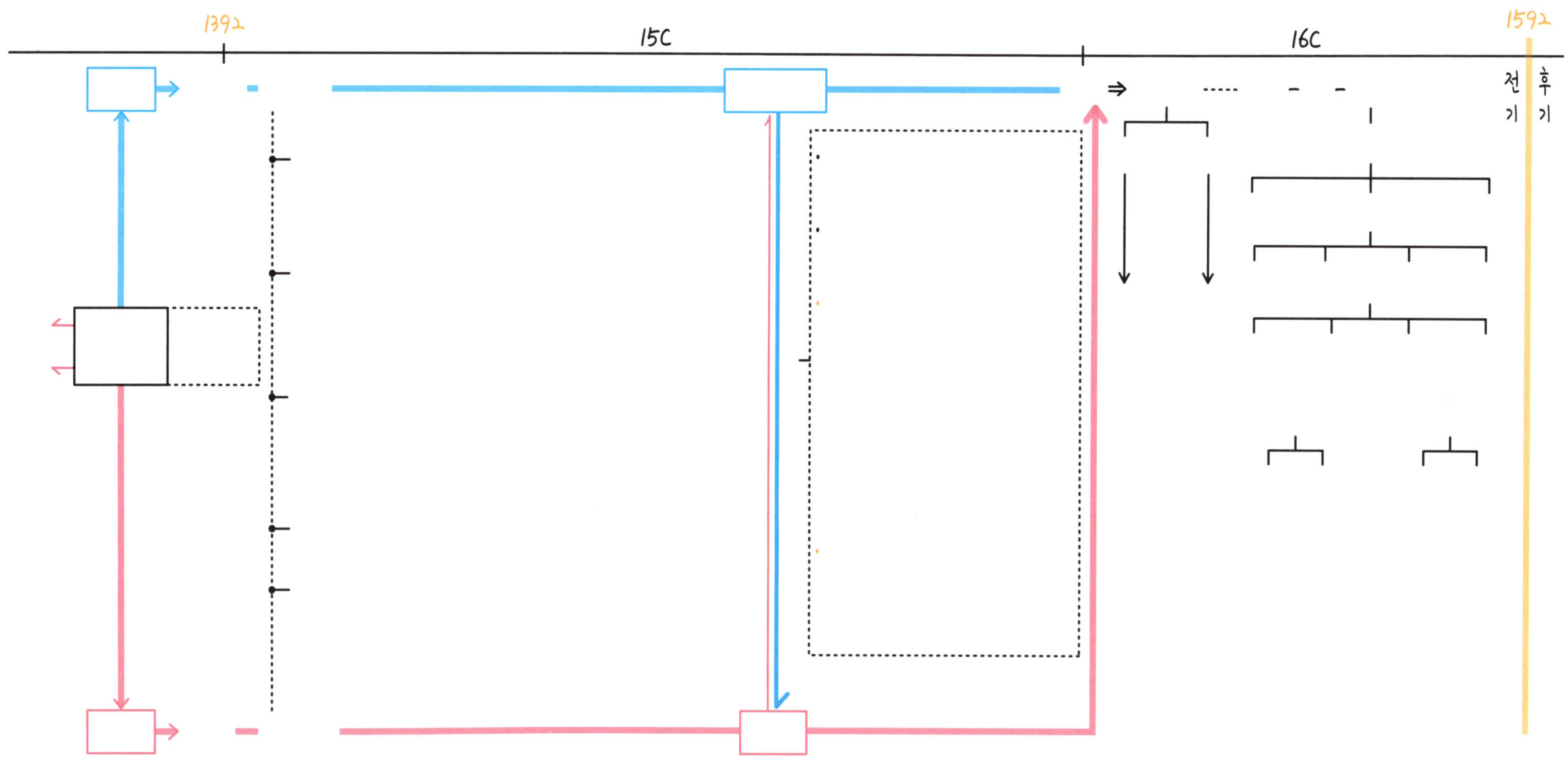

# 16강 조선 전기(정치)



## 신진 사대부의 분화

위화도 회군 이후 정치적 실권을 잡은 이성계는 신진 사대부와 함께 본격적으로 개혁을 추진하였어요. 이 과정에서 개혁의 방향을 두고 신진 사대부 세력이 온건 개혁파와 급진 개혁파로 나뉘었어요.

| 구분 | 온건 개혁파 | 급진 개혁파 |
|---|---|---|
| 중심인물 | 정몽주, 이색 등 | 정도전, 조준 등 |
| 개혁 방향 | 점진적 개혁 | 급진적 개혁 |
| 고려에 대한 입장 | 고려 왕조 유지<br>(→ 조선 건국 후 낙향하여 향촌 자치 추구) | 새 왕조 개창 주장<br>(→ 신흥 무인 세력과 함께 조선 건국) |

## 정몽주

정몽주는 고려 말의 성리학자로, 온건 개혁파 신진 사대부를 대표하는 인물이에요. 정몽주는 위화도 회군 이후 이성계와 급진 개혁파 신진 사대부가 주도하는 조선 건국에 반대하였습니다. 결국 이방원 세력에 의해 살해되었는데, 개성에 있는 선죽교에서 죽었다고 알려져 있습니다. 이방원이 정몽주를 제거하기 전 그의 뜻을 묻기 위해 지은 시 '하여가'와 그에 대한 정몽주의 답시 '단심가'가 전해지고 있습니다.

〈하여가〉
이런들 어떠하며 저런들 어떠하리
만수산 드렁칡이 얽혀진들 어떠하리
우리도 이같이 하여 백 년까지 누리리라

〈단심가〉
이 몸이 죽고 죽어 일백 번 고쳐 죽어
백골이 진토되어 넋이라도 있고 없고
임 향한 일편단심이야 가실 줄이 있으랴

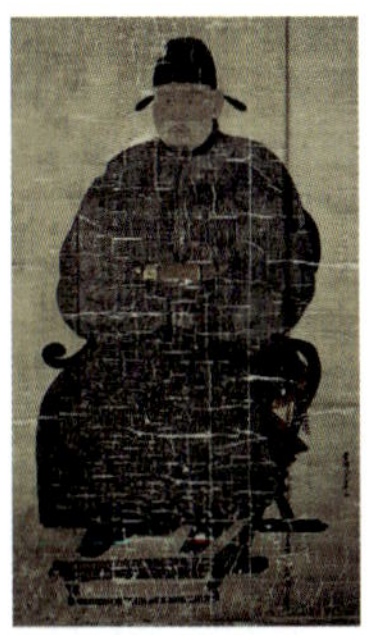

## 정도전

급진 개혁파 신진 사대부인 정도전은 이성계를 도와 조선 건국을 주도하였어요. 그는 과전법 실시, 한양 도성 건설, 제도 정비 등을 통해 건국 초기 국정 운영의 기틀을 마련하는 데 큰 역할을 하였어요. 불교의 폐단을 비판하기 위해 "불씨잡변"도 저술하였습니다. 또한, 정도전은 민본주의와 재상 중심의 정치를 주장하였는데, 그가 편찬한 법전인 "조선경국전"과 정치 철학을 담은 "경제문감"에는 이러한 주장이 잘 드러나 있어요. 하지만 제1차 왕자의 난 때 재상인 그의 권력 확대를 견제하던 이방원에 의해 죽임을 당하였어요.

> 치전(治典)은 총재(冢宰 : 재상)가 관장하는 것이다. 사도(司徒) 이하가 모두 총재의 소속이니, 교전(敎典) 이하 역시 총재의 직책이다. 총재에 훌륭한 사람을 얻으면 6전(六典)이 잘 거행되고 모든 직책이 잘 수행된다. 그러므로 "임금의 직책은 한 사람의 재상을 논의하는 데 있다."라고 하였으니, 바로 총재를 두고 한 말이다. - "조선경국전" -

## 호패법

호패는 이름 호(號), 명찰 패(牌). 즉, 이름, 출생 연도, 신분 등을 새긴 신분증이며, 16세 이상 남성에게 호패를 의무적으로 차고 다니게 한 것이 호패법이에요. 태종은 전국의 인구 현황을 파악하여 조세 징수와 군역 부과에 활용하기 위해 호패법을 실시하였어요.

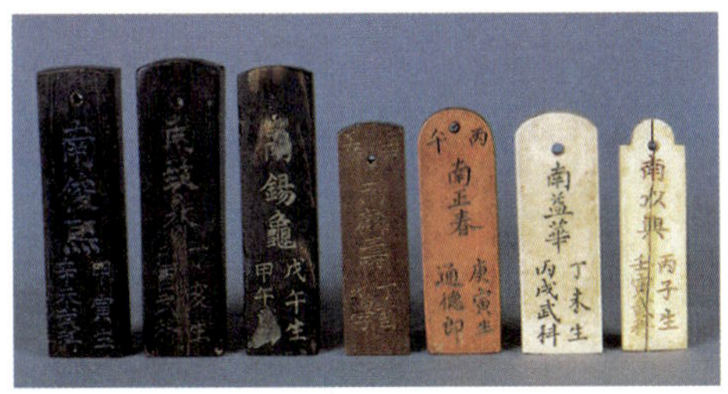

호패

## 용어 사전

**훈구**
공로 훈(勳), 옛 구(舊). 즉, 오랫동안 공을 세운 신하들을 가리키는 말이지만 보통 15세기의 지배 세력을 말해요. 조선 건국에 참여한 급진 개혁파 신진 사대부와 왕자의 난, 계유정난 등에 참여한 인물들이 공신이 되었는데, 이들이 여기에 해당합니다.

**왕자의 난**
조선 초기 왕위 계승권을 둘러싸고 태조의 왕자들 사이에서 벌어진 두 차례의 난이에요. 제1차 왕자의 난은 태조와 정도전 등이 여덟째 아들 방석을 세자로 책봉하고 사병을 혁파하려고 하자, 다섯째 아들 방원이 사병을 동원해 정도전 등 반대파를 죽이고 권력을 장악한 사건입니다. 이후 태조의 둘째 아들 방과(영안군)가 세자에 책봉되었고, 1개월 뒤 태조의 양위를 받아 제2대 정종이 되었어요. 정종 때 태조의 넷째 아들 방간은 방원의 정권 장악에 불만을 품고 난을 일으켰는데, 방원이 이를 진압하였습니다(제2차 왕자의 난). 제2차 왕자의 난 이후 방원이 정종의 뒤를 이어 왕위에 올랐어요(제3대 태종).

**집현전**
세종이 학문과 정책 연구를 위해 궁궐 안에 설치한 기관이에요. 세종은 집현전 소속 관리를 대상으로 독서와 연구에만 집중할 수 있도록 사가독서제를 시행하기도 하였어요.

## 6조 직계제

6조의 판서가 의정부를 거치지 않고 업무를 왕에게 직접 보고하고 왕의 결재를 받아 정책을 시행하는 제도예요. 왕권 강화를 목적으로 태종과 세조 때에 실시되었어요.

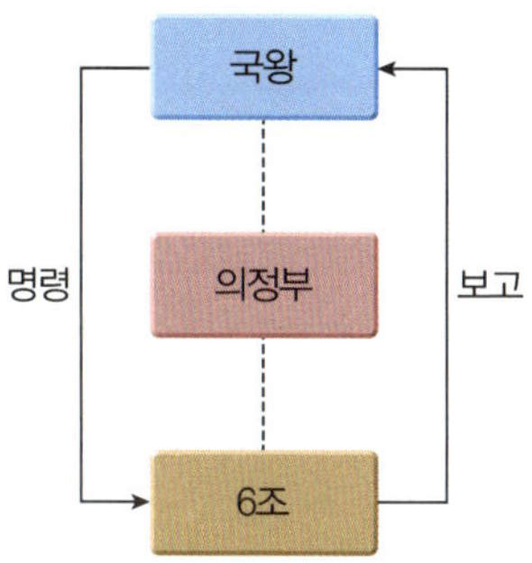


- 의정부의 서사를 나누어 6조에 귀속시켰다. …… 처음에 왕(태종)은 의정부의 권한이 막중함을 염려하여 이를 혁파할 생각이 있었지만, 신중하게 여겨 서두르지 않았는데 이때에 이르러 단행하였다. 의정부가 관장한 것은 사대문서와 중죄수의 심의뿐이었다. - "태종실록" -
- 상왕(上王 : 단종)께서 나이가 어리시어 모든 조치를 다 대신에게 위임하여 의논해서 시행하였던 것인데, 이제 내가 명을 받아 왕통을 계승하여 군국의 서무를 모두 친히 보고받고 결단하여 다 조종의 옛 제도를 회복하였으니, 이제부터 형조의 사형수를 제외한 모든 서무는 6조에서 각기 그 직무에 따라 직계하라. - "세조실록" -

## 의정부 서사제

의정부에서 6조의 업무를 심의한 후 왕에게 보고를 올리면 왕의 최종적인 재가를 통해 정책을 시행하는 제도예요.

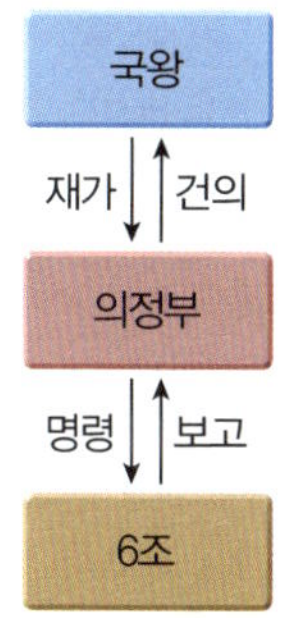


6조 직계제를 시행한 이후 일의 크고 작음이나 가볍고 무거움이 없이 모두 6조에 붙여져 의정부와 관련을 맺지 않고, 의정부의 관여 사항은 오직 사형수를 논결하는 일뿐이었다. 그러므로 옛날에 재상에게 위임하던 뜻과 어긋남이 있고 …… 6조는 각기 모든 직무를 먼저 의정부에 품의하고, 의정부는 가부를 헤아린 뒤에 왕에게 아뢰어 (왕의) 전지를 받아 6조에 내려 보내어 시행한다. - "세종실록" -

## 4군 6진

세종은 최윤덕과 김종서를 북방으로 파견하여 여진을 몰아내고 4군 6진을 개척하였어요. 이로써 압록강에서 두만강에 이르는 오늘날과 비슷한 국경선이 확정되었어요.

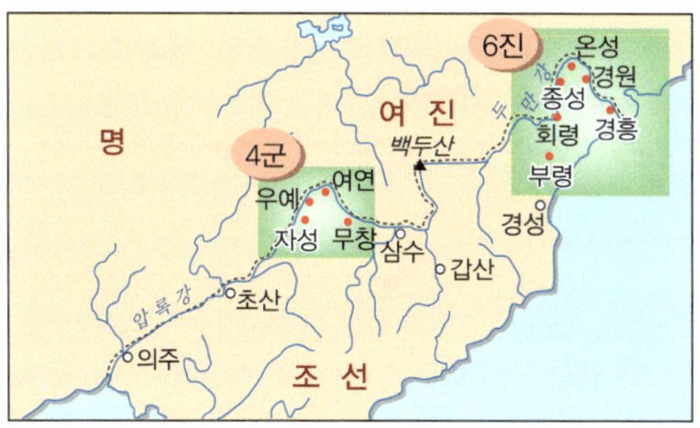


## 경연

임금과 신하가 모여 유교 경전과 역사에 대해 연구하며 학문과 정책을 토론하던 자리예요. 경연은 고려 예종 때 처음 시작되었으나 활발하지 못하였고, 조선 시대에 들어와 발전하였어요. 성종 때부터 홍문관에서 경연을 담당하였고, 세조와 연산군 때 일시적으로 경연이 폐지되었으나 부활하여 고종 때까지 존속하였어요.

간관이 상소하기를 "군주의 학문은 한갓 외우고 설명하는 것만이 아닙니다. 날마다 선비를 맞이하여 강론을 듣는 까닭은 첫째, 어진 사대부를 만나는 시간을 늘려 그 덕성을 배우려는 것이고, 둘째, 환관 및 궁첩과 친하게 지내는 시간을 줄여 게으름에서 떨쳐 일어나려는 것입니다. …… 삼가 원하옵건대, 전하께서는 날마다 경연을 여시어 "대학"을 가져와 강론하게 하소서." 하니, 임금이 이를 윤허하였다. - "태조실록" -

## 사림

선비 사(士), 수풀 림(林). 즉, 조선 초 주로 지방에서 성리학 연구에 힘쓴 선비의 무리를 말해요. 사림은 온건 개혁파 신진 사대부를 계승하였으며, 이후 영남·기호학파로 성장하였습니다. 성종 때부터 중앙의 정치 세력으로 등장하기 시작하였어요.

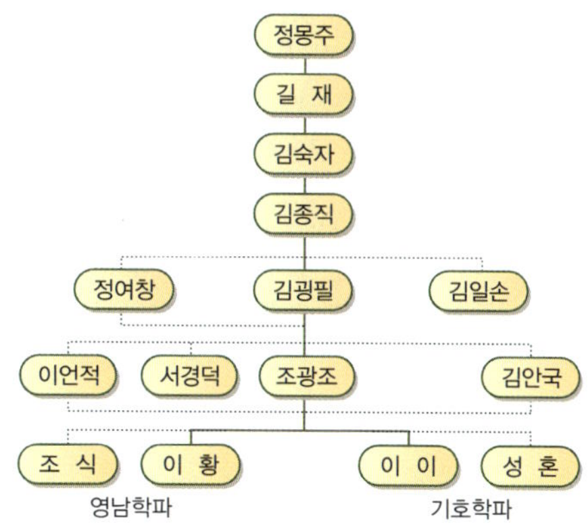


사림의 계보와 붕당의 형성

### 용어 사전

**계유정난**
문종이 일찍 죽고 어린 단종이 즉위하자, 수양 대군이 난을 일으켜 단종을 보좌하던 김종서·황보인 등을 제거하고, 안평 대군을 축출한 후 권력을 장악하였어요. 이 정변이 계유년에 일어나 계유정난이라고 합니다. 계유정난으로 정권을 장악한 수양 대군은 단종의 양위를 받아 왕위에 올랐어요(제7대 세조).

**경국대전**
다스릴 경(經), 나라 국(國), 큰 대(大), 법 전(典). 즉, '나라를 다스리는 방법을 담은 큰 법전'이라는 뜻으로, 조선 시대 통치의 기준이 되었어요. 이·호·예·병·형·공전의 6전 체제로 구성된 "경국대전"은 세조 때 편찬이 시작되어 성종 때 완성·반포되었어요.

**홍문관**
성종 때 집현전을 계승하여 설치되었어요. 궁궐의 각종 문서를 관리하고 국왕에 자문하는 기능을 담당하였으며, 경연과 서연도 주관하였어요.

**서연**
왕세자를 위한 교육 제도로, 신하들이 왕세자에게 유교 경전을 강론하던 자리를 말해요.

# 16강 조선 전기(정치)

## 사림의 정계 진출

15세기에는 세조 즉위에 공을 세웠던 훈구 세력이 정치적 실권을 장악하였어요. 이에 성종은 김종직 등 사림을 등용하여 훈구 세력을 견제하고자 하였어요. 사림은 주로 3사의 언관직에 등용되어 학술과 언론을 담당하며 훈구 세력의 부정과 비리를 비판하였어요. 훈구와 사림은 한동안 세력 균형을 이루었으나 점차 두 세력의 대립이 심해졌어요.

> 김종직은 경상도 사람이다. 학문이 뛰어나고 문장을 잘 지으며 가르치기를 즐겼다. 그에게 배워 과거에 급제한 사람이 많았다. 경상도 선비로 조정에 벼슬하는 사람들이 그를 우두머리로 모셨다. 스승은 자기 제자를 칭찬하고 제자는 자기 스승을 칭찬하는 것이 정도에 지나쳤다. 조정에 새로이 진출한 무리는 그른 것을 알지 못하고 함께 어울리는 자가 많았다. 그때 사람들이 이를 비판하여 '경상도 무리'라고 하였다. - "성종실록" -

## 붕당의 형성

선조 때 중앙 정치를 주도하게 된 사림은 명종 때 나타난 척신 정치의 잔재 청산 문제로 갈등을 겪었어요. 기성 사림은 척신 정치의 잔재 청산에 소극적이었던 반면, 신진 사림은 척신 정치의 잔재 청산을 적극적으로 주장하였습니다. 이러한 갈등은 이조 전랑의 임명 문제를 둘러싸고 더욱 심해져서 신진 사림을 중심으로 한 동인과 기성 사림을 중심으로 한 서인으로 붕당이 형성되었어요.

> 김효원이 과거에 장원으로 급제하여 (이조) 전랑의 물망에 올랐으나, 심의겸은 그가 윤원형의 문객이었다 하여 반대하였다. 그 후에 심충겸(심의겸의 동생)이 장원 급제하여 전랑으로 천거되었으나, 외척이라 하여 김효원이 반대하였다. 이에 양편 친지들이 각기 다른 주장을 내세우며 서로 배척하여 동인, 서인이라는 말이 여기에서 비롯하였다. 효원의 집은 동쪽 건천동에 있고, 의겸의 집은 서쪽 정릉동에 있었기 때문이다. 동인의 생각은 결코 외척을 등용할 수 없다는 것이었고, 서인의 생각은 의겸이 공로가 많을 뿐더러 선비인데 어찌 앞길을 막느냐는 것이었다. - "연려실기술" -

## 사화

사림이 화를 입었다는 뜻으로, 훈구 세력의 정치 탄압으로 사림이 큰 피해를 입은 사건을 가리키는 말이에요. 연산군 때 무오·갑자사화, 중종 때 기묘사화, 명종 때 을사사화가 일어났어요.

연산군은 활발한 언론 활동으로 왕권을 견제하려 한 사림을 탄압하고자 하였습니다. 이에 연산군과 훈구 세력은 김종직이 쓴 '조의제문'을 문제 삼아 사림을 몰아냈고(무오사화), 이어 연산군은 생모인 폐비 윤씨의 사사와 관련된 훈구와 사림 세력을 제거하였어요(갑자사화). 중종반정으로 연산군을 몰아낸 훈구 공신들이 정권을 장악하자 중종은 조광조를 비롯한 사림을 등용하였습니다. 조광조는 현량과를 실시하여 사림의 세력을 강화하고 위훈 삭제 등 개혁을 추진하였는데, 이에 국왕과 훈구 세력이 반발하면서 조광조를 비롯한 많은 사림이 제거되었어요(기묘사화). 이후 명종 때에는 외척 간에 권력 갈등이 일어나 사림이 피해를 입었습니다(을사사화).

〈무오사화〉

- 조의제문 : 정축년 10월 어느 날 나는 밀성에서 경산으로 가다가 답계역에서 자는데, 꿈에 신인이 헌걸찬 모습으로 나타나 말하길 "나는 초나라 회왕의 손자 심(의제)인데, 서초 패왕(항우)에게 살해되어 빈강에 던져졌다." 하고는 갑자기 사라졌다. 꿈에서 깨어나 놀라 생각하기를 …… '역사를 상고해 보아도 강에 던져졌다는 말은 없는데, 정녕 항우가 사람을 시켜서 심을 몰래 죽이고 그 시체를 물에 던진 것인가? 이는 알 수 없는 일이다.' 하고, 마침내 글을 지어 조문하였다. - "연산군일기" -
- 유자광이 하루는 소매 속에서 책자 한 권을 내놓으니, 바로 김종직의 문집이었다. 그 문집 가운데서 조의제문을 지적하여 여러 추관(推官 : 죄인을 심문하는 관리)에게 두루 보이며 말하기를, "이것은 다 세조를 지목한 것이다. 김일손의 죄악은 모두 김종직이 가르쳐서 이루어진 것이다."라고 하고, …… 왕에게 아뢰었다. - "연산군일기" -

〈갑자사화〉

왕이 어머니 윤씨가 폐위되고 죽은 것이 엄씨와 정씨의 참소 때문이라 여기고, 밤에 엄씨와 정씨를 대궐 뜰에 결박하여 놓고 손수 마구 치고 짓밟았다. …… 왕이 장검을 들고 자순 왕대비 침전 밖에 서서 …… 말하기를 "대비는 어찌하여 내 어머니를 죽였습니까?"라고 하며 불손한 말을 많이 하였다. - "연산군일기" -

〈기묘사화 - 위훈 삭제〉

대사헌 조광조 등이 아뢰기를, "…… 반정 때에 공이 있었다면 기록되어야 하겠으나, 이들은 또 그다지 공도 없습니다. 무릇 이들을 공신으로 중히 여기면 공(功)과 이(利)를 탐내게 되니 임금을 죽이고 나라를 빼앗는 일이 다 이것에서 비롯됩니다. 임금이 나라를 잘 다스리고자 한다면 먼저 이(利)의 근원을 막아야 합니다. ……"라고 하였다. - "중종실록" -

〈을사사화〉

이덕응이 자백하기를, "평소 대윤·소윤에 휘말리지 않으려고 조심하였는데, 그들과 함께 모반을 꾸민다는 것은 말도 안 됩니다."라고 하였다. 계속 추궁하자 그는 "윤임이 제게 이르되 경원 대군이 왕위에 올라 윤원로가 권력을 잡게 되면 자신의 집안은 멸족될 것이니 봉성군을 옹립하자고 하였습니다."라고 실토하였다. - "명종실록" -

낯선 용어와 자료 돋보기

## 한국사를 보다

### 용어 사전

**유향소**
지방 양반이 중심이 된 향촌 자치 기구로, 지방 수령을 보좌하고 향리의 부정을 단속하며, 향촌의 풍속을 바로잡는 데 힘썼어요.

**위훈 삭제**
거짓 위(僞), 공로 훈(勳). 즉, 위훈 삭제는 거짓 공로를 삭제한다는 뜻이에요. 조광조는 중종반정으로 부당하게 공신이 된 사람들의 공훈을 삭제해서 국가 재정을 확충할 것을 건의하였어요.

**소격서**
도교의 제사(초제)를 맡아보던 관청이에요.

**현량과**
어질 현(賢), 어질 량(良). 즉, 학문과 덕행이 뛰어나고 어진 사람을 추천을 통해 관리로 선발하는 제도예요.

**이조 전랑**
문관의 인사권을 가진 이조의 정랑과 좌랑을 말해요. 이조 전랑은 정3품 이하 문관의 천거와 3사 관리의 선발권, 후임 전랑의 추천권 등을 가졌어요.

**척신**
왕과 성이 다른 친척인 신하로, 주로 외척 세력을 말합니다.

# 16강 조선 전기(정치)

## 1 조선의 건국 과정

| | |
|---|---|
| 위화도 회군 | 최영 등이 요동 정벌 단행 → 요동 정벌에 반대하던 이성계 등이 위화도에서 회군, 정치적 실권 장악 |
| 과전법 실시 | 권문세족이 불법적으로 소유한 토지 몰수, 신진 관료에게 토지 지급, 농민의 경작권 보호 |
| 조선 건국 | 정몽주 등 일부 온건 개혁파 신진 사대부 제거 → 이성계가 조선 건국(1392) |

## 2 통치 기반 마련과 유교 정치의 실현

| | |
|---|---|
| 태조 | • 국호를 '조선'이라 함, 한양 천도(1394), 경복궁 축조(정도전이 궁궐과 전각의 이름을 지음), 종묘와 사직 건설<br>• 정도전의 문물제도 정비 : 한양 도성 설계, 재상 중심의 정치 주장, 민본주의적 통치 규범 확립 → "조선경국전"·"경제문감", "불씨잡변"(불교 비판) 저술 |
| 태종 | • 두 차례 왕자의 난(제1차 태조 때, 제2차 정종 때)을 거쳐 즉위, 정종 때 개경으로 옮겼던 도읍을 다시 한양으로 옮김(창덕궁 건립)<br>• 왕권 강화 : 6조 직계제 실시(의정부의 역할 약화), 사병 혁파<br>• 통치 체제 정비 : 문하부 낭사(간쟁 담당)를 분리하여 사간원으로 독립시킴, 6조 체제 정비<br>• 사원의 토지와 노비 몰수, 양전 사업·호패법 실시(경제 기반 확충), 신문고 설치 |
| 세종 | • 의정부 서사제 실시 : 왕권과 신권의 조화 추구<br>• 집현전 설치(소속 관리를 대상으로 사가독서제 시행), 경연(왕과 신하의 정책 토론) 활성화, 훈민정음 창제·반포<br>• 4군 6진 개척(최윤덕·김종서), 대마도(쓰시마섬) 정벌(이종무) |
| 세조 | • 계유정난으로 정권 장악(← 무신 이징옥의 반란) → 단종에게 양위를 강요하여 즉위, 단종 복위 운동 진압(성삼문 등 처형, 단종은 노산군으로 강등되어 영월에 유배되었다가 죽임을 당함)<br>• 왕권 강화 : 6조 직계제 부활, 집현전과 경연 폐지, 함길도 토착 세력이 일으킨 이시애의 난 진압, 유향소 폐지<br>• "경국대전" 편찬 시작, 직전법 실시(현직 관리에게만 토지의 수조권 지급) |
| 성종 | • 집현전을 계승한 홍문관 설치, 경연 확대 실시<br>• 사림 등용(김종직 등 사림을 홍문관과 대간에 임명)<br>• "경국대전" 완성·반포(통치 체제 확립), "국조오례의" 편찬(국가의 기본 예식인 오례 정리) |

## 3 사림의 대두

### (1) 사림의 정치적 성장

① 성종 때 훈구 세력을 견제하기 위해 사림 등용 → 주로 3사의 언관직에 진출하여 훈구 세력 비판, 훈구 세력과 대립

② 사화로 사림의 세력 위축 → 16세기 후반 선조 때부터 정치의 주도권 장악

③ 훈구와 사림

| 구분 | 훈구 세력 | 사림 세력 |
|---|---|---|
| 기원 | • 조선 건국에 공을 세운 급진 개혁파(혁명파) 신진 사대부<br>• 세조가 왕위에 오르는 데 공을 세운 공신들 | 조선 건국에 참여하지 않고 낙향하여 학문 연구와 교육에 힘쓴 온건 개혁파 신진 사대부 |
| 성향 | 중앙 집권과 부국강병 강조 | 왕도 정치와 향촌 자치 추구 |

### (2) 사화의 발생

| | |
|---|---|
| 무오사화(연산군) | 김종직의 제자 김일손이 김종직의 '조의제문'을 사초에 실은 것을 훈구 세력이 문제 삼아 사림 공격 → 김일손 등 사림 세력 제거, 김종직 부관참시, 영남 사림 몰락 |
| 갑자사화(연산군) | • 연산군의 생모 폐비 윤씨 사사 사건 폭로<br>• 폐비 윤씨 사사 사건에 연루된 한명회 등 부관참시, 김굉필 등 사림 대부분 몰락 |
| 기묘사화(중종) | • 조광조의 개혁 정치 : 도학 정치 주장, 위훈 삭제, 현량과 실시, 소격서 폐지, "소학" 보급과 공납 개선 주장 등<br>• 위훈 삭제로 공신들 반발 → 조광조가 사사되고 사림 세력 몰락 |
| 을사사화(명종) | • 외척인 대윤 윤임(인종의 외척)과 소윤 윤원형(명종의 외척)의 권력 다툼 → 윤임 일파가 제거됨, 윤임과 연결된 영남·호남 출신의 신진 사림이 피해를 입음<br>• 양재역 벽서 사건 : 양재역에서 문정 왕후 등을 비판하는 벽서가 발견됨 → 이를 구실로 윤원형 등이 반대파를 숙청하는 과정에서 이언적 등 사림이 피해를 입음 |

### (3) 사림의 세력 기반 : 유향소, 서원, 향약을 기반으로 향촌 사회에서 세력 확대

## 4 붕당의 형성

| | | |
|---|---|---|
| 배경 | | 선조 때 사림이 중앙 정치 주도 → 이조 전랑직과 척신 정치의 잔재 청산 문제를 둘러싸고 기성 사림과 신진 사림의 대립 → 선조 때 동인과 서인의 붕당 형성 |
| 붕당의 형성 | 동인 | • 신진 사림 : 척신 정치의 과감한 청산과 사림 정치의 실현 주장<br>• 이황, 조식, 서경덕의 학문 계승<br>• 이조 전랑직을 둘러싸고 김효원 지지 |
| | 서인 | • 기성 사림 : 척신 정치 청산에 소극적<br>• 이이와 성혼의 문인<br>• 이조 전랑직과 관련하여 심의겸 지지 |

# 16강 조선 전기(정치)

**1** 다음 자료를 활용한 탐구 활동으로 가장 적절한 것은? [2점]

심화 75회 19번

처음에 공신 배극렴·조준·정도전이 세자를 세울 것을 청하면서, 나이와 공로를 고려하여 정하기를 청하였다. 임금이 강씨를 중히 여겨 이방번에게 뜻이 있었으나, 공신들은 방번이 적합하지 않다고 생각하여 사적으로 서로 이야기하기를, "만일 강씨 소생이어야 한다면 막내가 조금 낫겠다."라고 하였다. 이후 임금이 "누가 세자가 될 만한가?"라고 물으니, 맏아들 혹은 공로가 있는 사람을 세워야만 된다고 간절히 말하는 사람이 없었다. 이에 극렴이 말하기를, "막내아들이 좋습니다."라고 하니, 임금이 마침내 뜻을 결정하여 어린 이방석을 왕세자로 삼았다.

① 제1차 왕자의 난이 일어난 이유를 찾아본다.
② 수양 대군이 정권을 장악하는 과정을 조사한다.
③ 사림이 동인과 서인으로 나뉘게 된 계기를 파악한다.
④ 폐모살제 등을 구실로 반정을 일으킨 세력을 검색한다.
⑤ 허적과 윤휴 등 남인이 대거 축출되는 사건을 알아본다.

**2** (가) 인물에 대한 설명으로 옳은 것은? [2점]

심화 73회 20번

사료로 보는 한국사

임금의 자질에는 어리석은 자질도 있고 현명한 자질도 있으며 강한 자질도 있고 유약한 자질도 있어서 한결같지 않으니, 재상은 임금의 아름다운 점은 순종하고 나쁜 점은 바로잡으며, 옳은 일은 받들고 옳지 않은 것은 막아서, 임금으로 하여금 가장 올바른 경지에 들게 해야 한다.

[해설] 이 글은 이성계를 도와 조선 건국을 주도한 (가) 이/가 저술한 "조선경국전"의 일부입니다. 그는 국가 운영을 위한 종합적인 통치 규범을 제시하고, 재상의 역할을 강조하였습니다.

① 불씨잡변을 지어 불교를 비판하였다.
② 계유정난을 계기로 정계에서 축출되었다.
③ 최초의 서원인 백운동 서원을 건립하였다.
④ 일본에 다녀와서 해동제국기를 편찬하였다.
⑤ 성리학의 개념을 도식으로 설명한 성학십도를 지었다.

**1 제1차 왕자의 난** 정답 ①

정답 찾기 배극렴, 조준, 정도전이 세자를 세울 것을 청하였으며 임금이 어린 이방석을 왕세자로 삼았다는 내용을 통해 조선 태조 재위 시기의 상황임을 알 수 있어요. ① 태조가 어린 막내아들 이방석을 왕세자로 삼자 이방원(후에 태종)이 무력으로 이복동생 이방석과 이방번을 비롯해 정도전 등 반대파를 제거하고 정권을 장악하였어요(제1차 왕자의 난). 이어 태조의 둘째 아들 이방과(후에 정종)가 세자로 책봉되었어요.

오답 피하기
② 조선 단종 때 왕의 숙부인 수양 대군이 계유정난을 일으켜 정권을 장악하였어요.
③ 조선 선조 때 이조 전랑 임명 문제와 척신 정치의 잔재 청산을 둘러싸고 사림이 동인과 서인으로 나뉘었어요.
④ 조선 광해군 때 서인 세력은 폐모살제를 구실로 반정을 일으켜 광해군을 몰아내고 인조를 왕위에 올렸어요(인조반정).
⑤ 조선 숙종 때 경신환국으로 서인이 허적과 윤휴 등 남인을 몰아내고 정치적 주도권을 장악하였어요.

**2 정도전의 활동** 정답 ①

정답 찾기 이성계를 도와 조선 건국을 주도하였으며, "조선경국전"을 저술하였다는 내용을 통해 (가) 인물이 정도전임을 알 수 있어요. 정도전은 이성계를 도와 조선 건국을 주도하였으며, 건국 이후에는 한양 도성을 설계하고 문물제도를 정비하는 등 국정 운영의 기틀을 마련하는 데 힘썼어요. 또한, 재상 중심의 정치를 강조하고 민본과 덕치에 기반을 둔 통치 체제를 만들고자 하였어요. 하지만 국왕 중심의 정치를 추구한 이방원(태종)에 의해 제거되었어요. ① 정도전은 유학의 입장에서 불교 교리를 비판한 "불씨잡변"을 저술하였어요.

오답 피하기
② 계유정난을 계기로 단종을 보필하던 김종서, 황보인 등이 정계에서 축출되었어요.
③ 조선 중종 때 주세붕은 경상북도 영주에 최초의 서원인 백운동 서원을 건립하였어요.
④ 신숙주는 일본에 다녀와서 일본의 정치, 외교, 사회 등을 정리한 "해동제국기"를 편찬하였어요.
⑤ 이황은 조선 선조에게 성리학의 개념을 도식으로 설명한 "성학십도"를 지어 바쳤어요.

## 3 (가) 왕에 대한 설명으로 옳은 것은? [2점]

심화 70회 17번

오늘 말씀해 주실 삼공신회맹문에는 어떤 내용이 담겨 있나요?
이 문서에는 두 차례에 걸친 왕자의 난으로 즉위한 (가) 이/가 삼공신들과 함께 종묘사직 및 산천에 제를 올려 충의와 신의를 맹세한 내용이 기록되어 있습니다. 삼공신은 개국 공신, 제1차 왕자의 난에서 공을 세운 정사공신, 제2차 왕자의 난을 평정하는 데 도움을 준 좌명공신을 말합니다.
개국정사좌명삼공신회맹문

① 경국대전을 완성하여 통치 체제를 정비하였다.
② 초계문신제를 시행하여 문신들을 재교육하였다.
③ 길주를 근거지로 일어난 이시애의 난을 진압하였다.
④ 문하부를 폐지하고 낭사를 사간원으로 독립시켰다.
⑤ 붕당의 폐해를 경계하기 위한 탕평비를 건립하였다.

### 3 조선 태종의 정책 정답 ④

정답 찾기 두 차례에 걸친 왕자의 난으로 즉위하였다는 내용을 통해 (가) 왕이 조선 태종임을 알 수 있어요. 국왕 중심의 정치를 추구한 태종은 두 차례 왕자의 난을 통해 자신의 반대 세력을 제거한 뒤 정종의 양위로 즉위하였어요. 태종은 왕권 강화를 위해 6조 직계제를 실시하였으며, ④ 문하부를 폐지하고 문하부 낭사를 사간원으로 독립시켰어요. 또한, 전국의 인구 동태를 파악하여 조세 징수와 군역 부과에 활용하기 위해 호패법을 실시하였어요.

오답 피하기
① 조선 성종은 세조 때 편찬이 시작된 "경국대전"을 완성하여 통치 체제를 정비하였어요.
② 조선 정조는 젊은 문신들 가운데 유능한 인재를 선발하여 재교육하는 초계문신제를 시행하였어요.
③ 조선 세조 때 중앙 집권 체제를 강화하기 위해 함길도 출신 수령의 임명을 줄이고 중앙에서 직접 관리를 파견하였어요. 이에 불만을 품은 함길도 토착 세력인 이시애가 난을 일으켰으나 진압되었어요.
⑤ 조선 영조는 붕당 정치의 폐해를 경계하기 위해 성균관 입구에 탕평비를 건립하였어요.

## 4 (가) 왕에 대한 설명으로 옳은 것은? [3점]

심화 68회 19번

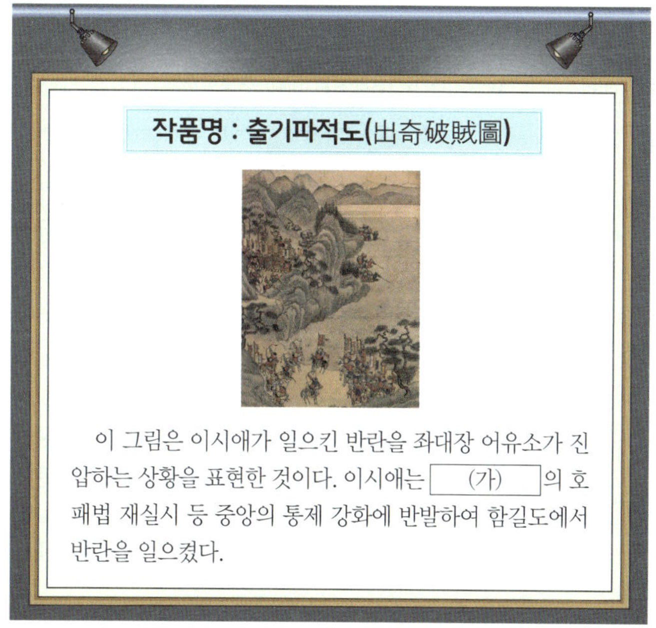

작품명 : 출기파적도(出奇破賊圖)
이 그림은 이시애가 일으킨 반란을 좌대장 어유소가 진압하는 상황을 표현한 것이다. 이시애는 (가) 의 호패법 재실시 등 중앙의 통제 강화에 반발하여 함길도에서 반란을 일으켰다.

① 주자소를 설치하여 계미자를 주조하였다.
② 현직 관리를 대상으로 직전법을 실시하였다.
③ 조선의 기본 법전인 경국대전을 완성하였다.
④ 기유약조를 체결하여 일본과의 무역을 재개하였다.
⑤ 폐비 윤씨 사사 사건을 빌미로 갑자사화를 일으켰다.

### 4 조선 세조의 정책 정답 ②

정답 찾기 이시애가 반란을 일으켰다는 내용을 통해 (가) 왕이 조선 세조임을 알 수 있어요. 세조가 중앙 집권 체제를 강화하면서 함길도 출신 수령의 임명을 줄이고 중앙에서 직접 관리를 파견하자 이에 불만을 품은 함길도 토착 세력 이시애가 길주를 근거지로 반란을 일으켰어요. 세조는 이시애의 반란을 진압하고 지방 세력의 결집을 막고자 유향소를 폐지하였어요. ② 세조는 수신전, 휼양전 등의 명목으로 토지가 세습되어 신진 관리에게 지급할 토지가 부족해지자 현직 관리에게만 수조권을 지급하는 직전법을 실시하였어요.

오답 피하기
① 조선 태종은 활자 주조 관청인 주자소를 설치하여 계미자를 주조하였어요.
③ 조선 성종은 세조 때 편찬이 시작된 "경국대전"을 완성하여 통치 체제를 정비하였어요.
④ 조선 광해군은 기유약조를 체결하여 임진왜란으로 중단되었던 일본과의 무역을 재개하였어요.
⑤ 조선 연산군은 폐비 윤씨 사사 사건을 빌미로 갑자사화를 일으켜 생모 윤씨의 폐위와 죽음에 관여한 훈구와 사림 세력을 탄압하였어요.

## 16강 조선 전기(정치)

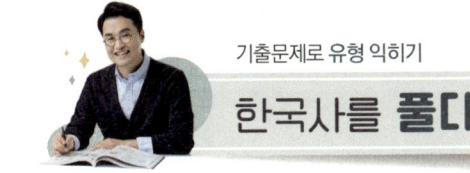

**5** 밑줄 그은 '이 왕'의 재위 시기에 있었던 사실로 옳은 것은? [2점]

심화 65회 19번

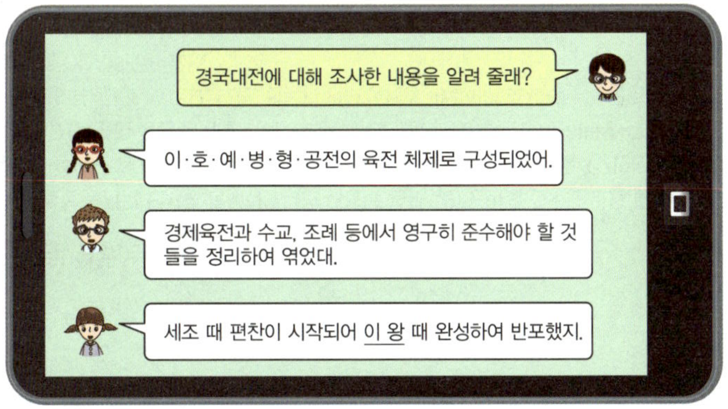

경국대전에 대해 조사한 내용을 알려 줄래?
이·호·예·병·형·공전의 육전 체제로 구성되었어.
경제육전과 수교, 조례 등에서 영구히 준수해야 할 것들을 정리하여 엮었대.
세조 때 편찬이 시작되어 이 왕 때 완성하여 반포했지.


① 독립된 간쟁 기관으로 사간원이 설치되었다.
② 함길도 토착 세력인 이시애가 난을 일으켰다.
③ 직제가 개편된 홍문관에서 경연을 주관하였다.
④ 집현전 관리를 대상으로 사가독서제가 시행되었다.
⑤ 붕당의 폐해를 경계하기 위한 탕평비가 건립되었다.

**5** 조선 성종 재위 시기의 사실 정답 ③

정답 찾기 "경국대전"을 완성하여 반포하였다는 내용을 통해 밑줄 그은 '이 왕'이 조선 성종임을 알 수 있어요. 성종은 세조 때 편찬이 시작된 "경국대전"을 완성하여 유교적 법치 국가의 토대를 마련하였어요. 성종 재위 시기에는 다양한 분야에서 편찬 사업이 활발하게 추진되어 국가 의례를 정리한 "국조오례의", 지리서인 "동국여지승람", 시문집인 "동문선", 음악 이론을 집대성한 "악학궤범" 등이 편찬되었어요. ③ 성종 때 도서와 문서의 보관 및 관리를 담당하던 홍문관에 집현전의 직제와 역할을 부여하여 경연을 주관하고 왕의 자문에 응하는 일도 맡게 하였어요.

오답 피하기
① 조선 태종 때 문하부를 폐지하고 낭사를 사간원으로 독립시켰어요.
② 조선 세조 때 중앙 집권 체제를 강화하기 위해 함길도 출신 수령의 임명을 줄이고 중앙에서 직접 관리를 파견하였어요. 이에 불만을 품은 함길도 토착 세력인 이시애가 난을 일으켰으나 진압되었어요.
④ 조선 세종 때 집현전 관리를 대상으로 휴가를 주어 독서와 연구에만 전념할 수 있도록 하는 사가독서제가 처음 시행되었어요. 집현전은 세조 때 폐지되었어요.
⑤ 조선 영조 때 붕당 정치의 폐해를 경계하기 위한 탕평비가 성균관에 건립되었어요.

**6** (가)에 들어갈 내용으로 가장 적절한 것은? [2점]

심화 73회 23번

[역사 다큐멘터리 기획안]

**폭정으로 흔들리는 조선**

■ 기획 의도
국왕이 대신, 삼사 등과 함께 국정을 운영한 선왕 대의 정치 구조를 깨고 폭정을 일삼다가 폐위된 ○○○. 그의 재위 시기에 일어난 정치적 혼란을 살펴본다.

■ 구성 내용
1부. 선왕 대에 성장한 삼사와 대립하다
2부. 조의제문을 구실로 사림을 탄압하다
3부. (가)
4부. 반복된 폭정으로 반정이 일어나 폐위되다

① 이괄의 난이 일어나 공주로 피란하다
② 단종의 복위를 꾀한 성삼문 등을 처형하다
③ 영창 대군을 죽이고 인목 대비를 유폐하다
④ 위훈 삭제를 주장한 조광조 일파를 제거하다
⑤ 폐비 윤씨 사사 사건을 빌미로 신하들을 숙청하다

**6** 조선 연산군 재위 시기의 사실 정답 ⑤

정답 찾기 '조의제문'을 구실로 사림을 탄압하였으며, 반복된 폭정으로 반정이 일어나 폐위되었다는 내용을 통해 (가)에는 조선 연산군 재위 시기의 사실이 들어가야 함을 알 수 있어요. 연산군 때 김일손이 스승 김종직의 '조의제문'을 사초에 실은 것을 문제 삼아 훈구 세력이 사림 세력을 공격하여 많은 사림이 피해를 입은 무오사화가 일어났어요. 이후 ⑤ 왕의 생모인 폐비 윤씨 사사 사건의 전말이 알려지면서 갑자사화가 일어나 김굉필 등이 처형되었어요. 갑자사화 이후에도 폭정이 계속되자 중종반정이 일어났어요.

오답 피하기
① 조선 인조 때 공신 책봉에 불만을 품은 이괄이 난을 일으키자 왕이 공주로 피란하였어요.
② 조선 세조 때 집현전 학사였던 성삼문, 박팽년 등이 상왕인 단종의 복위를 꾀하다가 처형되었어요.
③ 조선 광해군이 영창 대군을 죽이고 인목 대비를 유폐하였어요. 이를 구실로 인조반정이 일어났어요.
④ 조선 중종 때 조광조가 주장한 위훈 삭제가 원인이 되어 기묘사화가 일어났어요. 이로 인해 조광조 일파가 제거되고 많은 사림이 피해를 입었어요.

**7** (가)에 들어갈 내용으로 가장 적절한 것은? [2점]

심화 64회 23번

[역사 다큐멘터리 기획안]

**○○, 정쟁과 혼란의 한가운데에 서다**

■ 기획 의도
○○의 즉위와 집권 시기를 다큐멘터리로 제작하여 훈구와 사림의 대립 등 나라 안팎으로 혼란스러웠던 당시 상황을 살펴본다.

■ 구성 내용
#1. 반정(反正)으로 연산군이 폐위되고 ○○이/가 즉위하다
#2. 삼포에서 왜인들이 난을 일으키다
#3. (가)

① 이괄이 난을 일으켜 도성을 점령하다
② 허적과 윤휴 등 남인이 대거 축출되다
③ 정여립 모반 사건으로 기축옥사가 일어나다
④ 위훈 삭제를 주장한 조광조 일파가 제거되다
⑤ 조의제문이 발단이 되어 김일손 등이 화를 입다

**7 조선 중종 재위 시기의 사실** 정답 ④

정답 찾기 반정으로 연산군이 폐위되고 즉위하였으며, 삼포에서 왜인들이 난을 일으켰다는 내용을 통해 (가)에 조선 중종 재위 시기의 사실이 들어가야 함을 알 수 있어요. 연산군의 폭정으로 반정이 일어나 중종이 즉위하였어요. 중종은 반정에 공을 세운 훈구 대신들이 정권을 장악하자 조광조를 비롯한 사림을 등용하여 이들을 견제하고자 하였어요. 조광조는 현량과 실시, 소격서 폐지, 반정 공신의 거짓 공훈(위훈) 삭제 등의 개혁을 추진하였어요. 이러한 ④ 조광조의 개혁 정책에 훈구 세력이 반발하여 기묘사화가 일어나 조광조 일파가 제거되었어요.

오답 피하기
① 조선 인조 때 공신 책봉에 불만을 품은 이괄이 난을 일으켜 도성을 점령하였어요.
② 조선 숙종 때 경신환국으로 허적과 윤휴 등 남인이 대거 축출되었어요.
③ 조선 선조 때 정여립 모반 사건으로 기축옥사가 일어나 동인이 큰 피해를 입었어요.
⑤ 조선 연산군 때 김일손이 김종직의 '조의제문'을 사초에 실은 것이 발단이 되어 사림 세력이 크게 화를 입은 무오사화가 일어났어요.

**8** (가), (나) 사이의 시기에 있었던 사실로 옳은 것은? [3점]

심화 75회 22번

(가) 대신 등에게 전교하기를, "조광조 등의 일은 내가 늘 마음속에서 잊지 않았으나 선왕(先王)께서 전에 허락하지 않으셨으므로 감히 가벼이 고치지 못하였다. 이제는 내 병이 위독하여 비로소 유언하니 조광조 등의 벼슬을 모두 회복할 수 있으면 다행이겠다. 현량과도 회복하여 거두어 등용하도록 하라."라고 하였다.

(나) 부제학 정언각이 아뢰기를, "소신이 양재역에 이르러서 벽에 써 붙인 주서(朱書)를 보았는데 국가에 관계된 내용이었으므로 지극히 놀랐습니다. … … 또 반역의 잔당들은 이미 죄를 물었습니다만, 심영은 대왕대비를 가리켜 신하로서 할 수 없는 말을 하였습니다. 신하가 그와 같은 말을 하고서 어떻게 천지 사이에 용납될 수 있겠습니까."라고 하였다.

① 자의 대비의 복상 문제로 예송이 일어났다.
② 외척 간의 권력 다툼으로 윤임이 제거되었다.
③ 세자 책봉 문제를 계기로 정철이 유배되었다.
④ 희빈 장씨 소생의 원자 책봉 문제로 환국이 발생하였다.
⑤ 폐비 윤씨 사사 사건의 전말이 알려져 김굉필 등이 처형되었다.

**8 조선 인종~명종 재위 시기의 사실** 정답 ②

정답 찾기 (가)는 조광조 등의 일을 선왕이 허락하지 않았으나 유언으로 조광조 등의 벼슬과 현량과를 회복하라고 명하는 내용을 통해 조선 인종 재위 시기임을 알 수 있어요. (나)는 양재역에 국가와 관계된 내용의 벽서가 붙어 있다는 내용을 통해 조선 명종 재위 시기에 양재역 벽서 사건이 일어난 상황임을 알 수 있어요. 중종 때 일어난 기묘사화로 조광조 일파가 정계에서 축출되었어요. 중종의 뒤를 이어 즉위한 인종은 사림 세력을 중용하면서 기묘사화 때 희생된 조광조 등을 신원하고 현량과를 복구하였어요. 인종이 즉위 8개월 만에 사망하고 명종이 즉위한 후 ② 인종의 외척인 윤임 등 대윤 일파와 명종의 외척인 윤원형 등 소윤 일파의 대립으로 을사사화가 일어나 대윤 세력이 제거되고 소윤 세력이 정권을 장악하였어요. 이후 명종의 모후인 문정 왕후가 섭정하며 권력을 행사하였는데 양재역에 문정 왕후와 소윤 세력의 전횡을 비판하는 벽서가 붙었어요. 소윤 세력은 이를 빌미로 대윤 세력의 잔당이 반역을 꾀한다고 몰아 숙청을 단행하였어요.

오답 피하기
① 조선 현종 때 자의 대비의 복상 문제를 두고 두 차례 예송이 일어났어요.
③ 조선 선조 때 서인 계열의 정철이 세자 책봉 문제를 거론한 일로 왕의 분노를 사 유배되고 동인이 정권을 잡게 되었어요.
④ 조선 숙종 때 희빈 장씨 소생의 원자 책봉 문제로 기사환국이 일어나 서인이 축출되고 남인이 집권하였어요.
⑤ 조선 연산군 때 폐비 윤씨 사사 사건의 전말이 알려져 갑자사화가 일어나 김굉필 등이 처형되었어요.

# 16강 조선 전기(정치)

Ready go
이번 강 별 채우기 제한 시간은 2분 50초
한 문장을 끝까지 또박또박 읽어야 패스!

기출 선택지로 별 채우기
한국사를 **채우다**

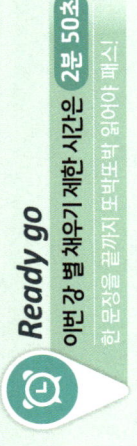

**01** 고려 말에 온건 개혁파 신진 사대부의 대표적 인물인 정★★는 이★★ 세력에 의해 피살되었다.

**02** 정★★은 이성계를 도와 조선 건국을 주도하였으며, 도성 축조를 계획하고 경복궁과 주요 전각의 이름을 지었다.

**03** 정도전은 "경제문감", "조선★★전"을 저술하여 재상 중심의 정치를 주장하였다.

**04** 정도전은 "★★잡변"을 지어 불교를 비판하였다.

**05** 이방원은 두 차례 ★★의 난을 통해 반대파를 제거하였다.

**06** 태종은 공신과 왕족의 ★병을 혁파하여 왕의 군사권을 강화하였다.

**07** 태종은 의정부의 권한을 약화하고 ★★ 직계제를 실시하여 왕권을 강화하였다.

**08** 태종은 호구를 정확히 파악하고 백성의 유망을 막기 위해 ★★법을 실시하였다.

**09** 태종 때 백성의 억울함을 풀어 주기 위해 ★★고가 처음 설치되었다.

**10** 태종은 문하부를 폐지하고 낭사를 ★★원으로 독립시켰다.

**11** 세종은 최윤덕과 김종서를 파견하여 여진을 정벌하고 ★군 ★진을 설치하였다.

**12** 세종은 최고 회의 기관인 ★★부에서 6조가 올린 모든 일을 먼저 논의하고 왕에게 보고하는 ★★부 ★★제를 시행하였다.

**13** 세종은 학문 연구 기관인 ★★전을 설치하였다.

**14** 세조는 6조 직계제를 시행하고 ★★전을 폐지하였다.

**15** 세조는 ★★법을 실시하여 현직 관리에게만 수조권을 지급하였다.

16 세조는 함길도 토차 세력이 일으킨 이★★의 난을 진압하였다.

17 조선의 기본 법전인 "★★★전"은 이·호·예·병·형·공전의 6전 체제로 구성되었다.

18 ★종은 ★조 때 편찬이 시작된 "경국대전"을 완성하여 통치 체제를 정비하였다.

19 성종은 폐지된 집현전을 계승한 ★★관을 설치하였다.

20 성종 때 국가의 의례를 정비한 "★★오례의"가 완성되었다.

21 ★★사화는 김종직의 '조의제문'이 빌미가 되어 발생하였다.

22 ★★사화는 연산군의 생모인 폐비 윤씨 사사 사건이 빌미가 되어 발생하였다.

23 중종에 의해 발탁된 조광조는 ★★서 폐지를 건의하고 ★★ 삭제를 주장하는 등 개혁 정치를 추진하였다.

24 조광조는 중종에게 인재 등용을 위해 ★★과 실시를 건의하였다.

25 중종 때 중용된 조★★는 "소학"의 보급과 공납의 개선을 주장하였다.

26 위훈 삭제 등에 반발하여 훈구 세력이 일으킨 ★★사화로 조광조 일파가 제거되었다.

27 명종 때 외척 윤원형과 윤임 간의 권력 다툼으로 ★★사화가 발생하였다.

28 선조 때 ★★ 전랑 임명 등을 둘러싸고 사림이 동인과 서인으로 나뉘었다.

29 ★인은 조식, 이황의 학문을 계승하였고, ★인은 이이와 성혼의 문인을 중심으로 형성되었다.

30 사화의 피해로 중앙 정계에서 밀려나 지방으로 낙향한 사림은 향촌에서 ★★소를 통해 여론을 형성하였다.

**정답**

**01** 몽주, 방원 **02** 도전 **03** 경국 **04** 불씨 **05** 왕자 **06** 사 **07** 6조 **08** 호패 **09** 신문 **10** 사간 **11** 4, 6 **12** 의정, 의정, 서사 **13** 집현 **14** 집현 **15** 직전 **16** 시애 **17** 경국대 **18** 성, 세 **19** 홍문 **20** 국조 **21** 무오 **22** 갑자 **23** 소격, 위훈 **24** 현량 **25** 광조 **26** 기묘 **27** 을사 **28** 이조 **29** 동, 서 **30** 유향

# 17강 조선(조직)

강의 바로 보기

〈행정 조직〉

중앙 집권 ← 관리 선발 방식

- 중앙: ★★부, ★조(이·호·예·병·형·공조)
  - 王↑
    - 승정원(도승지)
      - 은대, 후원
    - 의금부(금부도사)
      - 조옥, 왕부
  - 王↓
    - 3사(언론)
      - ★★원(대사간, 간쟁) – 태종
        - 미원
      - ★★부(대사헌, 감찰)
        - 상대
      - 양사(대간): 5品 이하 관리 서경권
      - ★★관(대제학, 경연)
        - 옥당
  - 한성부(한양)
  - 춘추관(역사 – 실록)
  - 장례원(노비)
  - 성균관(대사성, 교육)
- 지방: ★도(일원화)
  - 8도 ← ★★사(고려: 안찰사)
    - 감사(감영)
  - 부 – 목 – 군 – 현
  - ★령(7사, 행 + 사 + 군 / 정 법 사)
  - 향리(↓) – 단안
  - All 파견
    - 임기제, 상피제
  - 사족(사림)
    - 경재소 ↔ 유향소(여론)
      - 향회(향안)
    - 서원(교육 + 제사)
    - 향약(농민 통제)

관리 선발 방식

1. 과거 (↑ 예조)
   - 문과
     - 양인 이상 O.K.
     - X: 서얼, 재가 女의 子
   - 무과 O, ★과 X ≒ 고려
   - 잡과: 기술관
2. 천거(추천): 현량과(조광조)
3. 문음(2品↑): 고위 관료 X
4. 취재(기술): 하급 관리

〈군사 조직〉

- 양인 개병 + 농병 일치 = 의무병
- ★위 + ★★군 → 후기: 5군영 + 속오군
  - 중앙군 / 지방군

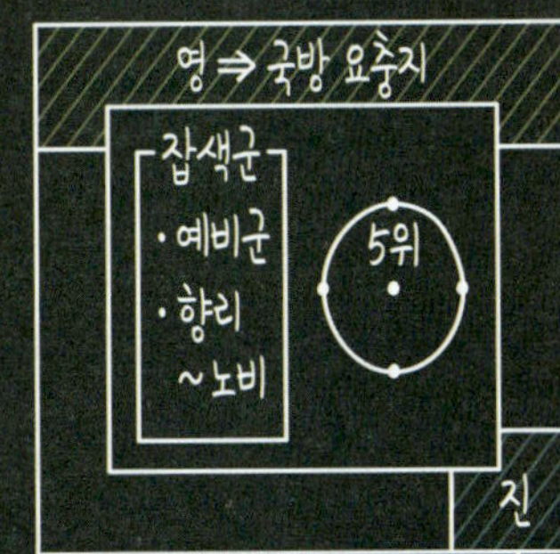


→ ★★ 체제 (지역 방어)

★정답 의정, 6, 사간, 사헌, 홍문, 8, 관찰, 수, 승, 5, 영진, 진관

→ 나만의 약점 단권화 노트 32쪽에서 완성 판서를 확인하세요.

〈행정 조직〉

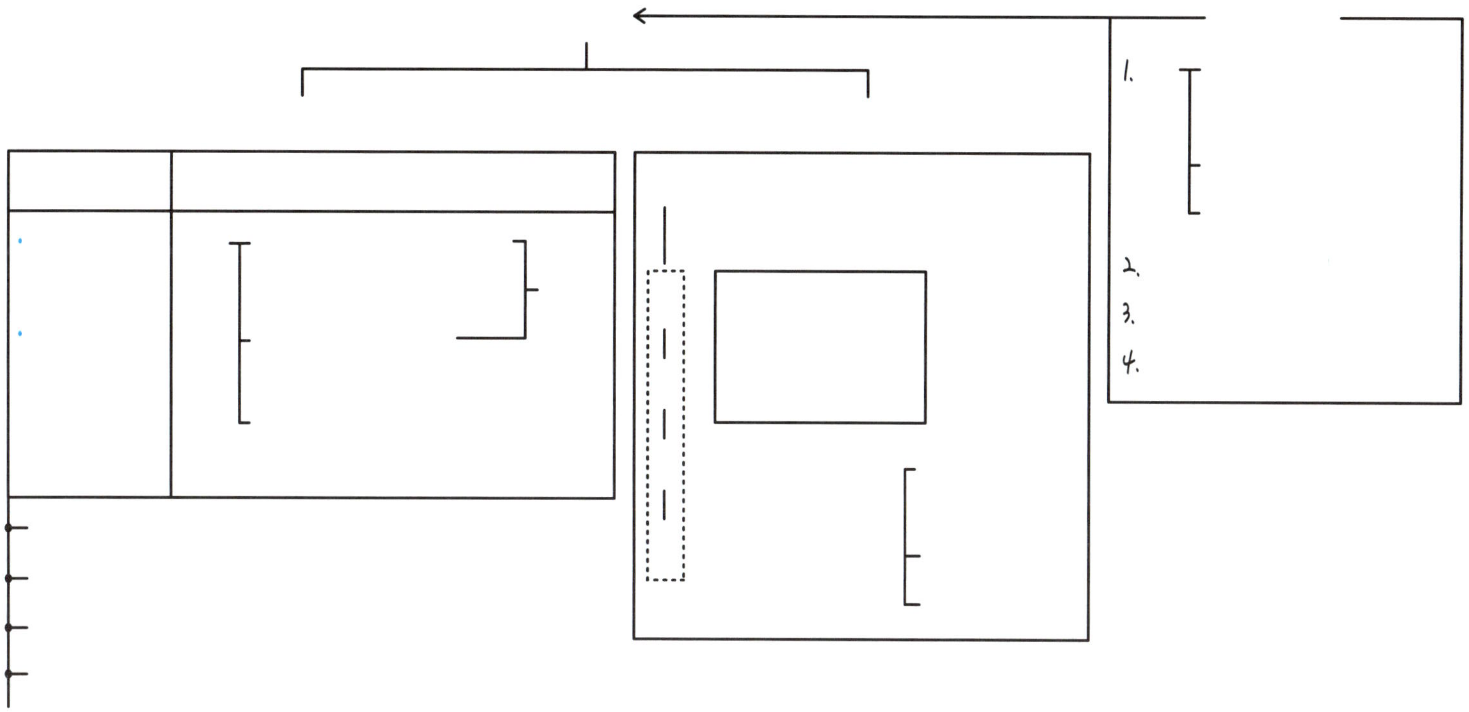


〈군사 조직〉

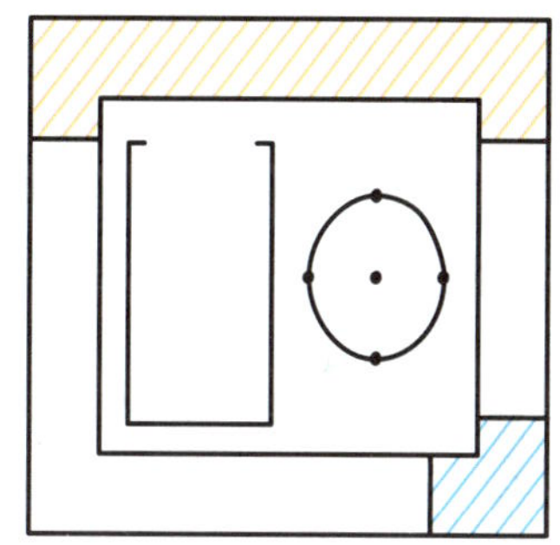

# 17강 조선(조직)

## 조선의 중앙 정치 조직

조선의 중앙 정치 조직은 국정을 총괄하는 의정부와 그 아래에서 왕의 명령을 집행하는 6조를 중심으로 편성되었어요. 이 외에 왕명 출납을 맡은 왕의 비서 기관인 승정원, 국가의 중죄인을 다스리는 국왕 직속 사법 기관인 의금부, 언론 기구인 3사, 서울의 행정과 치안을 담당한 한성부, 역사서의 편찬과 보관의 업무를 맡은 춘추관, 최고 교육 기관인 성균관 등의 기구가 있었어요. 또한, 형조 소속의 장례원은 공·사노비 문서의 관리 및 노비 소송을 담당하였습니다.

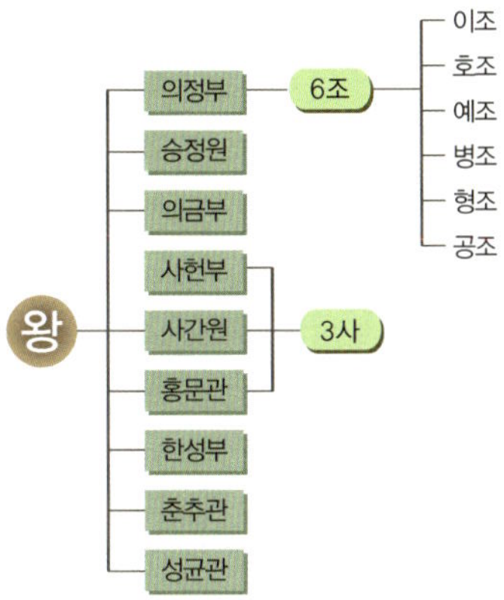


## 3사

3사는 사간원, 사헌부, 홍문관을 가리키며, 언론 기능을 담당하였어요. 3사에는 학문과 덕망이 높은 사람이 주로 임명되었어요. 3사의 관리와 이조 전랑은 청요직에 속하였는데, 3사는 언론을 담당하고 이조 전랑은 인사를 담당하였기 때문에 이러한 자리는 맑고 청렴한 사람들이 앉아야 한다 하여 청요직(淸要職 : 청렴해야 하는 중요한 직책)으로 인식되었어요.

- 사헌부 : 정치를 논하여 바르게 이끌고, 백관을 규찰하고, 풍속을 바로잡고, 원통하고 억울한 것을 풀어주고, 외람되고 거짓된 것을 금하는 등의 일을 관장한다. …… 집의 1명, 장령 2명, 지평 2명, 감찰 24명을 둔다.
- 사간원 : 임금에게 바른말을 하고, 정치의 잘못을 따져 지적하는 일을 맡는다.
- 홍문관 : 궁궐 안의 책을 관리하고, 왕의 물음에 대비하여 경연을 담당한다.

- "경국대전" -

## 한양 도성의 구조

조선의 수도 한양은 유교 사상을 반영하여 궁궐 왼쪽에는 종묘를, 오른쪽에는 사직을 배치하였어요. 광화문 앞쪽 큰길에는 이조, 호조, 예조, 병조, 형조, 공조 등의 6조를 비롯한 의정부, 한성부 등의 관청이 들어서 있는 육조거리가 있었어요.

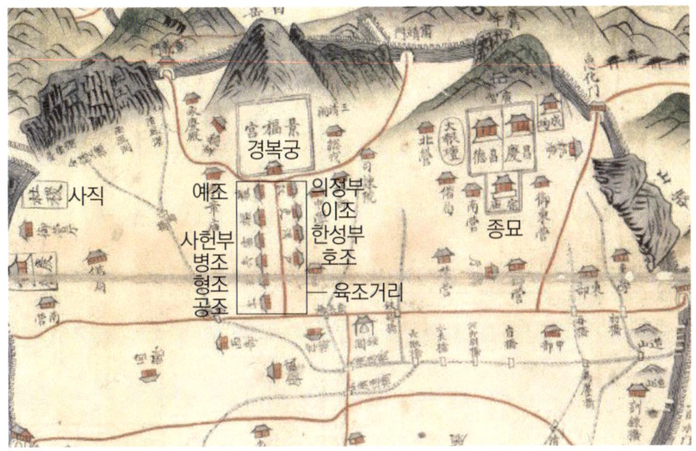


## 대간의 역할

대관은 관리를 감찰하는 사헌부의 관리이고, 간관은 정책에 대한 간쟁을 맡은 사간원의 관리를 말해요. 이들 대관과 간관을 합쳐 대간이라 불렀어요. 대간은 5품 이하의 관리 임명 과정에서 서경권을 행사하였습니다. 조선 건국의 주역이었던 정도전은 "삼봉집"에서 재상 중심의 정치를 주장하면서도 국왕과 재상을 견제할 수 있는 대간의 역할을 강조하였어요.

대관은 마땅히 위엄과 명망이 우선되어야 하고 탄핵은 뒤에 하여야 한다. 왜냐하면 위엄과 명망이 있는 자는 비록 종일토록 말하지 않더라도 사람들이 스스로 두려워 복종할 것이요, 이것이 없는 자는 날마다 수많은 글을 올린다 하더라도 사람들은 더욱 두려워하지 않기 때문이다. 대개 강의한 뜻과 정직한 지조가 본래 사람들에게 알려지지 못한 채 한갓 탄핵만으로 여러 신하들을 두렵게 하고 안과 밖을 깨끗이 하려 한다면 기강은 떨쳐지지 못하고 원망과 비방이 먼저 일어날까 두렵다. …… 천하의 득실과 백성들을 이해하고 사직의 모든 일을 간섭하고 일정한 직책에 매이지 않는 것은 홀로 재상만이 행할 수 있으며 간관만이 말할 수 있을 뿐이니, 간관의 지위는 비록 낮지만 직무는 재상과 대등하다.

- "삼봉집" -

**용어 사전**

**6조**
의정부 아래에서 정책 집행의 실무를 담당하였어요. 이조는 문관의 임명과 승진, 호조는 국세 파악과 세금 징수, 예조는 교육·과거 시험·외교·제사, 병조는 국방과 역참, 무관 인사, 형조는 형법과 소송, 공조는 산림·건설·수공업과 관련한 업무를 담당하였어요.

**승정원**
왕명의 출납을 담당한 관청으로 정원, 후원, 은대 등으로 불리기도 하였어요. 도승지, 좌·우승지, 좌·우부승지, 동부승지 등 6명의 승지를 두었습니다. 승정원에서 매일매일 취급한 문서와 사건을 기록한 일지인 "승정원일기"는 유네스코 세계 기록 유산으로 등재되었어요.

**서경권**
법률을 제정하거나 관리를 임명할 때 동의하는 권한이에요. 고려 시대에는 모든 관리를 대상으로 서경권을 행사하였으나, 조선 시대에는 5품 이하 관리의 임명에만 적용되었어요.

## 조선의 지방 행정 조직

조선은 전국을 8도로 나누고 관찰사를 파견하였어요. 또한, 도 아래 부·목·군·현을 두어 모든 군현에 수령을 파견하였어요.

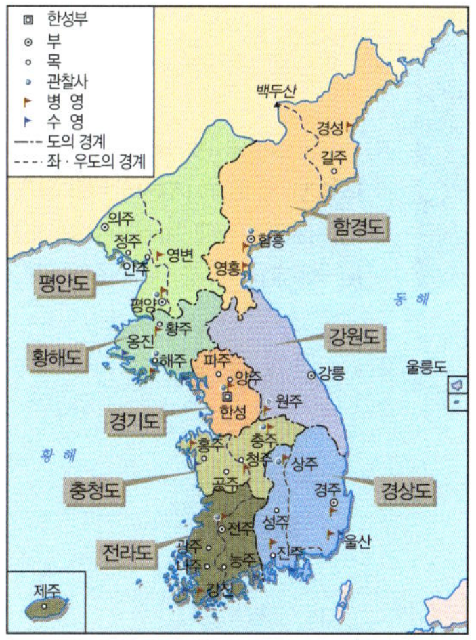


## 조선 시대 지방 행정 제도의 특징

조선 시대부터 모든 군현에 수령이 파견되고, 향·부곡·소의 특수 행정 구역이 소멸되었어요. 또한, 향리는 세습적 아전으로 신분이 격하되는 등 고려에 비해 중앙 집권 체제가 강화되었어요.

> 우리 고향 비옥현은 오랫동안 상주의 속현이었다. …… 가끔 급한 일이 있어 상주의 주리(州吏)가 오면 현리와 현민(縣民)들을 욕보이고 해독을 끼치는 일이 이루 말할 수 없었다. 전조(고려) 말기에는 일이 많고 겨를이 없어 현의 세력이 날로 궁핍하였다. 우리 조정에서 그 까닭을 알게 되니 여러 속현과 주 사이가 멀리 떨어진 곳은 모두 감현관(수령)을 한 사람씩 두어 다스리게 한 뒤에야 리(吏)와 민(民)이 점점 나아졌다. - "신증동국여지승람" -

## 수령

부·목·군·현에 파견된 지방관을 수령이라고 해요. 조선에서는 고려와는 달리 모든 군현에 수령을 파견하였으며, 수령은 국왕의 대리인으로 지방의 행정·군사·사법권을 가지고 있었어요. 이들의 임기는 1800일(5년)이었고, 원칙적으로 상피제의 적용을 받았어요. "경국대전"에는 수령이 지방을 통치함에 있어서 힘써야 할 일곱 가지 사항이 실려 있어요.

〈수령 7사〉
도내(道內)의 수령에 대한 고과(考課)는 "경국대전"에 따라 매해 연말에 실시하며, 다음 칠사(七事)에 근거한다.
- 농상을 성하게 함[농상성(農桑盛)]
- 호구를 늘림[호구증(戶口增)]
- 학교를 일으킴[학교흥(學校興)]
- 군정을 닦음[군정수(軍政修)]
- 부역을 고르게 함[부역균(賦役均)]
- 소송을 간명하게 함[사송간(詞訟簡)]
- 간사함과 교활함을 없앰[간활식(奸猾息)]

## 고려와 조선의 향리 비교

고려 시대에 실질적으로 지방 행정을 담당하였던 향리는 조선 시대에 역할이 약화되어 수령의 실무를 보좌하는 세습적인 아전으로 격하되었어요. 조선 전기의 향리직은 호장, 기관, 장교, 통인의 네 계열로 구분되며, 단안(壇案)이라는 명부에 등재되었습니다. 호장은 최고위 향리직이고, 기관은 호장 밑에서 분담된 업무를 수행하는 향리였어요. 장교는 고려 시대 주현군 장교직을 겸한 향리에 계보를 두며, 주로 경찰·호위 임무를 맡았던 것으로 보입니다. 통인은 관아의 사환 역할(잔심부름꾼)을 수행한 향리였습니다. 조선 시대의 향리는 고려와는 달리 외역전이 지급되지 않는 무보수 명예직이었어요.

| 구분 | 고려 | 조선 |
|---|---|---|
| 지위 | 실질적으로 지방 지배 | 수령의 행정 보좌 |
| 신분 | 중류층(신분 상승 가능) | 중인(신분 상승 제한) |
| 보수 | 외역전(세습 가능) | 무보수 명예직 |

### 용어 사전

**관찰사**
조선 시대 각 도에 파견되어 지방 통치의 책임을 맡았던 지방관이에요. 대개 종2품 이상의 고위 관리가 임명되었는데, 임기는 360일(1년)이었고, 감사나 도백, 방백으로도 불렸어요. 자기가 관할하고 있는 도의 감찰권, 사법권, 징세권, 군사권 등을 가지고 있었어요. 특히 연 2회 수령의 근무 평가를 시행하여 등급을 정하고 성적이 나쁜 수령을 파직하기도 하였어요.

**상피제**
일정 범위 내의 친족 간에는 같은 관청 또는 관련이 있는 관청에서 근무할 수 없게 하거나, 연고가 있는 관직에서 근무하지 못하게 한 제도예요.

# 17강 조선(조직)

낯선 용어와 자료 돋보기

한국사를 **보다**

## 조선의 과거 제도

조선 시대에 과거제는 문과, 무과, 잡과가 시행되었으며, 원칙적으로 양인 이상이면 누구나 응시할 수 있었어요. 그러나 서얼과 재가한 여성의 자손, 탐관오리의 아들은 문과에 응시할 수 없었어요. 문과는 초시에서 각 도의 인구 비례로 뽑고, 2차 시험인 복시에서 33명을 선발한 후, 왕 앞에서 시행하는 전시에서 최종 순위를 결정하였어요. 원칙적으로 예비 시험의 성격인 소과에 합격하여야 문과에 응시가 가능하였어요. 소과 합격자는 성균관에 입학하거나 대과인 문과 시험에 응시할 수 있었고, 하급 관리가 될 수도 있었어요. 고려와 달리 조선에서는 무과도 법제화되어 시행되었으며, 문과와 같은 절차를 거쳐 최종적으로 28명의 인원이 선발되었어요. 한편, 기술관을 뽑기 위한 잡과는 해당 관청에서 별도로 실시되었어요.

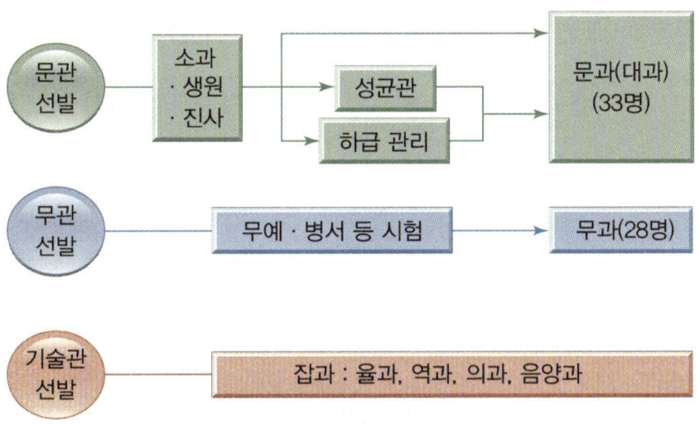


과거제의 운영

## 조선의 군사 제도

〈진관 체제〉

15세기 세조 때 소규모 지역 단위 방어 체제인 진관 체제를 시행하였어요. 진관 체제는 각 도에 한 두 개의 병영과 수영을 두고, 그 아래의 주요 요충지에 거진(巨鎭)을 두어 지역 방위를 담당하게 한 것이에요. 진관 체제는 대규모의 외침을 막기에는 불리한 방어 체제였어요.

> 국가에서는 처음에 각 도 군사들을 모두 진관에 분속시켰다. 이에 변란이 있으면 각 진관이 소속 군사들을 거느리고 정돈하여 주장의 호령을 기다렸다. …… 만약 적의 침략으로 진관 하나가 무너지더라도 다음 진관이 군사를 정돈하여 굳게 지킴으로써 도 전체가 무너지는 일은 없었다.
> - "선조수정실록" -

〈제승방략 체제〉

진관 체제가 적의 대규모 침략을 막기에 불리하였던 반면, 16세기 명종 때 실시된 제승방략 체제는 유사시에 군사력을 집중시켜 적의 대규모 침략에 대비하려는 도 단위의 방어 체제였어요.

> 도내의 여러 읍을 순변사, 방어사, 조방장, 도원수와 본도 병사, 수사에게 소속시켰다. 이리하여 위급한 일이 있으면 반드시 멀고 가까운 곳의 군사를 동원하여 빈 들판에 모아 두고, 1천여 리 밖에서 오는 장수를 기다리게 하였다.
> - "징비록" -

## 홍패와 백패

홍패와 백패는 일종의 과거 합격증이에요. 조선 시대에는 이 합격증이 왕의 명령으로 발급되었기 때문에 교지라고 하였어요. 소과에 합격한 생원·진사에게는 흰색의 백패를, 대과와 무과의 최종 합격자에게는 붉은색의 홍패를 수여하였어요.

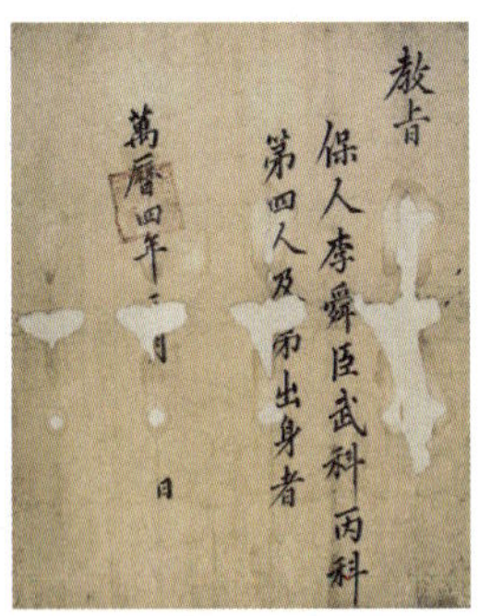


이순신 무과 홍패

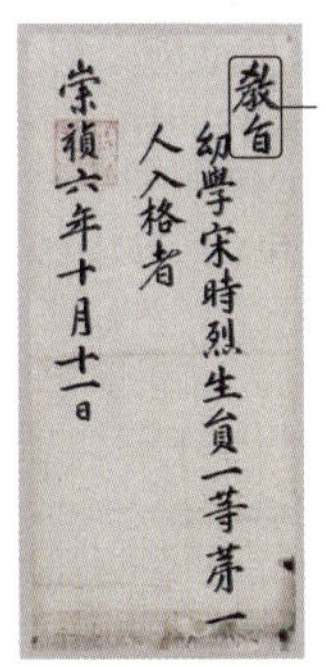


교지

송시열 소과 백패

### 용어 사전

**천거**
3품 이상인 고위 관리가 관리 후보를 3년마다 3명씩 추천하는 제도입니다. 관리 후보가 중죄를 저지르거나 자격 미달인 경우 추천한 사람을 벌하였어요.

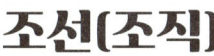

**문음**
고려의 음서와 같은 제도입니다. 그러나 5품 이상에게 주어지던 고려와 달리 조선 시대에는 2품 이상의 고위 관리에게 혜택이 주어졌으며, 문음으로 관리가 된 사람은 고위직에 오르기 어려웠어요.

**취재**
재주 있는 사람을 가려 뽑는 제도예요. 어의, 궁중 악사, 하급 관리 등을 취재로 뽑았어요.

**양인 개병**
양인은 모두 병역의 의무를 진다는 뜻으로, 조선 시대 군역 제도의 원칙이에요. 노비 등 천인은 군역에서 제외되었고, 현직 관리와 성균관 및 향교의 학생, 향리 등은 군역을 면제받았어요.

**잡색군**
평상시에는 본업에 종사하다가 유사시에 향토방위에 동원된 일종의 예비군이에요. 향리부터 노비에 이르기까지 신분이 다양하였어요.

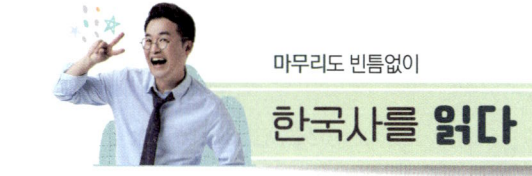

# 17강 조선(조직)

## 1 중앙 정치 조직

| 구분 | 내용 | | |
|---|---|---|---|
| 의정부·6조 | • 의정부 : 재상들의 합의로 운영되는 최고 정무 기구, 국정 총괄, 6조 관할<br>• 6조 : 정책을 집행하는 행정 기관(이·호·예·병·형·공조) | | |
| 사간원(대사간) | 정책에 대한 간쟁·논박 담당, 간원·미원이라고도 불림 | 대간·양사<br>(서경·간쟁·봉박권) | 3사<br>(언론 기구) |
| 사헌부(대사헌) | • 관리들의 비리 감찰, 풍속 교화, 백성들의 억울한 일 해결<br>• 상대·오대·백부라고도 불림 | | |
| 홍문관(대제학) | • 국왕 자문 담당, 경연 주관, 경서 관리<br>• 옥당(옥서)·진독청·청연각이라고도 불림 | | |
| 의금부(금부도사) | • 국왕 직속 특별 사법 기구(반역죄, 강상죄 등 중범죄 처결)<br>• 조옥·금부·왕부·금오라고도 불림 | 왕권 강화 기구 | |
| 승정원(도승지) | • 왕명 출납 담당(왕의 비서 기관)<br>• 정원·후원·은대·대언사라고도 불림 | | |
| 기타 | • 한성부(판윤, 수도의 행정·치안 담당), 춘추관(역사서의 편찬과 보관)<br>• 성균관(대사성, 최고 관립 교육 기관)<br>• 관상감(천문, 지리, 기후 등에 관한 사무 담당)<br>• 사역원(외국어 통역과 번역 업무, 외국어 교육 담당), 장례원(노비의 소송과 호적에 관한 일 관장) | | |

## 2 지방 행정 조직

| 구분 | 내용 |
|---|---|
| 8도 | 부·목·군·현 - 면·리·통으로 조직, 중앙 집권 체제 완성(일원화) |
| 지방관 파견 | • 8도 : 관찰사(종2품 이상, 감사·도백·방백이라고도 불림, 감영에서 근무) 파견<br>→ 각 도의 행정 담당, 관할 지역 수령의 비행 감독 및 근무 성적 평가<br>• 부·목·군·현 : 수령 파견<br>(관찰사·수령 : 임기제·상피제 적용)<br>- 모든 군현에 수령 파견 → 고려 시대에 있었던 속군·속현 및 향·부곡·소 소멸<br>- 수령의 권한 강화 : 지방의 행정·군사·사법권 장악<br>- 향리(호장·기관·장교·통인 등으로 분류됨, 단안에 등재)의 권한 약화 : 지방 관청(이·호·예·병·형·공의 6방)에서 근무, 수령의 행정 실무를 보좌하는 세습적 아전으로 격하(외역전 ×)<br>• 면·리·통 : 향촌의 주민 중 책임자 선발 → 인구 파악, 부역 징발 |
| 유향소와 경재소 설치 | • 유향소 : 지방 사족으로 구성, 수령 자문 및 향리의 비리 감시<br>• 경재소 : 해당 지방 출신의 중앙 고위 관리를 책임자로 임명, 유향소와 정부 사이의 연락 담당, 유향소 통제 |
| 특징 | 중앙 집권 체제 확립과 함께 지방 자치 부분 허용 |

## 3 관리 선발 방식

| 구분 | | | 내용 |
|---|---|---|---|
| 과거 | 자격 | | 양인 이상이면 과거 응시 가능 → 탐관오리의 아들, 재가한 여자의 자손, 서얼은 문과 응시 제한 |
| | 시행 | | 3년마다 시행, 비정기적으로 특별 시험 실시, 승과는 폐지 |
| | 종류 | 문과 | • 예조에서 시행<br>• 소과 : 생원·진사 선발, 초시와 복시 단계로 나누어 시험, 합격 후 하급 관리로 진출하거나 성균관에서 공부하여 대과 응시 가능<br>• 대과 : 초시, 복시, 전시 단계로 나누어 시험 → 최종 33명 선출 |
| | | 무과 | 문과(대과)와 같은 절차 → 최종 28명 선출 |
| | | 잡과 | 해당 관청에서 기술관 선발, 분야별로 정원이 다름 |
| 천거 | | | 추천제, 현량과(조광조) |
| 문음 | | | 2품 이상 관료의 자제 대상, 고위 관료로 승진 제한 |
| 취재 | | | 기술직 하급 관리 대상 |
| 인사 관리 | | | 임기제·상피제·서경 시행(인사의 공정성 확보), 근무 평가 등 운영 → 합리적·관료적 성격 |

## 4 군사 조직

| 구분 | | 내용 |
|---|---|---|
| 군역 제도 | | • 양인 개병제, 농병 일치 → 의무병<br>• 현직 관료·학생·향리는 군역 면제 |
| 군사 제도 | 중앙군 | 5위(궁궐·수도 방어) : 정군·갑사·특수병으로 구성 |
| | 지방군 | • 국방의 요충지에 영·진 설치(영진군), 육군·수군으로 나뉘어 병마절도사와 수군절도사의 지휘를 받음<br>• 15세기 세조 때 진관 체제(지역 방어 체제) 실시<br>• 16세기 명종 때 제승방략 체제(도 단위 방어 체제) 실시<br>• 임진왜란 중 진관 체제로 복귀, 속오군 체제 실시 |
| | 잡색군 | • 향리·잡학인·신량역천인·노비로 구성(일종의 예비군)<br>• 지역 수비 보완 목적 |

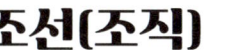

# 17강 조선(조직)

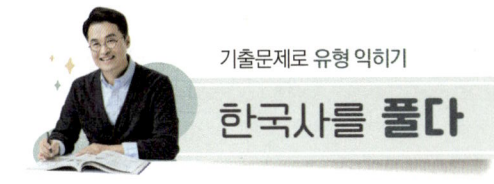

**1** (가) 관서에 대한 설명으로 옳은 것은? [2점]

심화 68회 25번

**체험 활동 소감문**

2023년 12월 2일 ○○○

지난 토요일에 '승경도' 놀이를 체험했다. 승경도는 조선 시대 관직 이름을 적은 놀이판이다. 윷을 던져 말을 옮기는데, 승진을 할 수도 있지만 자칫하면 파직이 되거나 사약까지 받을 수 있어 흥미진진했다.

놀이 규칙에 은대법이 있는데, [ (가) ]을/를 총괄하는 도승지 자리에 도착한 사람은 당하관 자리에 있는 사람들이 던진 윷의 결괏값을 이용할 수 있는 규칙이다. 은대가 무엇인지 몰랐는데, [ (가) ]을/를 뜻함을 알게 되었다.

① 수도의 행정과 치안을 맡아보았다.
② 재상들이 합의하여 국정을 총괄하였다.
③ 반역죄, 강상죄를 범한 중죄인을 다스렸다.
④ 왕의 비서 기관으로 왕명의 출납을 담당하였다.
⑤ 외적의 침입에 대비하기 위한 임시 기구로 설치되었다.

**2** (가) 기구에 대한 설명으로 옳은 것은? [1점]

심화 58회 20번

**이달의 책**

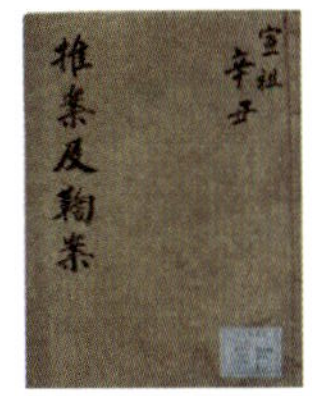

추안급국안

이 책에는 조선 시대에 왕명으로 [ (가) ]에서 중죄인을 추국한 결과가 기록되어 있다. 조옥(詔獄)이라고도 불린 [ (가) ]은/는 강상죄·반역죄 등을 처결하였으며 판사·도사 등의 관직이 있었다.

① 국왕 직속의 특별 사법 기구였다.
② 사림의 건의로 중종 때 폐지되었다.
③ 사헌부, 사간원과 함께 삼사로 불리었다.
④ 5품 이하의 관원에 대한 서경권을 행사하였다.
⑤ 서얼 출신의 학자들이 검서관으로 기용되었다.

**1 승정원** 정답 ④

**정답 찾기** 도승지가 총괄하는 관서라는 내용과 '은대'를 통해 (가) 관서가 조선의 중앙 관서인 승정원임을 알 수 있어요. 은대는 승정원의 별칭이며, 이로 인해 승정원의 학사를 은대 학사라고도 불렀어요. 승정원에는 도승지를 비롯한 6명의 승지가 있어 각각 6조의 일을 나누어 맡았는데, 왕명으로 각 승지의 업무는 수시로 변경되기도 하였어요. ④ 승정원은 왕의 비서 기관으로 왕명의 출납을 담당하였으며, 은대, 정원, 후원, 대언사 등으로 불리기도 하였어요.

**오답 피하기**
① 한성부는 수도의 행정과 치안을 맡아보았어요.
② 의정부는 재상들의 합의로 국정을 총괄하는 최고 관서였어요.
③ 의금부는 국왕 직속 사법 기구로 반역죄, 강상죄를 범한 중죄인을 다스렸어요.
⑤ 비변사는 조선 중종 때 외적의 침입에 대비하기 위한 임시 기구로 설치되었으나 을묘왜변을 계기로 상설 기구가 되었으며, 임진왜란을 겪으면서 국정을 총괄하는 기구로 변화하였어요.

**2 의금부** 정답 ①

**정답 찾기** 조선 시대에 왕명으로 중죄인을 추국하고 강상죄·반역죄 등을 처결하였다는 내용을 통해 (가) 기구가 의금부임을 알 수 있어요. ① 의금부는 조선 시대 국왕 직속의 특별 사법 기구로, 조옥, 금부, 왕부, 금오 등으로 불리기도 하였어요. 주로 반역과 관련된 사건이나 유교 윤리에 어긋나는 강상죄를 다스렸어요.

**오답 피하기**
② 조선 중종 때 조광조를 비롯한 사림의 건의로 도교 행사를 담당하던 소격서가 폐지되었어요.
③ 홍문관은 사헌부, 사간원과 함께 삼사로 불렸어요.
④ 사헌부의 관리인 대관과 사간원의 관리인 간관을 합쳐 대간이라고 불렀어요. 대간은 5품 이하 관리의 임명 과정에서 서경권을 행사하였어요.
⑤ 조선 정조 때 서얼 출신인 박제가, 유득공, 이덕무 등이 규장각의 검서관으로 기용되었어요.

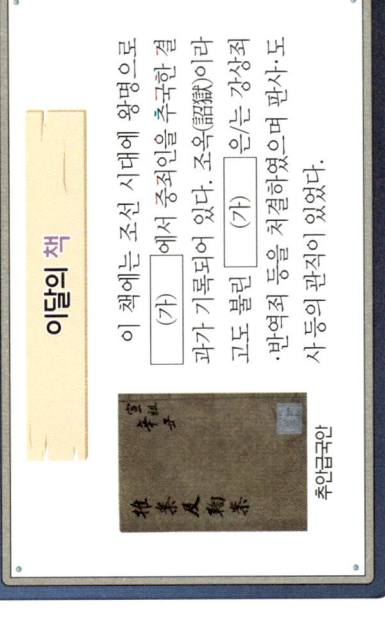

## 3 (가) 기구에 대한 설명으로 옳은 것은? [2점]

심화 56회 22번

이 그림은 중종 때 그려진 미원계회도(薇垣契會圖)입니다. '미원'은 (가) 의 별칭으로 간쟁과 논박을 담당한 관청이었습니다. 소나무 아래에는 계회를 하고 있는 모습이 보이고, 하단에는 참석자들의 관직, 성명, 본관 등이 기록되어 있습니다.
미원계회도

① 왕명의 출납을 관장하였다.
② 수도의 행정과 치안을 담당하였다.
③ 사헌부, 홍문관과 함께 3사로 불렸다.
④ 실록을 보관하고 관리하는 업무를 맡았다.
⑤ 반역죄, 강상죄 등을 범한 중죄인을 다스렸다.

## 4 (가) 기구에 대한 설명으로 옳은 것은? [2점]

심화 69회 20번

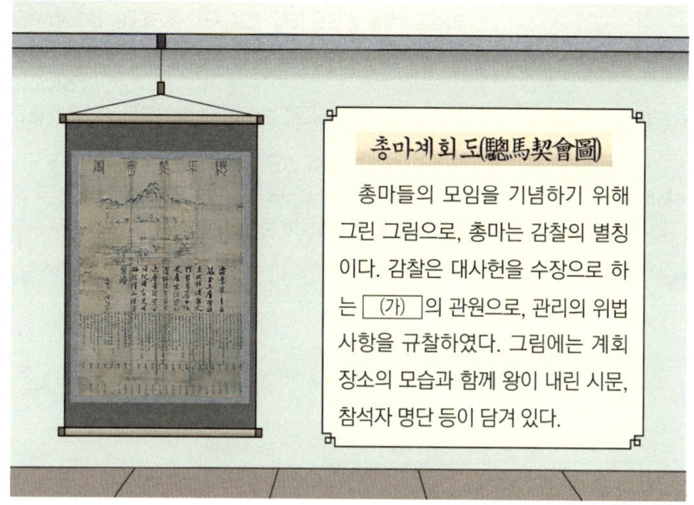

총마계회도(驄馬契會圖)
총마들의 모임을 기념하기 위해 그린 그림으로, 총마는 감찰의 별칭이다. 감찰은 대사헌을 수장으로 하는 (가) 의 관원으로, 관리의 위법 사항을 규찰하였다. 그림에는 계회 장소의 모습과 함께 왕이 내린 시문, 참석자 명단 등이 담겨 있다.

① 수도의 행정과 치안을 담당하였다.
② 왕명 출납을 맡은 왕의 비서 기관이었다.
③ 왕에게 경서 등을 강론하는 경연을 주관하였다.
④ 역사서를 편찬하고 사고에 보관하는 일을 맡았다.
⑤ 5품 이하 관리의 임명 과정에서 서경권을 행사하였다.

### 3 사간원 정답 ③

정답 찾기 '중종'은 조선의 왕이며, 간쟁과 논박을 담당한 관청이라는 내용을 통해 (가) 기구가 사간원임을 알 수 있어요. 사간원은 조선 시대에 간쟁과 논박을 담당한 기구로, 간원 또는 미원이라고도 불렸어요. 소속 관원은 간관이라고 하였는데, 사헌부의 관원인 대관과 함께 대간이라고도 불렸어요. 대간은 5품 이하 관리의 임명 과정에서 서경권을 행사하였어요. ③ 사간원은 사헌부, 홍문관과 함께 3사라고 불렸으며 언론 기능을 담당하였어요.

오답 피하기
① 승정원은 왕명의 출납을 관장한 왕의 비서 기관이었어요.
② 한성부는 수도 한성의 행정과 치안을 담당하였어요.
④ 춘추관은 실록을 보관하고 관리하는 업무를 관장하였어요.
⑤ 의금부는 반역죄, 강상죄 등의 중범죄를 처결하는 국왕 직속의 특별 사법 기구였어요.

### 4 사헌부 정답 ⑤

정답 찾기 수장이 대사헌이며, 관리의 위법 사항을 규찰하였다는 내용을 통해 (가) 기구가 사헌부임을 알 수 있어요. 사헌부는 조선 시대에 관리 감찰을 담당한 기구로, 상대, 오대라고도 불렸어요. 사헌부는 사간원, 홍문관과 함께 3사로 불리며 권력의 독점을 견제하는 언론 기능을 담당하였어요. ⑤ 사헌부의 관리는 사간원의 관리와 함께 대간으로 불렸으며 5품 이하 관리의 임명 과정에서 서경권을 행사하였어요.

오답 피하기
① 한성부는 수도의 행정과 치안을 담당하였어요.
② 승정원은 왕의 비서 기관으로 왕명의 출납을 담당하였어요.
③ 홍문관은 왕에게 경서 등을 강론하는 경연을 주관하였으며 왕의 자문에 응하는 일을 맡았어요.
④ 춘추관은 역사서를 편찬하고 사고에 보관하는 업무를 수행하였어요.

# 17강 조선(조직)

**5** 심화 54회 19번

**(가) 기구에 대한 설명으로 옳은 것은?** [2점]

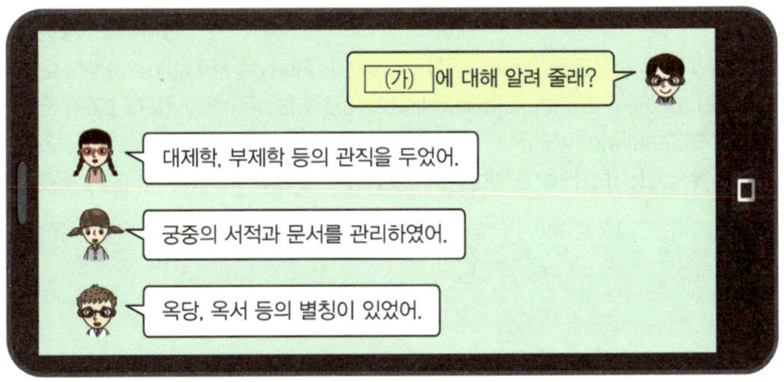

(가) 에 대해 알려 줄래?
대제학, 부제학 등의 관직을 두었어.
궁중의 서적과 문서를 관리하였어.
옥당, 옥서 등의 별칭이 있었어.


① 수도의 행정과 치안을 맡아보았다.
② 사헌부, 사간원과 함께 3사로 불렸다.
③ 을묘왜변을 계기로 상설 기구화되었다.
④ 왕의 비서 기관으로 왕명의 출납을 담당하였다.
⑤ 국왕 직속 사법 기구로 반역죄, 강상죄 등을 처결하였다.

**6** 심화 50회 21번

**(가)에 대한 설명으로 옳은 것은?** [2점]

이 그림은 평양에 새로 부임한 (가) 을/를 환영하는 모습을 묘사한 부벽루연회도입니다. (가) 은/는 감사 또는 방백이라고도 불리었는데, 대개 종2품 이상의 고위 관리가 임명되었습니다.


① 간관으로서 간쟁과 봉박을 담당하였다.
② 6조 직계제의 실시로 권한이 약화되었다.
③ 호장, 기관, 장교, 통인 등으로 분류되었다.
④ 관내 군현의 수령을 감독하고 근무 성적을 평가하였다.
⑤ 출신지의 경재소를 관장하고 유향소 품관을 감독하였다.

**5 홍문관** 정답 ②

**정답 찾기** 대제학, 부제학 등의 관직이 있었으며, 궁중의 서적과 문서를 관리하였고, 옥당, 옥서 등의 별칭이 있었다는 내용을 통해 (가) 기구가 홍문관임을 알 수 있어요. 조선 성종 때 집현전을 계승하여 설치된 홍문관은 궁중의 서적과 문서를 관리하고 왕의 자문을 담당하였으며 경연을 주관하였어요. 또한, ② 홍문관은 사헌부, 사간원과 함께 3사로 불렸으며 언론 기능을 담당하였습니다.

**오답 피하기**
① 한성부는 수도의 행정과 치안을 맡아보았어요.
③ 국방 문제를 다루기 위한 임시 기구였던 비변사는 을묘왜변을 계기로 상설 기구가 되었어요.
④ 승정원은 왕의 비서 기관으로 왕명의 출납을 담당하였어요.
⑤ 의금부는 국왕 직속 사법 기구로 반역죄, 강상죄 등 중범죄를 처결하였어요.

**6 관찰사** 정답 ④

**정답 찾기** 감사 또는 방백이라고도 불렸으며, 종2품 이상의 고위 관리가 임명되었다는 내용을 통해 (가)는 관찰사임을 알 수 있어요. 관찰사는 조선 시대 8도에 파견된 지방관으로, 지방 통치의 최고 책임자였어요. ④ 관찰사는 관할 고을의 수령을 감독하고 근무 성적을 평가하였어요.

**오답 피하기**
① 사간원의 관리는 간관으로서 사헌부의 관리인 대관과 함께 대간으로 불리며 간쟁과 봉박, 서경을 담당하였어요.
② 재상들의 합의로 운영되는 최고 기구인 의정부의 권한은 6조 직계제의 실시로 약화되었어요.
③ 조선 시대에 향리는 호장, 기관, 장교, 통인 등으로 분류되었어요.
⑤ 조선 시대에 중앙의 고위 관리들은 출신지의 경재소를 관리·감독하고 그 지역에 설치된 유향소를 통제하였으며 정부와 출신 지역 간의 여러 가지 일을 주선하였어요.

**7** (가)에 대한 설명으로 옳은 것은? [2점]

고급 34회 22번

8도의 부, 목, 군, 현에 파견되는 (가) 이/가 마땅히 해야 할 7사(七事)가 무엇인가?
농업과 양잠을 성하게 하는 일, 호구를 늘리는 일, 학교를 흥성하게 하는 일, 군정을 잘 다스리는 일, 부역을 고르게 하는 일, 소송을 간소화하는 일, 간사함과 교활함을 없애는 일입니다.


① 직역이 대대로 세습되었다.
② 지방의 행정·사법·군사권을 행사하였다.
③ 6조 직계제의 실시로 권한이 약화되었다.
④ 유향소의 우두머리로 향회에서 선출되었다.
⑤ 호장, 기관, 장교, 통인 등으로 분류되었다.

**8** (가), (나)에 대한 설명으로 옳은 것은? [2점]

고급 42회 21번

나는 8도의 부·목·군·현에 파견되는 (가) 입니다. 경국대전에 의하면 임기는 1,800일이고, 원칙적으로 상피제의 적용을 받고 있습니다.
나는 지방 관아에서 행정 실무를 담당하는 (나) 입니다. 고려 때와는 달리 요즘은 외역전도 지급받지 못하고 직무를 수행하고 있습니다. 우리들의 수장을 호장이라고도 부릅니다.


① (가) - 단안(壇案)이라는 명부에 등재되었다.
② (가) - 지방의 행정·사법·군사권을 행사하였다.
③ (나) - 감사, 도백으로도 불렸다.
④ (나) - 장례원(掌隷院)을 통해 국가의 관리를 받았다.
⑤ (가), (나) - 잡과를 통해 선발되었다.

**7** **수령** 정답 ②

정답 찾기 8도의 부, 목, 군, 현에 파견되었으며, 마땅히 해야 할 7사가 있었다는 내용을 통해 (가)가 조선 시대 수령임을 알 수 있어요. 조선 시대 부, 목, 군, 현에 파견된 지방관을 수령이라고 하는데, 조선은 모든 군현에 수령을 파견하였습니다. "경국대전"에는 수령이 지방을 통치함에 있어서 힘써야 할 7가지 사항으로 '7사'가 규정되어 있었어요. ② 수령은 왕을 대신하여 지방 통치를 맡아 지방의 행정·사법·군사권을 행사하였어요.

오답 피하기
① 조선 시대에 향리, 의관, 역관 등의 직역은 대대로 세습되었어요.
③ 6조 직계제는 6조의 판서가 의정부를 거치지 않고 정치 업무를 왕에게 직접 보고하고 왕의 재가를 받아 정책을 시행하는 제도입니다. 6조 직계제의 실시로 의정부의 권한이 약화되었어요.
④ 유향소의 가장 높은 직임인 좌수는 향회를 통해 선출되었어요.
⑤ 조선 시대에 향리는 호장, 기관, 장교, 통인 등으로 분류되었는데, 호장은 향리직의 가장 높은 지위였어요.

**8** **수령과 향리** 정답 ②

정답 찾기 (가)는 8도의 부·목·군·현에 파견되고 상피제의 적용을 받았다는 내용을 통해 수령임을 알 수 있고, (나)는 지방 관아에서 행정 실무를 담당하고 고려 시대와 달리 외역전도 지급받지 못하였다는 내용을 통해 향리임을 알 수 있어요. ② 조선 시대에는 고려 시대와 달리 모든 군현에 지방관(수령)이 파견되었는데, 수령은 왕의 대리인으로 지방의 행정·사법·군사권을 가지고 있었어요. 하지만 향리는 고려 시대에 비해 그 권한과 지위가 약화되었습니다.

오답 피하기
① 단안이라는 명부에 등재된 계층은 향리입니다.
③ 감사, 도백으로 불린 관직은 8도에 파견된 관찰사입니다.
④ 장례원을 통해 국가의 관리를 받은 신분은 노비입니다. 장례원은 노비 문서의 관리와 노비 소송 등 노비와 관련된 문제를 관장한 관서였어요.
⑤ 잡과는 기술직 관리를 선발하는 과거 시험이에요.

# 17강 조선(조직)

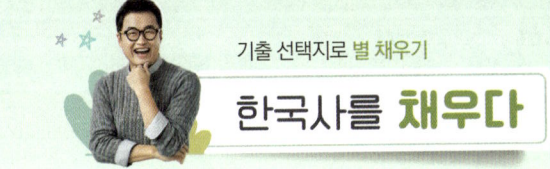

**Ready go**
이번 강 별 채우기 제한 시간은 **2분 40초**
한 문장을 끝까지 또박또박 읽어야 패스!

기출 선택지로 별 채우기
**한국사를 채우다**

01 ★★부는 재상들의 합의로 운영되었으며, 정책을 심의·결정하여 국정을 총괄하였다.

02 ★★부는 국왕 직속의 특별 사법 기구로 반역죄, 강상죄 등 중범죄를 다스렸다.

03 왕명의 출납을 맡은 왕의 비서 기관인 ★★원에는 도승지를 비롯해 6명의 승지가 있었다.

04 조선 시대에 언론 기능을 담당한 사헌부, 사간원, 홍문관을 합쳐 ★★라고 불렀다.

05 ★★부는 관리 감찰을 담당하였으며 대사헌을 수장으로, 집의·장령 등의 관직을 두었다.

06 ★★원은 정책에 대한 간쟁을 담당하는 기관이었다.

07 조선 시대에 대간은 사헌부와 사간원의 관리로 구성되었으며, 5품 이하 관리의 임명 과정에서 ★★권을 행사하였다.

08 성종 때 학술·언론 기관으로 집현전을 계승한 ★★관이 설치되었다.

09 홍문관은 ★당이라고도 불리며, 왕에게 경서와 사서를 강론하는 ★연을 주관하였다.

10 조선 시대에 ★★부가 수도의 행정과 치안을 담당하였다.

11 조선 시대에 ★★관이 실록을 보관하고 관리하는 업무를 담당하였다.

12 조선 시대 최고 교육 기관인 ★★관에 대사성을 중심으로 좨주, 직강 등의 관직을 두었다.

13 조선 시대에 ★★원은 노비의 호적과 소송에 관한 일을 관장하였다.

14 조선은 전국을 ★도로 나누고 각 도에 ★★사를 파견하였다.

15 8도 아래의 부·목·군·현에 파견된 수★은 지방의 행정·사법·군사권을 행사하였다.

**16** 조선 시대에 수령의 의무로 수령 ★사가 있었다.

**17** 고려 시대 특수 행정 구역인 향·★곡·★는 조선 시대에 들어와 소멸되었다.

**18** 조선 시대에 각 지방의 ★리는 수령을 보좌하며 행정 실무를 담당하는 아전의 역할을 하였다.

**19** 조선 시대에 향리는 ★안이라는 명부에 등재되었다.

**20** 조선 시대에 과거 시험으로 문신을 선발하는 ★과, 무신을 선발하는 ★과, 기술관을 선발하는 ★과가 치러졌다.

**21** 조선 시대에 ★인 이상이면 누구나 과거에 응시할 수 있었으나, 문과의 경우 ★얼과 ★가한 여성의 자손은 응시할 수 없었다.

**22** 조선 시대에 2품 이상 고위 관료의 자제는 시험 없이 관직에 나갈 수 있는 문★이 있었다.

**23** 조선 시대에 기술직 하급 관리들은 과거와 별도로 ★★라는 시험을 통해 선발되었다.

**24** 조선 전기에 중앙군으로 궁궐과 도성의 수비를 담당한 ★위를 두었다.

**25** 조선 시대의 군사 조직은 ★인 개병과 농★ 일치의 원칙을 적용하여 의무병으로 구성되었다.

**26** 조선은 세조 이후 지역 방어 체제로 ★관 체제를 실시하였다.

**27** 조선 전기에 ★★군은 유사시에 향토방위를 맡는 예비군의 성격을 가졌다.

정답

**01** 의정 **02** 의금 **03** 승정 **04** 3사(삼사) **05** 사헌 **06** 사간 **07** 서경 **08** 홍문 **09** 옥, 경 **10** 한성 **11** 춘추 **12** 성균 **13** 장례 **14** 8, 관찰 **15** 령 **16** 7 **17** 부, 소 **18** 향 **19** 단 **20** 문, 무, 잡 **21** 양, 서, 재 **22** 음 **23** 취재 **24** 5 **25** 양, 병 **26** 진 **27** 잡색

# 18강 조선 전기(외교)

한국사의 흐름을 한눈에
한국사를 그리다

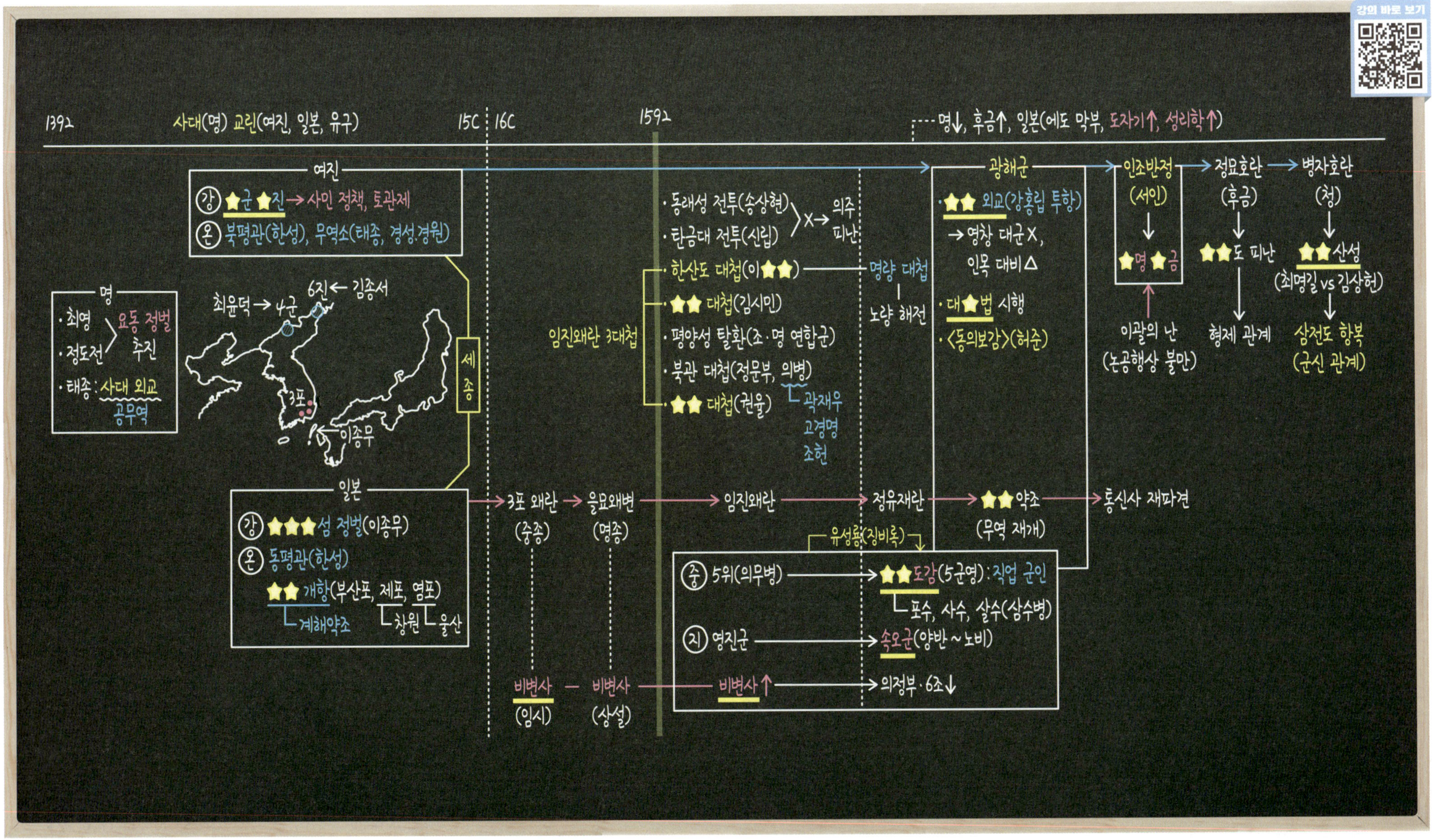


★정답 4, 6, 쓰시마, 3포, 순신, 진주, 행주, 훈련, 중립, 동, 기유, 친, 배, 강화, 남한

➡ 나만의 약점 단권화 노트 34쪽에서 완성 판서를 확인하세요.

# 18강 조선 전기(외교)



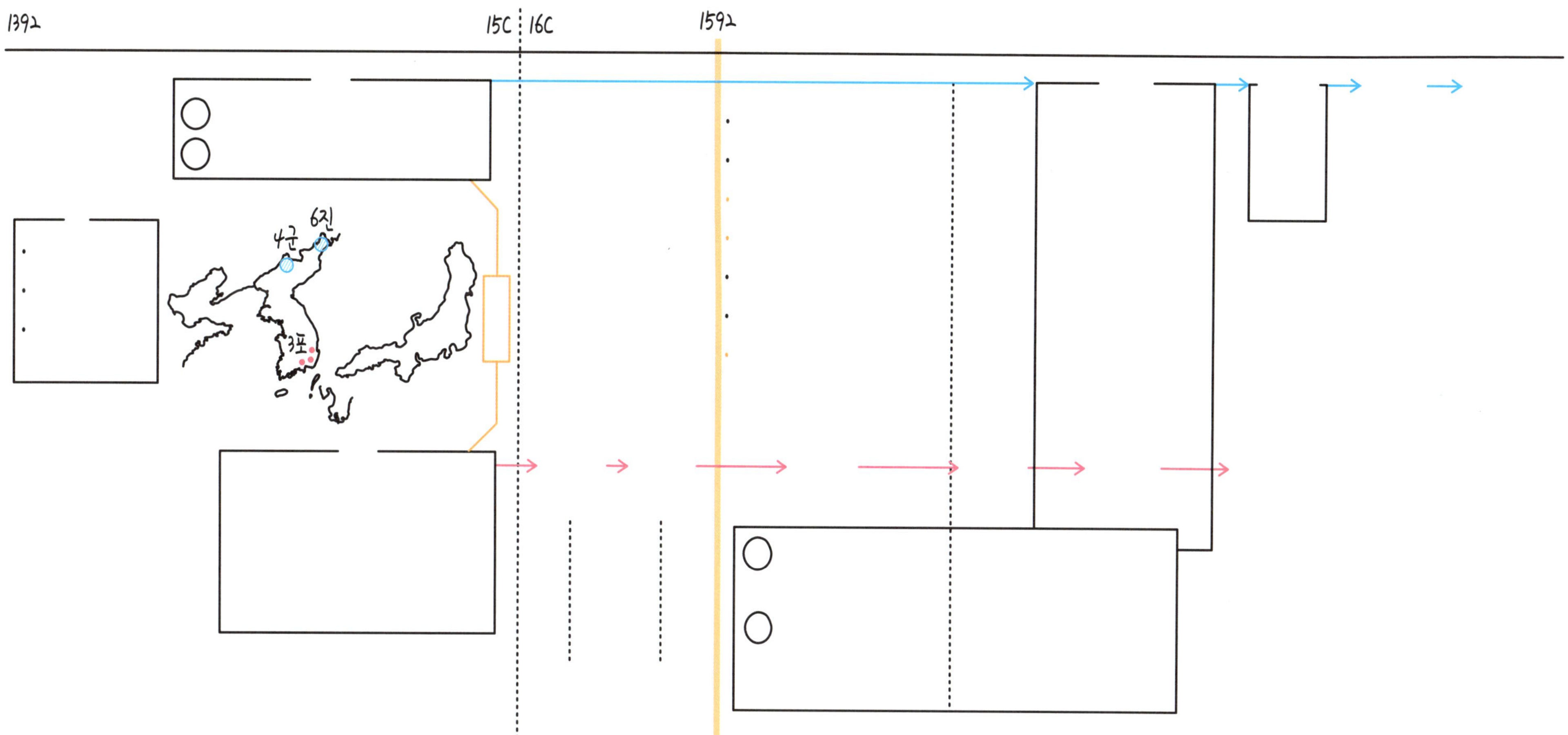

## 정도전의 요동 정벌론

조선 건국 직후에는 태조 이성계와 정도전이 요동 정벌을 추진하여 명과의 관계가 좋지 않았어요. 그러나 태종 때부터는 사대 외교를 추진하며 친선 관계를 유지하였어요.

> 처음에 정도전과 남은이 임금을 날마다 뵙고 요동을 공격하기를 권고하고 진도(陣圖)를 익히게 하는 고로 그 급함이 이와 같았다. 이에 앞서 좌정승 조준이 휴가를 청하여 집에 돌아가 있으니, 정도전과 남은이 조준의 집에 찾아가서 말하기를 "요동을 공격하는 일은 이미 결정되었으니 공은 다시 말하지 마십시오."라고 하였다. - "태조실록" -

## 조선 초의 대외 관계

조선의 대외 정책은 사대교린을 기본으로 하였어요. 사대교린이란 큰 나라, 즉 명을 섬기고 이웃 나라, 즉 일본·여진 등과는 대등하게 교류하는 정책이에요.

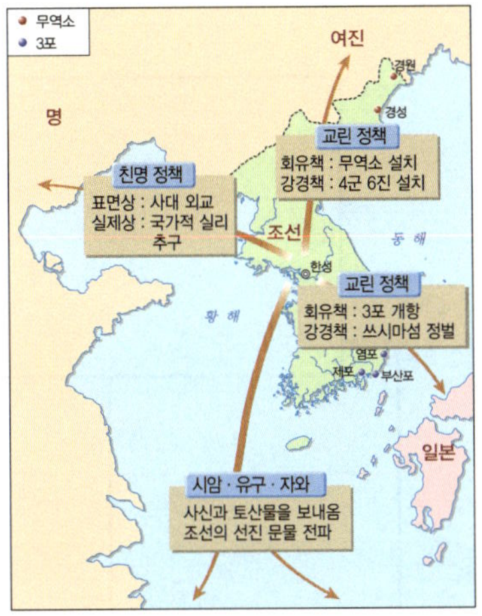


## 임진왜란

1592년 도요토미 히데요시가 조총으로 무장한 대군을 이끌고 조선을 침략하여 임진왜란이 일어났어요. 오랜 평화로 전쟁 대비가 제대로 되어 있지 않았던 조선은 전쟁 초기 수세에 몰려 선조가 의주로 피란하였어요. 그러나 이순신이 이끄는 수군과 곽재우(홍의장군), 정문부, 고경명, 조헌 등 각지에서 일어난 의병의 활약, 명군의 지원으로 전세를 역전시킬 수 있었습니다. 조·명 연합군이 반격에 나서자 일본의 요구로 명과 일본의 휴전 회담이 시작되었어요.

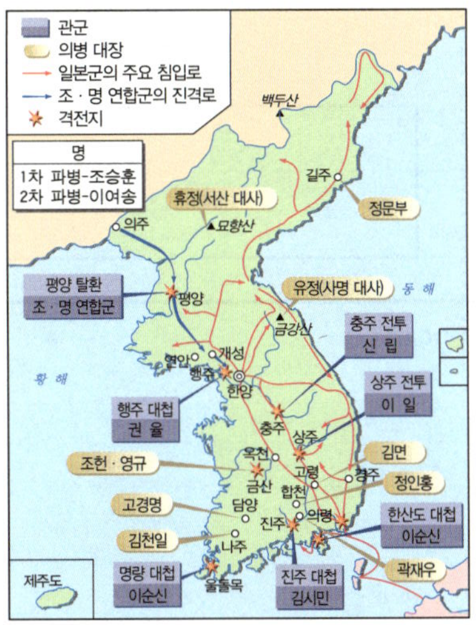

임진왜란 당시 관군과 의병의 활동

## 비변사

조선 성종 때 왜구와 여진의 침입에 효과적으로 대처하기 위해 재상과 국경 지역의 요직을 지낸 변방의 사정에 밝은 인물(지변사 재상) 등이 모여 군사 대책을 협의하는 체제가 만들어졌어요. 중종 때 3포 왜란이 일어나자 지변사 재상과의 합의 체제를 고쳐 임시적으로 비변사라는 비상시국에 대비하는 기구를 만들었습니다. 비변사는 명종 때 을묘왜변을 겪으면서 상설 기구가 되었고, 임진왜란 이후 급격한 사회 변화에 대응하는 과정에서 국정을 총괄하는 최고 정치 기구가 되었어요. 조선 후기에는 비변사가 권력을 장악하게 되면서 왕권이 위축되고 의정부와 6조 중심의 행정 체계는 유명무실해졌어요.

- 비변사는 중외의 군국 기무를 모두 관장한다. …… 도제조는 현임과 전임 의정이 겸하고, 제조는 정수가 없으며 전임으로 뽑아 임명한다. 이·호·예·병·형조 판서, 양국 대장, 양도 유수, 대제학은 직위에 따라 당연히 겸직한다. 4명은 유사당상이라 부르고 8명은 팔도 구관당상을 겸임한다. - "속대전" -
- 성종 대에 여진을 정벌할 때 임시로 비변사를 설치했습니다. 재상으로서 이 일을 맡은 사람을 지변재상이라고 불렀습니다. 그러나 이것은 일시적인 전쟁 때문에 설치한 것으로서 국가의 중요한 모든 일들을 참으로 다 맡긴 것은 아니었습니다. 그런데 오늘에 와서는 큰 일이건 작은 일이건 중요한 것으로 취급되지 않는 것이 없습니다. 그 결과 정부는 한갓 헛이름만 지니고 육조는 모두 그 직임을 상실하였습니다. 명칭은 '변방의 방비를 담당하는 것'이라고 하면서 과거 시험에 대한 판정이나 비빈(妃嬪)을 간택하는 등의 일까지도 모두 여기를 경유하여 나옵니다. - "효종실록" -

### 용어 사전

**조공**
사대하는 나라에 예물을 바치는 것을 말해요. 우리가 명에 조공을 바치면 명도 귀중품으로 답례를 했어요. 이렇듯 조공은 일종의 공무역이라고 볼 수 있어요.

**사민 정책**
세종 때 4군 6진의 개척으로 북방의 영토를 확장하면서 남쪽 지방에 살던 백성을 새로 개척한 지역으로 이주시켜 정착하게 한 정책이에요.

**토관 제도**
4군 6진 지역에는 토착민을 지방관으로 임명하는 토관 제도를 실시하였어요. 연고가 있는 지역에는 지방관으로 파견하지 않는 상피제를 이 지역에는 적용하지 않았습니다.

**북평관**
조선 시대 여진의 사신을 접대하기 위해 한성에 둔 객관(숙소)이에요. 지금의 동대문 근처에 위치하였는데, 조선 중기에 없어졌어요.

**무역소**
여진이 조선의 식량과 의복, 농기구 등을 탐하여 국경을 침범하는 일이 잦아지자, 그들이 생활에 필요한 물품을 거래할 수 있도록 국경 지역인 경원과 경성에 설치한 무역 장소로, 태종 때 처음 설치되었습니다.

## 정유재란과 전쟁의 종결

수군과 의병의 활약, 명의 참전 등으로 왜군이 남쪽 해안 지방으로 밀려난 가운데 명과 일본 사이에 휴전 협상이 진행되었어요. 3년여에 걸친 협상이 결렬되자 왜군이 다시 쳐들어왔는데 이를 정유재란이라고 해요(1597). 이때 이순신이 이끄는 조선 수군은 명량 대첩에서 큰 승리를 거두었어요. 전세가 불리해진 왜군은 도요토미 히데요시가 병사하자 본국으로 철수하기 시작하였고, 이순신이 노량 앞바다에서 퇴각하는 왜군을 크게 무찌르면서 7년에 걸친 전쟁이 사실상 끝났습니다(1598).

- 명의 사신이 배에 오르자 우리 사신 일행도 배에 올랐다. 이에 앞서 사카이에 도착하였을 때, 우리나라에서 잡혀 온 사람들이 다투어 찾아왔다. …… 왜장들도 말하기를 화친이 이루어지면 사신과 함께 포로들을 돌려보내겠다 하더니 …… 이때에 이르러 화친이 성사되지 못해 다시 죽이려 한다는 말을 듣게 되자, 목 놓아 우는 포로들이 얼마인지 알 수 없었다. - "일본왕환일기" -
- (이순신이) 노량에 도착하니 많은 왜적이 이르렀다. 불의에 진격하여 한참 혈전을 하던 중 이순신이 몸소 왜적에게 활을 쏘다가 왜적의 탄환에 가슴을 맞아 배 위에 쓰러졌다. …… 왜적이 마침내 대패하니 사람들은 모두 "죽은 이순신이 산 왜적을 물리쳤다."라고 하였다. - "선조실록" -

## 중립 외교

광해군은 중국의 한족 왕조인 명과 북방 민족 왕조인 후금 사이에서 실리를 지키려는 중립 외교를 펼쳤어요. 명이 후금과의 전투에 원군을 요구하자, 광해군은 명의 요청을 수용하여 강홍립의 부대를 파견하면서도 강성해진 후금을 자극하지 않기 위해 강홍립에게 상황에 따라 적절히 대처하라는 지시를 내렸어요. 이에 강홍립은 조·명 연합군이 사르후 전투(부차 전투)에서 대패하자, 남은 군사를 이끌고 후금군에 투항하였어요.

- 강홍립이 장계를 올리기를, "신이 배동 관령에 도착하여 먼저 통역관을 보내어 밀통하기를, '비록 명나라에게 재촉을 당하여 여기까지 오기는 하였으나 항상 진지의 후면에 있어서 접전하지 않을 계획이다.'라고 하였기 때문에 전투에 패한 후에도 서로 잘 지내고 있습니다. 만일 화친이 속히 이루어진다면 신들은 돌아갈 수 있을 것입니다."라고 하였다. - "광해군일기" -
- 강홍립, 김경서 등은 중국 군대와 함께 적지에 깊숙이 들어가서 힘껏 싸우다 죽지 않고 도리어 투항을 청하여 무릎을 꿇었으니, 신하의 대의가 땅을 쓸듯이 완전히 없어졌습니다. …… 청컨대 강홍립·김경서의 가족들을 모조리 잡아서 구금하라고 명하심으로써 군율을 변경할 수 없다는 것을 분명히 보이소서. - "광해군일기" -

항복하는 강홍립의 모습

## 훈련도감

훈련도감은 군사 훈련과 수도 방비를 위해 설치되었어요. 임진왜란 중에 임시로 설치되었다가 상설 기구가 되었고, 급료를 받는 상비군으로 구성되었어요.

주상께서 도감을 설치하여 군사를 훈련시키라고 명하시고 나를 도제조로 삼으시므로, 내가 청하기를, "당속미(명에서 들여온 좁쌀) 1천 석을 군량으로 하되 한 사람당 하루에 2승씩 준다 하여 군인을 모집하면 응하는 자가 사방에서 모여들 것입니다."라고 하였다. …… 얼마 안 되어 수천 명을 얻어 조총 쏘는 법과 창칼 쓰는 기술을 가르치고 …… 또 당번을 정하여 궁중을 숙직하게 하고, 국왕의 행차가 있을 때 이들로써 호위하게 하니 민심이 점차 안정되었다. - "서애집" -

## 이괄의 난

인조 즉위 후 이괄은 인조반정의 공신으로서 자신의 공로가 낮게 평가된 것에 불만을 품고 반란을 일으켰어요. 반란은 진압되었으나 이괄의 남은 무리가 후금으로 도망가 인조가 부당하게 즉위하였다고 전하였어요. 이에 후금이 광해군의 원수를 갚는다는 명분으로 조선에 쳐들어왔는데 이것이 정묘호란이에요.

부원수 이괄이 금부도사 고덕률 등을 죽이고 군사를 일으켜 반역하였다. 도원수 장만이 역적을 베어 바치는 자가 있으면 직의 유무를 막론하고 1품에 제직하겠다는 국왕의 뜻을 군민에게 전달하였다. - "인조실록" -

### 용어 사전

**쓰시마섬(대마도) 정벌**
세종은 이종무를 보내 왜구의 근거지인 쓰시마섬을 정벌하고 교역을 중단하였어요.

**3포 개항과 계해약조**
일본의 간청으로 세종은 부산의 부산포, 창원(진해)의 제포, 울산의 염포 세 항구를 일본에 열어 주었어요. 그 후 계해약조를 체결해 무역의 규모를 정해 주었어요.

**3포 왜란과 을묘왜변**
3포에서의 교역 규모가 커지자 일본은 무역량을 확대해 달라고 요구하였어요. 그러나 조선 정부는 이를 엄격히 통제하였습니다. 이에 불만을 품은 일본인들이 중종 때 3포에서 폭동을 일으켰고(3포 왜란), 명종 때에도 전라도 일대를 침입하는 을묘왜변을 일으켰어요.

# 18강 조선 전기(외교)

낯선 용어와 자료 돋보기

## 한국사를 보다

### 정묘호란과 병자호란

왜란 이후 명의 국력 약화를 틈타 여진이 세력을 확장하며 후금을 세웠어요. 조선은 인조반정 이후 서인 정권이 친명배금 정책을 펼치면서 후금과 후금이 이름을 바꾼 청의 공격을 받았는데, 이 전쟁이 정묘호란(1627)과 병자호란(1636)이에요.

### 삼전도의 굴욕

병자호란 때 남한산성에서 45일 동안 항전하던 인조는 더 이상 버티지 못하고 삼전도에서 청 태종에게 항복하는 수모를 겪었어요. 이후 조선에서는 오랑캐라 여겼던 청에 굴복한 것을 치욕스럽게 여긴 사람들을 중심으로 청을 공격하여 치욕을 씻자는 북벌 운동이 일어나게 되었어요.

남한산성 수어장대

서울 삼전도비

### 척화론과 주화론

인조와 서인 정권이 친명배금 정책을 추진하자, 후금은 정묘호란을 일으켜 조선과 형제 관계를 맺고 물러났어요. 이후 세력이 더욱 강성해진 후금은 조선에 군신 관계를 요구하였어요. 이에 조선 조정에서는 청(후금)과 화친하여 훗날을 도모해야 한다는 주화파와 오랑캐에게 굴복해서는 안 된다는 척화파(주전파)로 나뉘어 대립하였어요. 척화론이 우세하여 조선이 '청'으로 국호를 바꾼 후금의 요구를 묵살하자 청은 조선을 침략하여 병자호란을 일으켰어요.

〈윤집의 척화론〉

중국은 우리나라에 있어 곧 부모요, 오랑캐는 우리나라에 있어 곧 부모의 원수입니다. …… 하물며 임진왜란의 일은 터럭만한 것도 황제의 힘이어서 우리나라가 살아 숨 쉬는 한 은혜를 잊기 어렵습니다. …… 차라리 나라가 없어질지라도 의리는 저버릴 수 없습니다. …… 어찌 차마 화의를 주장하는 것입니까.

- "인조실록" -

〈최명길의 주화론〉

자기의 힘을 헤아리지 아니하고 경망하게 큰소리를 쳐서 오랑캐의 노여움을 도발하여, 마침내는 백성이 도탄에 빠지고 종묘와 사직에 제사를 지내지 못하게 된다면 그 허물이 이보다 클 수 있겠습니까. …… 우리의 국력은 현재 바닥나 있고 오랑캐의 병력은 강성합니다. 정묘년(1627)의 맹약을 아직 지켜서 몇 년이라도 화를 늦추시고 …… 군량미를 모아 방어를 더욱 튼튼하게 하되 군사를 집합시켜 일사분란하게 하여 적의 허점을 노리는 것이 우리로서는 최상의 계책일 것입니다.

- 최명길, "지천집" -

### 호란의 전개

중립 외교 정책(광해군)
⬇
인조반정 → 서인 집권
⬇
친명배금 정책(인조)
⬇
정묘호란(1627)
➡ 후금과 형제 관계 체결
⬇
후금(청)이 군신 관계 요구
⬇
조선이 거부
⬇
병자호란(1636)
➡ 청과 군신 관계 체결

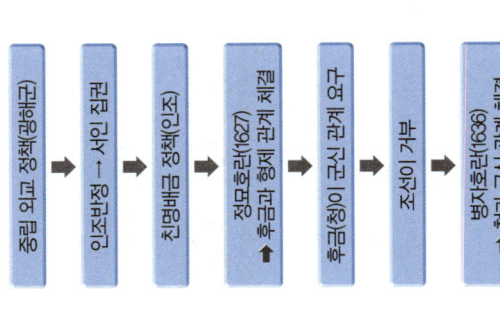

### 용어 사전

**기유약조**
임진왜란으로 국교가 단절된 이후 일본 에도 막부의 지속적인 요청으로 광해군 때 대마도 도주와 기유약조를 맺고 무역을 재개하였어요. 기유약조는 일본인이 부산포에만 정박할 수 있도록 하고 세견선(무역선)의 수를 줄이는 등 임진왜란 이전에 맺은 약조보다 일본 측에 제한을 가한 것입니다.

**5군영**
5위를 대신해 조선 후기 서울과 외곽 지역을 방어하기 위해 만든 5개의 군영이에요. 훈련도감, 어영청, 총융청, 수어청, 금위영으로 구성되었어요.

**속오군**
합칠 속(束), 섞을 오(伍). 양반부터 노비까지 모든 계층을 다 합쳐서 만든 군대라는 뜻이에요. 평상시에는 생업에 종사하다가 농한기에 정기적으로 훈련을 받고 유사시에 동원되었어요.

**친명배금**
명과는 친하게 지내고 (후)금은 배척하자는 것으로, 인조반정 후 서인 정권이 주장한 외교 정책이에요.

# 18강 조선 전기(외교)

마무리도 빈틈없이

한국사를 읽다

## 1 조선 초기의 대외 관계

| | | |
|---|---|---|
| 사대 | | 명 : 건국 초 태조와 정도전이 요동 정벌 주장 → 태종 이후 사대 외교 전개(일종의 공무역) |
| 교린 | 대상 | 일본, 여진, 유구(류큐) 등 |
| | 여진 | • 강경책 : 세종 때 최윤덕과 김종서를 보내 4군 6진 개척(압록강에서 두만강에 이르는 국경선 확정) → 사민 정책, 토관 제도 실시<br>• 온건책 : 귀순 장려(관직·토지 수여), 사절 왕래를 통한 무역 허용, 북평관(한성) 설치, 국경 무역 허용(태종 때 경원·경성에 무역소 설치) |
| | 일본 | • 강경책 : 세종 때 이종무의 쓰시마섬(대마도) 정벌<br>• 온건책 : 동평관(한성, 일본 사신이 머물던 숙소) 설치, 3포 개항과 계해약조 체결(세종) → 제한된 범위 내에서 무역 허용 |

## 2 임진왜란의 전개

### (1) 왜란 이전

| | |
|---|---|
| 3포 왜란(중종) | 임시 기구로 비변사 설치 |
| 을묘왜변(명종) | 비변사 상설 기구화 |

### (2) 왜란의 전개

| | |
|---|---|
| 발생 | 도요토미 히데요시의 조선 정세 파악, 조총으로 무장 → 일본의 조선 침략(1592) |
| 임진왜란(1592) | • 왜군의 침략 → 부산진(정발)·동래성(송상현) 함락 → 충주 탄금대 전투(신립) 패배 → 선조의 의주 피란<br>• 수군의 활약 : 옥포 해전(이순신, 해전에서의 첫 승리), 한산도 대첩(이순신, 학익진 전법) 등 → 남해의 제해권 장악<br>• 의병의 활약 : 자발적 조직, 향토 지리에 알맞은 유격전 전개, 곽재우(홍의 장군), 정문부(북관 대첩), 고경명, 조헌(금산, 칠백의총) 등<br>• 명군의 참전, 관군 재정비 : 진주 대첩(김시민) → 평양성 전투(조·명 연합군) 승리 → 행주 대첩(권율) → 명과 일본의 휴전 협상 |
| 정유재란(1597) | 휴전 회담 결렬, 왜군의 재침입 → 명량 대첩·노량 해전(이순신)으로 조선이 승리 |
| 군사 조직의 변화 | • 5위·영진군 → 5군영·속오군으로 변화<br>• 훈련도감(5군영) 설치 : 포수, 사수, 살수의 삼수병으로 구성 → 장기간 근무, 일정한 급료를 받는 직업 군인<br>• 속오군 설치 : 양반부터 노비에 이르기까지 편성 |

## 3 광해군의 정책

| | |
|---|---|
| 전후 복구 사업 | • 농지 개간 장려, 토지와 호적 조사 시행<br>• 공납을 쌀로 거두는 대동법을 경기도에서 처음 시행 → 농민의 부담을 줄여 줌<br>• "동의보감" 편찬(허준), 불타 버린 사고를 다시 건립 |
| 교역 재개 | 에도 막부의 통교 허용 요청 → 기유약조 체결(1609) |
| 중립 외교 | • 후금의 공격을 받은 명이 조선에 지원병 요청 → 광해군이 지휘관 강홍립에게 상황을 보고 실리적으로 대처할 것을 지시<br>• 명과 후금 사이에서 실리적 외교 정책(중립 외교) 추진 |
| 인조반정 | • 명분 : 광해군의 중립 외교(명에 대한 의리를 주장하는 서인 등 사림의 반발), 폐모살제[새어머니인 인목 대비를 서궁(덕수궁)에 유폐하고, 이복동생인 영창 대군을 살해함]<br>• 서인이 반정을 일으켜 광해군을 축출하고 정권 장악(1623) |

## 4 호란의 전개

### (1) 정묘호란(1627)

| | |
|---|---|
| 배경 | • 인조반정으로 서인 집권 → 서인 정권의 친명배금 정책으로 후금 자극<br>• 반란을 일으킨 이괄의 잔당이 후금으로 도망 |
| 경과 | • 후금이 광해군의 원수를 갚는다는 명분을 내세워 조선을 침략함<br>• 인조의 강화도 피신, 용골산성에서 정봉수와 이립이 의병을 이끌고 항전함 |
| 결과 | '형제의 맹약'으로 강화 성립 |

### (2) 병자호란(1636)

| | |
|---|---|
| 배경 | 후금의 성장 → 후금의 군신 관계 요구 → 조선 정부 내에서 주화파와 척화파의 대립 → 조선이 '청'으로 국호를 바꾼 후금의 요구 거부 |
| 경과 | • 청 태종의 침략, 임경업의 백마산성 항전 → 청군이 한성으로 진격<br>• 인조가 남한산성으로 피신하여 45일간 항전<br>• 김준룡이 용인 광교산에서 항전, 김상용이 강화도에서 순절 |
| 결과·영향 | • 삼전도에서 강화 체결 → 청과 군신 관계를 맺음<br>• 소현 세자와 봉림 대군(효종)을 비롯해 많은 사람이 청에 볼모로 끌려감<br>• 북벌 운동 대두 |

# 18강 조선 전기(외교)

**1** (가)에 대한 조선의 대응으로 옳은 것은? [2점]

심화 75회 21번

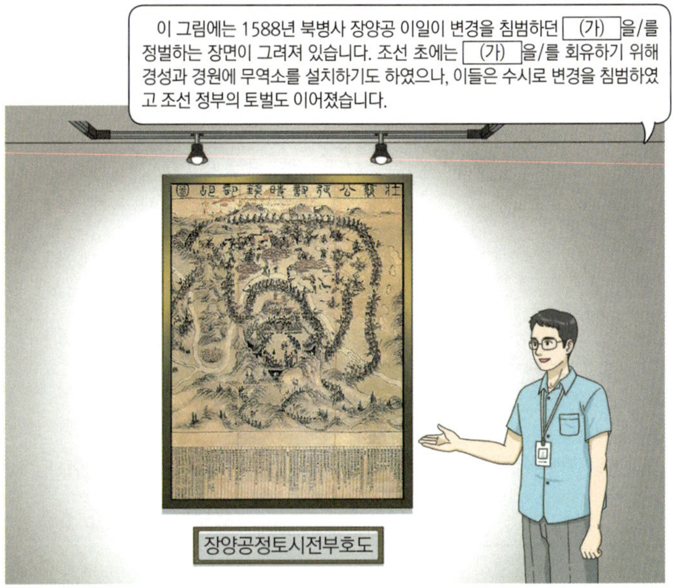

이 그림에는 1588년 북병사 장양공 이일이 변경을 침범하던 (가) 을/를 정벌하는 장면이 그려져 있습니다. 조선 초에는 (가) 을/를 회유하기 위해 경성과 경원에 무역소를 설치하기도 하였으나, 이들은 수시로 변경을 침범하였고 조선 정부의 토벌도 이어졌습니다.
장양공정토시전부호도


① 사신 접대를 위해 한성에 동평관을 두었다.
② 두만강 일대를 개척하여 6진을 설치하였다.
③ 강화도로 도읍을 옮겨 장기 항전을 준비하였다.
④ 철령위 설치에 반발하여 요동 정벌을 추진하였다.
⑤ 신기군, 신보군, 항마군 등으로 구성된 별무반을 조직하였다.

**1 조선과 여진의 관계** 정답 ②

정답 찾기 회유책으로 경성과 경원에 무역소를 설치하였다는 내용을 통해 (가)가 여진임을 알 수 있어요. 조선은 초기에 명에 대해서는 사대, 여진과 일본에 대해서는 대등하게 교류하는 교린의 원칙을 적용하여 외교 관계를 맺었어요. 여진에 대해 태종 때 회유책으로 경성과 경원에 무역소를 설치하였고, ② 세종 때 강경책으로 김종서가 여진을 정벌하고 두만강 유역에 6진을 설치하였어요.

오답 피하기
① 조선은 일본 사신이 머무는 숙소로 한성에 동평관을 두었어요.
③ 고려는 몽골이 침략하였을 때 강화도로 도읍을 옮겨 장기 항전을 준비하였어요.
④ 고려 우왕 때 명이 철령위를 설치하려고 하자 우왕과 최영이 요동 정벌을 추진하였어요.
⑤ 고려 숙종 때 윤관의 건의로 여진 정벌을 위한 별무반이 조직되었어요.

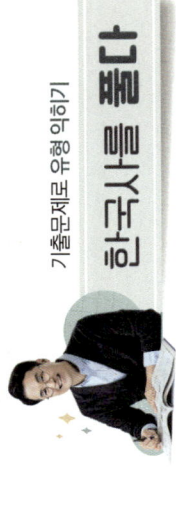

**2** (가)에 대한 조선의 정책으로 옳은 것은? [2점]

심화 58회 18번

이달의 인물

**우리 외교를 빛낸 인물, 이예**

■ 생몰 : 1373년~1445년
■ 경력 : 통신부사, 첨지중추원사, 동지중추원사

울산의 아전 출신으로 호는 학파(鶴坡), 시호는 충숙(忠肅)이다. 수십 차례 (가) 에 파견되어 외교 문제를 해결하려고 노력하였다. 특히 조선과 (가) 사이에 세견선의 입항 규모를 정한 계해약조 체결에 기여하였다.

① 하정사, 성절사 등을 파견하였다.
② 경성, 경원에 무역소를 설치하였다.
③ 광군을 조직하여 침입에 대비하였다.
④ 부산포, 제포, 염포의 삼포를 개항하였다.
⑤ 사절 왕래를 위하여 북평관을 개설하였다.

**2 조선의 대일본 정책** 정답 ④

정답 찾기 조선이 계해약조를 체결하였다는 내용을 통해 (가)가 일본임을 알 수 있어요. 조선은 일본에 회유책과 강경책을 함께 쓰는 교린 정책을 실시하였어요. 세종은 강경책으로 이종무를 보내 왜구의 근거지인 쓰시마섬(대마도)을 정벌하고 일본과 교역을 중단하였어요. 일본이 여러 차례 통교를 간청하자 ④ 세종은 회유책으로 부산포, 제포, 염포의 삼포를 개항하여 제한적인 교역을 허용하였어요. 이후 이예를 보내 계해약조를 체결하여 세견선의 입항 규모 등 무역에 관한 규정을 정하였어요.

오답 피하기
① 조선은 신년에 하정사, 황제나 황후의 생일에 성절사, 동지를 전후하여 동지사 등의 사절을 중국에 파견하였어요.
② 조선 태종 때 여진이 국경을 침범하는 일이 잦아지자 그들이 필요한 물품을 거래할 수 있도록 국경 지역인 경성과 경원에 무역소를 설치하였어요.
③ 고려 정종 때 거란의 침입에 대비하여 광군을 조직하였어요.
⑤ 조선은 한성에 여진의 사신이 머무는 객관(숙소)인 북평관을 개설하여 사절이 왕래하는 데 편의를 제공하였어요.

**3** (가) 전쟁 중에 있었던 사실로 옳은 것은? [2점]

심화 64회 24번

① 이종무가 대마도를 정벌하였다.
② 송상현이 동래성에서 항전하였다.
③ 김상용이 강화도에서 순절하였다.
④ 최영이 홍산 전투에서 크게 승리하였다.
⑤ 강홍립 부대가 사르후 전투에 참전하였다.

**3 임진왜란** 정답 ②

정답 찾기 김천일, 정문부, 조헌, 사명 대사(유정) 등이 왜군에 맞서 의병장으로 활약하였다는 내용을 통해 (가) 전쟁이 임진왜란임을 알 수 있어요. 김천일은 임진왜란 당시 고경명과 함께 나주에서 의병을 일으켰어요. 정문부는 임진왜란 때 의병을 이끌고 북관 대첩에서 승리하고 길주, 성진 등 함경도 북부 지역을 되찾았습니다. 사명 대사(유정)는 승병을 이끌고 왜군에 맞서 싸웠으며 평양성을 탈환하는 데 공을 세웠어요. 또한, 임진왜란이 끝난 후에는 일본에 파견되어 전쟁 때 잡혀간 조선인 3,000여 명을 데리고 돌아오기도 하였어요. ② 임진왜란 당시 왜군은 침략 이틀 만에 부산진과 동래성을 무너뜨렸어요. 이때 송상현이 동래성에서 항전하다가 전사하였어요.

오답 피하기
① 조선 세종 때 이종무가 왜구의 근거지인 대마도(쓰시마섬)를 정벌하였어요.
③ 병자호란 당시 김상용이 왕실 가족을 수행하여 강화도로 피란하였다가 강화성이 함락되자 순절하였어요.
④ 고려 말 최영이 홍산 전투에서 왜구를 크게 격퇴하였어요.
⑤ 임진왜란 후 조선 광해군 때 후금과 대립하고 있던 명의 요청에 따라 강홍립의 부대가 지원군으로 파견되어 사르후 전투에 참전하였어요.

**4** (가) 전쟁 중에 있었던 사실로 옳은 것은? [2점]

심화 66회 22번

생생 한국사 교실
수행 과제 : (가) 와/과 관련된 문화유산을 조사하여 사진과 설명을 올려 주세요.
○○○
동래부순절도
동래 부사 송상현과 관민의 항전을 묘사한 그림입니다.
□□□
금산 칠백의총
금산 전투에서 전사한 의병 7백여 명의 유해를 모신 곳입니다.
△△△
징비록
당시 영의정을 지냈던 유성룡이 전쟁의 상황 등을 기록한 것입니다.


① 김상용이 강화도에서 순절하였다.
② 이괄이 이끈 반란군이 도성을 장악하였다.
③ 정봉수와 이립이 용골산성에서 항전하였다.
④ 김시민이 진주성에서 적군을 크게 물리쳤다.
⑤ 이종무가 적의 근거지인 쓰시마섬을 정벌하였다.

**4 임진왜란** 정답 ④

정답 찾기 '동래부순절도', '금산 칠백의총', '징비록'을 통해 (가) 전쟁이 임진왜란임을 알 수 있어요. 임진왜란 당시 왜군은 침략 이틀 만에 부산진과 동래성을 무너뜨렸는데, 동래부순절도는 이때 송상현과 관민의 항전을 묘사한 그림이고, 금산 칠백의총은 임진왜란 당시 금산 전투에서 전사한 조헌 등 의병 700명의 유해를 모신 곳입니다. "징비록"은 유성룡이 임진왜란 당시의 상황을 기록한 책입니다. ④ 임진왜란 때 김시민이 이끄는 관군이 의병의 지원을 받아 진주성에서 왜군을 크게 물리쳤어요.

오답 피하기
① 병자호란 때 김상용은 왕실 가족을 수행하여 강화도로 피란하였다가 강화성이 함락되자 순절하였어요.
② 조선 인조 때 이괄이 공신 책봉에 불만을 품고 반란을 일으켜 한때 도성을 장악하였어요.
③ 정묘호란 때 정봉수와 이립이 용골산성에서 후금군에 항전하였어요.
⑤ 조선 세종 때 이종무가 왜구의 근거지인 쓰시마섬(대마도)을 정벌하였어요.

## 18강 조선 전기(외교)

**5** 다음 기사에 보도된 전투 이후의 사실로 옳은 것은? [2점]

심화 67회 24번

역사신문

제△△호 ○○○○년 ○○월 ○○일

**조·명 연합군, 평양성 탈환**

평안도 도체찰사 류성룡, 도원수 김명원이 이끄는 관군이 명 제독 이여송 부대에 합세하여 평양성을 되찾았다. 이번 전투에서 아군의 불랑기포를 비롯한 화포가 위력을 발휘하여 일본군은 크게 패하고 남쪽으로 내려갔다. 이 전투의 승리는 향후 전쟁의 판도를 바꿀 것으로 기대된다.

① 송상현이 동래성에서 항전하였다.
② 권율이 행주산성에서 적군을 격퇴하였다.
③ 이순신이 한산도 앞바다에서 대승을 거두었다.
④ 신립이 탄금대 앞에서 배수의 진을 치고 싸웠다.
⑤ 최윤덕이 올라산성에서 이만주 부대를 정벌하였다.

**6** 다음 전투 이후에 전개된 사실로 옳은 것은? [2점]

심화 62회 25번

권율이 정병 4천 명을 뽑아 행주산 위에 진을 치고는 책(柵)을 설치하여 방비하였다. …… 적은 올려다보고 공격하는 처지가 되어 탄환도 맞히지 못하는데 반해 호남의 씩씩한 군사들은 모두 활쏘기를 잘하여 쏘는 대로 적중시켰다. …… 적이 결국 패해 후퇴하였다.

- "선조수정실록" -

① 최영이 홍산에서 대승을 거두었다.
② 이순신이 한산도 대첩에서 승리하였다.
③ 휴전 회담의 결렬로 정유재란이 시작되었다.
④ 이종무가 왜구의 근거지인 쓰시마를 정벌하였다.
⑤ 신립이 탄금대에서 배수의 진을 치고 왜군에 항전하였다.

### 5 임진왜란 정답 ②

정답 찾기

조·명 연합군이 일본군으로부터 평양성을 탈환하였다는 내용을 통해 기사에 보도된 전투가 임진왜란 때 있었던 평양성 전투임을 알 수 있어요. 따라서 임진왜란 당시 조·명 연합군이 평양성을 탈환한 이후의 사실을 찾으면 됩니다. 임진왜란 초기에 조선은 한성에 이어 평양성이 함락되고 선조가 의주로 피란하는 등 위기를 맞았으나, 수군과 의병의 활약으로 전세를 뒤집을 수 있는 발판을 마련하였어요. 명의 지원군이 도착하면서 조·명 연합군은 1593년 1월에 평양성을 탈환하고 일본군을 몰아내기 시작하였어요. 이후 ② 1593년 2월 권율이 행주산성에서 일본군을 크게 격퇴하였어요. 행주 대첩은 한산도 대첩, 진주 대첩과 함께 임진왜란 3대첩으로 꼽힙니다.

오답 피하기

① 1592년 4월 임진왜란 발발 직후, 일본군이 침략 이틀 만에 부산진과 동래성을 무너뜨렸어요. 이때 동래성의 부사 송상현이 항전하였지만 패배하고 죽음을 맞았어요.
③ 1592년 7월 이순신이 이끄는 수군이 한산도 앞바다에서 일본의 수군을 크게 격파하였어요.
④ 1592년 4월 신립이 충주 탄금대에서 배수의 진을 치고 일본군에 항전하였으나 패배하였어요.
⑤ 조선 세종 때 최윤덕이 올라산성에서 여진의 부족장인 이만주의 부대를 정벌하였어요.

### 6 행주 대첩 이후의 사실 정답 ③

정답 찾기

권율이 이끄는 군사가 행주산 위에 진을 치고 적을 물리쳤다는 내용을 통해 자료의 전투가 임진왜란 중에 있었던 행주 대첩(1593)임을 알 수 있어요. 따라서 행주 대첩 이후의 사실을 찾으면 됩니다. ③ 행주 대첩 이후 일본의 제의로 휴전 회담이 진행되었으나 결렬되고 일본이 다시 조선을 침략하여 정유재란이 시작되었어요(1597).

오답 피하기

① 고려 우왕 때 최영이 홍산(지금의 부여)에서 왜구를 크게 물리쳤어요(1376).
② 임진왜란 초기에 이순신이 이끄는 수군이 한산도에서 학익진 전법으로 왜군에 크게 승리하였어요(1592. 7.).
④ 조선 세종 때 이종무가 왜구의 근거지인 쓰시마섬(대마도)을 정벌하였어요(1419).
⑤ 임진왜란 초기에 신립은 충주 탄금대에서 배수의 진을 치고, 빠른 속도로 북상하는 왜군에 항전하였으나 패하였어요(1592. 4.).

## 7 (가), (나) 사이의 시기에 있었던 사실로 옳은 것은? [3점]

심화 58회 22번

(가) 왕에게 이괄 부자가 역적의 우두머리라고 고해바친 자가 있었다. 하지만 왕은 "반역은 아닐 것이다."라고 하면서도, 이괄의 아들인 이전을 잡아오라고 명하였다. 이에 이괄은 군영에 있던 장수들을 위협하여 난을 일으켰다.

(나) 최명길을 보내 오랑캐에게 강화를 청하면서 그들의 진격을 늦추도록 하였다. 왕이 수구문(水溝門)을 통해 남한산성으로 향했다. 변란이 창졸 간에 일어났기에 도보로 따르는 신하도 있었고 성안 백성의 통곡 소리가 하늘을 뒤흔들었다. 초경을 지나 왕의 가마가 남한산성에 도착하였다.

① 정봉수가 용골산성에서 항전하였다.
② 이순신이 명량에서 대승을 거두었다.
③ 권율이 행주산성에서 적군을 격퇴하였다.
④ 서인 세력이 폐모살제를 이유로 반정을 일으켰다.
⑤ 정여립 모반 사건을 계기로 기축옥사가 발생하였다.

## 8 (가), (나) 사이의 시기에 있었던 사실로 옳은 것은? [2점]

심화 71회 22번

(가) 임금이 여러 도(道)에 명을 내렸다. "나라의 운세가 매우 좋지 않아 역적 이괄이 군사를 일으켰는데, 여러 장수들이 좌시하여 수도가 함락되고 말았다. …… 예로부터 반역은 어느 시대에나 있었지만, 이처럼 극도로 흉악한 역적은 없었다. 종사와 자전*을 염려하여 남쪽으로 피란하기로 결정하였다."

(나) 정명수가 심양에 있는 소현 세자의 관소에 와서 용골대의 뜻을 전하기를, "세자가 이곳에 들어온 지가 이미 5년이 되었으니, 어찌 스스로 먹고살 길을 마련하지 않는가. 세자와 인질들에게 어찌 먹고살 식량을 늘 지급해 줄 수가 있겠는가. 경작할 땅을 주어 내년부터 각자 농사를 지어 먹도록 함이 마땅하다."라고 하였다.

* 자전(慈殿) : 임금의 어머니

① 정문부가 길주에서 의병을 이끌었다.
② 삼수병으로 구성된 훈련도감이 설치되었다.
③ 영창 대군이 사사되고 인목 대비가 유폐되었다.
④ 이덕형이 구원병 요청을 위해 명에 청원사로 파견되었다.
⑤ 김상헌 등이 남한산성에서 화의에 반대하여 항전을 주장하였다.

### 7 정묘호란 정답 ①

정답 찾기

(가)는 이괄이 난을 일으켰다는 내용을 통해 이괄의 난(1624)이 일어난 상황임을 알 수 있어요. (나)는 최명길이 오랑캐에게 강화를 청하는 사이에 왕이 남한산성으로 피신하였다는 내용을 통해 병자호란(1636) 상황임을 알 수 있어요. 인조반정 후 논공행상에서 자신의 공이 낮게 평가된 것에 불만을 품은 이괄이 반란을 일으켰으나 곧 진압되었어요. 서인 정권이 친명배금 정책을 내세우는 상황에서 이괄의 잔당이 후금에 넘어가 인조가 부당하게 즉위하였다고 전하자 후금이 광해군의 원수를 갚는다는 명분으로 조선을 침략하여 정묘호란이 일어났어요(1627). 인조는 강화도로 피신하였고, ① 정봉수가 용골산성에서 항전하는 등 각지에서 관군과 의병이 후금에 맞섰지만 역부족이었어요. 하지만 후금도 명과 전쟁 중이었기 때문에 양국은 형제 관계가 되기로 하고 화의를 맺었어요. 이후 국력이 더 커진 후금이 국호를 '청'으로 바꾸고 조선에 군신 관계를 강요하였어요. 조선 정부가 이를 거절하자 청 태종이 대군을 이끌고 조선을 침략하여 병자호란이 일어났어요. 인조와 관리들은 남한산성으로 피란하여 맞섰지만 결국 청에 항복하였어요.

오답 피하기

② 정유재란 때 이순신이 이끄는 수군이 명량에서 왜군에 대승을 거두었어요. (가) 이전의 일이에요.
③ 임진왜란 때 권율이 관민을 이끌고 행주산성에서 왜군을 격퇴하였어요. (가) 이전의 일이에요.
④ 광해군이 왕위 유지에 위협이 되는 영창 대군을 살해하고 인목 대비를 폐위하자, 이를 구실 삼아 서인이 반정을 일으켜 새 왕으로 인조를 세웠어요. (가) 이전의 일이에요.
⑤ 선조 때 정여립 모반 사건을 계기로 기축옥사가 일어나 동인이 피해를 입었어요. (가) 이전의 일이에요.

### 8 조선 인조 재위 시기의 사실 정답 ⑤

정답 찾기

(가)는 이괄이 군사를 일으켜 수도를 함락하였다는 내용을 통해 이괄의 난이 일어난 상황임을 알 수 있어요. (나)는 소현 세자가 심양에 머물고 있는 것으로 보아 병자호란이 끝난 후의 상황임을 알 수 있어요. 따라서 조선 인조 재위 시기의 사실을 찾으면 됩니다. 인조 즉위 초에 반정에 참여하였던 이괄이 자신의 공로가 낮게 평가된 것에 불만을 품고 반란을 일으켰으나 진압되었어요. 서인 정권이 친명배금 정책을 내세우는 상황에서 이괄의 잔당이 후금에 넘어가 인조의 즉위가 부당하다고 호소하자 후금이 이를 구실로 조선을 침략하여 정묘호란이 일어났어요. 정묘호란은 조선이 후금과 화의를 맺으면서 끝이 났어요. 이후 국력이 커진 후금이 국호를 '청'으로 바꾸고 조선에 군신 관계를 강요하였어요. 조선 정부가 이를 거절하자 청이 조선을 침략하여 병자호란이 일어났어요. ⑤ 인조는 남한산성으로 피란하였는데 이곳에서 김상헌 등 척화파는 청과의 화의에 반대하여 항전을 주장하였고, 최명길 등의 주화파는 청과 화의를 맺을 것을 주장하였어요. 청의 압박을 버티지 못한 인조는 결국 삼전도에서 항복하고 청과 강화를 맺었어요. 이후 소현 세자와 봉림 대군을 비롯하여 수많은 백성이 청에 볼모로 끌려갔어요.

오답 피하기

① 임진왜란 당시 정문부가 길주 등지에서 의병을 이끌고 왜군을 격파하였어요.
② 임진왜란 중에 포수, 사수, 살수의 삼수병으로 구성된 훈련도감이 설치되었어요.
③ 광해군 때 영창 대군이 사사되고 인목 대비가 유폐되었어요. 이는 인조반정의 원인이 되었어요.
④ 임진왜란 당시 이덕형이 명에 청원사로 건너가 구원병을 요청하여 명군의 참전을 성사시켰어요.

# 18강 조선 전기(외교)

**Ready go**
이번 강 별 채우기 제한 시간은 2분 30초
한 문장을 끝까지 또박또박 읽어야 패스!

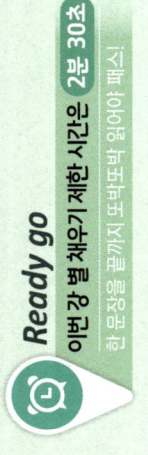

기출 선택지로 별 채우기
한국사를 **채우다**

**01** 조선의 외교 정책은 명에 대해서는 ★대를, 여진, 일본, 유구 등에 대해서는 ★린을 표방하였다.

**02** 조선 초에 태조와 정도전이 ★동 정벌을 주장하여 명과의 관계가 악화되었다.

**03** 세종 때 김★★가 여진을 몰아내고 6진을 설치하였다.

**04** 4군 6진 개척 이후 이 지역에 대해 ★민 정책과 ★관 제도가 실시되었다.

**05** 조선은 한성에 여진 사신을 접대하기 위한 ★★관을 개설하여 조공 무역을 허용하였다.

**06** 조선은 국경 도시인 경성과 경원에 ★★소를 설치하여 여진을 회유하였다.

**07** 조선은 한성에 일본 사신이 머무는 숙소인 ★★관을 설치하였다.

**08** 세종 때 이종무가 왜구의 근거지인 ★★★섬을 정벌하였다.

**09** 세종 때 일본의 요청으로 3포를 개항하고 교역 규모 등을 규정한 ★★약조를 체결하여 제한된 범위의 무역을 허용하였다.

**10** 중종 때 외적의 침입 등 군사적인 사안에 대비하기 위한 임시 기구로 ★★사가 설치되었다.

**11** 비변사는 명종 때 ★★왜변을 계기로 상설 기구가 되었다.

**12** 부산진 등이 왜군에게 함락되자 ★립은 충주 탄금대에서 배수의 진을 치고 항전하였다.

**13** 임진왜란 3대첩은 이순신의 ★★도 대첩, 김시민의 ★★ 대첩, 권율의 ★★ 대첩이다.

**14** 임진왜란 당시 ★·★ 연합군이 평양성을 탈환하였다.

**15** 이★★이 명량에서 왜의 수군을 대파하였다.

**16** ★★군은 명과 후금 사이에서 중립 외교 정책을 추진하였다.

**17** 광해군 때 후금과 대립하고 있던 명의 원군 요청에 따라 강★★이 이끄는 부대가 파견되었다.

**18** 임진왜란 이후 일본의 요청으로 공식적인 외교 사절인 ★★사가 다시 파견되었다.

**19** 광해군은 ★★반정이 일어나 폐위되었다.

**20** 인조반정으로 ★인이 정국의 주도권을 장악하였다.

**21** 인조와 서인 정권은 외교적으로 친★배★ 정책을 펼쳤다.

**22** 후금은 광해군의 원수를 갚는다는 명분을 내세워 ★★호란을 일으켰다.

**23** 정묘호란이 일어나자 조선 왕실은 ★★도로 피란하였다.

**24** 조선이 ★의 군신 관계 요구를 거부하자 ★이 군대를 이끌고 조선을 침략하여 ★★호란이 일어났다.

**25** 병자호란이 일어나자 인조는 ★★산성으로 피신하였다.

**26** 인조가 ★★도에서 청 태종에게 항복함으로써 병자호란이 끝났다.

정답

**01** 사, 교 **02** 요 **03** 종서 **04** 사, 토 **05** 북평 **06** 무역 **07** 동평 **08** 쓰시마 **09** 계해 **10** 비변 **11** 을묘 **12** 신 **13** 한산, 진주, 행주 **14** 조, 명 **15** 순신 **16** 광해 **17** 홍립 **18** 통신 **19** 인조 **20** 서 **21** 명, 금 **22** 정묘 **23** 강화 **24** 청, 청, 병자 **25** 남한 **26** 삼전

# 19강 조선 전기(경제, 사회)

강의 바로 보기

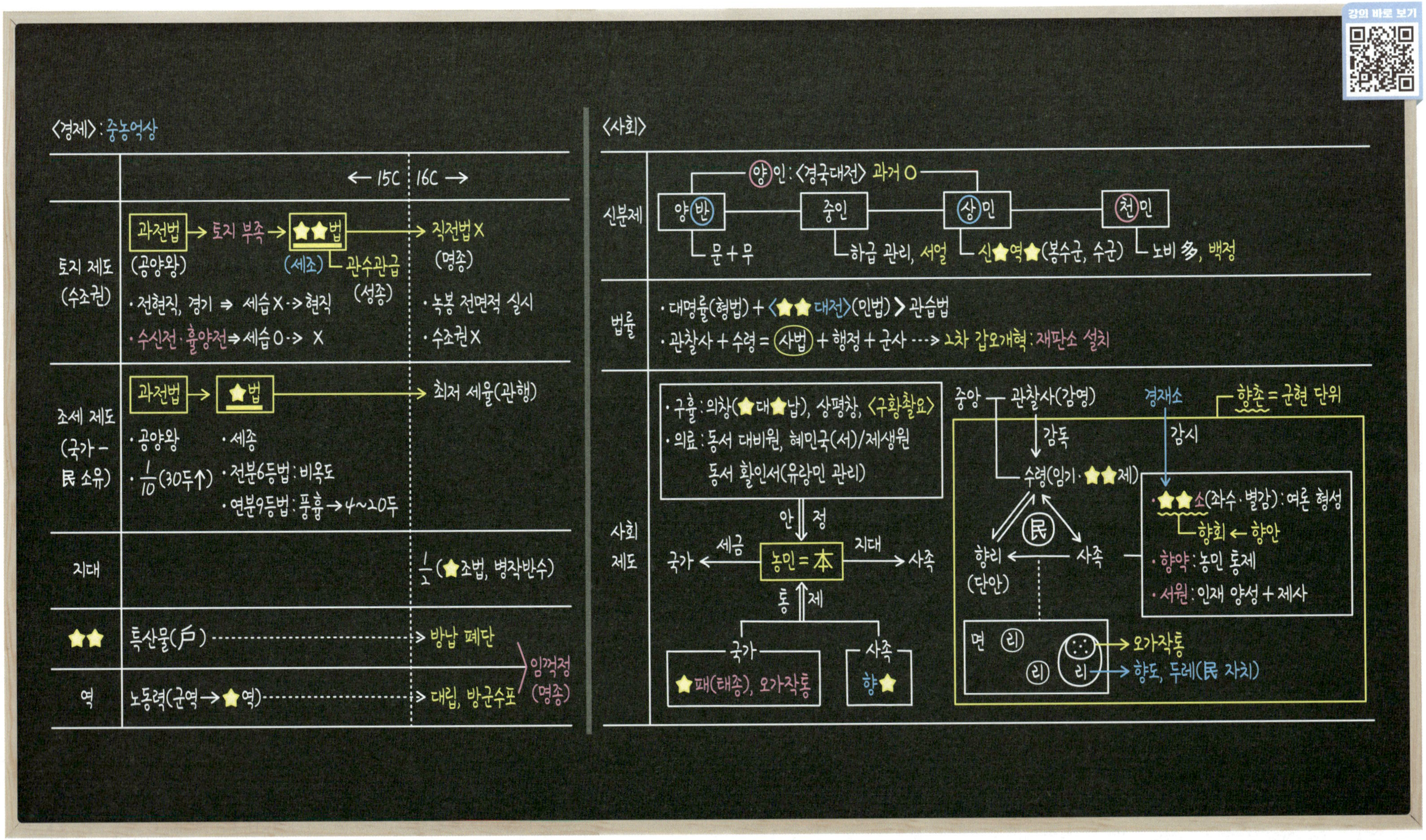


★정답 직전, 공, 타, 공납, 요, 량, 천, 경국, 춘, 추, 호, 약, 상피, 유향

➡ 나만의 약점 단권화 노트 36쪽에서 완성 판서를 확인하세요.

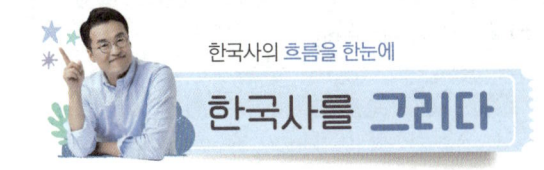

# 조선 전기(경제, 사회)

이곳은 당신의 놀이터!
한국사를 쓰다

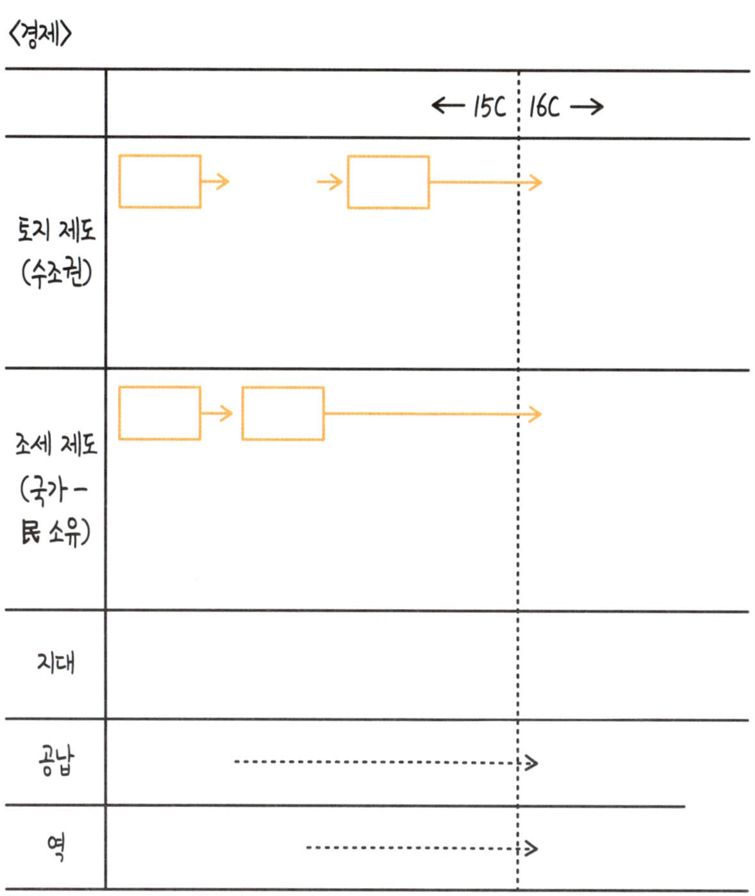


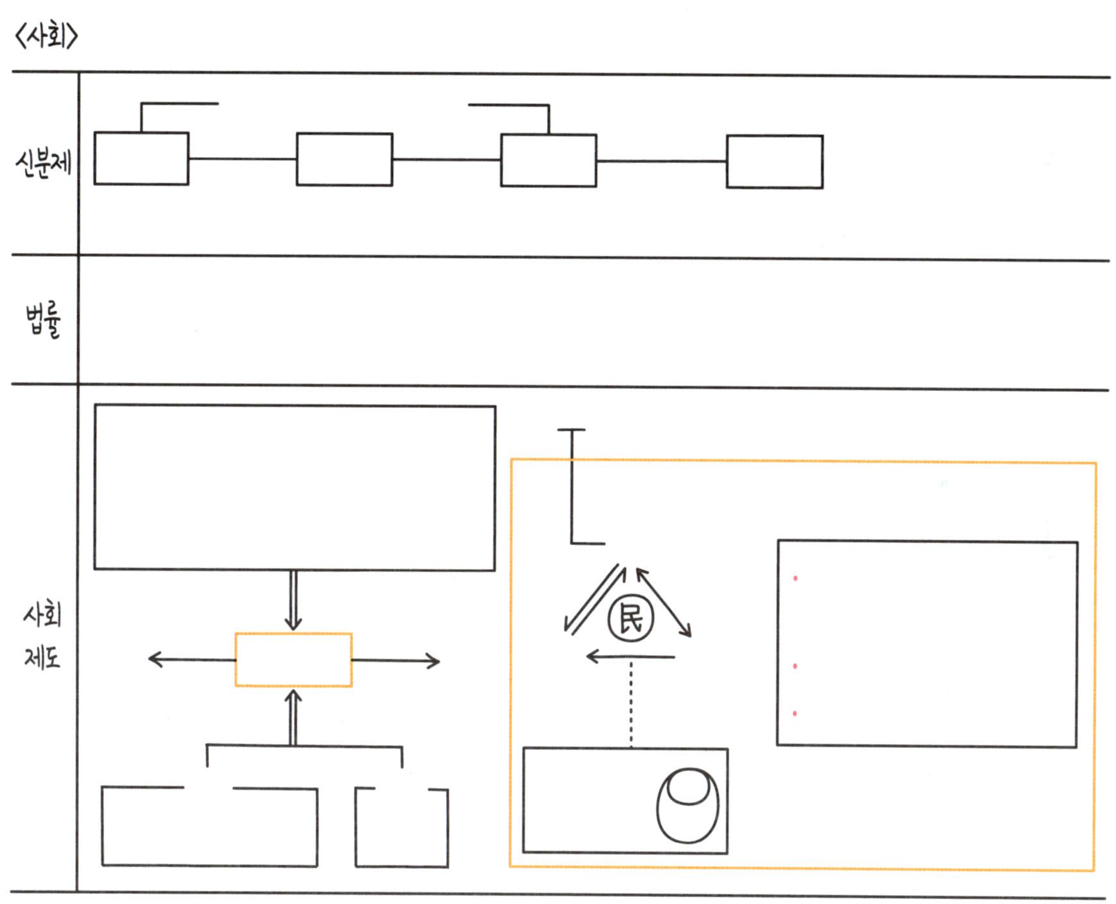

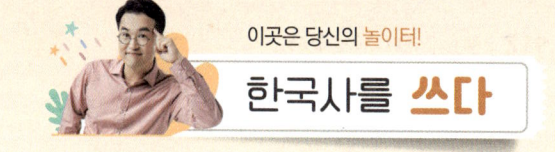

# 19강 조선 전기(경제, 사회)

### 고려 말 토지 제도의 모순

고려 말에는 권문세족이 불법적으로 많은 토지를 차지하고 농장을 경영하였어요. 권문세족의 수탈로 농민 생활이 어려워지고 국가 재정이 악화되었지요.

> 토지 제도가 무너지면서 부유하고 권세 있는 자가 남의 토지를 차지하여 부자는 밭두둑이 잇닿을 만큼 토지가 많아지고 가난한 사람은 송곳 꽂을 땅도 없게 되었다. 그래서 가난한 사람은 부자의 토지를 빌려 일 년 내내 부지런히 고생해도 식량은 오히려 부족하였고, 부자는 편안히 앉아서 손수 농사를 짓지 않아도 경작하는 사람을 부려 소출의 태반을 먹었다. - 정도전, "조선경국전" -

### 과전법

위화도 회군으로 권력을 장악한 이성계와 급진 개혁파 신진 사대부는 신진 관료의 경제 기반을 마련하는 한편, 국가 재정을 안정적으로 유지하기 위해 과전법을 실시하였어요. 과전법은 관직에 복무한 대가로 관리의 등급에 따라 토지의 수조권을 지급하는 제도였어요. 전현직 관리에게 경기 지역에 한정하여 토지(과전)를 지급하였으며, 이것은 원칙적으로 세습할 수 없었어요.

> 공양왕 3년, 도평의사사가 글을 올려 과전을 주는 법을 정하자고 요청하니 왕이 따랐다. 1품에서 산직(散職)까지를 나누어 18과(科)로 한다. …… 경기는 사방의 근원이니 마땅히 과전을 설치하여 사대부를 우대한다. 무릇 경성에 살며 왕성을 호위하는 자는 직임관과 무직임관을 막론하고, 과(科)에 따라 과전을 받는다. - "고려사" -

### 수신전과 휼양전

과전을 받던 관리가 죽고 그의 아내가 수절하면 관리가 받던 과전을 수신전이라는 이름으로 아내에게 지급하였어요. 그리고 과전을 받던 부모가 모두 죽고 자녀가 어리면 그 자녀에게 부모의 과전을 휼양전이란 이름으로 물려주었어요.

> 무릇 토지를 받은 자가 죽은 뒤에, 그의 아내가 자식이 있고 수절하는 경우에는 과 전체에 해당하는 토지를 전해 받는다. 자식이 없는데 수절하는 경우에는 절반을 삭감하여 전해 받으며, 수절하지 않는 자는 이 규정을 적용하지 않는다. 아버지와 어머니가 모두 사망하고 자손이 어린 경우에는 구휼하여 양육하는 것이 이치에 합당하니 과에 따른 그 아버지 토지 전체를 전해 받도록 하며, 아들은 20세가 되면 각각 본인의 과에 따라 받고 딸은 남편의 과에 따라 받게 하며, 나머지 토지는 다른 사람이 교체하여 받는 것을 허락한다. - "고려사" -

### 직전법

과전의 세습 등으로 새로 관직에 임명된 관리에게 지급할 토지가 부족해지자 세조는 현직 관리에게만 토지의 수조권을 지급하는 직전법을 시행하고, 수신전과 휼양전을 폐지하였어요. 죽은 관료의 가족들이 경제적으로 어려워지는 경우가 생기자 일부에서는 수신전과 휼양전의 부활을 주장하기도 하였어요.

> 신이 생각하기에 직전은 국초의 법이 아닙니다. 수신전과 휼양전을 폐지하고 직전을 만드는 바람에 지아비에게 신의를 지키려고 하는 자는 의지할 바를 잃게 되었고, 어버이에게 효도하려는 자는 곤궁해져도 호소할 곳이 없게 되었습니다. 이는 선왕(先王)의 어진 법과 아름다운 뜻을 하루아침에 없앤 것입니다. …… 원컨대 전하께서는 직전을 혁파하고 수신전과 휼양전을 회복하도록 하옵소서. - "성종실록" -

### 관수관급제

관에서 거두어 관리에게 지급한다는 뜻이에요. 관리들이 조세를 과하게 거두는 경우가 생기자, 이러한 부정을 막기 위해 성종은 관청이 직접 수확량을 조사하여 조세를 걷은 후 토지 수조권을 가진 관리에게 나누어 주는 관수관급제를 시행하였어요.

> (대왕대비가) 전지하기를, "사람들이 직전(職田)이 폐단이 있다고 많이 말하기에 대신에게 의논하니, …… '우리나라 사대부의 봉록(俸祿)이 박하여 직전을 갑자기 혁파할 수 없다.' 하므로, 나도 또한 그렇게 여겼는데, 지금 들으니 조정 관원이 그 세(稅)를 지나치게 거두어 백성들이 심히 괴롭게 여긴다 한다. ……" 하였다. 한명회 등이 아뢰기를, "직전의 세(稅)는 관에서 거두어 관에서 주면 이런 폐단이 없을 것입니다." 하였다. [대왕대비가] 전지하기를, "직전의 세는 소재지의 지방관으로 하여금 감독하여 거두어 주도록 하라."라고 하였다. - "성종실록" -

### 공법

세종은 토지세의 효율적 수취를 위해 전제상정소를 설립하고 토지의 비옥도와 농작물의 풍흉에 따라 세금을 차등 부과하는 공법을 제정하였어요. 토지의 비옥도에 따라 6등급으로 나누고(전분6등법), 농작물의 풍흉에 따라 9등급으로 나누어(연분9등법) 조세를 부과하였어요.

> 각 도 감사는 고을마다 연분(年分)을 살펴 정하되, …… 총합하여 10분으로 비율을 삼아서, 전실(全實)을 상상년, 9분실(九分實)을 상중년, …… 3분실(三分實)을 하중년, 2분실(二分實)을 하하년으로 한다. 수전과 한전을 각각 등급을 나누어서 모(某) 고을의 수전 모 등년(等年), 한전 모 등년으로 아뢰게 한다. 1분실(一分實)은 9등분에 포함되지 않으니 조세를 면제한다. - "세종실록" -

### 용어 사전

**타조법**
수확량의 비율을 정해 놓고 소작료를 거두어들이는 관행적인 소작 형태를 말해요. 조선 전기에는 지주와 소작인이 수확량을 절반씩 나누어 갖는 타조법이 일반적이었어요. 소작인은 지대 외에도 전세와 종자, 농기구 등을 부담하는 경우가 많아 생활이 어려웠습니다.

**병작반수제**
타조법과 비슷한 의미로, 지주가 소작농에게 땅을 빌려주고 소작농은 토지를 빌려 경작한 대가로 수확량의 절반을 지주에게 바쳤어요.

**대립**
군역의 의무가 있는 사람이 대가를 지불하고 다른 사람에게 군역을 대신 지게 하는 것이에요.

**방군수포**
군역을 지는 대신에 포를 내고 군역을 면제받는 제도예요.

## 유민의 도적화

조선 중기에는 방납의 폐단 등으로 삶이 피폐해진 농민들이 토지에서 이탈하여 유민이 되었어요. 이들 중 일부는 도적이 되기도 하였는데, 대표적으로 명종 때 황해도와 경기도 일대에서 활동한 임꺽정이 있어요.

- 포도대장 김순고가 아뢰기를 "풍문으로 들으니 황해도의 흉악한 도적 임꺽정의 일당인 서임이란 자가 이름을 엄가이로 바꾸고 숭례문 밖에 와서 산다고 하므로, 가만히 엿보다가 잡아서 저지른 죄에 대하여 심문하였습니다. 그가 말하기를, '…… 우리 당인 대장장이 이춘동의 집에 모여서 새 봉산 군수 이흠례를 죽이기로 의논하였다. ……'고 하였습니다. …… 속히 달려가서 봉산 군수 이흠례, 금교 찰방 강여와 함께 몰래 잡게 하는 것이 어떻겠습니까?"라고 하였다. - "명종실록" -
- 사신(史臣)은 논한다. 도적이 성행하는 것은 수령의 가렴주구 탓이며, 수령의 가렴주구는 재상이 청렴하지 못한 탓이다. …… 그런데도 곤궁한 백성들은 하소연할 곳이 없으니, 도적이 되지 않으면 살아갈 길이 없는 형편이다. …… 임꺽정을 비록 잡더라도 종기가 안에서 곪아 혼란이 생길 것인데, 더구나 임꺽정을 꼭 잡는다고 단정할 수도 없지 않은가. …… 나랏일이 날마다 그르게 되어 가는데도 구원하는 자가 없으니, 탄식하며 눈물만 흘릴 뿐이다. - "명종실록" -

## 서얼

서얼이란 양반의 자손 중에 첩의 자식인 서자와 얼자를 아울러 이르는 말이에요. 서자는 양인 첩의 자손, 얼자는 천민 첩의 자손을 말해요. 조선 시대 서얼은 양반 계층에 속하지 못하고 중인 취급을 받았으며, 문과 응시가 금지되고 관직에 나가도 승진에 제한이 있는 등 차별을 받았어요.

시골 천인의 자식은 때때로 훌륭한 벼슬을 하기도 하는데 세족·명가의 후손인 서얼은 자자손손 영원히 금고시켜 버리니 등용하고 버리는 것이 앞뒤가 맞지 않습니다. …… 신하가 되어서도 임금을 가까이 모실 수 없으니 군신의 의리가 멀어지고, 자식이 되어서도 감히 아버지를 아버지라 부르지 못하니 부자의 인륜이 어그러지게 됩니다. 심지어 자기 자식을 버리고 먼 일가붙이를 양자로 삼으니, 인륜을 파괴하고 하늘의 이치를 어김이 너무도 심합니다. - "규사" -

## 조선 시대의 신분제

조선의 법제적 신분제는 양인과 천인으로 구분하는 양천 제도였어요. 양인은 과거에 응시할 수 있는 자유민이었고, 천인은 개인이나 국가에 소속되어 천역을 담당하는 비자유민이었습니다. 16세기 이후에는 지배층인 양반과 양반이 아닌 사람으로 구별하는 반상 제도가 일반화되었어요.

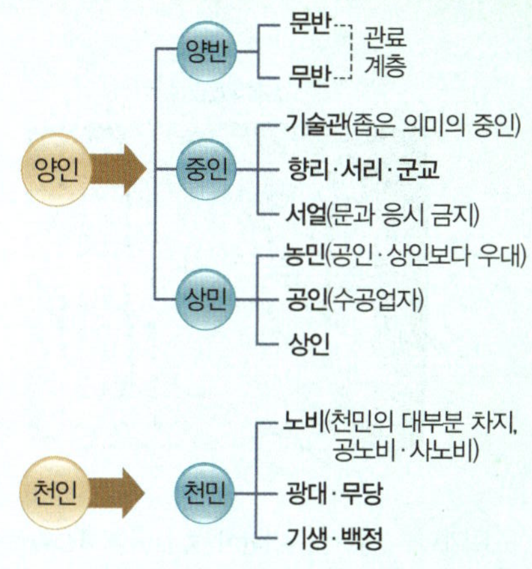


- 무당, 의관, 약사, 통역관은 사대부의 반열에 낄 수 없다. 의관, 역관의 무리는 모두 미천한 계급 출신으로 사족이 아니다. - "성종실록" -
- 오늘날 양인이라는 자들의 등급은 하나가 아니다. 비록 공이 많고 벼슬을 많이 지낸 집안 후손이 아니더라도 상하와 내외의 구별이 있는 자가 있고, 상하와 내외의 구별을 하지 않아 대대로 상민이 되는 자가 있으며, 몸은 천인이 아니나 천인과 다름이 없는 자도 있다. - "세종실록" -
- 서얼의 자손은 문과, 생원·진사시에 응시할 수 없다. - "경국대전" -
- 천민의 계보는 어머니의 역을 따른다. 천민이 양인 아내를 맞이하여 낳은 자식은 아버지의 역을 따른다. - "경국대전" -
- 무릇 노비의 매매는 관청에 신고하여야 한다. 사사로이 몰래 매매하였을 때는 관청에서 그 노비 및 대가로 받은 물건을 모두 몰수한다. - "경국대전", '형전' -

## 구황촬요

명종 때 간행된 책으로, 흉년에 대비하기 위한 방법을 정리하였어요. 빈사 상태에 빠진 사람을 소생시키는 법, 굶주림으로 인해 종기가 난 사람을 치료하는 법, 흉년에 먹을 수 있는 음식을 만드는 법 등이 실려 있어 이를 이용하여 기근에 대비하도록 하였어요.

### 용어 사전

**향리**
조선 시대 향리는 지방 행정 실무를 담당한 계층이에요. 호장, 기관, 장교, 통인 등으로 구분되었어요. 이들은 단안이라는 명부에 등록되었으며 이방, 호방 등 6방에 소속되어 직무를 수행하였어요.

**신량역천**
양인 신분이면서 천한 일에 종사하는 부류로, 양인이지만 양인과 천민의 중간 정도의 신분적 처우를 받았어요. 주로 육체적으로 힘든 일에 종사하였으며, 대표적으로 봉수대에서 기거하며 봉수 업무를 하는 봉수군, 염전에서 일하는 염간, 조운 업무를 담당하는 조졸, 수군 등이 있었어요.

**백정**
고려 시대에는 일반 농민을 뜻하는 말이었으나, 조선 시대에 들어와 도축업에 종사하는 사람을 일컫는 말이 되었어요.

**의창**
의로운 창고라는 뜻으로, 평상시에 곡식을 저장하였다가 흉년이 들었을 때 저장한 곡식으로 빈민을 구제하던 구휼 기관이에요. 주로 춘대추납, 즉 봄에 곡식을 빌려주고 수확기에 돌려받는 방식을 사용하였어요.

# 19강 조선 전기(경제, 사회)

낯선 용어와 자료 돋보기

## 한국사를 보다

### 오가작통법

서로 이웃하고 있는 다섯 집을 하나의 통으로 묶고, 여기에 통수를 두어 마을 주민을 관리한 제도예요. 조세를 제대로 내지 못하거나 농지에서 이탈하여 유민이 생기면 연대 책임을 지도록 하였어요. 오가작통법은 호패법과 함께 촌락 주민에 대한 지배를 원활히 하고 농민이 토지에서 이탈하는 것을 방지하기 위해 실시되었어요.

- 을묘년(숙종 1, 1675)에 비변사에서 오가작통의 사목을 올렸다. 대략 대호, 중호, 소호를 막론하고 5가(家)를 1통(統)으로 하여 통에서 1인을 통수(統首)로 삼고 5가를 이웃으로 만들어 각기 밭 갈고 김매는 것을 서로 돕고, …… 질병이 있을 때 서로 구해 주도록 하였다. - "홍재전서" -
- 역(役)을 피한 백성이 옮겨 오거나 옮겨 가며 그 거주(居住)를 정하지 아니하므로 지금 큰 해(害)가 되었는데, 통법(統法)을 세운 후에는 다른 고을로 옮겨 가는 백성은 반드시 무슨 일로 인하여 어느 방향으로 갈 것인지 갖추어 올리면, 통에서 리(里)에 보고하고, 리에서는 관(官)에 보고하여, 옮겨 가도록 허락한 뒤에야 비로소 가게 한다. 새로 옮긴 지방에서도 예전에 살던 관에서 옮기도록 허락한 문서를 본 후에야 비로소 머물러 살도록 용납하고, 이것이 없는 자는 곧 간민(奸民 : 간악한 백성)에 관계되니, 법에 의해 가두어 추문(推問 : 죄상을 추궁하여 심문함)하도록 하였다. - "숙종실록" -

### 유향소와 경재소

지방의 유력한 양반들로 구성된 유향소는 지방 사족 가운데 좌수와 별감을 선발하여 운영하였어요. 유향소는 수령을 보좌하고 향리의 부정을 단속하였으며 여론을 형성하는 역할을 하였습니다. 한편, 경재소는 중앙의 고위 관리가 자기 출신 지역의 유향소 품관을 임명·감독하고 출신 지역과 중앙 정부 사이에서 다양한 일을 중재하던 중앙 기구입니다. 선조 때 혁파되었어요.

〈유향소〉

- 부모에게 불효하는 자, 형에게 불경하는 자, 친족 간에 불목하는 자, 인척 간에 불화하는 자, 남에게 신의가 없고 남을 구휼해 주지 않는 자가 있으면 유향소에서 그에 대한 징계를 의논할 수 있으며, 아전으로 백성의 재물을 침탈하는 자가 있으면, 징계를 의논할 수 있다. - "경국대전" -
- 전하(성종)께서 무신년에 읍 소재지에 다시 유향소를 세우고 좌수와 별감을 두었는데, 나이가 많고 덕망이 높은 자를 좌수로 추대하고 그 다음을 별감이라 하며, 이들로 하여금 한 고을을 규찰하고 관리하게 하였다. - "신증동국여지승람" -

〈경재소〉

- 고을에는 각 토박이 성씨가 있는데, 서울에 살면서 벼슬하는 사람들로 경재소를 구성한다. 경재소에서는 그 고향에 살고 있는 토박이 성씨 중에서 강직하고 명석한 사람을 택하여 유향소에 두어 사무를 보도록 하거나, 간사한 향리의 범법 행위를 서로 규찰하여 풍속을 유지하는데, 그 유래가 오래되었다. - "성종실록" -

### 향약

향촌에서 지켜야 할 규약으로, 향촌의 공동체 조직에 성리학적 윤리가 더해져 발전하였으며, 풍속 교화와 향촌 자치의 역할을 하였어요. 향약의 4대 덕목으로 덕업상권(좋은 일은 서로 권한다.), 과실상규(잘못은 서로 바로잡아 준다.), 예속상교(예의와 좋은 풍속을 서로 나눈다.), 환난상휼(어려운 일이 있으면 서로 도와준다.)이 있습니다. 향약은 지방 사족이 주요 직임을 맡았으며, 서원과 함께 사림 세력의 지역적 기반이 되었어요.

- 처음 향약을 정할 때 뜻을 같이하는 사람들에게 약문(約文)을 보여 준다. 이후 몸가짐을 바르게 하고 남에게 모범이 될 만한 사람들을 골라 약계(約契)에 참여시킨다. 이들을 서원에 모아 놓고 약법(約法)을 정한 다음, 도약정(都約正), 부약정 및 직월(直月), 사화(司貨)를 선출한다. - "율곡전서" -
- 올바른 것을 어기고 예의를 해침으로써 우리 고을 풍속을 무너뜨리는 자는 바로 하늘의 뜻을 거역하는 백성이다. 벌을 주지 않으려 해도 주지 않을 수 있겠는가? 이것이 바로 향약을 세우는 까닭이다. - "퇴계집" -

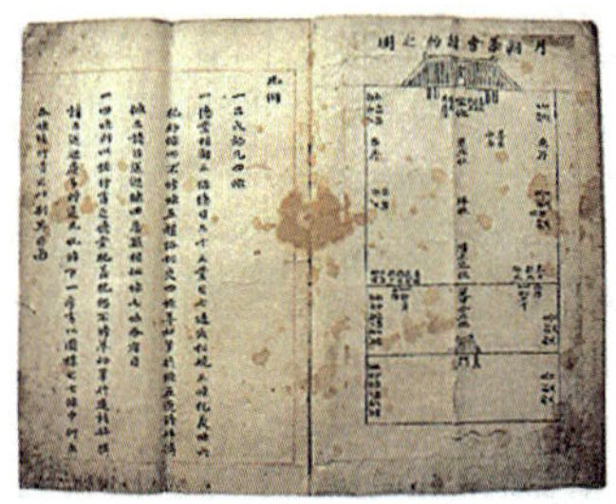

상주증손향약

**용어 사전**

**동서 대비원**
일종의 국립 의료 기관으로 병들고 의지할 곳이 없는 사람들에게 먹을거리를 제공하고 필요한 약재를 처방해 주었어요. 세조 때 활인서로 이름이 바뀌었어요.

**혜민국**
서민의 질병 치료를 위해 설치한 의료 기관으로 세조 때 혜민서로 이름이 바뀌었어요.

**제생원**
빈민의 구호와 치료, 미아의 보호를 맡은 의료 기관이에요.

**두레**
농촌 사회의 공동 노동 조직으로 구성원들이 모내기, 물 대기, 김매기, 벼 베기, 타작 등의 경작 활동을 함께하였어요. 일이 끝나면 같이 일하였던 사람들끼리 연회를 즐기는 등 결속을 다지기도 하였어요.

# 19강 조선 전기(경제, 사회)

마무리도 빈틈없이 **한국사를 읽다**

## 1 조선 전기의 경제

### (1) 토지 제도

| | |
|---|---|
| 과전법 | • 고려 말 공양왕 때 시행(1391)<br>• 신진 사대부의 경제 기반 마련, 국가 재정 확충<br>• 전현직 관리에게 토지의 수조권 지급(경기 지방의 토지에 한정)<br>• 사망이나 반역 시 반환, 일부가 수신전·휼양전으로 세습 |
| 직전법(세조) | 수신전, 휼양전 등 세습되는 토지의 증가로 신진 관리에게 지급할 토지 부족 → 현직 관료에게만 토지의 수조권 지급, 수신전과 휼양전 폐지 |
| 관수관급제(성종) | 수조권 남용으로 농민의 불만 증대 → 지방 관청이 수조권 대행 → 국가의 토지 지배권 강화 |
| 직전법 폐지(명종) | 관리에게 녹봉만 지급, 수조권 지급 제도의 소멸 |

### (2) 15~16세기의 수취 체제

| | | |
|---|---|---|
| 조세 | 15세기 | • 토지 소유자에게 부과<br>• 과전법 : 수확량의 1/10 징수, 풍흉에 따라 납부액 조정<br>• 공법 : 세종 때 실시<br>- 전분6등법 : 토지를 비옥도에 따라 6등급으로 나누어 평가<br>- 연분9등법 : 풍흉에 따라 9등급으로 나누어 조세 액수를 토지 1결당 최고 20두에서 최하 4두 부과 |
| | 16세기 | 최저 세율에 따라 토지 1결당 4~6두를 징수하는 관행이 자리 잡음 |
| 공납 | 15세기 | 중앙 관청이 각 군현에 물품과 액수 할당, 각 군현이 각 호(집)에 할당하여 징수 |
| | 16세기 | 방납의 폐단으로 농민 부담 증가 |
| 역 | 15세기 | 군역(일정 기간 군대에서 복무, 양반·서리·향리 면제), 요역(토목 공사 등에 동원) |
| | 16세기 | • 농민들의 요역 기피로 군인을 요역에 동원(군역의 요역화)<br>• 대립과 방군수포 성행<br>- 대립 : 다른 사람에게 대가를 주고 군역을 대신 부담하게 함<br>- 방군수포 : 국가에 포를 내고 군역을 면제받음 |
| 지대 | 16세기 | 생산량의 1/2 납부(타조법, 병작반수) |
| 수취 제도의 문란 | | 농민 생활의 악화 초래 → 유민 증가, 일부 도적화(명종 때의 임꺽정 등) |

## 2 조선 전기의 사회

### (1) 양반 중심의 신분제 사회

| | |
|---|---|
| 양반 | 문무 관리와 그 자손, 토지와 노비 소유, 과거 등을 통해 고위 관직 차지, 각종 국역 면제, 유학 교육 |
| 중인 | • 통역관·의관·화원 등 기술관과 중앙 관청의 하급 관리, 향리, 서얼 등<br>• 직역 세습, 같은 신분끼리 혼인, 전문 기술이나 행정 실무 담당 |
| 상민 | • 농민·상인·수공업자 : 법적으로 과거 응시 자격 부여<br>• 신량역천 : 양인 중에 천역을 담당하는 계층 → 봉수군, 수군, 역졸 등 육체적으로 힘든 일에 종사 |
| 천민 | • 노비 : 천민 중 대다수 차지, 공노비와 사노비, 재산으로 취급, 매매·상속·양도·증여의 대상, 일천즉천, 장례원에서 노비의 호적과 소송 관리<br>• 백정, 광대, 무당 등 |

### (2) 사회 제도와 법률

| | | |
|---|---|---|
| 농민 | | • 농본 정책 : 농번기 잡역 금지, 재해 시 조세 감면<br>• 두레 : 공동 노동의 작업 공동체<br>• 향도 : 공동체 조직, 향촌에 상장제례가 있을 때 상부상조 |
| | 안정책 | • 의창(주로 춘대추납), 상평창, 사창 제도, "구황촬요" 간행(흉년 대비)<br>• 의료 시설 : 혜민국(→ 혜민서, 서민의 질병 치료), 동서 활인서(환자 치료와 빈민 구제), 제생원(빈민 구호와 치료, 미아 보호) 등 |
| | 통제책 | • 국가 : 호패법(태종)과 오가작통법(다섯 집을 하나로 묶어 연대 책임을 지게 함, 촌락의 주민 통제) 등을 강화함<br>• 사족 : 향약 보급<br>- 중종 때 조광조가 시행 → 전국으로 확산<br>- 풍속 교화, 향촌 사회의 질서 유지와 치안 담당<br>- 지방 사림의 지위 강화, 지방 유력자의 위협·수탈의 배경 |
| 지방 사족 | | • 향촌 사회의 지배층<br>• 유향소 운영 : 좌수와 별감을 선발하여 운영(경재소에서 관할 유향소 임원의 임명권 행사) → 여론 형성, 수령 보좌, 향리 감찰의 역할 담당<br>• 향회(향안 작성, 향규 제정) 운영<br>• 성리학적 질서 유지 : "소학" 보급, 가묘·사당 건립, 족보 편찬<br>• 서원 설립 : 향촌에 성리학 보급, 인재 양성, 정치 여론 형성 → 사림의 지위 강화<br>• 향약 보급 : 16세기 이후 서원과 더불어 사림 지위의 강화에 기여 |
| 법률 | | • 대명률(형법) + "경국대전"(민법)이 관습법보다 우선됨<br>• 관찰사와 수령이 사법권 행사, 신문고 제도(태종, 백성들이 억울한 일 호소) |

# 19강 조선 전기(경제, 사회)

**1** (가), (나)에 해당하는 토지 제도에 대한 설명으로 옳은 것은? [3점]

심화 60회 16번

> (가) 문종 30년 양반 전시과를 다시 개정하였다. 제1과는 전지 100결, 시지 50결(중서령·상서령·문하시중) …… 제18과는 전지 17결(한인·잡류)로 한다.
>
> (나) 공양왕 3년 도평의사사에서 글을 올려 과전의 지급에 관한 법 제정을 건의하니 왕이 허락하였다. …… 1품부터 9품의 산직까지 나누어 18과로 하였다.

① (가) - 조준 등의 건의로 제정되었다.
② (가) - 관등과 인품을 기준으로 수조권을 주었다.
③ (나) - 개국 공신에게 역분전을 지급하였다.
④ (나) - 지급 대상 토지를 원칙적으로 경기 지역에 한정하였다.
⑤ (가), (나) - 수조권 외에 노동력을 징발할 수 있는 권한을 주었다.

**2** (가), (나) 사이의 시기에 있었던 사실로 옳은 것은? [3점]

고급 43회 21번

> (가) 도평의사사가 글을 올려 과전을 주는 법을 정하자고 요청하니 왕이 따랐다. …… 경기는 사방의 근원이니 마땅히 과전을 설치하여 사대부를 우대하였다. 무릇 경성에 살며 왕실을 보위하는 자는 현직 여부에 상관없이 직위에 따라 과전을 받게 하였다.
>
> (나) 한명회 등이 아뢰기를, "직전(職田)의 세(稅)는 관(官)에서 거두어 관에서 주면 이런 폐단이 없을 것입니다."라고 하였다. [대왕 대비가] 전지하기를, "직전의 세는 소재지의 지방관으로 하여금 감독하여 거두어 주도록 하라."라고 하였다.

① 백성에게 정전을 지급하였다.
② 양전 사업을 실시하여 지계를 발급하였다.
③ 관등에 따라 관리에게 전지와 시지를 차등 지급하였다.
④ 개국 공신에게 인품, 공로를 기준으로 역분전을 지급하였다.
⑤ 수신전, 휼양전 등의 명목으로 세습되는 토지를 폐지하였다.

### 1 전시과와 과전법 정답 ④

**정답 찾기** (가)의 토지 제도는 문종 때 양반 전시과가 다시 개정되었다는 내용을 통해 경정 전시과임을 알 수 있어요. 고려 경종 때 관직 복무에 대한 대가로 전지와 시지를 지급하는 전시과가 처음으로 마련되어 관등과 인품을 기준으로 전현직 관리에게 수조권이 지급되었어요(시정 전시과). 이후 목종 때 개정되어 관등만을 기준으로 전현직 관리에게 수조권이 지급되었어요(개정 전시과). 문종 때 다시 개정되어 현직 관리에게만 수조권이 지급되었습니다(경정 전시과). (나)의 토지 제도는 고려 말 공양왕 때 과전의 지급에 관한 법이 제정되었다는 내용을 통해 과전법임을 알 수 있어요. 1388년에 위화도 회군으로 정권을 장악한 이성계는 급진 개혁파 신진 사대부와 함께 과전법을 마련하여 토지 개혁을 추진하였어요(1391). 과전법은 관직 복무에 대한 대가로 전현직 관리에게 수조지를 지급하는 제도입니다. ④ 과전법에서는 지급 대상 토지를 원칙적으로 경기 지역에 한정하였어요.

**오답 피하기**
① 조준 등의 건의로 제정된 토지 제도는 과전법이에요.
② 고려 경종 때 처음으로 마련된 시정 전시과에서 관등과 인품을 기준으로 수조권을 지급하였어요.
③ 고려 태조 때 개국 공신에게 인품과 공로를 기준으로 역분전을 지급하였어요.
⑤ 전시과와 과전법에서는 관리가 수조지에서 조세를 거둘 수 있는 권리, 즉 수조권만 행사하게 하였어요. 신라 시대에 귀족 관료에게 녹읍을 지급하여 수조지에서 조세를 거둘 수 있는 권한뿐만 아니라 노동력까지 징발할 수 있는 권한을 주었어요.

### 2 조선의 토지 제도 변화 정답 ⑤

**정답 찾기** (가)는 도평의사사에서 경기 지방에 과전을 설치하여 지급하도록 한 내용을 통해 고려 말 공양왕 때 과전법이 제정된 상황임을 알 수 있어요. (나)는 직전의 세를 소재지의 지방관으로 하여금 감독하여 거두어 주도록 하라는 내용을 통해 조선 성종 때 관수관급제가 시행된 상황임을 알 수 있어요. 과전법 체제 하에서 관리에게 지급할 수조지가 부족해지자 ⑤ 조선 세조는 직전법을 실시하여 현직 관리에게만 과전을 지급하게 하고, 수신전, 휼양전 등의 명목으로 세습되는 토지를 폐지하였습니다. 이후 관리들이 수조권을 과도하게 행사하는 문제가 빈번하게 발생하자, 성종 때 지방 관청에서 직접 수확량을 조사하여 조세를 거둔 후 관리에게 지급하는 관수관급제가 시행되었습니다.

**오답 피하기**
① 신라 성덕왕 때 백성에게 정전을 지급하였어요.
② 대한 제국 정부는 양전 사업을 실시하고 근대적 토지 소유 증명 문서인 지계를 발급하였어요.
③ 고려는 전시과를 제정하여 관리에게 관직 복무의 대가로 전지와 시지를 차등 지급하였어요.
④ 고려 태조는 후삼국 통일 이후 개국 공신에게 인품과 공로를 기준으로 역분전을 지급하였어요.

## 3 밑줄 그은 '이 제도'에 대한 설명으로 옳은 것은? [2점]

심화 53회 19번

#3. 궁궐 안

성종이 경연에서 신하들과 토지 제도 개혁을 논의하고 있다.

성종 : 그대들의 의견을 말해 보도록 하라.
김유 : 우리나라의 수신전, 휼양전 등은 진실로 아름다운 것이지만 오히려 일이 없는 자가 앉아서 그 이익을 누린다고 하여 세조께서 과전을 없애고 이 제도를 만드셨습니다.

① 전지와 시지를 등급에 따라 지급하였다.
② 풍흉에 관계없이 전세 부담액을 고정하였다.
③ 현직 관리에게만 토지의 수조권을 지급하였다.
④ 관리에게 녹봉을 지급하고 수조권을 폐지하였다.
⑤ 개국 공신에게 인성, 공로를 기준으로 토지를 지급하였다.

### 3 직전법 정답 ③

정답 찾기 세조가 과전을 없애고 만들었다는 내용을 통해 밑줄 그은 '이 제도'가 직전법임을 알 수 있어요. 과전법에서는 관리에게 지급된 과전의 세습을 원칙적으로 금지하였어요. 하지만 관리가 사망한 뒤 유가족의 생계를 위해 지급되는 수신전, 휼양전 등의 명목으로 과전이 세습되는 경우가 많았습니다. 이로 인해 새로 관리가 된 사람들에게 지급할 토지가 부족해지자 ③ 조선 세조는 현직 관리에게만 토지의 수조권을 지급하는 직전법을 시행하고, 수신전과 휼양전을 폐지하였어요.

오답 피하기
① 고려 경종 때 관리에게 등급에 따라 전지와 시지를 지급하는 전시과 제도가 처음 마련되었어요.
② 조선 인조 때 풍흉에 관계없이 토지 1결당 4~6두의 전세를 부과하는 영정법이 시행되었어요.
④ 조선 명종 때부터 관리에게 녹봉만 지급하면서 수조권을 지급하는 제도는 사실상 폐지되었어요.
⑤ 고려 태조 때 역분전 제도가 실시되어 건국에 공을 세운 공신에게 인품과 공로를 기준으로 토지가 지급되었어요.

## 4 (가)에 대한 설명으로 옳은 것을 〈보기〉에서 고른 것은? [2점]

고급 37회 21번

하나, 나이가 많고 덕망과 학술을 지닌 1인을 여러 사람들이 도약정(都約正)으로 추대하고, 학문과 덕행을 지닌 2인을 부약정으로 삼는다. (가) 의 구성원 중에서 교대로 직월(直月)과 사화(司貨)를 맡는다. ……
하나, 세 가지 장부를 두어 (가) 에 가입하기를 원하는 자들, 덕업(德業)이 볼 만한 자들, 과실(過失)이 있는 자들을 각각의 장부에 기록한다. 이를 직월이 맡았다가 매번 모임이 있을 때 약정에게 알려서 각각 그 순위를 매긴다.

- "율곡전서" -

보기
ㄱ. 흥선 대원군에 의해 철폐되었다.
ㄴ. 지방 사족이 주요 직임을 맡았다.
ㄷ. 대성전을 세워 선현에 제사를 지냈다.
ㄹ. 풍속 교화와 향촌 자치의 역할을 하였다.

① ㄱ, ㄴ ② ㄱ, ㄷ ③ ㄴ, ㄷ
④ ㄴ, ㄹ ⑤ ㄷ, ㄹ

### 4 향약 정답 ④

정답 찾기 '도약정', '부약정', '직월', '사화', 덕업과 과실이 있는 자들을 기록한다는 내용 등을 통해 (가)가 향약임을 알 수 있어요. 도약정, 부약정, 직월과 사화는 향약의 직임이며, 이 중에서 도약정이 최고 직임이었어요. 향약은 조선 시대에 향촌에서 지켜야 할 자치 규약으로 덕업상권, 과실상규, 예속상교, 환난상휼의 4대 덕목을 내세웠어요. ㄴ. 향약의 주요 직임은 지방의 사족들이 맡았으며, 향약은 서원과 더불어 향촌 사회에서 사림의 세력 기반이 되었어요. 또한, 향약은 ㄹ. 지방의 풍속 교화와 향촌 자치의 역할을 하였습니다.

오답 피하기
ㄱ. 조선 고종 때 흥선 대원군은 서원을 전국에 47개소만 남기고 모두 철폐하였어요.
ㄷ. 조선 시대의 국립 교육 기관인 성균관과 향교에서는 대성전을 세워 공자를 비롯한 선현에 제사를 지냈어요.

# 19강 조선 전기(경제, 사회)

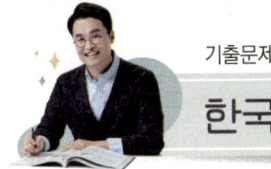

**5** (가)에 대한 설명으로 옳은 것은? [2점]

심화 64회 19번

1. 처음 (가) 을/를 정할 때 약문(約文)을 동지에게 두루 보이고 그 마음을 바로잡고, 몸가짐을 단속하고, 착하게 살고, 허물을 고치기 위해 약계(約契)에 참례하기를 원하는 자 몇 사람을 가려 서원에 모아 놓고 약법(約法)을 의논하여 정한 다음 도약정(都約正), 부약정 및 직월(直月)·사화(司貨)를 선출한다. ……

1. 물건으로 부조할 때는 약원이 사망하였다면 초상 치를 때 사화가 약정에게 고하여 삼베 세 필을 보내고, 같은 약원들은 각각 쌀 다섯 되와 빈 거적때기 세 닢씩 내어서 상을 치르는 것을 돕는다. - "율곡전서" -

① 7재라는 전문 강좌를 두었다.
② 옥당이라고 불리며 경연을 담당하였다.
③ 중앙에서 파견된 교수나 훈도가 지도하였다.
④ 풍속 교화와 향촌 자치 등의 역할을 하였다.
⑤ 매향(埋香) 활동 등 각종 불교 행사를 주관하였다.

**6** (가) 기구에 대한 설명으로 옳은 것은? [2점]

심화 67회 21번

우부승지 김종직이 아뢰기를, "고려 태조는 여러 고을에 영을 내려 공변되고 청렴한 선비를 뽑아서 향리들의 불법을 규찰하게 하였으므로 간사한 향리가 저절로 없어져 5백 년간 풍화를 유지할 수 있었습니다. 우리 조정에서는 이시애의 난 이후 (가) 이/가 혁파되자 간악한 향리들이 불의를 자행하여서 건국한 지 1백 년도 못 되어 풍속이 쇠퇴해졌습니다. …… 청컨대 (가) 을/를 다시 설립하여 향풍(鄕風)을 규찰하게 하소서."라고 하였다. - "성종실록" -

① 조광조 일파의 건의로 폐지되었다.
② 좌수와 별감을 중심으로 운영되었다.
③ 풍기 군수 주세붕이 처음 설립하였다.
④ 대사성 이하 좨주, 직강 등의 관직을 두었다.
⑤ 매향(埋香) 활동 등 각종 불교 행사를 주관하였다.

**5 향약** 정답 ④

정답 찾기: 도약정, 부약정, 직월, 사화를 선출하고 약원이 사망하면 힘을 모아 상을 치르는 것을 돕는다는 내용 등을 통해 (가)가 향약임을 알 수 있어요. 도약정, 부약정, 직월, 사화는 향약의 직임이며, 이 중에서 도약정이 최고 직임이었어요. ④ 향약은 조선 시대 향촌에서 지켜야 할 자치 규약으로, 향촌 사회 내에서 풍속 교화와 향촌 자치 등의 역할을 하였어요. 덕업상권, 과실상규, 예속상교, 환난상휼 등의 덕목을 내세워 향촌 사회의 도덕적 질서 확립과 상부상조를 강조하였어요. 향약의 주요 직임은 지방의 사족들이 담당하였으며, 향약은 서원과 더불어 사림 세력의 지역 기반이 되었어요.

오답 피하기:
① 고려 시대에 관학을 진흥시키기 위해 국자감에 전문 강좌인 7재를 개설하였어요.
② 조선 시대의 언론 기관인 홍문관은 옥당, 옥서라고도 불리며 경연을 주관하고 왕의 자문에 응하였어요.
③ 조선 시대 지방에 설치된 관립 교육 기관인 향교에는 중앙에서 교수나 훈도가 파견되어 학생들을 지도하였어요.
⑤ 매향 활동 등 각종 불교 행사를 주관한 조직은 고려 시대의 향도입니다. 향도는 불교 신앙 조직에서 점차 활동 범위를 넓혀 고려 후기에는 공동체 생활을 주도하는 마을 농민 조직으로 성격이 바뀌었어요.

**6 유향소** 정답 ②

정답 찾기: 이시애의 난 이후 혁파되자 간악한 향리들이 불의를 자행하여 풍속이 쇠퇴하였으며, 다시 설립하여 향풍을 규찰하게 할 것을 청하는 내용을 통해 (가) 기구가 유향소임을 알 수 있어요. 조선 시대 각 군현에서는 지방 사족들이 향촌 자치 기구로 유향소를 구성하였어요. 유향소는 지방 사족의 여론을 모아 수령을 보좌하거나 견제하였으며, 향리의 부정과 비리를 감시하고 풍속을 교화하는 등의 역할을 하였어요. ② 좌수와 별감은 유향소의 주요 직책으로, 지방 사족 중에서 선발되었어요.

오답 피하기:
① 조광조를 비롯한 사림의 건의로 도교 의식을 담당한 소격서가 폐지되었어요.
③ 주세붕은 최초의 서원인 백운동 서원을 설립하였어요. 백운동 서원은 이후 이황의 건의에 따라 국왕으로부터 '소수 서원'이라는 현판을 받아 사액 서원이 되었어요.
④ 조선의 최고 교육 기관인 성균관은 수장으로 대사성을 두고 그 아래 좨주, 직강 등의 관직을 두었어요.
⑤ 고려 시대에 향도는 매향 활동 등 각종 불교 행사를 주관하였어요. 향도는 불교 신앙 조직에서 점차 활동 범위를 넓혀 고려 후기에는 공동체 생활을 주도하는 마을 농민 조직으로 성격이 바뀌었어요.

**7** (가) 기구에 대한 설명으로 옳은 것은? [2점]

심화 57회 19번

○ 각 지역 출신 가운데 서울에 살며 벼슬하는 자들의 모임을 경재소라고 합니다. 경재소에서는 고향에 사는 유력자 중에서 강직하고 명석한 자들을 선택하여 [ (가) ]에 두고 향리의 범법 행위를 규찰하고 풍속을 유지하였습니다.

○ [ (가) ]을/를 설치하고 향임을 둔 것은 맡은 바를 중히 여긴 것이다. 수령은 임기가 정해져 있어 늘 바뀌니, 백성의 일에 뜻을 둔다 하여도 먼 곳까지 상세히 살필 겨를이 없다. 그러므로 각 지역에서 충성스럽고 부지런한 사람을 뽑아 그 지역의 기강을 맡도록 하여 수령의 눈과 귀로 삼았다.

① 주세붕이 처음 설립하였다.
② 좌수와 별감을 선발하여 운영하였다.
③ 중앙에서 교수와 훈도를 파견하였다.
④ 대성전을 세워 성현에 제사를 지냈다.
⑤ 흥선 대원군에 의해 대부분 철폐되었다.

**8** (가) 기구에 대한 설명으로 옳은 것은? [3점]

심화 73회 25번

○ 지방 고을에는 그곳의 유력한 집안이 있습니다. 그 가운데 서울에 살면서 벼슬하는 자들의 모임을 [ (가) ](이)라고 합니다. …… 간사한 향리의 범법 행위를 살펴서 지방의 풍속을 유지했는데, 그 유래가 오래되었습니다.

- "성종실록" -

○ 평소에 각 고을을 담당하는 [ (가) ](이)라고 부르는 곳도 원래는 지방의 풍속이 법에 어긋나는지 살피기 위하여 설치한 것입니다. 그런데 지금은 향리를 침학하여 사람들이 대부분 괴롭게 여기고 있습니다.

- "선조실록" -

① 사헌부, 사간원과 함께 3사로 불렸다.
② 소속 관원을 은대 학사라고도 칭하였다.
③ 서얼 출신 학자들이 검서관에 등용되었다.
④ 관할 유향소 임원의 임명권을 행사하였다.
⑤ 대사성 이하 좨주, 직강 등의 관직을 두었다.

**7 유향소** 정답 ②

정답 찾기 경재소에서 선택한 지방의 유력자들이 향임을 맡아 향리의 범법 행위를 규찰하고 풍속을 유지하였으며, 수령의 눈과 귀가 되었다는 내용을 통해 (가) 기구가 유향소임을 알 수 있어요. 조선 시대에 각 군현에는 지방 사족들로 구성된 향촌 자치 기구인 유향소가 설치되었어요. 유향소는 수령을 보좌하고 향리의 부정과 비리를 감시하였으며, 지방의 풍속을 교화하고 여론을 형성하는 등의 역할을 하였어요. ② 지방 사족들 가운데 선발된 향임, 즉 좌수와 별감이 유향소를 운영하였어요.

오답 피하기
① 주세붕은 우리나라 최초의 서원인 백운동 서원을 설립하였어요.
③ 조선 시대에 중앙에서 지방의 향교에 교수와 훈도를 파견하여 학생들을 교육하였어요.
④ 조선 시대의 국립 교육 기관인 성균관과 향교에는 대성전을 세워 성현에 제사를 지냈어요. 대성전에는 공자를 비롯한 성현들의 위패가 함께 봉안되었어요.
⑤ 흥선 대원군은 전국 600여 개 서원 중 47개만 남기고 모두 철폐하였어요.

**8 경재소** 정답 ④

정답 찾기 지방의 유력한 집안 가운데 서울에 살면서 벼슬하는 자들의 모임이며, 평소에 각 고을을 담당한다는 내용을 통해 (가) 기구가 경재소임을 알 수 있어요. 조선 정부는 수도 한성에 경재소를 설치하고 중앙 고위 관리에게 출신지의 경재소를 관장하게 하였어요. ④ 경재소는 지방의 유향소와의 연락을 담당하였으며 관할 유향소의 임원을 임명·감독하여 유향소를 통제하였어요.

오답 피하기
① 홍문관은 왕의 자문을 담당하고 경연을 주관하였으며 사헌부, 사간원과 함께 3사로 불렸어요.
② 승정원은 왕의 비서 기관으로 왕명의 출납을 담당하였으며, 소속 관원은 은대 학사라고도 불렸어요.
③ 조선 정조 때 박제가, 유득공, 이덕무 등의 서얼 출신 학자들이 규장각 검서관에 등용되었어요.
⑤ 조선의 최고 교육 기관인 성균관에는 수장인 대사성을 중심으로 좨주, 직강 등의 관직이 있었어요.

# 19강 조선 전기(경제, 사회)

**Ready go**
이번 강 별 채우기 제한 시간은 **2분 30초**
한 문장을 끝까지 또박또박 읽어야 패스!

기출 선택지로 별 채우기
한국사를 **채우다**

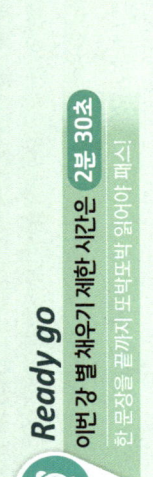

**01** 과전법의 지급 대상 토지는 원칙적으로 ★★ 지역에 한정되었다.

**02** 세조 때 ★★법을 실시하여 현직 관리에게만 수조지를 지급하였다.

**03** 직전법이 시행되면서 ★신전과 ★양전 등의 명목으로 세습되는 토지가 폐지되었다.

**04** 성종 때 국가에서 조세를 거두어 관리에게 나누어 주는 ★★★★제가 시행되었다.

**05** 조선 중기에 관리에게 ★봉만 지급하면서 수조권을 지급하는 제도는 사실상 폐지되었다.

**06** 세종 때 토지를 비옥도에 따라 6등급으로 나누어 조세액을 조정하는 ★★6등법이 시행되었다.

**07** 세종 때 풍흉에 따라 9등급으로 나누어 전세를 부과하는 ★★9등법이 시행되었다.

**08** 군역의 요역화로 다른 사람에게 대가를 주고 군역을 대신 지게 하는 ★립과 포를 내고 군역을 면제받는 ★★수포가 성행하였다.

**09** 명종 때 외척의 정권 장악 등으로 사회 혼란이 심화되어 임★★과 같은 도적이 나타나기도 하였다.

**10** 조선 시대에 신분은 양인이지만 하는 일이 고되어 천시받는 신★역★이라는 계층이 존재하였다.

**11** 조선 시대의 ★정은 고려 시대와 달리 도축업에 종사하는 천민 계층을 일컫는 말이었다.

**12** 조선 시대에 천민의 대다수는 ★비로 매매, 상속, 증여의 대상이 되었다.

**13** 조선 시대에 ★★는 장례원을 통해 국가의 관리를 받았다.

**14** 조선 시대에 농민 생활을 안정시키기 위해 춘대추납 제도인 ★창과 물가 조절 기구인 ★★창을 운영하였다.

**15** 명종 때 기근에 대비하기 위해 "★★촬요"가 간행되었다.

16 조선 시대에 혜★서, 제★원, 동서 ★★서 등 백성을 위한 의료 기관이 있었다.

17 태종 때 백성의 유망을 막기 위해 ★패법이 처음 실시되었다.

18 조선 시대에 농민을 통제하기 위한 정책으로 다섯 가구를 하나로 묶어 연대 책임을 지게 하는 오가★★법이 시행되었다.

19 조선 시대에 향★는 농민 공동체 조직으로 향촌의 상장제례를 상부상조하였다.

20 조선 시대에 ★레는 농민들로 구성된 공동 노동의 작업 공동체였다.

21 조선 시대에 향촌의 자치 규약인 ★약은 풍속 교화와 향촌 사회의 질서 유지에 기여하였다.

22 향약은 지방 ★족이 주요 직임을 맡았다.

23 ★★소는 향촌의 여론을 형성하고 수령을 보좌하는 자문 기관이었다.

24 유향소는 좌★와 별★을 선발하여 운영하였다.

25 조선 시대 중앙에 설치된 ★★소는 관할 유향소 임원의 임명권을 행사하였다.

26 ★원은 지방에서 학문 연구와 선현 제사를 담당한 사립 교육 기관으로 지방 사림의 지위 강화에 기여하였다.

정답

**01** 경기 **02** 직전 **03** 수, 휼 **04** 관수관급 **05** 녹 **06** 전분 **07** 연분 **08** 대, 방군 **09** 꺽정 **10** 량, 천 **11** 백 **12** 노 **13** 노비 **14** 의, 상평 **15** 구황 **16** 민, 생, 활인 **17** 호 **18** 작통 **19** 도 **20** 두 **21** 향 **22** 사 **23** 유향 **24** 수, 감 **25** 경재 **26** 서

# 20강 조선 전기(문화 1)

강의 바로 보기

| | 유학(성리학↑) | 불교 | 역사 → 정통성 | 지리 → 중앙 집권 | 법·윤리 | 음악 |
|---|---|---|---|---|---|---|
| 15C<br>혁명파<br>↓<br>훈구 | · 중앙 ─ ★★관(고등) ─ 대사성<br>└ 입학: 생원, 진사 (소과 합격)<br>└ 명륜당 + 대성전<br>교육 / 제사<br>└ 4부 학당(중등) ── 관학<br>· 지방 ─ ★교(중등) ← 교수, 훈도 파견 | · 숭유 억불<br>├ ★★제<br>└ 교단 정리(세종)<br>· 〈석보상절〉: 수양 대군<br>└ 세조: 간경도감 | · 〈고려국사〉(태조): by 정도전<br>· 〈고려사〉(문종): 기전체<br>· 〈고려사절요〉(문종): 편년체<br>· 〈실록〉 ┬ 편년체, 춘추관<br>└ 세계 기록 유산<br>· 〈★★통감〉: by 서거정, 고조선~고려, 통사<br>· 〈동문선〉: by 서거정, 시문집 | ★★★★역대국도지도<br>├ 태종<br>├ 현존 동양 최고 세계 지도<br>└ 중화사상<br>〈동국여지승람〉 | · 〈★★대전〉<br>└ 세조 ~ 성종<br>· 〈삼강행실도〉<br>├ 세종<br>└ 충신, 효자, 열녀<br>〈국조오례의〉 | 박연: 아악 정비 (세종)<br>〈악학궤범〉<br>└ 음악 이론 |
| 16C<br>온건파<br>↓<br>사림 | └ 서원 = ★육 + ★사 ── 사학<br>· 이★ ┬ 〈주자서절요〉, 〈성학십도〉 ⇝ 동방 주자<br>├ 사단칠정 논쟁(with 기대승)<br>├ 예안 향약, 도산 서원<br>└ 일본 성리학↑<br>· 이★ ┬ 〈동호문답〉, 〈성학집요〉 → 〈기자실기〉<br>└ 현실 개혁 → 10만 양병설, 수미법 | | 〈기자실기〉 | 〈신증동국여지승람〉<br>└ 중종 | 〈이륜행실도〉<br>├ 중종<br>└ 연장자·연소자, 친구 | |

★정답 성균, 향, 교, 제, 황, 이, 도첩, 동국, 혼일강리, 경국

➡ 나만의 약점 단권화 노트 38쪽에서 완성 판서를 확인하세요.

이곳은 당신의 놀이터!
한국사를 쓰다

| | 유학 | 불교 | 역사 | 지리 | 법·윤리 | 음악 |
|---|---|---|---|---|---|---|
| 15C 혁명파 → 훈구 | | | | | | |
| 16C 온건파 → 사림 | | | | | | |

# 20강 조선 전기(문화 1)



## 성균관

인재 양성을 위해 한양에 둔 최고 관립 교육 기관이에요. 원칙적으로 소과에 합격한 생원과 진사에게 입학 기회가 주어졌고, 학생들은 지금의 기숙사와 같은 동재와 서재에서 함께 생활하였어요. 성균관에는 공자와 여러 성현을 모시는 문묘를 두어, 인재 양성과 함께 제사의 기능도 담당하였어요. 세자는 8세 정도가 되면 성균관에서 입학례를 치르고 공식적으로 교육이 시작되었음을 알렸는데, 성균관에서 공부하지는 않았어요. 세자의 교육은 세자시강원에서 담당하였습니다.

대성전(제사)

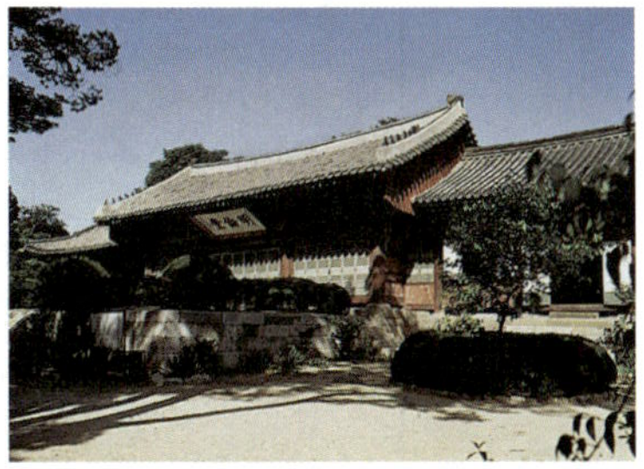
명륜당(강의)

## 향교

지방에 설치된 국립 교육 기관으로, 성현에 대한 제사 및 지방 관리와 서민 자제의 교육을 담당하였습니다. 지방의 부·목·군·현에 하나씩 설치되었는데, 규모는 군현의 크기에 따라 달랐어요. 향교는 성균관처럼 대성전 중심의 제사 공간, 명륜당 중심의 강학 공간, 기숙사인 동재와 서재 등으로 이루어졌으며, 중앙에서 교수나 훈도가 파견되어 학생들을 가르쳤어요.

- 문묘를 세워 선성(先聖)에게 제사하고 학교를 세워 자제들을 교육하는 것을 온 천하가 만세토록 폐하지 않은 것은, 대개 사람이 천성을 지녔으매 진실로 배우지 않으면 안 되고, 학문하는 길은 더욱 성인의 글을 강론하지 않으면 안 되기 때문이다. 국가에서 주·부·군·현에 문묘와 향교를 설치하지 않은 데가 없도록 하여 수령을 보내어 제사를 받들게 하고 교수를 두어 교도를 맡게 한 것은, 대개 교화를 펴고 예의를 강론하여 인재를 양성해서 문명한 다스림을 돕게 하려는 것이다. - 권근, "영흥향교부흥기" -
- 제주 경재소에서 상언(上言)하기를, "대정·정의 두 고을에 비로소 향교를 설치하여, 두 고을 생도가 각각 50여 인이 되었습니다. 청컨대 그 고을 사람으로서 경서에도 밝고 행실이 뛰어난 자를 뽑아서 훈도로 삼아 가르치게 하여 주소서."라고 하였다. - "세종실록" -

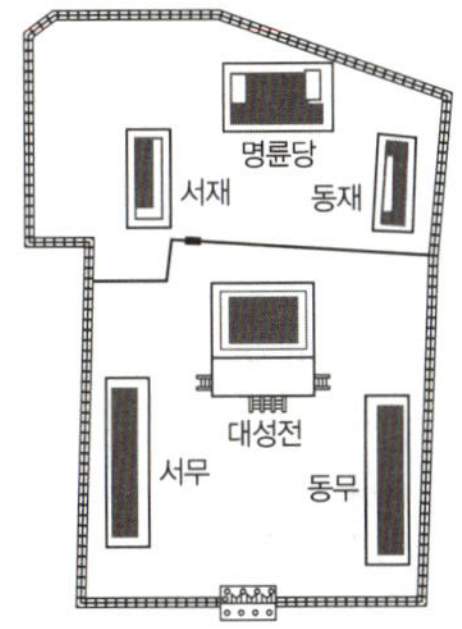

향교의 주요 건물 배치도

## 이황

인간의 도덕적·인격적 완성을 중요시한 이황의 사상은 근본적이고 이상주의적인 성향이 강하였어요. 인간 심성의 근원인 '이(理)'를 강조한 이황의 학설은 유성룡, 김성일 등으로 이어져 영남학파가 형성되었어요. 이황의 사상은 임진왜란 이후 일본에도 전해져 일본의 성리학 발전에 기여하였습니다. 또한, 이황은 향촌 교화를 위해 예안 향약을 시행하였으며, "성학십도", "주자서절요" 등의 저술을 남겼습니다.

> 엎드려 생각하옵기를 도(道)는 형상이 없고 천(天)은 말이 없습니다. …… 성학(聖學)은 큰 단서가 있고 심법(心法)은 지극한 요령이 있습니다. …… 나라가 혼란한 지금 신하된 사람이라면 최고 통치자를 인도하여 도리에 합당하도록 여러 방면으로 마음을 쓰지 않을 수 없습니다. - "퇴계집" -

## 이이

이이의 사상은 현실 세계를 구성하는 '기(氣)'의 역할을 상대적으로 중시하여 현실적이고 개혁적인 성향을 보였어요. 이는 조헌, 김장생 등으로 이어져 기호학파가 형성되었어요. 또 이이는 대공수미법의 실시, 향약의 전국적 확대 등 16세기 사회 모순을 해결하기 위한 다양한 방안을 제시하였으며, 해주 향약과 서원 향약을 시행하여 향촌 교화를 위해 노력하였어요. 그리고 "동호문답", "성학집요", "격몽요결"(어린이 교육을 위한 입문서), "기자실기"(역사서) 등의 저술을 남겼어요.

> 이(理)와 기(氣)는 서로 떨어지지 아니하여 한 사물인 것 같지만, 다른 점은 이는 형체가 없고 기는 형체가 있으며 이는 작용이 없고 기는 작용이 있는 것이 구별됩니다. …… 이는 형체가 없고 기는 형체가 있기 때문에 이는 두루 통하고 기는 국한되며, 이는 작용이 없고 기는 작용이 있기 때문에 기가 발하며 이가 타는 것입니다. - "율곡집" -

### 용어 사전

**성리학**
고려 말 안향이 원으로부터 들여온 학문으로, 송의 주희에 의해 집대성되어 주자학이라고도 해요. 성리학은 이(理)와 기(氣)의 개념으로 우주의 생성과 구조, 인간 심성 등을 종합적으로 파악하려는 학문이에요. 조선 시대에 개인의 수양과 국가의 통치 이념으로 중시되었어요.

**4부 학당(4학)**
한양의 동부·서부·남부·중부에 설치된 유학 교육 기관이에요. 중앙의 관학으로서 중등 교육을 담당하였어요. 성균관보다 규모가 작았으며 성균관의 부속 학교 성격을 띠었어요.

**사단칠정 논쟁**
유학에서 사단은 네 가지 인간의 본성에서 우러나오는 마음이고 칠정은 일곱 가지 감정을 말합니다. 사단칠정 논쟁은 사단칠정에 대한 해석을 두고 이황과 기대승 사이에 전개되었어요.

## 성학십도

'성학'이란 유학을 말하는 것으로, 성인이 되기 위한 학문이라는 뜻이에요. 이황은 선조가 성군이 되기를 바라는 마음에서 성학을 10개의 그림(도식)으로 설명한 "성학십도"를 지어 올렸어요.

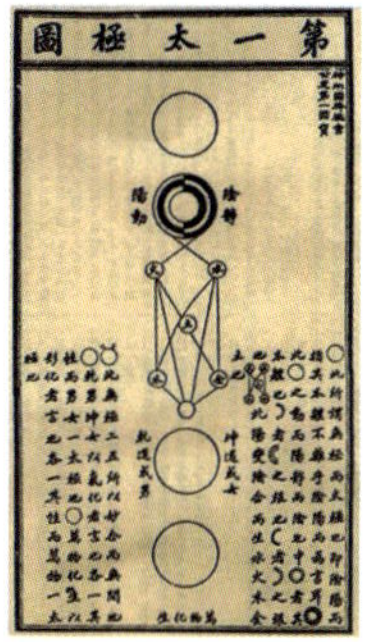

> 제가 엎드려 생각해 보니, 처음에 글을 올려 학문을 논한 것들이 전하의 뜻을 감동시키지 못했습니다. 이에 신이 성학(聖學)을 밝히고 마음을 다스리기 위해 옛 현인들이 가르친 방법을 그림으로 그리고 설명을 붙여 전하께 올리고자 합니다. - "성학십도" -

## 성학집요

'성학' 즉, 유학의 내용을, '집요' 즉, 모아서 요약하였다는 뜻이에요. 이이는 국왕이 갖추어야 할 덕목과 지식을 담은 "성학집요"를 저술하여 선조에게 바쳤어요.

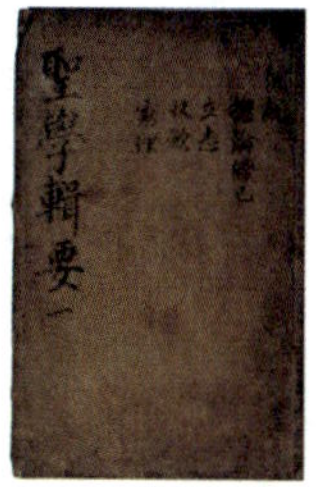

> 신이 생각하건대 도는 오묘하여 형체가 없기 때문에 글로써 나타낸 것입니다. 사서와 육경은 이를 자세하게 밝혔으니 글로써 도를 찾는다면 이치가 모두 나타날 것입니다. 다만 염려되는 것은 서책이 매우 넓어 중요한 내용을 찾기 어렵기에 선대 유학자들께서는 "대학"을 드러내어 이것으로 규모를 세웠습니다. …… 이에 다른 일을 제쳐 놓고 오로지 요점을 뽑는 일에 종사하여 사서, 육경과 선대의 학설, 또는 역대의 역사에 이르기까지 깊이 탐구하여 …… 이 책을 편찬하였습니다. - "성학집요" -

## 고려사

고려 시대의 정치, 경제, 사회, 문화, 인물 등을 기전체로 정리한 역사서입니다. 조선 초부터 편찬하기 시작하여 문종 대에 완성하였어요. 조선 건국을 합리화하려는 정치적 목적뿐만 아니라 이전 왕조인 고려의 무신 집권기에서 우왕·창왕 재위 시기까지의 혼란을 경계하고 교훈을 찾고자 하는 목적에서 편찬되었어요.

> 신(臣) 정인지는 삼가 아룁니다. …… "대개 지난 시기의 흥망은 앞날의 교훈이 되기에 이 역사책을 편찬하여 올리는 바입니다. …… 이 책을 편찬하면서 범례는 사마천의 "사기"를 따랐고, 기본 방향은 직접 왕께 여쭈어서 결정하였습니다. 본기(本紀)라고 하지 않고 세가(世家)라고 한 것은 대의명분의 중요함을 보인 것입니다. 신우(우왕), 신창(창왕)을 세가에 넣지 않고 열전으로 내려놓은 것은 왕위를 도적질한 사실을 엄히 밝히려 한 것입니다." - "고려사" -

## 조선왕조실록

각 왕대의 역사를 편년체로 기록한 역사서로, 태조부터 철종까지 편찬되었어요. 왕이 승하하면 실록청을 설치하고, 실록청에서 각 기관에서 보고한 문서 등을 연월일순으로 정리한 춘추관 시정기, 사관들이 작성한 사초, 정부 기관의 여러 문서, 개인의 문집 등을 수집하여 실록을 편찬하였습니다. 춘추관직을 겸한 관원들이 실록의 편찬 실무를 담당하였어요. "조선왕조실록"은 단일 왕조의 역사서로는 세계에서 가장 긴 시간에 걸친 기록으로 유네스코 세계 기록 유산으로 등재되었어요.

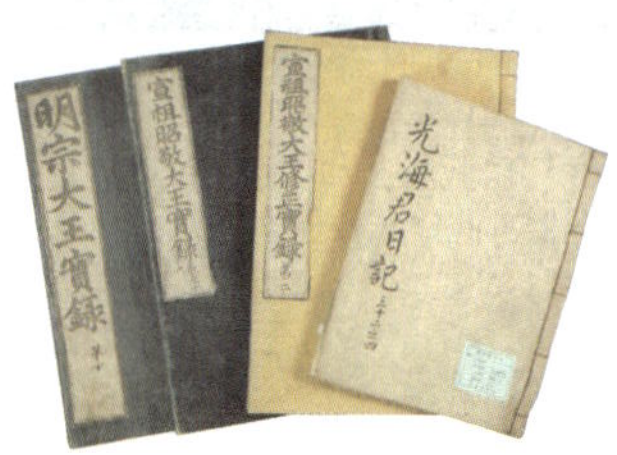

## 승정원일기

조선 시대 국왕의 비서 기관이었던 승정원에서 매일매일 작성한 업무 일지로, 임진왜란으로 인해 인조 이전까지의 일기는 소실되었어요. 세계 최대의 분량을 자랑하는 단일 역사 기록물로 유네스코 세계 기록 유산으로 지정되었어요. 국왕과 신하들의 국정 논의 내용이 상세히 적혀 있어 실록 편찬의 기본 자료로도 활용되었습니다.

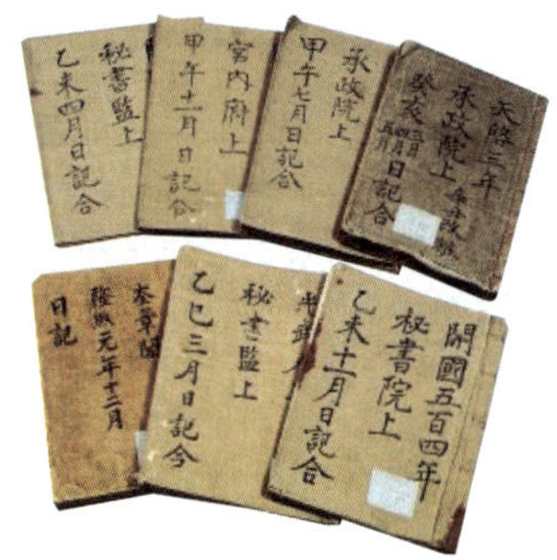

### 용어 사전

**숭유 억불**
유교를 높이고 불교를 억누른다는 뜻이에요. 조선 건국 세력은 권문세족과 결탁한 불교계를 억압하고 새로운 통치 이념인 유교, 특히 성리학을 숭상하였어요. 그리고 서울 외곽의 70여 개의 사찰을 제외한 전국의 사찰을 정리하고 사찰의 재산과 노비를 몰수하였어요.

**도첩제**
승려가 되고자 하는 사람에게 국가가 허락한 증서인 도첩을 발급해 주는 제도입니다. 도첩제는 조선 초기 억불 정책의 하나로 자유롭게 승려가 되는 길을 막는 데 이용되었어요. 양인들이 승려로 출가하면 조세와 역을 부담하는 양인의 수가 줄어들기 때문에 이를 막기 위해 승려의 수를 제한하는 도첩제를 실시하였습니다.

**석보상절**
세종의 명으로 수양 대군이 석가모니의 일대기와 설법을 담아 편찬한 책이에요. 훈민정음으로 표기된 최초의 산문 자료로, 문체가 자연스러워 당시 언어 생활을 파악할 수 있어요.

**간경도감**
불경의 번역과 판각을 관장하던 기관으로, 세조 때 만들어졌어요. 명승과 유학자를 초빙하여 불경을 번역·간행하는 일을 위주로 하였지만, 그 밖에도 불서를 구입 또는 수집하고 왕실에서 실시하는 불사와 법회를 관장하기도 하였어요.

# 20강 조선 전기(문화 1)

낯선 용어와 자료 돋보기
한국사를 보다

## 동국통감

서거정 등이 성종의 명을 받아 고조선부터 고려 말까지의 역사를 엮은 역사서예요. 단군 조선에서 삼한까지는 외기로 따로 분류하여 책머리에서 다루었으며, 유교 사관에 근거하여 불교와 풍수지리 등을 배격하는 당시의 학풍을 보여 주고 있어요. 특히 임금과 신하의 관계를 중요시하였으며, 교훈이 있는 내용을 중점적으로 서술하였어요.

> 삼가 삼국 이하의 여러 역사를 뽑고 중국사를 채집하였으며, 편년체를 취하여 사실을 기록하였습니다. 또한, 범례는 모두 "자치통감"에 의거하고 "자치통감강목"의 첨삭한 취지에 따라 중요한 것을 보존하는 데 힘썼습니다. 삼국이 병립하였을 때는 삼국기(三國紀), 신라가 통일하였을 때는 신라기, 고려 때는 고려기, 삼한(三韓) 이전은 외기(外紀)라 하였습니다. 1400년 동안 국가의 흥망과 임금의 잘잘못을 비롯하여 정치의 성쇠를 모두 거짓 없이 기록하였습니다. - "동국통감" -

## 혼일강리역대국도지도

태종 때 만들어진 동양에서 현존하는 가장 오래된 세계 지도예요. 중국 다음으로 우리나라를 크게 그려 당시의 세계관을 보여 주고 있어요.

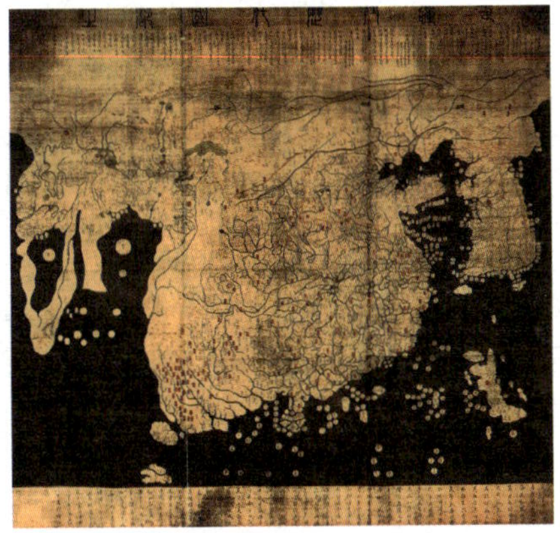

## 동국여지승람

성종의 명에 따라 노사신, 양성지 등이 편찬한 지리서예요. 조선 전기에는 중앙 집권화가 진행되면서 각 지역의 역사와 산물, 풍속 등의 정보를 체계적으로 기록하고자 지리서의 편찬이 국가적으로 활발히 전개되었어요.

> - 책을 펴서 그 일을 따져 보고 지도를 펼쳐 그 자취를 본다면 태산(泰山)에 오르거나 황하(黃河)의 근원을 끝까지 파고들 것 없이 8도의 지리가 마음과 눈에 환하여 문을 나가지 않고도 손바닥을 보듯이 분명히 알 것입니다. - "동국여지승람" 서문 -
> - 양성지가 상소하기를 …… 산천의 모양과 주군의 연혁들을 알 수 있고 풍속의 좋고 나쁨과 인재의 훌륭하고 훌륭하지 못한 것도 살필 수 있습니다. 심지어 경치를 읊조린 시와 사실을 기록한 글도 모두 가볍게 여길 수 없는 것들입니다. - "성종실록" -

### 용어 사전

**고려국사**
태조의 명으로 정도전 등이 편찬한 고려 시대의 역사서예요. 왕도 정치와 재상 중심의 정치를 강조하였고, 편찬자의 유교적이며 사대적인 성향과 후대의 군주에게 정치적 교훈을 주려는 목적이 강하게 반영되었어요.

**고려사절요**
고려 시대의 역사를 편년체로 정리한 역사서예요. 편찬자의 사론 없이 시간 순서대로 기술되어 사료적 가치가 높고, 이전 역사가들이 썼던 사론이 모두 수록되어 있어 역사 연구에 있어서도 귀중한 자료예요.

## 경국대전

'나라를 경영하는 방법을 담은 큰 법전'이라는 뜻으로, 세조 때 편찬을 시작하여 성종 때 완성하였어요. 정도전이 "조선경국전"에서 제시한 6전 체제를 받아들여 이·호·예·병·형·공전의 6전 체제로 구성되었어요. "경국대전"의 편찬은 유교적 통치 질서를 확립하고 관습법에서 벗어나 타당성 있는 고유의 법을 성문화하여 문물제도를 완성하였다는 데 의의가 있어요.

> 일찍이 신하들에게 말씀하시기를, "우리 조종(祖宗)의 심후(深厚)하신 인덕(仁德)과 크고 아름다운 규범이 훌륭한 전장(典章)에 펴져 있다. 이는 "경제육전"의 '원전', '속전'과 '등록'이며, 또 여러 번 내리신 교지에 있어 법이 아름답지 않은 것이 아니지만, 관리들이 용렬하고 어리석어 제대로 받들어 행하지 못한다. 이는 진실로 그 목차와 조문이 너무 번잡하고 앞뒤가 서로 모순되어 법을 하나로 통일하지 못했기 때문이다. - "경국대전" 서문 -

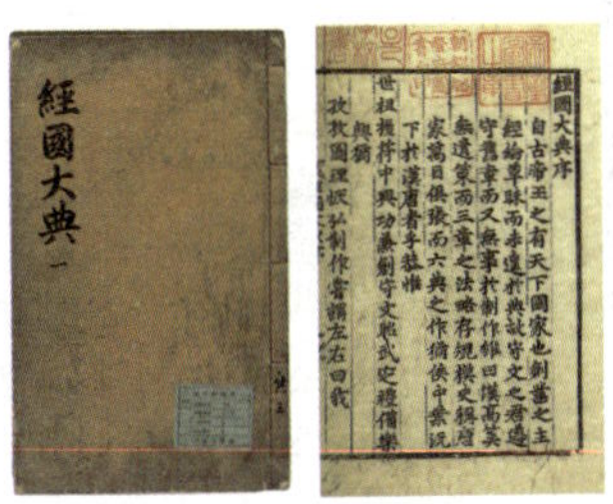


## 삼강행실도

세종 때 우리나라와 중국의 모범이 될 만한 충신·효자·열녀의 행실을 모아 만든 책이에요. 모든 사람이 한눈에 쉽게 알아볼 수 있도록 글 옆에 그림을 그려 넣었어요. 책 안에 그려진 그림은 조선 시대의 복식과 미술사를 이해하는 데에도 도움을 주고 있어요.

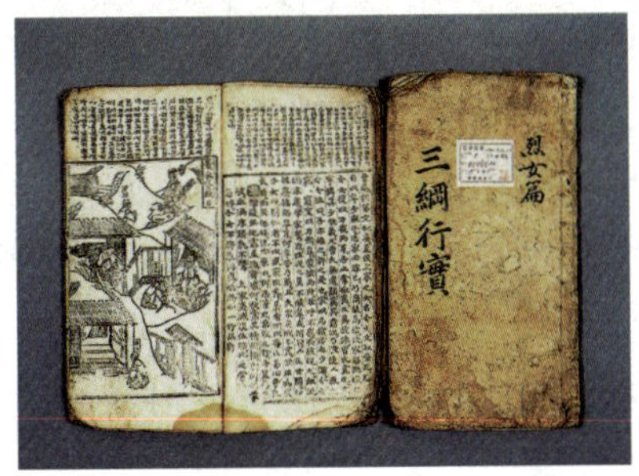

# 20강 조선 전기(문화 1)

마무리도 빈틈없이 **한국사를 읽다**

## 1 교육 기관

| | | |
|---|---|---|
| 관립 | 중앙 | • 성균관 : 최고 교육 기관(세자가 8세 정도 되면 성균관에 입학하는 입학례를 치름), 성현에 대한 제사(석전대제 거행)와 교육 담당, 소과에 합격한 생원·진사에게 입학 자격이 주어짐<br>• 4부 학당(4학) : 중등 교육 기관, 중학·동학·남학·서학 |
| | 지방 | 향교 : 중등 교육 기관<br>- 부·목·군·현에 각각 하나씩 설립(정원은 고을의 위상과 크기에 따라 달라짐)<br>- 양반과 평민 모두 입학 가능, 중앙에서 교수나 훈도가 파견되어 학생들을 교육함, 대부분 관아 가까운 곳에 위치<br>- 역할 : 성현에 대한 제사(석전대제 거행)와 유생 교육, 지방민 교화 |
| 사립 | 서원 | • 16세기 이후 각 지방에 설립<br>• 유교 윤리 보급, 향촌 사림의 결집 → 교육과 제사 담당(성리학 연구, 선현에 제사)<br>• 풍기 군수 주세붕이 최초로 백운동 서원(안향 배향) 설립 → 이황의 건의로 국왕으로부터 소수 서원이라는 현판을 하사받음(사액 서원) |
| | 서당 | 초등 교육 기관, 한문과 초보적인 유학 교육 실시, 양반과 평민의 자제 교육 담당 |

## 2 성리학의 발달

| | | |
|---|---|---|
| 배경 | 인간의 심성과 우주 자연의 원리 연구, 성리학이 철학으로 발전 | |
| 발달 | 서경덕, 조식, 이황, 이이 등에 의해 발달 | |
| 이황과 이이 | 이황 | 이이 |
| | • 이(理)의 능동적 역할 중시 → 근본적·이상주의적 성향<br>• 기대승과 사단칠정 논쟁 전개<br>• "성학십도", "주자서절요" 저술<br>• 일본 성리학 발전에 영향을 줌<br>• 예안 향약 시행 | • 기(氣)의 역할을 상대적으로 중시 → 현실적·개혁적 성향<br>• "성학집요", "동호문답", "격몽요결"(성리학 입문서) 저술<br>• 현실 개혁 제시(수미법 등)<br>• 해주 향약, 서원 향약 시행 |
| 학파 형성 | 이황의 영남학파 : 주리(理)론 수립 | 이이의 기호학파 : 주기(氣)론 성립 |
| 정파 형성 | 동인<br>(조식, 이황의 학풍 계승) | 서인<br>(이이, 성혼의 학풍 계승) |
| | • 북인 : 서경덕과 조식의 학풍 계승, 초기 실학 형성<br>• 남인 : 이황의 학풍 계승 | • 노론 : 이이의 학풍 계승<br>• 소론 : 성혼의 학풍 계승 |

## 3 불교와 도교

| | |
|---|---|
| 불교 | • 숭유 억불 정책 : 도첩제 실시(불교 통제)<br>• 세종 : 교단 정리, "석보상절" 편찬(훈민정음, 수양 대군이 편찬)<br>• 세조 : 간경도감 설치(불교 경전을 훈민정음으로 번역, 왕실 내 불교 행사 관장) |
| 도교 | 전반적으로 위축됨, 소격서 설치와 초제 시행 허용 → 중종 때 조광조의 건의로 소격서 폐지 |

## 4 편찬 사업

| | | |
|---|---|---|
| 역사서 | • "고려국사"(정도전) : 조선 건국과 통치의 정당성 확보 목적<br>• "고려사"(문종, 기전체), "고려사절요"(문종, 편년체) : 고려의 역사 정리<br>• "동국통감"(서거정, 성종) : 편년체, 고조선~고려 말까지의 역사 정리<br>• "동국사략"(박상) : 사림의 역사 인식 반영<br>• "승정원일기" : 국왕의 비서 기관인 승정원에서 왕명 출납, 행정 사무, 의례 등 날마다 취급한 문서와 사건을 기록한 일기(편년체), 유네스코 세계 기록 유산으로 등재<br>• "조선왕조실록" : 태조에서 철종에 이르기까지 472년간의 역사를 편년체로 기록, 시정기·사초 등을 토대로 편찬, 유네스코 세계 기록 유산으로 등재<br>• 의궤 : 왕실이나 국가의 큰 행사가 있을 때 일체의 관련 사실을 그림과 글로 기록(왕이 보는 어람용을 따로 제작), 조선 전기 의궤는 임진왜란으로 모두 소실됨 | |
| 지도·지리서 | 지도 | • 혼일강리역대국도지도(태종) : 동양에서 현존하는 가장 오래된 세계 지도, 중국 중심의 세계관 반영<br>• 팔도도(세종) : 전국 지도 |
| | 지리서 | • "팔도지리지"(성종) : 전국의 지리 정보 정리<br>• "동국여지승람"(성종) : 노사신·양성지 등이 "팔도지리지"를 참고하여 완성, 군현의 연혁, 지세, 인물, 풍속, 산물, 교통 등을 총 50권에 자세히 수록<br>• "신증동국여지승람"(중종) : "동국여지승람"을 보충하여 편찬<br>• "해동제국기"(성종) : 신숙주가 일본에 다녀온 후 보고 들은 내용을 남김 |
| 의례·윤리서 | • "삼강행실도"(세종) : 글과 그림으로 유교 윤리 설명<br>• "국조오례의"(성종) : 신숙주, 정척 등이 국가와 왕실의 각종 행사를 유교의 예법에 맞게 정리<br>• "동몽수지" : 어린이가 지켜야 할 예절을 기록<br>• "동몽선습" : 초급 교재, 서당에서 주로 활용, 오륜 설명, 우리 역사와 중국 역사를 간략히 서술<br>• "가례집람"(17세기) : 김장생이 주희의 "가례"를 증보·해설하여 예학을 조선의 현실에 맞게 정리함 | |
| 법전 | • "조선경국전"(정도전), "경제문감"(정도전), "경제육전"(조준)<br>• "경국대전"(세조~성종) : 조선 왕조 통치의 기틀이 된 기본 법전, 이·호·예·병·형·공전의 6전 체제 | |
| 음악 | 세종 | 아악을 체계화함(박연), 정간보 창안 |
| | 성종 | "악학궤범"(성현) 간행 : 궁중 음악, 당악, 향악 등 당시 음악을 정리하여 음악 이론 집대성 |

# 20강 조선 전기(문화 1)

**1** (가) 교육 기관에 대한 설명으로 옳은 것은? [2점]

심화 50회 26번

**그림으로 보는 조선 국왕의 일생** 교육

이 그림은 효명 세자가 (가) 에 입학하는 의식을 그린 "왕세자입학도첩" 중 '입학도'이다. 효명 세자는 이날 궁을 나와 (가) 에 도착하여 먼저 대성전의 공자 신위에 술을 올린 후, 명륜당에 가서 스승에게 교육을 받았다.

① 전문 강좌인 7재가 운영되었다.
② 전국의 부·목·군·현에 하나씩 설립되었다.
③ 중앙에서 교관인 교수나 훈도가 파견되었다.
④ 생원시나 진사시의 합격자에게 입학 자격이 부여되었다.
⑤ 한어(漢語), 왜어(倭語), 여진어 등 외국어 교육을 담당하였다.

**2** (가) 교육 기관에 대한 설명으로 옳은 것은? [2점]

심화 54회 20번

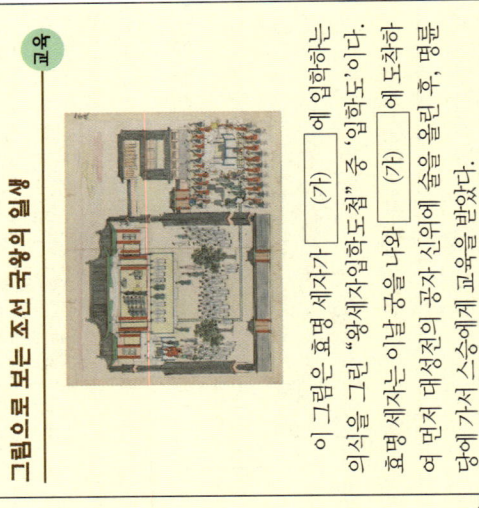

이곳은 경기도 수원시에 위치한 조선 시대 지방 교육 기관인 (가) 입니다. 대부분 지방 관아 가까운 곳에 위치하였으며 제향 공간인 대성전, 강학 공간인 명륜당, 기숙사인 동재와 서재 등으로 이루어져 있습니다.

① 전문 강좌인 7재를 운영하였다.
② 풍기 군수 주세붕이 처음 세웠다.
③ 생원과 진사에게 입학 자격을 부여하였다.
④ 중앙에서 교수나 훈도를 파견하기도 하였다.
⑤ 유학을 비롯하여 율학, 서학, 산학을 교육하였다.

**1 성균관** 정답 ④

정답 찾기: 효명 세자가 입학하는 의식을 치렀으며, 대성전과 명륜당이 있는 것으로 보아 (가) 교육 기관이 성균관임을 알 수 있어요. 왕세자 성균관 입학례는 조선이 유교 국가임을 천명하는 상징적 의미의 행사였어요. 조선 시대 최고 교육 기관인 성균관에서는 공자를 비롯한 성현에 제사를 지내고, 수준 높은 유학 교육을 하였어요. ④ 소과의 생원시나 진사시에 합격한 사람에게 성균관의 입학 자격이 주어졌어요.

오답 피하기:
① 고려 예종은 관학을 진흥하기 위해 국자감에 전문 강좌인 7재를 개설하였어요.
② 조선 시대에 전국의 부·목·군·현에 향교가 하나씩 세워져 유학 교육을 담당하였어요.
③ 조선 시대에 향교에는 중앙에서 교수나 훈도가 파견되어 학생들을 교육하였어요.
⑤ 조선 시대에 사역원은 외국어 통·번역뿐만 아니라 한어, 왜어, 여진어 등 외국어 교육도 담당하였어요.

**2 향교** 정답 ④

정답 찾기: 조선 시대 지방 교육 기관이며 대성전과 명륜당 등으로 이루어졌다는 내용을 통해 (가) 교육 기관이 향교임을 알 수 있어요. 조선 정부는 유학 교육을 위해 전국의 부·목·군·현에 향교를 설립하였어요. ④ 중앙에서 향교에 교수나 훈도를 파견하여 교육을 담당하게 하였어요.

오답 피하기:
① 고려 예종 때 국자감에 전문 강좌인 7재가 개설되었어요.
② 풍기 군수 주세붕은 우리나라 최초의 서원인 백운동 서원을 세웠어요. 백운동 서원은 이후 이황의 건의에 따라 국왕으로부터 '소수 서원'이라는 현판을 받아 사액 서원이 되었어요.
③ 소과에 합격한 생원과 진사에게는 조선의 최고 교육 기관인 성균관에 입학할 수 있는 자격이 주어졌어요.
⑤ 고려의 최고 교육 기관인 국자감에는 유학을 교육하는 유학부와 율학, 서학, 산학을 교육하는 기술학부가 있었어요.

## 3 (가) 인물에 대한 설명으로 옳은 것은? [2점]

심화 74회 23번

이 그림은 강세황이 그린 도산서원도입니다. 여기에는 서원의 배치와 건물 크기, 방향 등이 실제와 부합하게 묘사되어 있으며 건물 이름도 표기되어 있어 당시의 모습을 잘 보여 줍니다. 도산 서원은 성학십도를 지어 군주의 수양을 강조하고, 기대승과 사단칠정 논쟁을 전개한 (가) 의 학문과 덕을 기리는 곳입니다.

① 최초의 서원인 백운동 서원을 건립하였다.
② 명에 대한 의리를 내세운 기축봉사를 올렸다.
③ 동호문답을 통해 다양한 개혁 방안을 제시하였다.
④ 예안 향약을 시행하여 향촌의 교화를 위해 노력하였다.
⑤ 예학을 조선의 현실에 맞게 정리한 가례집람을 저술하였다.

## 4 밑줄 그은 '이 인물'에 대한 설명으로 옳은 것은? [3점]

심화 63회 22번

① 명에 대한 의리를 내세운 기축봉사를 올렸다.
② 청으로부터 시헌력을 도입하자고 건의하였다.
③ 양반의 허례와 무능을 풍자한 양반전을 저술하였다.
④ 예학을 조선의 현실에 맞게 정리한 가례집람을 지었다.
⑤ 군주가 수양해야 할 덕목과 지식을 담은 성학집요를 집필하였다.

### 3 이황의 활동 정답 ④

정답 찾기 "성학십도"를 지었으며 기대승과 사단칠정 논쟁을 전개하였다는 내용을 통해 (가) 인물이 이황임을 알 수 있어요. 이황은 조선의 대표적인 성리학자로, 인간 심성의 근원인 이(理)의 능동적 역할을 중시하였어요. 이황의 사상은 일본의 성리학 발전에도 큰 영향을 끼쳤어요. 또한, 이황은 기대승과 서신을 주고받으며 사단칠정에 대한 논쟁을 벌이기도 하였어요. 유학에서 사단(四端)은 인간의 본성에서 우러나오는 네 가지 마음을 말하며, 칠정(七情)은 인간의 일곱 가지 감정을 말해요. ④ 이황은 벼슬에서 물러난 후 고향인 예안으로 내려가 예안 향약을 시행하여 향촌의 풍속 교화를 위해 노력하였어요.

오답 피하기
① 주세붕은 최초의 서원인 백운동 서원을 건립하였어요. 백운동 서원은 이후 사액 서원이 되면서 소수 서원으로 개칭되었어요.
② 송시열은 명에 대한 의리를 강조하고 청에 대한 복수를 주장한 기축봉사를 효종에게 올렸어요.
③ 이이는 수취 제도의 개혁 등 다양한 개혁 방안을 담은 "동호문답"을 저술하였어요.
⑤ 김장생은 예학을 조선의 현실에 맞게 정리한 "가례집람"을 저술하였어요.

### 4 이이의 활동 정답 ⑤

정답 찾기 해주 향약을 시행하였으며 "동호문답"과 "격몽요결"을 저술하였다는 내용을 통해 밑줄 그은 '이 인물'이 이이임을 알 수 있어요. 이이는 조선 성리학의 독자적 체계를 세운 대표적인 학자입니다. 그는 '이(理)'와 '기(氣)'를 통일적으로 이해하면서 현실 세계를 구성하는 '기'를 상대적으로 중시하였으며, 현실적이고 개혁적인 성향을 보였어요. ⑤ 이이는 군주가 수양해야 할 덕목과 지식을 담은 "성학집요"를 집필하여 선조에게 바쳤어요.

오답 피하기
① 송시열은 조선 효종에게 기축봉사를 올려 명에 대한 의리를 강조하였으며 청에 당한 치욕을 씻기 위해 청을 정벌하자는 북벌론을 주장하였어요.
② 김육은 조선 효종에게 청에서 사용하는 시헌력의 도입을 건의하였어요.
③ 박지원은 '양반전', '호질' 등 한문 소설을 지어 양반의 허례와 무능을 비판하고 풍자하였어요.
④ 김장생은 예학을 조선의 현실에 맞게 정리한 "가례집람"을 저술하였어요.

**5** 심화 74회 20번

**(가) 왕의 재위 시기에 있었던 사실로 옳은 것은?** [2점]

이 그림은 무관 오자치를 그린 것으로, 현존하는 무관 초상화 중에서 가장 이른 시기의 작품입니다. 오자치는 (가) 이/가 호패법을 재실시하는 등 지방 세력 통제를 강화하자, 이에 반발하며 함길도에서 이시애가 일으킨 난을 평정한 공으로 적개공신에 책봉되었습니다.

① 간경도감이 설치되었다.
② 조선경국전이 편찬되었다.
③ 국조오례의가 완성되었다.
④ 부민고소금지법이 제정되었다.
⑤ 혼일강리역대국도지도가 제작되었다.

**6** 심화 67회 20번

**밑줄 그은 '이 역사서'에 대한 설명으로 옳은 것은?** [3점]

대개 이미 지나간 나라의 흥망은 장래의 교훈이 되기 때문에 이 역사서를 편찬하여 올리는 바입니다. …… 범례는 사마천의 "사기"를 따르고, 대의(大義)는 모두 왕께 아뢰어 재가를 얻었습니다. 본기(本紀)라는 이름을 피하고 세가(世家)라고 한 것은 명분의 중요성을 나타내기 위함이며, 가짜 왕인 신씨들[신우, 신창]을 세가에 넣지 않고 열전으로 내린 것은 그들이 왕위를 도둑질한 사실을 엄히 논죄하려는 것입니다.

① 발해사를 우리 역사로 체계화하였다.
② 고구려 시조의 일대기를 서사시로 표현하였다.
③ 불교사를 중심으로 고대의 민간 설화를 수록하였다.
④ 고조선부터 고려 말까지의 역사를 연대순으로 기록하였다.
⑤ 조선 건국을 정당화하는 입장에서 고려의 역사를 정리하였다.

### 5 조선 세조 재위 시기의 사실 — 정답 ①

**정답 찾기** 함길도에서 일어난 이시애의 난을 평정하였다는 내용을 통해 (가) 왕이 조선 세조임을 알 수 있어요. 조선은 원칙적으로 중앙에서 파견한 관리가 지방을 통치하였지만, 함길도 지역은 국경 지역에 접해 있는 특수한 사정을 고려하여 명망 있는 토착 세력을 지방관으로 임명하였어요. 그러나 세조가 중앙 집권 체제를 강화하면서 현지 출신 수령의 임명을 줄이고 중앙에서 직접 관리를 파견하였어요. 또한, 호패법을 재실시하는 등 지방 세력 통제를 강화하자 이에 불만을 품은 함길도 토착 세력 이시애가 길주를 근거지로 반란을 일으켰어요. 세조는 이시애의 반란을 진압하고 이후 지방 세력의 결집을 막기 위해 유향소를 폐지하였어요. ① 세조 때 불교 경전을 간행하는 관청인 간경도감이 설치되었어요. 간경도감에서는 불경을 한글로 번역하여 편찬하기도 하였어요.

**오답 피하기**
② 조선 태조 때 정도전이 나라를 다스리는 기준을 종합적으로 서술한 "조선경국전"을 편찬하였어요.
③ 조선 성종 때 국가의 의례를 정비한 "국조오례의"가 완성되었어요.
④ 조선 세종 때 하급 관리가 상급 관리를 고소하거나 지방의 향리나 백성이 관찰사나 수령을 고소하는 것을 금지하는 부민고소금지법이 제정되었어요.
⑤ 조선 태종 때 세계 지도인 혼일강리역대국도지도가 제작되었어요. 혼일강리역대국도지도는 현존하는 동양에서 가장 오래된 세계 지도입니다.

### 6 고려사 — 정답 ⑤

**정답 찾기** "사기"의 범례를 따랐으며, 신씨들(신우, 신창)을 세가에 넣지 않고 열전으로 내렸다는 내용을 통해 밑줄 그은 '이 역사서'가 "고려사"임을 알 수 있어요. 고려의 역사를 세가, 열전, 지, 연표 등의 기전체 형식으로 서술한 "고려사"는 조선 초부터 편찬 작업이 시작되어 문종 때 완성되었어요. "고려사"에서는 우왕과 창왕의 재위 기간에 있었던 일을 왕의 역사를 다루는 세가가 아닌 인물의 역사를 다루는 열전에 신우, 신창이라는 이름으로 실었어요. 우왕과 창왕을 고려 왕실의 왕씨가 아닌 신씨라 하여 이성계 등의 공양왕 옹립이나 조선 건국을 정당화하려는 입장을 반영한 것으로 보입니다. ⑤ "고려사"는 조선 건국의 정당성을 강조하는 입장에서 고려의 역사를 정리하였어요.

**오답 피하기**
① 조선 후기에 유득공은 "발해고"를 저술하여 발해의 역사를 우리 역사로 체계화하였어요.
② 고려 후기에 이규보는 고구려 건국 시조의 일대기를 서사시로 표현한 '동명왕편'을 저술하였어요.
③ 고려 후기에 승려 일연은 불교사를 중심으로 고대의 민간 설화를 수록한 "삼국유사"를 저술하였어요.
④ 조선 성종 때 서거정 등이 왕명을 받아 고조선부터 고려 말까지의 역사를 연대순으로 정리한 "동국통감"을 간행하였어요.

## 7 밑줄 그은 '전하'의 재위 기간에 있었던 사실로 옳은 것은? [2점]

심화 72회 20번

전하께서 성군을 이으셨으니, 예악(禮樂)으로 태평 시절을 일으키실 때가 바로 지금이다. 장악원 소장의 의궤와 악보가 오랜 세월이 지나서 끊어지고 문드러졌다. 다행히 보존된 것 역시 모두 엉성하고 오류가 있으며 빠진 것이 많다. 이에 성현 등에게 명하여 다시 교정하게 하였다. 책이 완성되자 악학궤범이라고 이름 지었다.

① 예학을 정리한 가례집람이 저술되었다.
② 국가의 기본 법전인 경국대전이 완성되었다.
③ 외교 문서를 집대성한 동문휘고가 편찬되었다.
④ 붕당의 폐해를 경계하기 위한 탕평비가 건립되었다.
⑤ 이조 전랑 임명을 둘러싸고 김효원과 심의겸이 대립하였다.

### 7 조선 성종 재위 시기의 사실 정답 ②

정답 찾기 "악학궤범"이 완성되었다는 내용을 통해 밑줄 그은 '전하'가 조선 성종임을 알 수 있어요. 성종은 세조 때 폐지된 집현전을 계승한 홍문관을 설치하고 경연을 활성화하였어요. 성종 때 "국조오례의", "동문선", "동국여지승람", "동국통감", "악학궤범"이 편찬되는 등 다양한 분야에서 활발하게 편찬 사업이 추진되었어요. 또한, ② 조선의 기본 법전인 "경국대전"이 완성되어 유교적 통치 체제가 확립되었어요.

오답 피하기
① 조선 선조 때 김장생이 조선의 현실에 맞게 예학을 정리한 "가례집람"을 저술하였어요. "가례집람"은 후학들의 노력으로 숙종 때 간행되었어요.
③ 조선 정조 때 17세기 초반부터 조선이 청, 일본과 주고받은 외교 문서를 집대성한 "동문휘고"가 편찬되었어요.
④ 조선 영조 때 붕당의 폐해를 경계하기 위해 성균관 입구에 탕평비가 건립되었어요.
⑤ 조선 선조 때 척신 정치의 잔재 청산과 이조 전랑 임명을 둘러싸고 김효원과 심의겸이 대립하여 사림이 동인과 서인으로 나뉘었어요.

## 8 밑줄 그은 '전하'가 재위한 시기의 사실로 옳은 것은? [3점]

심화 64회 22번

무술년 봄에 양성지가 팔도지리지를 바치고, 서거정 등이 동문선을 바쳤더니, 전하께서 드디어 노사신, 양성지, 서거정 등에게 명하여 시문을 팔도지리지에 넣게 하셨습니다. …… 연혁을 앞에 둔 것은 한 고을의 흥함과 망함을 먼저 알아야 하기 때문이며 …… 경도(京都)의 첫머리에 팔도총도를 기록하고, 각 도의 앞에 도별 지도를 붙여서 양경(兩京) 8도로 50권을 편찬하여 바치나이다.

① 예학을 정리한 가례집람이 저술되었다.
② 외교 문서를 집대성한 동문휘고가 편찬되었다.
③ 국가의 의례를 정비한 국조오례의가 완성되었다.
④ 전통 한의학을 정리한 동의보감이 간행되었다.
⑤ 역대 문물제도를 정리한 동국문헌비고가 만들어졌다.

### 8 조선 성종 재위 시기의 사실 정답 ③

정답 찾기 "팔도지리지"와 "동문선"을 왕에게 바쳤다는 내용을 통해 밑줄 그은 '전하'가 조선 성종임을 알 수 있어요. 성종은 조선 개국 이후 추진된 여러 제도를 정비하고 체제를 완성하였어요. 이 과정에서 역사, 문화, 지리, 음악 등 다양한 분야의 편찬 사업이 활발하게 이루어졌어요. 제시된 자료는 성종 때 편찬된 "동국여지승람"의 서문이에요. 성종은 "팔도지리지"를 기초로 "동문선"에 수록된 시문을 첨가하여 각 군현의 연혁, 지세, 인물, 풍속 등을 정리한 "동국여지승람"을 편찬하게 하였어요. ③ 성종 때 국가의 기본 예식인 오례(길례, 가례, 빈례, 군례, 흉례)를 정비한 "국조오례의"가 완성되었어요.

오답 피하기
① 조선 선조 때 김장생은 예학을 조선의 현실에 맞게 정리한 "가례집람"을 저술하였어요. "가례집람"은 후학들의 노력으로 숙종 때 간행되었어요.
② 조선 정조 때 17세기 초반부터 조선이 청, 일본과 주고받은 외교 문서를 집대성한 "동문휘고"가 편찬되었어요.
④ 조선 광해군 때 허준이 전통 한의학을 집대성한 "동의보감"을 간행하였어요.
⑤ 조선 영조 때 역대 문물제도를 분류, 정리하여 백과사전식으로 구성한 "동국문헌비고"가 만들어졌어요.

# 20강 조선 전기(문화 1)

**Ready go**
이번 강 별 채우기 제한 시간은 **2분 20초**
한 문장을 끝까지 또박또박 읽어야 패스!

기출 선택지로 별 채우기
**한국사를 채우다**

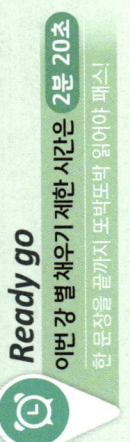

01 ★★관은 조선 시대 최고 관립 교육 기관이며, 소과 합격자인 생원과 진사에게 입학 자격을 부여하였다.

02 성균관은 제사를 지내는 ★★전과 교육을 하는 ★★당을 중심으로 구성되었다.

03 한성에는 중등 교육 기관으로 ★부 학당을 두어 유학 경전을 교육하였다.

04 전국의 부·목·군·현에 하나씩 설립된 ★교에는 중앙에서 교수나 훈도가 파견되었다.

05 ★원은 지방의 사림 세력이 주로 설립하였고, 선현의 제사와 유학 교육을 담당하였다.

06 이황은 군주의 도를 도식으로 설명한 "성학★★"를 저술하였다.

07 이황은 기대승과 ★단★정 논쟁을 전개하였다.

08 이★은 예안 향약을 시행하여 향촌 교화를 위해 노력하였다.

09 이이는 "성학★★"를 저술하여 군주가 수양해야 할 덕목을 제시하였다.

10 ★★는 "동호문답"을 저술하여 수취 제도 개편 등 다양한 개혁 방안을 제시하였다.

11 이이는 방납의 폐단을 줄이고자 ★★법을 주장하였다.

12 이★는 해주 향약을 시행하여 향촌 교화를 위해 노력하였다.

13 조선은 숭유 억불 정책의 하나로 승려에게 허가증을 발급하는 ★★제를 시행하였다.

14 세조 때 불교 경전을 간행하는 ★★도감이 설치되었다.

15 문종 때 조선 건국을 정당화하는 입장에서 고려의 역사를 기전체로 정리한 "★★사"가 편찬되었다.

**16** 문종 때 고조선부터 고려까지의 역사를 편년체로 정리한 "고려사★★"가 편찬되었다.

**17** "조선왕조★★"은 사초, 시정기를 바탕으로 실록청에서 편찬되었다.

**18** 성종 때 서거정 등이 고조선부터 고려까지의 역사를 편년체로 서술한 "동국★★"을 편찬하였다.

**19** 태종 때 동양에서 현존하는 가장 오래된 세계 지도인 ★★★★역대국도지도가 만들어졌다.

**20** 성종 때 각 도의 지리, 풍속 등이 수록된 "★★★★승람"이 편찬되었다.

**21** "★★대전"은 세조 때 편찬 작업이 시작되어 성종 때 완성된 조선 왕조의 기본 법전이다.

**22** 세종 때 충신, 효자, 열녀의 이야기를 글과 그림으로 구성한 "★★행실도"가 편찬되었다.

**23** 성종 때 성현이 음악 이론 등을 집대성한 "악학★★"을 간행하였다.

정답

**01** 성균 **02** 대성, 명륜 **03** 4 **04** 향 **05** 서 **06** 십도 **07** 사, 칠 **08** 황 **09** 집요 **10** 이이 **11** 수미 **12** 이 **13** 도첩 **14** 간경 **15** 고려 **16** 절요 **17** 실록 **18** 통감 **19** 혼일강리 **20** 동국여지 **21** 경국 **22** 삼강 **23** 궤범

# 21강 조선 전기(문화 2)

한국사의 흐름을 한눈에 **한국사를 그리다**

강의 바로 보기

| | 문자·인쇄 | 천문·역법 | 의학·농서 | 건축·탑 | 공예 | 회화 | 문학 |
|---|---|---|---|---|---|---|---|
| 15C 혁명파 → 훈구 | ·태종 ┌ 주자소 설치 └ 계미자<br>·★종 : 갑인자<br>훈민정음 → 〈용비어천가〉<br>→ 민족적·자주적 | ·천상열차분야지도(태조)<br>·측우기, 자격루, 앙부일구 ⇒ 장영실 (↓ 물시계, 해시계)<br>·〈★★산〉┌ 이순지, 한양 중심의 역법서 └ 수시력(원) + 회회력(아라비아) | ·〈의방유취〉: 의학 백과사전<br>·〈향약★★방〉<br>·〈농사★★〉<br>·〈금양잡록〉: 성종, 강희맹 | ·궁궐, 성곽<br>└ 경복궁(전기) vs 창덕궁(후기)<br>·우사(사직단) + 좌묘(종묘)<br>·선농단(신농씨, 후직씨)<br>·★★사 장경판전 ← 팔만대장경판 — 세계 기록 유산<br>┌ 고려 : 경천사지 10층 석탑<br>·★★★지 10층 석탑<br>└→ 후기 : 백탑파(박지원, 박제가)<br>(세계 유산) | ★★사기 | ·★★관수도 └ 강희안<br>·몽유★★도 ┌ 안평 대군 꿈 └ 안견 | ·〈동문선〉: 성종, 서거정<br>·〈금오신화〉┌ 김시습 └ 최초 한문 소설 |
| 16C 온건파 → 사림 | | | | 서원 [사당 - ★★ / 강당 - ★★ / 기숙 / 기숙]<br>⇒ ★★★ 서원 (세계 유산)<br>↓ 소수 서원(사액) ┌ by 이황 └ 안향 배향 | 백자 | ·★★★ └ 매·난·국·죽<br>·초충도 └ 신★★★ | 〈관동별곡〉, 〈사미인곡〉 ┌ 정철(기축옥사) └ 가사 문학 |

★정답 세, 칠정, 집성, 직설, 해인, 원각사, 제사, 교육, 백운동, 분청, 고사, 도원, 사군자, 사임당

→ 나만의 약점 단권화 노트 40쪽에서 완성 판서를 확인하세요.

# 21강 조선 전기(문화 2)

| | 문자·인쇄 | 천문·역법 | 의학·농서 | 건축·탑 | 공예 | 회화 | 문학 |
|---|---|---|---|---|---|---|---|
| 15C 혁명파 → 훈구 | | | | | | | |
| 16C 온건파 → 사림 | | | | | | | |

# 21강 조선 전기(문화 2)

### 천상열차분야지도

하늘의 모습(천상)을 '차'와 '분야'에 따라 따로 펼쳐 놓은 그림이라는 뜻으로, 태조 때 고구려의 천문도를 바탕으로 재구성하였어요. 여기서 '차'는 목성의 운행을 기준으로 설정한 적도대의 구역, '분야'는 하늘의 별자리 구역을 나눈 것을 말해요.

천상열차분야지도 각석

### 측우기

측우기는 강우량 측정 기구로, 세종 때 처음 만들어졌어요. 측우기를 사용하기 전에는 전국의 강우량을 정확히 알 수 없어 농사를 짓는 데 어려움이 많았어요. 이에 당시 기후 관측을 담당하던 서운관과 세자(후에 문종)가 정확한 강우량 측정을 위한 연구를 진행하였고 이를 바탕으로 측우기가 제작되었어요. 금속으로 만든 원통 모양의 측우기에 빗물을 받아 자를 이용하여 그 깊이를 측정하도록 하였습니다. 세종은 같은 규격의 측우기와 자를 서운관(관상감)과 지방 관아에 설치하도록 하여 전국적으로 비의 양을 측정해 보고하는 체계를 만들었습니다.

> 호조에서 아뢰기를, "각 도 감사가 빗물의 양을 보고하는 법은 이미 있으나 토질의 습도가 같지 않고 흙 속으로 스며든 깊이도 역시 알기 어렵사오니, 청하옵건대 서운관(書雲觀)에 대(臺)를 짓고 쇠를 부어 그릇을 만들되, 길이는 2척이 되게 하고 직경은 8촌이 되게 하여 대 위에 올려놓고 비를 받아, 본관 관원으로 하여금 수량을 재어 보고하게 하고, …… 또 외방 각 고을에도 자기나 와기를 사용하여 그릇을 만들어 관청 뜰 가운데에 놓고, 수령이 역시 빗물의 수량을 재어서 감사에게 보고하게 하고, 감사가 전하여 알리게 하소서." 하니, 왕이 그대로 따랐다. - "세종실록" -

측우기와 측우대

### 용어 사전

**용비어천가**
조선 왕조의 창업을 찬양한 서사시로, 세종 때 권제, 정인지, 신숙주, 성삼문 등이 제작에 참여하였어요. 용비어천가는 훈민정음으로 쓰인 최초의 문학 작품이에요.

**의방유취**
의학 처방을 비슷한 것끼리 모았다는 뜻으로, 세종의 명에 따라 편찬된 동양 최대의 의학 백과사전이에요. 한방 진찰법, 처방법, 약 먹는 방법, 한약의 효능 등을 총망라하였고, 이전까지 나온 수많은 의학서를 집대성하여 편찬하였어요.

**향약집성방**
'향약'은 우리 땅에서 나는 약재를 뜻하고, '집성방'은 향약을 재료로 한 치료법을 모아 편찬하였다는 뜻이에요. 세종 때 편찬된 의약서로, 우리 고유의 약재와 치료 방법을 정리하였어요.

### 앙부일구

'하늘을 바라보는 가마솥 모양의 해시계'라는 뜻이에요. 오목한 내부 면에 시각선을 그어 해의 그림자를 통해 시간을 알 수 있게 하였으며, 24절기를 알 수 있는 계절선도 그어져 있어 달력의 역할도 하였습니다. 특히 시각을 글자가 아닌 12지신의 동물 그림으로 표현하여 글자를 모르는 백성도 시간을 알 수 있도록 하였어요.

### 자격루

'스스로 종을 울리는 물시계'라는 뜻으로 장영실이 제작하였어요. 자격루는 나무로 된 인형이 종, 북, 징을 치거나 인형이 시각이 표시된 팻말을 보여 주는 방식으로 시간을 알려 주었는데, 이 발명으로 해시계와 달리 밤낮, 날씨에 상관없이 시간을 알 수 있게 되었습니다.

### 칠정산

세종 때 편찬된 역법서예요. 이전의 역법서는 다른 나라를 기준으로 만들어져 조선의 상황과 맞지 않았어요. 그래서 세종은 정인지, 정초, 이순지 등에게 명하여 역법서를 만들게 하였어요. 그 결과 수시력(원)과 대명력(명), 회회력(아라비아)을 참조하여 최초로 한양을 기준으로 한 역법서인 "칠정산"이 편찬되었어요.

> 우리나라 일관(日官)들은 역법과 천문으로 때를 맞추는 방법에 소홀한 지 오래되었다. 이에 왕께서는 역법과 천문의 책을 두루 연구하여서 신하들에게 대명력, 수시력, 회회력 등을 참고하여 칠정산 내편과 외편을 편찬하도록 하셨다. - "세종실록" -

## 훈민정음

'백성을 가르치는 바른 소리'라는 뜻으로, 세종이 창제·반포한 우리나라의 고유 문자예요. 세종은 글을 몰라서 백성들이 관청에 호소하거나 억울한 재판을 받아도 바로잡을 수 없는 등 권리를 제대로 찾지 못하는 상황을 안타깝게 여겨 훈민정음을 창제하였어요. '언문'은 훈민정음을 이르는 말이에요.

- 임금이 친히 언문(諺文) 28자(字)를 지었는데, 그 글자가 옛 전자(篆字)를 모방하고, 초성·중성·종성으로 나누어 합한 연후에야 글자를 이루었다. 무릇 문자에 관한 것과 이어(俚語)에 관한 것을 모두 쓸 수 있고, 글자는 비록 간단하고 요약하지마는 전환(轉換)하는 것이 무궁하니, 이것을 훈민정음(訓民正音)이라고 일렀다.
- 나랏말이 중국과 달라 한자와 서로 통하지 아니하므로, 우매한 백성들이 말하고 싶은 것이 있어도 마침내 제 뜻을 잘 표현하지 못하는 사람이 많다. 내 이를 딱하게 여기어 새로 28자(字)를 만들었으니, 사람들로 하여금 쉬 익히어 날마다 쓰는 데 편하게 할 뿐이다. - "세종실록" -

## 종묘와 사직단

종묘는 역대 왕과 왕비의 신주를 모신 사당이며, 사직단은 땅의 신과 곡식의 신에게 제사를 지내는 제단이에요. 조선 건국 이후 고대 도성 조성의 원칙인 좌묘우사에 따라 경복궁을 중심으로 왼쪽에 종묘를, 오른쪽에 사직단을 지었어요.

종묘

사직단

## 해인사 장경판전

경상남도 합천군에 있는 해인사에 대장경판을 보관하기 위해 지은 건축물이에요. 장경판전에는 현재 8만여 개의 고려 대장경판이 보관되어 있고, 창건 당시의 건물이 그대로 유지·보존되어 있어 조선 초기의 목조 건축 양식을 살펴볼 수 있어요. 또한, 환기, 온도와 습도 등이 완벽하게 조절되도록 설계되어 팔만대장경이 오랫동안 잘 보존되고 있어요.

## 서울 원각사지 10층 석탑

원의 영향을 받은 고려의 개성 경천사지 10층 석탑을 모방하여 만든 탑으로, 대리석으로 만들어졌어요. 층층이 기와집의 모양으로 조각하였는데 기둥, 공포, 지붕의 기와까지 세밀하게 표현되어 있어요. 또한, 몸돌의 면면에 수많은 부처, 보살, 구름, 사자, 연꽃 등이 새겨져 있어 조선 시대 석탑으로는 유례를 찾아볼 수 없을 만큼 뛰어난 조각 솜씨를 보여 주는 석탑이에요.

## 서원

이름 있는 유학자의 제사를 지내고 성리학을 연구·교육하는 곳으로, 일종의 사립 대학과 같은 역할을 하였어요. 우리나라 최초의 서원은 중종 때 주세붕이 세운 백운동 서원으로, 나중에 사액되면서 소수 서원으로 이름이 바뀌었어요. 사액 서원은 정부의 인정을 받은 서원으로, 국왕으로부터 현판과 함께 책, 노비 등을 받기도 하였으며, 경제적 지원과 더불어 면세의 혜택을 받았어요. 이후 각 지역에 등장한 여러 서원은 사림의 학문적 기반이 되기도 하였지만 당파의 결속을 강화시켜 붕당의 토대가 되기도 하였지요.

주요 서원과 배향 인물

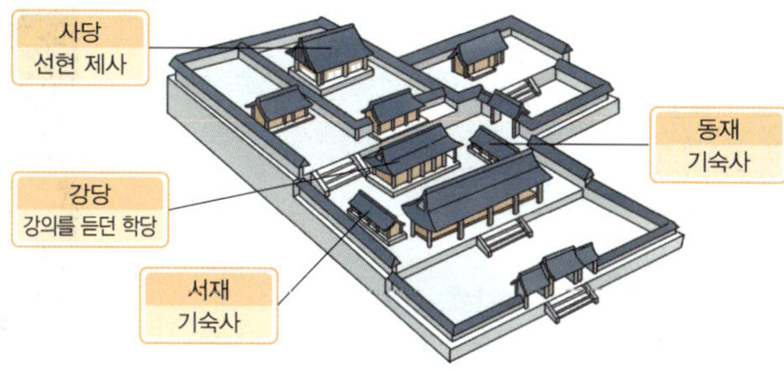

서원의 주요 건물 배치도

### 용어 사전

**농사직설**
'농사에 관한 기술을 풀이한 책'이라는 뜻으로, 세종 때 편찬된 농서예요. 지역의 풍토에 맞는 적절한 농법과 곡식 재배에 중점을 두어, 각지 농민들의 경험담을 모아 우리나라 실정에 맞게 정리·편찬하였어요.

**금양잡록**
'금양현(지금의 시흥)에서 일어난 여러 가지 일을 적은 것'이라는 뜻이에요. 조선 성종 때 강희맹은 관직에서 물러나 금양현에 머물며 손수 농사를 지었는데 그 지역 농부들의 경험과 자신의 체험을 토대로 "금양잡록"을 지었어요.

# 21강 조선 전기(문화 2)

낯선 용어와 자료 돋보기

## 한국사를 보다

### 분청사기

회색 계통의 바탕흙(태토) 위에 백토로 표면을 분장한 뒤 유약을 발라 구운 자기입니다. 조선 초기에 유행하다가 백자가 본격적으로 생산되면서 쇠퇴하였습니다. 청자나 백자에서는 볼 수 없는 자유롭고 실용적인 형태와 다양한 무늬를 가진 것이 특징이에요.

분청사기 음각어문 편병

분청사기 철화어문 편병

### 백자

순백색의 바탕흙 위에 유약을 발라 구워 만든 자기로, 이전에 유행하였던 청자에 비해 깨끗하고 검소한 아름다움을 가져 청결과 검소함을 중시하는 사대부들의 사랑을 받았어요.

백자 병

백자 항아리

### 고사관수도

'높은 절벽 바위에서 선비가 물을 바라보는 그림'이란 뜻으로, 조선 전기의 문인 화가 강희안이 그렸어요. 물을 바라보고 있는 선비의 모습을 과감한 필치로 그려 냈습니다.

### 몽유도원도

도화서 화원 출신의 안견이 안평 대군이 꿈속에서 본 무릉도원 이야기를 듣고 그린 그림이에요. 왼쪽의 현실 세계와 오른쪽의 도원 세계가 극적인 대비를 이루면서 전체적으로 조화로운 분위기를 연출한 것이 특징이에요.

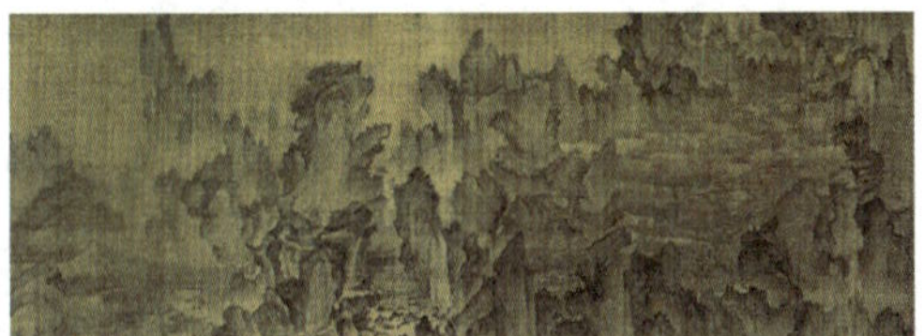


### 사군자

매화·난초·국화·대나무의 네 가지 식물을 뜻해요. 매화는 봄의 추위를 이겨 내고 제일 먼저 꽃을 피우고, 난초는 은은한 향기를 멀리 퍼트리며, 국화는 가을의 추위를 이겨 내며 피고, 대나무는 겨울에도 푸른 잎을 가진다는 점 때문에 지조와 절개를 중시하는 사대부들이 즐겨 그리는 소재가 되었어요.

매화

난초

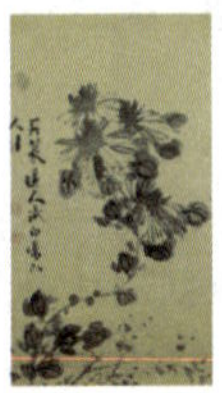
국화

대나무

### 초충도

풀과 벌레를 소재로 해서 그린 그림이에요. 풀과 벌레뿐만 아니라 일상에서 쉽게 찾을 수 있는 소소한 식물과 동물이 표현되었어요. 특히 신사임당이 그린 것으로 전해지는 초충도는 섬세한 필선과 선명한 색채, 안정된 구도 등으로 유명해요.

**용어 사전**

**금오신화**
'금오산에서 쓴 새로운 이야기'라는 뜻으로, 김시습이 지은 한문 소설집입니다. 우리나라 최초의 소설로 알려져 있으며, '만복사저포기', '이생규장전', '취유부벽정기', '남염부주지', '용궁부연록' 등이 전해지고 있어요.

**관동별곡**
'관동을 유람하고 지은 독특한 운율을 지닌 노래 가사'라는 뜻이에요. 정철이 강원도 관찰사로 부임하여 해금강과 관동 팔경을 유람한 후 그곳의 산수, 풍경, 고사 등에 대한 개인적인 소감을 읊은 노래예요. '관동별곡'의 방대한 분량, 한글과 한문의 조화로운 표현, 다양한 주제는 가사 문학의 백미로 손꼽힙니다.

**사미인곡**
'님을 그리워하며 쓴 가사'라는 뜻이에요. 정철이 임금에 대한 간절한 충심을 한 여인이 지아비를 사모하는 마음에 비유하여 표현하였어요.

# 21강 조선 전기(문화 2)

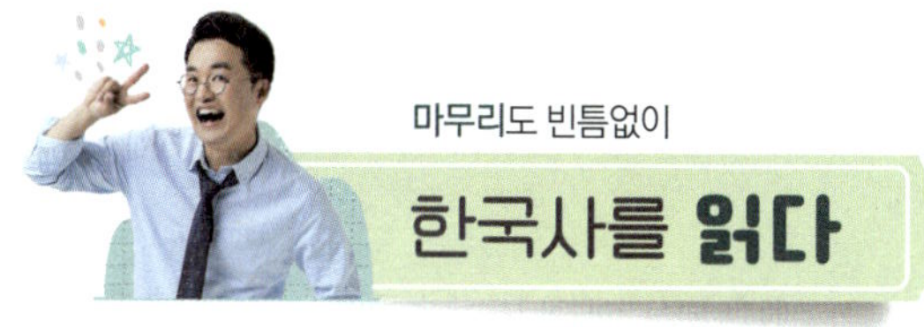


## 1 민족 문화의 발달

### (1) 과학 기술의 발달

| | |
|---|---|
| 특징 | 부국강병과 민생 안정을 위해 과학 기술 중시 |
| 인쇄술·제지술 | • 활자 인쇄술 발달 : 주자소 설치(태종), 금속 활자 개량 → 계미자(태종), 갑인자(세종) 주조<br>• 제지술 발달 : 조지서 설치 → 종이를 전문적으로 생산 |
| 천문학·과학 기구 | • 천상열차분야지도(태조)<br>- 고구려의 천문도를 바탕으로 돌에 새긴 별자리 지도<br>- 실제 밝기에 따라 별의 크기를 다르게 표현<br>• 세종 때 측우기(전국 각지에서 강우량 측정), 앙부일구(해시계), 자격루(물시계), 혼천의·간의(천체 현상 관측) 등 제작 |
| 역법 | "칠정산"(세종)<br>- 이순지, 김담 등이 수시력(원)과 회회력(아라비아) 등을 참고하여 편찬<br>- 우리 역사상 최초로 한양을 기준으로 천체 운동을 정확하게 계산한 역법서 |
| 의학 | • "의방유취"(세종) : 국내의 역대 의서 집대성, 의학 백과사전<br>• "향약집성방"(세종) : 우리 고유의 약재와 치료 방법 정리 |
| 농서 | • "농사직설"(세종)<br>- 정초, 변효문 등이 우리 풍토에 맞는 농법을 정리하여 만든 농서<br>- 농민의 실제 경험 반영, 우리나라 실정에 맞는 씨앗의 저장법, 토지의 개량법, 모내기법 등 소개<br>• "금양잡록"(성종) : 강희맹이 금양(지금의 시흥)에서 그곳 농부들과의 대화와 자신의 농사 체험을 토대로 저술한 농서 |
| 병서·무기 | • "총통등록" : 화포의 주조법과 화약 사용법을 상세히 기록<br>• "동국병감" : 고조선에서 고려 말까지 일어난 전쟁사 정리<br>• "진법" : 문종 때 초간본 간행 → 영조 때 "병장도설"로 이름을 바꾸어 간행<br>• 화포·신기전·화차 제작, 태종 때 거북선 제조 |

### (2) 훈민정음 창제

| | |
|---|---|
| 창제 | 백성이 쉽게 배울 수 있는 문자의 필요성 대두 → 세종이 훈민정음 창제·반포 |
| 활용 | • 각종 서적을 훈민정음으로 편찬 : "용비어천가"(조선의 건국 시조 찬양, 왕조의 창업 합리화), "삼강행실도" 등<br>• "동국정운"(세종) : 한자음을 바로잡아 통일된 표준음을 정하기 위해 편찬, 한자음을 훈민정음으로 기록<br>• 하급 관리 선발에 활용, 부녀자와 농민 사이에 훈민정음이 점차 확산 |
| 의의 | 백성의 문자 생활이 가능해짐, "훈민정음 해례본"이 유네스코 세계 기록 유산으로 등재 |

## 2 건축과 예술의 발달

### (1) 건축

| | |
|---|---|
| 15세기 | • 궁궐, 관아, 성문 건축 중심(경복궁, 창덕궁, 숭례문 등)<br>• 종묘·사직단 : 좌묘우사의 원칙에 따라 건립<br>- 종묘 : 역대 국왕과 왕비의 신주를 모신 곳, 유네스코 세계 유산으로 등재<br>- 사직단 : 토지와 곡식의 신에게 제사를 지내던 곳<br>• 합천 해인사 장경판전 : 과학적 설계로 팔만대장경 판목을 훼손 없이 장기간 보관, 유네스코 세계 유산으로 등재<br>• 서울 원각사지 10층 석탑 : 원의 영향을 받은 고려 시대 개성 경천사지 10층 석탑 모방, 조선 시대의 석탑으로는 드물게 뛰어난 조각이 새겨져 있음<br>• 선농단 : 농사짓는 법을 가르쳤다고 전해지는 신농씨와 후직씨에게 풍년을 기원하며 제사를 지내던 곳 |
| 16세기 | • 서원 건축 활발 : 교육 공간인 강당 앞쪽 좌우에 기숙사인 동재와 서재 배치, 강당 뒤편에 선현의 위패를 모신 사당 배치 → 교육과 제사 기능 수행<br>• 대표적 서원 : 경주의 옥산 서원, 안동의 도산 서원 등 9개 서원이 유네스코 세계 유산으로 등재 |

### (2) 공예

| | |
|---|---|
| 15세기 | 분청사기 유행 : 회색 계통의 태토 위에 흰 흙을 발라 여러 가지로 장식, 소박한 무늬 |
| 16세기 | 백자 유행 : 순백의 고상함이 선비의 취향과 잘 어울림 |

### (3) 그림

| | |
|---|---|
| 15세기 | • 고사관수도(강희안) : 물을 바라보는 선비의 모습을 과감한 필치로 그려 냄<br>• 몽유도원도(안견) : 안평 대군의 꿈 이야기를 듣고 현실 세계와 이상 세계를 조화롭게 묘사함 |
| 16세기 | • 사군자(매·난·국·죽) 유행<br>• 초충도(신사임당의 작품으로 전해짐), 송하보월도(이상좌) 등 |

### (4) 문학

| | |
|---|---|
| 15세기 | • "동문선"(서거정) : 성종 때 문학 작품을 선별하여 편찬<br>• "금오신화"(김시습) : 최초의 한문 소설 |
| 16세기 | 가사 문학 발전 : 정철의 '관동별곡', '사미인곡' 등 |

**(5) 글씨** : 안평 대군이 송설체로 유명, 한호는 석봉체 완성

# 21강 조선 전기(문화 2)

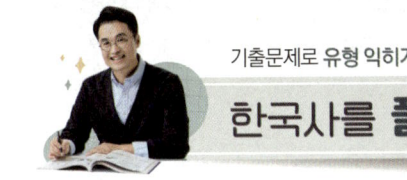

**1** 밑줄 그은 '왕'의 재위 시기에 있었던 사실로 옳은 것은? [2점]

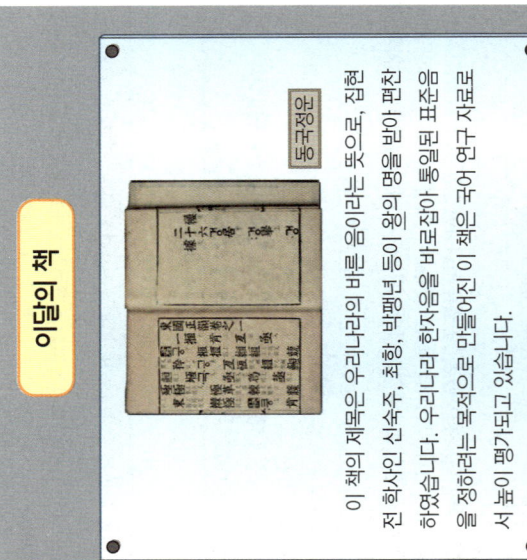

심화 64회 17번

이달의 책

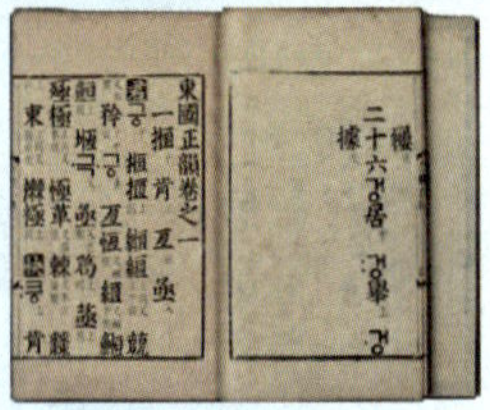

동국정운

이 책의 제목은 우리나라의 바른 음이라는 뜻으로, 집현전 학사인 신숙주, 최항, 박팽년 등이 왕의 명을 받아 편찬하였습니다. 우리나라 한자음을 바로잡아 통일된 표준음을 정하려는 목적으로 만들어진 이 책은 국어 연구 자료로서 높이 평가되고 있습니다.

① 금속 활자인 갑인자가 제작되었다.
② 수도 방어를 위해 금위영이 설치되었다.
③ 훈련 교범인 무예도보통지가 편찬되었다.
④ 국가의 기본 법전인 경국대전이 완성되었다.
⑤ 신진 인사를 등용하기 위해 현량과가 시행되었다.

**2** 밑줄 그은 '왕'의 업적으로 옳은 것은? [2점]

심화 66회 19번

이전에 주조한 활자가 크고 고르지 않았다. 이에 왕께서 경자년에 다시 주조하셨다. 그리하여 그 모양이 작고 바르게 되었으니, 이것으로 인쇄하지 않은 책이 없었다. 이를 경자자라고 하였다. 갑인년에 다시 "위선음즐(爲善陰騭)"의 글자 모양을 본떠 갑인자를 주조하니, 경자자에 비하여 조금 크고 활자 모양이 매우 좋았다.

① 조선의 기본 법전인 경국대전을 반포하였다.
② 역대 문물을 정리한 동국문헌비고를 간행하였다.
③ 삼남 지방의 농법을 소개한 농사직설을 편찬하였다.
④ 전세를 1결당 4~6두로 고정하는 영정법을 제정하였다.
⑤ 삼정의 문란을 시정하기 위해 삼정이정청을 설치하였다.

**1** 조선 세종 재위 시기의 사실 정답 ①

정답 찾기: 집현전 학사인 신숙주, 최항, 박팽년 등이 왕명으로 "동국정운"을 편찬하였다는 내용을 통해 밑줄 그은 '왕'이 조선 세종임을 알 수 있어요. "동국정운"은 표준 한자음을 정하기 위해 펴낸 책으로, 이것이 가능했던 이유는 세종 때 훈민정음이 창제되었기 때문이에요. ① 세종 때 주자소에서 이전 금속 활자를 개량한 갑인자가 제작되었어요.

오답 피하기:
② 조선 숙종 때 수도 방어를 위한 금위영이 설치되어 5군영 체제가 완성되었어요.
③ 조선 정조 때 훈련 교범인 "무예도보통지"가 편찬되었어요.
④ 조선 성종 때 "경국대전"이 완성·반포되었어요.
⑤ 조선 중종 때 조광조의 건의에 따라 신진 인사를 등용하기 위해 현량과가 시행되었어요.

**2** 조선 세종의 업적 정답 ③

정답 찾기: 갑인자를 주조하였다는 내용을 통해 밑줄 그은 '왕'이 조선 세종임을 알 수 있어요. 세종 때 주자소에서 이전의 금속 활자를 개량하여 경자자, 갑인자를 주조하였어요. ③ 세종 때 정초, 변효문 등이 삼남 지방의 농법을 소개한 "농사직설"을 편찬하였어요.

오답 피하기:
① 조선 성종은 세조 때 편찬이 시작된 "경국대전"을 완성하여 반포하였어요.
② 조선 영조는 역대 문물을 분류, 정리하여 백과사전식으로 구성한 "동국문헌비고"를 간행하였어요.
④ 조선 인조는 풍흉에 관계없이 전세를 토지 1결당 4~6두로 고정하는 영정법을 제정하였어요.
⑤ 조선 철종은 진주 농민 봉기의 수습을 위해 파견한 안핵사 박규수의 건의에 따라 삼정이정청을 설치하였어요.

## 3 (가) 왕의 업적으로 옳은 것은? [2점]

심화 73회 21번

월인천강지곡이라는 제목에는 하나의 달이 천 개의 강물에 비친다는 뜻이 담겨 있는데요, 이 책의 편찬 경위를 말씀해 주세요.

① 수도 방어를 위해 금위영을 설치하였다.
② 음악 이론 등을 집대성한 악학궤범을 완성하였다.
③ 한양을 기준으로 한 역법서인 칠정산을 간행하였다.
④ 역대 문물제도를 정리한 동국문헌비고를 편찬하였다.
⑤ 현직 관리에게만 수조지를 지급하는 직전법을 실시하였다.

### 3 조선 세종의 업적 정답 ③

정답 찾기 훈민정음 창제 이후 아들 수양 대군에게 "석보상절"을 편찬하도록 명하였으며, 그 내용을 한글 노랫말로 옮겨 "월인천강지곡"을 편찬하였다는 내용을 통해 (가) 왕이 조선 세종임을 알 수 있어요. 세종은 우리 고유의 문자인 훈민정음을 창제하였어요. "월인천강지곡"은 "석보상절"을 한글 노랫말로 옮긴 것으로, "용비어천가"와 함께 한글로 표기된 가장 오래된 가사(歌詞)입니다. 훈민정음 창제 당시의 언어를 연구하는 데 가장 중요한 자료로 평가받고 있습니다. ③ 조선 세종 때 한양을 기준으로 한 최초의 역법서인 "칠정산"이 간행되었어요.

오답 피하기
① 조선 숙종은 수도 방어를 위해 금위영을 설치하여 5군영 체제를 완성하였어요.
② 조선 성종 때 성현이 음악 이론 등을 집대성한 "악학궤범"을 완성하였어요.
④ 조선 영조는 문물제도를 분류, 정리하여 백과사전식으로 구성한 "동국문헌비고"를 편찬하였어요.
⑤ 조선 세조는 새로운 관리에게 지급할 과전이 부족해지자 현직 관리에게만 수조지를 지급하는 직전법을 실시하였어요.

## 4 (가) 문화유산에 대한 설명으로 옳은 것은? [1점]

심화 68회 27번

이 건물은 (가) 의 정전입니다. (가) 은/는 태조 이성계가 개경에 처음 세웠는데, 도읍을 한양으로 옮긴 후 지금의 위치에 건립하였습니다. 사직과 더불어 왕조 국가를 표현하는 상징이었습니다.

① 경내에 조선 총독부 청사가 세워졌다.
② 역대 국왕과 왕비의 신주가 모셔져 있다.
③ 대성전과 명륜당을 중심으로 구성되어 있다.
④ 일제 강점기에 창경원으로 격하되기도 하였다.
⑤ 토지와 곡식의 신에게 제사를 지내는 공간이다.

### 4 종묘 정답 ②

정답 찾기 정전이 있으며, 사직과 더불어 왕조 국가를 표현하는 상징이라는 내용을 통해 (가) 문화유산이 종묘임을 알 수 있어요. 조선을 건국한 태조 이성계는 왕실의 정통성을 확립하고 효를 실천하기 위해 한양으로 천도하면서 가장 먼저 종묘를 세웠어요. ② 종묘는 조선 시대 역대 국왕과 왕비의 신주를 모시고 제사를 지내던 공간이에요. 정전과 영녕전에 연산군과 광해군을 제외한 왕과 왕비의 신주가 모셔져 있어요. 종묘의 정전은 가로로 길게 이어져 있는 구조로, 총 19칸으로 구성되어 있는데 우리나라에서 가장 긴 목조 건물입니다. 종묘는 역사적 가치와 건축적 예술성을 인정받아 유네스코 세계 유산으로 등재되었어요.

오답 피하기
① 국권 피탈 이후 일제에 의해 경복궁의 경내에 조선 총독부 청사가 세워졌어요.
③ 조선 시대의 교육 기관인 성균관과 향교는 공자를 비롯한 성현의 위패를 모신 대성전과 학생들을 가르치는 강당인 명륜당 그리고 부속 건물로 구성되었어요.
④ 일제는 창경궁을 훼손하고 내부에 동물원과 식물원을 설치하였어요. 또한, 궁궐의 이름을 창경원으로 격하시켰어요.
⑤ 사직단은 토지의 신인 사(社)와 곡식의 신인 직(稷)에게 제사를 지내는 공간이에요.

**5** (가)에 해당하는 문화유산으로 옳은 것은? [2점]

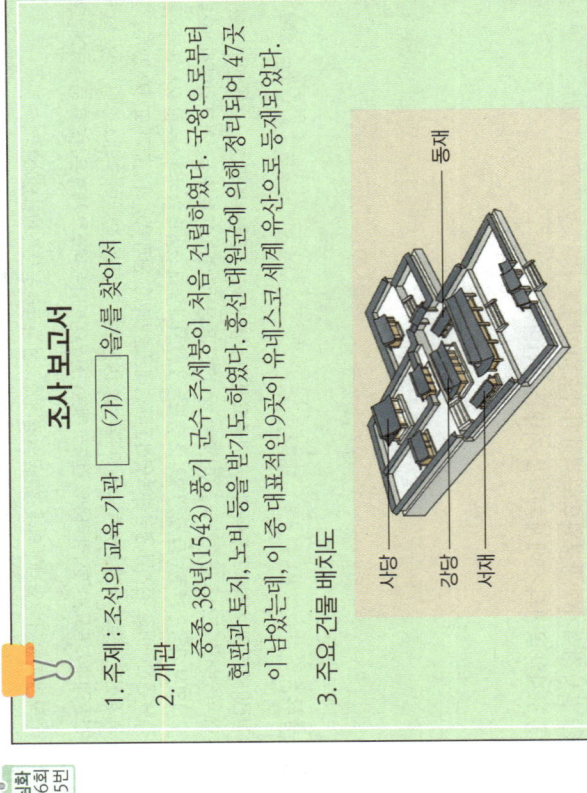

심화 57회 20번

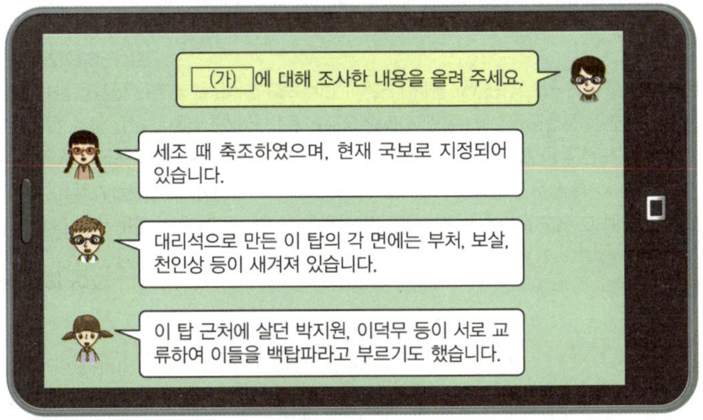

(가)에 대해 조사한 내용을 올려 주세요.
세조 때 축조하였으며, 현재 국보로 지정되어 있습니다.
대리석으로 만든 이 탑의 각 면에는 부처, 보살, 천인상 등이 새겨져 있습니다.
이 탑 근처에 살던 박지원, 이덕무 등이 서로 교류하여 이들을 백탑파라고 부르기도 했습니다.


①

②

③

④

⑤

**6** (가) 교육 기관에 대한 설명으로 옳은 것은? [1점]

심화 56회 25번

**조사 보고서**

1. 주제 : 조선의 교육 기관 (가) 을/를 찾아서
2. 개관
   중종 38년(1543) 풍기 군수 주세붕이 처음 건립하였다. 국왕으로부터 현판과 토지, 노비 등을 받기도 하였다. 흥선 대원군에 의해 정리되어 47곳이 남았는데, 이 중 대표적인 9곳이 유네스코 세계 유산으로 등재되었다.
3. 주요 건물 배치도

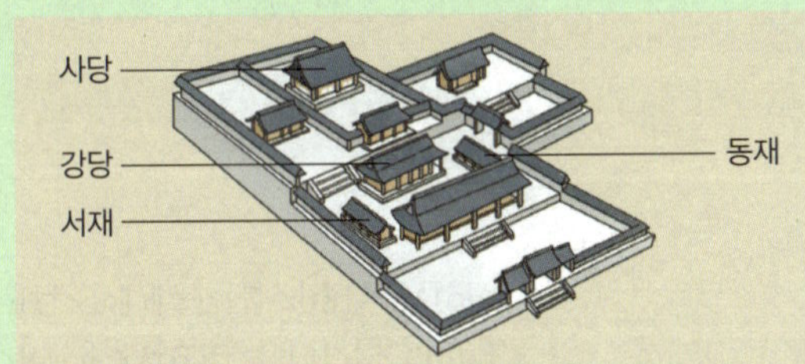


① 전국의 모든 군현에 하나씩 설치되었다.
② 선현의 제사와 유학 교육을 담당하였다.
③ 전문 강좌인 7재가 설치되어 운영되었다.
④ 중앙에서 교수나 훈도를 교관으로 파견하였다.
⑤ 소과에 합격한 생원, 진사에게 입학 자격이 부여되었다.

**5 서울 원각사지 10층 석탑** 정답 ①

정답 찾기 세조 때 축조하였으며 대리석으로 만든 탑이라는 내용을 통해 (가)에 해당하는 문화유산이 ① 서울 원각사지 10층 석탑임을 알 수 있어요. 서울 원각사지 10층 석탑은 대리석 석재를 비롯하여 전체적인 형태와 구조, 탑 표면에 장식된 화려한 조각 등이 원 간섭기에 만들어진 개성 경천사지 10층 석탑과 흡사합니다.

오답 피하기 ② 백제의 익산 미륵사지 석탑, ③ 통일 신라의 경주 불국사 다보탑, ④ 백제의 부여 정림사지 5층 석탑, ⑤ 발해의 영광탑이에요.

**6 서원** 정답 ②

정답 찾기 풍기 군수 주세붕이 처음 건립하였으며, 국왕으로부터 현판과 토지, 노비 등을 받기도 하였다는 내용을 통해 (가) 교육 기관이 서원임을 알 수 있어요. ② 서원의 사당에서 선현의 제사가, 강당에서 유학 교육이 이루어졌어요.

오답 피하기
① 조선 시대에 전국의 부·목·군·현에 향교가 하나씩 설치되었어요.
③ 고려 예종 때 관학 진흥을 위해 국자감에 전문 강좌인 7재가 설치되었어요.
④ 조선 정부는 향교에 교수나 훈도를 교관으로 파견하였어요.
⑤ 조선 시대에 소과에 합격한 생원, 진사에게 최고 교육 기관인 성균관에 입학할 자격이 부여되었어요.

**7** (가)에 해당하는 문화유산으로 옳은 것은? [2점]

심화 53회 21번

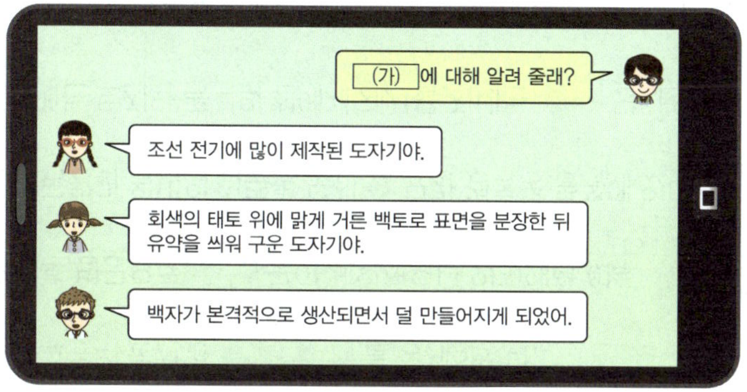

(가) 에 대해 알려 줄래?
조선 전기에 많이 제작된 도자기야.
회색의 태토 위에 맑게 거른 백토로 표면을 분장한 뒤 유약을 씌워 구운 도자기야.
백자가 본격적으로 생산되면서 덜 만들어지게 되었어.


① 
② 
③ 
④ 
⑤ 

**7 분청사기** 정답 ④

정답 찾기 회색의 태토 위에 백토로 분을 발라 유약을 씌워 구운 도자기는 분청사기입니다. 고려 말부터 만들어진 분청사기는 조선 전기에 많이 제작되었으며, 백자가 본격적으로 생산되면서 쇠퇴하였어요. ④ 조선 전기에 만들어진 분청사기 음각어문 편병이에요.

오답 피하기
① 고려 시대에 만들어진 상감 청자인 청자 상감 운학문 매병이에요.
② 조선 시대에 만들어진 청화 백자인 백자 청화 매죽문 항아리입니다.
③ 고려 시대에 만들어진 순청자인 청자 참외 모양 병입니다.
⑤ 발해의 삼채 도기인 삼채 향로입니다.

**8** (가)에 들어갈 작품으로 옳은 것은? [1점]

심화 72회 23번

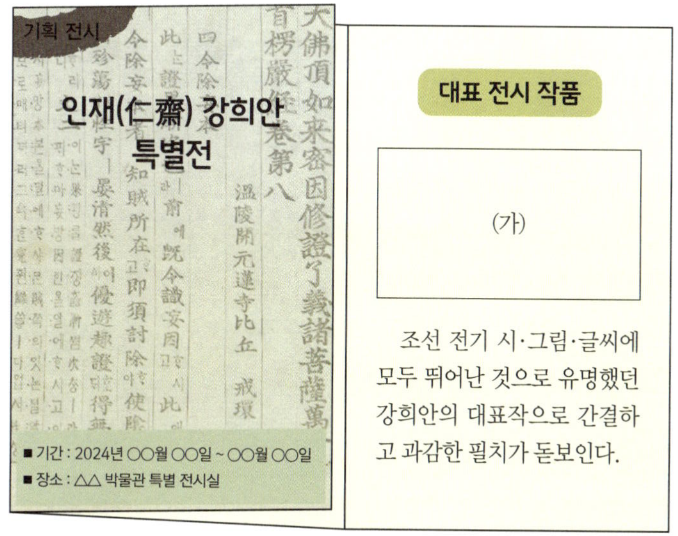

기획 전시
인재(仁齋) 강희안 특별전
■ 기간 : 2024년 ○○월 ○○일 ~ ○○월 ○○일
■ 장소 : △△ 박물관 특별 전시실
대표 전시 작품
(가)
조선 전기 시·그림·글씨에 모두 뛰어난 것으로 유명했던 강희안의 대표작으로 간결하고 과감한 필치가 돋보인다.


① 
② 
③ 
④ 
⑤ 

**8 고사관수도** 정답 ④

정답 찾기 조선 전기의 문신 강희안은 화가이자 서예가로도 이름을 널리 떨쳤어요. ④ 조선 전기에 강희안이 그린 고사관수도입니다. 흐르는 물을 바라보며 생각에 빠진 선비의 모습을 표현하였습니다.

오답 피하기
① 조선 후기의 화가 전기가 그린 매화초옥도입니다.
② 조선 후기에 신윤복이 그린 월하정인입니다.
③ 조선 후기에 김홍도가 그린 송석원시사야연도입니다.
⑤ 조선 후기에 정선이 그린 금강전도로 대표적인 진경 산수화입니다.

# 21강 조선 전기(문화 2)

**Ready go**
이번 강 별 채우기 제한 시간은 2분 40초
한 문장을 끝까지 또박또박 읽어야 패스!

기출 선택지로 별 채우기
한국사를 **채우다**

**01** ★종 때 주자소가 설치되어 계미자가 주조되었다.

**02** ★종 때 개량된 금속 활자인 갑인자가 주조되었다.

**03** 태조 때 고구려의 천문도를 참고하여 ★★★★분야지도가 제작되었다.

**04** 세종 때 강우량을 측정하기 위한 ★★기가 제작되었다.

**05** 세종 때 과학 기술이 발달하여 해시계인 ★★일구, 물시계인 ★★루 등이 발명되었다.

**06** 세종 때 이순지 등이 한양을 기준으로 한 역법서인 "★★산"을 만들었다.

**07** 세종 때 우리 고유의 약재와 치료 방법을 정리한 "★★집성방"이 간행되었다.

**08** "★★유취"는 세종 때 기존의 의학서를 집대성하여 편찬한 의학 백과사전이다.

**09** 세종 때 우리 풍토에 맞는 농사법을 기록한 "농사★★"이 간행되었다.

**10** 강희맹은 자신의 경험을 바탕으로 한 농서인 "★★잡록"을 저술하였다.

**11** 세종은 우리 고유의 문자인 ★★★★을 창제하였다.

**12** 조선 건국 이후 법궁으로 ★★궁이 세워졌으나 임진왜란 이후 ★★궁이 법궁의 역할을 하였다.

**13** 조선의 역대 국왕과 왕비의 신주를 모신 ★묘가 경복궁 동쪽에 있다.

**14** 경복궁 서쪽에는 토지와 곡식의 신에게 제사를 지내는 ★★단이 있다.

**15** 조선 전기의 불교 건축물로는 팔만대장경판이 보관된 합천 ★★사 장경판전이 있다.

16 조선 전기에 개성 경천사지 10층 석탑의 영향을 받은 서울 ★★사지 10층 석탑이 세워졌다.

17 국왕으로부터 편액과 함께 서적 등을 하사받은 서원을 ★액 서원이라고 한다.

18 주세붕이 세운 최초의 서원인 ★★동 서원은 후에 이황의 건의로 사액되면서 ★★ 서원으로 명칭이 바뀌었다.

19 소수 서원은 우리나라에 성리학을 들여온 안★의 영정을 모시고 있다.

20 ★★사기는 회색이나 회흑색의 태토 위에 맑게 거른 백토로 표면을 꾸민 뒤 유약을 씌워 구운 도자기이다.

21 16세기 이후 유행한 ★자는 깨끗하고 검소한 아름다움으로 사대부에게 인기를 끌었다.

22 강희안의 ★★관수도는 물을 바라보고 있는 선비의 모습을 그린 조선 전기의 대표적인 그림이다.

23 ★★도원도는 안견이 안평 대군의 꿈 이야기를 듣고 그린 그림으로, 현실 세계와 이상 세계가 대비되면서 조화를 이루고 있다.

24 조선 중기에 사대부는 지조와 절개를 상징하는 매화, 난초, 국화, 대나무의 사★★를 즐겨 그렸다.

25 성종 때 서거정이 역대 문학 작품을 선별하여 "★★선"을 편찬하였다.

26 김시습은 우리나라 최초의 한문 소설인 "★★신화"를 썼다.

27 조선 중기에 ★★은 '관동별곡', '사미인곡' 등의 작품을 지었다.

정답

**01** 태 **02** 세 **03** 천상열차 **04** 측우 **05** 앙부, 자격 **06** 칠정 **07** 향약 **08** 의방 **09** 직설 **10** 금양 **11** 훈민정음 **12** 경복, 창덕 **13** 종 **14** 사직 **15** 해인 **16** 원각 **17** 사 **18** 백운, 소수 **19** 향 **20** 분청 **21** 백 **22** 고사 **23** 몽유 **24** 군자 **25** 동문 **26** 금오 **27** 정철

# 1 세시 풍속

★ 설날

음력 1월 1일로, 세배, 설빔, 차례, 연날리기, 복조리 걸기, 널뛰기, 윷놀이, 제기차기 등의 풍속이 있었고, 새해 인사와 덕담을 하였습니다. 떡국, 만두, 식혜, 수정과 등을 먹었어요.

★ (정월) 대보름

음력 1월(정월) 15일로, 부럼 깨기, 달맞이, 고싸움, 줄다리기, 놋다리밟기, 지신밟기, 쥐불놀이, 달집태우기 등을 주로 하였고, 오곡밥, 귀밝이술, 묵은 나물, 부럼 등을 먹었어요.

★ 한식

동지에서 105일째 되는 날로, 성묘, 그네뛰기, 갈고리 던지기, 개사초(산소 손질) 등을 하였어요. 또 이날에는 불을 사용하지 않고 찬 음식을 먹는 풍습이 있었습니다.

★ 삼짇날

음력 3월 3일로, '강남 갔던 제비가 오는 날'로 알려져 있으며 답청절이라고도 해요. 활쏘기 대회, 화전놀이, 머리감기, 각시놀음 등을 하였고, 진달래화채, 진달래화전, 쑥떡 등을 먹었어요.

★ 초파일

음력 4월 8일로, 석가 탄신일이에요. 연등 행사, 탑돌이, 욕불 행사(부처를 목욕시키는 의례), 만석중놀이 등을 주로 하였고, 미나리와 느티떡, 검은콩 등의 음식을 먹었습니다.

★ 단오

음력 5월 5일로, 수릿날 또는 천중절이라고도 해요. 창포물에 머리 감기, 그네뛰기, 씨름, 봉산 탈춤, 석전 등의 풍속이 있었고, 쑥떡, 수리취떡, 약초 떡, 앵두화채 등을 먹었습니다.

★ 유두(流頭)

음력 6월 15일로, 동쪽으로 흐르는 물에 머리를 감고 목욕을 하였으며, 탁족 놀이를 즐겼어요. 또한, 유두면, 수단, 상화병 등 음식을 만들어 햇과일과 먹었습니다.

★ 칠석

견우와 직녀로 보이는 인물(덕흥리 고분)

음력 7월 7일로, 견우와 직녀가 오작교를 통해 만나는 날이라고 전해져요. 칠석 놀이를 하고 시를 지었으며, 햇볕에 옷과 서적을 말리는 풍속이 있었어요. 밀국수, 호박전, 밀전병 등을 먹었어요.

★ 백중

음력 7월 15일로, 여름철 휴한기에 휴식을 취하는 날이었고 머슴날이라고도 하였어요. 여러 백중놀이가 행해졌는데, 씨름, 들돌들기, 호미씻이(호미걸이, 풋굿, 술멕이, 질먹기) 등의 풍속이 있었어요.

★ 추석

음력 8월 15일로, 중추절 또는 한가위라고도 해요. 풍성한 수확에 감사하는 날로, 성묘, 차례, 강강술래, 줄다리기, 씨름, 소싸움, 거북놀이, 가마싸움 등을 하였고, 송편, 토란국 등을 먹었습니다.

★ 중양절

음력 9월 9일로, 중구(重九)라고도 합니다. 홀수 곧 양수(陽數)가 겹친 날이라는 의미가 있어요. 이날 제비가 강남으로 간다는 이야기가 있답니다. 성묘와 차례를 지냈으며 국화전, 국화주, 밤떡을 먹었어요.

★ 성주제

음력 10월의 오일(午日)이나 길일에 집안의 길흉화복을 관장하는 신령인 성주에게 집안의 평안과 풍요를 기원하며 지내는 제사입니다. 햇곡식으로 만든 술과 시루떡, 과일 등을 장만하여 제사를 지냈어요.

★ 입동

양력 11월 7~8일경, 음력 10월경에 해당하는 입동은 '이날부터 겨울이 시작된다.'는 의미를 담고 있습니다. 이즈음부터 겨울을 보낼 준비를 시작하여 김장을 담그거나 치계미를 마련하여 마을 어른들을 대접하였어요.

★ 동지

양력 12월 22일경으로, 일 년 중 밤이 가장 긴 날이에요. '작은설'이라고도 해요. 팥죽과 동치미를 주로 먹었는데, 팥의 붉은색이 잡귀를 물리친다고 여겨 집 안 곳곳에 팥죽을 놓아두기도 하였어요.

★ 섣달그믐

음력으로 한 해의 마지막 날이며, 세밑, 제야, 제일 등으로도 불립니다. 윷놀이, 묵은세배, 밤에 잠을 자지 않는 밤새우기(해지킴) 등의 풍속이 있었고, 주로 만둣국과 동치미를 먹었어요.

기출문제로 유형 익히기
## 한국사를 풀다

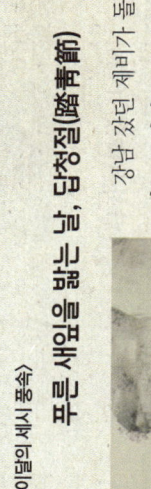

**1** 다음 세시 풍속에 대한 탐구 활동으로 가장 적절한 것은? [2점]

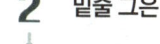

심화 58회 48번

〈이달의 세시 풍속〉

**푸른 새잎을 밟는 날, 답청절(踏靑節)**

강남 갔던 제비가 돌아온다는 중삼일(重三日)은 본격적인 봄의 시작을 알리는 날이다. 이날에는 들에 나가 푸른 새잎을 밟는 풍습이 있어 답청절이라고 부른다. 답청의 풍습은 신윤복의 '연소답청(年少踏靑)'에 잘 나타나 있다.

◈ 날짜 : 음력 3월 3일
◈ 음식 : 화전, 쑥떡
◈ 풍속 : 노랑나비 날리기, 활쏘기

① 칠석날의 전설을 검색한다.
② 한식날의 의미를 파악한다.
③ 삼짇날의 유래를 알아본다.
④ 동짓날에 먹는 음식을 조사한다.
⑤ 단옷날에 즐기는 민속놀이를 찾아본다.

**1 삼짇날** 정답 ③

정답 찾기 강남 갔던 제비가 돌아오고 봄의 시작을 알리는 날이며, 음력 3월 3일이라는 내용 등을 통해 자료의 세시 풍속이 삼짇날임을 알 수 있어요. ③ 삼짇날은 음력 3월 3일이며, 이날에는 들판에 나가 꽃놀이를 하고 새잎을 밟으며 봄을 즐겼어요. 또한, 새로운 농사를 시작하며 한 해의 건강과 평화를 빌었어요.

오답 피하기
① 칠석날은 음력 7월 7일이며, 견우와 직녀가 오작교에서 만나는 날이라는 전설이 있어요.
② 한식은 동지에서 105일째 되는 날이며, 이날에는 불을 멀리하고 찬 음식을 먹었어요. 또한, 손이 없는 날이라고 하여 이장을 하거나 산소에 잔디를 새로 입히는 개사초를 하기도 하였어요.
④ 동지는 양력 12월 22일경으로, 일 년 중 밤이 가장 긴 날이에요. 이날에는 팥죽과 동치미를 먹었어요.
⑤ 단오는 음력 5월 5일이며, 이날에는 창포물에 머리를 감고 그네뛰기, 씨름, 석전 등의 놀이를 하였어요.

**2** 밑줄 그은 '이날'에 해당하는 세시 풍속으로 옳은 것은? [1점]

심화 60회 50번

이곳은 남원 광한루원의 오작교입니다. 조선 시대 남원 부사 장의국이 헤어져 있던 견우와 직녀가 오작교에서 만난다는 전설을 형상화하여 만들었습니다. 음력 7월 7일인 이날에는 여인들이 별을 보며 바느질 솜씨가 좋아지기를 비는 풍속이 있었습니다.


① 단오 ② 칠석 ③ 백중
④ 동지 ⑤ 한식

**2 칠석** 정답 ②

정답 찾기 '견우와 직녀가 오작교에서 만난다는 전설', '음력 7월 7일' 등을 통해 밑줄 그은 '이날'이 ② 칠석임을 알 수 있어요. 칠석은 옥황상제의 노여움을 사 떨어져 살게 된 견우와 직녀 부부가 까마귀와 까치들이 놓은 오작교에서 한 해에 한 번씩 만난다는 전설이 있는 날입니다.

오답 피하기
① 단오는 음력 5월 5일이며, 이날에는 창포물에 머리를 감고 그네뛰기, 씨름, 석전 등의 놀이를 하였어요.
③ 백중은 음력 7월 15일로, 김매기가 끝난 후 여름철 휴한기에 휴식을 취하는 날이었으며, 머슴날이라고도 하였어요.
④ 동지는 양력 12월 22일경으로, 일 년 중 밤이 가장 긴 날이에요. 이날에는 팥죽과 동치미를 먹었어요.
⑤ 한식은 동지에서 105일째 되는 날로, 이날에는 성묘를 하였으며 불을 사용하지 않고 찬 음식을 먹는 풍속이 있었어요.

# 2 근·현대 인물

★ 환재 박규수(1807~1877)

- 박지원의 손자
- 진주 농민 봉기 수습을 위해 안핵사로 파견됨
- 평안 감사로 제너럴 셔먼호의 격침을 지휘함
- 서양 세력과의 통상 주장 → 김옥균, 박영효 등 개화 사상가들에게 큰 영향을 끼침

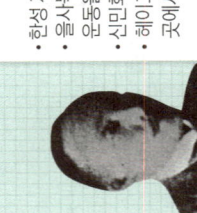

★ 수운 최제우(1824~1864)

- 경주의 몰락한 양반 출신으로 서학에 대항하여 동학을 창시함
- 경전인 "동경대전"과 포교 가사집인 "용담유사"를 지음
- 혹세무민의 죄목으로 대구에 있는 경상 감영에서 처형됨

★ 면암 최익현(1833~1906)

- 흥선 대원군을 비판하는 상소를 올림 → 이를 계기로 고종의 친정 시작
- 위정척사파 : 왜양일체론을 내세워 강화도 조약 체결에 반대함('지부복궐척화의소')
- 을사늑약 체결에 반발하여 태인에서 의병을 일으킴
- 쓰시마섬(대마도)에서 순국함

★ 죽천 박정양(1841~1905)

- 조사 시찰단으로 일본 파견
- 초대 주미 공사로 미국 파견
- 호조 판서, 한성부 판윤 겸임
- 군국기무처 부총재
- 독립 협회의 제안을 받아들여 중추원 관제 개편 추진

★ 도원 김홍집(1842~1896)

- 제2차 수신사로 일본 파견 → 청의 외교관 황준헌이 쓴 "조선책략"을 조선에 들여옴
- 군국기무처 총재관으로 갑오개혁 주도
- 1896년 아관 파천 직후 성난 군중에 의해 살해됨

★ 월남 이상재(1850~1927)

- 독립 협회에 참여하고 만민 공동회를 주도함
- 조선 교육 협회를 창립함
- 민립 대학 설립 운동을 주도함
- 신간회 초대 회장

★ 고균 김옥균(1851~1894)

- 급진 개화파
- 갑신정변을 주도함 → 실패 후 일본에 망명함
- 중국 상하이에서 홍종우에게 암살됨

★ 왕산 허위(1855~1908)

- 을미의병에 참여
- 평리원 재판장 역임
- 정미의병 시기 13도 창의군 군사장으로 서울 진공 작전 전개
- 영평에서 체포되어 서대문 형무소에서 순국

★ 전봉준(1855~1895)

- 고부 지방의 동학 접주로 동학 농민 운동을 주도함
- '녹두 장군'이라고도 불림
- 공주 우금치 전투에서 관군과 일본군에 맞서 싸웠으나 패배함
- 순창에서 체포되어 처형됨

★ 구당 유길준(1856~1914)

- 일본과 미국에서 유학함
- 조사 시찰단과 보빙사에 참여함
- "서유견문"을 저술함
- 조선 중립화론을 주장함
- 을미개혁 때 단발령을 주도함

★ 석주 이상룡(1858~1932)

- 서간도로 망명하여 경학사 조직, 신흥 강습소 설립
- 대한민국 임시 정부 초대 국무령
- 일제가 독립운동의 맥을 끊기 위해 안동 임청각(이상룡의 생가)을 훼손함

★ 백암, 태백광노 박은식(1859~1925)

- 황성신문·대한매일신보의 주필, 신민회 회원
- "한국통사"(국혼 강조)와 "한국독립운동지혈사"(독립 투쟁사 서술)를 저술함
- 유교 구신론을 주장함
- 대한민국 임시 정부 제2대 대통령

★ 일성 이준(1859~1907)

- 한성 재판소 검사보로 임명됨
- 을사늑약 폐기를 주장하는 상소 운동을 전개함
- 신민회에 참여함
- 헤이그 특사로 파견되었다가 그곳에서 순국함

★ 윤희순(1860~1935)

- 의병 활동을 지원하고, '안사람 의병가' 등 의병가 8편을 만들어 의병들의 사기를 높임
- 중국으로 망명하여 노학당을 설립함
- 중국 무순(푸순)에서 조선 독립단을 조직함

★ 최재형(최페치카, 1860~1920)

- 연해주에서 의병 활동을 전개함
- 안중근의 하얼빈 의거를 지원함
- 대동공보 사장, 권업회를 조직하고 권업신문을 발간함
- 제2회 전로 한족 대표 회의에서 이동휘와 함께 명예 회장으로 추대됨
- 1920년 시베리아로 출병한 일본군에 잡혀 우수리스크에서 순국함

★ 의암 손병희(1861~1922)

- 교조 신원 운동에 참여
- 동학 농민 운동 당시 북접 지휘
- 동학의 제3대 교주로 취임
- 동학을 천도교로 개칭함
- 보성 학교, 동덕 여학교 등을 인수하여 교육 사업 전개
- 민족 대표 33인 중 천도교 대표로 3·1 운동을 주도함

# 2 근·현대 인물

★ **홍암 나철**(본명 나인영, 1863~1916)

- 일본에서 이토 히로부미와 총리 대신 등에게 항의 서신을 보내며 외교 항쟁을 함
- 을사오적 처단을 위해 자신회를 조직함
- 단군 신앙을 바탕으로 대종교를 창시함

★ **호머 베잘렐 헐버트**(1863~1949)

- 미국인으로, 육영 공원의 교사로 초빙됨
- 세계 지리 교과서 "사민필지"를 한글로 편찬함
- 을사늑약 직후 고종의 친서를 미국 정부에 전달하였으나 도움을 얻는 데 실패함

★ **송재 서재필**(1864~1951)

- 급진 개화파
- 갑신정변에 참여함 → 실패 후 미국에 망명함(미국명 필립 제이슨)
- 귀국하여 독립신문을 창간하고 독립 협회를 설립함(독립문 건립 등)

★ **남강 이승훈**(1864~1930)

- 신민회 회원, 오산 학교와 자기 회사를 설립함, 태극 서관을 운영함
- 105인 사건으로 수감됨
- 3·1 운동 당시 민족 대표 33인 중 기독교 대표
- 물산 장려 운동, 민립 대학 설립 운동에 가담함

★ **우당 이회영**(1867~1932)

- 신민회 회원
- 일가족의 전 재산을 처분하여 독립운동 자금을 마련한 후 함께 서간도로 이주함
- 서간도 삼원보에 경학사를 조직하고, 신흥 강습소를 설립함

★ **홍범도**(1868~1943)

- 산포대를 조직하여 의병 활동을 전개함
- 대한 독립군을 지휘하여 봉오동 전투와 청산리 대첩에서 활약함
- 소련 스탈린의 정책에 의해 중앙아시아로 강제 이주됨

★ **석오 이동녕**(1869~1940)

- 이상설 등과 서전서숙 설립
- 안창호, 양기탁 등과 신민회 조직
- 경학사와 신흥 강습소 설립 주도
- 권업회 조직, 해조신문 발행
- 대한민국 임시 정부 임시 의정원 초대 의장
- 대한민국 임시 정부 국무총리, 국무령, 주석 역임

★ **성재 이시영**(1869~1953)

- 신민회 회원
- 국권 피탈 후 형인 이회영 등 가족과 함께 서간도로 이주함
- 경학사와 신흥 강습소 설립을 주도함
- 대한민국 임시 정부 국무 위원
- 대한민국 초대 부통령

★ **보재 이상설**(1870~1917)

- 을사늑약 반대 상소를 올림
- 북간도에 서전서숙을 설립함
- 헤이그 특사로 파견됨
- 연해주에서 권업회 조직, 대한 광복군 정부 수립 주도

★ **우강 양기탁**(1871~1938)

- 베델과 함께 대한매일신보를 창간함
- 국채 보상 운동을 주도함
- 정의부를 조직함
- 대한민국 임시 정부 국무 위원

★ **남자현**(1872~1933)

- 독립군의 어머니로 불림
- 서로 군정서에서 활동
- 간도에서 여자 권학회를 조직하여 여성 운동을 전개함
- 사이토 조선 총독의 암살을 기도함
- 국제 연맹 조사단에 '조선 독립원'이라는 혈서 전달을 시도함
- 만주국 주재 일본 대사 암살 시도

★ **어네(니)스트 토마스 베델**(한국명 배설, 1872~1909)

- 영국인으로 양기탁과 함께 대한매일신보를 창간함
- 을사늑약의 부당함을 알리는 논설과 고종의 밀서를 게재함
- 장인환·전명운의 의거, 항일 의병 활동 등을 호의적으로 보도함

★ **성재 이동휘**(1873~1935)

- 대한 제국의 무관(강화 진위대 참령) 출신
- 신민회에서 활동함
- 서북 학회를 조직함
- 대한 광복군 정부 수립 주도 → 부통령 역임
- 한인 사회당 창당
- 대한민국 임시 정부 국무총리

★ **노백린**(1875~1926)

- 한국 무관 학교 교관과 육군 무관 학교 교장 역임
- 신민회 참여
- 대한민국 임시 정부 군무총장 → 김종림의 지원을 받아 미국 캘리포니아에 한인 비행 학교 설립(독립군 비행사 양성)

★ **장인환**(1876~1930)

- 대동 보국회에 가입함
- 일제의 한국 침략에 협력한 친일 미국인 스티븐스를 미국 샌프란시스코에서 처단함

★ **백범 김구**(1876~1949)

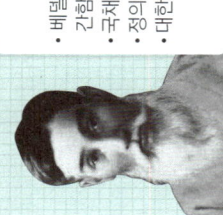

- 한인 애국단을 조직함
- 대한민국 임시 정부 주석
- 신탁 통치 반대 운동을 주도함
- 남북 협상에 참여함
- 서울 경교장에서 안두희에게 피살됨

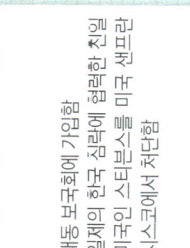

# 2 근·현대 인물

★ 한힌샘, 백천 주시경(1876~1914)

- 별명 '주보따리'
- 독립신문 교보원으로 활동함
- 국문 동식회를 조직함
- 국문 연구소 위원으로 국문법을 정리하고 한글을 체계적으로 연구함
- "국어문법", "말의 소리" 등을 저술함

★ 신돌석(1878~1908)

- 평민 출신으로, 을사늑약 체결 이후 평해 일대에서 의병을 일으킴 → 평민 의병장으로 활약함
- '태백산 호랑이'라고도 불림

★ 도산 안창호(1878~1938)

- 독립 협회에 가입함
- 신민회 조직, 대성 학교 설립
- 서북 학회를 조직함
- 미국 샌프란시스코에서 흥사단을 조직함
- 대한민국 임시 정부에 참여함 → 내무총장 겸 국무총리 대리 역임
- 수양 동우회 사건으로 수감됨

★ 도마 안중근(1879~1910)

- 국내에서 삼흥 학교를 세워 인재 양성에 힘씀
- 연해주에서 의병장으로 활약함
- 동의 단지회를 조직함
- 중국 하얼빈역에서 이토 히로부미를 저격함 → 뤼순 감옥에서 순국함
- '동양 평화론'을 저술함

★ 만해 한용운(본명 한정옥, 1879~1944)

- 승려이자 시인, 독립운동가
- 3·1 운동 당시 민족 대표 33인 중 불교계 대표, 기미 독립 선언서 초안 검토, 공약 3장 집필
- 불교 개혁을 주장한 "조선불교유신론", 시집 "님의 침묵" 등 저술
- "유심"이라는 불교 잡지 발간

★ 심산 김창숙(1879~1962)

- 을사늑약 체결 반대 상소
- 유림 대표들의 서명을 받은 조선 독립 청원서를 파리 강화 회의에 보냄(파리 장서 운동)
- 대한민국 임시 정부 의정원 초대 대의원
- 서로 군정서 조직, 나석주 의거 지원
- 광복 이후 성균관 대학교 초대 총장

★ 예관 신규식(1880~1922)

- 국권 피탈 이후 중국에 건너가 동맹회에 가입, 쑨원의 무창 의거 참여
- 중국 상하이에서 동제사 조직
- 박은식과 대동 보국단 조직
- 상하이에서 '대동단결 선언' 발표
- 신한 청년당 조직
- 대한민국 임시 정부 법무총장과 외무총장 등 역임

★ 단재 신채호(1880~1936)

- 민족주의 사학의 연구 방향을 제시함('독사신론')
- "이순신전", "을지문덕전" 등 위인전을 편찬함
- 의열단의 활동 지침인 '조선 혁명 선언'을 작성함
- "조선사연구초", "조선상고사" 등을 저술함

★ 조지 루이스 쇼(1880~1943)

- 아일랜드계 영국인
- 중국 안동(단동)에서 무역 회사인 이륭양행을 설립하고 그 안에 대한민국 임시 정부 교통국 사무소를 설치함
- 대한민국 임시 정부의 활동을 지원함

★ 후세 다쓰지(1880~1953)

- 일본인 변호사
- 2·8 독립 선언에 참여한 한국인 유학생들의 변호를 맡음
- 의열단원 김지섭의 변호를 맡음
- 일왕 및 왕족을 폭살하고자 계획하였던 박열과 가네코 후미코의 변호를 맡음

★ 우사 김규식(1881~1950)

- 파리 강화 회의에 민족 대표로 파견됨
- 민족 혁명당 설립에 참여
- 대한민국 임시 정부 부주석
- 여운형과 함께 좌우 합작 운동을 주도함
- 민족 자주 연맹을 이끌고 남북 협상에 참여함

★ 백포 서일(본명 서기학, 1881~1921)

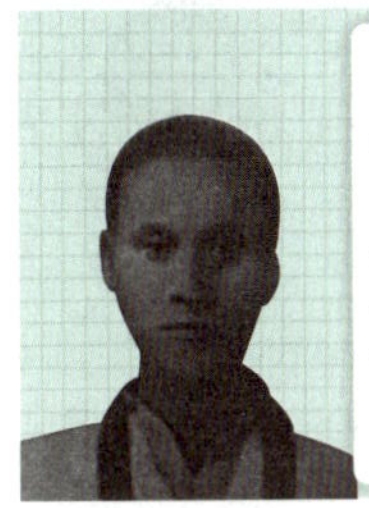

- 대종교 교리를 연구하고 포교 활동을 전개함
- 중광단을 조직하고 단장에 취임
- 북로 군정서 총재
- 대한 독립군단 총재

★ 전명운(1884~1947)

- 공립 협회에 가입함
- 미국 샌프란시스코에서 일제의 한국 침략에 협력한 친일 미국인 스티븐스를 향해 저격을 시도함

★ 고헌 박상진(1884~1921)

- 독립운동 지원을 위해 상덕태상회를 설립함
- 대한 광복회를 조직하고 총사령을 맡음 → 군자금 조달, 친일 부호 처단 등의 활동을 함

★ 백산 안희제(1885~1943)

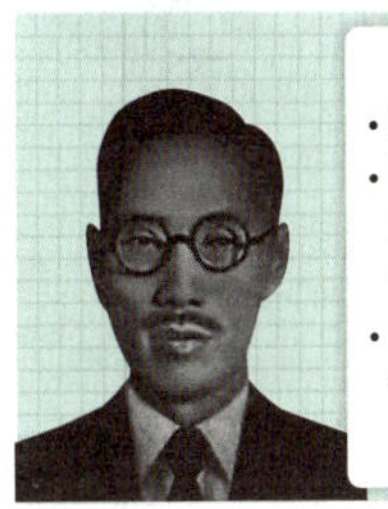

- 대동 청년당 조직
- 백산 상회를 설립 : 독립운동 단체의 연락 기관, 대한민국 임시 정부에 독립운동 자금 지원
- 중외일보 사장, 중앙일보 고문 역임

★ 몽양 여운형(1886~1947)

- 신한 청년당 결성
- 대한민국 임시 정부 수립에 참여
- 조선 건국 동맹과 조선 건국 준비 위원회를 조직함
- 좌우 합작 운동 주도
- 조선 인민당 당수
- 서울 혜화동에서 피살됨

# 2 근·현대 인물

### ★ 조소앙(본명 조용은, 1887~1958)

- '대동단결 선언'을 발표함
- 한국 독립당을 결성함
- 대한민국 임시 정부 외무부장
- 삼균주의를 제창함(대한민국 임시 정부가 발표한 건국 강령의 기초가 됨)

### ★ 가인 김병로(1887~1964)

- 변호사로 많은 애국지사 변호(김상옥 의거, 6·10 만세 운동·광주 학생 항일 운동 관련자 등)
- 신간회 중앙 집행 위원장
- 남조선 과도 정부 사법 부장
- 대한민국 초대 대법원장

### ★ 이위종(1887~미상)

- 을사늑약 체결 이후 아버지(이범진)와 러시아에서 비공식 외교 활동 전개
- 이상설, 이준과 함께 헤이그 특사로 파견됨
- 헤이그에서 프랑스어로 한국 독립에 대한 협조를 요청하는 연설을 함

### ★ 이재명(1887~1910)

- 공립 협회 가입
- 이토 히로부미의 암살을 계획하였으나 안창호의 만류로 실행하지 못함
- 명동 성당 앞에서 이완용의 암살 시도 → 칼로 찔러 상처를 입혔으나 처단에는 실패하고 일본 경찰에 체포됨

### ★ 백산 지청천(이청천, 1888~1957)

- 일본 육군 사관 학교를 졸업한 후 만주로 망명 → 신흥 무관 학교에서 독립군을 양성함
- 정의부 총사령관
- 한국 독립당 창당에 참여
- 한국 독립군을 지휘하여 한·중 연합 작전 전개(쌍성보·대전자령 전투)
- 한국 광복군 총사령관

### ★ 한뫼 이윤재(1888~1943)

- 조선어 연구회, 조선어 학회에서 활동
- 한글 맞춤법 통일안 제정, 조선말 사전 편찬 등에 참여
- 진단 학회의 창립에 참여
- "성웅 이순신", "문예독본" 등 저술
- 조선어 학회 사건으로 투옥되어 옥사

### ★ 기농 정세권(1888~1966)

- 부동산 사업가이자 민족 사업가 : 서울 전역에 한옥 마을 조성, 개량 한옥 대량 공급(전통 주거 문화 수호 및 한국인 주거 공간 확보)
- 물산 장려 운동과 신간회 활동에 참여
- 조선어 학회 활동 지원 : 조선어 학회 회관 기증 등

### ★ 백야 김좌진(1889~1930)

- 북로 군정서의 지휘관
- 청산리 대첩에서 활약함

### ★ 프랭크 윌리엄 스코필드(한국명 석호필, 1889~1970)

- 영국 태생의 캐나다인
- 세브란스 의학 전문학교 교수로 내한함
- 3·1 운동 당시 일제가 저지른 제암리·수촌리 학살 사건의 현장을 찾아가 기록을 남기고 참상을 외국 언론에 알림
- 국립 서울 현충원에 안장됨

### ★ 민세 안재홍(1891~1965)

- 일제 강점기 조선일보 사장
- 고대사 연구를 통해 일제의 식민 사관을 극복하고자 함
- "여유당전서"를 간행하고 조선학 운동을 전개함
- 조선 건국 준비 위원회 부위원장
- "조선상고사감", '신민족주의와 신민주주의' 저술

### ★ 김마리아(1892~1944)

- 2·8 독립 선언에 참여
- 대한민국 애국 부인회 회장
- 대한민국 임시 정부 황해도 대의원 역임
- 미국에서 여성 독립운동 단체 근화회 조직

### ★ 나석주(마중달·마충대, 1892~1926)

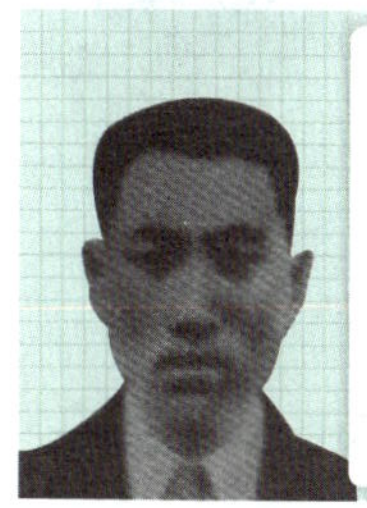

- 국내에서 항일 비밀 결사 조직 → 군자금 모금 등
- 중국 군사 학교 수료 후 중국군 장교로 복무 → 대한민국 임시 정부에서 활동
- 의열단 가입 → 조선 식산 은행과 동양 척식 주식회사에 폭탄 투척

### ★ 담원 정인보(1893~1950)

- 국권 피탈 이후 중국 상하이로 망명 → 동제사 조직
- "여유당전서"를 간행하고 조선학 운동을 전개함
- '5천 년간 조선의 얼', "조선사연구", "양명학연론" 등 저술

### ★ 백남운(1894~1979)

- 사회 경제 사학자
- 유물 사관을 바탕으로 일제의 정체성론을 반박함
- "조선사회경제사", "조선봉건사회경제사" 등 저술

### ★ 외솔 최현배(1894~1970)

- 조선어 강습원에서 주시경의 가르침을 받음
- 조선어 연구회, 조선어 학회에서 활동
- 조선어 학회 사건으로 수감됨
- "우리말본"과 "한글갈" 등 저술

### ★ 김익상(1895~1941)

- 의열단 가입 → 조선 총독부에 폭탄을 투척하고 중국으로 탈출함
- 중국 상하이에서 일본 육군 대장 다나카 암살을 시도함

# 2 근·현대 인물

★ 벽해 양세봉(양서봉, 1896~1934)

- 조선 혁명군의 총사령
- 한·중 연합 작전을 전개하여 영릉가·흥경성 전투에서 활약함

★ 약산 김원봉(1898~1958)

- 의열단을 조직함
- 조선 혁명 간부 학교를 설립함
- 민족 혁명당을 결성함
- 조선 의용대를 창설함
- 조선 의용대의 일부 대원들과 함께 한국 광복군에 합류함 → 부사령관 역임

★ 소파 방정환(1899~1931)

- 천도교 소년회를 조직하여 소년 운동을 전개함
- 색동회를 조직함
- '어린이'라는 용어를 처음 사용함
- '어린이날'을 만들고, 잡지 "어린이"를 발행함

★ 이봉창(1901~1932)

- 한인 애국단에 가입함
- 일본 도쿄에서 일왕이 탄 마차를 향해 폭탄을 던졌으나 명중시키지 못하고 체포됨

★ 심훈(1901~1936)

- 3·1 운동에 가담
- 영화 '먼동이 틀 때' 감독
- 저항시 '그날이 오면' 발표
- 신문에 소설 "직녀성", "상록수" 등 연재

★ 유관순(1902~1920)

- 이화 학당 재학 시절 3·1 운동이 일어나자 만세 시위에 참여함
- 고향인 천안으로 내려가 아우내 장터에서 만세 시위를 주도함
- 일본 경찰에 체포되어 서대문 형무소에서 순국함

★ 춘사 나운규(1902~1937)

- 명동 학교 재학 중 3·1 운동에 참여함
- 영화 '아리랑'의 감독이자 주연

★ 권기옥(1903~1988)

- 학창 시절 송죽회에 가입하여 활동함
- 대한민국 임시 정부의 추천으로 중국의 육군 항공 학교 수료 → 우리나라 최초의 여성 비행사
- 중국군에서 비행사로 복무하며 항일 무장 투쟁 전개

★ 가네코 후미코(1903~1926)

- 일본인으로 독립운동가 박열과 결혼함
- 아나키즘 단체 불령사 조직
- 박열과 함께 일왕 및 왕족 폭살을 계획함 → 체포되어 수감 중 사망

★ 이육사(본명 이원록, 1904~1944)

- 의열단에 가입함
- 조선 은행 대구 지점 폭탄 투척 사건으로 수감되었을 때의 번호를 따 '이육사'라는 이름을 사용함
- 김원봉이 세운 조선 혁명 간부 학교 제1기생으로 입교
- '황혼', '청포도', '절정', '광야' 등 시를 남김 → 사후 "육사시집" 발간

★ 간송 전형필(1906~1962)

- 일제 강점기에 "훈민정음 해례본" 등 수많은 우리 문화재를 수집하여 보존
- 우리나라 최초의 사립 박물관인 보화각(지금의 간송 미술관) 설립

★ 매헌 윤봉길(1908~1932)

- 한인 애국단에 가입함
- 중국 상하이 훙커우 공원에서 폭탄 의거를 일으켜 일본군 장성과 고관을 처단함

★ 박차정(1910~1944)

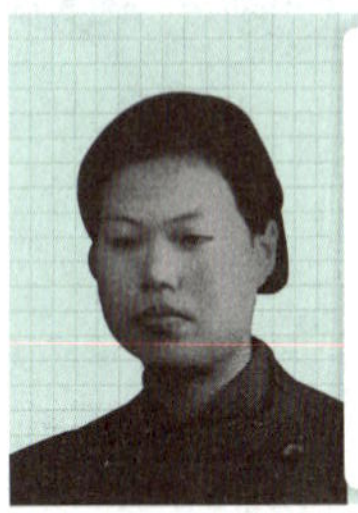

- 근우회에 가입하여 활동함
- 중국으로 망명하여 의열단에 가입함
- 조선 혁명 간부 학교의 교관
- 조선 의용대 부녀 복무 단장 → 남편 김원봉과 함께 무장 투쟁 전개

★ 오광심(1910~1976)

- 조선 혁명당에서 활동
- 민족 혁명당 부녀부에서 활약
- 대한민국 임시 정부를 주체로 독립운동 단체들이 연합한 한국 광복 운동 단체 연합회(한국광복진선) 청년 공작대로 활동
- 한국 광복군 사무 및 선전 활동 담당 : 기관지 "광복" 등 간행

★ 장준하(1915~1975)

- 일본군에 징집된 후 탈출하여 한국 광복군에 합류해 활동함
- 광복 이후 잡지 "사상계"를 간행하고 민주화 운동 전개
- 제7대 국회 의원에 당선
- 유신 체제 반대 운동 주도 → 개헌 청원 100만 인 서명 운동 전개

★ 윤동주(1917~1945)

- 명동 학교 출신
- '서시', '자화상', '별 헤는 밤' 등의 시를 남김
- 일본 유학 중 독립운동 혐의로 후쿠오카 형무소에 수감되어 옥사함
- 사후 시집 "하늘과 바람과 별과 시"가 발간됨

**1** 심화 75회 31번

(가) 인물에 대한 설명으로 옳은 것은? [3점]

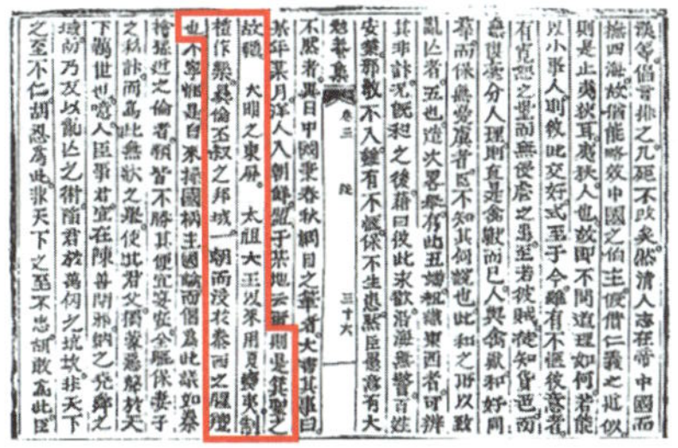

오전 10:50 100%

상소문으로 보는 역사 이야기 – '지부복궐척화의소'

한국사 채널 조회수 250,809

자료는 위정척사 운동의 대표적 인물인 (가) 이/가 강화도 조약 체결에 반대하며 올린 '지부복궐척화의소'의 일부로, "면암집"에 실려 있습니다. 표시된 부분은 '기자(箕子)의 옛 땅이며 대명(大明)의 동쪽 울타리'인 조선이 조약을 체결하게 되면 '하루아침에 서양 오랑캐로 전락'할 수 있다는 내용으로, 화이론적 세계관에 바탕을 둔 그의 왜양일체론이 잘 드러나 있습니다.

① 고종의 밀지를 받아 독립 의군부를 조직하였다.
② 도쿄에서 일왕이 탄 마차를 향해 폭탄을 던졌다.
③ 을사늑약이 체결되자 태인에서 의병을 일으켰다.
④ 명동 성당 앞에서 이완용을 습격하여 중상을 입혔다.
⑤ 13도 창의군을 지휘하여 서울 진공 작전을 전개하였다.

**1 최익현의 활동** 정답 ③

정답 찾기 지부복궐척화의소를 올렸으며 왜양일체론을 주장하였다는 내용을 통해 (가) 인물이 최익현임을 알 수 있어요. ③ 최익현은 을사늑약이 체결되자 전라북도 태인에서 의병을 일으켜 항거하였어요.

오답 피하기 ① 임병찬, ② 한인 애국단원 이봉창, ④ 이재명에 대한 설명이에요. ⑤ 허위는 의병 연합 부대인 13도 창의군의 군사장을 맡아 서울 진공 작전을 전개하였어요.

**2** 심화 74회 29번

(가)~(마)에 들어갈 내용으로 적절하지 않은 것은? [2점]

[역사 다큐멘터리 기획안]

**격랑의 시대, 그들이 걸어간 길**

■ 기획 의도

개항 전후 격변하는 시대 상황 속에서 각 인물이 마주한 고민과 선택을 중심으로 그들의 활동을 살펴본다.

■ 회차별 방송 내용

1회. 박규수, (가)
2회. 이만손, (나)
3회. 김홍집, (다)
4회. 유길준, (라)
5회. 박성춘, (마)

① (가) - 북학 사상을 바탕으로 통상 개화론을 주장하다
② (나) - 영남 만인소를 주도해 개항과 통상에 반대하다
③ (다) - 보빙사로 미국에 다녀와 개화 정책을 추진하다
④ (라) - 서유견문을 집필하여 서양 근대 문명을 소개하다
⑤ (마) - 백정 출신으로 관민 공동회에서 연설하다

**2 개항기 인물** 정답 ③

정답 찾기 ③ 전권대신 민영익을 비롯해 홍영식, 서광범 등이 보빙사로 미국에 파견되었어요. 김홍집은 제2차 수신사로 일본에 다녀왔으며, 귀국길에 청의 외교관 황준헌이 쓴 "조선책략"을 들여왔어요.

오답 피하기 ① 북학파 실학자 박지원의 손자인 박규수는 여러 차례 청을 오가며 서구 문물을 접하였고, 북학 사상을 바탕으로 통상 개화론을 주장하였어요.
② 이만손은 "조선책략"이 유포되고 미국과의 수교 움직임이 나타나자 영남 만인소를 주도해 개항과 통상에 반대하였어요.
④ 유길준은 미국과 유럽 등을 다닌 경험을 바탕으로 "서유견문"을 집필하여 서양 근대 문명을 소개하였어요. 또한, 영국이 거문도를 불법 점령하자 조선 중립화론을 제기하기도 하였어요.
⑤ 백정 출신 박성춘은 1898년에 독립 협회가 개최한 관민 공동회에서 충군애국을 주제로 연설을 하였어요. 또한, 백정에 대한 사회적 차별 철폐를 위한 활동을 전개하기도 하였어요.

**3** 다음 인물의 활동으로 옳은 것은? [3점]

심화 62회 35번

나는 23세 때 육영 공원의 교사로 조선에 와서 학생들을 가르쳤소. 고종의 특사가 되어 만국 평화 회의가 열린 헤이그를 방문하였고, 대한 제국 멸망사를 출간하기도 했소. 나는 한국인의 권리와 자유를 위해 싸워 왔으며 한국인에 대한 사랑은 내 인생의 가장 소중한 가치라오. 나는 웨스트민스터 사원보다 한국 땅에 묻히기를 염원하오.

① 화폐 정리 사업을 주도하였다.
② 한글로 된 교재인 사민필지를 집필하였다.
③ 여성 교육 기관인 이화 학당을 설립하였다.
④ 친일 인사 스티븐스를 샌프란시스코에서 사살하였다.
⑤ 논설 단연보국채를 써서 국채 보상 운동에 적극 참여하였다.

**3 헐버트의 활동** 정답 ②

정답 찾기 육영 공원의 교사로 조선에 와서 학생들을 가르쳤으며, 고종의 특사로 만국 평화 회의가 열린 헤이그를 방문하였다는 내용 등을 통해 자료의 인물이 헐버트임을 알 수 있어요. 미국인 헐버트는 을사늑약 체결 직후 고종의 친서를 미국 정부에 전달하기도 하였으며, 고종의 밀명을 받아 헤이그에서 열린 만국 평화 회의에 특사로 파견된 이상설, 이준, 이위종의 활동을 도왔습니다. ② 헐버트는 한글로 된 세계 지리 교과서인 "사민필지"를 집필하였어요.

오답 피하기
① 제1차 한·일 협약에 따라 대한 제국의 재정 고문으로 파견된 메가타가 화폐 정리 사업을 주도하였어요.
③ 개신교 선교사인 스크랜턴이 근대적 여성 교육 기관인 이화 학당을 설립하였어요.
④ 장인환과 전명운은 미국의 샌프란시스코에서 일제의 한국 침략이 정당하다고 선전한 친일 미국인 스티븐스를 사살하였어요.
⑤ 황성신문은 '단연보국채'라는 논설을 실어 국채 보상 운동에 적극적으로 참여하였어요.

**4** 밑줄 그은 '나'의 활동으로 옳은 것은? [2점]

심화 60회 35번

① 여유당전서를 간행하고 조선학 운동을 주도하였다.
② 유교의 개혁을 주장하는 유교 구신론을 제창하였다.
③ 조선사 편수회에 들어가 조선사 편찬에 참여하였다.
④ 조선사회경제사에서 식민 사학의 정체성론을 반박하였다.
⑤ 민중의 직접 혁명을 주장한 조선 혁명 선언을 작성하였다.

**4 신채호의 활동** 정답 ⑤

정답 찾기 "이순신전"과 "을지문덕전"을 집필하였으며, "조선상고사"에서 역사를 아와 비아의 투쟁으로 정의하였다는 내용을 통해 밑줄 그은 '나'가 신채호임을 알 수 있어요. 독립운동가이자 역사학자인 신채호는 민족을 역사 서술의 중심에 두고 '독사신론'을 저술하여 민족주의 사학의 연구 방향을 제시하였어요. 또한, ⑤ 의열단장 김원봉의 요청을 받아 민중의 직접 혁명을 주장한 '조선 혁명 선언'을 작성하였어요. '조선 혁명 선언'은 의열단의 활동 지침이 되었습니다.

오답 피하기
① 민족주의 사학을 계승한 정인보 등은 "여유당전서"를 간행하고 조선학 운동을 주도하였어요.
② 박은식은 유교의 개혁을 주장하며 실천적인 유교 정신을 강조한 유교 구신론을 제창하였어요.
③ 조선사 편수회는 일제가 우리 역사를 왜곡하기 위해 설치한 연구 기관이에요. 최남선 등이 조선사 편수회 위원으로 활동하며 "조선사" 편찬에 참여하였어요.
④ 백남운은 "조선사회경제사"에서 한국사도 세계사의 보편적인 역사 법칙에 따라 발전하였다고 주장하며 식민 사학의 정체성론을 반박하였어요.

## 5 (가)에 들어갈 내용으로 적절한 것은? [2점]

심화 65회 44번

홈 〉 나라사랑광장 〉 이달의 독립운동가

**이달의 독립운동가**

최현배

훈격 : 독립장

서훈 연도 : 1962년

목차

- 주시경의 영향을 받아 국어 운동의 길로 들어서다
- (가)
- 광복 이후 국어 교재 편찬과 교사 양성에 힘쓰다
- 각종 한글 교과서를 편찬하다

① 조선어 학회 사건으로 옥고를 치르다
② 파리 강화 회의에 독립 청원서를 제출하다
③ 복벽주의를 내세우며 독립 의군부를 조직하다
④ 국권 피탈 과정을 정리한 한국통사를 저술하다
⑤ 일제에 의해 조작된 105인 사건으로 재판을 받다

## 6 (가) 인물에 대한 설명으로 옳은 것은? [3점]

심화 66회 40번

문학으로 보는 한국사

내 고장 칠월은
청포도가 익어가는 시절

이 마을 전설이 주저리주저리 열리고
먼 데 하늘이 꿈꾸며 알알이 들어와 박혀

하늘 밑 푸른 바다가 가슴을 열고
흰 돛단배가 곱게 밀려서 오면

내가 바라는 손님은 고달픈 몸으로
청포(靑袍)를 입고 찾아온다고 했으니

내 그를 맞아 이 포도를 따 먹으면
두 손은 함뿍 적셔도 좋으련

아이야, 우리 식탁엔 은쟁반에
하이얀 모시 수건을 마련해 두렴

[해설]

이 시는 독립운동가이자 문학가인 (가) 의 '청포도'이다. 그는 이 시를 비롯한 다양한 작품에서 식민지 현실에 맞서 꺼지지 않는 민족의식을 표현하였다.

그의 본명은 이원록으로 안동에서 태어났고, 1927년 장진홍의 조선 은행 대구 지점 폭탄 의거에 연루되어 투옥되었다. 이후에도 그는 중국을 오가며 독립운동에 힘쓰다가 1943년 체포되어 이듬해 베이징의 일본 감옥에서 생을 마감하였다.

① 소설 상록수를 신문에 연재하였다.
② 광야, 절정 등의 저항시를 발표하였다.
③ 타이완에서 일본 육군 대장을 저격하였다.
④ 삼균주의를 바탕으로 한 건국 강령을 만들었다.
⑤ 여유당전서를 간행하고 조선학 운동을 전개하였다.

### 5 최현배의 활동 정답 ①

**정답 찾기** 최현배는 '외솔'이라는 호를 썼으며, 주시경으로부터 한글과 문법 등을 배웠어요. 일제 강점기에 "우리말본", "한글갈" 등을 저술하였으며, 일제의 민족 말살 정책에 맞서 우리말과 글을 지키기 위해 노력하였어요. 조선어 학회 창립에 주도적 역할을 하였으며, 한글 맞춤법 통일안 제정에도 참여하였어요. 광복 이후에는 조선어 학회를 개칭한 한글 학회의 이사장을 지냈어요. ① 최현배는 1942년에 일어난 조선어 학회 사건으로 이극로, 이윤재 등과 함께 구속되어 옥고를 치렀어요.

**오답 피하기**
② 대한민국 임시 정부는 프랑스 파리에서 활동하고 있던 김규식을 전권 대사로 임명하여 파리 강화 회의에 독립 청원서를 제출하였어요.
③ 임병찬은 고종의 밀지를 받아 국내에서 비밀리에 독립 의군부를 조직하였어요.
④ 박은식은 "한국통사"를 저술하여 국혼의 중요성을 강조하고 일제의 침략 과정을 다루었어요.
⑤ 일제가 1911년에 데라우치 총독의 암살을 모의하였다는 누명을 씌워 수백 명의 독립운동가를 체포하였어요. 이 중 105인이 유죄 판결을 받아 투옥되었는데, 이들 대부분이 신민회 회원이었어요.

### 6 이육사의 활동 정답 ②

**정답 찾기** 본명은 이원록이며, '청포도'라는 시를 남겼고, 조선 은행 대구 지점 폭탄 의거에 연루되어 투옥되었다는 내용을 통해 (가) 인물이 이육사임을 알 수 있어요. 이육사는 의열단에 가입하고 조선 혁명 간부 학교에 입교하는 등 적극적으로 독립운동에 참여하였어요. 또한, ② 이육사는 민족의식을 일깨우는 '광야', '절정' 등의 저항시를 발표하였어요.

**오답 피하기**
① 심훈은 브나로드 운동을 소재로 한 소설 "상록수"를 동아일보에 연재하였어요.
③ 조명하는 타이완에서 일본 육군 대장인 구니노미야를 습격하여 치명상을 입혔어요.
④ 조소앙은 삼균주의를 바탕으로 한 대한민국 건국 강령의 초안을 작성하였어요.
⑤ 민족주의 사학을 계승한 정인보 등은 "여유당전서" 간행 사업을 추진하면서 조선학 운동을 전개하였어요.

**7** 밑줄 그은 '나'에 대한 설명으로 옳은 것은? [3점]

심화 70회 41번

나는 1913년 상하이 망명 후 동제사에 참여하였소. 1917년에는 대동단결 선언을 작성했다오. 여기에서 나는 주권이 국민에게 있음을 밝혔는데, 이것이 공화정을 지향하는 정치사상으로 평가받고 있다오. 1930년에는 안창호 등과 함께 한국 독립당을 창당하였소. 이후 대한민국 임시 정부 건국 강령 초안도 작성하였다오.
대동단결의 선언


① 조선 혁명 선언을 작성하였다.
② 한국독립운동지혈사를 저술하였다.
③ 극동 인민 대표 대회에서 의장단으로 선출되었다.
④ 헤이그에서 열린 만국 평화 회의에 특사로 파견되었다.
⑤ 새로운 국가 건설을 위한 이념으로 삼균주의를 주장하였다.

**7** **조소앙의 활동** 정답 ⑤

정답 찾기 대동단결 선언과 대한민국 임시 정부 건국 강령 초안을 작성하였다는 내용을 통해 밑줄 그은 '나'가 조소앙임을 알 수 있어요. ⑤ 조소앙은 개인과 개인, 민족과 민족, 국가와 국가 간의 완전한 균등을 표방하고 이의 실현을 위한 정치·경제·교육의 균등을 강조한 삼균주의를 주장하였어요. 또한, 삼균주의를 바탕으로 광복 이후 국가 건설의 계획을 담은 대한민국 임시 정부 건국 강령 초안을 작성하였어요.

오답 피하기
① 신채호는 의열단장 김원봉의 요청으로 의열단의 활동 지침이 된 '조선 혁명 선언'을 작성하였어요.
② 박은식은 "한국독립운동지혈사"를 저술하여 우리 민족의 독립 투쟁 과정을 정리하였어요.
③ 1922년 러시아 모스크바에서 동아시아 각국의 공산당 및 민족 혁명 단체 대표자들이 참여한 극동 인민 대표 대회가 열렸어요. 이 대회에서 김규식과 여운형이 의장단으로 선출되었어요.
④ 고종은 을사늑약의 부당성을 국제 사회에 알리기 위해 헤이그에서 열린 만국 평화 회의에 이상설, 이준, 이위종을 특사로 파견하였어요.

**8** (가)에 들어갈 내용으로 옳은 것은? [2점]

심화 68회 47번

**한국사 대화형 인공 지능**

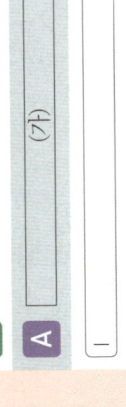

Q 이 사진 속 인물에 대해 알려 줘.

A 사진 속 인물의 호는 몽양이며, 독립운동가입니다. 1918년에 상하이에서 신한 청년당을 조직하였으며, 대한민국 임시 정부에 참여하였습니다. 1945년 8월 조선 건국 준비 위원회를 결성하였습니다.

Q 그 이후의 행적에 대해 알려 줘.

A (가)

① 한국 민주당을 창당하였습니다.
② 5·10 총선거에 출마하였습니다.
③ 단독 정부 수립을 주장하였습니다.
④ 조선 혁명 선언을 작성하였습니다.
⑤ 좌우 합작 위원회를 조직하였습니다.

**8** **여운형의 활동** 정답 ⑤

정답 찾기 '몽양'이라는 호를 썼으며, 신한 청년당을 조직하고 조선 건국 준비 위원회를 결성하였다는 내용을 통해 사진 속 인물이 여운형임을 알 수 있어요. ⑤ 광복 이후 여운형은 김규식 등과 함께 통일 정부 수립을 위해 좌우 합작 위원회를 조직하고 좌우 합작 7원칙을 발표하였어요.

오답 피하기
① 1945년 9월에 송진우, 김성수 등 우익 인사들이 중심이 되어 한국 민주당을 창당하였어요.
② 1948년 5월에 실시된 5·10 총선거에서 제헌 국회 의원이 선출되었어요. 여운형은 1947년 7월에 서울 혜화동에서 피살되었어요.
③ 이승만은 제1차 미·소 공동 위원회가 무기한 휴회되자 정읍에서 남한만의 단독 정부 수립을 주장하였어요.
④ 신채호는 의열단장 김원봉의 요청을 받아 민중의 직접 혁명을 주장한 '조선 혁명 선언'을 작성하였어요. '조선 혁명 선언'은 의열단의 활동 지침이 되었어요.

# 3 지역사

### 의주
- **고려** : 서희가 외교로 획득한 강동 6주 가운데 하나(흥화진)
- **조선** : 임진왜란 때 조선 왕실 피란, 만상의 근거지

### 평양
- **고구려** : 장수왕 때 국내성에서 천도(안학궁 건설)
- **고려** : 서경으로 삼아 중시, 묘청의 서경 천도 운동
- **조선** : 유상의 근거지, 제너럴 셔먼호 사건
- **대한 제국** : 대성 학교 설립(안창호)
- **일제 강점기** : 조만식 등을 중심으로 조선 물산 장려회 결성, 강주룡의 노동 쟁의(을밀대 지붕에서 고공 농성)
- **광복 이후** : 남북 협상
- **대한민국** : 6·25 전쟁 이후 최초로 남북 정상 회담 개최 → 6·15 남북 공동 선언 발표

### 원산
- **조선** : 강화도 조약으로 개항, 원산 학사 설립(우리나라 최초의 근대 교육 기관)
- **일제 강점기** : 원산 총파업

### 개성
- **고려** : 고려의 수도, 나성 축조, 만적의 봉기, 선죽교에서 정몽주 피살, 왕건릉
- **조선** : 송상의 근거지
- **대한민국** : 6·25 전쟁 중 첫 번째 정전 회담 개최, 남북한 경제 협력으로 공단 조성 → 현재 가동 중단

### 강화도
- **청동기 시대** : 고인돌(유네스코 세계 유산)
- **고려** : 몽골의 침입 때 임시 수도
- **조선** : 정묘호란 때 조선 왕실 피란, 병자호란 때 김상용 순절, 사고 설치(정족산 사고), 정조 때 외규장각 설치, 병인양요·신미양요 발발, 강화도 조약 체결

### 서울
- **백제** : 백제의 수도, 석촌동 고분군
- **신라** : 진흥왕이 북한산 순수비 건립
- **광복 이후** : 미·소 공동 위원회 개최(덕수궁 석조전)

### 수원
**조선** : 정조 때 수원 화성 건설, 장용영의 외영 설치

### 인천
- **조선** : 강화도 조약으로 개항(조계 설정)
- **대한민국** : 6·25 전쟁 중 인천 상륙 작전 전개, 제17회 아시아 경기 대회 개최(2014)

### 화성
- **통일 신라** : 당항성을 통해 중국과 교류
- **일제 강점기** : 제암리 학살 사건

### 공주
- **백제** : 웅진(공주) 천도, 무령왕릉
- **고려** : 망이·망소이의 난
- **조선** : 동학 농민군의 우금치 전투

### 부여
**백제** : 성왕 때 사비(부여) 천도, 정림사지 5층 석탑 건립

### 청주
- **통일 신라** : 5소경 중 하나, 서원경(신라 촌락 문서)
- **고려** : 용두사지 철당간(광종 때 건립), 우왕 때 흥덕사에서 금속 활자로 "직지심체요절" 인쇄

### 충주
- **고구려** : 충주 고구려비 건립
- **통일 신라** : 5소경 중 하나, 중원경
- **고려** : 몽골의 침입 때 노비들이 중심이 되어 항전(1차 침입), 김윤후가 관민과 함께 몽골군 격퇴(5차 침입)
- **조선** : 임진왜란 때 신립의 탄금대 전투

### 전주
- **후삼국** : 견훤이 완산주(전주)를 도읍으로 후백제 건국
- **고려** : 무신 집권기 전주 관노의 봉기
- **조선** : 경기전에 태조 이성계 어진 봉안, 사고 설치(전주 사고), 동학 농민군과 조선 정부가 화약 체결

### 익산
- **백제** : 무왕이 미륵사 건립(익산 미륵사지 석탑)
- **신라** : 안승 무리를 금마저(익산)에 머물게 하고 안승을 보덕국 왕으로 봉함

### 광주
- **일제 강점기** : 광주 학생 항일 운동
- **대한민국** : 5·18 민주화 운동

### 나주
- **후삼국** : 후고구려의 장군이었던 왕건이 후백제를 견제하기 위해 배후 지역인 나주 차지
- **고려** : 거란의 2차 침입 때 현종 피란
- **일제 강점기** : 나주역에서 한·일 학생 간에 충돌 발생 → 광주 학생 항일 운동 촉발

### 강릉
- **통일 신라** : 굴산사지(승탑, 당간지주)
- **조선** : 오죽헌(이이 출생), 선교장

### 영주
- **신라** : 의상이 부석사 창건
- **조선** : 주세붕이 백운동 서원(최초의 서원) 설립 → 소수 서원(최초의 사액 서원)

### 안동
- **후삼국** : 후백제와 고려의 고창 전투
- **고려** : 홍건적의 침입으로 공민왕 피란, 안동 봉정사 극락전 건립
- **조선** : 도산 서원(이황 배향) 건립

### 경주
- **신라** : 신라의 수도, 불국사·황룡사·석굴암·첨성대 건립
- **대한민국** : 2025 APEC 정상 회의 개최

### 대구
- **후삼국** : 후백제와 고려의 공산 전투
- **조선** : 최제우 수감(경상 감영)·처형
- **대한 제국** : 김광제, 서상돈 등이 중심이 되어 국채 보상 운동 시작

### 고령
**가야** : 후기 가야 연맹의 맹주였던 대가야의 중심지

### 창녕
- **선사** : 송현동 고분군
- **신라** : 진흥왕 척경비(순수비 4기 중 하나)

### 김해
**가야** : 전기 가야 연맹의 맹주였던 금관가야의 중심지

### 울산
- **선사** : 울주 대곡리 반구대 바위그림
- **통일 신라** : 국제 무역항으로 번성

### 진주
- **조선** : 임진왜란 때 김시민의 진주 대첩(일본군 격퇴), 진주 농민 봉기(→ 임술 농민 봉기)
- **일제 강점기** : 조선 형평사 조직

### 부산
- **조선** : 왜관 설치(대일 무역의 거점), 임진왜란(송상현 순절), 내상의 근거지, 최초의 개항장(강화도 조약)
- **일제 강점기** : 의열단원 박재혁의 부산 경찰서 투탄 의거
- **대한민국** : 6·25 전쟁 중 임시 수도, 부·마 민주 항쟁, 제14회 아시아 경기 대회 개최(2002), 2005 APEC 정상 회의 개최

### 울릉도와 독도
- **신라** : 지증왕 때 우산국 복속
- **조선** : 안용복이 에도 막부로부터 울릉도와 독도가 우리 영토임을 확인받음
- **대한 제국** : '칙령 제41호' 발표, 일본이 러·일 전쟁 중 독도를 일본 영토로 불법 편입함 → 광복 이후 영토 주권 회복

### 흑산도
**조선** : 정약전이 "자산어보" 저술

### 진도
**고려** : 삼별초가 용장성을 쌓고 대몽 항쟁 전개(배중손 지휘)

### 완도
**통일 신라** : 장보고가 청해진 설치

### 제주도
- **신석기 시대** : 고산리 유적
- **고려** : 삼별초 최후의 항전지(항파두리, 김통정 지휘), 원이 탐라총관부 설치
- **조선** : 효종 때 하멜 일행이 표류하다 도착한 곳, 김만덕의 빈민 구제 활동
- **일제 강점기** : 알뜨르 비행장 건설
- **광복 이후** : 제주 4·3 사건

**1** 다음 특별전에서 볼 수 있는 도시의 역사에 대한 설명으로 적절하지 않은 것은? [2점]

심화 68회 29번

① 고려 태조 왕건이 도읍으로 삼았다.
② 원의 영향을 받은 경천사지 십층 석탑이 축조되었다.
③ 조선 후기 송상이 근거지로 삼아 전국적으로 활동하였다.
④ 일제 강점기 강주룡이 을밀대 지붕 위에서 고공 농성을 하였다.
⑤ 북위 38도선 분할 이후 남한에 속했다가 정전 협정으로 북한 지역이 되었다.

**2** 다음 검색창에 들어갈 지역에서 있었던 사실로 옳은 것은? [3점]

심화 69회 11번

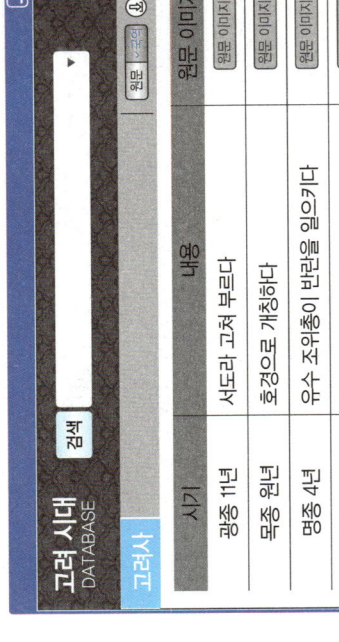

고려 시대 DATABASE 검색

고려사 원문 국역

| 시기 | 내용 | 원문 이미지 |
|---|---|---|
| 광종 11년 | 서도라 고쳐 부르다 | 원문 이미지 |
| 목종 원년 | 호경으로 개칭하다 | 원문 이미지 |
| 명종 4년 | 유수 조위총이 반란을 일으키다 | 원문 이미지 |
| 원종 11년 | 동녕부가 설치되다 | 원문 이미지 |

① 정몽주가 이방원 세력에게 피살되었다.
② 묘청이 반란을 일으키고 국호를 대위라 하였다.
③ 몽골의 침략으로 황룡사 구층 목탑이 소실되었다.
④ 흥덕사에서 금속 활자로 직지심체요절이 간행되었다.
⑤ 정서가 유배 중에 정과정이라는 고려 가요를 지었다.

**1 개성의 역사** 정답 ④

**정답 찾기** 송악, 개주라고 불린 도시는 개성이에요. 개성(개경)은 고려가 몽골의 침입을 받아 강화도로 도읍을 옮겼던 시기를 제외하고는 고려가 멸망할 때까지 고려 왕조의 수도로서 정치, 경제, 문화의 중심지 역할을 하였어요. 고려를 건국한 태조가 철원에서 송악으로 도읍을 옮겨 개주라고 칭하였으며, 후에 개경으로 명칭이 바뀌었어요. ④ 일제 강점기에 고무 공장 노동자 강주룡은 회사의 임금 삭감 결정에 반발하여 평양 을밀대 지붕 위에서 고공 농성을 하였어요.

**오답 피하기**
① 고려 태조 왕건은 자신의 세력 근거지인 송악, 즉 개성을 도읍으로 삼았어요.
② 개성 경천사에 원의 영향을 받은 경천사지 10층 석탑이 있었어요. 경천사지 10층 석탑은 대한 제국 시기에 일본으로 불법 반출되었다가 반환되어 현재는 국립 중앙 박물관 내부에 전시되어 있어요.
③ 조선 후기에 활동한 송상은 개성을 근거지로 삼았으며, 전국에 송방이라는 지점을 설치하기도 하였어요.
⑤ 개성은 광복 후 북위 38도선을 기준으로 한반도가 남북 지역으로 나뉠 때 남한에 속하여 개성시로 편성되었으나, 6·25 전쟁이 일어나고 정전 협정이 체결되면서 북한 지역이 되었어요.

**2 평양의 역사** 정답 ②

**정답 찾기** 조위총이 반란을 일으켰으며, 동녕부가 설치되었다는 내용을 통해 검색창에 들어갈 지역이 서경(평양)임을 알 수 있어요. 고려를 세운 태조 왕건은 건국 초에 평양을 서경으로 삼아 중시하였으며, 훈요 10조에서도 서경을 중시할 것을 강조하였어요. ② 고려 인종 때 묘청을 비롯한 서경 세력은 서경 천도를 추진하다가 개경 세력의 반대로 실패하자 서경(평양)에서 반란을 일으켰어요.

**오답 피하기**
① 고려 말에 정몽주는 새로운 나라를 세우는 데 반대하다가 개경(개성)에서 이방원 세력에게 피살되었어요.
③ 고려 시대에 몽골의 침략으로 경주에 있던 황룡사 9층 목탑이 소실되었어요.
④ 고려 말에 청주 흥덕사에서 금속 활자로 "직지심체요절"이 간행되었어요. "직지심체요절"은 현존하는 세계에서 가장 오래된 금속 활자 인쇄본이에요.
⑤ 고려 의종 때 정서가 동래(부산)에서 유배 중에 정과정이라는 고려 가요를 지었어요.

**3** 심화 71회 45번

### 다음 안내에 따라 학생이 발표한 내용으로 가장 적절한 것은? [3점]

> 학생 여러분, 이번 시간에는 우리 고장의 유적과 기념물을 조사해서 발표하는 활동을 하겠습니다. 우리 고장은 금강 중류에 위치한 유서 깊은 도시입니다. 남한에서 최초로 발굴된 구석기 유적이 있어 선사 시대부터 우리 고장에 사람이 살았던 것을 알 수 있습니다. 또한, 삼국이 상호 경쟁하던 시기에는 백제의 수도로서 백제 중흥을 위한 노력이 전개되었던 곳으로, 백제 고분을 통해 당시의 문화를 엿볼 수 있습니다. 고려 시대에는 최승로의 건의에 따라 설치된 12목 중의 하나였고, 이후 조선 시대에도 감영이 있어 지역의 중심지 역할을 하였습니다. 그리고 근대에는 동학 농민군이 관군과 일본군에 맞서 치열한 전투를 전개하는 등 외세를 물리치기 위한 민족 운동이 펼쳐지기도 하였습니다.
> 그럼, 모둠별로 우리 고장의 다양한 유적과 기념물에 대해 조사한 후 알게 된 내용을 발표해 봅시다.

① 갑 - 수양개 유적을 조사하여 우리 고장에 살던 구석기인들이 다양한 기법으로 석기를 제작했음을 알 수 있었습니다.
② 을 - 송산리 고분군의 벽돌무덤을 조사하여 무령왕이 중국 남조, 왜 등과 활발하게 교류했음을 알 수 있었습니다.
③ 병 - 만인 의총을 조사하여 정유재란 당시 우리 고장의 백성들이 조·명 연합군과 함께 결사 항전했음을 알 수 있었습니다.
④ 정 - 만석보 유지비를 조사하여 우리 고장 농민들이 군수 조병갑의 수탈에 저항하여 봉기했음을 알 수 있었습니다.
⑤ 무 - 아우내 3·1 운동 독립 사적지를 조사하여 유관순이 우리 고장에서 만세 시위를 주도했음을 알 수 있었습니다.

**3** **공주의 역사** 정답 ②

**정답 찾기** 남한에서 최초로 발굴된 구석기 시대 유적은 공주 석장리 유적이에요. 동학 농민군은 공주 우금치에서 일본군 및 관군에 맞서 전투를 벌였어요. 따라서 공주에 대한 내용을 찾으면 됩니다. ② 공주 송산리 고분군에서 발견된 무령왕릉은 중국 남조의 영향을 받아 벽돌무덤으로 축조되었어요. 또한, 무덤 내부에서 일본에서만 자라는 소나무로 만든 관이 발견되어 일본과도 활발하게 교류하였음을 알 수 있어요.

**오답 피하기**
① 수양개 유적은 단양에 있는 선사 시대 유적이에요.
③ 정유재란 당시 조·명 연합군과 남원성의 백성들이 힘을 합쳐 치열하게 싸웠으나 수적 열세로 결국 함락되었어요. 만인 의총은 이때 전사한 사람들의 시신을 합장한 무덤이에요.
④ 1894년 고부(지금의 정읍) 일대에서 고부 군수 조병갑의 수탈에 저항하여 농민 봉기가 일어났어요.
⑤ 3·1 운동 당시 유관순이 고향인 천안으로 내려가 아우내 장터에서 만세 시위를 주도하였어요.

**4** 심화 69회 25번

### (가) 지역에서 있었던 사실로 옳은 것은? [2점]

우리 모둠에서는 임진왜란 때 신립 장군이 결사 항전한 탄금대 전투에 대해 발표하려고 합니다.
모둠별 지역사 발표 주제
(가) 지역의 역사와 문화
1모둠 탑평리 칠층 석탑의 건립
2모둠 김윤후의 대몽 항쟁 전개
3모둠 다인철소와 완오리 제철 유적
4모둠 신립의 탄금대 전투


① 제1차 미·소 공동 위원회가 개최되었다.
② 명 신종을 기리는 만동묘가 건립되었다.
③ 강주룡이 을밀대 지붕에서 고공 농성을 벌였다.
④ 고구려비가 남한 지역에서 유일하게 발견되었다.
⑤ 박재혁이 경찰서에서 폭탄을 터뜨리는 의거를 일으켰다.

**4** **충주의 역사** 정답 ④

**정답 찾기** 김윤후가 대몽 항쟁을 벌였으며, 임진왜란 때 신립 장군이 탄금대 전투에서 결사 항전하였다는 내용을 통해 (가) 지역이 충주임을 알 수 있어요. 충주 탑평리 7층 석탑은 통일 신라 시대에 축조된 석탑으로, 한반도의 중앙부에 위치하여 중앙탑이라고도 불립니다. 다인철소는 충주 지역에 있었던 고려 시대의 특수 행정 구역인 소 가운데 하나로, 철을 생산하여 고려 정부에 바쳤어요. ④ 충주 지역에서 발견된 고구려비(충주 고구려비)는 국내에 남아 있는 유일한 고구려 비석으로, 이를 통해 고구려가 한강 이남 지역까지 진출하였음을 알 수 있어요.

**오답 피하기**
① 1946년에 서울 덕수궁 석조전에서 제1차 미·소 공동 위원회가 개최되었어요.
② 조선 숙종 때 임진왜란 당시 조선을 도와준 명의 신종을 기리는 만동묘가 충청북도 괴산에 세워졌어요.
③ 일제 강점기에 고무 공장의 노동자 강주룡이 평양 을밀대 지붕에서 임금 삭감 반대 및 노동 조건 개선을 주장하며 고공 농성을 벌였어요.
⑤ 일제 강점기에 의열단원 박재혁이 부산 경찰서에 폭탄을 투척하는 의거를 일으켰어요.

**5** 심화 70회 50번

**(가), (나) 지역에서 있었던 사실로 옳은 것을 〈보기〉에서 고른 것은?** [2점]

달구벌 (가) 의 2·28 민주 운동을 기념하는 의미를 담은 228번 버스가 5·18 민주화 운동이 일어난 빛고을 (나) 에서 5월 18일부터 운행됩니다. 대한민국 민주주의의 역사를 공유하는 달구벌과 빛고을 두 도시가 열어갈 화합과 협력의 새로운 장이 주목됩니다.
달빛 동맹
5·18 민주화 운동 기록관
228
2·28 민주 운동
달빛 동맹의 두 도시, 화합과 협력의 새 장을 열다


보기
ㄱ. (가) - 김광제 등을 중심으로 국채 보상 운동이 시작되었다.
ㄴ. (가) - YH 무역 노동자들이 폐업에 항의하며 농성을 벌였다.
ㄷ. (나) - 한·일 학생 간의 충돌을 계기로 민족 운동이 일어났다.
ㄹ. (나) - 3·15 부정 선거를 규탄한 김주열의 시신이 발견되었다.

① ㄱ, ㄴ ② ㄱ, ㄷ ③ ㄴ, ㄷ ④ ㄴ, ㄹ ⑤ ㄷ, ㄹ

**5 대구와 광주의 역사** 정답 ②

정답 찾기 2·28 민주 운동이 일어났다는 내용을 통해 (가) 지역은 대구, 5·18 민주화 운동이 일어났다는 내용을 통해 (나) 지역은 광주임을 알 수 있어요. ㄱ. 1907년에 대구에서 김광제 등을 중심으로 나랏빚을 갚아 국권을 회복하자는 국채 보상 운동이 시작되었어요. ㄷ. 1929년에 광주에서 나주로 가는 통학 열차에서 일어난 한·일 학생 간의 충돌을 계기로 광주 학생 항일 운동이 일어났어요.

오답 피하기
ㄴ. 1979년에 가발 제조 업체인 YH 무역이 일방적으로 폐업 조치를 취하자 여성 노동자들이 이에 항의하여 서울에 있는 신민당사에서 농성을 벌였어요.
ㄹ. 1960년 4월 11일에 마산 앞바다에서 3·15 부정 선거에 항의하는 시위에 참여한 학생 김주열의 시신이 발견되었어요. 이를 계기로 시민들의 시위가 전국으로 확산되어 4·19 혁명으로 이어졌어요.

**6** 심화 75회 50번

**(가) 지역에 대한 탐구 활동으로 가장 적절한 것은?** [2점]

① 원종과 애노가 봉기한 곳을 검색한다.
② 외규장각 도서의 약탈 과정을 조사한다.
③ 강주룡이 고공 시위를 전개한 장소를 알아본다.
④ 김만덕이 흉년에 굶주린 백성을 구제한 기록을 살펴본다.
⑤ 러시아의 남하를 견제한다는 구실로 영국군이 점령한 지역을 찾아본다.

**6 제주도의 역사** 정답 ④

정답 찾기 4·3 기념관과 알뜨르 비행장이 있다는 내용을 통해 (가) 지역이 제주도임을 알 수 있어요. 1948년 제주도에서 도내 좌익 세력과 일부 주민이 남한만의 단독 정부 수립에 반대하여 무장봉기를 일으켰어요. 무장대와 이를 진압하는 토벌대 간의 무력 충돌, 그 뒤 토벌대의 진압 과정에서 수많은 제주도민이 희생되었어요. 이 사건을 제주 4·3 사건이라고 합니다. 알뜨르 비행장은 일제가 침략 전쟁의 전초 기지로 활용한 군사 시설로 현재 격납고 등의 시설이 남아 있어요. ④ 조선 후기에 제주도에서 막대한 부를 축적한 상인 김만덕은 극심한 기근이 들자 자신의 재산을 내어 제주도민을 구휼하였어요.

오답 피하기
① 원종과 애노는 지금의 상주 지역인 사벌주에서 봉기하였어요.
② 병인양요 당시 프랑스군이 강화도 외규장각에 보관되어 있던 도서를 약탈하였어요.
③ 일제 강점기에 고무 공장의 노동자 강주룡이 평양 을밀대 지붕에 올라가 임금 삭감 철회 및 노동 조건 개선을 요구하며 고공 농성을 벌였어요.
⑤ 1885년에 영국군이 러시아의 남하를 견제한다는 구실로 거문도를 불법 점령하였어요.

# 4 유네스코와 유산 | 세계 유산 |

★ 해인사 장경판전(1995)

고려 때 만들어진 팔만대장경판을 보관하기 위해 조선 초에 건립되었어요. 환기·온도·습도 조절이 가능하도록 지어진 과학적인 건축물로, 창건 당시의 원형이 보존되고 있어 가치가 높아요.

★ 종묘(1995)

유교를 지배 이념으로 삼았던 조선 시대에 역대 왕과 왕비 및 추존된 왕과 왕비의 신주를 모시고 국가적인 제사를 지내던 사당이에요. 한양을 수도로 정하고 가장 먼저 짓기 시작하였어요.

★ 석굴암과 불국사(1995)

통일 신라 시대에 만들어진 불교 유적이에요. 인공 석굴 사원인 석굴암은 정확하고 체계적인 수학적 수치로 설계되었고, 불국사 경내에는 불교 교리가 형상화되어 있어요.

★ 창덕궁(1997)

조선 왕조의 독특한 궁궐 건축과 정원 문화를 대표하는 궁궐이에요. 왕자의 난 이후 개경으로 옮겼던 도읍을 태종 때 다시 한양으로 옮기면서 지어졌어요. 광해군 때부터 고종 때까지 왕이 정사를 보던 정궁의 역할을 하였어요.

★ 화성(1997)

조선 정조 때 조성된 성곽으로, 정약용이 만든 거중기 등의 과학 기구가 축조 작업에 활용되었어요. 수원 화성의 축성 계획, 제도, 법식 등이 "화성성역의궤"에 기록되어 전해지고 있어요.

★ 고창·화순·강화의 고인돌 유적(2000)

고인돌은 청동기 시대의 대표적인 무덤 양식이며, 이곳에서는 다양한 유물이 출토되었어요. 이를 통해 고인돌의 형성과 발전 과정, 그 당시 사회 모습까지 알 수 있어요.

★ 경주 역사 유적 지구(2000)

경주 남산 지구에는 다양한 불교 유적이 있고, 월성 지구는 옛 왕궁 터이며, 대릉원 지구에는 고분들이 모여 있어요. 황룡사 지구는 불교 사찰 유적이고, 산성 지구에는 방어용 산성이 있습니다.

★ 제주 화산섬과 용암 동굴(2007)

한라산 천연 보호 구역, 거문오름 용암 동굴계, 성산 일출봉 응회구로 구성되어 있어요. 화산 생성 과정 연구에 있어 학술적 가치가 높은 곳으로 인정받아 유네스코 세계 자연 유산으로 등재되었어요.

★ 조선 왕릉(2009)

조선 시대의 왕과 왕비의 무덤으로, 18개 지역에 흩어져 있으며, 총 40기예요. 조선 왕릉은 유교 사상과 풍수지리설 등이 반영되어 다른 유교 문화권의 왕릉과 다른 형태를 띠고 있어요.

★ 한국의 역사 마을 : 하회와 양동(2010)

안동 하회 마을은 풍산 류씨 집성촌이고, 경주 양동 마을은 경주 손씨, 여강 이씨 집성촌이에요. 두 마을 모두 양반 주거 문화의 원형을 보존하고 있어요.

★ 남한산성(2014)

조선 시대에 유사시 임시 수도의 역할을 할 수 있도록 모든 시설을 갖춘, 계획적으로 축조된 산성 도시이자 군사적 요충지예요.

★ 백제 역사 유적 지구(2015)

충남 공주와 부여, 전북 익산에 분포하는 백제와 관련된 8곳의 역사 유적입니다. 공주와 부여는 백제의 수도였고, 익산은 무왕이 천도를 준비하였던 곳이에요. 이 유적들은 백제의 고유한 문화, 종교, 예술미를 잘 보여 주고 있습니다.

## 4 유네스코와 유산 | 세계 유산 |

★ 산사, 한국의 산지 승원(한국의 산사, 2018)

산속에 자리 잡고 있는 한국 불교 사찰을 대표하는 7개의 절입니다. 한국 불교문화의 전통을 보존하고 계승하였다는 역사성과 주변 경관과의 조화를 이루는 예술성 등을 인정받은 사찰들이에요.

★ 한국의 서원(2019)

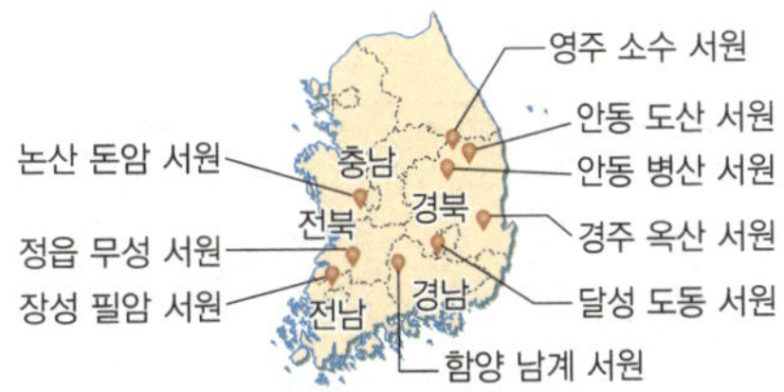


서원은 조선 시대 성리학 교육 시설의 하나입니다. 16세기 중반부터 17세기 중반까지 주로 사림에 의해 각 지방에 건립되었어요.

★ 한국의 갯벌(2021)

충남 서천, 전북 고창, 전남 신안과 보성·순천 등 4곳에 있는 갯벌을 묶은 유산으로, 생물 다양성의 보존을 위해 세계적으로 중요한 서식지입니다. 그 가치를 인정받아 유네스코 세계 자연 유산으로 등재되었어요.

★ 가야 고분군(2023)

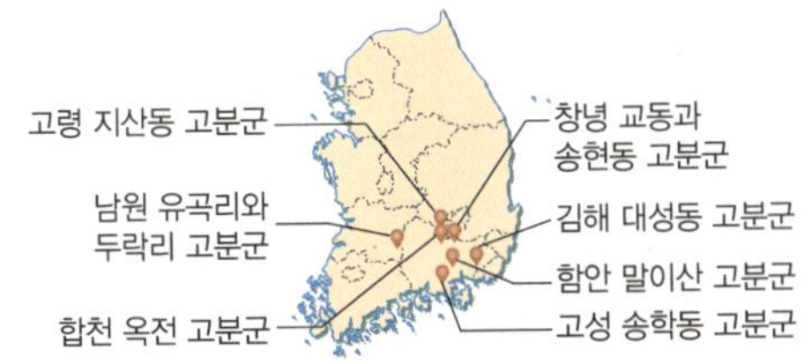


한반도에 존재하였던 고대 문명 '가야'를 대표하는 7개 고분군입니다. 고분의 입지, 묘제의 변화, 부장 유물을 통해 가야의 변천 과정을 알 수 있어요. 동아시아 고대 문명의 다양성을 보여 주는 증거가 된다는 점에서 가치를 인정받았어요.

★ 반구천의 암각화(2025)

울주 대곡리 반구대 암각화

울주 천전리 명문과 암각화

울주 대곡리 반구대 암각화와 울주 천전리 명문 및 암각화를 포함한 문화유산이에요. 사실적인 그림과 독특한 구도를 보여 주고 있으며 다양한 고래와 고래잡이의 주요 단계 등 희소한 주제가 그려져 있어요. 반구천의 암각화는 선사 시대 인류의 예술적, 문화적 상상력과 창의성이 표현된 걸작으로 인정받았어요.

★ 훈민정음(해례본)(1997)

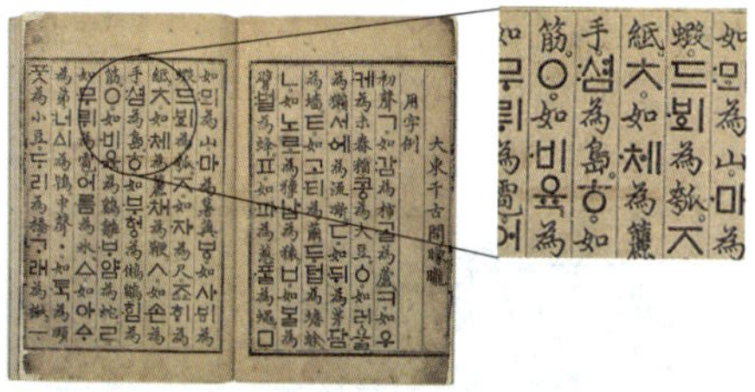

조선 세종이 훈민정음을 만든 후 정인지, 박팽년, 신숙주, 성삼문 등 집현전 학사들에게 명하여 편찬하였어요. 훈민정음의 자음과 모음을 만든 원리와 용례를 상세하게 설명한 책이에요.

★ 조선왕조실록(1997)

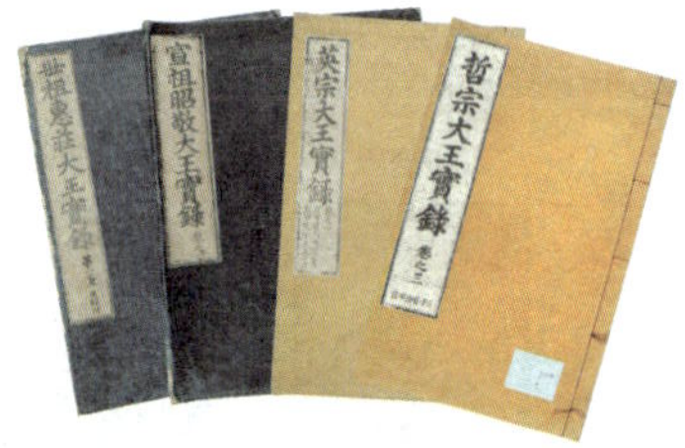

조선 태조부터 철종까지의 역사를 편년체로 기록한 역사서로, 조선 시대의 역사와 문화를 연구하는 데 가장 기본적인 자료가 되는 책이에요. 역대 왕들의 역사를 후대에 남기기 위해 왕이 죽으면 실록청을 설치하고, 사초와 시정기 등을 근거로 편찬 작업이 이루어졌어요. 완성된 실록은 사고에 보관되었어요.

★ 불조직지심체요절 하권(2001)

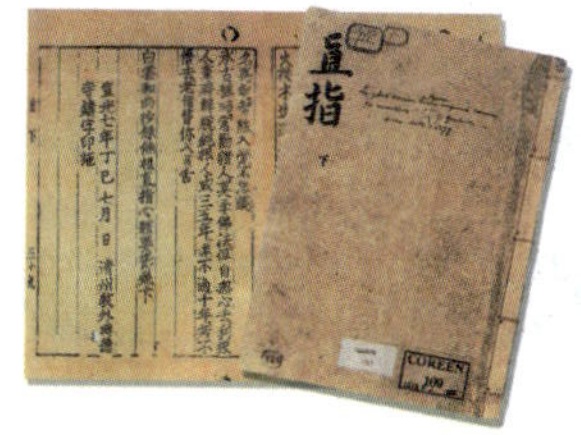

현존하는 세계에서 가장 오래된 금속 활자본으로, "직지"라고도 해요. 1377년 청주 흥덕사에서 인쇄되었으며, 19세기에 프랑스로 반출된 후 현재 프랑스 국립 도서관에 보관되어 있어요.

★ 승정원일기(2001)

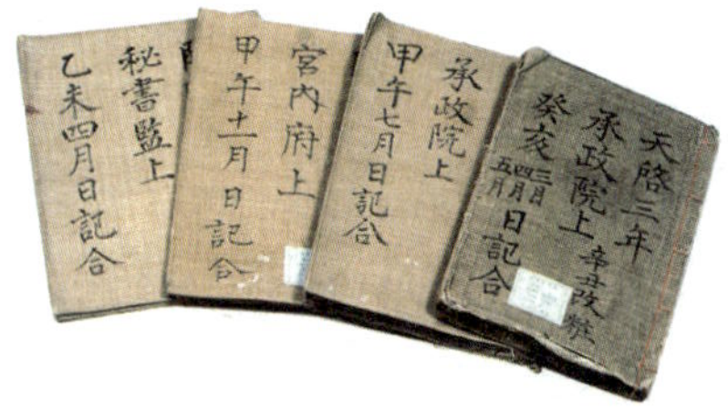

조선 시대 국왕의 비서 기관이었던 승정원에서 매일매일 작성한 업무 일지로, 세계 최대의 분량을 자랑하는 단일 역사 기록물이에요.

★ 조선 왕조 의궤(2007)

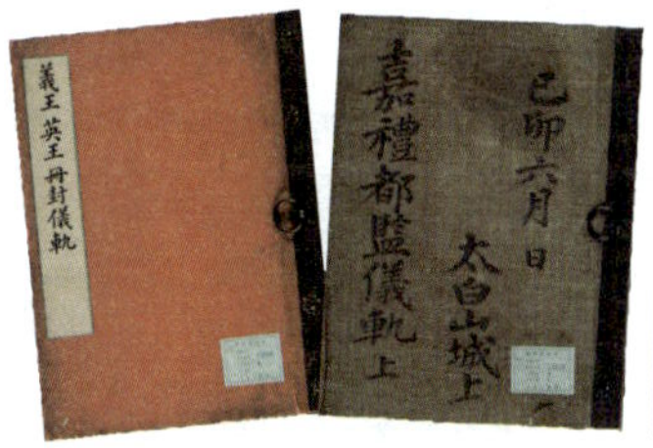

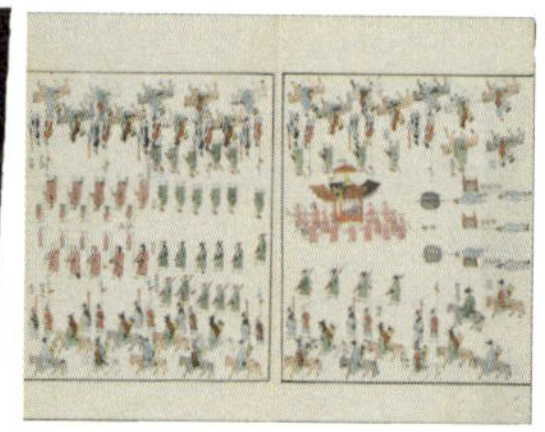

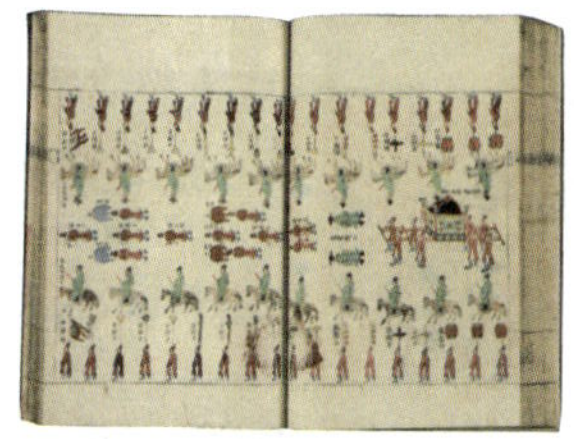

조선 왕실에서 거행한 주요 행사를 그림과 글로 기록한 책이에요. 임금과 왕비의 결혼, 세자 책봉, 임금의 행차 등의 행사가 상세히 기록되어 있어요. 의궤는 건국 초부터 편찬되었으나 조선 전기의 의궤는 임진왜란을 거치면서 소실되었고, 현존하는 가장 오래된 의궤는 선조 때 제작한 "의인왕후빈전혼전도감의궤"예요.

★ 고려대장경판 및 제경판(2007)

현존하는 세계 유일의 대장경판으로 팔만대장경을 말합니다. 몽골이 고려를 침입하였을 때 만들어졌어요. 조선 태조 때 옮겨져 현재까지 합천 해인사 장경판전에 보관되어 있어요.

★ 동의보감(2009)

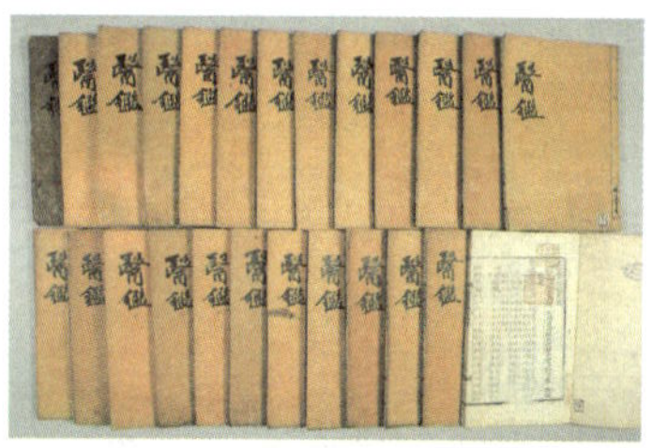

광해군 때인 1610년 허준이 완성한 의학 서적이에요. 동아시아에서 오랜 시간 축적해 온 의학 이론을 집대성한 책으로, 의학 서적으로는 최초로 세계 기록 유산으로 등재되었어요.

★ 일성록(2011)

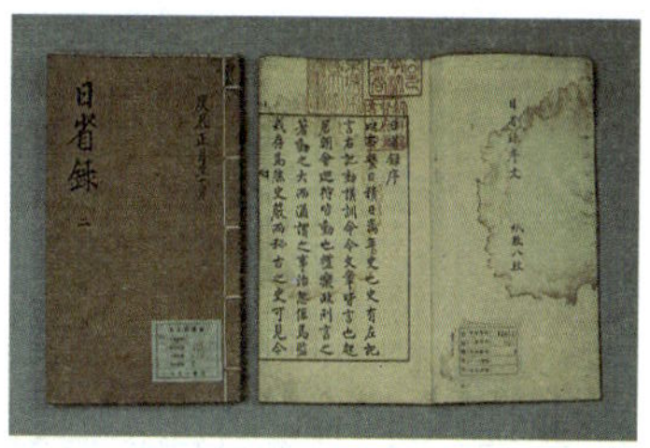

1760년부터 1910년까지 국왕의 동정과 국정을 기록한 일기예요. 정조가 세손 시절부터 쓰기 시작한 일기(존현각일기)에서 유래하였어요.

★ 1980년 인권 기록 유산 5·18 민주화 운동 기록물(2011)

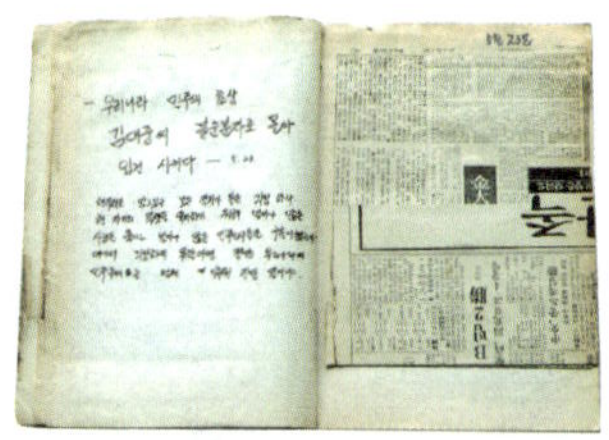

5·18 민주화 운동의 발생과 탄압에서부터 진상 조사 활동과 보상에 이르기까지의 기록물로, 민주주의와 인권 발전에 기여한 점을 인정받아 등재되었어요.

★ 난중일기 : 이순신 장군의 진중일기(2013)

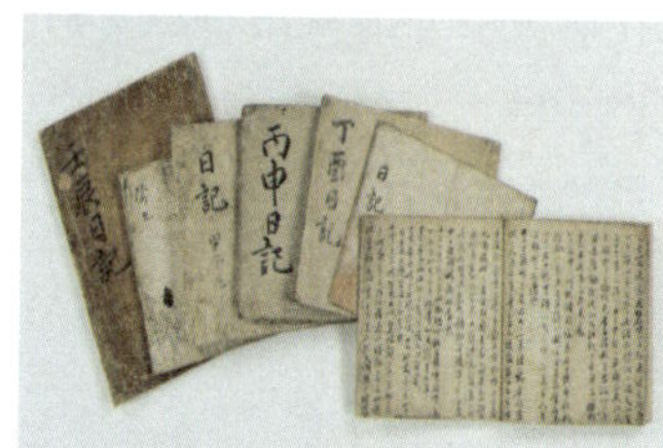

임진왜란 때 이순신이 작성한 일기로, 전투 상황과 결과뿐만 아니라 당시의 기후, 지형 등에 관한 기록도 있어 역사적 가치가 높아요.

# 4 유네스코와 유산 | 세계 기록 유산 |

★ 새마을 운동 기록물(2013)

1970년부터 1979년까지 전개된 새마을 운동과 관련된 기록물이에요. 새마을 운동은 농촌 개발과 빈곤 퇴치의 모범 사례로 인정받았어요.

★ 한국의 유교책판(2015)

조선 시대 유학자들의 서책 718종을 간행하기 위해 제작된 책판으로, 유교의 학문적 계승을 장기간 집단 지성으로 이루어 냈다는 점에서 가치를 인정받았어요.

★ 조선 통신사에 관한 기록 – 17~19세기 한·일 간 평화 구축과 문화 교류의 역사(2017)

일본 에도 막부의 요청으로 1607년부터 1811년까지 12회에 걸쳐 조선에서 일본으로 파견된 외교 사절단에 관한 자료입니다. 조선 통신사의 왕래로 두 나라는 외교뿐만 아니라 학술, 예술, 문화 등 다양한 분야에서 활발히 교류하였어요.

★ 4·19 혁명 기록물(2023)

1960년 2·28 민주 운동부터 4·19 혁명까지의 전후 과정과 관련된 1,019점의 기록물이에요. 1960년대 세계 학생 운동에 영향을 끼친 기록 유산으로서 세계사적 중요성을 인정받았어요.

★ 동학 농민 혁명 기록물(2023)

전봉준 공초

순교약력

1894년에 조선에서 일어난 동학 농민 운동과 관련된 185점의 기록물이에요. 조선 백성들이 주체가 되어 자유, 평등, 인권의 보편적 가치를 지향하였음을 보여 주는 기록으로서 세계사적 중요성을 인정받았어요.

★ KBS 특별생방송 '이산가족을 찾습니다' 기록물(2015)

한국방송공사(KBS)가 1983년 6월 30일부터 11월 14일까지 138일 동안 생방송으로 방영한 이산가족 찾기 운동과 관련된 영상물·사진 등의 기록물이에요.

★ 국채 보상 운동 기록물(2017)

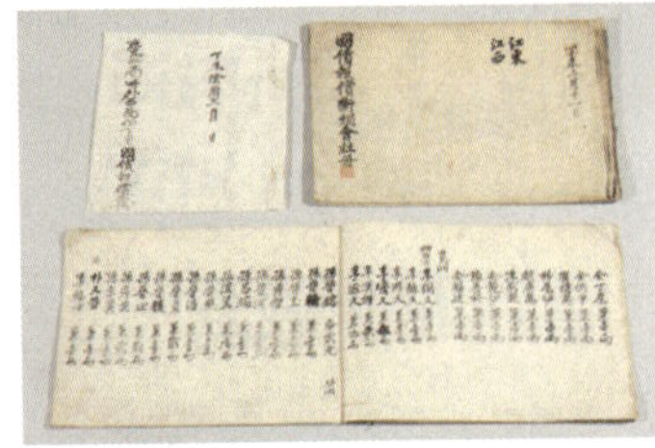

국가가 진 빚을 국민이 갚자는 취지로 1907년에 시작된 국채 보상 운동의 전 과정을 보여 주는 기록물이에요. 국가적 위기에 자발적으로 대응하는 시민적 '책임'을 보여 주는 기록물로 평가받고 있어요.

★ 조선 왕실 어보와 어책(2017)

조선 왕실은 왕의 즉위식이나 왕비나 세자·세자빈의 책봉 등 중요한 행사 때마다 의례용 인장인 어보와 의례에 대한 역사적 배경과 내용 등을 기록한 어책을 만들었어요. 신분과 재질에 따라 어보는 금보·옥보·은인, 어책은 옥책·죽책·금책 등으로 구별하였어요. 어보와 어책은 조선 건국 초부터 570여 년 동안 지속적으로 제작·봉헌되었으며, 왕실의 정통성과 권위를 상징하는 문화유산이에요.

★ 제주 4·3 기록물(2025)

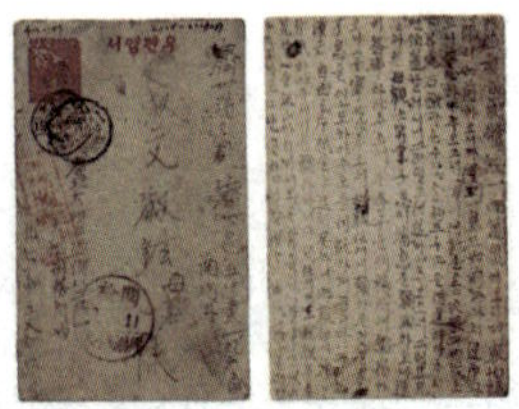

형무소에서 보내 온 엽서

제주 4·3 사건의 진상 규명과 명예 회복 과정을 담은 기록물이에요. 광복 이후 이념 갈등 속에서 벌어진 비극과 희생자들의 명예를 회복하기 위한 노력, 그리고 상처받은 제주 공동체가 화해와 상생을 이루기 위해 노력한 과정을 담고 있습니다.

★ 산림 녹화 기록물(2025)

6·25 전쟁 이후 황폐해진 국토를 복구하기 위해 정부와 국민이 함께 추진한 산림 녹화 사업의 전 과정을 담은 기록물입니다. 다른 나라의 산림 복구 사업뿐만 아니라 전 지구적 기후 변화 대응에 참고할 수 있는 모범 사례로 인정받았어요.

★ 종묘 제례 및 종묘 제례악(2001)

종묘 제례는 조선 왕실에서 거행한 국가 제사이고, 종묘 제례악은 종묘에서 제사를 드릴 때 연주하는 기악과 노래, 춤이에요.

★ 판소리(2003)

고수(북 치는 사람)의 장단에 맞추어 소리꾼이 창, 아니리(말), 너름새(몸짓)로 구연하는 공연으로, 우리 민족의 희로애락이 담겨 있어요.

★ 강릉 단오제(2005)

단옷날을 전후하여 강릉 지방에서 마을의 풍년을 빌고 재앙을 쫓기 위해 치르는 굿을 시작으로 펼쳐지는 향촌 제례 의식이에요.

★ 강강술래(2009)

정월 대보름이나 추석 때 남서부 지방에서 여러 사람이 손을 잡고 원을 그리며 돌면서 춤을 추고 노래 부르던 민속놀이입니다.

★ 남사당놀이(2009)

조선 후기에 남사당패가 마을을 돌면서 서민을 위해 공연한 놀이로, 당시 부조리한 사회를 풍자하거나 비판하였어요.

★ 영산재(2009)

사람이 죽은 지 49일 되는 날에 지내는 불교식 제사 의례인 49재의 한 형태로, 영혼을 천도하는 의식이에요. 범패와 춤 등의 불교 의식이 거행되었어요.

★ 처용무(2009)

동해 용왕의 아들로 사람 형상을 한 처용이 춤을 추어 천연두를 옮기는 역신으로부터 인간 아내를 구해 냈다는 설화가 전해지는데, 이를 바탕으로 만든 춤이에요.

★ 제주 칠머리당 영등굿(2009)

마을의 평안과 풍요를 기원하며 제주 마을 무당이 용왕, 산신, 바람의 여신 등에게 제사를 지내는, 우리나라에서 유일한 해녀 굿이에요.

★ 가곡, 국악 관현반주로 부르는 서정적 노래(2010)

우리나라 고유의 정형시에 곡을 붙여 국악 관현악 반주에 맞추어 부르던 전통 음악으로, 남창 26곡과 여창 15곡으로 구성되어 있어요.

★ 대목장, 한국의 전통 목조 건축(2010)

한국의 전통 목공 기술로 목조 건축물을 짓는 전 과정을 책임지는 장인을 대목장이라고 해요. 한국의 전통적인 건축 공정을 계승하고 있어요.

★ 매사냥, 살아 있는 인류 유산(2010)

훈련된 매를 이용하여 사냥하는 것으로, 4000년 이상 지속되어 왔어요. 18개 국가가 공동으로 참여하여 공동 등재되었습니다.

★ 줄타기(2011)

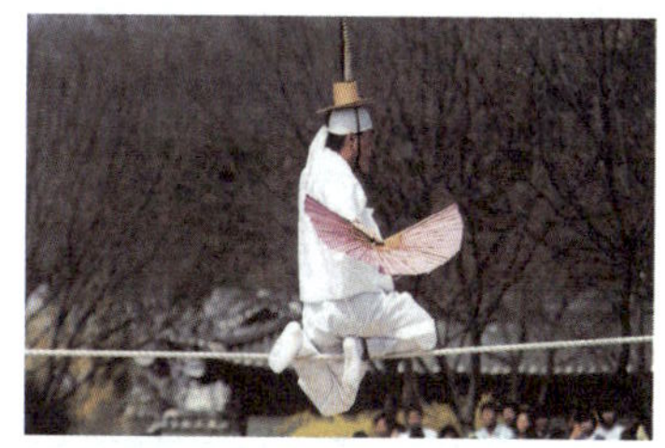

공중에 맨 줄 위를 곡예사가 걸으며 노래, 춤, 곡예 등 재주를 보이는 전통 공연 예술로, 곡예사와 구경꾼이 함께 어우러지는 놀이판이에요.

# 유네스코와 유산 | 무형 문화유산 |

### ★ 택견, 한국의 전통 무술(2011)

유연하고 율동적인 춤과 같은 동작이 특징이며, 격렬한 투기이지만 상대방에게 상해를 입히지 않는 경기 방법으로 배려를 중시하고 정신 수양을 강조해요.

### ★ 농악(2014)

공동체 의식과 농촌 사회의 여흥 활동에서 유래한 대중적인 공연 예술의 하나입니다. 타악기 합주와 함께 전통 관악기 연주, 행진, 춤, 연극, 기예 등이 함께 어우러진 공연으로서, 한국을 대표하는 공연 예술로 발전해 왔어요.

### ★ 연등회, 한국의 등 축제(2020)

초파일(음력 4월 8일), 부처님 오신 날이 다가오면 전국적으로 등불이 밝혀지고 형형색색의 등불을 든 사람들의 행렬이 이어집니다. 연등회는 종교 의식으로 시작되었는데, 오늘날 누구나 참여하는 축제로 자리매김하였어요.

### ★ 한산 모시짜기(2011)

모시짜기는 모시풀이라는 자연 재료를 이용하여 베틀에서 모시 옷감을 짜는 기술로, 한산 지역의 모시 품질이 우수한 것으로 유명해요.

### ★ 줄다리기(2015)

두 팀으로 나누어 마주 잡은 줄을 반대 방향으로 당기는 놀이로, 동아시아와 동남아시아 벼농사 문화권에서 널리 행해졌어요. 풍작을 기원하고 공동체 구성원 간의 화합과 단결을 바라는 마음이 반영되어 있어요.

### ★ 한국의 탈춤(2022)

하회 별신굿 탈놀이

양주 별산대놀이, 하회 별신굿 탈놀이 등 18개 종목이 지정되었어요. 한국의 탈춤이 강조하는 보편적 평등의 가치와 신분제에 대한 비판이 오늘날에도 의미 있으며, 각 지역의 문화적 정체성에 상징적인 역할을 하는 점 등이 높은 평가를 받았어요.

### ★ 아리랑, 한국의 서정 민요(2012)

지역마다 독특한 형태로 재창조되고 있는 민요로, 강원도의 '정선 아리랑', 호남 지역의 '진도 아리랑', 경상남도의 '밀양 아리랑'이 유명해요.

### ★ 제주 해녀 문화(2016)

제주 해녀는 산소 공급 장치 없이 바닷속으로 잠수하여 약 1분간 숨을 참으며 해산물을 채취한다고 해요. 제주 해녀가 반복된 경험을 통해 습득한 지식은 제주 해녀 공동체 안에서 전승되고 있습니다.

### ★ 한국의 장 담그기 문화(2024)

'장 담그기 문화'는 우리나라의 전통 발효 식품인 장을 만들고 관리하며 이를 활용하는 데 필요한 지식과 신념, 기술을 모두 포함합니다. 장을 담그는 공동의 행위가 관련 공동체의 평화와 소속감을 형성한다는 점에서 그 가치를 인정받았어요.

### ★ 김장, 김치를 담그고 나누는 문화(2013)

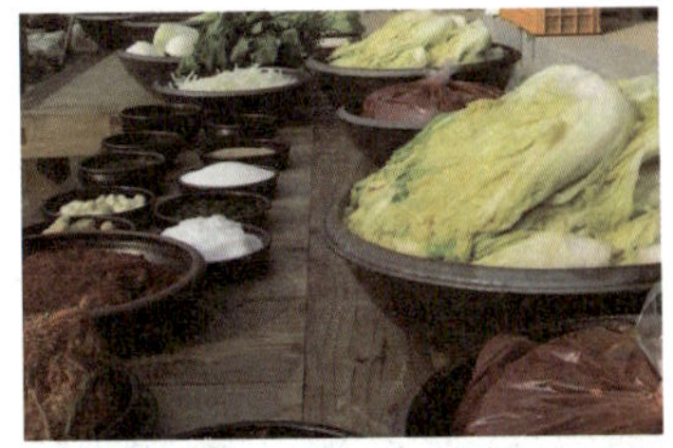

김치는 다양한 양념을 발효시킨 한국식 채소 저장 식품으로, 겨울을 나기 위해 많은 양의 김치를 담갔어요. 김장 문화는 한국의 자연·주거 환경에 맞는 음식 문화입니다.

### ★ 씨름, 한국의 전통 레슬링(2018)

두 명의 선수가 허리 둘레에 천으로 된 띠를 찬 상태에서 서로의 허리띠를 잡고 상대를 바닥에 넘어뜨리기 위해 다양한 기술을 사용하는 레슬링의 일종입니다. 남북한이 신청하여 공동 등재되었어요.

**1** (가) 궁궐에 대한 설명으로 옳은 것은? [3점]

심화 64회 18번

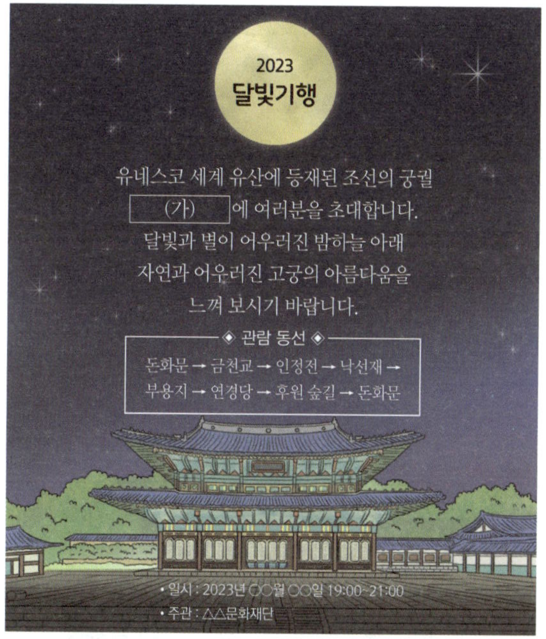

2023
달빛기행
유네스코 세계 유산에 등재된 조선의 궁궐
(가) 에 여러분을 초대합니다.
달빛과 별이 어우러진 밤하늘 아래
자연과 어우러진 고궁의 아름다움을
느껴 보시기 바랍니다.
◈ 관람 동선 ◈
돈화문 → 금천교 → 인정전 → 낙선재 →
부용지 → 연경당 → 후원 숲길 → 돈화문
• 일시 : 2023년 ○○월 ○○일 19:00~21:00
• 주관 : △△문화재단


① 일제에 의해 동물원 등이 설치되었다.
② 도성 내 서쪽에 있어 서궐이라고 불렸다.
③ 인목 대비가 광해군에 의해 유폐된 장소이다.
④ 정도전이 궁궐과 주요 전각의 명칭을 정하였다.
⑤ 태종이 도읍을 한양으로 다시 옮기며 건립하였다.

**1 창덕궁** 정답 ⑤

정답 찾기 유네스코 세계 유산으로 등재된 조선의 궁궐이라는 내용과 '돈화문', '인정전' 등을 통해 (가) 궁궐이 창덕궁임을 알 수 있어요. ⑤ 조선 태종은 개경에서 한양으로 다시 도읍을 옮기면서 창덕궁을 건립하였어요.

오답 피하기 ① 일제는 창경궁을 훼손하고 내부에 동물원과 식물원을 설치하였으며 이름을 창경원으로 격하시켰어요.
② 도성 내 서쪽에 있어 서궐이라고 불린 궁궐은 경희궁이에요. 창덕궁은 창경궁과 함께 동궐이라고 불렸어요.
③ 광해군은 선조의 계비인 인목 대비를 경운궁에 유폐하였어요. 경운궁은 지금의 덕수궁이에요.
④ 정도전은 경복궁과 경복궁 내 주요 전각의 이름을 정하였어요.

**2** (가) 지역에 대한 탐구 활동으로 가장 적절한 것은? [2점]

심화 75회 09번

① 정약전이 자산어보를 저술한 곳을 알아본다.
② 비담과 염종이 반란을 일으킨 곳을 찾아본다.
③ 성왕이 새로운 도읍지로 정한 곳을 검색한다.
④ 윤충이 의자왕의 명을 받아 함락시킨 곳을 확인한다.
⑤ 신립이 배수의 진을 치고 왜군과 맞선 곳을 답사한다.

**2 부여** 정답 ③

정답 찾기 '부소산성', '정림사지', '능산리 고분군' 등을 통해 (가) 지역이 부여임을 알 수 있어요. ③ 백제 성왕은 웅진(지금의 공주)에서 사비(지금의 부여)로 수도를 옮겼어요.

오답 피하기 ① 흑산도, ② 경주, ⑤ 충주에 대한 탐구 활동이에요. ④ 윤충은 백제 의자왕의 명을 받아 현재 경상남도 합천에 있던 대야성을 함락시켰어요.

**3** 심화 73회 19번

(가)~(마)에 대한 설명으로 옳지 않은 것은? [3점]

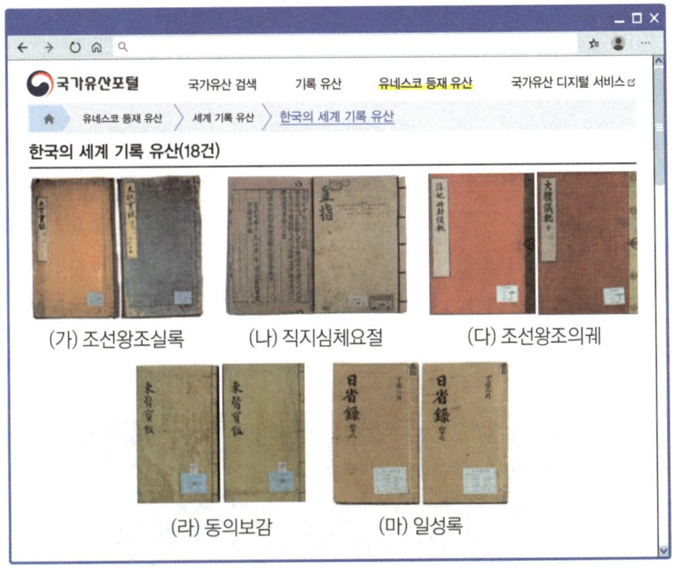


① (가) - 사초와 시정기 등을 종합하여 편찬하였다.
② (나) - 청주 흥덕사에서 금속 활자본으로 간행되었다.
③ (다) - 병인양요 당시 일부가 프랑스군에게 약탈되었다.
④ (라) - 허준이 우리나라와 중국의 의서를 망라하여 집대성하였다.
⑤ (마) - 국왕의 비서 기관에서 발행한 관보이다.

**3 한국의 세계 기록 유산** 정답 ⑤

정답 찾기 ⑤ 조선 시대 승정원에서 관보 성격의 조보를 발행하였어요. "일성록"은 조선 정조가 세손 시절부터 기록한 일기에서 유래하였으며, 국왕의 동정과 국정 운영을 일기 형식으로 기록한 책이에요.

오답 피하기 ① "조선왕조실록"은 각 왕별로 역사적 사실을 기록한 편년체 역사서입니다. 대체로 선왕이 죽은 후 다음 왕의 즉위 초기에 편찬이 이루어지는데 실록청에서 사초와 시정기 등을 종합하여 편찬하였어요.
② "직지심체요절"은 현존하는 세계에서 가장 오래된 금속 활자본으로, 고려 말에 청주 흥덕사에서 간행되었어요. 현재는 프랑스 국립 도서관에 보관되어 있어요.
③ "조선왕조의궤"는 조선 시대 왕실이나 국가의 큰 행사가 있을 때 일체의 관련 사실을 글과 그림으로 기록한 책이에요. 병인양요 당시 프랑스군이 의궤를 비롯한 외규장각 도서를 약탈하였어요.
④ 조선 광해군 때 허준이 우리나라와 중국의 의서를 망라하여 집대성한 "동의보감"을 간행하였어요. "동의보감"은 의학 서적으로는 최초로 유네스코 세계 기록 유산에 등재되었어요.

**4** 심화 71회 30번

(가)에 대한 설명으로 옳은 것은? [2점]

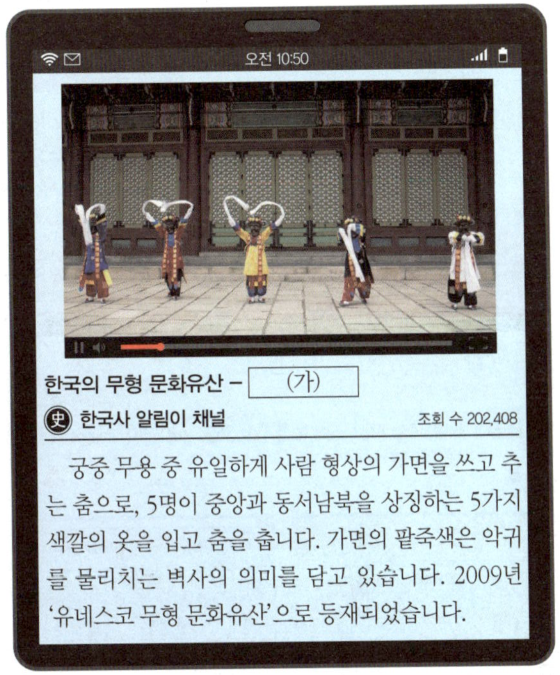

오전 10:50
한국의 무형 문화유산 – (가)
한국사 알림이 채널
조회 수 202,408
궁중 무용 중 유일하게 사람 형상의 가면을 쓰고 추는 춤으로, 5명이 중앙과 동서남북을 상징하는 5가지 색깔의 옷을 입고 춤을 춥니다. 가면의 팥죽색은 악귀를 물리치는 벽사의 의미를 담고 있습니다. 2009년 '유네스코 무형 문화유산'으로 등재되었습니다.


① 처용 설화를 바탕으로 하였다.
② 종묘에서 행하는 제향 의식이다.
③ 부처의 영취산 설법 모습을 재현하였다.
④ 창과 아니리, 너름새 등으로 구성되었다.
⑤ 양반, 파계승 등을 풍자하는 내용이 담겨 있다.

**4 처용무** 정답 ①

정답 찾기 궁중 무용 중 유일하게 사람 형상의 가면을 쓰고 추는 춤이며, 유네스코 무형 문화유산으로 등재되었다는 내용을 통해 (가)는 처용무임을 알 수 있어요. ① 처용무는 사람 형상을 한 처용이 춤을 추어 천연두를 옮기는 역신으로부터 인간 아내를 구해 냈다는 처용 설화를 바탕으로 만들어진 춤이에요.

오답 피하기 ② 종묘 제례, ③ 영산재, ④ 판소리, ⑤ 탈놀이에 대한 설명이에요. 종묘 제례 및 종묘 제례악은 2001년에, 영산재는 2009년에, 판소리는 2003년에, 한국의 탈춤(양주 별산대놀이 등 18개 종목)은 2022년에 유네스코 무형 문화유산으로 등재되었어요.

[1~2] 다음 자료를 읽고 물음에 답하시오.

> (가) 만적 등 6명이 북산에서 나무하다가 공사 노비를 불러 모아 모의하기를, "국가에서 경인년·계사년 이후로 높은 벼슬이 천한 노비에게서 많이 나왔으니, 장수와 재상이 어찌 종자가 있으랴. …… 그 주인을 죽이고 노비 문서를 불태워 삼한에서 천인을 없애면 모두 공경 장상이 될 수 있을 것이다."라고 하였다.
>
> (나) 왕 7년, 노비를 안검하여 그 시비를 분별하도록 명하자, 노비로 주인을 배반한 자가 매우 많아지고 윗사람을 능멸하는 풍조가 크게 행해졌다. 사람들이 모두 탄식하고 원망하였다. 대목 왕후가 이를 간절히 간언하였으나 왕은 받아들이지 않았다.
>
> (다) 1. 문벌, 양반과 상인들의 등급을 없애고 귀천에 관계없이 인재를 선발하여 등용한다.
> 1. 과부가 재가하는 것은 귀천을 막론하고 자신의 의사대로 하게 한다.
> 1. 공노비와 사노비에 관한 법을 일체 혁파하고 사람을 사고파는 일을 금지한다.
>
> (라) "임금이 백성을 대할 때는 귀천이 없고 내외 없이 고루 균등하게 적자(赤子)로 여겨야 하는데, 노(奴)와 비(婢)라고 하여 구분하는 것이 어찌 똑같이 동포로 여기는 뜻이겠는가. 내노비 36,974명과 시노비 29,093명을 모두 양민으로 삼도록 하라. 그리고 승정원으로 하여금 노비 문서를 거두어 돈화문 밖에서 불태우도록 하라."

**1** (가)~(라)를 일어난 순서대로 옳게 나열한 것은? [3점]

심화 67회 47번

① (가) - (나) - (다) - (라)
② (가) - (나) - (라) - (다)
③ (나) - (가) - (라) - (다)
④ (나) - (다) - (가) - (라)
⑤ (다) - (라) - (나) - (가)

**2** (가)~(라)를 활용한 탐구 활동으로 적절한 것을 〈보기〉에서 고른 것은? [2점]

심화 67회 48번

보기

ㄱ. (가) - 무신 집권기에 발생한 하층민의 봉기에 대해 알아본다.
ㄴ. (나) - 호족의 경제적 기반을 약화시킨 제도를 살펴본다.
ㄷ. (다) - 균역법이 시행되는 배경을 파악한다.
ㄹ. (라) - 삼정이정청이 설치된 계기를 조사한다.

① ㄱ, ㄴ ② ㄱ, ㄷ ③ ㄴ, ㄷ ④ ㄴ, ㄹ ⑤ ㄷ, ㄹ

**1 역사 속 노비 신분의 변화** 정답 ③

정답 찾기

(가) 만적 등이 공사 노비를 불러 모아 노비 문서를 불태울 것 등을 모의하였다는 내용을 통해 고려 무신 집권기에 일어난 만적의 난에 관한 자료임을 알 수 있어요. 무신 집권기에 개경에서 노비 만적이 신분 해방을 도모하는 반란을 모의하였으나 사전에 계획이 발각되어 실패하였어요.

(나) 왕이 노비를 안검하여 그 시비를 분별하도록 명하였다는 내용을 통해 고려 광종 때의 노비안검법 시행에 관한 자료임을 알 수 있어요. 광종은 공신과 호족의 세력 기반을 약화하고 국가 재정을 확충하기 위해 노비안검법을 실시하여 본래 양인이었으나 억울하게 노비가 된 사람의 신분을 되돌려 주었어요.

(다) 과부의 재가를 허용하고, 공사 노비법을 혁파한다는 내용을 통해 조선 고종 때 추진된 제1차 갑오개혁에 관한 자료임을 알 수 있어요. 제1차 갑오개혁으로 신분제와 노비제가 혁파되었어요.

(라) 내노비와 시노비 6만여 명을 모두 양민으로 삼도록 하라는 내용을 통해 조선 순조 때의 공노비 해방에 관한 자료임을 알 수 있어요. 순조는 군역 대상자를 확보하고 국가 재정을 확충하기 위해 각 궁방과 중앙 관서의 공노비를 해방하였어요.

따라서 일어난 순서대로 나열하면 ③ (나) 노비안검법 시행(고려 광종, 956) → (가) 만적의 난(고려 무신 집권기, 1198) → (라) 공노비 해방(조선 순조, 1801) → (다) 제1차 갑오개혁(조선 고종, 1894)입니다.

**2 역사 속 노비 관련 사건** 정답 ①

정답 찾기

ㄱ. 만적의 난은 무신 최충헌이 집권한 시기에 일어났어요. 무신 집권기에 지배층의 수탈이 더욱 심해지자 망이·망소이의 난, 김사미와 효심의 난, 만적의 난 등 하층민의 봉기가 각지에서 일어났어요.

ㄴ. 호족의 경제·군사적 기반이었던 노비를 양인으로 되돌리는 노비안검법의 시행으로 호족의 세력 기반이 약화되었어요.

오답 피하기

ㄷ. 조선 영조는 군포 징수와 관련하여 여러 폐단이 발생하고 백성의 부담이 커지자 군역 부담을 줄이기 위해 균역법을 시행하였어요.

ㄹ. 1862년에 진주에서 일어난 농민 봉기를 수습하고자 파견된 안핵사 박규수의 건의에 따라 삼정의 문란을 바로잡기 위해 삼정이정청이 설치되었어요.

**3** ㉠~㉤에 대한 설명으로 적절하지 않은 것은? [3점]

심화 74회 50번

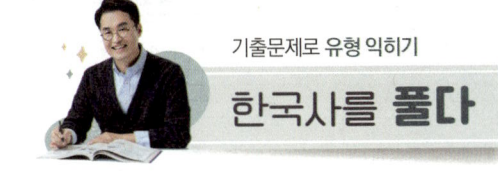

> **한국사 톺아보기** *역사 속 관리 선발 방식*
>
> 신라는 국학 학생 등을 대상으로 유교 경전에 대한 이해 정도를 평가하여 관리로 선발하는 ㉠ 독서삼품과를 마련하였다. 하지만 골품제 때문에 관료제 운영에 큰 기능을 발휘하지 못하였다.
>
> 고려 시대에는 시험을 통해 인재를 등용하는 ㉡ 과거가 도입되어 운영되면서 제술과, 명경과, 잡과가 승과와 함께 시행되었다. 그러나 반드시 과거로만 관직에 진출하는 것이 아니라, 음서 등으로 관직에 진출하기도 하였다.
>
> 조선 시대의 관리는 과거, 취재, 음서, 천거 등을 통해 선발되었다. 과거는 ㉢ 문과, 무과, 잡과로 구성되었는데 문과와 무과를 중심으로 하여 양반 관료 체제가 갖추어졌다. 한편, 조선 중기에는 ㉣ 현량과를 통해서 조정에 진출한 신진 세력들이 훈구 세력의 부정과 비리를 비판하기도 하였다.
>
> 개항기에는 군국기무처의 주도로 과거를 폐지하고 별도의 ㉤ 선거 조례를 제정하여 과거 시험에서 평가하였던 유교 경전에 대한 지식이나 문장력보다는 실무에 적합한 재능과 능력을 갖춘 인재를 관리로 등용하고자 하였다.

① ㉠ - 원성왕 재위 시기에 시행되었다.
② ㉡ - 쌍기의 건의를 수용하여 실시하였다.
③ ㉢ - 식년시, 알성시, 증광시 등으로 운영되었다.
④ ㉣ - 중종 때 조광조를 비롯한 사림들이 실시를 주장하였다.
⑤ ㉤ - 대한 제국 수립 이후 개혁의 일환으로 처음 단행되었다.

### 3 관리 선발 방식 정답 ⑤

**정답 찾기** ⑤ 1894년 제1차 갑오개혁 때 군국기무처의 주도로 과거제가 폐지되고 별도의 선거 조례가 제정되어 관리가 선발되었어요. 대한 제국 수립 이후 광무개혁이 추진되는 가운데 관립 상공 학교, 관립 의학교 등이 설립되었고 정부는 주로 이와 같은 근대적 학교의 졸업생, 유학생 등을 관리로 채용하였어요.

**오답 피하기**
① 신라 원성왕은 유교적 소양을 갖춘 관리를 등용하기 위해 독서삼품과를 시행하였어요.
② 고려 광종은 쌍기의 건의를 받아들여 시험을 통해 관리를 선발하는 과거제를 실시하였어요.
③ 조선 시대의 문과는 정기적으로 3년마다 한 번씩 시행된 식년시, 왕이 문묘에 참배한 후 시행된 알성시, 나라에 경사가 있을 때 시행된 증광시 등을 통해 시행되었어요.
④ 조선 중종 때 조광조 등 사림이 추천을 통해 관리를 임용하는 제도인 현량과 실시를 건의하였어요.

**4** ㉠~㉤에 대한 설명으로 적절하지 않은 것은? [2점]

심화 70회 48번

> **기록으로 만나는 사회 보장 제도**
>
> 개요 | 일반 문서류 | 사진 기록물 | 동영상 기록물
>
> 국민 기초 생활 보장법 > / 주요 경과 > / 관련 기록 >
>
> **국민의 생활을 보장하다**
>
> 1999년 제정된 국민 기초 생활 보장법은 국민 생활 보호 제도를 대체하여 2000년 10월 1일부터 본격 시행되었다. 이는 저소득층에 대한 국가의 책임을 강화하는 사회 보장 제도로의 전환을 의미한다. 오늘날 사회 보장 제도는 민생 안정을 위한 역사 속 사회 시책에서도 그 뿌리를 찾아볼 수 있다. 삼국 시대 고구려에서 실시한 ㉠ 진대법, 고려 시대 ㉡ 의창과 ㉢ 제위보의 설치, 조선 시대 ㉣ 환곡제와 ㉤ 사창제의 운영은 오늘날 사회 보장 제도의 범주에 해당한다.

① ㉠ - 고국천왕이 시행하였다.
② ㉡ - 성종이 흑창을 확대 개편하여 설치하였다.
③ ㉢ - 기금을 모아 그 이자로 빈민을 구휼하였다.
④ ㉣ - 세도 정치기에 농민을 수탈하는 수단으로 변질되었다.
⑤ ㉤ - 구제도감을 두어 백성을 구호하였다.

### 4 기록으로 만나는 사회 보장 제도 정답 ⑤

**정답 찾기** ⑤ 구제도감은 고려 시대에 전염병 등 재해가 발생하였을 때 환자의 질병 치료 및 병사자의 매장을 담당한 임시 관청이에요. 사창제는 조선 고종 때 흥선 대원군이 환곡의 폐단을 바로잡기 위해 시행하였어요. 향촌에서 덕망 있는 사람이 환곡을 자치적으로 운영하게 한 제도입니다.

**오답 피하기**
① 고구려 고국천왕은 재상 을파소의 건의를 받아들여 빈민을 구제하기 위해 진대법을 시행하였어요.
② 고려 성종은 태조 때 설치된 빈민 구제 기구인 흑창을 의창으로 확대 개편하였어요.
③ 고려 시대에는 기금을 모아 그 이자로 빈민을 구휼하는 제위보가 운영되었어요.
④ 환곡제는 식량이 모자라는 봄에 곡식을 빌려주고 추수한 뒤에 이자를 붙여 갚도록 한 구휼 제도입니다. 그러나 세도 정치기에 규정 이상으로 환곡의 수량을 늘리거나 강제로 곡식을 빌려주는 등 농민을 수탈하는 수단으로 변질되었어요.

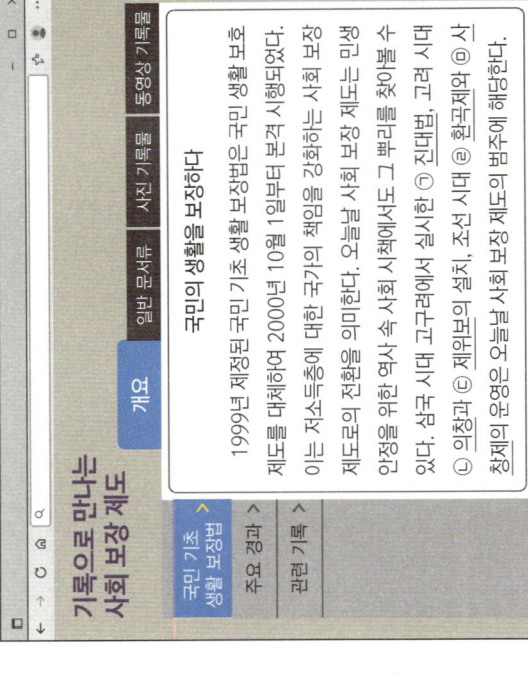

5 (가)~(라)를 발표된 순서대로 옳게 나열한 것은? [3점]

심화 75회 38번

(가) 제1조 대한국은 세계 만국에 공인된 자주독립 제국이다.
제2조 대한 제국의 정치는 만세에 걸쳐 불변할 전제 정치이다.
제3조 대한국 대황제는 무한한 군권(君權)을 누린다.

(나) 중추원은 아래에 열거한 사항을 심사하고 회의하여 결정하는 곳으로 할 것이다.
1. 법률, 칙령의 제정, 폐지, 개정에 관한 사항
6. …… 중추원 의관의 절반은 정부에서 나라에 공로가 있는 사람을 추천하고, 그 절반은 인민 협회 중에서 27세 이상으로 정치·법률·학식에 통달한 자를 투표해서 선거할 것이다.

(다) 제1조 대한민국은 민주 공화국이다.
제2조 대한민국의 주권은 국민에게 있고 모든 권력은 국민으로부터 나온다.
제102조 이 헌법을 제정한 국회는 이 헌법에 의한 국회로서의 권한을 행하며 그 의원의 임기는 국회 개회일로부터 2년으로 한다.

(라) 융희 황제가 삼보(三寶)를 포기한 8월 29일은 즉 우리 동지가 삼보를 계승한 8월 29일이니 그 사이 순간도 멈춘 적이 없다. 우리 동지는 완전한 상속자이니 저 황제권이 소멸한 시점은 즉 민권이 발생한 시점이오, 옛 한국의 마지막 1일은 즉 신한국 최초의 1일이다.

① (가) - (나) - (다) - (라)
② (가) - (나) - (라) - (다)
③ (나) - (가) - (라) - (다)
④ (나) - (다) - (가) - (라)
⑤ (다) - (라) - (나) - (가)

**5 정치 체제의 발전 과정** 정답 ③

정답 찾기 (가)는 대한국 국제입니다. 고종은 러시아 공사관에서 환궁한 후 대한 제국의 수립을 선포하고 1899년에 대한국 국제를 반포하였어요. (나)는 헌의 6조 결의 이후 개정된 중추원 관제입니다. 독립 협회가 1898년에 헌의 6조를 결의한 후 박정양 내각은 독립 협회의 요구를 받아들여 중추원 관제를 개편하였어요. (다)는 제헌 헌법입니다. 1948년 5·10 총선거를 통해 구성된 제헌 국회는 제헌 헌법을 제정하였어요. (라)는 대동단결 선언입니다. 신규식, 신채호, 조소앙 등은 1917년에 대동단결 선언을 발표하여 주권이 국민에게 있음을 밝히고 해외 동포를 중심으로 임시 정부를 만들어야 한다고 주장하였어요. 따라서 발표된 순서대로 나열하면 ③ (나) → (가) → (라) → (다)입니다.

6 (가)~(마)의 설명과 사진을 연결한 것으로 옳지 않은 것은? [3점]

심화 68회 49번

(가) 태토와 유약이 모두 백색이고 1,200도 이상에서 구워 만든 자기다. 영국 여왕 엘리자베스 2세가 이 자기 중 하나를 보면서 '세상에서 제일 아름다운 그릇'이라는 찬사를 보냈다.

(나) 철분이 약간 함유된 태토에 유약을 입혀 고온에서 구워 낸 자기다. 송 사신 서긍은 "푸른 빛깔을 고려인은 비색(翡色)이라 하는데 근래에 들어 빛깔이 더욱 좋아졌다."고 하였다.

(다) 회색 태토 위에 백토로 표면을 분장한 뒤에 유약을 입혀 구운 자기다. 고유섭이 회청색을 띠는 사기라는 의미로 '분장회청사기(분청사기)'라 하였다.

(라) 초벌구이한 백자 위에 코발트로 그림 그린 후 유약을 발라 구운 자기다. 코발트는 수입산 안료였기에 예종은 관찰사를 통해 백성들이 회회청(코발트)을 구해 오도록 독려할 정도였다.

(마) 표면에 무늬를 파고 백토와 자토를 그 자리에 넣어 초벌구이한 후 유약을 발라 구워 낸 자기다. 최순우는 "고려 사람들은 비색의 자기에 영롱한 수를 놓는 방법을 궁리해 냈다."고 하였다.

① (가) 
② (나) 
③ (다) 
④ (라) 
⑤ (마) 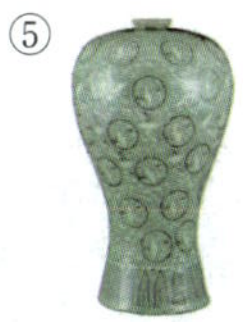

**6 여러 가지 자기의 특징** 정답 ③

정답 찾기 (가) 백자에 대한 설명이에요. 백자는 조선 시대에 많이 만들어졌으며, 깨끗하고 검소한 아름다움을 가져 사대부가 선호하였어요. (나) 고려 청자에 대한 설명이에요. 비색이라고 불리는 신비한 푸른빛의 아름다움으로 유명하였어요. 고려 전기에는 무늬가 없는 순청자가 많이 제작되었습니다. (다) 분청사기에 대한 설명이에요. 분청사기는 조선 전기에 많이 제작되었으며, 자유롭고 실용적인 형태와 다양한 무늬를 가진 것이 특징이에요. (라) 청화 백자에 대한 설명이에요. 청화 백자는 조선 후기에 유행하였습니다. (마) 상감 기법을 이용한 상감 청자에 대한 설명이에요. 상감 청자는 고려의 독창적인 공예품이에요. ③ 청동기 시대의 민무늬 토기 형식인 가지무늬 토기입니다.

오답 피하기 ① 조선 시대에 만들어진 백자 달항아리, ② 고려 시대에 만들어진 청자 오리 모양 연적, ④ 조선 후기에 만들어진 백자 청화 매죽문 항아리, ⑤ 고려 시대에 만들어진 상감 청자인 청자 상감 운학문 매병입니다.

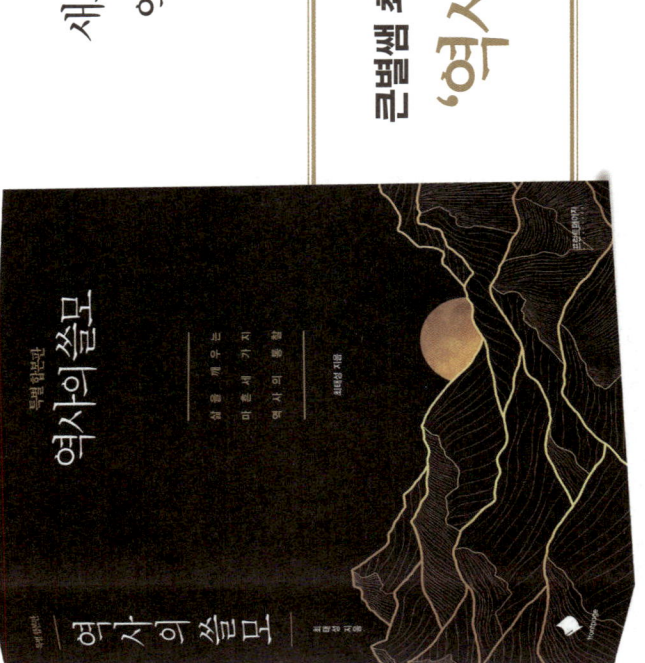

# 3대 온라인 서점 1위

YES24.COM / 알라딘 / KYOBO 교보문고

[3대 온라인 서점 베스트셀러 1위] YES24 2024 수험서 자격증 분야 「2024 큰별쌤 최태성의 별별한국사 한국사능력검정시험 심화(1,2,3급) 상」 베스트 1위 기준 <2024.12 확인> / 알라딘 월간 베스트 수험서/자격증 「2024 큰별쌤 최태성의 별별한국사 한국사능력검정시험 심화(1,2,3급) 상」 2024년 6월 1위 기준 <2024.12 확인> / 교보문고 베스트셀러 국내도서> 인문> 언어학> 한국어/한국사/한자능력시험> 한국사능력검정시험 「2024 큰별쌤 최태성의 별별한국사 한국사능력검정시험 심화(1,2,3급) 하」 1위 기준 <2024.12 확인>
[YES24 2024 종합 베스트셀러 TOP 20] YES24 '2024 베스트셀러 트렌드' 페이지> 2024 종합 베스트 100 「2024 큰별쌤 최태성의 별별한국사 한국사능력검정시험 심화(1,2,3급) 상」 기준

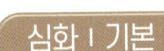

| | | |
|---|---|---|
| 누적 도서 판매 부수 | **442만** | 2012. 01~2025. 10 저자 집필 한능검 시험 관련 서적 기준 |
| 누적 수강생 수 | **700만** | 2002. 03~2025. 10 EBS, 이투스 누적 수강생 데이터 기준 |
| 누적 조회 수 | **1억 6천만** | 2020. 04~2025. 10 유튜브 최태성1TV 조회 수 기준 |

## 정통파

큰별쌤의 아트 판서와 함께
**1달 동안 흐름을 정리하는**

**한국사능력검정시험**

심화 | 기본

## 문제풀이파

기출문제로 **실전 감각을 키우는**

회차별 구성

**기출 500제**

심화 | 기본

시대별, 주제별 구성

**시대별 기출문제집**

심화 | 기본

## 속성파

큰별쌤이 요약한 필수 개념으로
**7일 만에 끝내는**

**7일의 기적**

심화 | 기본

# 별★별 한국사 한국사능력검정시험 시리즈
# 이미 많은 분들이 합격으로 검증해 주셨습니다!

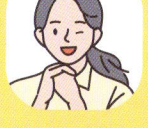

## 시험 이상의 쓸모를 찾는 강의

송*지(eu***8794)

임용고시 응시를 위해 큰별쌤 강의를 보기 시작했습니다. 역사는 암기 과목이라고 생각했기 때문에 겁을 많이 먹고 시작했는데 선생님의 아트 판서와 일목요연한 강의를 들으니 필요 없는 걱정이었다는 것을 느끼게 되었습니다. … 그리고 전 임용고시를 준비 중인 수험생이면서 고등학생 아이들을 가르치는 기간제 교사인데, 강의 속 큰별쌤의 학습 전 동기부여와 가슴을 울리는 응원멘트를 들으면서 '나는 어떤 어른이, 어떤 교사가 될 것인가' 라는 생각을 하게 되었습니다. 그래서 개학을 한 현재 무작정 지식 전달이 아닌 학생들이 '왜?'라는 의문을 가지고 수업에 참여할 수 있게끔 하는 방안을 모색하고 시도 중입니다. 저도 최태성 선생님처럼 '선생님'이라는 단어가 어울리는 어른이 되고 싶습니다.

매국노 탈출했습니다~

한능검 준비하다 감동 먹었습니다.

최태성 선생님 강의 덕분에 100점이라는 결과물을 얻었어요!

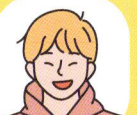

## 4일 공부하고 1급 합격! 감사합니다!!

이*진(dldb***128)

제가 워낙 벼락치기파라 체념하는 마음으로 고사장까지 갔는데 88점으로 1급 합격했습니다. 고득점은 아니지만 그래도 합격해서 마음은 흡족하네요ㅎㅎ 훌륭한 퀄리티의 강의를 무료로 제공해 주셔서 정말 감사합니다. 판서 내용이 워낙 깔끔해서 핵심만 공부해도 합격 완전 가능입니다. 시간이 없어서 하루에 10강씩 듣고, 기출은 교재에 수록된 문제만 겨우 풀어보고 시험을 봤습니다. 저는 어렸을 때부터 역사를 좋아해서 어느 정도 베이스가 있었고, 운도 따라주었기에 합격한 것 같습니다. 혹시나 이 후기를 읽으실 다른 수험생들께서는 최소 일주일은 잡고 여유 있게 기출 선지까지 보신 후 시험을 본다면 훨씬 고득점을 받으실 수 있을 것 같습니다.

한국사 능력검정 시험 대비 탑 강좌라고 생각합니다.

공부보다 더 큰 걸 배우는 것 같습니다.

수강 후기라고 써놓고 추천이라고 읽네요. ㅋ

## 학교 다닐 때보다 더 흥미를 갖게 해주는 강의

최*영(c****91)

뒤늦게 한능검 준비하는데 최태성 선생님 덕분에 더욱 확실하고 비장하게 준비하고 있습니다.
차근차근 하다 보니 책장 한 칸이 선생님 이름으로 채워지고 있어요.ㅎㅎ
한국사 단순 암기에 질려버렸던 학생 시절이 아쉬울 정도로 흥미가 생겨요.
열심히 공부하는 분들은 다 아는 내용일 수 있지만 역사적 순서가 헷갈리거나 뭔가 건너뛴 느낌이 드는 부분을 채운다거나 단순 암기가 싫고 역사의 흐름이 중요한 사람들에게 완전 추천하는 강의입니다.

큰별쌤 덕분에 시작한지 2주 만에 합격했어요!

0에서 100이 되는 강의!

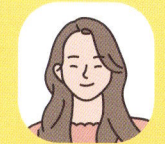

## 심화 1급 받고 신나서 자발적으로 쓰는 후기
## 역시 '갓 태 성'

최*(ly****60)

제목에는 1급 받고 신나서 쓴 후기라고 적었지만 사실 1급이 나왔다는 것보다 선생님과 함께 역사를 배우면서 재미없고 졸렸던 역사에서 즐겁고 교훈이 많은 우리의 역사를 알게 되었다는 것이 더 신납니다. 고딩 때 억지로 외우면서 시험 점수에 급급했던 과거가 생각나 부끄럽기도 하더라고요. 그땐 왜 그저 연도 외우고 이름 외우기만 했었는지… 심화 시험이어도 연도를 거의 외우지 않은 채 시험을 보았고 선생님께서 그렇게 이해시켜주셔서 더 좋았어요.

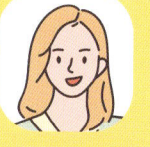

## 제 글이 최태성 선생님께 꼭 닿았으면 좋겠습니다!!

엄*현(500***631)

제가 한국사 1급을 목표로 도전을 하게 된 건, 부끄럽지만 취업을 위한 자격증 취득 때문이었습니다. 혼자서 공부하기는 너무 어렵고 힘들 것 같아 고등학생 때 ebs로 최태성 선생님을 잠깐 만났던 생각이 나면서 최태성쌤 강의와 교재로 공부를 해야겠다고 생각했습니다. 선생님께서는 무료로 강의를 올려주신 데다가 그 퀄리티가 너무 좋아서 정말 감탄을 금치 못했어요. 교재 판서도 너무 깔끔하고 이해가 쉽게 교재가 구성이 되어 있어서 공부하기 훨씬 수월했던 것 같아요.

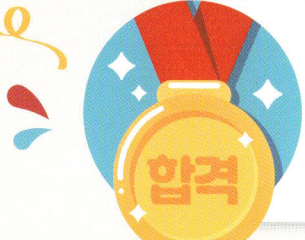

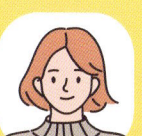

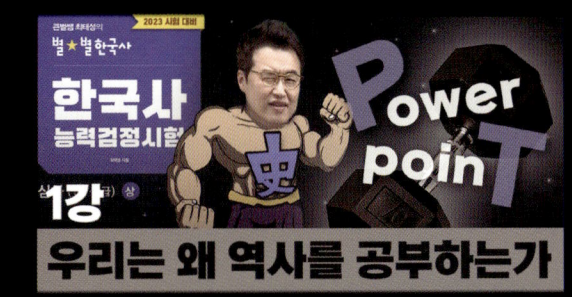

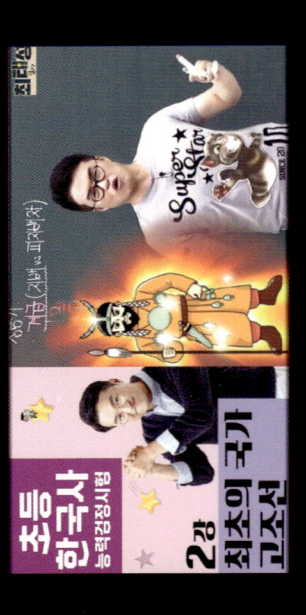

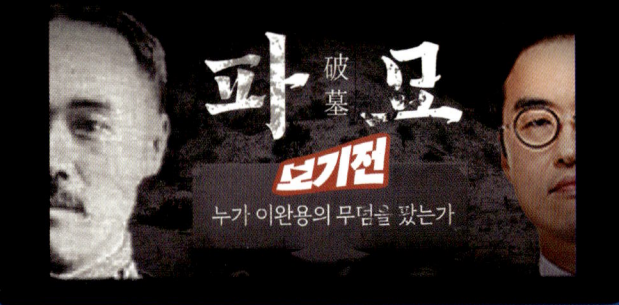

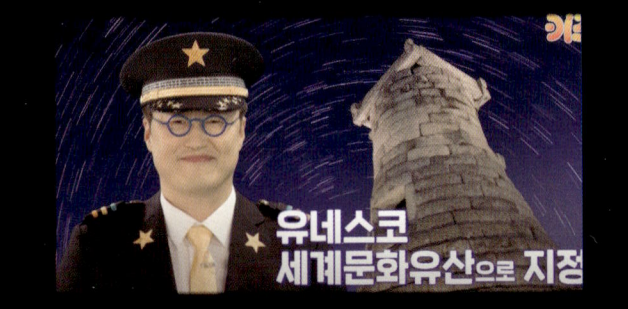